70,00

ACCESO GRATIS **a la Lectura en la Nube**

Para visualizar el libro electrónico en la nube de lectura envíe junto a su nombre y apellidos una fotografía del código de barras situado en la contraportada del libro y otra del ticket de compra a la dirección:

ebooktirant@tirant.com

En un máximo de 72 horas laborables le enviaremos el código de acceso con sus instrucciones.

La visualización del libro en **NUBE DE LECTURA** excluye los usos bibliotecarios y públicos que puedan poner el archivo electrónico a disposición de unacomunidad de lectores. Se permite tan solo un uso individual y privado.

ANÁLISIS SOBRE LA MANIPULACIÓN INFORMATIVA

UN DESAFÍO PARA LA DEMOCRACIA

ANÁLISIS SOBRE LA MANIPULACIÓN INFORMATIVA

UN DESAFÍO PARA LA DEMOCRACIA

Coordinador
José Julio Fernández Rodríguez

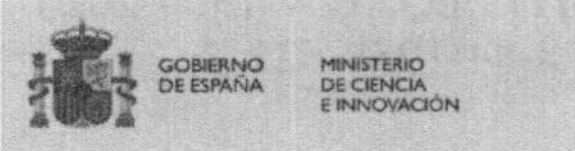

tirant lo blanch
Valencia, 2025

En caso de erratas y actualizaciones, la Editorial Tirant lo Blanch publicará la pertinente corrección en la página web www.tirant.com.

Proyecto PID2021-125068OB-I00 otorgado por el Ministerio de Ciencia e Innovación en el marco del Programa Estatal para Impulsar la Investigación Científico-Técnica y su Transferencia, del Plan Estatal de Investigación Científica, Técnica y de Innovación 2021-2023.

La manipulación informativa como problema de seguridad y de calidad democrática: descripción, consecuencias y respuestas

EDITA: TIRANT LO BLANCH
C/ Artes Gráficas, 14 - 46010 - Valencia
TELFS.: 96/361 00 48 - 50
FAX: 96/369 41 51
Email: tlb@tirant.com
www.tirant.com
Librería virtual: www.tirant.es
DEPÓSITO LEGAL: V-1904-2025
ISBN: 978-84-1056-522-7

Si tiene alguna queja o sugerencia, envíenos un mail a: *atencioncliente@tirant.com*. En caso de no ser atendida su sugerencia, por favor, lea en *www.tirant.net/index.php/empresa/politicas-de-empresa* nuestro procedimiento de quejas.

Responsabilidad Social Corporativa: http://www.tirant.net/Docs/RSCTirant.pdf

Índice

Prólogo

"Si me dan a elegir entre un gobierno sin periódicos y periódicos sin un gobierno, elijo, desde luego, lo segundo". La frase, que subraya la decisiva importancia de la información en las sociedades libres, fue escrita hace más de doscientos años por uno de los Padres Fundadores de la Unión Americana: el virginiano, primero, y luego norteamericano, Thomas Jefferson.

Lo que era una gran verdad en los momentos en que el Estado constitucional apenas germinaba sigue siéndolo hoy sin discusión. Y es que pocas cosas, como el derecho a estar informados y la libertad de información, definen en la actualidad, y han definido a lo largo de la historia, a los sistemas democráticos. Nuestro Tribunal Constitucional lo expresó, con formulación feliz, en uno de sus sentencias más tempranas: aquel derecho y aquella libertad son esenciales para la formación de una opinión pública libre y plural. De hecho, es quizá ese papel fundamental en el adecuado funcionamiento de toda democracia el que explica que quienes la desprecian, por interés o por desidia, se hayan fijado el objetivo de ganar la batalla de la manipulación informativa, que hoy se presenta bajo ropajes muy distintos.

El más burdo y también el más tradicional –la pura y simple represión del derecho a estar informados y de la libertad de informar a los ciudadanos–, característico de las todas las dictaduras que en el mundo han sido, resulta en la actualidad, en un planeta donde la democracia ha dado por fortuna un gran salto hacia delante, menos trascendental que lo fue en tiempos. Pero la manipulación de la opinión pública puede ser el resultado no sólo de la desinformación derivada de la dura represión de los derechos y las libertades democráticas, sino también, por desgracia, de otras patologías típicas de las modernas sociedades de la información. La más grave, es sin duda, la proliferación de noticias falsas (las *fake news*) que afectan hoy desde lo más pequeño a lo más grande.

Porque, en efecto, mentir se ha convertido en una forma de *informar*, es decir, de *desinformar*. Una forma que ha roto las fronteras, de modo que quien persigue intoxicar a la opinión pública de un país en relación con un determinado hecho o circunstancia puede planificar sus objetivos y emitir las supuestas noticias a miles de kilómetros de distancia del lugar al que llegan las *fake news*. La digitalización de la información ha convertido la manipulación informativa en una patología global, donde todo tipo de intereses –legítimos o espurios– circulan a velocidad de vértigo por redes de información que quienes reciben las noticias desconocen por completo. Ello ha dado lugar a un cambio formidable respecto del pasado. En la actualidad se ha roto la relación que unía a lector, a un oyente o a un televidente, con la fuente de procedencia de la información que recibía: un periódico, una emisora de radio o una cadena de televisión. Una fuente conocida que se hacia responsable de sus informaciones, lo que permitía al informado calibrar el sesgo (ideológico, político, económico o social) de la noticia que estaba recibiendo. Esa relación ha saltado hoy en día, en muchísimos casos, por los aires, lo que ha determinado que el receptor de una noticia sea incapaz de evaluarla de un modo razonable. Nadie se responsabiliza de millones de pretendidas informaciones o noticias que circulan a diario por las redes y que parecen surgir de la nada, lo que obviamente no es verdad.

La digitalización de la información no afecta sólo, en todo caso, a la desaparición del vínculo esencial que durante decenios relacionó al emisor y al receptor de una noticia, con todo lo que ello significa. La digitalización, y la globalización que ha sido su directa consecuencia, ha dado lugar a una extraordinaria multiplicación de las fuentes de información, sobre las que en muchísimas ocasiones no sabemos absolutamente nada. Un *influencer*, que puede existir de verdad o ser solo el trampantojo de estúpidos u oscuros intereses, llega en ocasiones a un número de personas que para sí quisieran medios de comunicación formal cuyo mantenimiento exige titánicos esfuerzos. Para decirlo claro y pronto: hoy se ha democratizado la manipulación informativa. Cualquiera, desde su ordenador o su teléfono, puede convertirse en un medio de comunicación y proclamar desde la más absoluta impunidad todas las barbaridades que desee transmitir.

Esa demencial situación, ante la que no existe de facto otro protección que el buen sentido del receptor de las noticias u opiniones que le llegan por las redes, ha provocado, en fin, otro efecto igualmente peligroso: la calidad de la información ha descendido de forma pavorosa, de modo que muchas de las noticias que se amontonan en el espacio virtual se han convertido hoy en lo que Román Gubern, excelente conocedor de la materia, calificó en su día como "chicle para los ojos" con toda la razón. Ciertamente, no hay posible equivalencia entre una información que se construye a lo largo de un texto de varios miles de palabras que la que se contiene en un tuit de 280 caracteres. Esa realidad ha provocado, en una especie de ley de Gresham de la información, un doble efecto: por un lado, que las noticias de mala calidad desplacen a las de buena calidad, que, por más complejas, exigen un mayor esfuerzo al receptor; por el otro, que ese desplazamiento haya dado lugar a que los medios de comunicación formal rebajen, también, para poder sobrevivir, su nivel de calidad informativa.

El efecto final de todo lo anterior es el patente deterioro de la capacidad del receptor de las noticias para enfrentarse a la complejidad de la realidad, sea esta la que fuere. El propio receptor prefiere muy frecuentemente las informaciones (reales o supuestas) de mala calidad, lo que va embotando su capacidad para entender y formarse un juicio crítico. Un lector, un oyente o un televidente acostumbrado a recibir sobre todo o casi todo información superficial y simplificada es terreno abonado para los mentirosos y manipuladores de todo genero. Como señaló en su día el gran periodista Henry Mencken, para todo problema humano hay una solución clara, plausible y equivocada. El populismo que hace estragos por doquier y el dominio de los sentimientos sobre los razonamientos que hoy domina la el discurso político y social han encontrado en la manipulación informativa un extraordinario aliado. Esa manipulación genera, inevitablemente, un perverso círculo vicioso: cuanta más manipulada y mal informada está la opinión publica más fácil resulta engañarla y hacerla comulgar con ruedas de molino; cuanta más mal informada está una sociedad más sencillo resulta manipularla y controlarla.

Son estos peligros, que crecen cada día, los que explican que los juristas nos ocupemos crecientemente de cuestiones que tradicionalmente habían quedado en manos de los sociólogos, los periodistas y los especialistas en comunicación. Y ello porque el derecho es el arma con la que han contado siempre los débiles para enfrentarse con los poderosos. No la única, pero sí una de las más fundamentales. El excelente libro que el lector tiene ahora en sus manos es una prueba palpable de lo que acabo de apuntar. En él se abordan, desde perspectivas muy diferentes, los diversos problemas que la manipulación informativa plantea en las modernas sociedades de la información: desde las amenazas que se ciernen sobre la privacidad de las personas a las alternativas que ofrece el derecho penal para tratar de frenar un gran riesgo para nuestras libertades; desde un estudio de la zona gris, que amenaza la integridad de las modernas democracias a las alarmas que para la seguridad del Estado se derivan de una de las patologías más graves del presente; desde la proliferación de la pseudociencia a los ataques a la protección de la salud. José Julio Fernández, editor de este volumen, ha realizado un magnífico trabajo al reunir a un grupo de especialistas en torno a un desafío que caracteriza como pocos a la sociedad en que vivimos. Frente a la manipulación informativa queda, sin duda, mucho por hacer. Obras como esta nos indican el camino, nos ofrecen alternativas y nos muestran las profundas dificultades de la batalla en la que estamos empeñados en defensa de los derechos y las libertades de todos. Mi sincera enhorabuena a sus autores. Los lectores, que confío en que sean muchos, se lo agradecerán.

ROBERTO L. BLANCO VALDÉS
Brandía, 29 de marzo de 2025

PARTE I
MARCO CONTEXTUAL

Capítulo 1.

SOCIEDAD DE CONTROL Y MANIPULACIÓN INFORMATIVA

JOSÉ JULIO FERNÁNDEZ RODRÍGUEZ
Universidad de Santiago de Compostela USC
josejul.fernandez@usc.es

1. INTRODUCCIÓN

La realidad diacrónica de las sociedades humanas ofrece situaciones en las que se producen relevantes fenómenos de control por parte del poder. Ello podría considerarse consustancial a los regímenes autoritarios, pero también se producen tales fenómenos en sistemas democráticos, lo que puede menguar la calidad de su funcionamiento. Con relación a ello, la manipulación informativa es un vector más que dificulta el análisis y, por ende, su solución, además de un poderoso instrumento que puede emplearse de forma exitosa en ese control.

No se trata, sin duda, de un fenómeno reciente, aunque es en el siglo XX cuando se perfila de forma más clara al hilo de las realidades de propaganda política y mercantil. Con la irrupción del gran avance tecnológico de las últimas décadas nos topamos con nuevas posibilidades para intensificar la manipulación, lo que también supone un cambio cualitativo. El mundo digital "ofrece herramientas y alternativas diversas para esta manipulación", lo que da lugar a unas particularidades diferentes a las de antaño (Fernández Rodríguez, 2021b, 1). Las tecnologías disruptivas que se están ahora desarrollando ahondarán en ese proceso, sobre todo por medio de la inteligencia artificial, que mal empleada puede ampliar el problema y dificultar las soluciones.

Una particular dimensión de este tema supone el uso de estos procesos de manipulación para el control de la ciudadanía, lo que se enmarca en una lógica más amplia y con distintas aristas. Resulta esencial su análisis porque nos jugamos la eficacia del sistema de libertades. Hay que conocer las motivaciones que mueven a tales procesos, las específicas técnicas empleadas y tentar ofrecer soluciones que reviertan la situación. Múltiples son los obstáculos con los que se encuentra ese análisis, como el que conforma lo políticamente correcto y las inercias de la opinión pública, que atascan la capacidad crítica que debería tener una ciudadanía fortalecida democráticamente y ahora aletargada por el entretenimiento posfactual de las redes. Decimos posfactual porque los hechos se han vuelto irrelevantes y, por ende, también la verdad.

Pues bien, este trabajo quiere aportar algunos elementos que nutran el análisis sucintamente expuesto, para lo cual proponemos en el apartado siguiente distintas definiciones, tras lo que abordamos la vigilancia que se produce en el ámbito del poder, las distintas dimensiones que adquiere la manipulación informativa en la sociedad de control y ejemplos ilustrativos de ello. Tras estos apartados entramos en la gran consecuencia negativa (la mengua de la calidad democrática) y comentamos algunos aspectos relevantes en clave geopolítica. En la parte final, antes de las conclusiones, nos centramos en soluciones educativas ante la manipulación. De todos modos, seguiremos esta línea de investigación en futuras publicaciones, lo que nos permitirá entrar en determinados aspectos que en un trabajo como este no procede para no extender en demasía su tamaño. Ahora la atención la prestamos sobre todo a los sistemas democráticos, que son los de nuestro entorno cultural, por lo tanto, los más sugerentes para este trabajo. Obviamente, en los sistemas autoritarios el tema abordado presenta un alcance diferente, más obvio y delimitado, pero no tan interesante a nuestros efectos.

2. PROPUESTA DE DELIMITACIÓN CONCEPTUAL

La precisión de cualquier análisis requiere que las categorías que se empleen estén delimitadas. En ciencias sociales ello a veces se complica porque los autores difieren en el entendimiento de las categorías que usan. En lo que ahora nos ocupa esto es de relieve, por lo que abrimos este apartado, que sigue en parte otra de nuestras publicaciones anteriores (Fernández Rodríguez, 2021b, 2 y ss.).

Así, consideramos que la **sociedad de control** es un sistema o situación sociopolítica que supervisa la actividad ciudadana para tratar de influir en ella y evitar ideas alternativas a las sustentadas por el poder. Por lo tanto, obviamente no nos referimos a los procesos democráticos de control del poder, basados en la participación ciudadana y que, por ende, conforman el núcleo de la democracia. Aludimos, en cambio, a otro tipo de control, que persigue precisamente reducir la capacidad de participación efectiva de la ciudadanía.

A su vez, por **manipulación informativa** entendemos la alteración de la información transmitida en el proceso comunicativo con base en la fuente de partida, sea tanto por una acción intencionada como por confusión (es decir, tanto el dolo como la culpa pueden generar la manipulación a la que nos referimos). La tergiversación de los elementos iniciales del mensaje suele estar al servicio de ciertos intereses, sobre todo en el comienzo de la alteración de relato. En efecto, lo habitual es que la manipulación inicial sea consciente, mientras que la propagación de la versión modificada puede ser inconsciente por parte de terceros a los que llega. La tecnología actual y futura permite con suma facilidad dicha propagación.

Por su parte, la **noticia falsa** o *fake new* es un concepto más delimitado al referirse a una notica que es contraria a la verdad y que se ha elaborado desde tal planteamiento falsario. De esta forma se liga a mentira y a bulo[1]. En cambio, **noticia basura** o *junk new* alude a una propaganda extrema o conspirativa que reduce la deliberación y dificulta el debate.

La **desinformación** la vemos como el resultado final del proceso comunicativo que falsea el mensaje respecto a los datos veraces. "Desinformar" según la RAE es "dar información intencionalmente manipulada al servicio de ciertos fines". De esta forma, la desinformación sería el resultado habitual de la manipulación informativa que antes conceptuábamos, aunque no supone necesariamente la existencia previa de noticias falsas pues se puede llegar a este resultado de otras formas (como seleccionando ciertos elementos de los sucesos y silenciando otros).

Asimismo, la **infoxicación** puede considerarse también un resultado al referirse a una situación en la que la información que se maneja resulta confusa y alterada con respecto a la realidad. Pero la infoxicación también puede ser un proceso conformado por las actuaciones que buscan manipular las noticias, tergiversar los relatos y oscurecer los mensajes.

---

1 La RAE entiende por "bulo" "noticia falsa propalada con un fin". Para algunos debería usarse en castellano "bulo" y no "noticia falsa" pues al ser intencionadamente falsa ya no debería calificarse de "noticia". Nosotros, en cambio, sí vemos ajustado hablar de "noticia falsa" para enfatizar con claridad el intento desinformador que quizá se pretenda y, así, advertir de su peligro.

Estos fenómenos pueden derivar de motivaciones diversas, tanto ideológicas, económicas, geopolíticas, como de absurda diversión. No concordamos con algunas posiciones que defienden que buscan necesariamente un beneficio. Sea como fuere, en este trabajo nos centramos en las motivaciones políticas (y geopolíticas), que son las que mueven los intentos de construcción de una sociedad de control en el sentido negativo que le hemos dado.

Diferente a las categorías anteriores es la de **propaganda**, que es una actividad que intenta influir en sus destinatarios para conseguir seguidores o partidarios. Si persigue la venta de ciertos bienes y servicios entonces se califica de **publicidad**. También la propaganda puede articularse desde la lógica de la manipulación, lo que da lugar a que se hable de propaganda blanca (con fuentes claras y fiables), gris (fuentes dudosas, difícilmente verificables) y negra (fuentes falsas, contenido que engaña o es un bulo).

En todo caso, hay que tener presente lo lábil que resulta toda la problemática que rodea a la manipulación informativa porque existen varios sentidos o tipos de realidad y, por ende, de verdad. Incluso, podría decirse que existe una gradación en el relato de la verdad dado que no es posible adoptar posturas maniqueas sin más (o es verdad o es mentira una información). Existe la realidad o verdad real, la conocida, la publicada (previa selección), la interpretada, la excluida y la inventada (por errores o falsedades). Como hemos afirmado:

"Producir una noticia o cierta información implica crear una actualidad en cierto sentido para que el destinatario la conozca, lo que implica la reconstrucción de la realidad de la que parte. Para ello se incluyen y excluyen datos, y se jerarquiza lo conocido. En los medios de comunicación profesionales estas cuestiones están estudiadas y se someten a reglas propias y a aspectos deontológicos, aunque ello a veces no asegura un resultad final satisfactorio ni veraz" (Fernández Rodríguez, 2021b, 4).

En este sentido apunta Túñez que "nuestro referente de la realidad es la suma de la experiencia personal y las referencias mediáticas sobre acontecimientos que están fuera de esa experiencia" (Túñez, 1999, 19-20). En la actualidad todo ello es más complejo que antaño ya que las noticias no están monopolizadas por los medios, sino que inundan múltiples soportes y lugares, como las redes sociales en las que el usuario es a la vez receptor, emisor y editor de la información. Esta situación compleja nos impide cerrar los análisis y estar preparados para ampliarlos en un futuro inmediato. En todo caso, la previsible rápida juridificación de estas categorías ayudará a su clarificación o, al menos, a una más precisa delimitación de ellas.

Con relación a ello, y por último, recordemos que Naciones Unidas ha extendido dos conceptos: misinformation (información falsa o inexacta generada por error) y disinformation (información falsa construida así de forma deliberada). Desde un punto de vista jurídico, tiene sin duda interés diferenciar los supuestos en los que actúa el dolo de aquellos situados en la simple negligencia.

3. LA DINÁMICA DE LA VIGILANCIA

La sociedad de control se basa en dos elementos nucleares: uno, emitir un conjunto de mensajes determinados que se intentan imponer a la opinión pública; y dos, mecanismos de vigilancia para comprobar el grado de adhesión a las ideas impuestas por el poder.

El funcionamiento de los instrumentos y mecanismos empleados para la realización de esos dos aspectos varían en función del sistema político ante el que nos encontremos. En un sistema autoritario o totalitario el arsenal de control y vigilancia funciona habitualmente de manera expresa y pública, lo que incluso incluye detenciones, encarcelamientos, destierros e interrogatorios, además de la difusión clara de las medidas que encorsetan a la ciudadanía. En cambio, un sistema democrático, en donde también se produzcan actuaciones de control, debe emplear medios más sutiles y discretos para no generar la reacción contraria de la opinión pública, lo que incluso podría provocar una crisis gubernamental.

Obviamente, no podemos ser maniqueos en el abordaje de los sistemas políticos ya que en realidad hay una gradación entre dos extremos, uno en el que se sitúa un régimen totalitario y en el otro un sistema de alta calidad democrática. Entre ambos hay intensidades y grados diferentes de autoritarismo y de democracia. Pues bien, esta vigilancia y control que comentamos se sitúa en toda esa línea ficticia en la que ubicamos los sistemas políticos, aunque en el extremo de la calidad democrática el control no provendría del poder público sino de poderes privados. Asimismo, el control también se articulará de forma diferente en los sistemas presidenciales y en los parlamentarios, pues en aquellos la mayor centralización de poderes ejecutivos da más posibilidades para ello, aunque en estos también las habituales mayorías parlamentario-gubernamentales podrían basar opciones en el mismo sentido. Por lo tanto, la dimensión y sentido del control y de la vigilancia está mediatizado no sólo por la apuesta que en ese sentido haga la clase dirigente sino también por el tipo de sistema político y forma de gobierno.

Como apunta Ramonet al analizar el "imperio de la vigilancia", las autoridades intentan convencer a la ciudadanía afirmando que "habrá menos intimidad, menos respeto por la vida privada, pero más seguridad". En nombre de ese imperativo, prosigue, "se instala así, a hurtadillas, un régimen *securitario* al que podemos calificar de sociedad de control", de forma que "el principio del 'panóptico' se aplica a toda la sociedad". Y sentencia: "Bajo la presión de una vigilancia ininterrumpida, la gente acaba por modificar su comportamiento" (Ramonet, 2016, 80). O sea, que la presión de la vigilancia por parte del poder hace que multitud de personas opten por la sumisión y la complacencia y no por el enfrentamiento y la revisión crítica. En este proceso también ayuda la tendencia a renunciar a la intimidad en las sociedades exhibicionistas actuales, lo que es un elemento psicológico a tener en cuenta. Mattelart se muestra igualmente muy crítico ante la multiplicación en las democracias de las intrusiones en la vida individual, justificadas por nuevas amenazas. Se erige un nuevo poder de control que se mundializa (Mattelart, 2008).

Así las cosas, añadimos nosotros, la manipulación informativa se convierte en un instrumento hoy en día imprescindible para articular este control por parte del poder público, sobre todo en las democracias habida cuenta la dificultad de optar por otros medios más evidentes ante los controles tradicionales que las supervisan. En la democracia el poder no puede articular medidas de vigilancia y/o represión descaradas y explícitas que fácilmente se pueden ver como desproporcionadas[2]. Los mecanismos de garantía de una democracia reaccionarían, tanto en términos jurídicos (en tribunales, por ejemplo), como en la arena política con la disputa de partidos y los controles parlamentarios. Entonces, en un sistema democrático la desinformación puede ser sutil, filtrarse entre los controles y lograr llevar a la práctica, por ello, esa dinámica de la vigilancia a la que nos estamos refiriendo.

La avanzada tecnología que hemos conseguido crear es imprescindible para la sociedad de control del siglo XXI. Las antiguas ideas del panóptico de Jeremy Bentham (1791) se extienden a toda la sociedad gracias a esas capacidades tecnológicas que son capaces de verlo todo. Ya no se trata de vigilar de manera continua a los presos, peligros sociales *per se* en esa visión benthamista, sino de supervisar a toda la ciudadanía. Por

---

2 En este sentido existen organizaciones que luchan y denuncian esta vigilancia. Por ejemplo, la organización francesa *La Quadrature du Net* (https://www.laquadrature.net/)

eso indica Ramonet que nuestras contemporáneas sociedades de control dejan libres a los ciudadanos, pero "los mantienen bajo vigilancia electrónica permanente", por lo que "la contención digital ha sucedido a la contención física" (Ramonet, 2016, 81), que afecta a todos los ciudadanos y no sólo, como en la idea de Bentham, a los antisociales y marginales.

De todos modos, este recurso de Ramonet a la idea benthamista del panóptico para ilustra la nueva realidad social debe ser matizado. Así, Han considera que el aislamiento propio de esa concepción de panóptico ya no puede aplicarse al actual régimen de la información, "que explota especialmente la comunicación", y cuya vigilancia tiene lugar a través de los datos (Han, 2022, 11). La actual sociedad del control muestra una peculiar estructura panóptica: "en contraposición a los moradores aislados entre sí en el panóptico de Bentham, los moradores se conectan y se comunican intensamente entre sí". De ese modo, los moradores del panóptico digital colaboran activamente "en su construcción y en su conservación, en cuanto se exhiben ellos mismos y se desnudan", "ellos mismos se exponen en el mercado panóptico" (Han, 2013, 89).

Las nuevas capacidades tecnológicas de supervisión y control resultan ingentes. Hace pocas décadas serían impensables, pero ahora no parece tener fin la innovación que imprimen en diversos campos. Más que nunca oscuras premoniciones del pasado se vuelven realistas y los distintos Estados se esfuerzan por seguir las huellas de la ciudadanía. Es más, las capacidades tecnológicas de vigilancia se perfeccionan cada día más en el marco de una dinámica de progreso que no deja de ser inquietante. Los gobiernos adoptan el rol de *Big Brother* y apelan a distintas razones para justificar la supervisión. Especialmente relevante, como hemos mostrado, es acudir a razones de seguridad para explicar estos procesos de vigilancia, lo que ha generado críticas por los excesos cometidos[3], aunque es cierto que los riesgos y amenazas de seguridad de las últimas décadas poseen singular peligro para la democracia, sobre todo si adoptamos una visión integral de esa problemática tal y como ya hemos publicado (Fernández Rodríguez, 2020). En todo caso, un asunto tan visible como el terrorismo yihadista provee de razones al poder público para enfatizar la seguridad sobre la vida privada[4].

De todos modos, en ocasiones no vale apelar a la necesidad securitaria para convencer dócilmente a la opinión pública, pues esta se rebela y no acepta calladamente ese discurso. Por ello, ciertas actividades de supervisión se ocultan, no se reconocen e, incluso, se edulcoran. En estas acciones no explicitadas la manipulación informativa se vuelve esencial para conseguir los fines de control. Adquiere, así, un sentido estratégico.

Como decimos, el aspecto tecnológico es esencial para comprender la dimensión que puede adquirir la vigilancia de la ciudadanía. Múltiples son los datos que se pueden buscar, en gran parte diseminados por las redes y por internet: nombres, números de identificación, fotos, vídeos, los sonidos de la voz

---

3 De esta forma, Pegoraro crítica este exceso securitario y califica a la seguridad como un pseudovalor frente a los valores del Estado democrático de Derecho (Pegoraro, 2021). De esta forma apunta que "el reclamo de la seguridad desempeña un papel estratégico" en el ajuste del nuevo orden mundial, lo que resulta coherente con las herramientas de la globalización, tales como la simplificación de la comunicación política, la marginalización de los parlamentos, la ductilización del Derecho o la falta de control de los gobernantes reales (Pegoraro, 2021, 51-52).

4 En Francia, por ejemplo, una encuesta del 2015 mostraba que el 63% de los preguntados se declaraba dispuesto a una limitación de las libertades individuales en Internet en razón de la lucha contra el terrorismo (*Le Canard enchaîné*, 15 de abril de 2015, citado por Ramonet, 2016, 83).

de una persona, datos médicos, información financiera y bancaria, preferencias ideológicas o intelectuales, religión, costumbres, inclinaciones sexuales o de género, etnia, direcciones postales, direcciones electrónicas, matrículas de automóviles, identificación biométrica, IP, y un largo etcétera. No obstante, quizá lo más importante sea la capacidad de los algoritmos para recopilar, combinar y perfilar los *big data,* para lo cual aprovechan cámaras de seguridad, satélites, drones, controles de acceso a transportes y a edificios, o la ingente cantidad de datos que los usuarios suben a sus redes y el rastro que dejan en su navegación. Un entramado de vigilancia cada vez más perfeccionado que se topará con nuevas posibilidades cuando se asiente esta segundad etapa de la sociedad de la información que suponen las tecnologías disruptivas. Así, por ejemplo, los electrodomésticos de nuestras casas también podrán suministrar variopinta información privada cuando el internet de las cosas esté más asentado, lo que abrirá nuevos vectores de riesgo para la vida privada. Estos nuevos saltos tecnológicos automatizarán la producción y la diseminación de *fake news,* al tiempo que sofisticarán con inaudita precisión el perfilado de los usuarios. Incluso, la inteligencia artificial creará imágenes y vídeos originales de los que será imposible rebatir su aparente autenticidad.

Esto permitió al ya citado Ramonet sentenciar que la vigilancia "se ha vuelto omnipresente y totalmente inmaterial, imperceptible, indetectable, invisible", además de que resulta técnicamente de una excesiva sencillez (Ramonet, 2015, 12). Otro elemento que boga en favor de la vigilancia de las personas es la ayuda que las grandes empresas tecnológicas dan al poder público, sobre todo en Estados Unidos, donde radican las denominadas GAFAM, o sea, la 5 grandes (Google, Apple, Facebook, Amazon, Microsoft), aunque ahora ya habrá que decir GAMAM (Facebook desde 2021 se llama Meta). Y de esta forma, trayendo de nuevo a colación a Ramonet, hay una alianza sin precedentes entre el Estado, el aparato militar y los gigantes de la Web: un "imperio de la vigilancia cuyo objetivo claro y concreto es poner a Internet bajo escucha, todo Internet y a todos los internautas" (Ramonet, 2015, 15). Algo, sin duda, inédito. Por eso el citado autor alude, refiriéndose a Estados Unidos, a un "complejo securitario-digital" que se caracteriza por "la banalización de la vigilancia masiva y la tentación de control social integral" (Ramonet, 2015, 72), aunque quizá sea China un ejemplo más palpable de ello habida cuenta que es una dictadura.

En el pasado el poder público también tenía interés en acopiar información de sus ciudadanos. Hasta cierto punto resulta razonable para poder servir mejor al interés general y lograr así mayor eficacia en sus cometidos. Si ello se mantiene en los márgenes de la razonabilidad y la proporcionalidad, y se ajusta al principio de legalidad, no resulta censurable. La diferencia radica en que en la actualidad esos límites se sobrepasan fácilmente, tanto porque la tecnología así se lo permite al poder como porque la ciudadanía muestra a veces un alto grado de indiferencia, aletargada por otras preocupaciones más banales. Este último aspecto es de destacar pues estamos convencidos que son un porcentaje muy relevante las personas que aceptan la fatalidad del control al que son sometidas, lo que supone que no les preocupa la agresión que ello implica para sus derechos fundamentales. Incluso, el problema puede derivar en la destrucción de la vida privada, que también supone el fin de la libertad. Así se manifiesta Hannah Arendt cuando ve el peligro que para la democracia es la no distinción entre la vida pública y la privada, lo que conduciría a una nueva forma de totalitarismo (Arendt, 2020).

Esta dinámica de la vigilancia se produce en todos los niveles de la estructura pública (local, regional, nacional, supranacional). Un ejemplo paradigmático a nivel nacional en un sistema democrático es la "caza de brujas" promovida por MacArthur y John Edgar Hoover, que llevó al FBI a investigar sin autorización juridicial a múltiples personas por considerarlas comunistas, homosexuales o contrarias a la política gubernamental. A su vez, en el ámbito internacional las tensiones geopolíticas mueven los hilos de tales controles y supervisiones, incluso entre aliados: tras la II Guerra Mundial los países anglosajones, bajo el impulso de Estados Unidos, establecieron un acuerdo secreto para facilitar el espionaje. Se le denominó UKUSA y reunió al citado Estados Unidos más el Reino Unido, Canadá, Australia y Nueva Zelanda, lo que se conoció como la alianza de los *Five Eyes*. Su actividad principal en las décadas siguientes fue interceptar comunicaciones internacionales, cada vez con mayor sofisticación. En este sentido, pusieron en marcha la red Echelon, que logró capacidad para vigilar comunicaciones a escala mundial. A pesar del fin de la Guerra Fría la actividad de Echelon continuó. Hasta 1999 la opinión pública no conoció su existencia, abriéndose diversas polémicas porque los socios europeos también estaban en la órbita supervisora de Echelon. Incluso, el Parlamento europeo se pronunció duramente contra esta "deslealtad" en el vínculo transatlántico (Fernández Rodríguez, 2004).

En fin, todas estas actuaciones persiguen el objetivo de un mundo más seguro, lo cual se convierte en un valor prioritario aún a costa de menguar la privacidad de las personas. Incluso, la interconexión de los datos y su sofisticado tratamiento algorítmico pueden permitir anticipar el futuro. Ello está en la línea de famosas novelas que se diría que alertaban de lo que estaba por venir. En ocasiones se alude a *Nineteen Eighty-Four* (en castellano titulada igual pero con números, *1984*), de Georges Orwell, pero es más procedente citar *Brave New World* (en castellano, *Un mundo feliz*), de Aldous Huxley, ya que aquella se basa en una dominación expresa y violenta por parte del poder y ésta en una vigilancia persuasiva que incide en las emociones con el uso de una droga ("soma"). Por lo tanto, la obra de Huxley retrata mucho mejor la situación de las actuales personas aparentemente felices con los "me gusta" de sus redes y la condescendencia de las sociedades democráticas que aceptan lo políticamente correcto sin echar mano de su pensamiento crítico. De todos modos, la manipulación informativa es evidente en *1984*. También la película de Steven Spielberg *Minority Report*, inspirada en un relato de Philip K. Dick, nos ofrece predicciones polémicas: el gobierno actúa preventivamente para proteger la seguridad pública gracias a la información que del futuro le proporcionan tres "psíquicos".

Una de las cuestiones más complejas de este sistema de vigilancia y control que implementa el poder sobre la ciudadanía radica en la manipulación informativa, que es a lo que pasamos a referirnos.

4. LA MANIPULACIÓN INFORMATIVA EN EL CONTEXTO DIFUSO DEL CONTROL

Como acabamos de decir, en la lógica de control que intenta el poder la manipulación informativa se revela como un medio muy eficaz para tales intenciones. Sobre todo, cuando esos fenómenos de control deben ser discretos y no evidentes si quieren ser exitosos. Es lo que podríamos denominar un contexto difuso de control, articulado en buena parte por razones pragmáticas para soslayar las seguras resistencias de una opinión pública en un entramado plural y más transparente. Téngase en cuenta los estudios contrastados que revelan que las noticias falsas se propagan de forma más rápida y de manera más amplia que las verdaderas. Así, Vosoughi *et alii*, al analizar los mensajes de Twitter de 2006 a 2017, concluyen que las noticias falsas se propagan más rápido y de forma más amplia que la información real: las noticias falsas se retuitean un 70% más que las verdaderas, a causa, sobre todo, de su apariencia novedosa y por la intervención de las emociones del usuario (Vosoughi *et alii*, 2018). Asimismo, se refleja que los robots propagaron de forma similar las noticias verdaderas y falsas, lo que permite concluir que son las personas las que más difunden lo falso.

En esta situación la manipulación informativa se convierte así en un útil instrumento al servicio de ese sistema difuso de control que es capaz de superar las resistencias de una ciudadanía en un sistema democrático. Por eso le atribuíamos un sentido estratégico anteriormente. La alteración de los sucesos y la creación de un relato a partir de tal alteración se hace con la intención de reforzar los procesos de control. Ciertos acontecimientos que rebaten el discurso oficial se reinterpretan y/o modifican para no generar dudas en la validez y corrección de las posturas oficialistas. Incluso, con la manipulación informativa se pretende preparar a la opinión pública ante la adopción de determinadas decisiones que podrían ser problemáticas para el poder. Se enfatizan elementos negativos ante los cuales debe reaccionarse o se ilustran suculentas posibilidades por las que merece la pena esforzarse. Todo favorecido por la realidad líquida actual que hace que la atención sobre ciertos acontecimientos dure poco y cambie pronto hacia otro foco de presunto interés. También se acude a la simplificación de la información, a menudo desde una lógica maniquea, aunque a veces la estrategia del control opta por lo gris, la ambigüedad, la confusión o la sobrecarga de datos que oscurecen los elementos importantes de verdad. Ciertos aspectos adicionales, algunos de tinte psicológico, facilitan sobremanera la desinformación. Nos referimos a las cámaras de eco (*echo chamber*), en las que los usuarios de las redes encuentran ideas que refuerzan sus creencias y que precipitan la polarización; los filtros burbuja (*filter bubble*), determinados por los algoritmos que seleccionan y predicen la información que le podría interesar al navegante sobre la base de su interacción en la red; o las "madrigueras de conejo" (*rabbit hole*), por las que "caes" a una realidad paralela, quizá conspiranoica.

La manipulación informativa más relevante e influyente procede sobre todo de distintos sectores del poder, que son los que tienen más capacidad para hacerla valer, sostener y difundir. También puede originarse en agentes aislados, sin estructuras organizativas, pero en ese caso se trataría de actuaciones puntuales que no forman parte del sistema difuso de control de la opinión pública, lo que no resulta por lo tanto tan problemático. Como sostiene Bertrand de Jouvenel, el poder presenta dos aspectos al ser tanto una "necesidad social", "en razón del orden que impone y del concierto que instaura", como un "peligro social", por el dinamismo que "le arrastra a apropiarse de las fuerzas desarrolladas en el conjunto humano al que domina, para utilizarlas en su propio provecho" (De Jouvenel, 1998, 373-374). En este peligro se sitúan los intentos de control y la manipulación que conlleva, no sólo del poder público y político, sino también del poder privado y fáctico.

A veces la manipulación proviene de técnicas de persuasión. En concreto se buscan personas creíbles, que generen empatía e identificación con la opinión pública, para que trasladen un relato falso que influya en dicha opinión. La clave es no sólo lo que se cuenta sino también cómo se cuenta, el grado de dramatismo y de verosimilitud. De igual manera se procuran impactos anímicos y se cuidan los detalles que permitan activar resortes emocionales. En los ejemplos que comentamos en el apartado siguiente mostramos algún caso en este sentido. Los gobiernos que acuden a estos "persuadores" no se exponen tanto como con otras fórmulas (comunicados de sus gabinetes, por ejemplo), susceptibles de ser más criticadas por la ciudadanía. Por ello la doctrina se ha fijado en estas personas (Garvey, 2016).

En todo caso, ya se encuentran muy desarrolladas las técnicas de manipulación, que se aplican en varios soportes y en distintos entornos, lo que genera un amplio ecosistema manipulador que socaba la verdad y los elementos de facticidad de los que deriva. Así tenemos los citados "persuadores", entrevistas a falsos expertos, relato de conspiraciones, falsos dilemas (únicas alternativas posibles), la selección de ciertos datos y el silencio de otros (*cherry-picking*), propaganda participativa (para moldear creencias), propaganda computacional (*astroturfing*) o la antes citada propaganda gris y negra, también ligadas a la persuasión. Además, se establecen continentes diversos para dotarlos de esos mensajes alterados: patrocinio de cuentas y páginas web, uso de aplicaciones propias por parte de los órganos del poder, cuentas de redes sociales también propias, cuentas falsas y duplicadas, creación de páginas cebo, vídeos de Youtube, entradas en blogs, etc. Resulta habitual en estas técnicas acudir a titulares llamativos, habitualmente novedosos, acompañados de un razonamiento más bien reducido que apela a la emoción y de imágenes que refuercen el mensaje. Como apunta Leticia Rodríguez, la propaganda computacional, un fenómeno ya universal, se basa en software que automatiza las tareas repetitivas (bots de diverso tipo que al trabajar conjuntamente influyen en la opinión pública) (Rodríguez Fernández, 2021, 73 y ss.)

Otro elemento presente en un contexto de control es la presión que sufren los periodistas que publican noticias objetivas que contrarían al poder. Entonces desde ese poder se les intenta desacreditar para neutralizar su efecto. Es lo que relata David Alandete a causa de sus noticias sobre la desinformación que favorecía a los independentistas catalanes, impulsadas por medios rusos (sobre todo RT y Sputnik). Incluso, el citado periodista relata los ataques que por ese motivo sufrió de Assange en varios soportes, que lo calificaba de "demente", "propagandistas en jefe del Estado español" y de "productor en serie de noticias falsas" (Alandete, 2019, 177 y ss.). En este orden de cosas, Reporteros Sin Fronteras denunció en 2017 "un clima envenenado para el libre ejercicio del periodismo" en Cataluña, lo que incluía "presiones reiteradas por parte de determinados responsables de Comunicación del Gobierno autónomo catalán"[5].

---

[5] https://www.rsf-es.org/informe-rsf-respectpresscat-0112-reporteros-sin-fronteras-pide-respeto-al-libre-ejercicio-del-periodismo-en-cataluna/

Asimismo, la nueva categoría de "guerra de la información", encuentra como elemento clave la manipulación. Con ello damos el salto al terreno geopolítico al que nos referiremos más abajo. Ahora tan sólo recordamos que las posibilidades tecnológicas permiten usar la información como uno de los elementos de conflicto, que suele situarse en un ecosistema híbrido de enfrentamiento, incluso asimétrico, imbricado en otros elementos que lo potencian y reconstruyen.

Y la tecnología, de nuevo, facilita sobremanera esta manipulación, además de por lo dicho anteriormente a causa de los robots de inteligencia artificial que van a ser capaces de fabricar noticias falsas. No necesitarán mucho: preferiblemente alguna imagen, un titular llamativo sobre un tema relevante y algo de texto para darle cuerpo a la mentira.

La urgencia en la elaboración de las noticias, incluidos los medios de comunicación, ayuda también a la instauración de una sociedad de control al imponer un comportamiento irreflexivo en la elaboración y difusión de información. Se prima ganar temporalmente en la publicación de la noticia, antes que cerciorarse de su contenido o pararse a valorar su pertinencia.

El cúmulo de elementos que articulan la sociedad de control en el sentido negativo que le estamos dando dificulta los procesos de participación y supervisión ciudadana, o, al menos, los adultera convirtiéndolos en ineficaces. De esta forma, se refuerza la capacidad del sistema difuso de control y se beneficia su instauración. La sociedad de control se retroalimenta a sí misma si consigue desactivar un verdadero control ciudadano, al tiempo que asiste a cierta parálisis institucional o descrédito en algún organismo de supervisión (un tribunal constitucional

(consulta en enero de 2023). Más evidencias de ello se puede ver en https://www.rsf-es.org/informe-rsf-respectpresscat-0212-un-movimiento-muy-activo-en-internet/ (consulta en enero de 2023).

sumido en la refriega política o en la falta de independencia, un parlamento inactivo con relación a su función de control por las pautas que impone la mayoría parlamentario-gubernamental, una defensoría del pueblo aletargada y situada en la equidistancia de la proactividad, un ministerio público o fiscalía dirigidos políticamente, o un tribunal de cuentas que refrenda a las estructuras de poder). Las características de las sociedades actuales favorecen este proceso. El espíritu crítico está en retroceso ante el avance de la modernidad líquida baumanista y la irreflexión inmadura del ciudadano digital. Han denuncia cómo el entretenimiento se ha convertido en el "mandamiento supremo, al que también se somete la política" (Han, 2022, 28).

5. EJEMPLOS

Llegados aquí resulta necesario mostrar al lector algunos ejemplos que ilustren lo que ahora nos ocupa. No se trata de buscar ejemplos de manipulación informativa sin más, sino de detectar casos en los que la manipulación provenga del poder, formal o fáctico, con esa pretensión de controlar a la ciudadanía. Ahora nosotros intentamos sólo mostrar casos puntuales, cualitativos e ilustrativos de lo que queremos reflejar, no recoger datos cuantitativos ni estadísticos. En realidad, la manipulación no se basa en la cantidad, aunque ésta es una variable a tener en cuenta. El éxito de la manipulación radica en distintas variables, como la forma en que se muestra la noticia, su atractivo estético, o las aparentes fuentes fiables, pero también en la ignorancia informacional del destinatario o en sus debilidades psicológicas.

Sea como fuere, hay que recordar la advertencia dicha antes sobre lo lábil de la propia categoría de manipulación informativa al existir varios tipos de realidad y de verdad. Con tales precauciones, comentamos a continuación ciertos casos que vemos interesantes, de forma breve para no extendernos innecesariamente.

El conflicto bélico en Ucrania está plagado de manipulación informativa por los dos bandos desde su inicio en 2014 en el Dombás. Incluso lo habitual es que ambas partes relaten los sucesos de manera diametralmente opuesta. De esta forma, la manipulación se convierte en una herramienta más del conflicto, sirviendo tanto a los fines de la movilización y propaganda entre las huestes propias como a la búsqueda del desánimo de los enemigos. Puede decirse que tanto Ucrania como Rusia, a partir del conflicto armado, diseñan campañas de control de sus respectivas opiniones públicas.

En este sentido, podemos citar la noticia de un niño "crucificado" en Ucrania, noticia que fue distribuida por distintos medios rusos (como el canal público Channel One Russia). En la misma aparecía una mujer que decía ser refugiada (Galyna Pyshnyak) comentando cómo el 12 de julio de 2014 los soldados ucranianos crucificaron a un niño pequeño enfrente de su madre para matarlo. Dicho niño sufrió durante hora y media antes de perecer. En realidad, tal hecho no sucedió y la que se decía refugiada en realidad era la mujer de un militante prorruso. Esta noticia retrata la sociedad de control que el Gobierno ruso intenta establecer en su país. En este orden de cosas, un medio como Maldita, que se esfuerza por contrarrestar la desinformación detectando un gran número de *fake news*, ha explicado las narrativas manipuladoras de la televisión estatal rusa, en la que primero se negó la invasión de Ucrania, después se justificó tal acción porque los ucranianos son "orcos y nazis", afirmándose, además, que Ucrania no existe[6].

---

6 https://maldita.es/malditahemeroteca/20230224/narrativas-television-estatal-rusa-ucrania/ (consulta en diciembre de 2022). También https://maldita.es/malditahemeroteca/20230223/television-estatal-rusa-ucrania-no-existe/ (consulta en diciembre de 2022)

Una situación extendida en sistemas democráticos débiles es el control que los gobiernos tratan de efectuar sobre las líneas informativas de los medios de comunicación. En este orden de cosas, Pomerantsev recoge los casos de Serbia, Turquía o Hungría, "orientación de mercado en la forma, autoritarismo en el contenido" (Pomerantsev, 2022, 73).

Pero también en las democracias asentadas tenemos casos muy criticables, por no decir vergonzosos. Así, en Estados Unidos se construyó un relato en 1990 para que una adolescente kuwaití de 15 años denunciara el salvajismo de las tropas iraquíes ocupantes de su país. Afirmó que en un hospital habían sacado a los bebés prematuros de las incubadoras para que murieran tirados en el suelo. Lo sabía porque ella era voluntaria en dicho hospital. Esta historia la contó esa adolescente, llamada Nayirah al-Sabah, en el Congreso de los Estados Unidos en 1990, meses después de la invasión iraquí del país del Golfo cuando el presidente estadounidense Bush ya había dado un plazo a Iraq para que abandonaran dicho país. La historia influyó en la percepción de la opinión pública norteamericana sobre este problema y facilitó la aprobación de la respuesta militar contra Sadam Hussein. En la discusión de la intervención en el Senado de Estados Unidos se repitieron las palabras da Nayirah. Sin embargo, el relato era falso: la chica era en realidad la hija del embajador de Kuwait en Washington, no una voluntaria en aquel hospital, y la declaración la había preparado una agencia de relaciones públicas.

Con relación a Estados Unidos autores como Ralph Keyes, al abordar lo que califica como la era de la postverdad, considera que en la sociedad estadounidense no sólo hay verdad y mentira, sino también una tercera categoría impuesta por declaraciones ambiguas, que no son exactamente verdades pero que tampoco llegan a ser mentiras (Keyes, 2004). El engaño, de esta forma, se ha incorporado a la vida actual. En la época de la presidencia de Donald Trump esta situación se hizo más que evidente. Trump recurría a la falta de verdad de forma sistemática, incluso dando a entender que el asunto de la veracidad era irrelevante[7]. De lo que se trataba era de construir una narrativa que congratulase a sus seguidores y que destruyese a los adversarios.

Un sistema con elementos autoritarios como la Venezuela de Maduro también acude a estas técnicas. Así, en 2023 han circulado en redes sociales varias noticias sobre el incremento del salario mínimo mensual, que AFP Factual ha reportado como falsas. Por ejemplo, desde el 28 de febrero circula por redes la noticia del aumento de ese salario de 780 bolívares, a aplicar desde el 15 de marzo. Como reporta AFP Factual, a 10 de marzo de 2023 no se había decretado tal subida[8]. Antes, en la época de Chaves, se empleó el portal "aporrea" para el control social y la manipulación. Como también se hizo (y se hace) con la cadena Globovisión.

Respecto a España, los sucesos independentistas en Cataluña en 2016 y 2017 estuvieron plagados de *fake news* construidas sobre todo desde Rusia. Como ha investigado el ya citado Alandete, los medios estatales rusos difundieron noticias falsas. Por ejemplo: una Cataluña independiente reconocerá que Crimea es rusa, la OTAN podía bombardear Madrid, en Cataluña había tanques por las calles o España estaba al borde de una guerra civil (Alandete, 2019). Las redes sociales amplificaron esta difusión. De esta forma, los movimientos independentistas y el poder relacionado con ellos trataron de controlar a la opinión pública acudiendo de forma intensa a dicha desinformación.

---

7 El portal de verificación PolitiFact, del Instituto Poynter, galardonó las declaraciones de Trump con la Mentira del año 2015, 2017 y 2019 (https://www.politifact.com/personalities/donald-trump/). Ahí se cataloga el 74% de sus declaraciones como en su mayoría falsas o totalmente falsas.

8 https://factual.afp.com/doc.afp.com.33AY289 (consulta en diciembre de 2022).

Otro ejemplo de sociedad de control, aunque ahora ligada a una parte territorial de un Estado democrático. La prensa se ha hecho eco de fuentes fiables que muestran que la inteligencia rusa apoyó sin duda al independentismo catalán[9].

También desde el Gobierno de España y de personas vinculados al mismo se ha intentado manipular ciertos acontecimientos. De nuevo sólo citamos algún ejemplo de las últimas décadas:

- El vicepresidente del Gobierno Pedro Solbes, en un debate televisivo con Manuel Pizarro el 21 de febrero de 2008, negó la crisis financiera y la recesión pese a los argumentos de Pizarro[10]. Hoy en día parece claro que Solbes trataba de manipular puesto que en aquella fecha ya se estaban produciendo los desajustes *subprime* en Estados Unidos y la preocupación por la economía reinaba en todo el planeta.
- El atentado yihadista del 11 de marzo de 2004 en Madrid estuvo rodeado de la manipulación. Las pistas que se obtienen a lo largo de la propia mañana del atentado ya apuntaban al islamismo radical, pero el Gobierno de Aznar mantiene la hipótesis de la autoría de ETA hasta el

---

9 Por ejemplo, "La inteligencia alemana afirma que Rusia apoyó al independentismo catalán" https://www.elmundo.es/espana/2018/05/14/5af97420468aeb13708b4657.html (consulta en diciembre 2022); "La conexión moscovita del 'procés' con los hackers rusos" https://www.elmundo.es/cronica/2017/10/04/59cfd94ae5fdea54288b45d2.html (consulta en diciembre 2022); "Los secesionistas catalanes siguieron buscando ayuda rusa después del 1-O" https://www.lavozdegalicia.es/noticia/espana/2022/03/15/secesionistas-catalanes-siguieron-buscando-ayuda-rusa-despues-1-o/0003_202203G15P26993.htm (consulta en diciembre de 2022).

10 La transcripción de ese debate se puede ver en https://e00-elmundo.uecdn.es/documentos/2008/02/22/Solbes_Pizarro.pdf

final del día, cuando se indica que se han abierto otras líneas de investigación. De todos modos, el Gobierno continúa asegurando que ETA es la responsable e, incluso, retarda la comunicación de información básica. Incluso el presidente Aznar contacta directamente con los responsables de los medios de comunicación para difundir la posición del Gobierno (Martín y Montero, 2004, 23; Sampedro, 2005).

- El presidente del Gobierno Pedro Sánchez afirmó, en el medio de la pandemia del COVID-19, el 9 de abril de 2020 que España era el único país que "notifica todos los positivos" por coronavirus y "todos los fallecidos diagnosticados". Ello era falso como recoge Maldita.es[11].
- De nuevo Pedro Sánchez: las mentiras relativas a cuestiones de estrategia política futura son útiles para formar un contexto manipulador. Así, por ejemplo, este presidente ha realizado afirmaciones que después se contradijeron con los hechos: "Con Bildu no se acuerda nada", "no vamos a pactar con Bildu", si pactáramos con el partido Podemos "sería un presidente del Gobierno que no dormiría por la noche". Estos ejemplos son más lábiles que otros pues podrían considerarse opiniones que con la evolución de los acontecimientos cambian. O sea, tal vez no son *fake*, pero sí las reputamos manipuladoras en ese contexto difuso de control explicado antes. Tienen el objetivo de incidir en la opinión pública en cierto sentido, aun asumiendo que no se mantendrán en el futuro tales posiciones gubernamentales. Semeja que la variable "verdad" se vuelve irrelevante ante la preeminencia

---

11 https://maldita.es/malditodato/20200410/falso-espana-unico-pais-notifica-todos-positivos-coronavirus-todos-fallecidos-diagnosticados-pedro-sanchez

de construir un mensaje en una narrativa más amplia de control que favorezca al poder.

Además de estos ejemplos expuestos, debemos tener en cuenta la especial peligrosidad de la manipulación en procesos electorales, que ataca de raíz a un elemento nuclear de la democracia. En este ámbito a veces la manipulación es contestataria con el poder, aunque en ocasiones también se origina en tal poder. Como ejemplo del primer caso podemos aludir a la organización Avaaz cuando analizó la desinformación procedente de la extrema derecha en procesos electorales europeos detectando una alta incidencia e indicando la existencia para ese fin de más de 500 páginas y grupos en Facebook[12]. Múltiples organizaciones se preocupan por esta deriva, como la UNESCO que en uno de sus documentos afirma que "la desinformación se ha vuelto un jugador en las elecciones, cuestiona su transparencia y funcionamiento, pone en jaque el derecho al voto libre e informado y genera dudas sobre su legitimidad" (Secchi y Kalpschtrej, 2022, 4). Se halla más que contrastado el poder de las redes sociales y su impacto en los procesos electorales, lo que Richter Morales ejemplifica en los casos de Barack Obama, Donald Trump y Andrés Manuel López Obrador (Richter Morales, 2018, 85). También en México, Enrique Peña Nieto en su victoria contó con cuentas automatizadas falsas que existían en las redes sociales, cuentas programadas para enviar mensajes favorables (conocidas como "peñabots"). Esta incidencia electoral agudiza la problemática de la manipulación en estas redes y la sitúa en el centro de la preocupación pública en una democracia.

---

12 https://www.eldiario.es/tecnologia/manipulacion-politica-internet-intentado-electoral_1_2729982.html

6. LA MENGUA DE LA CALIDAD DEMOCRÁTICA

No cabe duda de que la manipulación informativa es una de las principales amenazas para las sociedades democráticas del siglo XXI. Su extensión e intensidad la convierten en un desafío de grandes proporciones[13].

Cualquier manipulación informativa es una mengua de la calidad democrática. Esta manipulación dificulta *per se* el proceso de construcción de la opinión pública. La lógica democrática exige que esa opinión pública conozca la realidad del ejercicio del poder para, tras ello, llevar a cabo el proceso de

---

13 También desde el punto de vista de la seguridad este fenómeno es muy preocupante. Las decisiones en dicho ámbito pueden ser incorrectas porque no se parte de una realidad adecuada ante el falseamiento informativo. Además, "se incide en la percepción de la (in)seguridad de la ciudadanía, lo que puede alterar las relaciones entre la seguridad verdaderamente necesitada y la percibida, lo que traería como posible consecuencia una desproporción en las reacciones securitarias ante las amenazas" (Fernández Rodriguez, 2022, 4). Resulta notorio como la desinformación es esencial en las acciones de conflicto híbridas. En este orden de cosas, la Estrategia de Seguridad Nacional española de 2021 prevé la desinformación como uno de los 16 riesgos que contempla para la seguridad. También la española Estrategia Nacional de Ciberseguridad (2019) aborda en varios puntos estas cuestiones: en ella se indica que el ciberespacio como vector de comunicación estratégica puede ser utilizado "para influir en la opinión pública y en la forma de pensar de las personas a través de la manipulación informativa" o las campañas de desinformación (p. 15), campañas que tienen un "alto potencial desestabilizador en la sociedad" (p. 27), sin olvidar que Internet y las redes sociales "amplifican el efecto y alcance de la información transmitida" (*ibidem*). Por ello esta Estrategia apuesta por "promover un espíritu crítico en favor de una información veraz y de calidad y que contribuya a la identificación de las noticias falsas y la desinformación" (p. 56). A su vez, la OTAN también está muy atenta a estas cuestiones hasta el punto de contar con un centro que las analiza y vigila (el StratCom COE o Centro de Excelencia de Comunicaciones Estratégicas).

control que es ínsito a aquella lógica. En este orden de cosas podríamos dar la siguiente definición de democracia: un proceso continuo de control del poder que parte en todo caso de la participación ciudadana. Para que ese control sea efectivo y responda al interés general debe haber un conocimiento de la realidad de los acontecimientos, de la aplicación de las políticas públicas, de la dinámica seguida por los poderes públicos, de las concretas actuaciones de los cargos públicos o de los gastos realizados por tales poderes. Y ello se obstaculiza con la manipulación informativa puesto que altera el alimento base que provee del conocimiento necesario a la opinión pública. La falta de datos fundados de distintos acontecimientos afecta a la categoría idealista de "elector racional", aquel que es capaz de tomar las mejores decisiones para el interés general de la sociedad. La racionalidad del proceso de toma de decisiones se basa en la calidad de los datos de los que se parte; lo contrario dará lugar a opciones que respondan posiblemente a intereses particulares o privados.

En un ecosistema de desinformación no se puede conformar una opinión pública que sea capaz de desempeñar el rol que le corresponde en una democracia. Serra Cristóbal enfatiza la inadmisibilidad en el debate político de las afirmaciones que buscan el engaño: "Se hace pues necesario desenmascarar las mentiras para asegurar un debate público debidamente informado y no envenenado por las falsedades. Porque solo en ese caso será libre, o al menos más libre (…) procede pues tratar de desterrar la mentira, restablecer el orden propio de la opinión libre e informada y recuperar ese escenario donde intercambiar ideas sin juegos sucios" (Serra Cristóbal, 2021, 234). En esta línea Aba Catoira apunta que "los desórdenes informativos entran de lleno en el debate público como un problema de envergadura, por su incidencia en los procesos electorales y en la configuración de sociedades cada vez más polarizadas y modeladas subjetivamente en detrimento de todo espíritu crítico" (Aba Catoira, 2020, 125).

La desinformación, por lo tanto, altera todo este esquema esencial en la democracia. Si las premisas son incorrectas, la decisión final no será seguramente la más adecuada para el referido interés general. Las decisiones, así, carecerán de una racionalidad robusta al no derivar de una visión objetiva de la realidad. Apunta Amorós García que una "mala salud informativa" condena a la sociedad a la "ceguera"; si "no podemos confiar en las noticias, solo nos creeremos las que reafirmen nuestro pensamiento" (Amorós García, 2018, 14). De este modo, se rechazarán las informaciones que sean contrarias a las ideas preconcebidas, lo que polarizará la opinión pública. El citado autor sentencia con preocupación que "estamos dejando de ser una sociedad de la información para adentrarnos en la sociedad de la desinformación" (*eadem*). Peligrosa situación a la que, por lo tanto, nos enfrentamos en la actualidad.

Como ya hemos sostenido "el problema se agrava cuando se mezcla la opinión con la información objetiva, se hace primar aquella y se ofrece una redacción que da pie a la confusión entre una y otra" (Fernández Rodriguez, 2021b, 7). Ello puede originar que la opinión y la información se consideren similares en cuanto a su transcendencia y validez, lo que no tiene sentido desde el punto de vista de la teoría de la comunicación. El lector debería ser capaz, de manera sencilla y nítida, de diferenciar entre la información y la opinión, con lo que les atribuiría un sentido y alcance diferente. Pero en realidad no le es posible realizar esa distinción, ni se preocupa tal vez por ello.

De igual manera, se puede producir una infoxicación producto de la suma de factores como la manipulación informativa, la saturación de noticias, la mezcla interesada o negligente de opiniones e informaciones, la inflación de fuentes o la eliminación de verificadores. Surge de esta guisa un resultado confuso que, incluso, favorece la radicalización ideológica con el consiguiente deterioro de la convivencia democrática. Ante la saturación e inundación informativa hay distintos elementos que explican cómo los ciudadanos particulares y anónimos caen en el engaño y lo difunden, pero lo que resulta más grave es que también prestigiosos medios den por buenas lo que en realidad son *fake news* (como *New York Times* o *La Reppublica*). Ello refleja la crisis de calidad del periodismo profesional actual, presionado por intereses ideológicos y financieros que tratan de cercenar su independencia y por la mengua del rigor ante el clickactivismo. La información de calidad no es gratis, y si no paga el usuario o consumidor, otro lo hará en su lugar.

Todas estas situaciones intensifican su dimensión negativa cuando la manipulación es ejercida por el poder, sobre todo por el poder político y público. En efecto, los procesos de información que emanan de este poder público resultan más creíbles para la ciudadanía. Lo normal es que dicha ciudadanía sea más porosa a los mensajes que le llegan del poder público, sobre todo en entornos democráticos en sentido laxo. En semejantes entornos el poder público está reputado, lo que da lugar a que sea especialmente persuasivo para los destinatarios de los mensajes que lanza. Pues bien, la manipulación informativa que podría ejercer ese poder alteraría con más intensidad la base de conocimiento que necesita la opinión pública para actuar racionalmente. También el poder público se podría defender mejor ante las críticas que reciba por los mensajes manipulados que difunda. Su aura de reputación facilita la defensa.

En ocasiones semeja que el control derivado de la manipulación es una acción que vanamente se enfrenta a la desafección ciudadana y a la propia crisis de las instituciones. Ante los problemas que detecta el poder político se prueban técnicas de manipulación que cambien esa percepción ciudadana. De lo que se trata es de mudar esa negativa visión institucional por medio de la transmisión adulterada de los logros realizados y de los objetivos que se alcanzan. Esta intoxicación llega a disfrazarse de progreso y avance social.

Asimismo, la manipulación se liga en ocasiones al populismo, que hemos entendido como "una estrategia política que no defiende el interés general sino intereses particulares que se revisten a través, precisamente, de manipulaciones diversas para engañar a la opinión pública y que acepte que eso es el verdadero interés general" (Fernández Rodríguez, 2020, 79). El poder político populista se esfuerza para desinformar con el objetivo de evitar ser desenmascarado por una ciudadanía con mayores cotas de conocimiento. De esta forma se simplifican y parcelan los mensajes transmitidos, a menudo manipulados.

Pero, además, la manipulación que ejerza el poder fáctico (no el político) de una sociedad también tiene especial relevancia pues es de suponer que tiene alta capacidad de incidencia y visibilidad, aunque por lo general no tanta como el poder público oficial. De esta forma, grupos de poder que controlan medios de comunicación, grandes empresas o conglomerados financieros podrán ejercer una manipulación eficaz de los acontecimientos de los que informen. Se podrán rebatir sus noticias, pero seguramente con medios más modestos y con alcance más limitado. De hecho, esas corporaciones tienen gabinetes de comunicación que pueden articular las estrategias manipuladoras de manera profesional y planificada. Si estos poderes privados son grandes multinacionales tecnológicas, entonces la situación se vuelve casi imposible de contrarrestar. En este sentido, Frenkel y Kang han relatado la batalla de Facebook por la dominación mundial (Frenkel y Kang, 2021). Ya se ha advertido de los peligros del capitalismo de la vigilancia, que Zuboff define, entre otras acepciones, como un orden económico que "reclama para sí la experiencia humana como materia prima gratuita aprovechable para una serie de prácticas comerciales ocultas de extracción, predicción y ventas" (Zuboff, 2020, 9). Por su parte, Han sostiene que el capitalismo de la información se basa en incentivos positivos que "explotan la libertad, en lugar de suprimirla", y "controlan nuestra voluntad en el plano inconsciente" (Han, 2022, 18); "nos creemos libres, mientras que nuestras vidas están sometidas a toda una protocolización para el control de la conducta psicopolíptica" (Han, 2022, 19).

Así las cosas, la manipulación informativa empobrece a la sociedad, haciendo que los sistemas autoritarios se perpetúen o intensifiquen y los sistemas democráticos se deterioren. Sobre todo, cuando esa manipulación procede del poder. Ello conllevará antes o después una erosión de las instituciones, ya desgastadas por los procesos que en las últimas décadas conllevan la crisis de la democracia representativa. Al hilo de las crisis económicas y de los cambios culturales de las últimas décadas se ha extendido la idea de la crisis de la democracia representativa, que desde finales del siglo XVIII se impuso a la democracia directa sobre todo por razones pragmáticas. Con el salto tecnológico estas dudas sobre los mecanismos de representación se incrementaron al existir otras alternativas que se podían construir fácilmente con las nuevas tecnologías, lo que lleva a que la ciudadanía tenga otras vías de representación y busque otros lugares en los que reflejarse. Frente a ello, categorías como las de la democracia deliberativa (Habermas, 1981) o la democracia participativa intentan ofertar alternativas para renovar la democracia, que siempre debe estar en movimiento. Así, como hemos aseverado, se trata de "aumentar el peso de la ciudadanía, tanto en los procesos de elaboración de las políticas públicas, como en la toma de decisiones y en la ejecución de dichas políticas" (Fernández Rodríguez, 2021a, 155). La desinformación puede echar por tierra esos intentos de actualización de la democracia al tergiversar los datos de partida y la valoración de las consecuencias.

Por ello, es útil lo que postulábamos en el trabajo citado sobre la apuesta por el fortalecimiento democrático, el cual nutrirá nuestro arsenal argumentativo frente a los enemigos de la democracia (y frente a los amigos de la desinformación). Tal fortalecimiento refuerza los elementos axiológicos "ligados a valores como el pluralismo y principios como el de participación, que convierten a la democracia en auténtico sistema de convivencia" (Fernández Rodríguez, 2021a, 155). De este modo se podría favorecer lo que hemos denominado "democracia inteligente", un sistema democrático con sentido relacional y que conecta derechos fundamentales de diversas generaciones con los aspectos sociales y políticos, la ecología, la inclusión y la tolerancia (Fernández Rodríguez, 2018, 29 y ss.).

En suma, "el sistema constitucional se desprestigia a través de engaños, filtraciones y opiniones tergiversadas, que menguan su reputación incrementando la percepción de crisis sobre él" (Fernández Rodríguez, 2021b, 7). Llegados a tal situación poco importa la verdad, sino que lo relevante son las interpretaciones esgrimidas y la selección interesada o tergiversada de los hechos. Pomerantsev asevera que "no importa si las historias son verídicas o no, y mucho menos imparciales, ya que no se busca ganar una discusión en un espacio público con una audiencia neutral, sino llamar la atención del mayor número posible de personas afines" (Pomerantsev, 2022, 168). Los hechos ya no son intangibles y se vuelven secundarios. El nuevo nihilismo hace perder la fe en la propia verdad y "la crisis de la verdad hace que la fe en los propios hechos se tambalee" (Han, 2022, 75).

Aludíamos *supra* al deterioro de la convivencia. Pues bien, cuando la manipulación es ejercida por el poder tal deterioro adquiere un sentido más perturbador. Un alto porcentaje de la población se creerá lo que dice el poder, aunque no sea verdad, y sólo los más rebeldes o los más competentes para detectar la manipulación se resistirán a esas informaciones. En este escenario es más que probable la tensión entre la mayoría persuadida por las estrategias desinformadoras del poder y la minoría crítica, en una espiral polarizadora. Acto seguido se intensifica la desafección ciudadana, con lo que se reduce la participación que resulta esencial para la democracia. La toma de decisiones permanece en manos de unos pocos ante el alejamiento de otros muchos.

El poder, por lo tanto, echa mano a la desinformación para sus estrategias populistas con el fin de controlar a la opinión pública y tener su beneplácito. Con ello se intenta desactivar el control ciudadano eliminando posibles datos que lo activarían. Incluso, se esfuerza por fijar perfiles psicológicos de los votantes para enviarles mensajes en la campaña electoral conformes a sus ideas y preferencias, aunque para ello se manipule. De nuevo la tecnología facilita semejante perfilado y el envío de mensajes alterados en búsqueda de ciertos grupos diferenciados. Las redes microfocalizan a los usuarios en torno a distintos intereses específicos. La estrategia es, entonces, enviar mensaje adaptados a los diversos grupos perfilados. La discusión pública general y abierta desaparece. Así, "la esfera pública se desintegra en espacio privados" y la información carece de estabilidad temporal, lo que fragmenta la percepción (Han, 2022, 33). Sin una verdadera puesta en común la democracia camina hacia una farsa dando pábulo a la sociedad del control de múltiples resortes. Entre ellos la urgencia temporal, que imposibilita el ejercicio efectivo de la racionalidad, y la aludida fragmentación, que dificulta sobremanera el discurso público entre los distintos actores como deseaba Habermas en su teoría de la acción comunicativa (Habermas, 1981).

7. EL DESAFÍO GEOPOLÍTICO

Las cuestiones geopolíticas que transitan el siglo XXI favorecen el auge de la manipulación informativa y la instauración de la sociedad del control. Los distintos agentes del ámbito internacional acuden de forma regular a la desinformación para satisfacer sus objetivos. Por ello, hemos afirmado que estos aspectos geopolíticos "se revelan como claves para entender los fenómenos de manipulación informativa, muchos de los cuales son producto de actuaciones de terceros Estados que tratan de desestabilizar a sus enemigos o contrarios" (Fernández Rodríguez, 2021b, 7)[14].

No es algo ni mucho menos nuevo. En España es muy conocida la intervención de Estados Unidos en la Guerra de Cuba en 1898 a causa de la noticia falsa de la voladura del acorazado Maine cuando se hallaba atracado en el puerto de La Habana. William Randolfh Hearst, magnate de la prensa sensacionalista, inventó como causante del suceso una mina española, cuando en realidad se trató de un accidente. Otro magnate de la prensa, Joseph Pulitzer, coadyuvó para la difusión de esta manipulación.

En la Guerra Fría entre Estados Unidos y la Unión Soviética asistimos de manera reiterada a la dinámica de la desinformación (Rid, 2020)[15], que ahora recibimos con la vuelta de tuerca que supone el progreso tecnológico, lo que incluso muta el ecosistema de las acciones tradicionales geopolíticas. La antigua guerra política que acogía a la desinformación ahora es un complejo entramado de conflictos híbridos y asimétricos en los que los diversos actores usan continuamente estrategias de esa naturaleza. Es más, la manipulación informativa es una característica nuclear de tales conflictos híbridos. Asimismo, en los conflictos asimétricos la parte más débil enfatiza las acciones desinformadoras que puedan compensar su debilidad en términos militares tradicionales. Sin duda, el convulso panorama geoestratégico que se ha ido conformando a lo largo del siglo XXI ha alimentado la importancia de la desinformación

14 La aludida Estrategia Nacional de Ciberseguridad española señala que "actores estatales y no estatales, bien de forma directa o a través de intermediarios, explotan las facilidades que ofrece internet para la desinformación y propaganda" (p.25).

15 Un repaso sobre los planteamientos y esfuerzos organizativos en este orden de Estados Unidos y Rusia se puede consultar en Colom, 2019.

Es desde estos postulados geopolíticos como se explica la injerencia desinformadora rusa en 2016 en las elecciones de Estados Unidos o el referéndum del Brexit. En el marco de la nueva tensión de Occidente con Rusia, el Kremlin tiene interés en desestabilizar a aquel, para lo cual la manipulación informativa en relevantes eventos políticos (como unas elecciones) es una estrategia de primer orden. Ya comentamos antes como también se incidió en el "*procés*" de Cataluña, lo que se inscribe en la misma lógica. Respecto a las elecciones norteamericanas, su Departamento de Seguridad Nacional y la Oficina del Director Nacional de Inteligencia emitieron un comunicado en octubre de 2016 en el que indicaban que el gobierno ruso dirigió el robo de mensajes de correos electrónicos ligados a partidos políticos[16]. El Centro de Excelencia de la OTAN StratCom (https://stratcomcoe.org/) presta sobre todo atención a la actividad desinformadora rusa emitiendo informes periódicos y monitoreando las acciones de *bots* y *trolls.* Desde esta sede se subraya cómo la guerra de Ucrania evidencia la necesidad de defender el entorno informativo en un conflicto moderno[17]. También se preocupa de estas cuestiones un organismo conjunto OTAN/UE denominado Centro Europeo de Excelencia para Contrarrestar las Amenazas Híbridas (https://www.hybridcoe.fi/). A su vez, en febrero de 2023 se ha dado a conocer el

---

16 "Hackers rusos acceden a datos confidenciales del Partido Demócrata de Estados Unidos" https://www.bbc.com/mundo/noticias-internacional-36534407 (consulta en enero de 2023); "Cómo un mensaje de seguridad anodino permitió a Rusia robar 50.000 correos sobre Hillary Clinton" https://elpais.com/internacional/2018/07/14/estados unidos/1531526236 857644.html (consulta en enero de 2023).

17 Por ejemplo, en el informe *Social Media Manipulation 2021/2022: Assessing the Ability of Social Media Companies to Combat Platform Manipulation* , disponible en https://stratcomcoe.org/publications/social-media-manipulation-20212022-assessing-the-ability-of-social-media-companies-to-combat-platform-manipulation/242 (consulta en enero de 2023).

primer informe del Servicio Europeo de Acción Exterior sobre las amenazas de la Manipulación e Injerencia Extranjera en la Información (Unión Europea, 2023), que atiende a las acciones rusas y chinas.

Por todo lo dicho, uno de los elementos imprescindibles para avanzar en la lucha contra la manipulación informativa es actuar en el plano internacional y multilateral con la intención de aminorar este escenario de engaños, bulos y mentiras. Por eso se ha indicado que resulta preciso "acudir a la cooperación multilateral y amplia, ya que, al estar ante un problema global, cualquier solución pasa por la implicación de los sujetos de derecho internacional" (Varela Hernández, 2022, 8).

8. SOBRE LA RESPUESTA EDUCATIVA

Son diversas las respuestas que se pueden pergeñar ante el problema de la manipulación informativa[18]. No podemos pa-

18 Desde un punto de vista imperativo se aprobó en España, en época de la pandemia, un procedimiento de actuación contra la desinformación, que generó diversas polémicas. Dicho procedimiento se regula en la Orden PCM/1030/2020, de 30 de octubre (https://www.boe.es/buscar/act.php?id=BOE-A-2020-13663). Este procedimiento prevé 4 niveles de activación que intentan detectar las campañas de desinformación "ante unos posibles impactos en la seguridad nacional", y apoyar "la gestión de situaciones de crisis donde pudiera haber una afectación derivada de dichas campañas". El nivel 1 aborda las actuaciones a nivel técnico, para detectar, realizar la alerta temprana y notificar. El nivel 2 se refiere a la coordinación, sincronización y priorización de los esfuerzos en la lucha contra la desinformación. En el nivel 3 se adoptan decisiones y marcan objetivos político-estratégicos. Y el nivel 4 es el nivel de la gestión política en el marco del sistema de seguridad nacional.

rarnos ahora en hacer un repaso sistemático sobre ello[19]. Pero sí es preciso que enfaticemos que la clave la condensamos en la educación antes que en sanciones, prohibiciones o censuras. Sea como fuere, es evidente que frente a la importancia y la complejidad de estos fenómenos manipuladores, y el continuo uso para ello de los medios digitales, hay que reaccionar de manera inmediata, intensa y amplia. La complejidad es grande porque "no todo es blanco o negro, sino que mucho es gris"; "lo maniqueo desaparece en la complejidad de la realidad actual", además del problema jurídico que supone la posibilidad de que el derecho a la libertad de expresión proteja también la mentira (y con ello las *fake news*) (Fernández Rodríguez, 2021a, 188)[20]. Es habitual tener dificultades para precisar lo que es verdad o lo que es mentira en términos absolutos porque así es la naturaleza de las cosas. Por razones de tal calado la educación se rebela como la mejor respuesta ante las acciones de desinformación, sobre todo antes que opciones construidas con la lógica de infracción-sanción.

Aludíamos antes a la idea de fortalecimiento democrático que estudiamos en otro trabajo. Pues bien, la clave de su concreción práctica está en la educación y enseñanza (Fernández Rodríguez, 2021a, 175 y ss.). Una educación de calidad debe

---

19 Una guía de acciones en el mundo contra la desinformación puede verse en www.poynter.org/ifcn/anti-misinformation-actions

20 Esta cuestión constitucional es verdaderamente esencial, pero no es el motivo de este trabajo, por lo que no podemos detenernos ahora. Por un lado, como decimos, puede argumentarse que la libertad de expresión engloba la mentira; pero, por otro, la libertad de información exige veracidad, lo que excluiría las noticias elaboradas desde la falsedad. A partir de esta dimensión también podría defenderse un derecho a recibir información veraz en manos de cualquier ciudadano, aunque dicho derecho aún no está construido dogmáticamente de forma avanzada, como, por cierto, explica Escobar Roca (Escobar Roca, 2018),

permitir un pensamiento crítico, imprescindible tanto para detectar y enfrentarse a la manipulación informativa como para fortalecer democráticamente al sistema. Un pensamiento crítico que permitirá afrontar de manera reflexiva las noticias recibidas y articular una interpretación más racional y menos emotiva.

Esta labor educativa, nuclear en el fortalecimiento democrático, busca "la adhesión a los valores constitucionales e incrementar el compromiso en defensa de la democracia y de su forma de convivencia" (Fernández Rodríguez, 2021a, 156). En esta línea es donde debemos situar la instrucción ciudadana frente a la desinformación, lo que también sirve para construir la categoría de democracia inteligente a la que nos referíamos anteriormente, que no admite un relativismo absoluto y una tolerancia irreflexiva pues la dignidad de la persona y sus derechos fundamentales son barreras infranqueables. Luchar por una correcta libertad de información, que supere las embestidas de la sociedad del control, se ubica en ese núcleo esencial de un sistema democrático inteligente.

La normativa asigna a la educación una serie de objetivos y fines que sirven de justificación al esfuerzo formador al que nos estamos refiriendo en la medida en que tales objetivos y fines se ligan a los derechos fundamentales y a la convivencia democrática. De esta forma, la Declaración Universal de Derechos Humanos establece en su art. 26.2 que "la educación tendrá por objeto el pleno desarrollo de la personalidad humana y el fortalecimiento del respeto a los derechos humanos y a las libertades fundamentales". En la misma línea se sitúa el Pacto Internacional de Derechos Económicos, Sociales y Culturales, al ligar la educación al respecto de los derechos y libertades (art. 13.1). Además, se prevé que "la educación debe capacitar a todas las personas para participar efectivamente en una sociedad libre" (*ibidem*).

En España podemos citar a la Ley Orgánica 8/1985, de 8 de julio, reguladora del derecho a la educación, que establece como uno de sus fines "la formación en el respeto de los derechos y libertades fundamentales, de la igualdad entre hombres y mujeres y en el ejercicio de la tolerancia y de la libertad dentro de los principios democráticos de convivencia" (art. 2.1.b). Y con singular acierto el preámbulo de la Ley Orgánica 2/2006, de 3 de mayo, de educación, sostiene: "La educación es el medio más adecuado para garantizar el ejercicio de la ciudadanía democrática, responsable, libre y crítica, que resulta indispensable para la constitución de sociedades avanzadas, dinámicas y justas". Por ese motivo, prosigue, "una buena educación es la mayor riqueza y el principal recurso de un país y de sus ciudadanos". En su articulado cita como uno de los principios del sistema educativo español "la transmisión y puesta en práctica de valores que favorezcan la libertad personal, la responsabilidad, la ciudadanía democrática, la solidaridad, la tolerancia, la igualdad, el respeto y la justicia, así como que ayuden a superar cualquier tipo de discriminación" (art. 1.c); también como principio "el fomento del espíritu crítico y la ciudadanía activa" (art. 1.l); como uno de los fines de ese sistema educativo español "la educación en el ejercicio de la tolerancia y de la libertad dentro de los principios democráticos de convivencia" (art. 2.1.c); y como otro de los fines "la preparación para el ejercicio de la ciudadanía (...) con actitud crítica y responsable y con capacidad de adaptación a las situaciones cambiantes de la sociedad del conocimiento" (art. 2.1.k).

En lo que respecta al Consejo de Europa, en su iniciativa "Competencias para una cultura democrática", se alude a valores, actitudes, habilidades y conocimientos y comprensión práctica que ilustran también la relevancia que puede ostentar la educación frente a la desinformación. Así se habla de habilidades analíticas y de pensamiento crítico, de conocimiento y comprensión crítica del lenguaje y la comunicación[21]. Asimismo, la Unión Europea apuesta por la alfabetización para contrarrestar la desinformación y ayudar a los usuarios en la navegación en el entorno digital, lo que debe tenerse en cuenta en próximas reformas educativas en la Unión y en los Estados miembros (Unión Europea, 2018).

En efecto, con toda seguridad en un futuro inmediato las nuevas normas que aparezcan sobre educación contemplarán ya de manera específica la problemática de la manipulación informativa. De momento no lo hacen, pero ofrecen una base de sustentación nítida para defender el rol de la educación en la alfabetización informacional.

Por lo tanto, inspirados en buena parte en los citados objetivos y finalidades de una educación de calidad desde la lógica democrática, consideramos que es en este predio donde se puede conseguir más eficacia frente a la manipulación informativa. Un público conocedor del papel que desempeña en su comunidad, con recursos para analizar la veracidad de la información que le llega, concienciado de la importancia de dicho análisis para el interés general, y capaz de generar sinergias en este ámbito con otras personas, se convertirá en un escudo difícilmente franqueable para la desinformación que intentan imponer las entidades que ejercen la sociedad de control. Es cierto que los poderes públicos y privados difícilmente claudicarán en este empeño si están resueltos a ello, pero una opinión pública robustecida por las acciones formativas oportunas mantendrá la higiene del sistema democrático, elemento imprescindible para progresar y, tal vez, imponerse finalmente. Una línea de pensamiento similar lo manifiesta Aba Catoira al señalar que "la mejor práctica para luchar contra las noticias falsas es la implementación de más y mejores medidas educati-

---

21 https://www.coe.int/en/web/reference-framework-of-competences-for-democratic-culture/home

vas que generen cultura democrática" y que "la alfabetización mediática e informacional de la ciudadanía es fundamental" (Aba Catoira, 2020, 146).

Así, este trabajo educativo debe ser amplio y horizontal, con materias específicas ligadas a la formación de ciudadanía, pero también presente en otras muchas materias de distintos grados, niveles, programas y cursos, y con vocación de permanencia a lo largo del tiempo e, incluso, de toda la vida. En este sentido, apunta Varela Hernández, la alfabetización mediática desde edades tempranas no se debe confundir "con el adoctrinamiento, sino con la enseñanza de un pensamiento libre y crítico que permita la detección de medios y sujetos falsarios" (Varela Hernández, 2022, 11). Asimismo, como complemento de estas tareas, las labores de difusión y propaganda pueden servir para concienciar y llamar la atención ante la problemática que comentamos. Por ejemplo, desde el Centro de Estudios de Seguridad (CESEG) de la Universidad de Santiago de Compostela lanzamos en 2023 una campaña en este sentido, dirigida sobre todo a la comunidad universitaria, para alertar de que no todo es verdad y animar la capacidad crítica frente a la manipulación. Además, mostramos un código QR para recibir opiniones anónimas de cualquier persona almacenadas en Microsoft Forms.

Un elemento adicional a la problemática de la manipulación que se articula en una sociedad de control difuso es el público no preparado para afrontar el engaño. Ello nos llevó a hablar de "un público cautivo, que se convierte en un objeto identificado o identificable con las nuevas técnicas existentes al efecto" (Fernández Rodríguez, 2021b, 13). Solo el remedio educativo puede verdaderamente alfabetizar a este tipo de público y sacarlo de su cautiverio.

Llama la atención cómo en las múltiples acciones que se implementan frente a la desinformación la educación no ocupa un lugar rutilante.

9. CONCLUSIONES

La manipulación informativa más peligrosa para la democracia procede de los grupos de poder, que son los que pueden construir los relatos más efectivos, las informaciones con mayor capacidad de difusión y las historias arropadas con mejores elementos persuasivos. Ello se intensifica cuando estamos ante grupos de poder público o sectores ubicados en ese predio, instituciones o corporaciones de tal naturaleza. Entonces, las susodichas capacidades manipuladoras se intensifican gracias a su conexión con el interés general. Cuando este poder público pertenece a un sistema democrático, la manipulación informativa emponzoña la calidad de tal sistema y supone un obstáculo para el imperio de los derechos y las libertades. Incluso, el proceso de toma de decisiones públicas se aleja del interés general y se pone al servicio de intereses particulares y, tal vez, populistas. De esta forma, se alimentan de forma importante los intentos de construir una sociedad de control que atenace a la opinión pública.

Así las cosas, estos fenómenos manipuladores son de suma relevancia tanto en sentido cualitativo como cuantitativo. En efecto, en el siglo XXI semeja que campan donde quiera espoleados por la falta de pensamiento crítico de la sociedad y las enormes posibilidades que en este campo ofrece la tecnología. No olvidemos la íntima conexión que presenta la manipulación informativa actual con el desarrollo tecnológico, sobre todo ante el escenario que viene de salto de la mano de la inteligencia artificial, que nos sume en la incerteza. Pero también debemos tratar de que esta inteligencia artificial nos ayude en la lucha contra la desinformación ofreciéndonos herramientas específicas con tal fin.

Asimismo, la conexión entre poder público y poder fáctico, y la connivencia de las empresas tecnológicas, alimenta la problemática de la vigilancia y el control, muchas veces ante la desidia ciudadana. No deja de ser sorprendente que en una época como la actual, donde es más fácil que nunca acceder a la información, sea cuando más tamaño ha adquirido la manipulación en este predio. Podemos contrastar una información dudosa fácilmente con otras versiones, pero no lo hacemos o quedamos petrificados por la inundación de datos que dificultan sobremanera un análisis reflexivo y cualitativo. Es más, habitualmente nos creemos el bulo o la mentira y ya no la cotejamos, lo que hace que de manera ágil favorezcamos su difusión.

La sociedad del control se asienta en un contexto difuso y echa mano de la parcelación de la sociedad, las oportunidades tecnológicas de vigilancia, la fragmentación de los temas, la contingencia, la superación de la facticidad (y de la verdad) para imponerse ante la inercia que detiene a la ciudadanía. El riesgo es la desintegración de nuestro sistema de libertades.

La respuesta que vemos más adecuada a esta relevante problemática es la de naturaleza educativa. Sólo con acciones de ese tipo seremos capaces de fortalecer democráticamente a la opinión pública para que no se vea manipulada por la desinformación enviada por los poderes públicos y privados que intentan imponer la citada sociedad de control.

De todos modos, aunque hemos sido muy críticos en las páginas anteriores, seguimos confiados en las fortalezas de un sistema democrático, que, aunque encorsetado tal vez por la desinformación, puede reaccionar con el impulso de personas comprometidas y, también con la iniciativa privada de emprendedores concienciados con la democracia, o con actuaciones institucionales comprometidas de verdad con el sistema[22]. Así podríamos citar a los medios de comunicación que se esfuerzan por la información veraz y objetiva, o a las campañas que

---

22 En otro contexto Carl Schmitt afirmó que "de la coacción y control aumentados técnicamente resultan nuevas formas de pensar y hablar que escapan a esta coacción y a este control" (Schmitt, 2010, 31).

evidencian la importancia de esta problemática, o, en fin, a las iniciativas académicas que se enfrentan a ella, como el proyecto de investigación que permite la publicación de esta obra. Aguardemos que la opinión pública salga de su aletargamiento y reaccione a medida que logremos elevar el nivel de la educación.

BIBLIOGRAFÍA

ABA CATOIRA, Ana (2020), "Los desórdenes informativos en un sistema de comunicación democrático", *Revista de Derecho Político,* n.º 109, pp. 119-151.

ALANDETE, David (2019), *Fake news: la nueva arma de destrucción masiva,* Barcelona: Deusto.

AMORÓS GARCÍA, Marc (2018), *Fake News. La verdad de las noticias falsas.* Barcelona: Plataforma Actual.

ARENDT, Hannah (2020), *La condición humana,* Barcelona: Austral.

COLOM PIELLA, Guillem (2019), "Los enfoques estadounidense y ruso de la guerra informativa", en Torres Soriano, Manuel R. (coord.), *#Desinformación. Poder y manipulación en la era digital,* Granada: Comares, pp. 1-14.

DE JOUVENEL, Bertrand (1998), *Sobre el poder. Historia natural de su crecimiento,* Madrid: Unión Editorial.

ESCOBAR ROCA, Guillermo (2018), "¿Existe realmente un derecho del público a recibir información veraz?", en Aznar Gómez, Hugo *et alii, El derecho de acceso a los medios de comunicación,* vol. I, Valencia: Tirant lo Blanch, pp. 95-123.

FERNÁNDEZ RODRÍGUEZ, José Julio (2004), "Espionaje en la red: la amenaza fantasma", en Fernández Rodríguez, José Julio (coord.), *Defensa e Internet,* Santiago de Compostela: Universidad de Santiago de Compostela, pp. 62-102.

FERNÁNDEZ RODRÍGUEZ, José Julio (2018), "Transparencia y democracia: sobre las motivaciones y bases epistemológicas de la Ley gallega 1/2016", *Dereito. Revista xurídica da Universidade de Santiago de Compostela,* vol. 27, número extraordinário, pp. 13-39, https://doi.org/10.15304/dereito.27.Ext.5784

FERNÁNDEZ RODRÍGUEZ, José Julio (2020), *Seguridad(es) en un futuro incierto. Un estudio jurídico-constitucional,* Cizur Menor: Thomson Reuters-Aranzadi.

FERNÁNDEZ RODRÍGUEZ, José Julio (2021a), "El fortalecimiento democrático como garantía frente a los riesgos de seguridad del siglo XXI", en Fernández Rodríguez, José Julio (2021), *Democracia y seguridad. Respuestas para avanzar en el sistema público,* Valencia: Tirant lo Blanch.

FERNÁNDEZ RODRÍGUEZ, José Julio (2021b), "Aproximación crítica a la manipulación informativa: el ejemplo de las redes sociales", *Gladius et Scientia. Revista de Estudios de Seguridad del CESEG,* n.º 3, https://doi.org/10.15304/ges.3.8909

FRENKEL, Sheera y KANG, Cecilia (2021), *Ugly Truth. Inside Facebook`s Battle for Domination,* Nueva York: Harper. En castellano, *Manipulados,* Barcelona: Debate.

HABERMAS, Jurgen (1981), *Theorie des Kommunikativen Handelns,* Frankfurt: Suhrkamp. En castellano: *Teoría de la acción comunicativa,* Madrid: Taurus, 1987.

HAN, Byung-Chul (2013), *La sociedad de la transparencia,* Barcelona: Herder.

HAN, Byung-Chul (2022), *Infocracia,* Barcelona: Taurus.

GARVEY, James (2016), *The Persuaders: The hidden industry that wants to change you mind,* Londres: Icon.

KEYES, Ralph (2004), *The Post-Truth Era,* Nueva York: St. Martin's Press.

MARÍN NÚÑEZ, Marta y MONTERO SIERRA, Alicia (2004), *La manipulación en los medios de comunicación. Tratamiento informativo del 11M,* Jornades de Foment de la Investigació, Universitat Jaume I.

MATTELART, Armand (2008), *Un mundo vigilado,* Barcelona: Paidós.

OTAN (2022), *Social Media Manipulation 2021/2022: Assessing the Ability of Social Media Companies to Combat Platform Manipulation,* disponible en https://stratcomcoe.org/publications/social-media-manipulation-20212022-assessing-the-ability-of-social-media-companies-to-combat-platform-manipulation/242 (consulta en enero de 2023).

PEGORARO, Lucio (2021), "Seguridad: un pseudo-valor frente a los valores del Estado democrático de Derecho", en Fernández Rodríguez, José Julio (coord.), *Democracia y seguridad. Respuestas para avanzar en el sistema público,* Valencia: Tirant lo Blanch, pp. 21-65.

POMERANTSEV, Peter (2022), *La manipulación de la verdad,* Barcelona: RBA.

RAMONET, Ignacio (2016), *El imperio de la vigilancia,* Madrid: Clave Intelectual.

RICHTER MORALES, Ulrich (2018), *El ciudadano digital. Fake news y posverdad en la era de internet,* Ciudad de México: Océano.

RID, Thomas (2020), *Active Measures. The Secret History of Disinformation and Political Warfare,* Farrar, Nueva York: Straus and Giroux. En castellano, *Desinformación y Guerra política,* Barcelona: Crítica, 2021.

RODRÍGUEZ FERNÁNDEZ, Leticia (2021), *Propaganda digital. Comunicación en tiempos de desinformación,* Editoria UOC, Barcelona.

SAMPEDRO, Víctor (2005), *13-M Multitudes online,* Madrid: Los libros de la Catarata.

SCHMITT, Carl (2010), *Ex captivitate salus,* Madrid: Trotta.

SECCHI, Pablo y KALPSCHTREJ, Karina (2022), *Cómo contrarrestar la desinformación electoral: guía práctica para organizaciones y cuerpos electorales,* UNESCO, Montevideo, disponible en https://unesdoc.unesco.org/ark:/48223/pf0000380594 (consulta en enero 2023).

SERRA CRISTÓBAL, Rosario (2021), "Falsedades, mentiras y otras técnicas que faltan a la verdad para influir en la opinión pública", *Teoría y Realidad Constitucional,* n.º 47, pp. 199-235.

TÚÑEZ, Miguel (1999), *Producir noticias. Cómo se fabrica la realidad periodística,* Santiago de Compostela: Tórculo.

UNIÓN EUROPEA (2018), *A multi-dimensional approach to disinformation,* informe del Grupo de Alto Nivel sobre Noticias Falsas y Desinformación Online, Luxemburgo.

Disponible en https://ec.europa.eu/newsroom/dae/document.cfm?doc_id=50271 (consulta en diciembre de 2023).

UNIÓN EUROPEA (2023), *1st EEAS Report on Foreign Information Manipulation and Interference Threats. Towards a framework for networked defence,* informe del Servicio Europeo de Acción Exterior.

Disponible en https://www.eeas.europa.eu/sites/default/files/documents/2023/EEAS-DataTeam-ThreatReport-2023..pdf (consulta en febrero de 2023)

VARELA HERNÁNDEZ, Anxo (2021), "La manipulación informativa: una vieja amenaza que requiere de una solución multilateral, equilibrada e innovadora", *Gladius et Scientia. Revista de Estudios de Seguridad del CESEG,* n.º 3, https://doi.org/10.15304/ges.3.8910

VOSOUGHI, Soroush *et alii* (2018), "The spread of true and false news online", Science, vol. 359, 6380, pp. 1146-1151. Disponible en https://www.science.org/doi/10.1126/science.aap9559 (consulta en enero de 2023).

ZUBOFF, Shoshana (2020), *La era del capitalismo de la vigilancia,* Barcelona: Paidós.

Capítulo 2.

SOCIEDADE DIGITAL E OS DESAFIOS JURÍDICOS PARA A PROTEÇÃO DA PRIVACIDADE[1]

WILSON ENGELMANN
Universidade do Vale do Rio dos Sinos (UNISINOS)
wengelmann@unisinos.br
RAQUEL VON HOHENDORFF
Universidade do Vale do Rio dos Sinos (UNISINOS)
rhohendorff@unisinos.br

"Tudo deve tornar-se visível; o imperativo da transparência coloca em suspeita tudo o que não se submete à visibilidade. E é nisso que está seu poder e sua violência" (HAN, 2017, p. 35).

---

1 Este trabalho é o resultado parcial das pesquisas realizadas pelo autor no âmbito dos seguintes projetos de pesquisa: a) "Tecnologías disruptivas y seguridad ante el ascenso de la manipulación informativa" ante el Ministerio de Ciencia e Innovación del Gobierno de España; b) "Sistema do Direito, novas tecnologias, globalização e o constitucionalismo contemporâneo: desafios e perspectivas", Edital FAPERGS/CAPES 06/2018–Programa de Internacionalização da Pós-Graduação no RS. Este trabalho também está vinculado às pesquisas realizadas pelo autor nos seguintes Centros Internacionais de Investigação: CEDIS–Centro de Investigação & Desenvolvimento sobre Direito e Sociedade, da Faculdade de Direito da Universidade Nova de Lisboa, Portugal; do Instituto Jurídico Portucalense, da Universidade Portucalense, cidade do Porto, Portugal; e do CEAD–Centro Francisco Suárez–Centro de Estudos Avançados em Direito da Universidade Lusófona de Lisboa, Portugal, e do Centro de Estudios de Seguridad (CESEG) da Universidade de Santiago de Compostela, Espanha.

1. CONSIDERAÇÕES PRELIMINARES SOBRE OS AVANÇOS TECNOLÓGICOS E A QUARTA REVOLUÇÃO INDUSTRIAL

Desde os anos de 1960, vive-se um movimento de expansão tecnológica cada vez mais intenso. Chegamos à segunda década do século XXI com uma constatação: "estamos no início de uma revolução que alterará profundamente a maneira como vivemos, trabalhamos e nos relacionamos", a Quarta Revolução Industrial" (Schwab, 2016). Depois da Primeira, Segunda e Terceira Revoluções Industriais (Agrícola, Industrial e Digital, respectivamente), a Quarta grande revolução é marcada por "uma internet mais ubíqua e móvel, por sensores menores e mais poderosos que se tornam mais baratos e pela inteligência artificial e aprendizagem automática (ou aprendizado de máquina)", ou seja, pela "Indústria 4.0" (Schwab, 2016).

Assim, se vive, na atualidade e no Século XXI, às potencialidades trazidas pelas chamadas "novas tecnologias", como a inteligência artificial, Internet das Coisas, nanotecnologias, dentre outras. Por todos os lados, existem câmaras de vigilância, as quais, em nome da segurança público-privada, se recolhem dados pessoais, sem informar adequadamente o destino dessas coletas.

Na sociedade da vigilância, onde parece que tudo poderá ser olhado, se correm riscos de invasão despretensiosa da privacidade de cada pessoa. Se sabe que a conquista do direito fundamental à privacidade está conectada com a liberdade pessoal e de se autodeterminar sobre as manifestações da vida privada que deverão ficar livres da intromissão alheia (Carrillo, 2016, p. 15).

A sociedade da vigilância, que se serve das tecnologias que se encontram no panorama da Quarta Revolução Industrial (Schwab, 2016), apresenta os aspectos positivos e negativos da vida na rede, onde praticamente todos pretendem divulgar tudo sobre a sua vida pessoal. Por decisões pessoais ou por decisões coletivas, em nome da segurança coletiva, as tecnologias são protagonistas e abrem caminhos que não se sabe ainda exatamente até onde podem levar as pessoas.

Além dessas características, a Quarta Revolução Industrial trouxe à luz a natureza intrinsecamente informacional da identidade humana. Com isso, as nossas intrínsecas qualidades humanas estão sendo "copiadas" por sistemas de inteligência artificial, gerando uma possibilidade assustadora, Segundo Luciano Floridi: você não pode vencer a tecnologia mesmo em um jogo aleatório como pedra-papel-tesoura, porque o robô é tão rápido que, em milissegundos, reconhece a forma que sua mão está fazendo, escolhe o movimento vencedor e o completa quase simultaneamente. Dando a impressão, e é somente isso, que o sistema de inteligência artificial estava lendo sua mente. Seria isso possível? Tudo indica que não, pois a combinação de algoritmos, com movimentos humanos anteriores, faz com que o sistema possa predizer o resultado e com uma incrível potencialidade de acerto. E as novidades não ficam somente nesse nível: Nunca antes na história da humanidade tantas pessoas monitoraram, registraram e relataram tantos detalhes sobre si mesmas para um público tão grande. O impacto de tantos zilhões de micronarrativas de todos os tipos e sobre todos os assuntos já é visível. Aqui se cruzam os aspectos positivismo desses avanços com os riscos, não se tendo certeza ainda sobre qual delas é maior (Floridi, 2014).

Esse controle tecnológico da vida humana não está apenas nas ruas, mas, também, se encontra em espaços, como os locais de trabalho, onde o empregador parece que tem direito à vigilância de cada movimento do empregado (Fernández Orrico, 2021). Em qualquer exemplo que se use a vigilância tecnológica da vida das pessoas haverá a necessidade de limites. Como estabelecê-los? Essa é uma questão difícil, pois o aparato tecnológico parece ter possibilidades quase infinitas. Especialmente quando se traz a abordagem para o cenário inaugurado pela inteligência artificial.

2. A INTELIGÊNCIA ARTIFICIAL E SEUS DESAFIOS NO CENÁRIO DA DESINFORMAÇÃO

Já faz algum tempo que o tema relativo às possibilidades do uso da Inteligência Artificial (IA) acompanham o imaginário das pessoas na sociedade. Basta lembrar, por exemplo, o personagem "Rosie", o robô, a auxiliar doméstica dos Jetsons, bem como cenários mais tecnológicos e assustadores que representariam novas ameaças, e que não poderão ser excluídas do debate, tais como o assustadoramente desobediente HAL 9000 do filme de Stamley Kubrick, "2001: uma odisseia no espaço". Para além desses exemplos gerados pela imaginação científica de seus autores, atualmente a Inteligência Artificial está se corporificando entre nós.

São diversos os exemplos de algoritmos atuantes nos tribunais brasileiros. O que mais tem atraído atenção, desde seu lançamento, em 2018, é o VICTOR, projeto encomendado pelo Supremo Tribunal Federal (STF) à Universidade de Brasília. Sob a promessa de agilizar a tramitação de processos, o programa é tido como o "[...] maior e mais complexo Projeto de [inteligência artificial] do Poder Judiciário e, talvez, de toda a Administração Pública Brasileira". O Conselho Nacional de Justiça (CNJ) regulamentou uso de inteligência artificial nos tribunais no final de 2020, por meio da Resolução n° 332. A normativa estabelece padrões para a implementação dessa tecnologia, fazendo com que sejam observados os direitos fundamentais dos cidadãos, bem como as regras de governança e proteção de dados, dispondo sobre a necessária diversidade nos grupos responsáveis pela criação e manutenção dos algoritmos. Porém, esse documento oferece soluções a apenas algumas das implicações práticas do uso dessa tecnologia nos tribunais, sem considerar, além disso, a importância de uma base teórica (Von Hohendorff, Kaini Lazzaretti, 2021).

No livro de Klaus Schwab (2016), se pode ler que a IA servirá para a tomada de decisões, que já se tem exemplos nos carros autônomos, onde o experimento realizado por cientistas do MIT desenvolveu a chamada "Máquina Moral", que vai aprendendo a partir da participação de milhares de pessoas, que são convidadas a opinar sobre a melhor decisão que o carro autônomo deverá observar, em situações rotineiras que se apresentam ao motorista, quando está dirigindo o seu carro (Mit, 2022). Nesse ponto, se observa o surgimento dos vieses cognitivos, que representam a introdução de traços discriminatórios para a estrutura do algoritmo que orienta a IA. Portanto, não é o sistema de IA que é discriminador, mas o ser humano que alimenta os dados do sistema que tem traços de discriminação e que acabam "contaminando" o algoritmo.

As empresas gradativamente vêm avançando no emprego da IA para a contratação de pessoas. Assim, através de uma plataforma, os encarregados da seleção conseguem avaliar as expressões faciais e a fala dos candidatos durante entrevistas em vídeo de modo a reduzir a dependência de currículos (Dastin, 2018). Ocorre que isso também pode ser discriminante, eis que o sistema da plataforma, de IA, é "alimentado" com dados provenientes de recrutamentos realizados por humanos, com suas tendências. Foi assim que a Amazon se deparou com um sistema de IA discriminador, que não contratava mulheres. Em 2015 a empresa observou que não ocorria uma classificação neutra em termos de gênero, realizada pelo sistema de IA. O sistema realizava a discriminação por conta de ter sido criado a partir dos bancos de dados já existentes, que continham majoritariamente currículos de homens. Os primeiros indícios de sexismo foram detectados em 2015, quando sistema apresentou problemas na análise de currículos enviados por mulheres. O algoritmo começou a deletar as fichas com a palavra *'mulher'*. Com isso, candidatas do sexo feminino foram completamente ignoradas (Dastin, 2018).

A pesquisa sobre a ética dos algoritmos cresceu substancialmente na última década. Ao lado do desenvolvimento exponencial e aplicação de algoritmos de aprendizado de máquina, novos problemas éticos e soluções relacionadas ao seu uso onipresente na sociedade foram propostos, conforme mencionam Tsamados e colaboradores (2021) em artigo baseado na revisão da ética dos algoritmos publicada em 2016 (Mittelstadt et al.) com objetivo de contribuir para o debate sobre a identificação e análise das implicações éticas de algoritmos e para fornecer uma análise atualizada de preocupações epistêmicas e normativas, além de propor orientações para a governança, desenvolvimento e implantação de algoritmos. O potencial dos algoritmos para melhorar indivíduos e bem-estar social vem com riscos éticos significativos (Floridi e Taddeo 2016). Algoritmos não são eticamente neutros. Assim, o preconceito também foi relatado em anúncio algorítmico, com oportunidades para maiores empregos no campo da ciência e tecnologia anunciados para homens com mais frequência do que para mulheres. Ainda, a previsão de algoritmos usados para gerenciar os dados de saúde de milhões dos pacientes nos Estados Unidos exacerbam problemas, com pacientes brancos recebendo cuidados maiores e melhores quando comparados aos pacientes negros. Enquanto as soluções para esses problemas estão sendo discutidas e projetadas, o número de sistemas algorítmicos exibindo os problemas éticos continuam a crescer (Tsamados et al, 2021).

Com o passar do tempo, o algoritmo vai aprender a partir de situações anteriores para apresentar sugestões e automatizar os processos futuros de tomada de decisões cada vez mais complexas, facilitando e tornando mais rápidas as conclusões concretas com base em dados e experiências passadas. Nesse desenvolvimento da aprendizagem da máquina, se pode incrementar os vieses discriminatórios. Por isso, a questão relativa à responsabilidade civil nessa matéria é bem significativa. Vale dizer: o sistema de IA vai aprender gradativamente a selecionar as imagens colhidas pelos equipamentos de segurança, instaladas nas ruas das cidades, armazenando essas imagens e compondo banco de dados com variadas utilizações.

Todas essas questões poderão ser ampliadas na sociedade, a partir do momento em que são suportadas pela desinformação. A coleta de dados, grande parte deles relacionadas à privacidade das pessoas, trabalhados pelas possibilidades da inteligência artificial, poderão gerar resultados não pretendidos ou não relacionados com a verdade. Existem diversos níveis de desinformação.

Segundo matéria publicada no *The Guardian*: a IA pode ser usada para analisar toda a saúde financeira da pessoa, incluindo gastos, poupança e outras dívidas, para chegar a uma imagem mais holística. Se projetados corretamente, esses sistemas podem fornecer acesso mais amplo ao crédito acessível. Entretanto, um dos maiores perigos é o "viés não intencional", no qual os algoritmos acabam negando empréstimos ou contas a certos grupos, incluindo mulheres, migrantes ou pessoas de cor. Parte do problema é que a maioria dos modelos de IA só pode aprender com dados históricos que foram alimentados, o que significa que eles aprenderão a qual tipo de cliente foi emprestado anteriormente e quais clientes foram marcados como não confiáveis.

Nesse particular, se abre um espaço de perigo para a caracterização do 'bom' mutuário; gênero e etnia costumam desempenhar um papel nos processos de tomada de decisão da IA com base nos dados em que ela foi ensinada: fatores que não relevantes para a capacidade de uma pessoa pagar um empréstimo. Ao menos em uma avaliação cuidadosa, ética e humana. Além disso, alguns modelos são projetados para serem cegos às chamadas características protegidas, o que significa que não devem considerar a influência de gênero, raça, etnia ou deficiência. Mas esses modelos de IA ainda podem discriminar como resultado da análise de outros pontos de dados, como códigos postais, que podem se correlacionar com grupos historicamente desfavorecidos que nunca solicitaram, garantiram ou pagaram empréstimos ou hipotecas. Outro detalhe que provoca preocupação: na maioria dos casos, quando um algoritmo toma uma decisão, é difícil para qualquer um entender como ele chegou a essa conclusão, resultando no que é comumente chamado de síndrome da "caixa preta". Isso significa que os bancos, por exemplo, podem se esforçar para explicar o que um solicitante poderia ter feito de maneira diferente para se qualificar para um empréstimo ou cartão de crédito, ou se mudar o sexo de um solicitante de homem para mulher pode resultar em um resultado diferente (Makortoff, 2022).

Outra situação que deve ser destacada é a utilização da IA, por meio do "Data mining", para a geração de perfis, padrões e pré-juízos sobre pessoas e situações, que podem ser inautênticas e estruturadas em vieses cognitivos que trazem distinções e discriminações, ampliando o grau de injustiça e exclusão social, dependendo da sua maneira de interpretação e utilização pelos humanos para a tomada de decisões, orientados por esse mecanismo do "Data mining".

O julgamento humano também pode ser falho e questionável, segundo Kahneman, Sibony and Sunstein (2021): os seres humanos não tomam decisões racionais o tempo todo, por causa de vieses, que são atalhos que nosso cérebro usa e que acabam nos colocando em armadilhas mentais. Entretanto, em seu livro intitulado "Noise", os três autores mencionam que, ao contrário do viés, o ruído ("noise") se caracteriza pela inconsistência e pela imprevisibilidade do erro. Tal aspecto poderá gerar efetivamente riscos complexos e delicados quando o sistema de IA tomar decisões, cabendo o seguinte questionamento: será que o ser humano conseguirá auditar o sistema, a fim de se saber como a máquina tomou certa decisão? Pensando em uma decisão judicial: como se poderá recorrer de uma decisão dada pelo sistema de IA com essas características? O certo é que ainda existem muitos questionamentos a serem respondidos. Por enquanto, o sistema de IA tem sido indicado como um auxiliar do ser humano que toma decisões, não o seu autor exclusivo. De qualquer modo, se terá o nascimento de uma nova categoria de responsabilidade civil: a responsabilidade sobre a inconsistência e imprevisibilidade do erro das decisões tomadas pela IA. Quem assumirá essa responsabilidade? (Jimeno Muñoz, 2019; Navas Navarro, 2022).

Outra aplicação, onde a IA tem começado a ser utilizada largamente, é o reconhecimento facial. Nessa matéria, quanto mais o sistema de Inteligência Artificial vai aprendendo, maior a probabilidade de se ter interferências indesejadas na privacidade das pessoas. Além da invasão da privacidade, o reconhecimento facial também abre espaço para discriminação, a partir da informação visual (Hao, 2021).

Existe hoje um grande investimento de recursos técnicos e humanos nas iniciativas de reconhecimento facial, área super valorizada de uso da IA, mas há também relatos de acontecimentos que geram muita preocupação, por conta dos viesses, além dos riscos envolvendo imprecisão. No Brasil, em maio de 2019, no Rio de Janeiro, uma mulher foi equivocadamente identificada pelo sistema de reconhecimento facial e detida pelos crimes de homicídio e ocultação de cadáver – sendo que a verdadeira procurada sequer estava foragida, e sim presa desde 2015 (Werneck, 2019). A Polícia Militar, na ocasião, explicou que a probabilidade de acerto do algoritmo era de 70%. Assim, mais além dos resultados imprecisos ou errados, existe ainda a preocupação com o potencial discriminatório e marginalizante da prática. A Rede de Observatórios da Segurança realizou o monitoramento do uso dessa tecnologia em quatro estados brasileiros (Bahia, Rio de Janeiro, Santa Catarina e Paraíba), de março a outubro de 2019 e verificou que dentre 42 pessoas abordadas, 90,5% eram negras. (Nunes, 2019). Exatamente por conta destas realidades, entende-se que o reconhecimento facial é uma utilização da inteligência artificial considerada de risco elevado (Cantarini, 2022).

É preciso ter cuidado com as seguintes questões: o simples ato de carregar fotografias pessoais poderá gerar muitos inconvenientes, pois com isso se estará ajudando a treinar o sistema de IA, sem que se tenha mais um controle direto sobre tais (Heaven, 2021). Por tudo isso, será fundamental que o ser humano não vá morrer, tomando cuidado para preservar a "humanidade do humano", a possibilidade do rompimento desse limite se torna cada vez mais possível (Leal Martín, 2017).

Em outubro de 2022, mais exatamente no dia 04, o governo dos Estados Unidos da América publicou o plano de Declaração de Direitos para tecnologias de IA, que contém diretrizes para a o desenvolvimento de uma regulação nacional de direitos fundamentais diante destas tecnologias. O referido documento foi criado com auxílio da sociedade civil e de representantes das principais empresas de desenvolvimento tecnológico, após uma série de consultas públicas ocorridas desde 2021. A ideia é definir princípios para a construção e revisão do desenvolvimento tecnológico, considerando a ética desde o princípio. Busca-se a proteção e garantia de direitos digitais fundamentais, ou seja, direitos mínimos que poderão ser opostos aos desenvolvedores e fornecedores de tecnologias baseadas em mecanismos inteligentes pelos consumidores, titulares de dados e cidadãos, inclusive diante de casos de dano. O plano de Declaração de Direitos para tecnologias de IA tem 5 proteções: a) a proteção contra sistemas inseguros ou ineficazes; b) a proteção contra discriminação por algoritmos e sistemas; c) a proteção contra práticas abusivas de dados através da garantia de autodeterminação informativa; d) a garantia de aviso e explicação sobre o funcionamento e resultados de um sistema de IA e, e) a garantia de revisão ou alternativa humana (EUA, 2022).

3. OS DESAFIOS REGULATÓRIOS DA INTELIGÊNCIA ARTIFICIAL: PROTEGENDO A PRIVACIDADE E A PROPAGAÇÃO DA VERDADEIRA INFORMAÇÃO

Dessa forma, se abre um campo novo e muito interessante para a regulação. Não será a regulação estatal tradicional, por meio da edição de uma lei, que conseguirá realizar a estrutura regulatória, pois se trata de um fenômeno global e com a possibilidade de gerar efeitos para muito além do limite territorial de cada País.

A vigilância por meio de mecanismo tecnológicos e o tratamento por intermédio de sistemas de inteligência artificial, mostram a volatilidade das relações sociais e o cuidado que o ser humano deverá ter para sobreviver nesse cenário. Nesse cenário nasce um novo direito, que poderia ser considerado fundamental, a saber: "O direito de não ser enganado", que está vinculado às amplas possibilidades geradas pelos meios digitais e que transitam por meio da Internet, fazendo com que os usuários tenham certeza da veracidade das informações (Garrigues Walker, 2020).

Existe também uma dificuldade no processo regulatório dessas transformações. Os paradigmas de segurança e previsibilidade, tradicionalmente presentes na área jurídica, parece que estão evidenciando sinais de fragilidade.

As organizações que operam nesse mundo virtualizado de informações deverão pautar a sua atuação pelo combate à opacidade de negociações e ajustes que podem gerar ações contrárias ao Direito, tanto de modo interno, quanto externo à organização. Por isso, essas estruturas organizacionais deverão evidenciar coragem para atuar nessa chamada "idade da volatilidade" e seus líderes deverão ser ambidestros: prudentes ao administrar esse lado negativo, enquanto perseguem progressivamente o lado positivo, ou seja, as possibilidades geradas pelo uso da Inteligência Artificial. Esses líderes estão pensando na próxima década, não no próximo mês (Birshan, Seth, Sterfels, 2022), devendo servir de inspiração para todos os seres humanos.

Se pode dizer que esse "Mundo", com tais elementos estruturantes, apresenta a chama "infosfera" (Floridi, 2014). A infosfera não será um ambiente virtual sustentado por um mundo genuinamente 'material'. Pelo contrário, será o próprio mundo que será cada vez mais entendido informacionalmente, como uma expressão da infosfera.

O novo *homo sapiens,* hoje *technologicus* está vivendo na infosfera, termo que substitui o ciberespaço. Pra Floridi (2014), a infosfera é o atual *habitat* humano, constituído por todas as entidades informacionais, suas propriedades, interações, processos e demais relações, onde vive-se *OnLife* porque não faz mais sentido diferenciar a vida *online* e *offline.* Na era do *OnLife,* real e virtual se interligam e estão conectadas o tempo todo, em uma espécie de fusão. Ainda, em relação à filosofia e à ética da informação, é preciso questionar como infosfera implica em uma nova ideia de realidade humana. Hoje se vive em uma nova era, repleta de informações que precisam ser transformadas em conhecimento.

As tecnologias digitais, ao fazerem a ligação de tecnologia a tecnologia, estão mudando nossa interpretação das mecânicas anteriores, onde a tecnologia conectava as pessoas ao mundo. Ao final dessa mudança, a infosfera terá deixado de ser uma forma de se referir ao espaço da informação para ser sinônimo da própria realidade. Essa é a transformação radical que se está vivenciando na atualidade.

Tal característica estruturante da Quarta Revolução Industrial mostra que o critério para a existência–o que significa para algo ser completa e, em última análise, real–também está mudando (Floridi, 2014). Com a inteligência artificial e a Internet das Coisas, a imutabilidade e perceptibilidade foram unidas pela interatividade. Nossa filosofia parece sugerir que 'ser é ser inter-relacionável', mesmo que aquilo com o qual interagimos seja apenas transitório e virtual. Como se deverá atuar nesse "novo mundo"? O que fazer? Ser contra? Qual a melhor atitude ou decisão que os humanos (enquanto ainda se poderá considerar humano) deverão tomar? Um dos pontos de atenção para os limites deste artigo: a infosfera ajuda o ser humano a ter mais liberdade – o que parece animador – mas, ao mesmo tempo, nos submete a uma vigilância e controle crescentes. Segundo Han (2021), no mundo controlado por algoritmos, o ser humano vai perdendo gradativamente a sua capacidade de viver por si mesmo, de andar a partir de sua própria autonomia. O ser humano vai sendo confrontado com um mundo que não é o seu, pois está transformado, em rede, escapando da sua compreensão.

Um encaminhamento possível, ainda que provisório, para se transitar e "sobreviver" nesse mundo digitalizado e vigiado, será praticar as características que compõe o *phrónimos:* "pensa-se que é característico de uma pessoa que tenha *phrónesis* ser capaz de deliberar bem acerca do que é bom e conveniente para si mesma, não em relação a um aspecto particular [...] e sim acerca das espécies de coisas que nos levam a viver bem de um modo geral" (Aristóteles, 2001, 1140a). Para que o *phrónimos* possa alcançar a realização adequada ou, a melhor possível, dos bens humanos básicos (aqueles definidos por John Finnis (2011): a vida; o conhecimento; o jogo; a experiência estética; a sociabilidade [amizade]; a razoabilidade prática e a religião) exigirá o chamado plano de vida racional que busca atingir e atender às características genéricas dos desejos e necessidades humanas e seu ciclo de ocorrência. Vale dizer, um dos indicadores para que se possa usar a inteligência artificial de modo a respeitar a privacidade e os outros princípios que se encontram diretamente relacionados à essência do ser humano, se aponta a importância fundamental da chamada "inteligência artificial responsável" (Renieris, Kiron, Mills, 2022). Mas qual a abrangência de categorização? A Inteligência Artificial responsável deverá ser desenvolvida e aplicada a partir da orientação que se origina nos seguintes princípios: privacidade, segurança, justiça, confiabilidade, possibilidade de auditoria do funcionamento do sistema de IA, explicabilidade e justificação do resultado, transparência, interpretabilidade e a centralidade da pessoa humana (Mikalef,

Conboy, Lundström, Popovič, 2022). Esses princípios representam um pressuposto ético para qualquer utilização da inteligência artificial, devendo ser observados no tratamento dos dados pessoais e dados sensíveis que forem coletados por qualquer meio tecnológico. Portanto, o compromisso gerado por esse conjunto de princípios será o responsável pela estruturação de uma circulação cuidadosa e responsável de qualquer dado que for coletado ou trado por um sistema de IA.

A partir desses princípios também se poderá estruturar um modelo regulatório, guiado pelos elementos estruturantes de um "plano de vida coerente' inspirado em John Finnis (2011) na formulação de uma das exigências básicas da razoabilidade prática, que foi denominada de "plano de vida coerente". Cada indivíduo deve ter um conjunto de propósitos e orientações, organizados com determinado grau de harmonia, passíveis de serem concretizados. Não se trata de planos imaginários e sem possibilidade de realização, mas de compromissos efetivos (Finnis, 2011). A vida do ser humano deve estar norteada por um projeto, alicerçado nas vivências pessoais passadas e presentes, mas lançando as vistas para o futuro. Vale dizer, é irracional que o ser humano apenas pense no imediato, esquecendo-se de amarrar cada momento, como um contínuo caminhar de cada um no contexto social. Essa é a arquitetura filosófica que sustentará a motivação coletiva, não somente a individual, da caminhada na Infosfera (Floridi).

As perspectivas regulatórias aqui apresentadas, combinadas com pressupostos éticos, poderão colaborar com a mitigação dos efeitos advoersos à privacidade, que são passíveis de serem potencializadas com as atitudes de desinformação, obswervandose as distinções conceituais antes estudadas.

Análises éticas são necessárias para mitigar os riscos enquanto aproveitando o potencial para o bem dessas tecnologias, na medida em que servem ao duplo objetivo de esclarecer a natureza dos riscos éticos e do potencial para o bem dos algoritmos e tecnologias digitais. Assim, se faz necessário traduzir e aplicar esse entendimento em orientações sólidas e acionáveis para a governança da concepção e utilização de instrumentos de IA.

Por isso, uma regulação baseada em princípios parece ser uma opção para regular o futuro, caminhando em direção à chamada regulação inteligente (Cuéllar; Huq, 2022), estruturada a partir de modelos de autorregulação regulada, por meio da combinação criativa de princípios em busca de uma IA Responsável e comprometida com o desenvolvimento do ser humano, ou seja, o sistema de IA deverá ter o ser humano no centro e trabalhar para ele e sob o comando dele (Buiten, 2019). Qual o motivo de se categorizar essa regulação de “inteligente”? Um dos motivos se deve à estrutura de princípios, que apresentam caráter aberto e flexível, permitindo rápidas modificações, justamente a fim de atender às modificações geradas pelo avanço da pesquisa e desenvolvimento da inteligência artificial; depois, por não se depender da demora burocrática do processo legislativo convencional. A conjugação desses dois ingredientes contrasta com a sempre anunciada certeza e previsibilidade da legislação elaborada pelo Estado.

No entanto, pelos aspectos apontados, há evidências que esses dois atributos deverão ceder lugar à flexibilidade de modelos normativos estruturados a partir dos princípios, que também, carregam na sua essência o caráter deôntico, muito próximo daquele que as regras carregam. Se está iniciando os primeiros movimentos para uma mudança de paradigma. O resultado? Ainda não se sabe. O certo é que a área jurídica precisará inovar, abrindo-se a produção do jurídico para experimentos que poderão até não ser tão seguros, mas se estiverem orientados para a proteção do ser humano e da manutenção da vida na sociedade, as novas experiências regulatórias terão valido à pena. É o momento de se usar a criatividade e renovar as bases estruturantes da tradição jurídica. Essa é a proposta. O tempo dirá se esse “novo” caminho está correto.

BIBLIOGRAFÍA

Aristóteles. (2001). *Ética a Nicômaco*. Editora da UnB.

Birshan, M.; Seth, I.; Sternfels, B. (2022). Strategic courage in an age of volatility. August 29. https://www.mckinsey.com/capabilities/strategy-and-corporate-finance/our-insights/strategic-courage-in-an-age-of-volatility?cid=other-eml-shl-mip-mck&hlkid=ca59de315f584cb1890ba39414472570&hctky=10417343&hdpid=77389b53-7cb3-4846-85f8-2d6db05e4f36.

Buiten, M. (2019). Towards inteligente regulation of artificial intelligence. *European journal of risk regulation*, 10 (1), 41-59. Doi: 10.1017/err.2019.8

Cantarini, P. (2022). Marco legal da IA (PL 21/20): análise comparativa à luz da regulamentação europeia (AI Act) e a questão da proteção do segredo industrial. En: Colombo, C; Engelmann, W.; Faleiros Júnior, J. L. de M. *Tutela jurídica do corpo eletrônico*: novos desafios ao direito digital (p. 703-722). Foco.

Carrillo, M. (2016), Los âmbitos del derecho a la intimidad en la sociedade de la comunicación. En *El derecho a la privacidade en un nuevo entorno tecnológico*. XX Jornadas de la Asociación de Letrados del Tribunal Constitucional.

Cuéllar, M.-F.; Huq, A. Z. (2022). Artificially Intelligent Regulation. *Daedalus*, 151 (2), 335-347. doi: https://doi.org/10.1162/daed_a_01920.

Dastin, J. (2018). Amazon scraps secret AI recruiting tool that showed bias against women. October 10. https://www.reuters.com/article/us-amazon-com-jobs-automation-insight-idUSKCN1MK08G

EUA (2022). Governo Biden-Harris publica Declaração de Direitos focada em tecnologias de Inteligência Artificial. https://www.whitehouse.gov/ostp/news-updates/2022/10/04/blueprint-for-an-ai-bill-of-rightsa-vision-for-protecting-our-civil-rights-in-the-algorithmic-age/

Fernández Orrico, F. J. (2021). *Criterios sobre uso de dispositivos tecnológicos en el ámbito laboral: hacia el equilíbrio entre el control empresarial y la privacidade del trabajador*. Tirant lo Blanch.

Finnis, J. M. (2011). *Natural Law and Natural Rights*. Second Edition. Oxford University Press.

Floridi, L. (2014). *The 4th revolution: how the infosphere is reshaping human reality*. Oxford University Press.

Floridi L, Taddeo M (2016) What is data ethics? *Philos Trans R Soc A: Math Phys Eng Sci* 374(2083):20160360. https ://doi. org/10.1098/rsta.2016.0360

Garrigues Walker, L. M. G. (2020). *El derecho a no ser engañado: y cómo nos engañan y nos autoengañamos.* Aranzadi.

Han, B-C. (2021). *No-cosas: quiebras del mundo de hoy.* Taurus.

HAN, B-C. (2017). *Sociedade da transparência.* Vozes.

Hao, K. (2021). This is how we lost control of our faces. The largest ever study of facial-recognition data shows how much the rise of deep learning has fueled a loss of privacy. En *MIT Technology Review,* 05 February. https://www.technologyreview.com/2021/02/05/1017388/ai-deep-learning-facial-recognition-data-history/.

Heaven, W. D. (2021). How to stop AI from recognizing your face in selfies. En *MIT Technology Review,* 05 May. https://www.technologyreview.com/2021/05/05/1024613/stop-ai-recognizing-your-face-selfies-machine-learning-facial-recognition-clearview/.

Jimeno Muñoz, J. (2019). *Derecho de daños tecnológicos, ciberseguridad e insurtech.* Dykinson.

Kahneman, D.; Sibony, O.; Sunstein, C. R. (2021). *Ruído: uma falha no julgamento humano.* Objetiva.

Leal Martín, S. (2017). *No te vas a morir: impactos de la robótica y la inteligência artificial sobre nuestra vida personal y profesional.* Grupo Editorial Círculo Rojo.

Lecheler, S.; Egelhofer, J.L. (2022). Disinformation, Misinformation, and Fake News Understanding the Supply Side. In: STRÖMBÄCK, Jesper; WIKFORSS, Åsa; GLÜER, Kathrin; LINDHOLM, Torun; OSCARSSON, Henrik. Knowledge Resistance in High-Choice Information Environments. London; New York: Routledge.

Makortoff, K. (2022). 'Risks posed by AI are real': EU moves to beat the algorithms that ruin lives. En *The Guardian,* Sunday, 07 Aug. https://www.theguardian.com/technology/2022/aug/07/ai-eu-moves-to-beat-the-algorithms-that-ruin-lives.

Mikalef, P.; Conboy, K.; Lundström, J. E.; & Popovič, A. (2022). Thinking responsibly about responsible AI and 'the dark side' of AI. *European Journal of Information Systems,* 31(3), 257-268.

Mittelstadt, B.D., Allo P, Taddeo M, Wachter S, Floridi L (2016) The ethics of algorithms: mapping the debate. *Big Data Soc.* https ://doi.org/10.1177/20539 51716 67967 9.

MIT–Massachusetts Institute of Technology (2022). *Moral Machine.* https://www.moralmachine.net.

Navas Navarro, S. (2022). *Daños ocasionados por sistemas de inteligencia artificial: especial atención a su futura regulación.* Editorial Comares.

Nunes, P. (2019) Novas ferramentas, velhas práticas: reconhecimento facial e policiamento no Brasil. En: Rede Observatória da segurança. *Retratos da violência:* cinco meses de monitoramento, análises e descobertas. [*S. l.*]: CESEC.

Renieris E. M.; Kiron D.; and Mills S. (2022). To Be a Responsible AI Leader, Focus on Being Responsible. En *MIT Sloan Management Review* and Boston Consulting Group, September.

Schwab, K. (2016). *A quarta revolução industrial.* Edipro.

Tsamados, A., Aggarwal, N., Cowls, J. *et al.* (2022). The ethics of algorithms: key problems and solutions. *AI & Soc,* **37**, 215–230 https://doi.org/10.1007/s00146-021-01154-8

Von Hohendorff, R.; Kaini Lazzaretti, B. (2021) O uso de inteligência artificial na tomada de decisões judiciais: uma análise sob a perspectiva da crítica hermenêutica do Direito. *RDUno: Revista do Programa de Pós-Graduação em Direito da Unochape*có, v. 3, p. 15-32.

Werneck, A. (2019). Reconhecimento facial falha em segundo dia, e mulher inocente é confundida com criminosa já presa. *O Globo*[*s. l.*], 11 jul. 2019. https://oglobo.globo.com/rio/reconhecimento-facial-falha-em-segundo-dia-mulher-inocente-confundida-com-criminosa-ja-presa-23798913.

Capítulo 3.

EL MUNDO HÍBRIDO Y LA ZONA GRIS. LOS PELIGROS DE LA DESINFORMACIÓN

FEDERICO AZNAR FERNÁNDEZ-MONTESINOS
Instituto Español de Estudios Estratégicos (IEEE)
faznfer@fn.mde.es

"No desprecies a la serpiente por no tener cuernos,
puede reencarnarse en un dragón;
también un hombre puede ser todo un ejército"
La frontera azul

1. FRONTERAS Y SEGURIDAD

La complejidad es el signo de nuestro siglo. La globalización ha provocado un incremento creciente de todo tipo de interacciones, algo que ni los intentos de retorno al proteccionismo, ni el reforzamiento del Estado-nación que ha provocado el COVID-19, han conseguido detener, sino que incluso han logrado acelerar.

Como consecuencia, el paradigma estato-céntrico y de control territorial, que, desde Westfalia, es la base de las Relaciones Internacionales, se ha visto desbordado. Poder e intereses nacionales, las claves del realismo político, aunque sigan ocupando un lugar central, ya no son factores suficientemente explicativos en tanto que se ven rebasados por un número creciente de relaciones.

En este océano de confusión, surgen conceptos nuevos que pretenden dar respuesta a los retos operativos y que, sin solución de continuidad, se suceden los unos a los otros, pues no terminan de ser implementados en la doctrina cuando devienen en obsoletos, preparando tal vez el retorno de lo mismo.

Estos no andan solos, alguien los elige para ayudar al que los acepta a pensar en una dirección determinada, concurrente no pocas veces con la dirección de quien los lanza; como ya aseverará George Lakoff, el lenguaje no es inocente. Es preciso estar alerta. El marco interpretativo presta siempre un buen servicio a quienes controlan o quieren controlar las cosas.[1] Orienta sobre el problema, pero también sobre la respuesta oportuna y el marco del conjunto.

El problema es que las fronteras, físicas o conceptuales, por clarificadoras no son tanto la solución como parte del problema porque no obedecen a las claves de la nueva realidad internacional. Estas son solo una expresión, ya sea geográfica o de otra índole, que no refleja ni recoge las múltiples facetas que trascienden y envuelven a los problemas que existen a un lado y otro lado de los límites que se pretende perfilar.

La pérdida de relevancia de la dimensión geográfica y de la frontera, han ido acompañadas de una pérdida de igual sentido en el plano conceptual, lo que ha supuesto la desaparición

---

1 CHOMSKY, Noam. (1996). *El nuevo orden mundial (y el viejo).* Grijalbo Mondadori Barcelona, p. 9.

de la distinción entre conceptos clave y la confusión, un nuevo signo de la globalización y que es resultado natural de la complejidad. Hasta un concepto nuclear y que sirve de base a la idea de democracia, como es la ciudadanía ha sufrido todo un proceso de erosión (ciudadanos, residentes permanentes, inmigrantes, sin papeles...).[2]

En el terreno que nos ocupa, el propio concepto de guerra, probablemente la institución de Derecho Internacional Público más relevante, le ha pasado lo mismo: asimétricas, hibridas, guerrilla, terrorismo, posconflicto, operaciones de (imposición de la) paz, piratería, narcotráfico..., hasta bombardeos humanitarios.

La realidad se hace variable y los conflictos, además de ser un choque de fuerzas, se transforman en un choque no solo de voluntades–la definición de Clausewitz de guerra que cifra su resolución en el choque de estas en el campo de batalla–sino también de percepciones y de realidades. Se trata de quebrar la voluntad del contrario, provocar que pierda la iniciativa, privarle de su libertad de acción y adueñarse de su voluntad, aunque sea transfigurando la percepción de la realidad en que se desarrolla la pugna. La clave se sitúa así en este último término humano–la voluntad – pero que está afectado por la percepción del entorno.

En este contexto, los estándares de seguridad con que vivían nuestras sociedades – caracterizadas por su aversión a cualquier tipo de riesgo–se han demostrado poco realistas. Como ya apuntaba Ray Bradbury, en *Fahrenheit 451*, "no busques seguridades, ningún animal vive de esa manera". Así, ninguna frontera ni accidente geográfico ha servido para detener una pandemia, a lo sumo lo que han hecho ha sido retrasarla; y no

---

2 DIAMINT, Rut. "Misiones militares" en S. Tulchin, Joseph et al. *La seguridad desde las dos orillas.* Ediciones Bellaterra, Barcelona 2006, p. 67.

demasiado. La globalización confronta beneficio con seguridad; todo viene junto e interconexionado.

El resultado es que, si bien el riesgo ha disminuido, también se ha convertido en multidireccional. Y es que este incremento en las relaciones, paralela y paradójicamente, trae consigo un aumento de los conflictos – estos sólo son posibles por la existencia de aquellas–por más que estos también se vean atemperados por los intereses creados.

La consecuencia es que se producen más conflictos si bien más limitados. No obstante, también los conflictos pequeños pueden globalizarse, ampliando sus efectos e interaccionando con otros, a consecuencia de lo cual sus efectos se transforman en impredecibles. Esto, adicionalmente asociado a la proliferación puede tener fatales consecuencias al hacer más probable un uso incontrolado–por más que puntual–de las *Armas de Destrucción Masiva.* La *Destrucción Mutua Asegurada* daba un orden que hoy ya no existe, a cambio de unos riesgos que hoy felizmente tampoco se dan.

2. EL MUNDO HÍBRIDO

La lógica de la guerra clásica requiere, para que se produzca, que todas estas relaciones se agrupen únicamente en dos categorías básicas: amigo-enemigo. Al decir de Carl Schmitt: "los enfrentamientos religiosos, morales y de otro tipo se transforman en enfrentamientos políticos y pueden originar el reagrupamiento de lucha decisivo en base a la distinción amigo-enemigo. Pero si llega a esto, entonces el enfrentamiento decisivo no es ya religioso, moral o económico sino el político."[3]

---

3 SCHMITT, Carl. (1991). *El concepto de lo político.* Alianza Editorial, Madrid, p. 33.

Es la lógica que ha perdurado hasta el fin de la Guerra Fría, y que también contaba con consecuencias positivas, como se ha visto, al abrir espacios de estabilidad. En palabras de Sir Michael Howard "a semejanza de un arco gótico, las presiones en conflicto crean una zona de estabilidad en la que se puede desarrollar la actividad política internacional como si no existiesen aquellas,"[4] idea también sostenida por Kissinger para el que "el equilibrio del poder reduce las oportunidades de recurrir a la fuerza, y el sentido [compartido] de la justicia reduce el deseo de emplearla"[5] y apunta, además, que para que una alianza sea eficiente debe reflejar algún sentido de un propósito compartido, la percepción de un peligro común y una capacidad de unir fuerzas.[6]

Con la globalización, las guerras (y también las alianzas) se han hecho más difíciles y cuando se producen, de común, más limitadas por más que el conflicto de intereses resulte más frecuente. La definición de Schmitt requiere agendas – agrupaciones de intereses–radicalmente incompatibles algo que, lógicamente y como se ha visto, con el crecimiento de las relaciones – y con ello de los intereses–resulta cada vez más dificultoso. Pero a las alianzas les pasa lo mismo. De hecho, la realidad se transforma en hibrida, pues los países mantienen una base común de intereses compartidos y una diferencia que puede llegar a ser polar en algunos de ellos, pocos. En unos aspectos cooperan, en otros compiten y en algunos – y de forma limitada–pueden llegar a pugnar.

Los actores internacionales suman diferentes identidades que no llegan a integrarse plenamente en una única figura,

---

4 HOWARD, Michael. (1987). Las causa de los conflictos y otros ensayos. Ediciones Ejército, Madrid, p. 164.

5 KISSINGER, Henry. (1994) *Diplomacy*. Simon & Schuster Paperbacks, Nueva York, p. 78.

6 Ibidem, p. 562.

adquiriendo un perfil poliédrico. Esta circunstancia dota a las relaciones políticas de una característica diferente por novedosa y contradictoria; y que, por no miscible, es nueva y lógicamente híbrida.

Así, China aúna múltiples elementos con un punto de contradicción entre sí: es un rival geopolítico, en algunos aspectos un socio estratégico, es un proveedor industrial, una potencia nuclear y militar, un exportador de turistas, actúa de un modo asertivo en Asia Pacífico, actúa como prestamista, la ruta del Ártico reduce un 30% el tiempo de navegación entre Europa y Asia… todas estas facetas hacen compleja la realidad.

Por eso las categorías amigo, enemigo, bueno, malo, justo, injusto y, con la misma lógica, hasta la de aliados ya no son del todo operativas, ya no son categorías suficientes para explicar relaciones asentadas sobre intereses de todo tipo, una amalgama informe, no pocas veces contradictorios, pero también a veces congruentes. La complejidad y la suma de identidades hacen que en unos planos sean amigos y en otros no, resultando muy difícil la agrupación y ordenamiento que implica su distribución en categorías globales. Y más en un lapso prolongado de tiempo en el que tienden a desalinearse con facilidad como resultado de la interacción con la realidad y de la propia lógica de la vida cotidiana. Tal pérdida de referencias hace que el mundo de la impresión de haberse desordenado: pocas cosas son permanentes o fiables.

No obstante, la sociedad internacional se encuentra en un estado que Bertalanffy definía como de homeostasis, un equilibrio dinámico entre las distintas partes del sistema internacional, imprescindible para el funcionamiento de este y que se traduce en pequeños ajustes cuasi automáticos. Los intereses, más allá del carácter estático que le atribuía Lord Palmerston, y en línea con la *sociedad líquida* propuesta por Bauman, son una realidad fluida y mutable que se va transformando con el tiempo y adquiere formas nuevas.

Como consecuencia y tal y como apuntaba Mary Kaldor[7] con su concepto de *nuevas guerras* se ha generado un área gris entre la paz y la guerra, entre lo interno y lo externo, los negocios y la política, lo civil y lo militar o lo nacional y lo multinacional. Y las fronteras se desplazan a conveniencia entre lo público y lo privado, la privacidad y la vigilancia, la libertad y el control, lo nacional y lo transnacional… con toda la inestabilidad e inseguridad que ello trae consigo.

Al mismo tiempo se ha cumplido parcialmente lo que Fukuyama predijera en *El último hombre. El fin de la Historia.* [8] Y aunque la democracia (y con ello el sistema de valores de Occidente), por el momento, no se haya instituido en el modelo político único, el capitalismo sí parece haberlo hecho, al menos en el ámbito internacional.

3. GEOPOLÍTICA Y ZONA GRIS

La necesidad de comprensión de un escenario de una complejidad tal pasa por identificar las esquinas del puzle. Esto es lo que explica el retorno de la geopolítica tras el fin de la Guerra Fría en la medida en que oferta soluciones simples e intuitivas, a la vez que, en apariencia practicables, a problemas complejos. La geopolítica, en línea con lo desarrollado antes, respondió por su parte proporcionando conceptos nuevos y útiles para esta etapa de confusión.

El *Soft Power* es la atracción por el sistema político y la cultura, mientras el *Hard Power* lo es por la acción coercitiva de lo militar y lo económico. El *Soft Power* es central en las relaciones cooperativas mientras el *Hard* lo es en las de competición. El

---

[7] KALDOR, Mary. (2001) *Las nuevas guerras.* Editorial Tusquets, Barcelona.

[8] FUKUYAMA, Francis. (1992). *El fin de la historia y el último hombre.* Editorial Planeta, Barcelona

propio Joseph Nye creador de ambos conceptos decía que el *Hard Power* también era útil y que el *Soft Power* no lo era siempre. Para este autor el *Soft Power* se transforma en *Smart* cuando se entremezcla diplomacia, seguridad y fuerza como elementos de una estrategia.

Pero también, la globalización ha puesto en contacto directo democracias y autocracias. Así, países de baja calidad democrática, situados al otro lado del Muro mantienen relaciones comerciales directas con Occidente, a resultas de lo cual, empresas que se intuyen alineadas con el poder político, se instalan en Estados democráticos y se benefician del marco normativo de las empresas ordinarias. Y eso también en segmentos estratégicos como los Medios de Comunicación o las empresas tecnológicas.

Este término señala también una relación asimétrica; así, los países autocráticos han preservado sus mercados nacionales y han impedido cualquier forma de influencia política y cultural limitando incluso el acceso a la red o prohibiendo ciertos servicios. El *Sharp Power*, poder agudo o punzante, describe la utilización de las herramientas de poder por parte de regímenes autoritarios que se sirven de los procedimientos propios del *Soft Power* pero con un sentido y propósito diferente, así como de otros que no son propiamente coercitivos pero tampoco amistosos, entre ellos la desinformación.

Este proceder describe un espacio de ambigüedad al que se ha venido a denominar *Zona Gris.* No es algo propiamente pacífico (*White)* pero tampoco abiertamente hostil (*Brown);* es el espacio entre ambos. Se trata de actuaciones inamistosas, no necesariamente realizadas, tampoco o exclusivamente, por enemigos. Por ejemplo el término *PIGS* utilizado por la prensa del Norte de Europa contribuyó a transformar la crisis de las hipotecas *subprime*, venida desde el mundo anglosajón, en un problema de incumplimiento de pagos por los países del Sur, a los que consecuentemente, se trasladó el problema, y cuya posición política se socavaba. De este modo se facilitaba como solución única el imponer ciertas recetas económicas que hoy se ha visto no eran tales.

No obstante, es por las ventajas que ofrece y los pocos peajes que incorporan, el proceder característico de las potencias revisionistas, esto es, de aquellas que pretenden la transformación del orden establecido al que desafían.

Este concepto es un marco teórico y explicativo que nos enfoca directamente sobre una realidad no basada en la cooperación / colaboración. Nos viene a recordar que guerra y la gestión política son dos realidades superpuestas, dos funciones inseparables, unidas en la finalidad. Estamos ante una estrategia que aúna a un tiempo y de modo casi indiferenciado, actuaciones pacíficas y cuasi hostiles que, situada en un entorno de ambigüedad, deja poca huella y cuya autoría no resulta fácil de probar y si de disimular. Maquiavelo ha vuelto a un mundo que se nos ha hecho tan pequeño como lo era la Italia de las Ciudades-Estado del siglo XVI. Y por eso se puede pugnar por una efectiva gobernanza global. Es preciso releer nuevamente *El Príncipe* por encontrarse manifiestamente vigente.

Un ejemplo de actuaciones en la zona gris es lo que ha venido a ser denominado el *lawfare,* la "guerra de leyes", esta supone presentar un discurso político como si fuera un discurso jurídico, una reclamación en Derecho, esto es, mediante la utilización populista de argumentos y principios jurídicos que por débiles resultarían difícilmente sostenibles en sede judicial. De este modo se hace una argumentación con apariencia jurídica que resulta útil en el plano emocional en la medida en que sirve a la movilización de la población objetivo y ayuda delante de la opinión pública internacional a la que prepara en el sentido de su propuesta política.

Las actuaciones en la zona gris, por más que hostiles, no incorporan violencia física directa, esto es, derramamiento de sangre, con todo el gravamen y condena internacional que el mismo incorpora. Ello dificulta encontrar una respuesta de dimensiones adecuadas, proporcional y acorde a derecho; y además se hace de un modo sino encubierto, sí no declarado. De hecho, algunos autores lo denominan "la guerra no observable", con lo que se subraya la naturaleza no violenta por más que hostil de su no visible proceder.

El resultado es que este tipo de actuaciones sitúan a las potencias democráticas frente a sus propias contradicciones internas ¿Cómo confirmar un proceder dudoso de quien lo niega? ¿Cuál es la respuesta a un ataque malicioso y dañino aunque no sangriento? ¿Quién debe autorizar la respuesta y en que plano debe darse esta? ¿Cuál es la proporcionalidad adecuada? ¿Debe ser la respuesta también oculta? ¿Actúan las democracias ocultamente? ¿Y el Estado de Derecho? ¿Puede obrar una democracia sin la obligada *bona fide* y proceder de modo hostil y hasta dañino en el ámbito de las Relaciones Internacionales? ¿Son todas estas actuaciones compatibles con una democracia ordinaria o nos hallamos ante una situación extraordinaria? Todo ello conduce a una situación de inseguridad jurídica y política, en un entorno en que se invita al error de percepción y atribución, a la aproximación emocional e incorrecta.

Las democracias son sistemas complejos que contribuyen a la articulación de los múltiples conflictos que concurren en sus sociedades. Lo que se pretende es situar a las sociedades objetivo frente a sus propias contradicciones internas debilitando su posición política. Se trata de instrumentar las fracturas y deshacer los equilibrios internos de las sociedades cuestionando sus consensos, utilizando torticeramente para ello el marco normativo y cultural establecido y sirviéndose al mismo tiempo de su pluralismo.

La cuestión es estresar a la sociedad, ensanchando y haciendo más visibles sus costuras, sus líneas de debilidad. No en vano los pilares del Estado-Nación son la sociedad y la arquitectura normativa. Ambas confluyen en las instituciones que son las líneas de juntura que sirve a la actuación integrada del conjunto. Por eso las instituciones son un objetivo de primer nivel; se pretende su deslegitimación, sino para desarticular sí para debilitar el conjunto, socavando la fuerza política de los países en el medio internacional. Y ello en el momento oportuno. El momento es de particular relevancia pues es el que determina la agenda.

4. SOCIEDAD E INFORMACIÓN. UN ESPACIO DE ZONA GRIS

La posmodernidad es el signo del nuevo siglo. El crepúsculo de las ideologías ha traído consigo el fin de las atalayas desde las que era posible hacer prospectiva y contemplar el futuro. Al mismo tiempo el pasado ha dejado de comprometer y hasta de interesar. La materia, la realidad, se diluye hasta desaparecer; depende en todo de la voluntad de quien las interpreta. Por eso la posmodernidad se centra en el presente, en las emociones y en el modo. Como ya anticipara premonitoriamente McLuhan – "el más hippie entre los académicos y el más académico entre los hippies" -, el apóstol de la "aldea global" para el que "el medio es el mensaje" se está produciendo una progresiva retribalización: "una vez que hayamos supeditado nuestros sentidos y sistemas nerviosos a la manipulación privada de quienes intentarán beneficiarse a través de nuestros ojos, oídos e impulsos, no nos quedará ningún derecho."

Y es que con la llegada del nuevo siglo el patrón de comunicación ha sufrido un radical proceso de cambio. El escenario informativo se ha hecho más complejo, pero también mucho más potente. Los Medios de Comunicación de Masas tradicionales se han debido adaptar a internet modificando su modelo de negocio y sufriendo un debilitamiento como empresas del que aún no se han repuesto y que ha redundado en la calidad de la información y en la pérdida del control de la agenda informativa.

Las redes sociales son en detrimento suyo, el eje sobre el que se construye el "ecosistema de información" en el siglo XXI al tiempo que también constituyen una expresión de esa horizontalidad democrática que da voz a todos los actores con independencia de su calidad, lo que enlaza también con el imperio de la emoción.

Estas son espacios en las que los usuarios encuentran una relativa homogeneidad y, por ello, las ideas y creencias se igualan, se amplifican y se refuerzan con independencia de los factores que concurren en las personas y en la calidad de sus juicios. No todas las opiniones valen lo mismo en todos los casos. La extensión del igualitarismo implícito a la idea de ciudadanía a ámbitos inapropiados es parte del problema.

Como consecuencia, los medios han perdido el monopolio de la distribución de la noticia y se les impone la agenda. Este siempre ha estado en manos de quienes las producen que ahora son agentes individuales.[9] Y su canalización ha quedado consignada por diferentes factores uno de los cuales, y no necesariamente el más relevante, es su veracidad. El argumento académico, las referencias y los criterios de autoridad para la construcción de discursos no tienen relevancia ante una opinión pública con escasa capacidad de discriminación, poco tiempo para documentarse, que busca emoción a la hora de informarse más que veracidad y a la que no le gusta ser contradicha.

Vivimos también a nivel global, un tiempo de crisis de la política y de cuestionamiento de la legitimidad y funcionamiento de los marcos normativos. Los sistemas educativos también han

---

9 ALANDETE, David. "Como combatir la posverdad" *Diario El País* 22.11.2016

sufrido un cuestionamiento que, como resultado global nos ha dejado sin referencias. Todo ello debilita a las sociedades.

Estas, en el siglo XXI consumen grandes cantidades de información. El hombre postmoderno no piensa, se informa. Es más, el hombre posmoderno no quiere ser contradicho, sino ver reafirmada su opinión.

Y ello en una sociedad que se ha venido a denominar como la sociedad de la información. Toda la información adquirida desde el principio de la Historia se dobla cada menos de dos años. Pero como sostiene Byung-Chul Han, "una acumulación de información no puede generar la verdad." La clave no se sitúa así en la información, que en su mayoría se encuentra disponible, sino en la correcta selección de la misma. La clave, pese a lo que parece, no está en los datos sino en su comprensión. En este sentido podemos definir la desinformación como todo aquello que impide (intencionadamente) el correcto uso (comprensión) de toda la información disponible.

El problema es, para empezar, que no somos espíritus puros; la información no se desplaza sola, sino que la acompañan emociones y sentimientos. Y además la envuelven (deliberadamente o no) datos incorrectos. La información aporta hechos objetivamente analizados y en su contexto. La publicidad se diferencia en que reposiciona un producto en el mercado con vistas a su toma en consideración y a modificar la conducta del individuo. Y la propaganda selecciona o censura hechos y argumentos con criterio dogmático para sustentar las opiniones que promueve. Al presentarse todo esto como un conjunto y de un modo indisociado se produce una confusión de términos que se añade a lo que ya de por sí figura en el conjunto del sistema.[10]

---

10 MANRIQUE, José Luis. "Populismo y posverdad, ¿Solo tendencias?" *Revista Inmanencia.* Vol. 5, No 1. (2016). http://ppct.caicyt.gov.ar/

La verdad se convierte así en una referencia en un mundo que no las tiene y obliga a quien la encuentra a abandonar la zona de confort para tomarla en consideración. Por eso también queda emocionalmente asociada a las "malas noticias," pues perturba y altera el cauce de las emociones propias, por lo que en lugar de mirar hacia los hechos se produce un distanciamiento de la verdad.

La verdad no está así ligada al hecho sino a los sentimientos que suscita o a las adhesiones que provoca. De este modo, la emoción se sitúa por encima de la razón. Lo emocional acaba así por primar sobre lo racional a modo de revancha sobre el racionalismo cartesiano que había sido hasta ahora el eje de Occidente.

Además la información también es entretenimiento. No se acude a los noticieros a informarse tanto como a absorber emociones; por eso se elige la referencia de la noticia en el segmento que se conoce que resulta emocionalmente más favorable entre los posibles. Todo debe poder explicarse en menos de un minuto a una población semiculta. El poder queda fijado así en las imágenes y en los relatos, que son herramientas de impacto social y, subsiguientemente de persuasión política. Estos no describen tanto la realidad – por más que ambos tomen o se construyan con retazos de esta conforme a la emoción pretendida – como la crean, generando el espacio ético que justifica y racionaliza la actuación.

El sentimiento precede al pensamiento, como la música lo hace a la palabra. Es el sentimiento el que marca nuestros fines y la razón la que dicta los medios para conseguirlos: Sentimos, obramos y pensamos; no pensamos, obramos y sentimos. Lo irracional marca nuestros fines. Por eso la información se difunde mejor por vía emocional que por la racional; la razón

---

index.php/inmanencia/article/view/10831.

está siempre alerta y es dubitativa. La información no es tanto la real como aquella que, dentro de lo posible, más agrade a quien la recibe. Creencia y verdad se confunden lo que explica porque el ser humano es el mejor difusor de información falsa.

No se trata de mentir, tal cosa es un simplismo, una vulgaridad poco práctica y mediocre; basta simplemente tomar un retazo de realidad y construir en torno a ella algo que mucho, poco o nada, tenga que ver con el original pero que resulte atractivo a la población objetivo. Se trata de condicionar o, incluso, desorientar; ni siquiera se trata ya de manipular.

Se busca en las noticias más emoción y reafirmación que verdad; de ahí que las noticias falsas se difundan mejor. Y eso tiene una doble consecuencia: en el plano social, una suerte de instinto coalicional, que hace que las personas se agrupen sobre la base de patrones compartidos. Esto, a su vez, hace que refuercen su percepción y se desatienda otras aproximaciones; y en el plano individual el grupo de pertenencia y el consumir únicamente información concordante sirve a la polarización individual lo que, a la postre, se traduce en el conjunto. De este modo, los datos reciben el mismo tratamiento que las opiniones, descartándose subjetivamente aquellos que no se comparten o disgustan sobre la base de esa sola razón.[11] Esto sirve a la disgregación, a la fractura atomizada de la sociedad, y consiguientemente a su debilitamiento.

La verdad es también un espacio de moralidad y cada uno puede, teóricamente, tener la suya propia sin que tal cosa pueda o deba tener incidencia siempre y cuando se dé cumplimiento al marco normativo vigente. En cualquier caso, la

---

11 GONZÁLEZ-RIVERA, Juliana. "La información en la era de la posverdad: retos, mea culpas y antídotos." Universidad EAFIT. http://www.eafit.edu.co/medios/eleafitense/112/Paginas/informacion-posverdad.aspx

vocación de sociedad, de un conjunto, exige la existencia de espacios comunes de verdad, lo cual trae como derivada que la fractura de la verdad provoca, a la postre, la fractura de la sociedad.

La duda no es la antítesis de la verdad sino el crisol que sirve a su reafirmación. La verdad en su concepción aristotélica es la adecuación del pensamiento a la realidad. La verdad científica es la mejor de las hipótesis disponibles en el momento. Por eso dudar acerca a la verdad.

La clave de Occidente es la duda. Pienso, luego dudo, luego existo. El *Cogito ergo sum* que proclamara Descartes, y que se sitúa en las raíces del pensamiento científico; es lo que distingue a Occidente del resto de las civilizaciones y que explica su éxito. La duda se sitúa en el centro de los valores de Occidente de modo, que cuando se golpea esta el conjunto del sistema reverbera, pues se haya construido en torno a ella; la democracia es un sistema de balances y contrapesos, de equilibrios forzados deliberadamente construido sobre la duda.

Todo modelo parte de una verdad única de la cual se deduce, desde una perspectiva cartesiana, el resto. Sin embargo, esto no resulta así en la democracia en la que no existe una verdad que pueda afirmarse sobre otras, sino que, lo que realmente se da, son acuerdos básicos sobre diferentes verdades que permiten que exista una comunidad política. Ello, a su vez, obliga a mantener un diálogo vivo y constante.

Y es que no existe una comunidad sin que existan verdades compartidas: una fractura de la verdad común supone a la postre una fractura de la comunidad o como poco su debilitamiento. Es más, por la ligazón existente entre poder y verdad – quien tiene lo uno, también suele hacerse con lo otro–las luchas por la verdad son en la práctica luchas por el poder.

5. INFORMACIÓN Y ESTRATEGIA

Lo expuesto sucede cuando la confusión es uno de los signos de nuestro tiempo. Una confusión que no es resultado de la falta de datos sino precisamente de todo lo contrario: de su exceso y de la falta de indicadores de su calidad. Para empezar, resultaba difícil ya distinguir entre información y opinión cuando aparecieron una suerte de falsedades, denominadas posverdad primero y *fake news* después, usadas sistemáticamente y cuyo objetivo no se sitúa tanto en el objeto concernido, como parece, sino en el cuestionamiento del marco y en la generación de un estado de desconfianza con el que se pretende provocar la fractura de la comunidad.

Estos términos no suponen en realidad nada nuevo; bulos siempre ha habido. Su aparición como palabras implica algo diferente, en la medida en que sirven para poner en valor una metodología orientada a un cierto logro que se sitúa más allá del horizonte concreto en que se está actuando. Resulta preciso atender a lo invisible.

De ello se deriva que la utilización de la información desde una perspectiva estratégica haga que no se deba atender simplemente a sus contenidos; es preciso ir más allá. La cuestión trasciende la naturaleza verdadera o falsa de la noticia considerada; el valor se sitúa en la oportunidad y en los fines a los que contribuye su difusión en ese preciso momento. Esos son los ejes de cualquier eventual respuesta, no se trata de atender únicamente a la cuestión planteada. Recordando a Derrida: "la mentira no es algo que se oponga a la verdad, sino que se sitúa en su finalidad."

Extrapolando lo hasta aquí expuesto, la cuestión de la verdad radica en realidad en el control de la agenda informativa, en la definición sistemática de lo correcto y lo incorrecto, pero también y más importante, de la prelación, de la importancia real y, puesto que el silencio siempre ha sido el auténtico lenguaje del poder, en la fijación de lo que es o no es importante y, sobre todo de los silencios. No es una cuestión simple ni directa en la que también se deben incluir las referencias desde las que se aborda la información.

Por eso no basta sólo con negar las informaciones, sino que se, deben considerar los fines a los que sirven. La noticia forma parte de una estrategia que la supera y que se encuentra en la raíz de su distribución. De esta manera, la posverdad queda convertida en un problema de Seguridad Nacional.

6. DESINFORMACIÓN Y SEGURIDAD NACIONAL

Uno de los objetivos característicos del *Sharp Power*, como puede entenderse, es la opinión pública. Y es que esta es un factor decisivo para la legitimación de cualquier democracia, y por tanto un bien que necesariamente se debe proteger pero no de cualquier modo. Además, y por si fuera poco, el papel de la opinión pública es esencial en la definición y práctica de la política internacional.

La toma de control de un Medio de Comunicación Social por parte de empresas ligadas de algún modo al aparato de un tercer Estado pero sin control directo probado de aquel, por más que se intuya, permite la fijación de la línea editorial y la instrumentación de sus seguidores a quienes puede hasta presentarse ahora como un público afín. No hace falta atentar contra la verdad, basta con no actuar informativamente contra los intereses del Estado patrocinador, justificar su proceder y dotar a los hechos de la referencia y valoración adecuada a estos presentándolos como "hechos alternativos".

En el juego, el *Sharp Power* trata de presentarse como una expresión más de la pluralidad informativa. Este proceder no es novedoso; lo novedoso es la dimensión que cobra, su uso como estrategia profunda, las dificultades para probar fehacientemente su naturaleza – tal y como requiere el imperio de la ley–y su origen, así como el bajo costo y el menor riesgo que ello supone a los actores. Y es que el origen empresarial con que cuentan los medios de comunicación social permite su control económico y con ello su control editorial propiciando la administración tanto de su agenda como del mensaje y de su modulación.

La ciudadanía precisa de una información correcta con la que poder elaborar sus decisiones. De no ser así, el sistema entero colapsa. No hay democracia sin un marco informativo concorde pues de no ser así se le estaría hurtando la decisión al ciudadano. El acceso a la información es un instrumento crucial para el funcionamiento del sistema democrático. Por tanto, cualquier medida regulatoria debe ser objeto de prevención y requieren de una legitimación especial.

El resultado de la desinformación es la manipulación, la alienación y el aniquilamiento del pensamiento crítico con el que aspira a ser confundida al tiempo que golpea en las líneas de fractura de las sociedades para provocarlas primero, convulsionarlas después y desorientarlas finalmente. Con la posverdad se deconstruye, en su sentido derridiano, la verdad inicialmente y la sociedad como último estadio.

La comunicación es un factor crítico inherente a todo proceso público, cualquiera que sea su naturaleza y significativamente en la gestión de crisis. Las crisis por definición son subjetivas: se produce una crisis si hay consenso con que lo sucedido es una crisis. Y está bien resuelta si igualmente así lo decide la opinión pública.

Las crisis son informativamente relevantes por su naturaleza excepcional, razón por la que conllevan adicionalmente una crisis de la información Por ello, una mala gestión comunicativa puede provocar la prolongación de una crisis; si se falla en el control de la crisis informativa, se falla en el control de la crisis general; tal fracaso debilita a la sociedad en su conjunto. Y esa es la cuestión, porque la información se ha vuelto incontrolable. El problema ha dejado de ser el planteado para transformarse en un problema de opinión pública.

Así un atentado terrorista no puede destruir un país, pero si puede hacer caer un gobierno como resultado de las dinámicas informativas que genera. Los medios necesitan noticias y el terrorismo quiere serlo, lo que provoca una simbiosis tan indeseada como peligrosa. Estamos ante una estrategia emocional y de colonización mental cuyo éxito radica precisamente en generar una dinámica acción reacción. El terrorismo es, de hecho, una forma de posverdad: es ficción de guerra en que lo es también ficción de poder. Y se sirve de esta misma lógica.

En esta línea, los procesos electorales son tiempos de especial fragilidad del marco institucional por la incertidumbre que generan y el tensionamiento extremo que introducen al sistema. Los ataques sobre un candidato son más complejos de lo que parecen: pueden pretender no tanto promover a su rival (que también puede ser) como fracturar la comunidad y atacar al marco, empañando la credibilidad de la democracia y dañando a las instituciones, debilitando de este modo al Estado-Nación en su conjunto y condicionando su política exterior.

7. CONCLUSIONES

La globalización es sin duda la clave de bóveda del nuevo milenio. Se fundamenta en la conectividad, esto es, en la interdependencia creciente entre las diversas partes que la componen. Estamos ante un fenómeno que se sustenta sobre el aumento exponencial de las relaciones cruzadas; ello obliga a la plena inclusión de los actores en el contexto internacional con el que idealmente llegan a confundirse, trascendiendo cualquier tipo de frontera o límite. A resultas de ello, se provoca su progresiva inmovilización; o, cuando menos, se limita el espectro de opciones disponibles y se reduce su capacidad de maniobra.

Decía Mao que, "la política es guerra sin derramamiento de sangre, en tanto que la guerra es política con derramamiento de sangre."[12] Guerra y política se superponen y forman un conjunto total e indiferenciado como nos demuestran conceptos como el de *zona gris*. Un área en la que confluyen los países que cooperan y compiten al mismo tiempo como resultado de una interrelación siempre creciente y que por ello se sirven de las formas blandas de poder para obtener ventaja sobre los competidores.

En fin, en la sociedad posmoderna del siglo XXI las fronteras de muchos conceptos están desdibujadas, son de geometría variable o se desplazan contribuyendo con ello a la incertidumbre o a la indefinición. Este es un fenómeno general, hasta un concepto capital como son la ciudadanía (emigrantes, sin papeles, refugiados, miembros de la UE...,) o guerra ha sufrido todo un proceso de erosión y reevaluación

Y es que el lenguaje transforma la realidad y la desplaza a conveniencia pues las palabras solo tienen su significado en su contexto social. Es más, no tiene el poder quien tiene la palabra, sino que este realmente descansa en quien decide su significado. El realmente poderoso se adueña de su definición y decide, por ejemplo, cuando estamos hablando de guerra y cuando de terrorismo. El ejercicio del poder consiste básicamente en la administración de los límites, en la definición de lo que está dentro y lo que está fuera, en la administración de las palabras y con ellas de la verdad. La percepción, el recuerdo y la memoria se convierten en algo más importante que los hechos en sí.

---

12 MAO TSE TUNG. *Escritos Militares*. Editorial Rioplatense, Buenos Aires 1972, p. 225.

Las ideologías eran soluciones completas para los problemas de la humanidad hechas con retazos de realidad; eran atalayas desde las que era posible mirar hacia el futuro. Con su crepúsculo se han visto sustituidas por relatos en los que, más desde la emoción, ofertan soluciones parciales e incompletas a los problemas del presente – del que es imposible escapar– y que en la práctica actúan como aquellas y son aceptadas, a pesar de conocerse su naturaleza incompleta, parcial y hasta falsa. Esa explicación además no suele ser científica–por más que pueda presentarse de tal forma y apoyarse en el dato por la legitimidad de que su uso dota–en la medida en que también ha de satisfacer el componente emocional del receptor, y eso no se logra sólo a través de sesudos estudios. Como vaticinaba Habermas "cuando los oasis utópicos se secan, se difunde un desierto de trivialidad y de desconcierto".[13]

Las narrativas y las imágenes que forman parte, se presentan como certidumbres frente a las incertidumbres y complejidades que trae consigo la globalización, un material al que asirse y hasta dar sentido a la propia vida. Estamos ante una comunicación estructurada, toda una unidad de acción, con la que se apela a los sentidos y emociones mientras se aporta una verdad que orienta el conjunto. Su carga emocional capta mejor la atención que la simple información haciendo que pueda aprehenderse el sentido que la elección de acontecimientos, reales o ficticios, importantes o no, pretende imprimir. El miedo, la humillación o la ironía reemplazan a los datos y la coherencia del conjunto facilita la penetración en una sociedad de conceptos débiles que se funden ante ella como el hielo en un día templado.

El ciudadano a través de las redes sociales ha quedado sobreexpuesto a la influencia de actores con intereses particula-

---

13 ODINA, Mercedes. *Europa versus USA*. Ed. Espasa, Madrid, 2005, p.11.

res y que instrumentan en beneficio propio las reglas establecidas y la conciencia moral de la sociedad.

En este contexto surgen conceptos como posverdad o *fake news* que delatan el uso estratégico y de largo alcance de lo que, hasta ahora, han sido tácticas como el bulo. La desinformación está más en relación con la agenda informativa, la prelación y los silencios que con una concreta falsedad y que siempre lo es, además, en una medida más o menos discutible.

Toda la arquitectura del sistema institucional de Occidente se encuentra construido en torno a la duda, que es la que explica su propio éxito como civilización. El binomio sociedad Estado encuentra en las instituciones su juntura. La opinión pública ocupa, a su vez, un lugar central en la vida política de las sociedades democráticas. Estamos ante elementos críticos muy vulnerables frente a la desinformación.

Su naturaleza sistemática actúa sobre la duda haciendo con ello reverberar el conjunto del sistema, debilitando las instituciones y desencajando los Estados Nación. Además, afecta a la opinión pública esencial para la acción política interior y exterior de los Estados.

Combatir la desinformación es un reto complejo y delicado, pues para empezar esta trata de confundirse con el pensamiento crítico (el signo de distinción de Occidente y la raíz de su progreso), que corre el riego de verse laminado; y de cercenar, condicionar o limitar los valores sobre que gravitan nuestras sociedades y que deben ser el objeto real la protección, como resultado emocional de una actuación poco meditada. De hecho, no se trata tanto de combatirla como de preservar estos valores y superar el desafío.

Las soluciones a los problemas de las sociedades no vienen de fuera sino de dentro y pasan en primer término porque, en lo posible, estas generen sus propios anticuerpos para afrontar los virus que las invaden. Se trata de obtener una respuesta natural y propia antes que utilizar compuestos químicos cuyos efectos secundarios, por lo demás y como poco, se desconocen.

La democracia es el triunfo de la sociedad civil que viene a ser su centro de gravedad. Por ello, en el paradigma libertad-seguridad debe primar el primero de los componentes. La censura, en el siglo XXI es similar a tratar de poner puertas al campo. E incorpora peajes en términos de legitimidad. Se deben buscar fórmulas complejas, comenzando siempre por corregir las vulnerabilidades existentes y fortalecer las instituciones favoreciendo su transparencia. Se deben fortalecer los Medios de Comunicación Social y procurar que se doten de un código deontológico que les sirva de modo autoregulativo.

Es más, interesaría que las potencias democráticas se dotasen de un sistema normativo que dispusiese de un acervo común y que respetase sus esencias de modo que no solo los resultados de su proceder se reforzasen mutuamente entre sí, sino que el precio en términos de legitimidad de sus decisiones fuese el menor posible disminuyendo la naturaleza de las controversias. No es lo mismo que un país democrático adopte una decisión restrictiva a que lo hagan 15 de las 17 democracias plenas del mundo y que entre si se reconocen como tales.

En fin, recordando la Biblia, es más peligroso para una democracia lo que sale de ella, que cualquier amenaza que pueda venir de su entorno y que ejemplifica el *Sharp Power.*

BIBLIOGRAFÍA

BAUDRILLARD, Jean. *El crimen perfecto.* Editorial Anagrama, 2006.

CONTRERAS POLGATI, Arturo. *Estrategia.* Mago Editores, Santiago de Chile, 2008.

DE ANDRÉS, Jesús. *Introducción* en LENIN. *El Estado y la revolución.* Alianza Editorial, Madrid, 2006.

FICHTENTREI FUENTE, Daniel. "Posverdad la ciencia y sus demonios." *Revista electrónica Intramed.* 02.05.2017

http://www.intramed.net/contenidover.asp?contenidoID=90809.

FOUCAULT, Michael. "*Curso del 14 de enero de 1976*" en VV.AA. *Microfísica del poder,* La Piqueta, Madrid, 1979.

FREUND, Julián. *Sociología del conflicto.* Ediciones Ejército, Madrid, 1995.

FRÍAS O´VALLE, José. *Nuestra guerra y nuestra paz.* Colección Adalid, Móstoles 1985.

GELLNER, Ernest. *Condiciones de la libertad: la sociedad civil y sus rivales.* Editorial Paidos, Barcelona 1996.

GLUCKSMANN, André. *El Discurso de la guerra.* Editorial Anagrama, Barcelona 1969.

GONZÁLEZ MARTÍN, Andrés AZNAR FERNÁNDEZ-MONTESINOS, Federico (2013) "Mahan y la geopolítica". Geopolítica(s). Revista de estudios sobre espacio y poder, vol. 4, núm. 2, 335-351.

HEGEL, G.W.F. *Principios de filosofía del derecho.* Editorial Edhasa, Barcelona.

HOFFMAN, Bruce. "*Una forma de guerra psicológica*".

http://usinfo.state.gov/journals/itps/0507/

IGNATIEFF, Michael. *El honor del guerrero.* Editorial Taurus, Madrid, 1999.

LIDDELL HART, B.H *Estrategia: la aproximación indirecta.* Ministerio de Defensa, Madrid 1989.

MAO Tse Tung. *Escritos Militares.* Editorial Rioplatense, Buenos Aires, 1972.

MARX, Karl; ENGELS, Friedrich. *Manifiesto Comunista.* Alianza Editorial, Madrid 2001.

MÜNKLER, Herfried. *Viejas y nuevas guerras.* Siglo XXI de España Editores, Madrid 2002.

ODINA. Mercedes. *Europa versus USA.* Ed. Espasa, Madrid, 2005,

PARET, Peter (coord.). *Creadores de la Estrategia Moderna.* Ministerio de Defensa, Madrid, 1992.

QIAO Liang; WANG Xiangsui. Unrestricted warfare. PLA Literature and Art Publishing House 1999.

SARASQUETA, Gonzalo. "Pospolítica ¿autopsia o metamorfosis del relato? El caso de Donald Trump." *Revista Especializada en periodismo y comunicación. Questión. Universidad de Rio de la Plata* Vol. 1, Núm. 57 (2018): Verano (enero-marzo)

SCHMITT, Carl. *El concepto de lo político.* Alianza Editorial, Madrid, 1991.

TERNON, Yves. *El Estado criminal.* Editorial Península, Barcelona 1995.

VERSTRYNGE, Jorge. *Una sociedad para la guerra.* Centro de Investigaciones Sociológicas, Madrid 1979.

Capítulo 4.

DESINFORMACIÓN, FAKE NEWS Y MANIPULACIÓN INFORMATIVA EN LA ERA DIGITAL

JOSÉ AGUSTÍN GONZÁLEZ-ARES FERNÁNDEZ

Universidad de Vigo (UVIGO)

ares@uvigo.gal

1. INTRODUCCIÓN

El periodismo siempre fue investigación y verificación. No es casual que, de los nueve elementos esenciales de KOVACH y ROSENSTIEL (2010), los tres primeros sean los siguientes: "1. La primera obligación del periodista es decir la verdad. 2. Debe lealtad ante los ciudadanos. 3. Su esencia es la disciplina de la verificación". La crisis periodística de credibilidad y de identidad de finales del siglo XX e inicios del siglo XXI han tenido mucho que ver con la relajación –o directamente el olvido- de estos principios básicos: se ha relativizado el valor y el concepto de verdad, se ha sustituido al ciudadano por el usuario (dicho de otro modo, se le ha convertido en audiencia, en valor de mercado); se ha soslayado la verificación, toda vez que lo importante era la inmediatez y producir el mayor número de noticias al menor coste posible (MAYORAL, PARRATT y MORATA, 2019).

La sociedad de nuestros días gusta de llamarse a sí misma como sociedad de la información o del conocimiento. Resulta palpable que vivimos en un tiempo subyugado por la información. Esta fluye sin cesar y marca el desarrollo de la vida de la gente. Tanta información y, sobre todo, a tanta velocidad, tan compartimentada, tan simplificada y tan directa tiene casi siempre unos efectos contrarios a lo pretendido.

Los medios de comunicación mantienen informada a la sociedad en general acerca de los acontecimientos locales, nacionales e internacionales. Posiblemente la noticia sea el medio de información más conocida por la ciudadanía, pues les permite entender la situación política, económica y social de una ciudad o país. Con todo, el modelo de periodismo informativo serio y riguroso supone casi una rareza histórica, dado que los intereses ideológicos y comerciales han tendido a imponer sus criterios en las prácticas periodísticas imperantes.

Conviene recordar que a lo largo de la historia la desinformación, la mentira y la manipulación de la información han formado parte de las relaciones de poder y la pugna entre Estados. Como señala TORRES (2018), "la sociedad ha asumido con relativa normalidad que los actores políticos tienen una complicada relación con la verdad, y es que, por tanto, la única manera de permanecer inmunes a sus efectos es adoptar una postura de profundo escepticismo".

En los tiempos actuales las personas reciben a diario una fuerte carga de desinformación sectorizada y vinculada a sus convicciones que no hacen sino reforzarlas y que empujan incluso a personajes públicos con gran poder de decisión, como fue el caso del expresidente estadounidense Trump, a creerse inmunes a la verdad y a actuar en consecuencia.

El concepto de desinformación, como luego analizaremos, tiene casi tantos significados como la cantidad de autores que lo han tratado. La propia naturaleza cambiante de la desinformación, las dificultades de su identificación como amenaza, su difícil supervisión y la determinación de la autoría, unido todo ello a la legítima sensibilidad democrática respecto de eventuales limitaciones de los derechos y libertades fundamentales contribuyen a que no haya consenso sobre lo que puede entenderse por la misma[1].La desinformación, qué duda cabe, atenta no solo contra la calidad democrática sino también contra la libertad de expresión. A la desinformación se le debe combatir con información, y esta no puede ni debe dimanar directamente de un Gobierno, de un Parlamento, de una institución. La información tiene que venir siempre a través de los medios de comunicación debidamente verificados y comprobados.

En estos tiempos de globalización neoliberal, la información se ha convertido en uno de los principales problemas de la democracia (RAMONET, 2010). Existen muchas razones para justificar esta afirmación. Acaso la más importante sea la permanente transgresión de ciertos estándares de calidad de la información, que impiden que las audiencias estén debidamente informadas y puedan ejercer su derecho ciudadano a la participación y a la toma de decisiones en asuntos de interés público[2]. La información de calidad es el requisito previo para

---

1 En una primera aproximación a la misma, la desinformación puede entenderse como la difusión intencionada de información no rigurosa que busca socavar la confianza pública, alterar y deformar los hechos, transmitir una determinada forma de percibir la realidad y explotar vulnerabilidades con el objetivo de desestabilizar.

2 Los medios de comunicación de masas actúan como sistema de transmisión de mensajes y emblemas o alegorías para el ciudadano medio. El poder mediático en el mundo se encuentra en manos de unas pocas corporaciones que actúan como amplificadores de las noticias que les interese dar a conocer.

un sistema democrático de calidad[3]. Más allá de la crisis mediática, afirma ROVIRA (2010), "lo que está en juego es el papel de los periodistas. El periodismo se ha convertido en una mercancía cuando en realidad es un servicio a la realidad".

Aun cuando es reconocida la importancia de las redes sociales en la rapidez con la que se trasmite la desinformación en nuestros días, no está tan claro el peso de las mismas en comparación con los medios de comunicación convencionales en la influencia sobre nuestras decisiones (ALCOTT y GENTZKOW, 2017), resulta, no obstante, evidente, por una simple cuestión generacional, que la juventud está mucho más expuesta a la influencia de las redes sociales que la población adulta. De todas maneras, por mucho que se hable de ello, todavía se sabe poco sobre el alcance y el impacto de las *fake news* desde un punto de vista científico (LAZER et al., 2018).

2. EL FENÓMENO DE LA DESINFORMACIÓN

2.1. Aproximación conceptual

Aunque el término "desinformación" es relativamente reciente hay referencias de este fenómeno a lo largo de la historia[4]. El Diccionario de la Real Academia Española, en su edi-

---

3 Podríamos considerar como información de calidad a aquellas notas informativas que aseguren que los/as ciudadanos/as dispongan de una información equilibrada, sin desviaciones ideológicas, con una óptica que les permita reflexionar sobre lo dicho, que les despierte inquietudes y les posibilite incorporarse al debate público y, sobre esta base, puedan tomar decisiones bien informadas de lo que sucede en su entorno.

4 Desde la "Conjura de Catilina" de Cicerón hasta la propaganda británica en la Segunda Guerra Mundial – que pretendió minar la moral de las tropas nazis mediante bulos-, la adulteración de la información

ción del año 2001, define el vocablo "desinformación" como acción y efecto de desinformar" y, también, como "falta de información, ignorancia".

La palabra "desinformación" y su primigénesis conceptual parecen provenir de la inclusión en la primera edición del Diccionario de la Lengua Rusa de 1949 que la define como "la acción de inducir a confusión a la opinión pública mediante el uso de información falsa"[5]. En el *Petit Larouuse* de 1982, se le añadió a la definición los conceptos de la omisión, el silencio y la censura (RIVAS, 2005).

La desinformación no solo es comunicar voluntariamente ideas falsas para obtener un fin determinado del receptor, sino que conlleva consigo una planificación, premeditada y alevosa, un diseño semiológico y discursivo encaminado a trasponer el mensaje diseñado al comportamiento del receptor (SHULTZ & GIODSON, 1984). A su vez, la desinformación del siglo XXI, junto con una vertiente difícil de gestionar y aún menos de solucionar en el corto plazo, posee además una dimensión internacional, globalizada, cuyo factor cultural dificulta todavía más la tarea de discernir información veraz de desinformación.

La definición de desinformación, de la que nos ocuparemos más tarde, si bien es algo relacionado, es distinto a lo que conocemos como *fake news* o mentiras.

Por su parte, la Comisión Europea define desinformación como la difusión de información falsa o engañosa que puede ser verificable y que se presenta o divulga con fines lucrativos o para engañar deliberadamente a la gente, pudiendo causar perjuicio público. Mientras que las *fake news* harían relación en

---

y el uso de la mentira han constituido un arma eficaz en las luchas contra el poder.

5 En 1972, el término que nos ocupa había sido incluido en la Enciclopedia Soviética, para referirse a noticias falsas, engañosas y deformadas.

exclusiva a las noticias falsas que alimentan la desinformación, lo cierto es que no siempre tienen una finalidad lucrativa o de engaño deliberado de la población.

2.2. Los debates actuales sobre la desinformación

Los investigadores franceses y estadounidenses han disgregado la desinformación culposa o por error (*mésinformation, misinformation*) de la que se presenta con premeditación y dolo (*désinformation, disinformation*), con lo que han delimitado dos campos de estudio distintos cuya diferencia se basa en la preterintencionalidad del agente desinformante.

Un primer grupo de autores, entre los que cabe citar a SHULTZ y GODSON (1984), FRAGUAS DE PABLO (1985), JACQUARD (1988), STAHL (2006), BERNARD y WELCH (2008) y SAARILUOMA y MAKSIMAINEN (2012) entienden que la desinformación no es de ninguna manera un subproducto de la información y que la propia tergiversación informativa depende de la voluntad del emisor[6].

Para DURANDIN (1995) la desinformación es un conjunto organizado de engaños en una era en que los medios de comunicación masivos se encuentran enormemente desarrollados. Este autor es el primero que dedica sus esfuerzos a clasificar las tres acciones primarias que pueden considerarse desinfor-

---

6 Estos tratadistas realizan estudios pormenorizados de las estrategias de engaño y tergiversación informativa del bloque soviético durante la llamada "Guerra Fría" o parten de esos análisis para redefinir el asunto, por lo que es normal que se confunda en sus estudios el concepto de desinformación con el de contrainformación, ya que el uso de la palabra, así como la propia definición inicial de la misma puede llevarnos a entender que desinformación es sinónimo de manipulación informativa, mientras que la tergiversación es voluntaria (ROMERO RODRÍGUEZ, 2013).

mativas (tanto en acciones como en omisiones): a) eliminar elementos o silenciar la titularidad de la información (omisión voluntaria o censura); b) alterar información (manipulación informativa); y, c) inventar acontecimientos.

VAN DIJK (2006) señala, a su vez, que la manipulación y la desinformación se entienden en términos de abuso de poder por las élites simbólicas que tienen acceso preferencial al discurso público (políticos y periodistas, principalmente) y manipulan el pensar colectivo en favor de sus propios intereses mediante una compleja triangulación del discurso, cognición y sociedad para ejercer una influencia ilegítima sobre la opinión pública.

Un segundo grupo de académicos, entre los que destacan FOX (1983), LOOSE (1997), KARLOVA y FISCHER (2012), consideran la desinformación como una especie de información que puede ser falsa, ambivalente, vaga o ambigua, pero que de igual modo puede resultar informativa.

Un tercer grupo de investigadores contemporáneos -ISRALSON (1988), RIVAS TROITIÑO (1989), GALDÓN LÓPEZ (1994) y CANEVAS (2006)- subrayan que la desinformación es un fenómeno que obtiene su relación de causalidad directamente del manejo periodístico de la información o del incumplimiento de normas éticas o lingüísticas en su ejercicio.

Según RIVAS TROITIÑO (1989), el contenido desinformativo puede ser causado tanto por intencionalidad o error en la fuente como por silencio, por lo que el destinatario recibe, de esa manera, un producto informativo incorrecto, incompleto o inexacto[7].

---

7 RIVAS TROITIÑO clasifica el contenido desinformativo en parainformación (aquella que proviene de gabinetes de relaciones públicas y publicadas como noticias; pre-información (aquella que no ha sido contrastada o confirmada); intra-información (producto del

Finalmente, un cuarto grupo de estudiosos del tema que estamos tratando, entre los que cabe citar a SAMPEDRO (2001), LÓPEZ (2004) o ROMERO (2011-2012), estiman que la desinformación es estructural e inherente a la propia información, por lo que es imposible informarse sin al mismo tiempo quedar desinformado[8].

La desinformación necesita alimentar la polarización de la sociedad, porque cuando se desprenden los matices de cualquier cuestión resulta inevitable que la gente debe posicionarse en términos binarios: a favor o en contra. La desinformación no tiene la capacidad para crear nuevas brechas dentro de la sociedad, pero sí para extender y radicalizar las ya existentes (ROBINSON et al., 2018).

Por su parte, GARCÍA AVILÉS (*ápud* HERRERO, 2009) ha realizado una breve recopilación de técnicas de desinformación que encuadra en tres grupos: a) desinformación mediante el lenguaje; b) desinformación mediante la imagen; y, c) desinformación mediante acciones[9].

---

análisis de acontecimientos y otras informaciones); sub-información (que llega a la audiencia de forma incompleta o defectuosa; sobre-información (exhaustiva o de opulencia comunicativa); pseudo-información (engañosa, irrelevante, pero igualmente publicada); y, contra-información (que ataca frontal y abiertamente otra versión de un acontecimiento).

8 Como refiere LÓPEZ (2004), "hemos llegado a una situación en la que la información coincide con la desinformación, vivimos en una época de la no información".

9 Son asociaciones de técnicas parecidas a las recopiladas por SWEENY (1997), que, a pesar asimismo de carecer de un marco metodológico, han sido utilizadas por distintos autores a manera de referencia.

2.3. Desinformación e internet

Cada época ha tenido sus medios tecnológicos para difundir falsedades y propaganda. En la actualidad la revolución digital lo ha cambiado todo y se producen más noticias que nunca y se difunden a una mayor escala. Informaciones que circulan a más velocidad y más eficientemente a través de una potente infraestructura técnica que hace uso de nuevas prácticas comunicativas que se amoldan con mucha flexibilidad a un comportamiento social cambiante[10].

Ahora las noticias circulan por las redes y las generan más personas. Cada individuo se ha convertido en un medio de comunicación en sí mismo que solo comparte lo que desea y aquello con lo que está de acuerdo (OLMO Y ROMERO, 2019). No importa que se divulguen falsedades, lo importante es que parezcan creíbles.

El diccionario Oxford decidió que la expresión "post-truth", que había sido ya empleada en 1992, era la palabra del año 2016. A partir de entonces se empezó a usar en España el vocablo "posverdad"[11]. El fenómeno tenía evidentemente que ver con las nuevas posibilidades de distribuir contenidos de forma masiva a través de Internet (JOURNELL, 2017; ALLCOT y GEENTZKOW, 2017).

Internet ha dado un nuevo impulso a las acciones de desinformación debido, entre otras cosas, a los siguientes factores: a) la disminución radical del coste en términos de tiempo,

---

10 Vivimos en un mundo interconectado: en el año 2019 cuatro mil millones de personas, más de la mitad de la población del planeta, disponían de acceso a Internet; el 75% de la población mundial tenía acceso a un teléfono móvil y las cuatro grandes empresas (Google, Facebook, Amazon y Apple) reunían un PIB similar al de Francia.

11 En la segunda mitad de ese mismo año, coincidiendo con la campaña presidencial de EEUU, se impuso también el término "fake-news".

inversión, y esfuerzo, lo que ha conllevado la ampliación del número de actores que participan en el desafío de la información[12]; b) producir y distribuir información es cada vez más fácil, lo que ha proporcionado el planteamiento del mínimo esfuerzo; c) ha debilitado el papel de los medios de comunicación como mecanismos de autentificación; con carácter previo a la aparición de la red de redes; los medios tradicionales ejercían la labor de *gatekeepers*[13], sirviendo estos como mecanismos de filtrado de la autenticidad y relevancia de las informaciones que llegaban a la opinión pública[14]; d) los intereses de las grandes redes sociales y los de los manipuladores se encuentran alineados[15]; e) Internet es la base sobre la que se viene desplegan-

---

12 Las principales plataformas de Internet ofrecen de manera gratuita las herramientas que hacen posible que cualquier sujeto goce potencialmente de la capacidad de influencia que en el pasado hubiese exigido contar con todo un servicio de inteligencia dedicado a la exigente tarea de estudiar el contenido a influenciar, elaborar unos impactos informativos convincentes y, sobre todo, distribuirlos de manera eficaz.

13 El concepto de *gatekeeper* se debe al psicólogo Kurt Lewin quien observó que la información circulaba de manera muy irregular en dinámicas de grupo. Había gente que actuaba como portero y regulaba la difusión de la información que llegaba a él. Hoy en día, el *gatekeeper* es quien tiene derecho de decidir si una noticia va a ser transmitida o retransmitida de la misma manera o de otra (o si simplemente nunca va a ver la luz del día). Cumple, por tanto, la tarea de clarificador, selector, guía, filtro, anticipador, prescriptor y compresor de la información. En la mayoría de los casos, el título de *gatekeeper* lo ejerce el editor de un medio de comunicación.

14 Las informaciones que circulan originalmente por Internet tienen capacidad por sí mismas para convertirse en noticias de gran alcance, sin que medien aquellos que, poco tiempo antes, monopolizaban la decisión sobre qué noticia era digna de ser conocida por la opinión pública.

15 El modelo de negocio de algunas de estas grandes empresas ha sido catalogado como "economías de la atención" (WU, 2016), donde el

do toda una serie de innovaciones en la propaganda asistida por el ordenador; el uso novedoso de la inteligencia artificial para crear contenidos y adaptarlos a los gustos y preferencias de sus receptores permite intuir un verdadero cambio disruptivo en la forma en que se ejerce la persuasión política, los por que cada vez será más difícil distinguir la mentira de la propia realidad (TORRES, 2019).

Paulatinamente, la apreciación de lo que es real y lo que no tendrá que ver más con una confianza incondicional en la fuente de distribución del contenido y no tanto con el juicio individual.

3. DESINFORMACIÓN Y *FAKE NEWS*

3.1. Un intento de definición de las noticias falsas

Internet y el ciberespacio, según hemos explicado en epígrafes anteriores, ponen al servicio de los ciudadanos un amplio abanico de fuentes de información. Las redes sociales son uno de los canales más utilizados por la ciudadanía, especial-

---

principal objetivo a perseguir es aumentar el nivel de implicación del usuario con estos servicios, para lo cual el diseño de esas plataformas incluye mecanismos de gamificación y captura de la atención que prolonga el tiempo que los perceptores dedican a consumir, producir e interactuar con la información que encuentran en sus páginas. A pesar de que las grandes plataformas han incorporado en sus servicios mecanismos que tratan de refrenar la difusión de este tipo de contenidos ilegítimos, los resultados han sido insignificantes. La mayor parte de las campañas de desinformación están perfectamente incardinadas en la lógica del funcionamiento de estos servicios, lo que explica que se propaguen fuera del alcance y el conocimiento de sus propios gestores (TORRES, 2018).

mente los jóvenes[16]. Ni el periodismo tradicional ni las plataformas sociales de difusión (WhatsApp, Twitter, Facebook) son capaces de controlar los flujos de información que abundan en Internet (RIVAS TROITIÑO, 2019).

La interactividad que patrocinan desde su nacimiento los medios digitales (ROST, 2006; NAVARRO ZAMORA, 2009; CABRERA, 2020) y el auge de las redes sociales (NOGUERA VIVO, 2020; HERRERO CURIEL, 2012) han fomentado un nuevo modelo de comunicación en el que se difumina –cuando no desaparece- la función de intermediación periodística. El camuflaje de muchos contenidos enmascarados como noticias está minando Internet de bulos (*fake news*), propaganda, contenidos engañosos, mentiras e información manipuladas[17].

La expresión *fake news* arrasa en la segunda mitad del año 2016, coincidiendo con la campaña presidencial en Estados Unidos. El fenómeno tenía sin duda que ver con las nuevas posibilidades de distribuir contenidos de forma masiva a través de Internet (JOURNELL, 2017; ALCOTT & GENTZKOW, 2017) y lo que es más trascendental: tenía conexión con el hecho de que esa publicación ingente de contenidos no necesariamente se realizaba ya a través de los medios de comunicación tradicionales[18].

Este neologismo adoptado internacionalmente, también en español, se encuentra asociado a dos conceptos clave: la información errónea o engañosa (que más que a una intencionalidad responsable responde a la falta de rigor o de precisión en la información y en su trasmisión) y la desinformación (infor-

---

16 Fuente: *European Commission*, 2016, *Pew Research Center*, 2018.

17 De las cincuenta *fake news* más virales en Facebook durante el año 2018 obtuvieron más de veintidós millones de reacciones (SILVERMAN & PHAN, 2018).

18 En los últimos tiempos el término "noticias falsas" se ha utilizado de manera tan extensa que ha perdido o ha visto alterado, en parte, su significado (MIKELSON, 2016; BORCHES, 2017).

mación falsa que se difunde intencionalmente y a sabiendas con el fin de engañar a quien la recibe) (LAZER et al., 2018). El matiz entre ambas, como explica JACK (2017) radica en que la información errónea puede ser involuntariamente inexacta, pero la desinformación es deliberadamente falsa o engañosa[19].

Con todo, el vocablo *fake news* resulta equívoco y problemático, toda vez que un texto o enunciado deliberado e interesadamente falso en ningún caso se puede considerar "noticia" (MAYORAL, PARROT Y MORATA, 2019)[20]. Para un profesional del periodismo, *fake news* constituye un oxímoron inaceptable. Si es falso no es noticia, y si es noticia (y por tanto ha habido verificación de contenidos), no es falsa[21].

El cambio, por esta razón, es cuantitativo y cualitativo. Cuantitativo, porque compartir contenidos con un gran número de ciudadanos nunca fue tan sencillo. Y tampoco se pudo hacer con tanta velocidad como en nuestros días. Aparte, en contra de lo que pudiera parecer, se propaga más fácilmente un contenido sensacionalista y falso que una noticia veraz (FERNÁNDEZ GARCÍA, 2017). Pero también es un cambio cualitativo, pues esa comunicación puede realizarse de forma directa, sin necesidad de pasar por los filtros periodistas clásicos (MAYORAL, PARRAT y MORATA, 2019).

La expresión *fake news*[22] ha sido absorbido por el lenguaje político para atacar a periodistas y medios de comunicación

---

19 En opinión de la Knight Foundation (2018), casi todas las noticias falsas pueden considerarse desinformación, ya que se crean con la intención de engañar.

20 El Diccionario Oxford declaró *fake news* como la palabra del año 2017.

21 La noticia es, ante todo, "un hecho verdadero, inédito o de interés general" (MARTÍNEZ ALBERTOS, 1974).

22 La palabra *fake news*, anglicismo, no está en el Diccionario de la Real Academia Española. Se recurre al término "bulo", que sí está en la lengua hispana, comúnmente empleado como sinónimo.

por publicar noticias falsas a los intereses político, ideológicos o personales del líder político (BOYD-BARRETT, 2018)[23].

En estos tiempos, las *fake news* forman parte del ecosistema de la desinformación (CORNER, 2017) auspiciadas por los ingresos por publicidad obtenidos a través del *clikbait* y la viralización del contenido. Desde un punto de vista ideológico, las *fake news,* como ya hemos adelantado, tienen el propósito de favorecer determinadas posturas ideológicas y candidatos políticos (ALCOTT & GENTZOW, 2017). Incluso se ha llegado a afirmar que las "noticias falsas" suponen una crisis existencial para los medios de comunicación social (LOMAS, 2018). Indiscutiblemente los contenidos falsos, los bulos, tienden a quebrar la confianza de los/as ciudadanos/as en los medios de comunicación (AGUADED y ROMERO RODRÍGUEZ, 2015; RESTREPO, 2017).

Que la información que circula en los medios alternativos de Internet no encuentre eco en los medios de comunicación tradicionales es percibido como una prueba adicional de su verosimilitud por parte de una audiencia instalada en una visión conspirativa de la realidad (TORRES SORIANO, 2019). La desinformación vive en una especie de "profecía autocumplida"[24]:

---

23 El caso más famoso es el de Donald Trump quien no duda en desacreditar el quehacer periodístico con el calificativo de *fake news.*

24 Una "profecía autocumplida" es una predicción que directa o indirectamente hace que se convierta en verdad, por los mismos términos de la profecía misma, debido a la retroalimentación positiva entre la creencia y el comportamiento. Aunque se pueden encontrar ejemplos de tales profecías en la literatura desde la antigua Grecia y la antigua India, dicha expresión se le atribuye al sociólogo Robert K. Merton. En su artículo de 1948, "La profecía autocumplida" (1948), Merton escribe lo siguiente: "La profecía autocumplida es, al principio, una falsa definición de la situación que evoca una nueva conducta que hace realidad la concepción falsa original. Esta validez engañosa de la profecía autocumplida perpetúa un reinado de error.

cuanto más marginal es su difusión, más creíble resulta. Esto explica por qué las personas que asumen todo tipo de bulos suelen permanecer inmunes ante los datos objetivos que los desmienten.

Por desgracia ni la verificación posterior ni la alerta temprana en las redes sociales puede detener la mentira, el bulo, si acaso hacerla menos dañina y, desde luego, evitar su ampliación. La clave está en cada persona sin excepción. Muchas de estas informaciones erróneas, manipuladas, descontextualizadas o falsas son bastante burdas y debieran de suscitar la sospecha de la gente medianamente informada y, a pesar de ello, se convierten en virales

Llegados a este punto conviene determinar que la definición de desinformación es algo relacionado, pero distinto, a las *fake news* o mentiras. Frente a la difusión de información falsa o engañosa que puede ser verificable y tiene una vertiente lucrativa o de engaño a la ciudadanía, las *fake news* harían relación solo a las noticias falsas que alimentan la desinformación, pero no siempre tienen una finalidad lucrativa o de engaño deliberado de la población[25].

Porque el profeta citará el curso real de los acontecimientos como prueba de que tenía razón desde el principio. En otras palabras, una profecía positiva o negativa, una creencia fuertemente sostenida o una ilusión-declarada como verdad cuando es realmente falsa- puede influir suficientemente en la gente para que sus reacciones cumplan en última instancia la profecía una vez falsa".

25 Las noticias o informaciones falsas se han usado siempre con el objeto de conseguir el apoyo para medidas poco populares o para movilizar a las sociedades en una determinada dirección. Pese a ello, existe un cierto consenso en que el uso de la información de una manera propagandística, la construcción de estructuras indispensables de legitimación frente a la opinión pública coindice aproximadamente con la aparición del Estado moderno (FOGEL, 1989).

Por su parte, MAGALLÓN (2021) pretendió diferenciar ciertos conceptos, que en ocasiones la celeridad periodística tiende a confundir o a utilizar como sinónimos. De ahí que este autor distinga entre desinformación y *fake news*, quiénes son los beneficiados, qué papel juega en las campañas electorales, qué son las cámaras de resonancia y si debemos o no regular los contenidos.

A este respecto, el citado profesor esgrimía que las *fake news* no son algo nuevo, sino que se trata de un término cuya utilización hunde sus raíces hace casi un siglo, en 1925. A la par, denotaba ciertas reticencias por la utilización que del término *fake news*, hacen los políticos (Trump lo usó en 2018 hasta doscientas diez veces en su cuenta de Twitter, y muchas más tras su derrota electoral de 2020), como arma arrojadiza contra los oponentes políticos. Adicionalmente, las *fake news* son un término polisémico que se utiliza para referirse a múltiples realidades: ampliación de mensajes de odio y racismo, contenidos de *clickbait*[26], etc.

3.2. La viralidad de las **fake news**

Desde que el ser humano utiliza el lenguaje para comunicarse, los bulos, los "chismes", las noticias falsas… siempre han existido, bien para su propio beneficio o para perjudicar a otras personas. La diferencia es que las *fake news* son bulos o mentiras que se difunden en Internet y en las redes sociales, como por ejemplo en el buscador de Google, Facebook o Youtube. La desinformación, generada bien por los propios medios de

---

26 El *clickbait* (traducido al español como ciberanzuelo, cibercebo, cebo de clics o anzuelo de clics) es una técnica de redacción que consiste en crear encabezados y descripciones sensacionalistas en un enlace. Su fin es atraer a los visitantes e incitarlos a dar clic para que abran ese contenido.

comunicación o por personas individuales, tiene siempre una autoría y una intencionalidad, y el papel que juegan las redes sociales en la propagación de noticias falsas debe ser analizada no solo de acuerdo con la capacidad objetiva de distribución de la información que tienen, sino basándose en el hecho de que existen pocas limitaciones a estas redes –que son grandes empresas con vocación de negocio- en la gestión de los datos de cualquier/a consumidor/a (CERDÁ NAVARRO, 2021).

Como recuerda O´NEIL (2019), los/as usuarios/as no reciben el mismo resultado unos/as que otros/as cuando buscan una información en Google o cuando reciben noticias de "alimentadores" de sus redes sociales, sino que los algoritmos del *big data* crean modelos matemáticos con pocos escrúpulos que incluso pueden tener como consecuencias efectos perniciosos como el refuerzo de actitudes indeseables, entre ellos el racismo, la xenofobia, la homofobia y otros, reforzados a la vista de las desigualdades sociales existentes. Y siempre en provecho de alguien que quiere obtener poder, dinero u otro beneficio.

Las redes sociales digitales convierten una noticia en viral fácilmente, especialmente si alude a sentimientos y emociones, que resultan ser más convincentes que los argumentos más incontestables, reducen la tolerancia a visiones alternativas, amplifican la polarización de actitudes, aumentan la probabilidad de aceptar noticias ideológicamente compatibles y aumentan el cierre a nueva información[27]. La aversión al "otro lado" o polarización afectiva también ha aumentado. La credibilidad

---

[27] En palabras de SÁNCHEZ ILLÁN (2021), "las nuevas tecnologías de la información y la comunicación sirven ahora, con más eficacia que nunca, para el siempre efectivo recurso a la emoción más que a lo racional, de acuerdo a las contrastadas doctrinas de Goebbels".

del grupo de amigos o contactos reunidos en las redes sociales pesa más que el prestigio o posible sesgo de un autor[28].

Actualmente, más de la mitad de las noticias a las que accedemos a lo largo del día nos llega a través de los motores de búsqueda o de los algoritmos de las redes sociales. Los criterios de calidad y de reputación tradicionales, asociados a una imagen de marca corporativa o personal, a la calidad contrastada de un medio o de un informador, han dejado de funcionar (GÓMEZ DE AGREDA, 2018). La reputación en las redes sociales se obtiene por el respaldo de miles de seguidores fijos u ocasionales, muchas veces generados automáticamente por robots. En los motores de búsqueda, se alcanza por el posicionamiento que el correspondiente algoritmo le concede a la web en la que se aloja la información. En ninguno de los dos casos influye la veracidad de los datos o la profundidad del estudio.

En gran parte, la mayoría de las falsas noticias pretenden principalmente eliminar los distingos entre el artículo y la línea editorial, entre la opinión y el papel académico, entre lo contrastado y lo especulativo. A partir de ahí, una vez suplantado el papel de la información rigurosa, cualquier cosa vale. Da igual si se eleva la categoría de cualquier entrada o post para que alcance el nivel de una publicación indexada o si se reduce el de una fuente primaria al estatus de opinión discutible. Lo importante es que la práctica totalidad de referencias disponibles entren en un mismo saco en el que lo único que las distinga sea el número de veces que ha sido compartida en la red.

---

28 Según las cifras del estudio anual de la Plataforma de Administración de Redes Sociales *Hootsuite y We Are Social*, de 2020, veintinueve millones de españoles utilizan diariamente las redes sociales y pasan casi seis horas al día en Internet.

La circulación de *fake news* se alimenta de problemas o acontecimientos que preocupan en gran medida a la gente. Este fenómeno no sólo plantea un grave reto a la sociedad y a las instituciones, también supone una quiebra en las relaciones entre el público y los medios informativos. Hoy, cualquiera puede crear y compartir información en Internet: todos somos productores y consumidores de información al mismo tiempo. Nunca, hasta la democratización que introducen las redes sociales, cualquiera había podido generar un discurso sin tener que someterlo previamente a los canales de distribución establecidos.

En el actual contexto de emergencia sanitaria por el coronavirus, estas personas inventan cualquier noticia falsa para llamar la atención y hagas clic o des *like*. Son personas que buscan aprovecharse de los miedos o esperanzas a cualquier precio.

Si antes de la pandemia de la Covid-19 las *fake news* eran contempladas como un problema social creciente (MCINTYRE, 2018), la crisis sanitaria mundial ha evidenciado la gravedad del fenómeno en momentos en los que el acceso a información veraz puede llegar a condicionar la propia vida[29]. Refiriéndose a esta cuestión, (WAGNER, 2020), entre otros muchos, ha hablado de "infodemia" como metáfora para referirse a los peligros que pueda llevar la desinformación en momentos de acusada incertidumbre como los actuales[30].

---

[29] La pandemia del covid-19 ha agudizado los peores síntomas, haciendo aflorar toda suerte de teorías descabelladas y acientíficas, supuestas conspiraciones de todo género, simples delirios, etc.

[30] La crisis del coronavirus ha acrecentado exponencialmente la difusión de bulos. La excepcionalidad que ha condicionado la pandemia constituye un auténtico caldo de cultivo para que arraigue la desinformación. Son tiempos de gran avalancha de información, en la que se mezcla lo verdadero y lo falso, lo relevante y la basura.

Se trata de una situación que afecta tanto a los derechos individuales de las personas -en tanto que las dificultades de acceso a información veraz limitan la autonomía y capacidad de toma de decisiones- como a la sociedad en su conjunto, dado que la libertad de información es indispensable para el buen funcionamiento de los sistemas democráticos.

4. LA MANIPULACIÓN DE LA INFORMACIÓN

4.1. La distorsión de la verdad

Como se sabe, no existe neutralidad en el proceso de información, ni mucho menos objetividad. Esto supone tirar por la borda dos de las grandes características que se supone alberga la función de los medios de comunicación y, por ende, la de un buen periodista (TOLEDADANO, 2010).

La realidad que se trasmite a los destinatarios pasa por un proceso tan complejo, desde que es contemplada por los profesionales hasta que llega a aquellos, que en la actualidad es imposible que dicha realidad llegue intacta o incluso que los periodistas sean los únicos que informan; ahora, en expresión de RAMONET (1998), "toda la sociedad se ha puesto frenéticamente a hacer lo mismo".

Tradicionalmente, la información era vista como "el conjunto de actividades, instituciones y efectos que tiene por objeto la colección, la transmisión, la elección, la presentación y la publicación de hechos considerados como significativos de la vida social" (VOYENNE, 1989)[31]. Hasta hace muy poco,

---

[31] La actividad informativa consiste esencialmente en transformar los hechos en palabras, en convertir los acontecimientos en relatos. Sin embargo, esta transformación no siempre es fácil. O falta algo, o

informar era, de alguna manera, proporcionar no sólo la descripción precisa –y rigurosamente comprobada- de un hecho, un acontecimiento, sino también aportar un conjunto de parámetros contextuales que permiten al receptor comprender su significado profundo. Todo esto, de hecho, ha cambiado en un primer momento bajo la influencia de la televisión y posteriormente con el éxito de las redes sociales.

La falta de objetividad e imparcialidad en toda comunicación humana, son dos dimensiones críticas en la calidad del producto informativo, lo que provoca subsecuentemente falsas creencias en la masa receptora –o en modelos impersonales del receptor- conllevando así a posibles daños emocionales, físicos, financieros, etc. (FALLIS, 2009). Tal alejamiento de la objetividad pudiere deberse a error o dolo. En el primer caso, cuando se trate de error involuntario se suele utilizar la palabra "missinformation" para definirlo, mientras el dolo *per se* es traducida por "desinformation", palabra de patente soviética nacida al calor de los servicios secretos.

En todos los medios de información existe una intervención inevitable que debe ser definida claramente como "manipulación", como parte del poder del ser humano sobre todo lo creado, que ha provocado que "nuevos campos de la realidad han quedado convertidos en objeto de su decisión (CRUZ, 1990). Dicho de otra forma, en la realidad la manipulación es inevitable[32].

---

sobra algo. Se trata de un trabajo muy difícil, muy complejo, en lo que lo único realmente simple es equivocarse.

32 La práctica de la desinformación no sólo trasgrede el derecho más fundamental del ser humano como es el de obtener información veraz, sino que el simple hecho de manipular el mensaje con el fin de que el receptor opere de una forma distinta a la que haría, basada en información incorrecta o imprecisa, conlleva a remontar

El convencimiento de que el pluralismo de los medios garantes de la conformación de una opinión publica bien formada, así como la convicción de que la cantidad de canales y la abundancia de información aseguran la diversidad y el pensamiento alternativo se configuran como uno de los pilares más importantes de la manipulación. La información sufre en los tiempos actuales las consecuencias de un sistema mercantilizado que antepone el resultado económico, los beneficios, a la función pública[33]. No es extraño así que, en el logro de este interés, el mensaje sufra un proceso de manipulación que puede diluirse a través de mecanismos no reconocibles por las personas a quienes va dirigido[34].

La dependencia de intereses personales, publicitarios o ideológicos entraña romper el pacto comunicativo esencial que se establece entre periodistas (o medios de comunicación) y ciudadanos/as (ROMERO ÁLVAREZ, 2002). El grado máximo de pérdida de independencia lleva a la manipulación sistemática y habitual de los contenidos.

---

los fundamentos filosófica y morales de una sociedad justa y de los principios éticos del discurso (ROMERO RODRÍGUEZ, 2011).

33 La dimensión social de la manipulación y la desinformación se contemplan en términos de abuso de poder por las élites simbólicas que tienen acceso preferencial al discurso público y adulteran el pensamiento a favor de sus propios intereses (VAN DIJK, 2006).

34 En el tiempo actual, el panorama mediático nos muestra una maraña de empresas de la comunicación al servicio de un mismo interés: el sistema de economía de mercado. El poder mediático ahora se halla en manos de unas corporaciones que buscan, de la forma que sea, generar beneficios. Esta realidad social contemporánea es fruto de un avance capitalista precipitado tras el final de la Segunda Guerra Mundial, que ha supuesto, al decir de LABIO (2003) un reparto informativo del mundo que se corresponde con el político y el económico.

Cuando la desinformación se busca conscientemente, cuando hay una intención evidente de engañar por parte de los promotores y realizadores de la información, nos hallamos ante la manipulación. La manipulación es, pues, la desinformación interesada que, a través de las diversas técnicas de ocultación o tergiversación de la realidad, se elabora con verosimilitud al servicio de los intereses dominantes (GALDÓN, 1999).

El término "manipulación" se presta a equívocos. Manipular significa "tocar con las manos", "amasar", "manosear". En otras palabras, "dar forma", "deformar". El idioma ruso fue el precursor de su definición en 1949 como una forma de confundir a la sociedad mediante el uso de información falsa (RODRÍGUEZ, 2013). El Diccionario de la Real Academia Española define la manipulación como la intervención "con medios hábiles y, a veces, arteros en la política, en el mercado, en la información, etc., con distorsión de la verdad o la justicia, y al servicio de intereses particulares"[35]. Desinformar sería en consecuencia (mediante la manipulación informativa voluntaria, inequívoca y dolosa), el resultado deseado de un proceso que emplea trucos específicos ya sean semánticos, técnicos, psicológicos, para engañar, mal informar, influir, persuadir o controlar un objeto, generalmente con el objetivo de obtener beneficios propios o ajenos (RITTER, 2007). Manipular no es equivocarse, muy al contrario, significa falsear deliberadamente. Supone, por tanto, decir algo a sabiendas de que ese algo no es verdad (o no es del todo verdad). Su objetivo último consiste en engañar, trastocar realidades, deformar hechos, radicalizar a personajes, o quizá simplemente silenciar, ocultar o callar (MAYORAL,

---

[35] La Fundación Melior (2012), dedicada al análisis de problemáticas diversas, apunta en su sitio web que la manipulación es una actividad antigua cuyas primeras modalidades se remontan al discurso en las plazas públicas y las ágoras, de manera que no había un medio físico para trasmitir el mensaje sino la voz del propio orador, quien de acuerdo con sus intenciones haría alusión a una u otra idea.

PARRAT y MORATA, 2019). En todos estos casos se pretende que los/as ciudadanos/as no conozcan aquello que debieran saber[36].

Para los manipuladores la verdad no es lo que es sino lo que ellos quieren unilateralmente que sea. Para quienes manipulan la información no hay hechos ni certeza, sino solamente intereses ideológicos y económicos. Sus móviles primordiales son la voluntad de poder, de dominio sobre la sociedad, de imposición de una ideología o de unas modas, costumbres o estilos de vida para el consumo masivo, y la voluntad de tener, de obtener la mayor riqueza monetaria posible (GALDÓN, 2006).

Cuando se manipula la información a través de los medios, las personas obtienen una visión descontextualizada de la realidad, se vive dentro de una ilusoria democracia en la que, en lugar de facilitar el derecho a mantenerse informado, se crean contenidos acordes con los intereses del poder. Con ello el público evade los problemas y acepta que la juventud, el ocio y la diversión son las razones únicas de la existencia. La ideología del consumo superfluo, de la vida ligera y sin complicaciones, de la evasión y del erotismo fácil y sin compromiso inundan los medios (RODRÍGUEZ, 2006).

Para FERRÉS (2010), manipular es un término que se refiere a la transformación de cualquier ente, como pueden ser los materiales utilizados en la fabricación de un producto. De igual forma, cuando en la elaboración de una noticia o cualquier mensaje se utilizan ideas procedentes de alguna fuente de información -personal o documental-, se está haciendo una manipulación, lo que implica que dichas ideas pierdan la na-

---

36 Esto afecta a toda clase de informaciones: aquellas que se sustentan en el uso de fotografías (TEIXEIRA, 1999), imágenes y sonidos (GARCÍA PARREÑO, 2000) o solo texto, sean estos sobre política (CASERO RIPOLLÉS, 2009) o sobre cuestiones medioambientales (ELÍAS, 2001).

turaleza con la que fueron dichas o escritas, pues fue necesario instrumentalizarlas para configurar un discurso nuevo. De acuerdo con este profesor, la manipulación de la información no en todos los casos corresponde a una práctica malintencionada o encaminada hacia propósitos vanos, sino que su connotación depende de la objetividad con la que el autor del discurso nuevo trate la información de sus fuentes. Si el tratamiento de ésta persigue influir en la conducta o forma de pensar de un grupo de personas, entonces sí hay una manipulación malintencionada y que intenta el cumplimiento de unos intereses que benefician únicamente a un sector.

La manipulación es en realidad el final del pacto entre periodistas y ciudadanos/as[37]. Objetivamente, nada escapa a la manipulación, dado que la propia selección de lo que ve ya supone adulterar la realidad, al dejar sin dar a conocer sucesos o acontecimientos que podrían tener relevancia. De hecho, hay manipulación tanto en el proceso como en el resultado final: la noticia. La duda está en conocer qué tipo de manipulación existe en la noticia y qué se esconde detrás de la misma. O lo que es lo mismo, por qué se informa de determinados hechos–verdaderos- y de una determinada manera mientras que otros hechos no son tenidos en cuenta o son relatados de forma distinta. O precisando aún más, qué esconde el proceso de recoger, interpretar y valorar llevado a cabo por los sujetos promotores que controlan el medio (MARTÍNEZ ALBERTOS, 1997).

Los lógicos límites de espacio o tiempo impiden que los medios trasmitan toda la información deseable a pesar de que existan diferencias entre la prensa escrita, la radio, la televisión e Internet. Con independencia de estos factores, en algunos medios, lo cierto es que existe una selección que, *a priori*, está

---

37 Este pacto consiste en que los periodistas se comprometen a contar lo que sucede (y nada más, únicamente lo que se ha comprobado que ha sucedido).

fundamentada en unos "valores periodísticos" que nos permiten entender qué es noticia: novedad, relevancia, actualidad, deviación, negatividad y proximidad (VAN DIJK, 1990).

Los medios de comunicación, en su totalidad, son en efecto los elementos responsables de decidir que parte de la realidad se transforma en noticia. Aunque su complejidad como estructuras formadas por muchos actores y funciones, hace que esa labor de *gatekeeper* se centralice en el periodista (GOMIS, 1991), tanto si lo hace por iniciativa propia como por instrucciones de instancias superiores. La función del *gatekeeper* es fundamental, porque de él depende el flujo de la información y él decidirá silenciosa e inapelablemente si una noticia se divulga o no[38].

Así las cosas, se podría llegar a pensar que la sociedad actual ha institucionalizado la manipulación. Singularmente en la propaganda política y en la publicidad comercial los discursos o textos son casi siempre manipuladores[39]. La información

---

38 Con todo, lo más curioso del *gatekeeper* es que el resultado no difiere mucho de que una mesa la ocupen determinadas personas. Pese a ello, el proceso de selección parece reflejado de antemano, al menos tácitamente, al comprobar como lo publicado en diferentes medios no se diferencia mucho de la selección que realiza el guardián de los medios (GOMIS, 1991).

39 Durante los dos conflictos bélicos más graves de la humanidad, la manipulación informativa tuvo un enorme papel propagandístico. En la Primera Guerra Mundial los periódicos de países fuera de Alemania se nutrían con la información enviada por las agencias europeas mediante mecanismos como el telégrafo, que en muchas ocasiones no era más que información de tipo propagandístico (GASTÓN, 2014), es decir, su intención era que se difundieran las ideas o creencias de un grupo. En una retrospectiva más amplia, puede encontrarse que la propaganda fue uno de los más importantes medios con los que se ejerció la manipulación informativa. Tras la Segunda Guerra Mundial, la propaganda o manipulación se convirtió en un instrumento de creciente importancia en la promoción de las políticas nacionales

que se nos brinda es accesoria y no es más que un medio para ejercer una influencia (MARTÍNEZ ARNALDOS, 1990).

De hecho, la manipulación está institucionalizada y con ella "la distorsión de la verdad y la justicia al servicio de intereses particulares"[40]. Así, no nos debe extrañar que informar esté saturado de actuaciones o instrumentos tendentes a potenciar el "consumo" de cualquier producto -incluida la información-, mostrando la realidad tal como se quiere o, llegado el caso, inundar la realidad con hechos virtuales que ocupen ese lugar o ficciones que ni siquiera tengan ese sentido real.

La información de los medios, tanto impresos como digitales, que se manipula conlleva casi siempre que las personas actúen de cierta manera en las esferas de su vida. De acuerdo con SCRETI (2012), los fines a los que esta manipulación lleva pueden ser comerciales o políticos; los primeros intentan obligar a un consumidor a adquirir un producto, mientras que los segundos son una manera de persuasión que busca obtener el voto entre candidatos a un determinado cargo.

4.2. Tipologías de la manipulación

Siguiendo a ROMERO y MUÑOZ (2012) se pueden determinar algunas técnicas de manipulación, así por medio del lenguaje los medios de comunicación construyen entendimientos en torno a la realidad que, cuando son producto del discurso de personajes poderosos, produce una realidad tergiversada.

---

para atraer a su causa a las personas que aún no se habían decantado por ningún bando.

40 La manipulación de la cognición social conlleva a una afectación de la escala de valores que usa la masa receptora para evaluar los acontecimientos y condenar o legitimar las acciones.

La manipulación de la información a partir del lenguaje parte de algunas técnicas léxico-semánticas y pragmáticas cuyo fin es intencionadamente el engaño y la distracción de las audiencias (CABRAL VARGAS, 2019).

Aunque las tecnologías de la información y la comunicación (TIC) han convertido la manipulación en un proceso relativamente sencillo, ésta también se ha presentado en los medios tradicionales o que no fueron creados en formato digital. Sin duda el ejemplo más elocuente de manipulación en los medios impresos se detecta en el uso de imágenes para ilustrar las noticias[41], especialmente en aquellos casos de uso de imágenes violentas, cuyo último fin es satisfacer el morbo y la perversión del espectador.

Antes del medio digital, la manipulación también se manifestaba a través de la propaganda y la publicidad, si bien de manera similar tienen gran importancia en este ámbito. Pero en relación con el material impreso, eran medios cuyo discurso se basaba en la persuasión; dicho con otras palabras, buscaban que el mensaje contuviera ideas implícitas que el lector pudiera deducir y de esta manera servir a los fines y propósitos de quienes las difundían (CASALS, 2002).

La manipulación en medios no digitales utiliza recursos que incluso se mantienen en el presente; en reflexión de CORREA (2006), la información impresa de los años treinta y cuarenta del pasado siglo, normalmente en forma de propaganda, se caracterizaba por generarse desde el exterior, contar con información general y especializada en ciertas comunidades y hacer mensajes fácilmente ajustables a las realidades mediáticas (nuevos medios).

---

41 Desde una óptica filosófica, GONZÁLEZ (2006) cuestiona el significado de las fotografías cuando ilustran situaciones violentas en la prensa y critica los aspectos éticos que se vinculan a éstas.

Entre las razones por las que un medio de comunicación incluye información manipulada en sus páginas, portales o emisiones radiofónicas o televisivas, está la búsqueda de una reacción emocionalmente negativa por parte del público (ira, indignación, odio, enojo, etc.) con el propósito de condicionar a la audiencia para que las emociones sean lo primero que despierta en ésta cada vez que se difunda la información y con ello minimizar el grado crítico con el cual reciben las noticias (HONRUBIA, 2014).

Como sostienen con razón MAYORAL, PARRATT y MORATA (2019), resulta, por otra parte, sorprendente la naturalidad (casi complicidad) con la que se ha convivido durante decenios con el fenómeno de la manipulación, el cual se ha convertido en una especie de fenómeno natural contra el que no hay forma de resistirse.

Lo cierto es que no existen, hoy por hoy, recetas infalibles contra la manipulación de la información. Ahora bien, resulta evidente que nuestras mejores armas se basan en la convicción, en la capacidad, en la seguridad y fortaleza de nuestros propios principios. Buscar la verdad en la vida pública es ahora más que nunca una responsabilidad ciudadana (D´ ANCONA, 2017).

En consecuencia, es preciso convenir con FERNÁNDEZ RAMÍREZ (2011) que uno de los instrumentos más sólidos e importantes para combatir la desinformación y la manipulación informativa es crear en la sociedad un sentido crítico-analítico sobre la "realidad social" y la "realidad mediática", en el convencimiento de que toda decisión individual es social por naturaleza y que el efecto de lo individual sólo trasciende en el plano social.

BIBLIOGRAFÍA

ALCOTT, H. y GENTZKOU, M. (2017): "Social media and fake news in the 2016 election", en *Journal of economic perspectives*, núm. 31 (2).

BOYD-BARRETT, O. (2018): "Fake new and <<RussiaGate>> discurses. Propaganda in the post-truth era", en *Journalisme,* 20 (1).

CABRAL VARGAS, B: "Manipulación de la información en medios de comunicación digitales e impresos", en Torres Vargas, G. A. y Fernández Bajón, M. T.(2019): *Verdad y falsedad de la información.* Ciudad de México, UNAM.

CASALS CARRO, M. J. (2002): "La comunicación de las ideas después del 11-S: El clamor de todas las preguntas", en *Estudios sobre el mensaje periodístico,* núm. 8.

CERDÁ-NAVARRO, A. et. al (2021): "*Fake* o no *fake,* esa es la cuestión. Reconocimiento de la desinformación entre alumnado universitario", en *Revista Prisma Social,* núm. 34.

CORNER, J. (2017): "Fake news, post-truth and media-political change", en *Media, culture e society,* núm. 39 (7).

CORREA JARAMILLO, M. (2006): "Desinformación y propaganda: Estrategias de gestión de la comunicación en el conflicto armado colombiano", en *Reflexión política,* vol. 8, núm. 15.

CRUZ, A. (1990): "Raíces filosóficas de la manipulación. El informador da la noticia, no la crea", en García Noblejas, J. J. y Sánchez, J. J. (edits.): *Información y persuasión. Actas de las III Jornadas de Ciencias de la Información.* Pamplona, Universidad de Navarra.

D´ANCONA, M. (2017): *Post-truth. The new war on truth an how to fight.* London, Randon House.

ELÍAS, C. (2001): "Periodismo especializado en medioambiente: El caso Doñana como paradigma de manipulación informativa", en *Ámbitos. Revista internacional de comunicación,* núm. 6.

FALLIS, D. (2009): *A conceptual analisys of disinformation.* Arizona, University of Arizona.

FERNÁNDEZ GARCÍA, N. (2017): "<<Fakenews>>: una oportunidad para la alfabetización mediática", *NUSO,* 269.

FERRÉS, J. (2010): "Medios de masas y manipulación", en Zamora, J. A. (ed.): *Medios de comunicación, espectáculo, manipulación.* Estella (Navarra), Verbo Divino.

FUNDACIÓN MELIOR (2012): "Medios de comunicación ¿armas de destrucción masiva?", en https://fundacionmelior.org/archivado/medios-de-comunicacion-armas-de-manipulacion-masiva/

GALDÓN, G. (2001): "Información, desinformación y manipulación". Cap. 3. Biblioteca digital. CEU-San Pablo.

GASTÓN SÁNCHEZ, C. (2014): "Pendiente de un hilo. Guerra comunicacional y manipulación informativa en la prensa porteña durante los inicios de la Gran Guerra", en *Política y cultura,* núm. 24.

GÓMEZ DE AGREDA. A. (2018): "Posverdad y <<fake news>>. Falsas noticias, no noticias falsas", en *Telos: Cuadernos de comunicación e innovación,* núm. 109.

GOMIS, L. (1991): *Teoría del periodismo: Como se forma el presente.* Barcelona, Paidós.

GONZÁLEZ, I. (2006): "Cadáveres privados y cadáveres públicos. Epistemología y ética de las imágenes censuradas", en *Astrolabio: Revista Internacional de Filosofía,* núm. 2.

HONRUBIA HURTADO, P. A. (2014): "Manipulación de las emociones y medios de comunicación", en *Epsys: Revista de Psicología y Humanidades.* http://www.eepsys.com/es/manipulacion-de-las-emociones-medios-de-comunicacion/

HOWARD, P. N., BOLSOVER, G., KOLLANYI, B., BRADHHAWA, S. y NEUDERT, L. M. (2017): "Junk news and bots during the US election: Whad were Michigan voters sharing over Twitter". *ComProp. Data Memo.*

JACK, C. (2017): "Lexicon of lies: terms for problematic information", en *Data & Society Research Institute.* https://apo.org.au/node/183786

KNIGHT FOUNDATION (2010): Seven ways misinformation spread during the 2016 election. https://knightfoundation.org/articles/seven-ways-misinformation-spread-during-the-2016-election/

KOVACH, B. y ROSENTIEL, T. (2010): *Blur: How to know whast´s true in the age of information overload.* New York, Bloomsbury.

LABIO, A. (2005): "Poder y manipulación. Una aproximación desde el pensamiento crítico", en *Razón y palabra,* núm. 43.

LAZER, D. et. al (2018): "The science of fake news", en *Science* 359 (6380). https://www.science.org/doi/10.1126/science.aao2998.

MAGALLÓN, R. (2019): *Unfaking news. Como combatir la desinformación.* Madrid, Pirámide.

MCINTYRE, L. (2018): "Post-truh", en *Mit Press.* https://mitpress.mit.edu/9780262535045/post-truth/

MARTÍNEZ ALBERTOS, J. L. (1997): *El ocaso del periodismo.* Barcelona, CIMS.

MARTÍNEZ ARNALDOS, M. (1990): *Lenguaje, texto y mass-media. Aproximación a una encrucijada.* Murcia, Universidad de Murcia.

MAYORAL, J., PARRATT, S. y MORATA, M. (2019): "Desinformación, manipulación y credibilidad periodística: una perspectiva histórica", en *Historia y Comunicación Social.* Universidad Complutense, núm. 24 (2).

MIKKELSON, D. (2016): "We have bad news problem, not a fake news problem". .*Snopes.* https://www.snopes.com/news/2016/11/17/we-have-a-bad-news-problem-not-a-fake-news-problem/

OLMO Y ROMERO, J. A. (2019): "Desinformación: concepto y perspectivas". *Real Instituto Elcano.* ARI 41. https://www.realinstitutoelcano.org/analisis/desinformacion-concepto-y-perspectivas/

O´ NEIL, C. (2019): *Armas de destrucción matemática. Cómo el big data aumenta la desigualdad y amenaza la democracia.* Madrid, Capitán Swing.

RAMONET, I. (1998): *La tiranía de la comunicación.* Madrid, Debate.

ROBINSON, L. et. al: (2018): *Modern political warfare. Current practics and posible responses.* Santa Mónica (CA), Rand Corporation.

RODRÍGUEZ PÉREZ, C. (2019): "No diga *fake news,* di desinformación: una revisión sobre el fenómeno de las noticias falsas y sus implicaciones", en *Comunicación,* núm. 40.

ROMERO ÁLVAREZ, M. L. (2012): "El pacto periodístico", en *Revista Mexicana de Ciencias Políticas y Sociales,* núm. 45 (186).

ROMERO RODRÍGUEZ, L. (2013): "Hacia un estado de la cuestión de las investigaciones sobre la desinformación / misinformación", en *Correspondencia & análisis,* núm. 3.

RIVAS TROITIÑO, J. M. (1995): "Desinformación: revisión de su significado. Del engaño a la falta de rigor", en *Estudios sobre el mensaje periodístico.* Servicio de Publicaciones UCM, núm. 2.

SÁNCHEZ ILLÁN, J. C. (2021): "Periodismo frente a desinformación: 2020, el año de la pandemia y de las <<fake news>>", en Luena, C., Sánchez Illán, J. C. y Elías, C.: *La desinformación en la UE en tiempos del Covid-19,* S&D. https://editorial.tirant.com/free_ebooks/9788413979441.pdf

RITTER, M. (2007): *De la comunicación a la manipulación,* Boston.

SCRETI, F. (2012): "Publicidad y propaganda. Terminología, ideología, ingenuidad", en *Razón y palabra,* núm. 78

SHULTZ, R. H. & GIODSON, R. (1984): *Desinformatzia. Active measures in soviet strategy.* Washington, Brassey´s.

SILVERMAN, C. & PHAM, S. (2018): "These are 50 of the biggest fake news hits on Facebook in 2018". https://bit.ly/2TPKAiM

SEWENY, M.: (1997). "Twenty-five way to surprisse the truth: The rules of desinformation". http://www.whale.to/m/disin.html

TOLEDADANO, S. (2010): "Obsoleta manipulación: elementos reales, virtuales y ficticios para una nueva concepción de la información", en *Miguel Hernández Communication Journal*, año 1.

TORRES SORIANO, M. R. (coord.) (2019): *Desinformación. Poder o manipulación en la era digital.* Granada, Comares.

VAN DIJK, T. A. (1990): *La noticia como discurso. Comprensión, estructura y producción de la información.* Barcelona, Paidós.

VOYENNE, B. (1984): *La información hoy.* Barcelona, Mitre.

WAGER, A. (2020): "Coronabulos, conspiranoia e infodemia: claves para sobrevivir a la postverdad". https://theconversation.com/coronabulos-conspiranoia-e-infodemia-claves-para-sobrevivir-a-la-posverdad-139504

WU, T. (2016): *The attention merchants: The eoic scramble to get inside our heads.* New York, Random House.

Capítulo 5.

DERECHO, PSEUDOCIENCIA Y DESINFORMACIÓN

JUAN JOSÉ VÁZQUEZ-PORTOMEÑE SEIJAS

Abogacía del Estado

SUMARIO: 1. La pseudociencia como forma de engaño. 2. El derecho y el discurso pseudocientífico. 3. La pseudociencia como desinformación.

El de pseudociencia es un concepto esencialmente epistemológico. Vendría a representar el contorno negativo de la ciencia, una línea tras la cual esta ya desmerece tal nombre y muta en una mendaz apariencia de tal. El "problema de la demarcación", la ubicación de la frontera entre ciencia y pseudociencia, se cuenta, por ello, entre las cuestiones epistemológicas más relevantes.

Sin embargo, el fenómeno de la pseudociencia debe también ser afrontado desde una perspectiva jurídica, pues aquella es una realidad, además de epistemológica, social, que demanda, como tal, una respuesta desde el derecho. En primer lugar, sobre la propia admisibilidad de su divulgación y uso como reclamo.

Tal cuestión es justamente el eje central de mi libro "El derecho frente a la pseudociencia"[1], donde examino, desde la óptica

---

1 Editorial Consejo Superior de Investigaciones Científicas, Madrid, 2021; disponible en http://libros.csic.es/product_info.php?products_id=1566

del derecho español, pero mediante conceptos transponibles a otros ordenamientos legales, la respuesta legal a tal fenómeno.

Durante las siguientes páginas recuperaré alguno de los conceptos centrales de tal trabajo para luego ampliar el análisis al fenómeno más general de la desinformación, del que la pseudociencia es solo una expresión más.

1. LA PSEUDOCIENCIA COMO FORMA DE ENGAÑO

El Derecho cuenta entre sus principios medulares el del repudio del engaño urdido para perjudicar a otro. El *Corpus iuris civiles,* compilación de Derecho Romano confeccionada por encargo del Emperador Justiniano en el siglo VI, recogía ya entre los llamados *tria iuris preacepta* (tríptico de normas que debieran informar cualquier conjunto de leyes vigentes) los de "vivir honestamente" (*honeste vivere*) y "no dañar a otro" (*alterum non laedere*), reglas que implicaban la prohibición tajante del engaño malicioso dirigido a dañar a otro.

La pseudociencia, los postulados que, presentándose como ciencia no son tal cosa, constituye, por definición, una potencial fuente de engaño. La ciencia nos ha proporcionado las partes mejor asentadas de nuestro conocimiento y de ahí su justificado prestigio social. Pero, naturalmente, tales atributos resultan de su rigor metodológico y la constante depuración autocrítica. Y ello engendra una evidente ventana de oportunidad: reclamar tal prestigio sin afrontar dichas exigencias. Eso es exactamente lo que hace la pseudociencia, que invoca una naturaleza (la de ciencia) de la que carece. Un intento que, sin excluir necesariamente el autoengaño, es, de ordinario, urdido conscientemente para perjudicar a otros. Justo aquello que el derecho repudia y prohíbe.

Para el derecho, el engaño es ilícito, háyase valido de la pseudociencia o de cualquier otro medio, así que quienes recurren a aquella quedan expuestos a las normas que lo reprimen. Los fraudes pseudocientíficos pueden, por ello, ser combatidos por idénticas vías legales que los urdidos con otras artimañas (anulación de contratos civiles en que ha mediado engaño malicioso, estafa penal, intrusismo...). Pero junto a tales resortes, comunes a todas las formas de engaño, cabe también hallar instrumentos específicos para la disuasión y represión del fraude de naturaleza pseudocientífica.

La actividad médico sanitaria, en particular, queda legalmente reservada en todos los países desarrollados a los profesionales sanitarios, provistos de una titulación oficial que prueba su aptitud para tal desempeño[2]. Este, pues, queda vedado a quienes invoquen titulaciones pseudocientíficas carentes, como tales, de aval oficial. Pese a ello, es evidente la proliferación de quienes parecen vulnerar tal prohibición ejerciendo la llamada "medicina alternativa". ¿Es tal cosa posible?

En puridad, no. Cualquier actividad que persiga los fines propios de la sanitaria merece consideración legal de tal (al margen de su denominación) y está sujeta a autorización administrativa[3]. Existe, de hecho, una modalidad específica de autorización para la "medicina alternativa": la de "*Terapias no convencionales*" o U.101, definida como "*unidad asistencial en la que un médico es responsable de realizar tratamientos de las enfermedades por medios de medicina naturista o con medicamentos homeopáticos o mediante técnicas de estimulación periférica con agujas u otros que demuestren su eficacia y su seguridad*"[4]. Pero esto último es justamente lo que tales actividades no pueden acreditar, pues, como pseudoterapias, carecen del valor terapéutico que invo-

---

2 artículo 4.2 de la Ley 44/2003, de 21 de noviembre, de Ordenación de las Profesiones Sanitarias

3 sentencias del Tribunal Supremo de 7 y 20 de abril 2011

4 Real Decreto 1277/2003, de 10 de octubre, de bases generales sobre autorización de centros, servicios y establecimientos sanitarios

can. El corolario es que estas nunca deberían ser autorizadas, por falta de tales requisitos, ni, por lo tanto, ejercerse, y que, de haber sido ya otorgados, sus permisos debieran revertirse.

Igualmente rigen severas prohibiciones del recurso a pseudoterapias en la deontología médica. En España, el Código de Deontología Médica-Guía de Ética Médica aprobada por el Consejo General de Colegios Oficiales de Médicos establece que el médico tiene el deber de prestar a todos los pacientes una atención médica de calidad científica (artículo 21), ha de prescribir respetando la evidencia científica y las indicaciones autorizadas (artículo 23) y emplear preferentemente procedimientos y prescribir fármacos cuya eficacia se haya demostrado científicamente, declarando no éticas las prácticas inspiradas en el charlatanismo, las carentes de base científica o que prometen a los enfermos la curación y los procedimientos ilusorios o insuficientemente probados que se proponen como eficaces (artículo 26). Principios todos ellos radicalmente incompatibles con la prescripción o aplicación de pseudoterapias.

Algo muy similar pasa con la actividad farmacéutica. En España, el artículo 12 del Código de Deontología de la Profesión Farmacéutica ("*Compromiso con la evidencia científica y la calidad técnica*") declara que el farmacéutico tiene un compromiso con la evidencia científica, deberá abstenerse de ofrecer productos y/o servicios ilusorios que se propongan como eficaces y ha de proporcionar consejo profesional en base a criterios ajustados al conocimiento científico vigente, dando información veraz, científica y evaluada de los productos que dispense y evitando la promoción de los prohibidos por la legislación. Ello supone una prohibición deontológica tanto de la recomendación como de la dispensación de tales remedios.

Otro de los ámbitos específicamente blindados frente a la penetración de la pseudociencia es el del consumo. Tanto para proteger la salud, la seguridad y los intereses económicos de los consumidores como la libre competencia, que debe ser no sólo legal, sino también leal, garantizando que las empresas pugnen en igualdad de condiciones en lo referente, entre otras cosas, a la veracidad y honestidad de sus comunicaciones comerciales. El recurso a la pseudociencia es, sin embargo, capaz de alterar tales condiciones, confiriendo una indebida posición de ventaja a los embaucadores frente a sus honestos competidores.

Los límites al uso de la pseudociencia para la comercialización de productos y servicios, apuntan directamente a su publicidad y etiquetado. La publicidad basada en pseudociencia, dada su naturaleza falsaria, está legalmente prohibida por engañosa[5] y puede llegar a constituir el delito descrito por el artículo 282 del Código Penal, que castiga a quienes en la oferta o publicidad de sus productos o servicios *"hagan alegaciones falsas o manifiesten características inciertas sobre los mismos, de modo que puedan causar un perjuicio grave y manifiesto a los consumidores"*. Y existe, a mayores, una normativa específica atinente a la publicad de los llamados "productos milagro"[6] que, por no ser medicamentos ni productos sanitarios, no pueden alardear de las propiedades preventivas o terapéuticas propias de estos.

Cortapisas específicas al uso de la pseudociencia pueden hallarse también en el ámbito de los cosméticos, prohibiendo, a nivel europeo, el Reglamento (CE) 1223/2009, del Parlamento Europeo y del Consejo, de 30 de noviembre de 2009, que su publicidad o promoción les atribuya propiedades distintas de las puramente estéticas. En este campo, sin embargo, lo más

---

5 Real Decreto Legislativo 1/2007, de 16 de noviembre, que aprueba el texto refundido de la Ley General para la Defensa de los Consumidores y Usuarios, Ley 34/1988, de 11 de noviembre, General de Publicidad y Ley 3/1991, de 10 de enero, de Competencia Desleal

6 Real Decreto 1907/1996, de 2 de agosto, sobre publicidad y promoción comercial de productos, actividades y servicios con pretendida finalidad sanitaria

relevante son las "claims" o reivindicaciones de sus efectos o propiedades, pues, conforme a tal norma, estas no pueden conferirles características o funciones de las que carezcan y, además, deben estar razonablemente probadas.

Otro ámbito específicamente protegido frente a la pseudociencia es el de los alimentos. El Reglamento (UE) nº 1169/2011 del Parlamento Europeo y del Consejo, de 25 de octubre de 2011, sobre la información alimentaria facilitada al consumidor, prohíbe expresamente su publicidad engañosa. Sin embargo, existe en esta materia una grave falla derivada de la regulación de las llamadas declaraciones de propiedades saludables en los alimentos[7], que, alusivas a sus efectos sobre la salud, pueden ser aplicadas al margen de su "perfil nutricional", es decir, el conjunto de sus componentes alimentarios, lo que permite dar apariencia saludable a alimentos que no lo son, amparando así proclamas pseudocientíficas, como han denunciado las asociaciones de consumidores[8].

No parece preciso extenderme más[9]. Es evidente la existencia de un generoso arsenal legal que debiera haber reducido la pseudociencia, como medio de engaño, a una expresión marginal. Pero no menos obvio es que eso no ha sucedido. Y el primer motivo de ello es la pasividad de los poderes públicos. Los resortes legales para combatir los engaños pseudocientificos de nada sirven si no se usan por pura inacción, dejando que sean los perjudicados quienes reaccionen como buenamente puedan, o si no se utilizan con la necesaria expeditividad. Y esa es, por desgracia, justamente la situación.

---

7 Reglamento (CE) nº 1924/2006 del Parlamento Europeo y del Consejo, de 20 de diciembre de 2006

8 https://www.beuc.eu/press-media/news-events/time-end-dodgy-food-claims-%E2%80%93-new-beuc-action

9 Todos los temas mencionados y muchos otros son extensamente tratados en "El derecho frente a la pseudociencia"

2. EL DERECHO Y EL DISCURSO PSEUDOCIENTÍFICO

La difusión de tesis pseudocientíficas a través de los medios de comunicación está al orden del día, sobre todo, los bulos alusivos a la salud. Pero cuando sus difusores son arrinconados por los hechos suelen replicar amparándose en su "libertad de expresión". ¿Realmente esta protege la difusión de pseudociencia o, en general, de información falsa?

Lo primero que ha de advertirse es que las actividades de divulgación de tesis pseudocientíficas enmascaran, con frecuencia, una promoción comercial. Por ejemplo, el desdichadamente célebre "suplemento mineral milagroso" (MMS, por *Miracle Mineral Solution,* una solución rebajada de clorito de sodio, seriamente tóxica[10]) suele publicitarse mediante aparentes actividades "divulgativas" que, en realidad, promueven su venta entre su audiencia[11]. Una publicidad ilícita por engañosa, tanto por su propia forma de presentación (que induce a error sobre su naturaleza, dando apariencia de divulgación a una actividad de promoción comercial con fin de lucro), como por sustentarse en hechos notoriamente inveraces, cuando no directamente falsos. Por ello, dicha actividad vulnera la legislación publicitaria, tanto por tal causa como por comportar una actividad denigratoria prohibida por las normas sobre competencia desleal, que impide difundir manifestaciones sobre la actividad, las prestaciones, el establecimiento o las relaciones mercantiles de un tercero que sean aptas para menoscabar su

---

10 https://www.aemps.gob.es/informa/notasinformativas/medicamentosusohumano-3/2020-medicamentosusohumano-3/la-aemps-advierte-de-los-riesgos-graves-para-la-salud-por-el-consumo-de-dioxido-de-cloro-o-mms/

11 https://www.larazon.es/sociedad/20200822/yujq6ifajvenppbzdr5ikprs6e.html

crédito en el mercado, a no ser que sean exactas, verdaderas y pertinentes[12].

¿Y la difusión de pseudociencia sin propósito comercial y al margen, pues, de la legislación sobre publicidad y competencia? ¿Queda esta amparada por la libertad de expresión?

Ha de comenzarse por resaltar que la libertad de expresión no debe confundirse con la de información. El apartado 1 del artículo 20 de la Constitución española, de hecho, las reconoce por separado. A un lado está el derecho a "*expresar y difundir libremente los pensamientos, ideas y opiniones mediante la palabra, el escrito o cualquier otro medio*". Esa es la libertad de expresión, cuyo ámbito propio, como ha señalado el Tribunal Constitucional, son las creencias u opiniones, es decir, los juicios de valor que exteriorizan la libertad ideológica o de pensamiento (igualmente recogida en el art. 16 del Texto Fundamental español). Pero cosa distinta de tal libertad es el derecho a "*comunicar o recibir libremente información veraz por cualquier medio de difusión*". Esa es la libertad de información, que, aunque afín a la de expresión, no se identifica con ésta, siendo su objeto no las creencias u opiniones, sino las afirmaciones de hecho.

El diferente contenido de ambos derechos explica que su reconocimiento constitucional no use fórmulas intercambiables. La Constitución española exige que la información objeto de tal libertad sea "*veraz*" (a diferencia de lo que pasa con la libertad de expresión), lo que, según la jurisprudencia constitucional, exige del informador una comprobación diligente de tal veracidad. Tal información, pues, no ha de ser necesariamente verdadera (nadie está a salvo de error), pero, desde luego, tal libertad no ampara la falsedad deliberada. Así que divulgar pseudociencia a sabiendas de su naturaleza carece de amparo en la libertad de información.

---

12 artículo 9 de la Ley 3/1991, de Competencia Desleal

¿Qué consecuencias, entonces, comporta tal mendacidad? Desde luego, cuando con ello se cause perjuicios a terceros, el responsable debe reparar el daño, incluido moral o reputacional, derivado de la denigración de la reputación o el buen nombre. Pero ¿y cuando tal información no incluye una imputación afrentosa a personas u organizaciones concretas? ¿Qué pasa, en particular, con la mera difusión de teorías pseudocientíficas, sin propósito comercial? Pues que, si no hay perjuicios a terceros, su divulgación no puede decirse amparada por la ley, como se ha señalado, pero tampoco está castigada por ésta. El derecho se sitúa al margen de tal conducta

¿Debiera intervenirse legalmente para prohibir y reprimir tales conductas? La respuesta, a mi juicio, es no. Una intervención estatal al efecto equivaldría a instituir una "policía de la verdad", medida que entrañaría tales riesgos que, con seguridad, degeneraría en un remedio peor que la enfermedad. No resta, pues, sino confiar a los agentes del proceso comunicativo y, en particular, a sus intermediarios y destinatarios la lucha contra el discurso pseudocientífico. Y, por extensión, contra la desinformación.

3. LA PSEUDOCIENCIA COMO DESINFORMACIÓN

La divulgación de pseudociencia es, en realidad, un modo más de desinformación, es decir, de difusión deliberada entre el público de enunciados falsos con propósitos espurios.

La Comunicación Conjunta al Parlamento Europeo, al Consejo Europeo, al Consejo, al Comité Económico y Social Europeo y al Comité de las Regiones realizada por la Comisión Europea el 10 de junio de 2020 definió la desinformación como la "*información verificablemente engañosa que se crea, presenta y divulga con fines lucrativos o para engañar deliberadamente a la pobla-*

ción y que puede causar un perjuicio público"[13]. No fue fortuito que tal comunicación se produjese con ocasión de la pandemia de Covid-19, pues en dicho contexto la desinformación alcanzó niveles paroxísticos, degenerando en lo que se dio en llamar infodemia o pandemia de la desinformación. Y una parte sustancial de esta era de naturaleza pseudocientífica.

Las bases de la acción europea contra la desinformación obran en el Plan de Acción contra la desinformación de la Unión Europea[14] presentado el 5 de diciembre de 2.018 en un intento de combatirla mediante el esfuerzo cooperativo de todos los agentes del proceso de comunicación y, en particular, de las grandes plataformas en línea (Google, Facebook, Twitter...), a quien se invitó a adherirse al Código de Buenas Prácticas sobre Desinformación[15]. El plan, de todos modos, deslinda entre información engañosa, que, aunque falsa y potencialmente nociva, se publica o comparte de buena fe y sin intención de perjudicar ni de beneficio económico, de la desinformación propiamente dicha, cuya intención es la de engañar u obtener ganancia económica o política y que puede causar perjuicio público.

Pero la divulgación de desinformación pseudocientifica por personas, empresas u organizaciones privadas es solo una parte del problema. Otra, potencialmente mucho mayor, es su difusión por el propio Estado.

Dicho fenómeno adquirió una indeseable dimensión durante la pandemia de Covid-19 y la causa parece clara. El miedo y la zozobra ligada a tal episodio, sobre todo en su comienzo,

---

13 https://eur-lex.europa.eu/legal-content/ES/TXT/?uri=CELEX%3A52020JC0008

14 https://www.dsn.gob.es/es/actualidad/sala-prensa/uni%C3%B3n-europea-plan-lucha-contra-desinformaci%C3%B3n

15 https://ec.europa.eu/commission/presscorner/detail/es/IP_21_4945

dada la incertidumbre sobre la gravedad de la enfermedad, su alcance, las vías de contagio...llegó a ser percibido por los gobiernos como una seria amenaza de descontrol social. Y mientras unos reaccionaron acudiendo a la información fidedigna y la llamada a la responsabilidad reflexiva, otros optaron por la tentadora vía de la desinformación pseudocientifica como medio de tratar de calmar las aguas.

Por supuesto, a la vanguardia de tal tipo de respuesta se situaron, como corresponde a su misma naturaleza, los Estados de corte autoritario. Por ejemplo, desde marzo de 2020, el Presidente venezolano, Nicolás Maduro, anunció sucesivas curas milagrosas de la enfermedad presuntamente creadas por sus científicos. Estas iban desde la mezcla herbácea del "científico" Sirio Quintero a la molécula "DR-10", el carvativir o las "gotas milagrosas del Doctor José Gregorio Hernández". Paralelamente, el Presidente brasileño Jair Bolsonaro, además de rechazar las recomendaciones sanitarias de cuarentenas y distanciamiento social, promovió el uso de la hidroxicloroquina, sustancia sin aval científico alguno a tal efecto, para el tratamiento de la enfermedad.

Pero, por desgracia, tales prácticas no se limitaron a los Estados de corte autoritario (cuya credibilidad está legítimamente lastrada por su propia naturaleza), sino que alcanzaron a las democracias desarrolladas.

En Estados Unidos, el radiólogo Scott Altas fue designado en agosto de 2.020 por el entonces Presidente, Donald Trump, como asesor del Grupo de Trabajo sobre el coronavirus de la Casa Blanca. Desde tal posición se significó por difundir información pseudocientífica sobre la pandemia, como la incapacidad de las mascarillas para evitar su propagación o el logro de una rápida inmunidad de grupo si se permitía al patógeno difundirse (la Declaración de Great Barrington, que aquel avaló, aseguraba que tal táctica pondría fin en tres meses a la pandemia). Tales hechos determinaron que en septiembre de ese año 78 de sus ex-colegas en la Escuela de Medicina de Stanford le denunciaran en una carta por "socavar las autoridades de salud pública y la ciencia", una conducta orientada, en realidad, a respaldar la orientación no intervencionista de la Administración que le había designado.

En España, el Director del Centro de Coordinación de Alertas y Emergencias Sanitarias, Fernando Simón Soria, autoridad al frente de la gestión de la pandemia, afirmaba el 26 de febrero de 2.020 que no tenía sentido que las personas asintomáticas usasen mascarillas. Un criterio claramente contrario a las evidencias científicas sobre cualquier enfermedad de transmisión respiratoria y que estaba, en realidad, motivado, como aquel mismo reconoció más tarde, por el propósito de aligerar la presión sobre su suministro, dada su escasez.

No debe obviarse la gravedad de tales episodios y otros similares. Cuando quienes ejercen la portavocía oficial de la ciencia divulgan deliberadamente información sin aval científico están difundiendo, por definición, pseudociencia e incurriendo con ello en una de las peores formas de desinformación, capaz de socavar, al tiempo, la confianza en la ciencia y las instituciones.

Los Estados deben garantizar que la información difundida por instancias gubernamentales permita, por su apego a los hechos y las pruebas, construir un relato de hechos compartido por todo el cuerpo social. Las legítimas discrepancias de opinión propias de las sociedades libres deben reposar en tal relato compartido, pues la creación, por causa de la desinformación, de versiones alternativas de la realidad acrecienta cualitativamente la discordia y la polarización social. El Estado, el creador del derecho, no puede quedar al margen de los principios de transparencia y veracidad que inspiran el combate legal contra la pseudociencia. Y sus deberes deben incluir el de procurar cohesionar a la ciudadanía en torno a los hechos y la razón crítica, conduciendo con ello a sociedades más ilustradas, reflexivas y racionales y, por ello, menos conflictivas.

Capítulo 6.

GENEALOGÍA DE LA MANIPULACIÓN INFORMATIVA

JACKELINE ARGÜELLO LEMUS
Universidad Nacional Autónoma de México

ALEJANDRO DOMÍNGUEZ URIBE
Universidad Nacional Autónoma de México

1. LIBERTAD Y CONOCIMIENTO EN LAS SOCIEDADES NÓMADAS

Información es una forma de conocimiento que individuos y sociedades elaboran para comunicar; sortear necesidades; paliar inclemencias; modificar circunstancias y tomar decisiones. Todos los grupos humanos producen e intercambian información. (Ríos, 2014). Al interior de las civilizaciones quien más conoce sobre fenómenos de interés general tiene posibilidad de controlar a los otros y acumular poder. Desde que las personas adoptaron el sedentarismo utilizaron información en la cristalización de elites permanentes. Así la base del dominio de las clases dirigentes descansó en la concentración de saberes colectivos.

El historiador Morris Berman intentó demostrar la veracidad de la tesis del buen salvaje de Jean Jacques Rousseau. Por medio de evidencia etnológica explicó que, durante milenios, la humanidad habitó como nómada bajo el cobijo de asociaciones igualitarias. En su perspectiva, la civilización resultó un acontecimiento inusual, pues la aparición del homo sapiens dató de entre 100 mil y 90 mil años antes de Cristo. Sin embargo, hasta aproximadamente el tres mil A.C., los seres racionales crearon asentamientos estables. (Berman, 2000). Previa la conformación de grandes grupos culturales, las personas integraban bandas errantes de cazadores recolectores donde no existían jerarquías ni jefes. Hombres y mujeres al comunicarse producían información, pero no la utilizaban para dominar. Con el sedentarismo surgió el Estado. Debido a ello apareció la centralización gubernamental, los impuestos, la verticalidad burocrática, la desigualdad y la guerra. Esas actividades requirieron el control y la manipulación del saber colectivo (Berman, 2000).

De acuerdo con Berman las agrupaciones nómadas desarrollaron un modo de conciencia que las previno de institucionalizar el Estado. A la experiencia individual de concebir al medio con un alto grado de confianza, el historiador la denominó conciencia paradójica o del espacio (Berman, 2000). Con esta herramienta los nómadas aceptaron los pesares y la incomodidad del entorno sin protesta alguna. Los colectivos no encerraban a las personas ni las obligaban a pertenecer a las agrupaciones. Nadie buscaba un sentido de la realidad. La cotidianidad era suficiente para preservar la estabilidad emocional y mental. Lo que ocurría se aceptaba. No había búsqueda de explicaciones a los eventos sociales ni naturales. Las personas eran completamente libres. Las ataduras, vínculos sentimentales, lealtad a las divinidades, derechos y deberes fueron inconcebibles en las asociaciones nómadas (Berman, 2000).

Berman también describió que la conciencia paradójica evitaba la concentración de la atención en los fenómenos por medio de la fisión-fusión. Ese mecanismo psicológico consistió en restar importancia a las cosas o situaciones alrededor. Nadie ponía cuidado a los otros por mucho tiempo. Los interesados colocaban sus sentidos en impresiones siempre cambiantes que ellos mismos alternaban constantemente. Esto impedía generar apegos o sentimientos posesivos. El historiador asumió que la persona en dicho horizonte histórico habitaba en un solipsismo feliz (Berman, 2000).

2. MANIPULACIÓN DEL CONOCIMIENTO RITUAL Y RELIGIOSO EN LAS SOCIEDADES SEDENTARIAS

Debido explosión demográfica, el agotamiento de recursos naturales y a la multiplicación de las actividades agrícolas, el sedentarismo reemplazó al nomadismo como forma de vida. Por tanto, desapareció el mecanismo de fisión-fusión. De ahí que los societarios posicionaron su mirada en eventos que antes pasaban desapercibidos. Así la muerte adquirió gran importancia y respeto perene. De esta manera, las personas comenzaron a centrar la atención en hechos que bajo el cobijo de la conciencia paradójica resultaban intrascendentes (Berman, 2000).

La convivencia en agrupaciones cerradas multiplicó los conflictos. Las miradas envidiosas y agresivas surgieron por doquier. René Girard argumentó que las sociedades requirieron del mecanismo sacrificial para conformar una comunidad estable capaz de expulsar la violencia consecuencia de las interacciones humanas en organizaciones sedentarias. El chivo expiatorio aglutinó los malestares y padecimientos de todos. Su linchamiento produjo la difuminación del odio y el resentimiento social. Debido a la catarsis generada por la muerte del inocente, las personas consideraron que el difunto los liberaba de la agresión recíproca, en consecuencia, convirtieron a la víctima en la primera divinidad. A partir de ese momento, apareció la religión y con ella las diferencias sociales y jerarquías (Girard, 2005).

Los colectivos estructuraron el cosmos a través de los símbolos sacros. De acuerdo con Girard, el mecanismo sacrificial no fue actividad consciente, pero los rituales que permitían la expulsión de los conflictos recíprocos y la narrativa religiosa eran tarea de las elites militares, políticas y sacerdotales. Únicos con información y conocimiento esencial del orden social (Girard, 2005). La perpetuación del poder de la clase dirigente dependió del uso de la información (Bolívar, 2002). Desde ese instante, las personas necesitaron lideres para alcanzar la estabilidad emocional y política. Por tanto, surgió la manipulación de los saberes con el fin de controlar. El igualitarismo y la libertad del nómada cedió ante la fuerza de la jerarquía y el colectivismo (Berman, 2000).

Berman estipulaba que las organizaciones sedentarias canalizaron su energía en experiencias verticales. Los dioses brindaron el consuelo psíquico que añoraban los sedentarios al abandonar el nomadismo. Durante ese proceso, la confianza en la naturaleza disminuyó. En consecuencia, la nueva forma de comprender el entorno y de lidiar con la alienación radicó en el complejo de autoridad sagrada. Este modo de conciencia proyectó la búsqueda de salvación en el reino de lo sobrenatural, mientras que la experiencia paradójica ni siquiera necesitaba deidades para garantizar la seguridad psíquica. (Berman, 2000).

Todas las civilizaciones generaron información y conocimiento que multiplicó el poder colectivo e individual. (Mann, 1991). Mientras esto acontecía, las mayorías vivían atadas a los designios de las minorías quienes concentraron los saberes sociales. Las estratificaciones más altas de las agrupaciones sedentarias dominaban con información privilegiada. Ejercieron el control a través del monopolio del conocimiento ritual y del uso de herramientas que les permitieron someter a sus rivales (Girard, 2005).

Los dirigentes colectivos construyeron ejércitos, conquistaron y ampliaron sus dominios (Girard, 2005). Utilizaron la información en la cristalización de unanimidad contra enemigos reales e imaginarios (Girard, 1982). Las acciones de los gobernantes estaban respaldadas por las divinidades. La fuerza de los dirigentes constituyó testimonio del amparo de las deidades.

3. CRISTIANISMO Y PERVERSIÓN DEL EVANGELIO

En la perspectiva de René Girard, el cristianismo desarticuló el vínculo entre el poder extra mundano y terrenal (Girard, 1982). Jesús desveló el mecanismo del chivo expiatorio. Con ello hizo consciente el instrumento social que producía lo divino (Girard, 1986). Sin embargo, la humanidad no comprendió como desprenderse del halo sagrado. En consecuencia, edificó una Iglesia cristiana que pervirtió las enseñanzas de Jesús cuando aceptó intervenir en política (Cayley, 2005). Subordinó a los fieles mediante instrumentos paganos y sacrificios. A través de la doctrina manipuló y arrebató la posibilidad de comprender el funcionamiento del linchamiento expiatorio (Cayley, 2005). A pesar de esto, en la vida de Jesús tan difundida por la Santa Madre, descansaba, subyacentemente, la verdad acerca de la violencia y la igualdad entre los hombres (Girard, 1982). Lo anterior debilitó la estructura jerárquica de la sociedad. La Iglesia mermó el esquema piramidal institucional, no sólo con la promoción del individualismo fuera del mundo (Dumont, 1970) y el desvelamiento inconsciente de la inocencia victimaria; sino también con la difusión del igualitarismo universal (Girard, 1982).

De acuerdo con Alexis de Tocqueville, la Santa Madre catalizó, involuntariamente, la nivelación entre los societarios. Aceptó entre sus fieles y dirigentes a pobres, ricos, plebeyos y señores. En consecuencia, algunas personas sin legado ni patrimonio pudieron convertirse en sacerdotes y consiguieron relacionarse con los nobles (Tocqueville, 2002).

El discurso de austeridad de los clérigos medievales contrastaba con la vida suntuosa de la alta curia. La ideología igualitaria no constituyó el único punto débil de la jerarquía privilegiada de la Santa Madre; en el ámbito político acumuló derrotas irreversibles (Tocqueville, 2002). La Iglesia fracasó en su intentó por sacrificar a los musulmanes y desviar la violencia hacia otros continentes. Utilizó el mecanismo del chivo expiatorio, pero no consiguió vencer a los enemigos (Girard, 1986). En consecuencia, generó pauperismo y decadencia al interior de Europa. En ese horizonte, las personas evidenciaban la incompatibilidad de la doctrina cristiana con la riqueza y el poder de los jerarcas religiosos. De ahí que la Santa Madre enfrentó cismas y guerras entre los mismos dirigentes de la institución. El luteranismo y el calvinismo protestantes fomentaron el individualismo (Weber, 2012). Muchos cristianos abandonaron la lealdad papal. Por tanto, iniciaron los conflictos eclesiásticos en el viejo continente que diluyeron el dominio de la Iglesia y posibilitaron el ascenso del poder estatal como nuevo eje de control político.

4. REALISMO POLÍTICO Y MANIPULACIÓN SOCIAL

En los albores del Renacimiento, Maquiavelo evidenció la corrupción del cristianismo y conminó a las autoridades seculares a imitar las costumbres de la alta curia en materia de acumulación y concentración de poder y riqueza (Maquiavelo, 2008). El florentino explicó que el éxito de las ciudades-estado italianas dependía de suprimir las obligaciones religiosas. Cada unidad política debía trabajar en el fortalecimiento de su causa y la consolidación de un dominio particular. Maquiavelo mostró al político la manera de crear enemigos públicos. Aconsejó sobre las ventajas de utilizar el mecanismo del chivo expiatorio y puso énfasis en la manipulación de los hechos y los recursos para derrotar a los adversarios. El autor de *El Príncipe* también enfatizó la importancia de controlar la opinión social y propuso instrumentos propagandísticos para obtener el apoyo popular. Maquiavelo como padre de la Ciencia Política moderna fue el gran arquitecto del uso de la información con fines pragmáticos y en favor de los gobernantes seculares. Su realismo priorizó el fortalecimiento de las elites civiles, incluso a costa del bienestar colectivo (Maquiavelo, 2008). Thomas Hobbes también esclareció las ventajas de construir un Estado completamente soberano y autónomo. Nadie debía interferir en su administración. El representante gubernamental encarnaría una autoridad irrefutable. Dicho sujeto decidiría con que información contarían los súbditos. Aquellos carecerían del derecho a cuestionar o desobedecer la voluntad del soberano. (Hobbes, 2017).

Posterior a las guerras religiosas europeas y la revolución inglesa, el Estado secular adquirió el papel más relevante en los asuntos políticos. Su organización también era jerárquica, pero a diferencia del dominio eclesiástico, constantemente enfrentó resistencias contra su potestad. Louis Dumont estipuló que occidente nunca consintió del todo la premisa del englobamiento del contrario como sí lo hicieron las civilizaciones asiáticas (Dumont, 1982). En consecuencia, desde su victoria sobre las autoridades religiosas, los representantes del Estado sortearon cantidad enorme de conflictos por conservar el poder. Las guerras y revueltas sociales del renacimiento testificaron la dificultad de erigir un orden secular vertical legítimo y estable. Los soberanos prósperos actuaron según el realismo maquiavélico y el carácter inclemente de Hobbes. Esto implicó manipular información en interés de los gobernantes.

5. EL INDIVIDUO VS LA MANIPULACIÓN POLÍTICA

Las revoluciones liberales extendieron la trascendencia del individuo alrededor del globo. La Declaración de Independencia de Estados Unidos sentó las bases de la movilización social francesa en 1789 (Johnson, 2001) La ilustración europea protestaba contra toda autoridad medieval. El blanco principal de su crítica residía en la Iglesia. El dogma cristiano le parecía el mecanismo de control y subordinación que vulneraba la libertad (Tocqueville, 2004) Sin embargo, el iluminismo no pudo prescindir de la lógica religiosa al momento de imponer la ideología liberal. La ilustración sacralizó al individuo. Prometió que ninguna autoridad constituiría obstáculos para su desarrollo. Desde ese momento, habría limitantes a la soberanía estatal. Ningún poder soterraría la voluntad de los particulares. A partir de la consolidación de los regímenes liberales, las personas tendrían verdadero control de cada una de las esferas de acción donde participaban. No volverían a ser engañadas ni manipuladas por las elites en favor de intereses de grupo. Desafortunadamente el liberalismo incumplió con la promesa revolucionaria (Bobbio, 2006).

A pesar de ello, Berman explicó que un nuevo modo de conciencia surgió con el enaltecimiento del individuo. El embotamiento reemplazó al complejo de autoridad sagrada. La victoria de la ciencia como fuente más importante de conocimiento sobre la magia y la religión eliminó la participación de la persona en el desenvolvimiento de los fenómenos naturales. Por tanto, hombres y mujeres jugaron el papel de observadores del mundo; en lugar de concebirse inmersos en la realidad (Berman, 1992). De esta manera, las personas perdieron confianza en los sentidos. Dejaron de relacionarse con el entorno. La preocupación por la apariencia y la mirada de los otros resultó el asunto más trascedente en la vida. (Berman, 1992). La concepción de los demás respecto al ego doblegó la libertad teórica de los liberales. El individualismo sometió a los particulares al juicio constante de los otros. Aquello favoreció la competencia (Girard, 1985). El capitalismo aprovechó la definición del yo en la percepción de infinitos mediadores recíprocos (Dupuy & Dumouchel, 1979).

Las corporaciones, empresarios y gobiernos utilizaron el conocimiento psicológico del modo de consciencia embotada para manipular a los otros en favor de la riqueza y el poder. En las sociedades liberales, los burgueses aprendieron que el desapego de los sentidos respecto al medio y el juicio de los demás en la concepción del yo eran la base de la verdad. La observación al estilo de Copérnico, Galileo y Newton llevaría a la humanidad por el sendero del utopismo. Las teorías heliocéntrica y atomística imprimieron enorme desconfianza en el cuerpo humano como fuente de saber. El Estado moderno hizo del mecanicismo una doctrina de gobierno y control político. Los liberales en puestos administrativos debilitaron los últimos resabios de poder eclesiástico y fortalecieron el capitalismo industrial. También desprestigiaron las experiencias paganas de ascensión. Además, apuntalaron el desarrollo del mercado, la ciencia y la técnica. De ahí que la información más apreciada por las elites radicó en la ley de la oferta y la demanda (Berman, 1992).

La ideología mecánica exageró los poderes de la humanidad. Ésta creyó dominar el dolor y la muerte. Eventos considerados los peores padecimientos de la civilización. Aminorar esos malestares implicó construir instituciones controladas por elites que aprovecharon el miedo colectivo. Por tanto, grupos de especialistas crearon necesidades con las que sometieron a los otros. La economía capitalista y la ciencia transformaron al mundo en una máquina que garantizaría la libertad y la igualdad de los societarios. Sin embargo, muchos de ellos comprendieron que en realidad la supuesta autodeterminación incrementó la explotación y alienación (Illich, 2006).

6. BUROCRACIA Y PERDIDA ABSOLUTA DE LIBERTAD

Durante el siglo XIX, Rusia, Alemania y Japón emprendieron un proceso de modernización a partir de la ampliación de las actividades del Estado. De ahí que Max Weber argumentó el rasgo característico de la modernidad descansó en la racionalidad burocrática. Sin ella, las autoridades seculares no hubieran consolidado el enorme dominio y control que coadyuvó a las catástrofes bélicas del siglo XX (Bendix, 2000).

La guerra conformó hecho indeseable para las mayorías; únicamente las elites encontraron beneficio en las trifulcas. Aquéllas acompañaron a la humanidad desde la consolidación del sedentarismo como modelo civilizacional. Sin embargo, nunca escalaron a tal punto que amenazaran la existencia del planeta; hasta el advenimiento de la arquitectura racional permanente, obligatoria, especializada y coactiva que erigió la burocracia (Bendix, 2000).

A través de su organización, desapareció la voluntad de los individuos. El funcionario debió cumplir los mandatos abstractos de una reglamentación estricta que permitió a la máquina estatal multiplicar el control territorial. La ley concedió a la burocracia la articulación del dominio de las masas. La administración cumplió tareas con un esquema jerárquico donde cada subalterno obedeció los comandos del superior. Los funcionarios recibieron remuneraciones y capacitación técnica que los convirtió en especialistas. Nadie pudo competir con el conocimiento de los burócratas. Años de trabajo y repetición les aseguraron el perfeccionamiento de tareas gubernamentales. Por tanto, consiguieron un estatus superior al de otros miembros de la sociedad. En consecuencia, la administración estatal soterró la supuesta igualdad de condiciones que los iluministas conquistaron en las revoluciones liberales (Aron, 2013). Tampoco permitió a los ciudadanos involucrarse en los asuntos públicos. Los funcionarios acumularon y concentraron información vital sobre la operatividad del Estado. No tuvieron la voluntad ni el interés de abrir la participación a quienes desconocieron la actividad burocrática. De esta manera, los políticos adquirieron facilidades en la manipulación de las masas. Los secretos de la gestión administrativa y la profesionalización desterraron la posibilidad de un gobierno horizontal. De ahí que los altos funcionarios públicos fueron los únicos verdaderamente informados y con facultades decisorias. De acuerdo con Paul Johnson, la causa que precipitó la aparición de las dos guerras mundiales más destructivas de la historia radicó en la expansión de la actividad estatal producto de la ampliación de su capacidad burocrática (Johnson, 1988).

7. LA LIMITACIÓN DEL PODER BUROCRÁTICO Y LA RECUPERACIÓN DE LA LIBERTAD

Posterior a la conflagración internacional de 1945, dos proyectos políticos e ideológicos dividieron al mundo. Las potencias occidentales y sus aliados apostaron por el liberalismo como modelo de desarrollo. En cambio, la URSS, China y sus satélites adoptaron el socialismo. En consecuencia, apuntalaron el crecimiento racional de las estructuras burocráticas (Johnson, 1988). Por otra parte, Estados Unidos, los países de Europa occidental y soberanos afines al proyecto liberal limitaron al gobierno. Ofrecieron espacios de actividad independiente. A pesar de ello, despertaron protestas. Donde el control gubernamental imponía restricciones, las personas reclamaron la materialización de la libertad prometida desde el siglo XVIII (Johnson, 1988).

En Estados democráticos, la contienda electoral demostró necesitar la profesionalización de los burócratas. Sin embargo, la población demandó cada vez más apertura política y verdaderos procesos participativos en la gestión pública. La sociedad no quedó conforme con la implementación del sufragio universal. Las elites occidentales recibieron cuestionamientos y embates severos a su legitimidad a medida que las personas mejoraban su calidad de vida. Los individuos evidenciaron los vicios de una burocracia racional y estricta. Pidieron el control de sus destinos. No estaban conformes con el anonimato en la sociedad de masas (Vázquez García, 2006).

Nuevos grupos de interés con preparación profesional solicitaron una democracia más deliberativa y distributiva. Manifestaron desconcierto con el dominio de los especialistas y la concentración de la información sensible en el aparato de gobierno y las elites económicas. Los beneficios del capitalismo dieron a las mayorías acceso a más vastos bienes de consumo y trabajos especializados. Una mejor educación incrementó el nivel intelectual de la población. Aquélla desarrolló un lenguaje y pensamiento propios. En consecuencia, las críticas al gobierno y las elites inundaron la opinión pública. La sociedad exigió apertura de canales de información. Los medios de comunicación coadyuvaron en la búsqueda de neutralidad en datos y hechos presentados por los burócratas a los ciudadanos (Vázquez García, 2006).

8. NOMADISMO DIGITAL Y LA ERA DE LA INFORMACIÓN

Con el advenimiento de la era digital, todas las pretensiones nostálgicas que evocaban el goce de la libertad del nómada retornarían. Las personas dejarían de circunscribirse en los linderos de la civilización. La internet reviviría el mecanismo de fusión-fisión como medio de contención del conflicto. La existencia regresaría a la libertad de los grandes y amplios parajes que podían ser explorados por vez primera. Con la salvedad de que serían constructos computacionales. Nadie gobernaría la voluntad de los individuos en la web. No habría que obedecer jerarquías ni reglas dominantes. La burocracia no tendría potestad en el universo digital. La desaparición paulatina de una arquitectura gubernamental coactiva descansaba en la automatización de los procesos electrónicos (Schmidt & Cohen, 2013). Las personas podrían ser quienes deseaban cuando querían. La interconexión perenne a través de la computadora abrogaría restricciones y prohibiciones impuestas por el Estado. La difuminación de las fronteras civilizacionales constituía un hecho en la red. Los individuos controlarían cada momento de su desenvolvimiento en los medios digitales. La pantalla y el ordenador permitirían el restablecimiento de la conciencia periférica. Los apegos y pasiones que catalizaban la cristalización de elites y divinidades serían disueltos por la enorme variedad de imágenes y sitios web que impedirían concentrar la atención de las personas por mucho tiempo en un solo fenómeno. Girard estipularía que infinidad de mediadores obstaculizaría la reciprocidad violenta y la centralización del poder. No habría necesidad de manipular o controlar información debido a que el medio electrónico sería un espacio de plena libertad. La vida sin complacer a terceros ni responsabilidades empoderaría a cada individuo. El retorno al solipsismo feliz era garantía de la emancipación que propiciaría el ordenador.

En opinión de Schmidt y Cohen, la internet constituyó el experimento anárquico más importante de la historia. La ausencia de gobierno manifestó la posibilidad de explotar y explorar un mundo nuevo en el espectro virtual. Nadie tuvo jamás tanto poder al alcance de sus manos. En la primera década del siglo XXI, el número de conectados a la red pasó de 350 millones a más de 2 billones (Schmidt & Cohen, 2013, pp. 10-11). En el mismo periodo, la tenencia de teléfonos móviles creció de 750 millones a 5 billones (Schmidt & Cohen, 2013, pp. 10-11). Schmidt y Cohen estimaban que hacia el 2025 cerca de 8 billones de personas tendrían acceso a internet (Schmidt & Cohen, 2013, pp. 10-11). Ninguna persona sería aislada de los eventos internacionales. Los apologistas de la era digital exponían que las tecnologías de la información desconcentrarían y relocalizarían el poder. Así, Estados e instituciones transferirían influencia y facultades a los individuos.

Por vez primera en la historia, la tecnología no empoderaría a las elites, sino a los particulares. Los gobiernos autoritarios y democráticos encontrarían más difícil mantener el control, ganar adeptos o reprimir disidentes. En las primeras décadas del siglo XXI, eventos como el asedio de Google por los hackers chinos; la filtración de documentos secretos por parte de Wikileaks; la organización de la primavera árabe a través de redes sociales y la rápida respuesta a terremotos y desastres naturales debido al uso de herramientas digitales conformaron evidencia de que los gobiernos perdieron imperio y control social. La internet dificultaría la manipulación de las masas (Schmidt & Cohen, 2013).

La conectividad global, a través de la red virtual, concedería auditar minuciosamente a políticos profesionales y gobiernos, en consecuencia, las elites tradicionales repensarían sus operaciones e incluso planes hacia el futuro (Haider, 2009). Los nómadas digitales crearían plataformas electrónicas que rebasarían el estado de derecho. Los hechos sociales ocurrirían a velocidades imposibles de dominar para cualquier autoridad.

El ordenador y la internet impulsarían la nueva globalización. Los apologistas de la era informática vaticinaban que la tecnología reduciría la desigualdad. El incremento de la conectividad mejoraría la salud, educación y calidad de vida de quienes tuvieran acceso al mundo virtual. La sociedad dejaría de carecer de oportunidades económicas, pues la realidad electrónica abriría el mercado hacia millones de personas. Además, volvería más eficientes las actividades en el espacio físico. Debido a la innovadora ciencia de datos, la exactitud en la medición optimizaría la actividad de gobiernos y empresas. Ambos generarían programas más precisos y eficaces con esas herramientas. Por medio de métricas más certeras, los mercados estarían menos afectados por la especulación. El crecimiento productivo avanzaría sin obstáculos (Taylor, 2017).

En naciones en vías de desarrollo, las personas realizarían tareas con instrumentos diversos sin depender de fuerzas económicas tradicionales. Esto crearía nuevas vacantes laborales. La información digital y los datos libres darían posibilidad a los interesados de incursionar en negocios antes monopolizados por grandes corporaciones y grupos de poder. De esta manera, aumentaría la variedad de bienes y quedaría satisfecha una demanda antiguamente olvidada por los grandes capitalistas. Las firmas también buscarían talento fuera de sus fronteras a un menor costo de transacción. Por tanto, habría mayor competencia y reducción de precios de satisfactores finales. Internet habilitaría oportunidades de trabajo en zonas del mundo distintas al establecimiento de patrones y empleados. Esto contribuiría a la nivelación de las condiciones de vida a nivel internacional (Schmidt & Cohen, 2013).

La revolución digital liberaría a las personas de cargas neuronales que impiden la concentración y producen pérdida de tiempo en rutinas improductivas. La humanidad utilizaría máquinas inteligentes capaces de regular la salud y cotidianeidad para que los individuos dedicaran sus esfuerzos en acciones de mayor impacto colectivo. Hogares inteligentes y dispositivos electrónicos adheridos al cuerpo estructurarían sistemas digitales que volverían más fácil la rutina. La tecnología informática resolvería dilemas particulares. Cada uno la adaptaría a sus necesidades. Internet permitiría acceder a cualquier tipo de datos en todo momento sin esperar por un contenido. Debido a ello, hasta el entretenimiento sería más inmersivo y apegado a la subjetividad. El instrumento electrónico fortalecería al individuo. Le daría un control personalizado en cado ámbito de la vida. Conseguiría educación, empleo, medicinas, diversión, habitación y relaciones interpersonales según requerimientos particulares y a la medida. Las tecnologías de la información difuminarían la sociedad de masas. El ordenador y la internet garantizarían la libertad del nómada; y al mismo tiempo brindarían todas las comodidades de la civilización. En el mundo virtual nadie controlaría ni dominaría a las personas; al menos esto era la promesa de la tecnología digital (Schmidt & Cohen, 2013).

9. SEDENTARISMO DIGITAL Y LOS SISTEMAS ELECTRÓNICOS

En la década de los ochenta del siglo XX, Iván Illich señalaba que el regreso a la vida nómada y la conciencia paradójica eran metas inalcanzables por medio de la computadora. (Cayley, 2005). Como cualquier herramienta, el ordenador cambió la forma de concebir el cosmos. El instrumento informático facilitó la materialización del dualismo de René Descartes.

La internet y la pantalla escindieron al yo del cuerpo. En la red, los sujetos pudieron ser multiplicidad de personajes sin comprometerse con alguno. En ausencia de interlocutor, los individuos formaron parte de un sistema operacional. El nomadismo digital aligeró el peso de las pasiones. En el procesador de textos e imágenes no hubo connotaciones subjetivas, únicamente objetivas. Los programas controlaron las redundancias y los ruidos. Los datos impidieron la transmisión de experiencias encarnadas. El espacio electrónico conservó en bajo nivel la exaltación de emociones, miedos y significados. En internet, el involucramiento del cuerpo estuvo vedado. Un conjunto de cerebros en cubetas constituyó al mundo informático. La pantalla y la web posibilitaron el gran cometido del mecanicismo. Por vez primera, escindir la mente de cualquier otra experiencia era plausible. Quien navegó en la red fue una mente desencarnada. La computadora convirtió a la cibernética en nueva ideología y la metáfora dominante de la época contemporánea. De ahí que las creaciones humanas aparecieron como derivaciones de procesos electrónicos. La mente operaría a manera de computadora. La máquina de la información no precisó de algún otro para comunicar. Priorizó al ojo sobre cualquier sentido. El medio digital transformó la mirada en escáner de un interfaz gráfico (Cayley, 2005).

El ingeniero diseñó un sistema en el que las personas conformaron parte de él. No sólo utilizaron la herramienta para sus fines, el instrumento las convirtió en material para su propio desarrollo. Illich explicaba que, previo al advenimiento del ordenador, los individuos estaban separados de su tecnología. Había absoluta claridad respecto quien hacia funcionar las cosas y cuál era el objeto de esa acción. Un automóvil necesita que lo enciendan. Su puesta en marcha y apagado requiere la voluntad de alguien (Cayley, 2005).

Sin embargo, en el medio electrónico, el operador precisa adherirse al sistema para que el instrumento le sirva. De ahí que las personas deben ajustarse a lo que demanda la herramienta y no al revés. Aunque esto también ocurría con el vehículo automotor, la gran diferencia entre, aquel y el sistema informático, consistió en que, en el segundo, la información del usuario quedó a disposición del ordenador y la red; aún si el operador apaga la máquina. Por tanto, Illich, Schmidt y Cohen coincidieron en que, a partir de la era digital, existen 2 mundos; uno físico donde pervive la separación entre instrumento y usuario; y otro virtual en el cual no hay distinción entre operador y operario. En consecuencia, el individuo jamás se libera de la herramienta, pues los sistemas no se desconectan. Ahora, las personas sirven al instrumento. Conforman los medios de sus herramientas.

El capitalismo electrónico prometía la oportunidad de vivir libremente, pero se convirtió en una máquina de condicionamiento conductual y manipulación informativa en beneficio de las empresas digitales. Los productos de Apple parecían la materialización del nomadismo electrónico utópico. El servicio de música a demanda voluntaria por un clic representó una revolución para los consumidores. Los usuarios, por vez primera, personalizaron a gusto lo que escuchaban. Únicamente adquirirían la música de su agrado (Zuboff, 2018).

Sin embargo, Google, en la búsqueda de rentabilidad, colonizó rápidamente esa libertad a través de la manipulación de datos personales. Larry Page y Sergey Brin fundaron dicha corporación en 1998. Los emprendedores anhelaban contribuir al fortalecimiento del utópico nomadismo digital. Su empresa garantizaría el acceso a la información universal. Tenían como ideal un conocimiento al alcance de todo público. La nueva era electrónica coadyuvaría en la consolidación de la democracia internacional (Zuboff, 2018).

Hacia 1999, el startup anunció que grandes inversionistas de capital de riesgo habían comprado acciones de la firma por 25 millones de dólares. Google recibía un promedio de 7 millones de consultas diarias (Zuboff, 2018, pp. 88-89). Cada que los usuarios utilizaban el navegador, el buscador producía gran variedad de datos. Por ejemplo: la frecuencia de los tópicos, la ortografía, el idioma, la ubicación y el tiempo que tardaban los internautas en conseguir información. Todo ello constituía material residual que la empresa almacenaba. El personal operativo de la firma ignoraba la importancia de estos datos desorganizados. Amit Patel fue el primero con interés en las memorias cache de los ordenadores. Creía que podía construirse una historia personal de cada usuario a partir del material residual de las visitas en línea. Patel aseguraba que los datos conformaban un sensor del comportamiento humano. De ahí que los ingenieros de Google imaginaron un motor de búsqueda capaz de aprender e innovar en su servicio con asistencia de la información colateral de las personas. De esta manera, sería posible optimizar el corrector ortográfico, el traductor, el reconocimiento de voz entre otras funciones y servicios. A través de la sistematización de los datos residuales, la firma abrió paso a la industria de la información. El material desechable de las memorias cache en las computadoras constituyó el eje toral de la posterior rentabilidad de Google (Zuboff, 2018).

Al principio las personas suministraban la materia prima y la compañía de Page y Brin reinvertía esos datos en favor de los operarios. Zuboff denominó a este proceso "ciclo de reinversión del valor conductual" (2018, p. 90). Sin embargo, tiempo después, Google transformó a los usuarios en instrumentos. Aquéllos otorgaron, sin saberlo, información particular que la compañía utilizó en su perjuicio (Zuboff, 2018).

En 1998, Page y Brin tenían una opinión muy negativa de la divulgación de comerciales de terceros a través de su motor de búsqueda. Ambos temían que obtener rentabilidad a partir de la información generaría un sesgo favorable a los anunciantes y contraproducente para los consumidores. La publicidad enturbiaría el motor de búsqueda. No obstante, en abril de 2000, ocurrió un evento fustigador para el medio electrónico. La crisis del puntocom produjo un terremoto financiero en Sillicon Valley. La mayor parte de las firmas de reciente creación tuvieron que cerrar. Las acciones de las corporaciones dedicadas a los servicios de internet cayeron a precios irrisorios. Nadie estaba dispuesto en invertir y salvar a estas empresas (Zuboff, 2018).

Bajo esas circunstancias, Brin y Page decidieron aprovechar el negocio de publicidad a pesar de la reciprocidad que habían mostrado con los usuarios. Por tanto, encargaron a un grupo de trabajadores monetizar los anuncios de terceros. Los empleados encontraron que la materia prima del valor conductual podía construir comerciales dirigidos hacia necesidades particulares. Los datos colaterales almacenados mejorarían los anuncios exhibidos por el buscador (Zuboff, 2018).

Una mañana de abril de 2002, los miembros de la compañía hallaron que el nombre de soltera de la actriz Carol Brady conformaba el dato número 1 de la información más consultada en Google. Los analistas percibieron que ese mismo patrón registró cinco picos separados con una hora y cuarenta y cinco minutos de diferencia. Las búsquedas coincidieron con la emisión del programa "¿quién quiere ser millonario?" La televisión transmitía el evento de acuerdo con las diferentes zonas horarias de Estados Unidos. El presentador preguntó cuál había sido el nombre de soltera de Carol Brady. Esa interrogante fue vista sucesivamente por un público distinto, pero las búsquedas habían aparecido desde el primer horario del programa en los servidores. Brin y Page comprendieron que su motor de exploración podía desvelar tendencias y hechos antes que medios convencionales tuvieran conocimiento de éstos. Entendió que, su tecnología poseía capacidad predictiva. Por tanto, después de un ajuste presupuestario y nuevas contrataciones, Google inició en el negocio de los anuncios de manera eficaz (Zuboff, 2018).

La firma ofrecía varias ventajas. Monitoreaba a los usuarios a través del cliqueo en la publicidad. Determinaba la proporción y la tasa de clicks de cada internauta. De ahí que la empresa comenzó a cobrar una tarifa diferenciada por la colocación de los anuncios. Entre más arriba estuvieran éstos en los resultados de búsqueda, mayor era el precio erogado por los interesados (Zuboff, 2018).

El excedente conductual cambió la industria de la publicidad. Desde entonces, las prioridades de Google radicaron en extraer materia prima de los usuarios para dirigirles anuncios según requerimientos individuales. La optimización de la experiencia en el acceso a la información por medio del excedente conductual quedó en el olvido. En 2003, Google registró la patente "Generación de información de usuario para su uso en publicidad dirigida." (*Generating User Information for Use in Targeted Advertising*) La innovación cambió el arte adivinatorio de los anunciantes. El buscador prometió trasladar mensajes específicos para cada internauta en el momento en el que hubo mayores probabilidades de que éste pudiera comprar el producto del oferente (Zuboff, 2018).

Google abandonó la práctica de mejorar el servicio de los usuarios. Su nueva tarea fue reconducir la conducta de las personas hacia donde las compañías publicitarias deseaban. De esta manera, las actividades del buscador atentaron contra la libertad y el derecho al acceso a la información. Todo ello debido a la manipulación del excedente conductual.

10. CONCLUSIONES

Desde el surgimiento del sedentarismo las personas fueron susceptibles de manipulación. El poder político permanente construyó jerarquías y distancias sociales que erradicaron la libertad del nómada. Las agrupaciones sedentarias cerraron sus fronteras. La entrada y salida del entramado colectivo supuso cumplir con una serie de condiciones rituales. La autoridad implementó deberes y obligaciones perenes. Aparecieron conflictos y mecanismos que expulsaron la violencia de las agrupaciones. La conformación de elites implicó la manipulación de saberes y poderes colectivos que estructuraron el orden social. Sin embargo, la civilización constriñó la voluntad natural, por tanto, a lo largo de la historia surgieron movimientos reivindicatorios en contra de ese orden. Las revoluciones utilizaron ideologías que denotaron los mecanismos de control y demandaron su erradicación en favor de la libertad.

Este trabajo evidenció las estrategias de manipulación informativa por parte de las elites para mantener el dominio en diferentes épocas de la civilización occidental. A su vez explicitó que, a partir del advenimiento de la era digital, la humanidad pretendió recuperar la autonomía de la voluntad limitada por las distintas formas que ha tomado el Estado. El texto identificó, en las sociedades modernas, tres escenarios que describen la búsqueda emancipatoria de los individuos.

En el primero, el ordenador y la internet garantizaron el pleno control de la vida. La tecnología electrónica fortaleció la autonomía y libertad de múltiples usuarios digitales. A través de la red virtual pudieron combatir formas tradicionales de manipulación con el acceso a un espacio informativo ilimitado el cual debilitó las ataduras institucionales. La tecnología cibernética hizo la realidad de los internautas más cómoda, fácil y versátil. Por vez primera en la historia de la civilización occidental, la computadora permitió el goce a la medida del entretenimiento, el trabajo, la salud y relaciones interpersonales.

En el segundo escenario, el texto relató que los intereses de las grandes corporaciones colonizaron el espacio electrónico. De ahí que, como explicitó Zuboff, las firmas de servicios digitales crearon el capitalismo de vigilancia. A través de la ingeniería de datos controlaron la web y convirtieron internet en una gran cadena de marketing. Arrebataron a las personas la privacidad, el acceso a la libre información y la posibilidad de decidir que contenido consumir. Por consiguiente, el ordenador y el sistema digital permitieron un control mucho más férreo que el impuesto por los Estados y burócratas. La técnica al servicio del interés económico terminó por socavar la esperanza de libertad real.

Por otra parte, el tercer escenario fue más desalentador que el segundo. A partir de la filosofía de Iván Illich el texto explicó que la computadora se convirtió en herramienta contraproductiva. Las sociedades modernas depositaron su último reducto de confianza en el ordenador sin percatarse que, en esa búsqueda de libertad, edificaron un sistema que instrumentalizó a los propios creadores. Las y los creyentes en los milagros de la era digital, hoy trabajan para alimentar una red que profundiza el embotamiento y enajena a los usuarios sin discriminación alguna. Ingenieros, empresarios, consumidores, trabajadores, instituciones y todo aquél en contacto con el sistema electrónico sirve a la causa de la herramienta. Aquélla aprende de los operarios, subyuga la vida de éstos, predice sus comportamientos e impone su lógica para comprender la realidad. La manipulación radica en el nivel más esencial y ontológico. Hizo concebir el cuerpo de las personas como máquina digital. Las metáforas que articulan la narrativa social obedecen a programas homólogos a las computadoras.

Las sociedades de individuos atomizados vanidosos y egoístas pensaron que por medio de un instrumento digital y personalizable podían regresar al mundo sin autoridad, jerarquías, limites o compromisos colectivos. El anhelo de revivir el modo de conciencia paradójica y el mecanismo de fusión-fisión constituía hecho realizable en la era digital. Las ventajas de la civilización y las comunidades nómadas alcanzarían su síntesis en el espacio electrónico. La Internet difuminó fronteras, sobrepasó restricciones legales de los gobiernos y aperturó la migración hacia un nuevo mundo. Ahí no habría que complacer a terceros. Durante su colonización, existieron nulas responsabilidades. En la perspectiva de Schmidt y Cohen fue el experimento anárquico más grande la historia.

La red digital debilitó administraciones, incrementó la transparencia, motivó la participación política, democratizó a las sociedades, impulsó la globalización y contribuyó a reducir la desigualdad. Sin embargo, una vez cartografiado este nuevo universo, algunos actores comprendieron que los servicios virtuales serían el negocio del futuro. La explotación económica apareció en Internet. Las nuevas tecnologías de la información inauguraron formas más esenciales de alienación y control. El capitalismo de vigilancia fortaleció la manipulación informativa y el dominio sobre el operario de la red. La extracción de datos personales, los anuncios dirigidos a necesidades particulares, los algoritmos con capacidad predictiva y la parafernalia de nuevos especialistas en sistemas computacionales condicionaron el comportamiento de los internautas. Ante semejantes abusos, las personas demandaron protección de quién habían huido hacia el espacio electrónico. Hoy, el Estado intenta frenar las pretensiones de las corporaciones e intereses económicos. Aunque, no cuenta con la capacidad para regular los innumerables comportamientos en línea.

Por otra parte, Illich explicitó que la cristalización de la libertad a través de la computadora siempre fue anhelo fútil. Desde el momento en que obstaculizó el contacto carnal entre los societarios evitó las conexiones que definieron la identidad de la especie humana. En su visión, el ordenador impidió presenciar de forma realista el mundo y la alteridad. En la pantalla la experiencia fue nula. Todo constituyó una simulación. Las pasiones, las emociones, los miedos y significados perdieron referentes concretos y corpóreos.

La computadora no regresará a la humanidad al solipsismo feliz de la época nómada. Al contrario, incrementará la desconfianza en la realidad física y la materia hasta el punto de concebir la verdad como imagen en la pantalla de una maquina electrónica. Quizá Illich preguntaría a las sociedades modernas si aún tienen la capacidad de percibir de qué forma han dejado de ser libres para volverse fieles siervos de un sistema autónomo y totalmente enajenante.

BIBLIOGRAFÍA

Jaime, Ríos Ortega. (2014). "El concepto de información: dimensiones bibliotecológicas, sociológica y cognoscitiva". *INVESTIGACIÓN BIBLIOTECOLÓGICA*, 28 (62), enero/abril. ISSN: 0187-358X, 143-179.

Morris, Berman. (2000). *Wandering Gods. A Study in Nomadic Spirituality.* State University of New York Press.

Girard, René. (2005). *La violencia y lo Sagrado.* (trad. Joaquín Jordá). Anagrama. (original publicado en 1972).

Bolívar Meza, Rosendo. (2002). "La teoría de las élites en Pareto, Mosca y Michels". *Iztapalapa,* 52 (23). Enero-junio, 386-407.

Michael, Mann. (1991). *Las Fuentes Sociales del Poder. Una historia del poder desde los comienzos hasta 1760 D.C.* (vol. 1). Alianza.

René, Girard, (1982), *El misterio de nuestro mundo, claves para una interpretación antropológica, con Jean-Michel Oughourlian y Guy Lefort.* (trad. Alfonso Ortiz). Ediciones Sigúeme.

Girard, René. (1986). *El chivo expiatorio.* Anagrama.

Cayley, David. (2005). *The rivers north of future. The testament of Iván Illich.* Harper Collins

Louis, Dumont. (1970). *Homo hierarchicus.* (trad. Mark Sansbury). Oxford University Press.

Alexis, de Tocqueville. (2002). *La Democracia en América.* (trad. Luis R. Cuellar). Fondo de Cultura Económica. (original publicado en 1835).

Weber, Max. (2012). *La ética protestante y el espíritu del capitalismo* (segunda edición). Fondo de Cultura Económica

Nicolas, Maquiavelo. (2018). *El Príncipe.* Austral. (original publicado en 1513).

Thomas, Hobbes. (2017). *El Leviatán.* Fondo de Cultura Económica. (original publicado en 1651).

Louis, Dumont. (1982). *El homoaequalis.* (trad. Juan Aranzadi). Taurus.

Paul, Johnson. (2001). *Estados Unidos. La historia.* Javier Vergara. (original publicado en 1997).

Alexis, de Tocqueville. (2004). *El Antiguo Régimen y la Revolución.* Istmo. (original publicado en 1856).

Norberto, Bobbio. (2006). *Liberalismo y Democracia.* Fondo de Cultura Económica.

Morris, Berman. (1992). *Cuerpo y Espíritu. La historia oculta de occidente.* (trad. Renato Valenzuela). Cuatro Vientos. (original publicado en 1989).

Girard, René. (1985). *Mentira Romántica y Verdad Novelesca.* Anagrama.

Jean Pierre, Dupuy y Paul Dumochel. (1979). *L' enfer des choses.* Éditions du seuil.

Iván, Illich. (2006). "La Convivencialidad", *Obras Reunidas.* (volumen 1). Fondo de Cultura Económica.

Reinhard, Bendix. (2000). *Max Weber.* Amorrurtu.

Raymond, Aron. (2013). *Las etapas del pensamiento sociológico.* (segunda edición). Tecnos.

Paul, Johnson (1988). *Tiempos modernos.* (trad. Aníbal Leal). Javier Vergara Editor

René, Vázquez García. (2006). "Weber y su concepción de la democracia posible". *Andamios. Revista de Investigación Social,* 3 (5), 213-236.

Eric, Schmidt & Jared, Cohen. (2013). *The New Digital Age.* Alfred A Knopf.

Linnet, Taylor. (2017). "What is data justice? The case from connecting digital rights and freedoms globally. *Big Data and Society. Big Data and Justice.* Doi: 10.1177/2053951717736335 journals.sagepub.com/home/bds, 1-14

Abrar, Haider. (2009, 13 de enero). *Contribution of internet to a democratic society.* (ponencia). Australia. (PDF) Contribution of internet to a democratic society (researchgate.net)

Soshana, Zuboff. (2018). *La era del capitalismo de vigilancia.* Paidós.

PARTE II
LAS DIFICULTADES EN UN MUNDO CONVULSO

Capítulo 7.

MANIPULAR SIN DECIR NADA: LOS SILENCIOS DE LA DOCTRINA JURÍDICA EN TIEMPOS DE PANDEMIA

LUCIO PEGORARO
Universidad de Bolonia
lucio.pegoraro@unibo.it

SUMARIO: 1. Premisa. 2. Formantes e híper-constitución. 3. Parlamentos y derechos (pinceladas). 4. Doctrina: derechos y deberes. 4.1 Las publicaciones señaladas por el *Observatorio Covid*. 4.2. Otros escritos. 5. La regla y las excepciones. 6. Conclusiones: el papel de la doctrina. Bibliografía.

1. PREMISA

En un artículo publicado hace dos años en un libro coordinado por José Julio Fernández Rodríguez[1] tuve la oportunidad

1 (*) Artícolo escrito en el ámbito del PRIN 2017 "From Legal Pluralism to the Intercultural State. Personal Law, Exceptions to General Rules and Imperative Limits in the European Legal Space" (PI – prof. Lucio Pegoraro – CUP J34I19004200001).
"Seguridad: un pseudo-valor frente a los valores del Estado democrático de derecho", en J.J. Fernández Rodríguez (ed.), *Democracia y seguridad.*

de citar los once principios de propaganda de Joseph Goebbels, Ministro de la Propaganda del Tercer *Reich*; entre ellos, los siguientes:

«1. Principio de simplificación y del enemigo único: adoptar una única idea, un único símbolo. Individualizar al adversario en un único enemigo [...]

6. Principio de orquestación: la propaganda debe limitarse a un número pequeño de ideas y repetirlas incansablemente, presentarlas una y otra vez desde diferentes perspectivas, pero siempre convergiendo sobre el mismo concepto. Sin fisuras ni dudas. [...]

9. Principio de la silenciación: acallar las cuestiones sobre las que no se tienen argumentos y disimular las noticias que favorecen al adversario, también contraprogramando con la ayuda de medios de comunicación afines. [...]

11. Principio de la unanimidad: llegar a convencer mucha gente que piensa "como todo el mundo", creando una falsa impresión de unanimidad».

Quiero decir que se puede hacer propaganda no sólo hablando, sino también callándose. Las así llamadas *fake news* a veces son menos peligrosas de los silencios, y los silencios son el terreno donde estas nacen y prosperan. En el silencio de la doctrina, no solo florecen las *fake news*, sino también leyes, sentencias, políticas públicas, actitudes políticas y civiles, cultura institucional unidireccional.

Repetir incansablemente que todo el mundo es solo un mundo de reglas y derechos; ignorar las cuestiones del pluralismo del mundo, olvidando que dos tercios tienen filosofías y

---

Respuestas para avanzar en el sistema público, Valencia, Tirant lo Blanch, 2021, p. 21 ss.

axiologías distintas de la occidental; individualizar al enemigo en el Islám o en China; crear la falsa impresión de unanimidad convenciendo de que todos son unánimes en la defensa de los derechos humanos, fundamentales, constitucionales: todo eso parece representar la tarea principal de la doctrina constitucionalista en las últimas décadas y los últimos años[2].

La doctrina jurídica tiene sus responsabilidades: junto a la jurisprudencia constitucional y transnacional, ha contribuido en la construcción de una híper-constitución metafísica transnacional, basada en los derechos humanos (o fundamentales, o constitucionales) de *imprinting* occidental[3] y en la división de los poderes como única estructura admisible del *frame of*

---

2 Remito a mi artículo "El enemigo, la ecuación terrorista-estranjero y el ataque al Estado democrático de Derecho", en *Dir. pubbl. comp. eur.*, n. especial, 2019, p. 611 ss.

3 Sobre la vagüedad de la categoría, su connotación ideológica y la confusión terminológica reenvío a L. Pegoraro, J. Delgado Gaitán, "Derechos 'fundamentales': consideraciones sobre la elaboración del concepto y su implicación positiva en el contexto del constitucionalismo contemporáneo", en *Rev. Der. del Estado,* 2001, n. 10, p. 41ss., en *Rev. jur. del Perú,* 2001, n. 26, p. 1 ss. y en L. Pegoraro, *Ensayos sobre justicia constitucional, la descentralización y las libertades,* México, Porrúa, 2006, p. 289 ss.; trad. port. "Os direitos 'fundamentais': considerações sobre a elaboração do conceito e sua implicação positiva no contexto do constitucionalismo contemporâneo", en A. de Almeida Filho (ed.), *Estado de direito e direitos fundamentais. Homagem ao Jurista Mario Moacyr Porto,* Rio de Janeiro, Ed. Forense, 2005, p. 443 ss.; L. Pegoraro, "Metodología y modelos por una investigación sobre derechos fundamentales (con especial referencia a las transicciones constitucionales)", en Aa.Vv., *Ponencias Desarrolladas del IX Congreso Nacional de Derecho Constitucional,* Arequipa, Adrus, 2008, p. 3 ss., trad. it. "Metodologia e modelli per una ricerca sui diritti fondamentali (con particolare riferimento alle transizioni costituzionali)", en Aa.Vv., *Studi in onore di L. Carlassare,* Napoli, Jovene, 2009, III, p. 1123 ss.

government[4]. Las tomas de distancia –que a menudo hay– de los perfiles más llamativamente lejanos de la legitimación popular no oculta la sustancial obra de soporte al diseño imperial de un derecho único (*la raison du plus fort*), a través del apoyo de la híper-constitución a las pretensiones hegemónicas de la economía y (con mucho más esfuerzo) de la política.

2. FORMANTES E HÍPER-CONSTITUCIÓN

La teoría de los formantes pone de relieve la necesidad de deshacerse de categorías monolíticas en la comprensión del Derecho. La expresión "formantes" del ordenamiento la ha utilizado Rodolfo Sacco para referirse a los diferentes conjuntos de reglas y proposiciones que, en el ámbito del ordenamiento, contribuyen a generar el orden jurídico de un grupo, en un determinado lugar y en un determinado tiempo. La idea dominante en el jurista que opera en el interior de cada uno de los ordenamientos es buscar «la única verdad jurídica, la que tiene su fuente en la ley y que viene fielmente reconstruida por la doctrina y aplicada por la jurisprudencia»; en otras palabras, el principio de "unicidad de la regla del Derecho" genera en el jurista el convencimiento de que la regla legal, la regla doctrinal y la regla jurisprudencial tienen el mismo contenido y que son, por eso mismo, intercambiables. Donde fuese

---

4 Sobre la elaboración de la híper-constitución v. L. Pegoraro, A. Rinella, *Costituzioni e fonti del diritto*, Torino, Giappichelli, y Buenos Aires-Bogotá-Porto Alegre, Astrea, 2018, p. 128 ss., trad. esp. en Id. (eds), *Derecho constitucional comparado*, tomo III, *Constituciones y fuentes del derecho*, Torino, Giappichelli, y Buenos Aires-Bogotá-Porto Alegre, Astrea, 2019, p. 189 ss.

percibida una deformidad, ésta sería imputable a un error del intérprete»[5].

"Criptotipo", a su vez, indica un formante no verbalizado. No pertenece por tanto, a la categoría de los formantes verbalizados (jurisprudencial, legal, doctrinal) y no se sitúa dentro del derecho positivo pues indica modelos implícitos y reglas de la cuales cada uno no está plenamente consciente, presentes en los diversos sistemas jurídicos y que actúan de modo penetrante en la demostración y decisión de cuestiones jurídicas. Los "criptotipos" abarcan el derecho en todas sus dimensio-

---

5 R. Sacco, "Legal Formants: A Dynamic Approach to Comparative Law", en *Am. journ. comp. law,* n. 2, 1991, p. 343 ss.; Id., *Introduzione al diritto comparato,* Torino, Utet, 1992, p. 43 ss. (y R. Sacco, P. Rossi, *Introduzione al diritto comparato,* 7ª ed., Torino, Utet, 2019). Ahora bien, éste *iter* lógico, observa Sacco, no es susceptible de extenderse al análisis comparativo del Derecho. El comparatista que se coloca frente al Derecho extranjero no tiene el pleno dominio de los instrumentos culturales y jurídicos para descartar posibles interpretaciones equivocadas; más bien, la consideración de otros sistemas jurídicos muestra cómo los formantes, en el interior de cada sistema, se comportan de manera distinta. La comparación no puede limitarse a comparar solo las leyes o solo las decisiones jurisprudenciales sin el conocimiento de los datos ofrecidos por el contexto; como por ejemplo, las tendencias de la jurisprudencia; las diversas concepciones a las que la jurisprudencia está sujeta, o las orientaciones dominantes en la doctrina. En los ordenamientos contemporáneos, los formantes principales son: la ley, la doctrina y la jurisprudencia; es decir, el conjunto de disposiciones adoptadas por el legislativo; el conjunto de opiniones expresadas por los doctos de las leyes; y el conjunto de decisiones de los jueces. Sacco pone de relieve, de manera puntual, que, en el interior de cada ordenamiento, las reglas legales, proposiciones doctrinales, máximas jurisprudenciales y también los criptotipos, representan los diferentes entramados a los que el jurista positivo acude a efecto de determinar la regla del caso concreto; el Derecho viviente, por tanto, se extrae de los diferentes formantes.

nes, aunque algunas lecturas del positivismo legislativo han reducido su estudio y los han hecho jurídicamente irrelevantes. Son importantes para la comprensión de un derecho interno, y más para el análisis comparado de los ordenamientos y de sus instituciones.

Los diferentes formantes no viajan normalmente a la misma velocidad. Sobre todo, la economía es rápida; el Derecho, lento; la cultura, lentísima; y cuando, para seguir a la economía, el Derecho humilla a las culturas ajenas, las recepciones son bastante difíciles. Con referencia a la cultura jurídica, como la luz de una supernova ardiente permanece visible, en la distancia, por millones de años (y a veces la cultura política está *muy* lejana de las adquisiciones de la ciencia), así las reconstrucciones doctrinales y los modelos por ellas creados, aunque merecedores de extinción a la luz de análisis empíricos, continúan produciendo efectos (y a ser evocados) en los formantes dinámicos (y a menudo también en el mismo formante)[6].

Si la producción doctrinal (por medio de libros, artículos o congresos) inculca o fomenta la idea de que lo que va bien aquí también vale allí, tal idea podría repercutir en los legisladores y en los jueces, que tendrían la tentación de buscar en el derecho extranjero soluciones improvisadas (en los contextos de decisión o invención) y de crear procesos de justificación de las elecciones (en el contexto de justificación o validación).

---

6 Véanse por ej. mis artículos "La situación del Derecho comparado en España y América Latina, la búsqueda de denominadores comunes y el papel de la *Revista General de Derecho Público Comparado*", en *Rev. gen. der. públ. comp.*, n. 27, 2020, pp. 1-19; "Imposición cultural, la búsqueda de denominadores comunes y la 'misión comparatista' de las revistas de derecho constitucional", en *Rev. de la Academia Colombiana de Jur.*, n. 371, 2020, p. 411 ss., y en *Rev. Centro de Est. Const. de la Suprema Corte de Justicia de la Nación*, n. 11, 2020, p. 183 ss.

La construcción de la globalización en declinación "euro-atlántica", ofrecida por la doctrina constitucionalista, se traduce, en una primera fase, como ya he escrito, en la elaboración de un núcleo de valores absolutos, que reconduce a una única *Grundnorm* el pluralismo occidental, dando estructura jurídica a una "híper-constitución" de construcción docta y jurisprudencial, resistente a cualquier modificación incluso súper-mayoritaria. En una segunda fase, implica la atribución a la *Grundnorm* de un valor global, a través de la circulación/imposición doctrinal de una versión actualizada pero distorsionada del constitucionalismo, y su sanción positiva, a través del derecho de los tratados y transnacional, encomendada sobre todo a las jurisdicciones internacionales y regionales, y las constitucionales internas.

Dentro de los sistemas euro-atlánticos, la doctrina trabaja en sinergia con los formantes sociopolíticos, económicos, y jurídico-normativos, dándoles legitimación. La *Grundnorm* elaborada por los profesores es la descrita por la economía, por la (retracción de la) política, por la sociedad sin los cuerpos intermedios, por el énfasis sobre el individuo aislado y por la traslación de los poderes de decisión a órganos carentes de representatividad y de control. Los profesores participan en ella asumiéndola como norma de conducta y, por tanto, consideran el derecho como ciencia prescriptiva[7].

---

7 J.M. Barreto, "Eurocentric and Third-World Histories of HumanRights: Critique, Recognition and Dialogue", en Id. (ed.) *Human Rights from a Third World Perspective: Critique, History and International Law,* Newcastle upon Tyne, Cambridge Scholars Publ., 2013, p. 160, «questions the reliability and universality of the Western historiography and argues in favour of the legitimacy of Third-World histories of human rights elaborated in the context of modern colonialism». De J.M. Barreto v. también "Decolonial Thinking and the Quest for Decolonising

Fuera de los sistemas euro-atlánticos, para justificar su elaboración y apoyo, la doctrina se ve obligada a una *fictio*: ignorando los hechos, y descartando cualquier visión descriptiva del derecho, afirma que la *Grundnorm* vincula a todos; de esta manera, participa en la elaboración de un derecho impuesto[8], desconectado de la realidad empíricamente demostrable y, por lo tanto, desempeña funciones de política del derecho.

El jurista occidental no parece entender, en toda su gravedad, los cambios que cada vez más afectan a los fenómenos jurídicos. Prefiere, de hecho, continuar usando una dimensión etnocéntrica de los ordenamientos como una práctica puramente euroatlántica. En otras palabras, le preocupa delimitar y especificar en qué consiste el "Occidente jurídico" y «los argumentos con los que Occidente, máximo artífice [de] la ley global, se enfrenta a otras experiencias y tradiciones jurídicas. Son modalidades y argumentos que a menudo parten del supuesto de que solo nosotros tenemos el Derecho, mientras que los demás solo intentan imitarnos o estúpidamente resistirnos»[9].

"Cultura constitucional" es la cultura jurídica que acepta, vive, venera la superioridad de la constitución, pero no cualquier constitución, sino solo la que acepta la división de poderes (poco) y sobre todo los derechos humanos, en sus interpretaciones más radicales hasta rechazar la democracia, la

---

Human Rights", en *Asian Journ. soc. Sc.*, n. 46 (4-5), 2018 (https://brill.com/view/journals/ajss/46/4-5/article-p484_6.xml).

8 Remito a mi obra "Constituciones (y reformas constitucionales) 'impuestas' o 'condicionadas' (para una re-clasificación interdisciplinaria de la categoría)", en R. Escuredo Rodríguez, J. Cano Bueso (eds), *Crisis económica y modelo social: la sostenibilidad del Estado de bienestar (Actas del Congreso, Aguadulce, Almería, 2, 3 y 4 de Julio de 2012)*, Almería, Un. de Almería, 2013, p. 75 ss., y en *Pensamiento const.*, n. 18, 2013, p. 331 ss.

9 M. Bussani, *Il diritto dell'Occidente. Geopolitica delle regole globali*, Torino, Einaudi, 2010, p. XII.

voluntad popular, el Estado, el propio Estado de Derecho, confiando en un poder –el judicial y de control de la constitucionalidad, estructurado en los siglos pasados para proteger estos valores–, para imponer un "núcleo ético esencial" que dirige esos valores, los limita y a veces incluso los anula[10].

Justamente sobre eso deseo detenerme: el presupuesto, es decir la exportación-importación acrítica de las instituciones occidentales, en aquella parte del mundo que solo hoy va redescubriendo (y a veces, con esfuerzo, codificando) valores arraigados en la cultura autóctona contrastados tenazmente en el pasado (los suyos propios, a los cuales había renunciado o renuncia debido al colonialismo), y que solo en algunas ocasiones, fuera del Occidente, intenta componer en armonía con los valores occidentales (Asia, Africa, y en parte América Latina).

Lo haré, sin embargo, moviendo de un ángulo peculiar, enunciado en el título: las curiosidades de la doctrina ius-publicista conectadas a la pandemía. Un área de investigación que, a primera vista, da la impresión de entrar plenamente en el filón *mainstream* de las actuales investigaciones constitucionalistas (y en general jurídicas), que ya por mi parte fueron objeto de algunas críticas a veces irónicas[11].

---

10 L. Pegoraro, "Constitucionalización del derecho y cultura constitucional", en E. Blume Fortini (ed.), *XII Congreso nacional de Derecho constitucional. En homenage a Sigifredo Orbegoso Vanegas y Victor Julio Ortecho Villenas. Desafíos del constitucionalismo peruano a los 25 años de la Constitución de 1993*, 2 vols, Trujillo, Upao, 2018, II, p. 1321 ss., en *Rev. dominicana de der. const.*, n. 1, 2018, p. 17 ss., y en *Rev. der. pol.*, n.104, 2019, p. 13 ss.

11 "Cultura e culture. Rileggendo Roberto Toniatti attraverso qualche esergo sparso qua e là", en Aa.V.v., *Pluralismo nel diritto costituzionale comparato. Blog per i 70 anni di RobertoToniatti*, www.robertotoniatti.eu; "Las raíces de las 'Constituciones con constitucionalismo': la Resistencia al nazi-fascismo y la construcción de las Constituciones europeas", en E.J. Prats (ed.), *La organización del poder para la libertad.*

Eso para subrayar que incluso el tema de la comunicación se involucra en una especie de olvido, por parte del Occidente, del mundo donde vive, y que se refleja en todas sus manifestaciones: desde el lengüaje –del cual el uso insaciable del adverbio "absolutamente" es un evidente indicio– hasta la política.

3. PARLAMENTOS Y DERECHOS (PINCELADAS)

El formante normativo –Parlamentos y Asambleas constituyentes– recibe el influjo de la doctrina, y a su vez la condiciona. Un análisis sobre los debates del Parlamento italiano acerca de las medidas "anti-covid" lo confirma[12]. Otras investigaciones en desarrollo sobre otros Parlamentos (por ej. Argentina, Colombia, Perú) ofrecen datos muy parecidos.

Temas como igualdad, deberes, solidaridad y derechos de las personas y comunidades más débiles han sido dejados al margen o ignorados, preferiéndose centrarse en la tutela constitucional de los derechos, la conformidad de la ley a la Constitución cuando limita los derechos y la distribución de

---

Liber Amicorum en homenaje al Mag. Milton Ray Guevara, Santo Domingo, Librería Jurídica Internacional, 2020, p. 83 ss., y en C. Bertolino, T. Cerruti, M. Orofino, A. Poggi (eds), *Scritti in onore di Franco Pizzetti*, 2 vols, Napoli, Un. degli studi di Torino-Esi, 2020, II, p. 151 ss.; "*Blows against the empire.* Contro la iper-costituzione coloniale dei diritti fondamentali, per la ricerca di un nucleo interculturale condiviso", en *Ann. dir. comp. st. leg. 2020*, Napoli, Esi, 2020, p. 447 ss., trad. esp. "*Blows against the empire.* Contra la híper-constitución colonial de los derechos fundamentales, en búsqueda de un núcleo intercultural compartido", en *Rev. Cubana de Der.*, Nueva Epoca, n. 1, 2021, y en *Teoría y realidad const.*, n. 47, 2021.

12 A. Marangelli, "Diritti (tanti), doveri (pochi) nel dibattito parlamentare italiano sull'emergenza sanitaria", en *Dirittifondamentali.it*, n. 3, 2021, p. 413 ss.

las competencias entre los poderes del Estado, en particular Parlamento y Gobierno. Las excepciones son limitadas a algunos escritos acerca del impacto del covid sobre el llamado tercer mundo: algunos diputados de hecho han destacado que la pandemia ha provocado desequilibrios entre varias regiones del mundo y que un deber de solidaridad y de comunitarismo debe compromitir el País hacia los Países más desvantajados.

Cuando fue evocada la necesidad de vacunarse contra el covid, se ha hecho subrayando el concepto según el cual si no nos vacunamos todos, se limita el derecho de los otros particulares, entonces siempre poniendo derechos *vs* derechos. En la muestra analizada, solo un diputado se ha detenido sobre los deberes comunitarios y la solidaridad, poniendo de relieve el hecho de que el Estado está compuesto por individuos y comunidad y no solo por particulares[13]. Al final, esta "orgía de derechos humanos"[14], como la define G.U. Rescigno, hace que se olvide que el hombre vive también de solidaridad comunitaria.

---

13 Diputado Marco Di Maio (IV), que en su intervención del 29 julio 2021 ha afirmado: «La salvaguardia del pluralismo all'interno delle democrazie non può arrivare, mai, a trasformare la libertà individuale in un lasciapassare per complicare – per non dire mettere a repentaglio e per non dire mettere a rischio – la vita delle altre persone. È solo la libertà democratica il vero presidio del pluralismo e cioè quell'idea di comunità che guarda all'interesse generale, al bene comune, che altro non può essere che prima di tutto la tutela della vita e, appunto, il diritto fondamentale alla salute [...]»: Res. sten. C.D., Ass., seduta n. 550 del 29 luglio 2021, pp. 44, 45.

14 G.U. Rescigno, "La teoria costituzionale di Luigi Ferrajoli", en *Costituzionalismo.it*, 2008, p. 3. La frase de Rescigno es evocada también por A. Mastromarino, "Il nuevo constitucionalismo latinoamericano: una lettura in prospettiva", en *Dir. pubbl. comp. eur.*, n. 2, 2020, p. 352, y por L. Pegoraro, *Iper-costituzione, decostruzione della* Stufenbau *e nuovi criteri legittimativi del diritto*, en *DPCE online*, n. especial 2021, p 9 ss. Aquí las palabras de Rescigno: «Per me i diritti, quest'orgia dei diritti umani,

4. DOCTRINA: DERECHOS Y DEBERES

Bajo el perfil abarcado (derechos y deberes), acerca de los intereses y el papel de la doctrina jurídica, no solo italiana, durante la pandemia, no se da una sensible diferencia respeto a los temas debatidos en el periodo anterior al Covid-19.

La literatura jurídica mundial sobre el Covid-19 es inmensa; no pudiéndose incluir aquí riferencias exhaustivas, en estas páginas me limitaré a remitir al *Osservatorio Covid – Diritto comparato,* publicado en Italia bajo la coordinación de las tres asociaciones que reagrupan los investigadores de derecho comparado[15]. Propongo aquí, utilizando un método cuantitativo, un análisis y una crítica a la producción cientifica de los juristas durante el periodo del Covid-19, culpables de haberse centrado, casi exclusivamente, en los derechos, las fuentes y las competencias, sin poner la misma atención en los perfiles igalitarios y solidarios, y menos en las consecuencias mundiales de la emergencia sanitaria[16]. Una muestra por cierto significativa y estadisticamente fiable; de hecho, reagrupa, a la fecha del

---

che coesistono tranquillamente con il vergognoso spreco dei ricchi e la miseria e la disperazione di miliardi di essere umani, somigliano a quelli che chiudono la stalla dopo che i buoi sono fuggiti: prima il sistema economico, al cui servizio stanno le costituzioni e il diritto, crea e accresce drammatiche disuguaglianze, poi sopraggiungono i diritti, spinti da uomini di buona volontà; quasi sempre poi, quando questi diritti devono difendere i più poveri, essi vengono realizzati, quando vengono realizzati, più per paura di pericolose ribellioni che per convinzione dei potenti di questo mondo».

15 El *Osservatorio* citado es publicado bajo la coordinación de AIDC, SIRD, y DPCE, y se encuentra en los sitios www.comparativecovidlaw.it y www.dpceonline.it.

16 Un comentario crítico más detallado de la producción cientifica mundial sobre el Covid-19 se encuentra en mi artículo "Il diritto all'aperitivo, ovvero: una (micro) meta-ricerca sulle curiosità della dottrina giuspubblicistica (e non solo) in tempi di pandemia", *paper*

5 de marzo de 2021, alrededor de 2.600 publicaciones. Hice referencia también a libros o artículos no incluidos en el observatorio, publicados hasta el mayo siguente.

Son numerosas las indicaciones de escritos no italianos (los cuales prevalecen con diferencia). Eso permite tomar el pulso de la producción extranjera, comparándola a aquella italiana.

4.1. Las publicaciones señaladas por el observatorio Covid

El índice del *Osservatorio* es significativo: fue compilado con base en los temas más a menudo investigados; ya este elemento representa una señal de los intereses preponderantes, y al mismo tiempo denuncia la ausencia de profundizaciones sobre otras temáticas, o el escaso relieve a ellas otorgado.

Las voces detectadas en el índice del Observatorio, y utilizadas para desarrollar nuestra investigación, son:

"Arbitration", "Arts and culture", "Council of Europe", "Criminal Law and procedures", "Data Protection", "Economic theory", Education", "Emergency Private Law", "European Convention on Human rights", "European Economic Governance, "European Union, "Executive Power, "Federalism/Regionalism, "Human Rights and Personal Freedom", "Gender", "Judicial Proceedings", "Judicial Review", "International Trade Law", "Intellectual Property", "Labour Law and unemployment measures", "Local Power", "Non-profit organizations", "Parliaments", "Public Health", "Rule of Law", "Sources of Law", "Sports", "State of Emergency", "Taxation", "Transport Law".

---

destinado a los *Studi in onore del professor G.F. Ferrari*, en proceso de publicación.

Faltan –pienso por falta o escasez de contribuciones– voces dedicadas a la globalización, la igualdad, los deberes, la solidaridad, el tercer mundo, la pobreza.

El *Osservatorio* remite en algunas ocasiones a otros "observatorios" (por ej., aquel de la Revista *federalismi.it*), ampliando de tal manera el universo observado para evaluar la producción doctrinal italiana y extranjera, como por ejemplo la española (*Observatorio de Derecho Público y Constitucional y COVID-19 en España*).

Habida cuenta de que algunos títulos aparecen en varias particiones, el primer dato que emerge con evidencia es la concentración de los estudios en algunas voces.

"Human Rights and Personal Freedom" cuenta con más de 220, entre ellos 20 sobre el derecho de información y otros tantos acerca del de circulación, y unos 110 sobre el principio de proporcionalidad, cuyo contenido es en prevalencia técnico-jurídico. Solo 10 están rubricados bajo la sección "inmigración", 13 *sub* "minorías y grupos vulnerables", 24 tratan de derechos religiosos y 25 de derechos sociales. La sección "Gender" incluye 40 trabajos. A ellos se añade la quincena de escritos *sub* "Council of Europe" y "European Convention on Human Rights". Muchísimos (210) son los trabajos rubricados *sub* "Data Protection", en su mayoría con objeto los respectivos derechos.

Los 28 escritos recopilados en la sección dedicada a "Criminal Law and procedures" tienen como objeto, además de los derechos procesales, incluso aspectos organizativios y técnicos, mientras los sobre los derechos de los prisoneros son siete. Los 18 ensayos sobre "Judicial Review" se centran en su mayoría sobre la tutela constitucional de los derechos, así como los 19 de "Intellectual Property" sobre los derechos correspondientes (con excepciones).

La quarantena de títulos sobre la educación no tienen que ver sin embargo, en su mayoría, con el correspondiente derecho, sino abarcan temas variados, daesde la organización a los impactos sociales hasta las fuentes.

Los escritos elencados en "State of Emergency" son acerca de 150, y su preocupación es sobre todo orientada a la defensa de los derechos y la división de poderes, con consistentes contribuciones filosóficas y reflexiones sobre la crísis global.

Los comentarios y escritos en "European Union" son 131, y la sección es (obviamente) un *melting pot* de curiosidades e intereses distintos: perfiles institucionales, organizativos, procedurales, funcionales se mezclan, con presencia significativa pero no preponderante de los derechos.

Los escritos sobre las fuentes son 56, y se añaden aquellos de "Rule of Law" (41) y "Descentralización" (33), mientras que el único sobre "Local Power" está dedicado al desarrollo sostenibile.

Hay también las secciones dedicadas a las instituciones. Habiéndose ya dicho de "European Union", "Parliaments" enumera una ventena de artículos en la sub-voce "Elections", ninguna en "Budgetary Procedure", una en "Parlamentary Works"; los "Comments and Papers" son una quarantena. "Executive Power" solo tiene una docena de artículos, en su mayoría extranjeros.

Un ulterior escaneo agrupa las voces según ámbitos sectoriales o materiales. "Arbitration" tiene ocho, "Competition & State aid" poco menos de 30, "International Trade Law" 36, "Labour Law and unemployment measures" acerca de 120 (entre las cuales muchas son una recopilación dedicada a países individuales), "Taxation" 15.

"Public Health" cuenta con 109 escritos con contenido variado, con alguna excursión sobre los pueblos indígena y otros temas "anómalos", muchos artículos sobre el derecho correspondiente, algunos sobre los perfiles organizativos. Las ocho voces sobre "Arte y cultura" no se detienen sobre los derechos.

"Transport Law" incluye 25 escritos, algunos sobre los derechos, otros sobre las fuentes, otros más sobre asuntos organizativos y técnicos.

Interceptan el derecho de la economía y los temas de la globalización "Economic crisis", con 73 escritos catalogados, y "Economic theory": 16 *sub* "Capitalism and varieties of capitalism", 36 *sub* "Financial stability", 13 *sub* "Globalisation and deglobalisation" y 4 *sub* "Keynesian studies". La sección "Emergency Private Law" tiene 21 en "Banking Law", 34 en "Company Law", 30 en "Consumer Protection", 122 en"Contract Law", 34 en "Environmental Issues", 15 en "Family Law", 5 en "Food Law", 21 en "Insolvency Law", 17 en "Landlord/Tenant relations", 28 en "Medical Law", 13 en "Tort Law", 24 en "Tourism Law", y hasta 84 en "Ethics and bioethics".

La atractiva voz "Non-profit organizations" incluye las mismas obras recopiladas en "Labour Law".

4.2. Otros escritos

El índice elaborado por los coordinadores, inspirado por el criterio de preponderancia de los intereses encontrados, se refleja en los índices de volúmenes, números monográficos de rivistas, artículos que no se encuentran en el *Osservatorio.*

Tomemos por ejemplo algunas publicaciones: tres revistas italianas, cuatro números de una revista española, un volumen colectivo español, una revista y tres libros latinoamericanos: muestra que, sumada a los datos del *Osservatorio,* parece confirmar la tendencia.

Entre las revistas italianas, por ej., *Quaderni costituzionali,* en el n. 4/2020 dedica cuatro ensayos sobre los cinco de la sección "Studi e ricerche" a los poderes del Gobierno y del Parlamento en situaciones de emergencia. (El quinto, de G.E. Vigevani, tiene como objeto el sistema informativo y la opinion pública.)

El *Quaderno 2020* de *il Filangieri,* dedicado a *Il Parlamento nell'emergenza pandemica,* se detiene totalmente en el derecho parlamentario en el estado de crisis. Dos artículos publicados en *Consulta online,* en el n. 2/2021, tratan de "La gestione dell'emergenza Covid-19 alla prova del conflitto interorganico"[17] y de "Pandemia e riparto delle competenze Stato-Regioni in periodi emergenziali"[18].

La reconocida revista española *El Cronista del Estado Social y Democrático de Derecho* dedica nueve artículos sobre 10 del n. 86-87 del 2020 a los problemas derivados del estado de emergencia, a las fuentes, a los derechos, a la distribución territorial del poder, a la contratación pública, a la responsabilidad patrimonial del Estado, etc., y uno a los grupos vulnerables; todo el n. 88-89 a la protección de los datos antes, durante y después del coronavirus; tres ensayos en el n. 90-91 a los decretos, al papel del Estado de derecho y al derecho emergencial, y 10 sobre 10 del n. 93-94 del 2021 a las vacunas, todos en clave de protección de los derechos y políticas de salud internas o europeas. Entre los libros colectivos, aquel coordinado por C. Garrido López *Excepcionalidad y Derecho: el estado de alarma en España*[19], manifiesta como preocupación principal aquella de limitar el abuso de los estados de emergencia y asegurar el equilibrio de los poderes, con énfasis particular sobre los derechos de voto, de circulación, de reunión, de huelga.

---

17 J. Ferracuti, p. 363 ss.

18 M. Mezzanotte, p. 328 ss.

19 Zaragoza, Colección Obras colectivas, Fundación Manuel Giménez Abad, 2021.

En América Latina la situación no es tan distinta: por ej., el volumen editado por N. González Martín y D. Valadés *Emergencia sanitaria por covid-19. Derecho constitucional comparado*[20], que recopila contribuciones de investigadores originarios de varios países europeos y americanos, se centra en prevalencia en las limitaciones de los derechos, las fuentes, el estado de crisis; la *Revista de la Academia colombiana de Jurisprudencia* (jenero-junio 2020) presenta un abanico de artículos, ensayos y comentarios dedicados a nuestro tema, de los cuales uno se ocupa de deberes sociales y solidaridad, todos los oltros de control político, poderes jurisdiccionales, limites constitucionales, imposición fiscal, servicios públicos, etc.; el libro coordinado por C. Landa *Constitución y emergencia sanitaria*[21], compuesto de una quincena de ensayos, está casi totalmente dedicado a los derechos, las fuentes, el control parlamentario, etc., aunque destacan un ensayo sobre las soluciones adoptadas en Cina (Han Han), uno sobre el principio de no discriminación (Trilce Valdivia Aguilar), y un tercero titulado "Acceso a la justicia y objetivos de desarrollo sostenible" (Elena Alvites).

El libro de C. Storini, J. Chalco, L. Estupiñán, M.C. Gómez (eds), *Justicia social en época de pandemia: reflexiones desde lo andino*[22], centrado en Ecuador, Colombia, Bolivia, Perú, está en parcial contratendencia, justificada por la delimitación geográfica que lo caracteriza: de hecho, al lado de contribuciones dedicadas a los derechos humanos, los poderes de los executivos, las competencias decentralizadas, y a escritos históricos o sobre las instituciones, propone algunos estudios con objeto los subjetos debiles: por ej., mientras T.L. Abrego Marín trata de "La economía y su impacto en los derechos de los pueblos

20 México, Unam, 2020.

21 Lima, Palestra, 2020.

22 Cuenca (Ecuador), Un. del Azuay, 2021.

indígenas de Bolivia en época de crisis", M.E. Attard Bellido se pregunta si "¿Tienen voz los históricamente oprimidos?".

5. LA REGLA Y LAS EXCEPCIONES

Como ya he escrito con anterioridad, también la doctrina constitucionalista (y publicista) está interesada por lo general en su propio Estado, o sectores limitados del derecho de su propio país (el derecho parlamentario, el derecho de los entes locales, etc.). Sin embargo, a un sector de su derecho, él de los derechos, otorga validez universal, y cuando emigra hacia el exterior su interés se centra exclusivamente en ello. Estudia "globalmente", es decir, solo los derechos individuales (y la división de los poderes que con ellos está relacionada), mientras que tiende a ignorar otros perfiles[23]. Incluso muchos "comparatistas" no se sitúan muy lejos de este acercamiento, y secundan la visión totalizadora de Fukuyama.

También durante la crisis sanitaria, los escritos que miran hacia "fuera" lo hacen casi siempre –no diversamente de aquellos dedicados al derecho interno– deteniéndose en la violación de los derechos en tiempos de pandemia; el desequilibrio de los poderes; la desestructuración del sistema de fuentes basado en la reserva de ley y el *rule of law*; la división de competencias entre Estado (o Unión Europea) y autonomías territoriales. Las limitaciones al derecho de circulación son analizadas para denunciar su incompatibilidad con el sistema democrático, desde la óptica individualista del derecho. La libertad de expresión es objeto de estudio para estigmatizar el aumento de los controles; y así podría seguir.

---

23 Remito a mi artículo "*Blows against the empire*", cit.

La adquisición de los fármacos se convierte en el problema de su distribución entre las entitades territoriales, los Estados, las regiones y la Unión Europea, de la fuente competente en el establecimiento de las reglas, de los procedimientos utilizados, del poder de decisión en situación de crisis, de los derechos propietarios implicados, de la equidad y razonabilidad de las directivas vigentes. Casi nadie tiene interés en las consecuencias sobre el mundo del problema, como la elección, por parte de los Estados, de las empresas farmacéuticas productoras de las vacunas, la gratuidad de las patentes, la accesibilidad, la distribución equitativa a nivel mundial, la adquisición de las existencias (siguiendo las reglas, pero despojando de ellas una parte de la humanidad)[24].

Digámoslo: a los juristas occidentales o "empapados" de cultura occidental (como en mayoría son los latinoamericanos) no les interesa nada (o casi nada, o a pocos) la desigualdad, acentuada por la pandemia, entre Norte y Sur del mundo, y todo lo que esta implica. A las consecuencias sobre las migraciones desde la perspectiva de los derechos de los pueblos y de los desequilibrios entre ellos no dedican ninguna página (mientras al revés afloran aquí y allá algunas preocupaciones para la seguridad sanitaria, obviamente debido a los riesgos que corre el Occidente). Son esporádicas las reflexiones sobre las medidas adoptadas contra la pandemia como herramientas para fortalecer el orden neoliberal, salva la preocupación de una ulterior desvinculación de la economía del control y la dirección política y, precisamente, de limitación de los derechos individuales y propietarios[25].

---

[24] Alguna curiosidad surge sin embargo de la influencia de los científicos en las elecciones.

[25] V. sin embargo A. Somma, *Quando l'Europa tradì se stessa. E come continua a tradirsi nonostante la pandemia*, Bari-Roma, Laterza, 2021, espec. p. 140 ss.

Quien habla de desigualdad, lo hace para destacar que en nuestras sociedades hay consecuencias más graves para las mujeres, y (raramente) para otras categorías débiles dentro de cada Estado (o dentro de Europa), como por ej. los presos. Se preocupa que no sean limitados los derechos, y que la limitación, donde la hay, sea conforme a las reglas sobre la producción de fuentes y a la distribución de las competencias.

Las excepciones son esporádicas, también en libros y artículos no listados en el *Osservatorio.*

En la sección del *Osservatorio* "Arts and Culture", entre los más de 100 escritos que se encuentran buscando G. Palmieri (ed.), *Oltre la pandemia. Società, salute, economia e regole nell'era post Covid-19*[26], los 33 ensayos de la sección "Economía Empresa Europa" son dedicados al derecho mercantil o a los asuntos económicos; muchos entre los 32 en "Historia Sociedad Cultura", viceversa, sugieren interesantes lecturas que van más allá del derecho positivo, deteniendonse –especialmente las aportaciones no jurídicas– en los aspectos históricos, lingüísticos, psicológicos, filosóficos. Los 36 trabajos *sub* "Estado Derechos Tutelas" presentan todos un corte eurocéntrico[27]; comparten la misma suerte los 32 artículos incluídos en la sección "Medio ambiente Territorio Salud", pese a títulos evocativos de "mundialismo", como L. Muscarà, "Pandemic Borders", o de F. Cavallaro sobre el *Climate Change.* En la misma sección se encuentran algunos artículos con carácter histórico o lingüístico y lexical.

---

26 2 vols, Napoli, Esi, 2020.

27 Incluídos los de L. Della Morte sobre el Pilar de los derechos sociales, de L. Ronchetti sobre género, de L. Corazza sobre trabajo, salud y conflicto social, de G. Ianniruberto sobre la tutela de los trabajadores, y otros de derecho laboral.

Sub "Competition and State Aids" destaca por su apertura al mundo A. Campi (ed.), *Dopo. Come la pandemia può cambiare la politica, l'economia, la comunicazione e le relazioni internazionali*[28].

En "Economic crisis", incluso los ensayos que se ocupan de las consecuencias globales son pocos: se trata en su mayoría de artículos no escritos por juristas, como "Unequal societies in usual times, unjust societies in pandemic ones", de G. Dosi, L. Fanti, M.E. Virgillito, o "Il capitalismo dopo il coronavirus: beni pubblici, sostenibilità e ruolo dello Stato", de M.R. Pierleoni, o son escritos desde perspectivas euro-atlánticas, como "The 2020 Covid-19 pandemic and global value chains" de R. Strange. Aperturas se pueden encontrar en "Dalla crisi economica alla crisi democratica: la sfida populista alla solidarietà e l'identità europea", de A. Schillaci.

Incluso en "Economic Theory" se incuentran escritos que analizan la pandemia desde un enfoque global, pero también a ellos se aplican las consideraciones desarrolladas ahora comentando la sección "Economic crisis".

Entre las decenas de títulos de la sección "Emergency Private Law", solo "The COVID-19 Crisis: An Opportunity to Integrate Food Democracy into Post-Pandemic Food Systems", de L. Petetin, se detiene sobre uno de los problemas globales de la pandemia.

Algún artículo agrupado en la sección "Labour Law and unemployment measures" (y en la anastática "Non-profit organizations") abarca los deberes de solidaridad, como M. Baroni en "Diritti individuali e doveri di solidarietà: la new economy durante l'emergenza", pero los demás tratan el tema desde la

---

28 Soveria Mannelli, Rubbettino, 2020. Se puede encontrar pinchando "Guerra (e pace) degli Aiuti nel dopo-Covid-19 by *Igor Pellicciari", que de todas maneras no es un libro de juristas.*

perspectiva tradicional de la doctrina de derecho del trabajo, qualesquiera que sea el país del autor. (La sección tiene muchísimas contribuciones extranjeras.)

Enfocando la voz "Public Healt", C. Sartea se ocupa de "Nuovi riflessi del diritto alla salute: la bussola del principio solidaristico nella tempesta pandemica", incluído en el volumen *Tutela della salute individuale e collettiva: temi etico-giuridici e opportunità per la sanità pubblica dopo COVID-19*[29]. Por otra parte, el balance de los derechos con la solidaridad y los deberes es frecuente en los estudios de bioética, incluso los de los juristas, y aflora con evidencia en la "Unesco'S Ethics Commissions' Call For Global Vaccines Equity And Solidarity. Joint Statement" de la UNESCO International Bioethics Committee (IBC) y de la UNESCO World Commission on the Ethics of Scientific Knowledge and Technology (COMEST), como también, en Italia, en el documento del "Comitato nazionale per la bioetica" titulado "I vaccini e covid-19: aspetti etici per la ricerca, il costo e la distribuzione"[30]. R. Macleod, que publica un ensayo sobre "Tackling Disasters and Pandemics Together with Laws and Policies that Leave No One Behind", es *Senior Disaster Law Officer* at the IFRC, entonces jurista no academica; tal es sin embargo C. Casonato, con su "*Health At The Time Ofcovid-19: Tyrannical, Denied, Unequal Health*".

S. Bagni, "All you need [to compare] is love revisited"[31], se detiene en los primeros parágrafos sobre "crisis, emergencia sanitaria y derecho comparado" y sobre "la cuarta c del método comparativo: la compasión y el cuidado".

---

29 "Rapporti ISTISAN 20/30", al cuidado de C. Petrini, C. D'Aprile, G. Floridia, S. Gainotti, L. Riva, S. Tamiozzo.

30 http://bioetica.governo.it/media/4115/p140_2020_vaccini-e-covid19_it.pdf

31 En *Comparative L.R.*, n. 9, 2018.

Señala las consecuencias internacionales un breve escrito de M. Sirleaf, "Capacity-Building, International Cooperation, and COVID-19"; la colaboración entre un jurista y un microbiólogo –N. De Sadeleer y J. Godfroid– produce "The Story behind COVID-19: Animal Diseases at the Crossroads of Wildlife, Livestock and Human Health"[32], mientras que C. Oguamanam, "COVID-19 and Africa: Does One Size Fit All in Public Health Intervention?"[33] trata del continente africano, y otros autores –pero con enfoques en mayoría estatales– de países individuales, ya sea occidentales, sea del Sur, sea del Este del mundo.

Algunos otros escritos (no jurídicos) aparecen en el volumen de G. Palmieri, *Oltre la pandemia*, ya segnalado. *COVID-19 and indigenous peoples*, que finalmente mira más allá del Occidente, no es un ensayo académico, sino un documento de la *Food and Agriculture Organization* de las Naciones Unidas. Menciono finalmente, en esta sección, un "meta-estudio" titulado *Covid-19 and the Social Role of Indicators: A Preliminary Assessment*, de D. Nelken, M. Siems, M. Infantino, N. Genicot, D. Restrepo Amariles, J. Harrington[34].

En "Rule of law" se encuentra el artículo de E. Pils "China's Response to the Coronavirus Pandemic: Fighting Two Enemies"[35], que intenta explicar las lógicas "chinas" del balance entre derechos y deberes, sin embargo defendiendo claramente la perspectiva conectada a la *Western legal tradition*.

En la sección "Sources of Law", el artículo de F. del Mastro Puccio, "Abrir las fronteras del derecho a los principios de la

---

32 En *Eur. Journal of Risk Regulation*, n. 11 (2), 2020.

33 En C.M. Flood *et al.* (eds), *Vulnerable: The Policy, Law and Ethics of COVID-19 (Ottawa: University of Ottawa Press) [2020 Forthcoming]*.

34 EUI Working Paper LAW 2020/17 (King's College London Law School Research Paper Forthcoming).

35 *Verfassungsblog*, 25.5.2020.

naturaleza" empieza con estas palabras: «Comenzaré fuera del derecho, pero sin situarme en ninguna disciplina específica. Trataré de transitar entre saberes relativos a cosmovisiones, teorías y ciencias diversas, pero con un hilo conductor que espero no haga el camino demasiado abrupto: la idea de sistemas que requieren de balance y mecanismos de compensación para lograr equilibrio y, así, conservarse y crecer».

El trabajo de M. Mazza "Coronavirus in Cina: profili costituzionali e prassi applicative"[36] enmarca el análisis en el contexto de las coordinadas confucianas y socialistas.

Tema "meta" en "Sources of law" lo es, finalmente, "Leggi 'science driven' e CoViD-19. Il rapporto fra politica e scienza nello stato di emergenza sanitaria", de A. Iannuzzi.

Sub "State of emergency" encontramos otra vez a A. Campi (ed.) *Dopo. Come la pandemia può cambiare la politica, l'economia, la comunicazione e le relazioni internazionali,* ya citado *supra,* e *ivi* M. Chiaruzzi, "Guerra, igiene del mondo? Pandemia e analogia", además de M. Panarari, "La pandemia e l'immaginario distopico-catastrofista. L'Occidente di fronte alla 'collassologia'".

Algunos artícolos citados en el índice estan incluidos en el volumen *Dopo l'emergenza. Dieci tesi sull'era post pandemica,* al cuidado de R. Zaccaria[37], que plantea interrogantes amplios y globales. Sin embargo, hay que decir que es en mayoría de filósofos y no de juristas. Destacan finalmente, además del artículo "Abrir las fronteras del derecho a los principios de la naturaleza", ya citado *supra,* un texto de E.H. Nieto titulado "Estado de emergencia mundial y el nuevo Nomos de la tierra", y algunos ensayos de índole filosófica, histórica, literaria.

---

36 En *DPCE online,* n. 2, 2020.

37 Padova, Padova U.P., 2020.

"La risposta all'emergenza sanitaria Covid-19 nei paesi a maggioranza musulmana: alcune considerazioni comparative", de M.C. Locchi[38], empieza de las distintas coordinadas del mundo islámico para comprender las diversas respuestas a la pandemia. Destaca finalmente, por su método y el objeto analizado, aunque declinado *à la française*, P. Oudot, "La fraternité: 1789/ covid-19"[39].

Eso es todo: las demás secciones del índice del *Osservatorio Covid* no recopilan voces declinadas con sensibilidad "extraestatal" o comunque extrañas a la visión tradicional del derecho occidental y a sus específicos intereses, aunque algunos escritos abren con generosas concesiones a la "mundialidad" de la crisis.

También la literatura jurídica no listada en el *Osservatorio* sigue el mismo esquema, aunque a veces hay excepciones, como por ej. "La governance dell'emergenza sanitaria in Africa Subsahariana: modelli 'piramidali' e 'frattalici' di conformazione dei diritti individuali", de M. Nicolini[40]. O "Covid-19 and the environment: worries for today, lessons for the future", de D. Amirante[41], y "Climate and environmental approaches in the United States and Canada at the outbreak of the 2020 pande-

---

38 En *DPCE online*, n. 2, 2020.

39 En *La Semaine Juridique–Edition générale*, 6 juillet 2020.

40 … que –como explica el *abstract*– «reappraises the patterns whereby the pandemic may be addressed. The first pattern is 'fractalic' and echoes the features of African politico-legal traditions; the second one is consistent with the Western-oriented WHO health policies and may be termed the 'pyramids'. The article argues that the fractalic response favours inclusive policies, which reflect not an abstract commitment to human rights and development, but the desired futures of African societies». En *DPCE online*, n. 3, 2020.

41 En *Opinio Juris in Comparatione*, spec. issue 2020.

mic", de P. Viola[42]. El n. 3/2020 de la rivista politológica *Poliarchie* presenta contribuciones de largo alcance, centradas sobre los jovenes, el futuro del mundo, las relaciones entre ciencia y democracia, etc.

6. CONCLUSIONES: EL PAPEL DE LA DOCTRINA

Lo que destaca de este rápido resumen es que la difusión de la pandemia no ha alejado a los juristas de su prevalente provincianismo estatalista[43].

El "lugar" de la doctrina jurídica en tiempo de pandemia no parece colocarse diversamente que en tiempos normales; no se ven desviaciones importantes, pese a que la experiencia globalizadora sea inusual, porque mueve las fronteras de las relaciones económicas, de los mercados, de la riqueza, de los derechos, introduciendo una variante nueva y hasta ahora no experimentada. La concentración de los intereses en algunos temas fundamentales no marca diferencias entre la regla y la excepción.

Para replicar a esta perspectiva "pasiva" y "conforme" –afirma Nilda Garay, con específica referencia a América Latina,

---

42 *Ibidem.*

43 V. mi "Le categorie civilistiche e il parassitismo metodologico dei costituzionalisti nello studio del diritto comparato", en *Ann. dir. comp. st. leg. 2013*, Napoli, Esi, 2013, p. 305 ss., trad. esp. "Comparación y globalización (las categorías del Derecho civil y el parasitismo metodológico de los constitucionalistas en el estudio del Derecho comparado)", en L.R. González Pérez, D. Valadés (eds), *El Constitucionalismo Contemporáneo. Homenaje a Jorge Carpizo,* México, Unam-Iij, 2013, p. 265 ss., y en L. Pegoraro, *Teoría y modelos de la comparación. Ensayos de Derecho constitucional comparado,* Santiago de Chile, Olejnik, 2016, p.21 ss.

aunque eso vale para todo el mundo "no occidental"–, es necesario abandonar, o por lo menos integrar, una teoría constitucional basada en categorías como soberanía, poder constituyente, Estado, individuo, igualdad, libertad, democracia y constitución. Esas derivan de experiencias europeas marcadas por «un antropocentrismo basado en un protagonista excluyente: el hombre europeo, cristiano, adulto, blanco, heterosexual, instruido y con capacidad económica (propietario)», cuya "humanidad" se basa en el dominio y la subestimación o expulsión de los demás del contrato social. Tal protagonista –destaca esta autora– se consolida en el contexto colonial, con la elaboración de una teoría constitucional en cuya base se sitúa el colón, que se autopercibe como un ser humano superior, propietario del poder político, económico y epistémico, autor y sujeto de tal teoría constitucional[44].

Quisiera decir, con amargo sarcasmo, que al jurista occidental no le interesan tanto las destructivas consecuencias de la pandemia en la distribución global de la riqueza, en las diferencias acentuadas, en los nuevos muros edificados, en los mares convertidos en barreras en lugar de vías de comunicación[45];

---

44 N. Garay Montañez, "Las concepciones no occidentales en el constitucionalismo latinoamericano: acerca de la categoría poder", en *Rev. gen. dir. públ. comp.*, n. 27, 2020, que destaca que el pensamiento "decolonial" ha generado un debate crítico dirigido a (re)fundar un constitucionalismo propio de América Latina che, sin renegar las contribuciones occidentales que se han demonstrado capaces de humanizar la sociedad moderna, pueda incorporar sobre todo los valores originarios. Remito a mi "América Latina como categoría y objeto de comparación (Coordinadas metodológicas para el estudio comparado de los sistemas jurídicos latinomaericanos)", en *Pensamiento const.*, n. 22, 2017, p. 175 ss., y en *Dir. pubbl. comp. eur.*, n. 1, 2018, p. 81 ss.

45 Remito a la buena tesis magistral de V. Gabanetti, "The Wall. Un'analisi di diritto comparato sul concetto di muro", Un. di Bologna, Corso

tampoco éste cuida mucho las relaciones entre modelos económicos y órdenes políticos. Le interesa sobre todo el aperitivo, y quien puede establecer una limitación de este fundamental derecho humano. A pesar de la Iglesia –mejor, el actual Pontífice– demuestran mayor sensibilidad parte de la sociedad civil y aún la política mundial, que ha abierto debates amplios sobre la suspensión de las patentes de los medicamentos, la distribución global de las vacunas, las ayudas a su producción (aunque, en el trasfondo, además de la geopolítica queda siempre el conflicto entre intereses de las empresas farmacéuticas –pero también de la investigación científica– y compromiso social y solidario; asimismo, detrás siempre hay la creencia de que vacunar a todos es en primer lugar provechoso para nosotros, algo como para la tutela de la naturaleza).

El jurista occidental acompaña de esta manera el diseño egemónico neoliberal, justificándolo, principalmente de buena fe, por la construcción de una supuesta neutralidad del derecho y su supuesto alejamiento de los acontencimientos sociales, políticos, económicos, componiendo las contradicciones con la observancia de la forma. Al centro del esquema está su visión tolemaica de "persona", o mejor de "individuo", su concepción aristotélica de centralidad, su idea platónica de modelo ideal (*skia*). Copernico pasó en vano.

La aportación del derecho a la escritura de las constituciones de la segunda posguerra fue bien distinto: los juristas apoyaron y dieron vida en las fórmulas jurídicas a la síntesis de exigencias, necesidades, perspectivas, ideales, valores, a menudo lejos entre ellos, que eran aquellas forjadas por las distintas almas de la Resistencia europea[46]. En el contexto hoy globali-

---

di laurea magistrale in sviluppo locale e globale, a.a. 2019-2020.

46 Remito a mis artículos "Diritto costituzionale e Resistenza. Una breve rilettura attraverso le lettere dei condannati a morte (e le canzoni

zado, el perímetro de la investigación no es cada país liberado de los fascismos, o Europa por construir, sino (debería ser) el mundo. Al revés, es fuerte, y lo es mucho más que entonces, la afectación del estatalismo y el localismo del derecho, y la preferencia por las opciones partidarias.

En conclusión, a mi parecer la doctrina jurídica ha perdido una buena oportunidad para reivindicar un papel no subordinado en sus relaciones con la economía y la política, prefiriendo seguir la corriente en lugar de racionalizar nuevos escenarios estratégicos e indicar las coordinadas del cambio.

Con sus silencios, su conformismo, su conservadurismo, contribuye así a fomentar un pensamiento uniformizado, una cultura única, y a crear las bases para una interpretación totalizadora de la sociedad, de la política y del derecho, alimentando y dando racionalidad a leyes y sentencias que se ocupan solo o mucho del individuo (y sus derechos) y nada o muy poco de la comunidad (y los deberes de solidaridad).

BIBLIOGRAFÍA

Una precisión: los escritos listados son solo aquellos que en el texto y las notas del artículo tienen referencias completas. Las referencias a los demás que se mencionan de forma simplificada se pueden encontrar en: AIDC, SIRD, y DPCE, *Osservatorio Covid – Diritto comparato*, www.comparativecovidlaw.it y www.dpceonline.it.

---

partigiane)", en *Ann. dir. comp. st. leg.*, Napoli, Esi, 2015, p. 521 ss., en *Quad. sulla Resistenza e la RSI (1943-1945)*, n. 1, 2014, p. 1 ss., en F. Cortese (ed.), *Resistenza e diritto pubblico*, Firenze, Firenze U.P, 2016, p. 241 ss.; y "Las raíces de las 'Constituciones con constitucionalismo': la Resistencia al nazi-fascismo y la construcción de las Constituciones europeas", cit.

Abrego Marín, T.L., "La economía y su impacto en los derechos de los pueblos indígenas de Bolivia en época de crisis", en C. Storini, J. Chalco, L. Estupiñán, M.C. Gómez (eds), *Justicia social en época de pandemia: reflexiones desde lo andino*, Cuenca (Ecuador), Un. del Azuay, 2021

Alvites, E., "Acceso a la justicia y objetivos de desarrollo sostenible", en C. Landa (ed.), *Constitución y emergencia sanitaria*, Unam, México, 2020

Attard Bellido, M.E. "¿Tienen voz los históricamente oprimidos?", en C. Storini, J. Chalco, L. Estupiñán, M.C. Gómez (eds), *Justicia social en época de pandemia: reflexiones desde lo andino*, Cuenca (Ecuador), Un. del Azuay, 2021

Bagni, S., "All you need [to compare] is love revisited", en *Comparative L.R.*, n. 9, 2018

Barreto, J.M., "Eurocentric and Third-World Histories of HumanRights: Critique, Recognition and Dialogue", en Id. (ed.) *Human Rights from a Third World Perspective: Critique, History and International Law*, Cambridge Scholars Publ., Newcastle upon Tyne, 2013

–, "Decolonial Thinking and the Quest for Decolonising Human Rights", en *Asian Journ. soc. Sc.*, n. 46 (4-5), 2018 (https://brill.com/view/journals/ajss/46/4-5/article-p484_6.xml).

Bussani, M., *Il diritto dell'Occidente. Geopolitica delle regole globali*, Torino, Einaudi, 2010

Campi, A. (ed.), *Dopo. Come la pandemia può cambiare la politica, l'economia, la comunicazione e le relazioni internazionali*, Rubbettino, Soveria Mannelli, 2020

De Sadeleer, N. Godfroid, J., "The Story behind COVID-19: Animal Diseases at the Crossroads of Wildlife, Livestock and Human Health", en *Eur. Journal of Risk Regulation*, n. 11 (2), 2020

Ferracuti, J., "La gestione dell'emergenza Covid-19 alla prova del conflitto interorganico", en *Quaderno 2020* de *il Filangieri*, "*Il Parlamento nell'emergenza pandemica*", Jovene, Napoli, 2021

Garay Montañez, N., "Las concepciones no occidentales en el constitucionalismo latinoamericano: acerca de la categoría poder", en *Rev. gen. dir. públ. comp.*, n. 27, 2020

Gabanetti, V., "The Wall. Un'analisi di diritto comparato sul concetto di muro", tesis magistral Un. di Bologna, Corso di laurea magistrale in sviluppo locale e globale, a.a. 2019-2020.

Garrido López, C., *Excepcionalidad y Derecho: el estado de alarma en España*, Colección Obras colectivas, Fundación Manuel Giménez Abad, Zaragoza, 2021

González Martín, N., Valadés, D. (eds), *Emergencia sanitaria por covid-19. Derecho constitucional comparado,* Unam, México, 2020

Landa, C. (ed.), *Constitución y emergencia sanitaria,* Palestra, Lima, 2020.

Locchi, M.C., "La risposta all'emergenza sanitaria Covid-19 nei paesi a maggioranza musulmana: alcune considerazioni comparative", en *DPCE online,* n. 2, 2020

Mastromarino, A., "Il nuevo constitucionalismo latinoamericano: una lettura in prospettiva", en *Dir. pubbl. comp. eur.*, n. 2, 2020

A. Marangelli, "Diritti (tanti), doveri (pochi) nel dibattito parlamentare italiano sull'emergenza sanitaria", en *Dirittifondamentali.it,* n. 3, 2021

Mazza, M., "Coronavirus in Cina: profili costituzionali e prassi applicative", en *DPCE online,* n. 2, 2020

Mezzanotte, M.,"Pandemia e riparto delle competenze Stato-Regioni in periodi emergenziali", en *Quaderno 2020* de *il Filangieri*, "*Il Parlamento nell'emergenza pandemica*", Jovene, Napoli, 2021

Nelken, D., Siems, M., Infantino, M., Genicot, N., Restrepo Amariles, D., Harrington, J., *Covid-19 and the Social Role of Indicators: A Preliminary Assessment,* EUI Working Paper LAW 2020/17 (King's College London Law School Research Paper Forthcoming).

Nicolini, M., "La governance dell'emergenza sanitaria in Africa Subsahariana: modelli 'piramidali' e 'frattalici' di conformazione dei diritti individuali", en *DPCE online,* n. 3, 2020.

Oguamanam, C., "COVID-19 and Africa: Does One Size Fit All in Public Health Intervention?", en C.M. Flood *et al.* (eds), *Vulnerable: The Policy, Law and Ethics of COVID-19 (Ottawa: University of Ottawa Press) [2020 Forthcoming].*

Oudot, P., "La fraternité: 1789/covid-19", en *La Semaine Juridique–Edition générale,* 6 juillet 2020.

Palmieri, G. (ed.), *Oltre la pandemia. Società, salute, economia e regole nell'era post Covid-*19, 2 vols, Esi, Napoli, 2020.

Pegoraro, L., "Metodología y modelos por una investigación sobre derechos fundamentales (con especial referencia a las transicciones constitucionales)", en Aa.Vv., *Ponencias Desarrolladas del IX Congreso Nacional de Derecho Constitucional,* Adrus, Arequipa, 2008, trad. it. "Metodologia e modelli per una ricerca sui diritti fondamentali (con particolare riferimento alle transizioni costituzionali)", en Aa.Vv., *Studi in onore di L. Carlassare,* Jovene, Napoli, 2009, III

–, "Constituciones (y reformas constitucionales) 'impuestas' o 'condicionadas' (para una re-clasificación interdisciplinaria de la categoría)", en R. Escuredo Rodríguez, J. Cano Bueso (eds), *Crisis económica y modelo social: la sostenibilidad del Estado de bienestar (Actas del Congreso, Aguadulce, Almería, 2, 3 y 4 de Julio de 2012),* Un. de Almería, Almería, 2013, y en *Pensamiento const.*, n. 18, 2013

–, "Le categorie civilistiche e il parassitismo metodologico dei costituzionalisti nello studio del diritto comparato", en *Ann. dir. comp. st. leg. 2013,* Esi, Napoli, 2013, trad. esp. "Comparación y globalización (las categorías del Derecho civil y el parasitismo metodológico de los constitucionalistas en el estudio del Derecho comparado)", en L.R. González Pérez, D. Valadés (eds), *El Constitucionalismo Contemporáneo. Homenaje a Jorge Carpizo,* Unam-Iij, México, 2013, y en L. Pegoraro, *Teoría y modelos de la comparación. Ensayos de Derecho constitucional comparado,* Olejnik, Santiago de Chile, 2016

–, "Diritto costituzionale e Resistenza. Una breve rilettura attraverso le lettere dei condannati a morte (e le canzoni partigiane)", en *Ann. dir. comp. st. leg.2015,* Esi, Napoli, 2015, en *Quad. sulla Resistenza e la RSI (1943-1945),* n. 1, 2014, y en F. Cortese (ed.), *Resistenza e diritto pubblico,* Firenze U.P, Firenze, 2016

–, "América Latina como categoría y objeto de comparación (Coordinadas metodológicas para el estudio comparado de los sistemas jurídicos latinomaericanos)", en *Pensamiento const.*, n. 22, 2017, y en *Dir. pubbl. comp. eur.*, n. 1, 2018

–, "Constitucionalización del derecho y cultura constitucional", en E. Blume Fortini (ed.), *XII Congreso nacional de Derecho constitucional. En homenage a Sigifredo Orbegoso Vanegas y Victor Julio Ortecho Villenas. Desafíos del constitucionalismo peruano a los 25 años de la Constitución de 1993,* 2 vols, Upao, Trujillo, 2018, II, en *Rev. dominicana de der. const.*, n. 1, 2018, y en *Rev. der. pol.*, n.104, 2019

–, "El enemigo, la ecuación terrorista-estranjero y el ataque al Estado democrático de Derecho", en *Dir. pubbl. comp. eur.*, n. especial, 2019

–, "*Blows against the empire.* Contro la iper-costituzione coloniale dei diritti fondamentali, per la ricerca di un nucleo interculturale condiviso", en *Ann. dir. comp. st. leg. 2020,* Esi, Napoli, 2020, p. 447 ss., trad. esp. "*Blows against the empire.* Contra la híper-constitución colonial de los derechos fundamentales, en búsqueda de un núcleo intercultural compartido", en *Rev. Cubana de Der.*, Nueva Epoca, n. 1, 2021, y en *Teoría y realidad const.*, n. 47, 2021

–, "Imposición cultural, la búsqueda de denominadores comunes y la 'misión comparatista' de las revistas de derecho constitucional", en *Rev. de la Academia Colombiana de Jur.*, n. 371, 2020, y en *Rev. Centro de Est. Const. de la Suprema Corte de Justicia de la Nación*, n. 11, 2020

–, "La situación del Derecho comparado en España y América Latina, la búsqueda de denominadores comunes y el papel de la *Revista General de Derecho Público Comparado*", en *Rev. gen. der. públ. comp.*, n. 27, 2020

–, "Las raíces de las 'Constituciones con constitucionalismo': la Resistencia al nazi-fascismo y la construcción de las Constituciones europeas", en E.J. Prats (dir.), *La organización del poder para la libertad. Liber Amicorum en homenaje al Mag. Milton Ray Guevara*, Librería Jurídica Internacional, Santo Domingo, 2020, y en C. Bertolino, T. Cerruti, M. Orofino, A. Poggi (eds), *Scritti in onore di Franco Pizzetti*, 2 vols, Un. degli studi di Torino-Esi, Napoli, 2020, II

–, "Cultura e culture. Rileggendo Roberto Toniatti attraverso qualche esergo sparso qua e là", en Aa.V.v., *Pluralismo nel diritto costituzionale comparato. Blog per i 70 anni di RobertoToniatti* (2021), www.robertotoniatti.eu

Pegoraro, L., *Iper-costituzione, decostruzione della* Stufenbau *e nuovi criteri legittimativi del diritto*, en *DPCE online*, 2021, n. espec. 2021

–, "Il diritto all'aperitivo, ovvero: una (micro) meta-ricerca sulle curiosità della dottrina giuspubblicistica (e non solo) in tempi di pandemia", *paper* destinado a Aa.Vv., *Studi in onore del professor G.F. Ferrari*, en proceso de publicación

Pegoraro, L., Delgado Gaitán, J., "Derechos 'fundamentales': consideraciones sobre la elaboración del concepto y su implicación positiva en el contexto del constitucionalismo contemporáneo", en *Rev. Der. del Estado*, 2001, n. 10, en *Rev. jur. del Perú*, 2001, n. 26, y en L. Pegoraro, *Ensayos sobre justicia constitucional, la descentralización y las libertades*, Porrúa, México, 2006; trad. port. "Os direitos 'fundamentais': considerações sobre a elaboração do conceito e sua implicação positiva no contexto do constitucionalismo contemporâneo", en A. de Almeida Filho (ed.), *Estado de direito e direitos fundamentais. Homagem ao Jurista Mario Moacyr Porto*, Ed. Forense, Rio de Janeiro, 2005

Pegoraro, L., Rinella, A., *Costituzioni e fonti del diritto*, Giappichelli, Torino–Astrea, Buenos Aires-Bogotá-Porto Alegre, 2018, trad. esp. en Id. (eds), *Derecho constitucional comparado*, tomo III, *Constituciones y fuentes del derecho*, Giappichelli, Torino–Astrea, Buenos Aires-Bogotá-Porto Alegre, 2019

Petrini, C., D'Aprile, C., Floridia, G., Gainotti, S., Riva, L., Tamiozzo, S. (eds), *Tutela della salute individuale e collettiva: temi etico-giuridici e opportunità per la sanità pubblica dopo COVID-19*, en "Rapporti ISTISAN 20/30", https://www.iss.it/rapporti-istisan/-/asset_publisher/Ga8fOpve0fNN/content/id/5609468

Rescigno, G.U., "La teoria costituzionale di Luigi Ferrajoli", en *Costituzionalismo.it*, 2008

Sacco, R., "Legal Formants: A Dynamic Approach to Comparative Law", en *Am. journ. comp. law*, n. 2, 1991

–, *Introduzione al diritto comparato*, Utet, Torino, 1992

Sacco, R., Rossi, P., *Introduzione al diritto comparato*, 7ª ed., Utet, Torino, 2019

Sartea, C., "Nuovi riflessi del diritto alla salute: la bussola del principio solidaristico nella tempesta pandemica", en C. Petrini, C. D'Aprile, G. Floridia, S. Gainotti, L. Riva, S. Tamiozzo (eds), *Tutela della salute individuale e collettiva: temi etico-giuridici e opportunità per la sanità pubblica dopo COVID-19*, en "Rapporti ISTISAN 20/30", https://www.iss.it/rapporti-istisan/-/asset_publisher/Ga8fOpve0fNN/content/id/5609468

Somma, A., *Quando l'Europa tradì se stessa. E come continua a tradirsi nonostante la pandemia*, Laterza, Bari-Roma, 2021

Storini, C., Chalco, J., Estupiñán, L., Gómez, M.C. (eds), *Justicia social en época de pandemia: reflexiones desde lo andino*, Cuenca (Ecuador), Un. del Azuay, 2021

Zaccaria, R. (ed.), *Dopo l'emergenza. Dieci tesi sull'era post pandemica*, Padova U.P., Padova, 2020.

Capítulo 8.

MANIPULACIÓN INFORMATIVA Y SARS-CoV2: UNA VISIÓN DESDE MÉXICO

MARÍA CRISTINA ROSAS GONZÁLEZ
Universidad Nacional Autónoma de México
mcrosas@unam.mx

SUMARIO: 1. Introducción. 2. Breve semblanza de los coronavirus. 3. Breve semblanza sobre el sistema de salud de México. 4. Gestión de la pandemia del SARS-CoV2 en Mexico. 5. Consideraciones Finales. Bibliografía.

1. INTRODUCCIÓN

El SARS-CoV2, agente causal del COVID-19 se encuentra ya en el cuarto año de su incidencia, prevalencia y comorbilidad en el mundo.[1] En el momento de escribir estas líneas ha contagiado a 676 609 955 personas y provocado la muerte

---

1 En epidemiología, la incidencia se refiere a los casos nuevos de una enfermedad. La prevalencia, en cambio, son los casos existentes. La comorbilidad denota la presencia de enfermedades coexistentes o adicionales en relación con el diagnóstico inicial. Por ejemplo, muchas gentes diagnosticadas con COVID-19 también enfrentan el flagelo de la enfermedad pulmonar obstructiva crónica, la diabetes, la hipertensión, el VIH/SIDA u otros padecimientos.

de 6 881 955,[2] lo que, en el segundo caso, equivale a la población de Kirguistán. Originalmente identificado en la República Popular China (RP China), este coronavirus, el séptimo de la familia sin ser el más letal -a diferencia del MERS-CoV-, se propagó aceleradamente por todo el mundo, llevando a la interrupción del comercio, el turismo, las actividades educativas, fortaleciendo la migración al trabajo y la educación virtuales y con severos impactos en la convivencia social e intrafamiliar (Sánchez Vargas y Nava Bolaños, 2020).

A pesar -o quizá a causa- de la globalización informativa rampante, la pandemia ha generado toda clase de leyendas urbanas, explicaciones fantasiosas, recetas para aliviarla e hipótesis descabelladas sobre las causas de su surgimiento, al igual que sobre las vacunas y sus objetivos. Las teorías conspirativas que sugieren que la enfermedad fue creada por las élites del capitalismo global para enriquecerse a costa de la desgracia humana (*The Economist,* January 25, 2023); las que afirman que el "virus chino" -como la bautizó el entonces mandatario de EEUU, Donald Trump- fue dispersado por el gigante asiático para dominar el mundo; las que amparadas en la teoría del "gran reemplazo" (*The Economist,* March 16, 2022) afirman que el virus fue pensado para extinguir a una parte de la población mundial y favorecer así a sectores "no blancos", "asiáticos" u otros que supuestamente no se vieron tan perjudicados por el SARSCoV2; son sólo ejemplos de lo mucho que se ha dicho desde enero de 2020 a la fecha sobre la enfermedad. Es de destacar que, en contraste, las noticias basadas en evidencias científica, el trabajo realizado por la Organización Mundial de la Salud (OMS) o, en el continente americano, por la Organización Panamericana de la Salud (OPS), no han tenido la misma resonancia en la opinión pública.

---

2 Datos al 10 de marzo de 2023, última fecha en se procesó la información por parte de la Universidad Johns Hopkins.

Algo ha pasado con la comunicación de riesgos, si bien las teorías conspirativas son comunes desde tiempo inmemorial. Obedecen a las causas más diversas, desde las operaciones de información y desinformación, la propaganda, el revanchismo, la búsqueda de protagonismo, la competencia entre países/corporaciones u otros actores, y últimamente, de cara a la crisis de la democracia liberal y la pérdida de credibilidad de las instituciones.

En México la comunicación de riesgos durante la pandemia ha sido deficiente. Los responsables de la gestión de la salud en el país han confundido a la opinión pública, lo que contrasta con el trabajo efectuado por la cancillería para asegurar vacunas de diversos proveedores, al menos hasta recientemente. El presidente del país, quien, de lunes a viernes realiza conferencias de prensa, se apropia de la agenda nacional y selecciona los temas que le importan y los explica o desarrolla a partir de su propia estrategia para influir en la opinión pública. Así monopoliza el debate e impide que visiones distintas o divergentes se abran paso en la agenda nacional.

Por si fuera poco, México enfrentó la pandemia en medio de un proceso de transición consistente en el desmantelamiento del seguro popular -mismo que garantizaba servicios de salud esenciales y coberturas contra gastos catastróficos a unos 57 millones de personas-, a un sistema asistencialista que marca un retroceso a décadas precedentes y que no cubre a las personas ante desembolsos por tratamientos costosos, por lo que el gasto de bolsillo en salud se ha disparado y equivale a más del 47 por ciento del presupuesto en salud del país. La medicina preventiva también ha sufrido, no sólo por la pandemia, sino porque se ha tendido a acuñar respuestas para la urgencia, esto es, el SARSCoV2, lo que explica el resurgimiento de enfermedades que se encontraban controladas e incluso al borde de la erradicación como el sarampión.

Así, para analizar el impacto de la manipulación informativa en México de cara a la pandemia del SARS-CoV2, se partirá de un análisis más amplio sobre algunas posibles explicaciones que conectan su problemática con el mundo. A continuación, se analizarán las condiciones en que México ha enfrentado la pandemia para terminar con escenarios ante posibles eventos similares en el futuro. La hipótesis central del presente análisis es que la explicación sobre la comunicación de riesgos del gobierno mexicano a la población a lo largo de la pandemia, se propone colocar el debate lejos del análisis de lo que significa tener un sistema de salud en transición, deficiente y donde tanto la atención primaria en salud como el abasto de medicamentos son, a todas luces, insuficientes para satisfacer las necesidades más básicas de la población.

2. BREVE SEMBLANZA DE LOS CORONAVIRUS

Los coronavirus fueron identificados en la década de los 60 del siglo pasado. Fue en aquellos años que se corroboró que podían afectar a seres humanos luego del análisis de muestras del tracto respiratorio. Cuatro de los siete coronavirus existentes -HCoV-229E, HCoV-OC43, HCoV-NL63 y HCoV-HKU1- son extremadamente comunes y están presentes en los resfriados que aquejan con frecuencia a la población mundial (*National Geographic España,* 15 de diciembre de 2022). La ventaja de ello estriba en que las personas han desarrollado anticuerpos para hacerles frente, contando así, con inmunidad para sobrevivir a ellos.

Los otros tres, sin embargo, surgidos en el presente siglo, esto es el síndrome respiratorio agudo-severo (SARS-CoV), el síndrome respiratorio del Medio Oriente (MERS-CoV) y el SARS-CoV2 constituyen enfermedades nuevas, cuya historia es importante conocer dado que no son las únicas enfermedades que enfrenta el mundo y, en el caso del SARS-CoV2 tampoco será la última pandemia.

En su *Informe sobre la salud en el mundo 2007*, la Organización Mundial de la Salud (OMS) recordaba que, en 2003, el SARS-CoV, un coronavirus en ese tiempo nuevo, surgido en la República Popular China (RP China), fue asociado erróneamente en el imaginario colectivo, con el miedo generado dos años atrás de cara a la amenaza bioterrorista por esporas de ántrax diseminadas deliberadamente en paquetes postales en Estados Unidos justo días después de los atentados terroristas perpetrados en Nueva York, Washington D. C. y Pensilvania el 11 de septiembre de 2001. La posibilidad de que alguien manipulara un patógeno para hacer daño a una determinada comunidad, generó miedo y ansiedad y el contexto político abonó a esa percepción. El SARS-CoV, lamentablemente, fue percibido en esos términos más del lado de la bioseguridad y menos como una enfermedad surgida naturalmente (Organización Mundial de la Salud, 2007).

Así, cuando irrumpió el SARS-CoV, primera enfermedad grave y nueva en el siglo XXI, las reacciones fueron de la mano de sus potenciales repercusiones en la salud pública y en la economía de la RP China y otras naciones, al igual que en el resto del mundo. Como explica la OMS, el SARS-CoV tenía características que lo perfilaban como una enfermedad de importancia internacional y como amenaza a la seguridad sanitaria: si bien fueron gatos civeta quienes lo transmitieron al ser humano (zoonosis), a continuación, su propagación fue de persona a persona. Por si fuera poco, y a diferencia de otras enfermedades, no necesitaba vectores, no mostraba afinidad geográfica concreta, su período de incubación silenciosamente tomaba una semana, se parecía a otras enfermedades de las vías respiratorias y, peor, afectó especialmente al personal hospitalario que atendía a los pacientes. Con una tasa de letalidad estimada en un 10 por ciento, el SARS-CoV no parecía tan grave a comparación de otras enfermedades más mortíferas -la rabia, por ejemplo, al atacar al sistema nervioso central tiene una tasa de letalidad cercana al 100 por ciento, en tanto ciertos tipos de ébola son mortales en el 83 por ciento de los casos. Sin embargo, por ser muy contagioso y por haberse extendido a diversos países del mundo a través de rutas aéreas internacionales -un caso dramático fue la ciudad de Toronto, en Canadá-, se sabía que todas las ciudades con un aeropuerto internacional, por ejemplo, podían recibir casos importados (*Ibid.*).

Estos elementos favorecieron la estigmatización de la enfermedad y de quienes la padecían: por ser un padecimiento nuevo, potencialmente mortal y del que se sabía poco, el SARS-CoV dio pie a una ansiedad pública que llevó a que las personas cancelaran viajes a las zonas afectadas, mientras que las economías asiáticas enfrentaron pérdidas económicas millonarias. Los costos del SARS-CoV se estiman en 40 mil millones de dólares para la economía internacional, porque además de la enfermedad, la globalización posibilitó que los efectos económicos se extendieran a los ámbitos financiero, el de viajes, el comercio, etcétera. Cierto, uno de los beneficiarios fue el sector farmacéutico, pero su desempeño no pudo paliar la estigmatización que se generó en torno a la nueva enfermedad. La presencia de asiáticos en diversas latitudes -fueran o no chinos- generaba reacciones xenófobas, de miedo y rechazo. Los vuelos hacia y desde los países del continente asiático lucían vacíos. Las exportaciones chinas declinaron ante la percepción de que pudieran ayudar a la propagación de la enfermedad a otros países -algo que los expertos se cansaron de desmentir -aunque la narrativa de los medios de comunicación en diversas partes del mundo potenciaba los temores.

Una de las consecuencias más importantes de las epidemias y las pandemias es el estigma que se genera en torno a ellas. Esto es quizá más dramático en el momento actual, justo a la luz de la globalización, de la facilidad con la que las personas pueden viajar, lo que abona a la posibilidad de que el brote que se produce en cierta parte del mundo se expanda rápidamente a otras latitudes, incluso remotas. Pero también las enfermedades viajan en el planeta casi a la misma velocidad que la información, veraz o no, sobre ellas. Las noticias falsas, la opinología, las profecías que van desde Rasputín hasta *Los Simpson,* apoyan la creación de percepciones erróneas sobre la salud y sus flagelos. También destaca la tendencia a buscar culpables: así fue con la mal llamada *gripe española* -que no se originó en España sino en las barracas de Kansas, Estados Unidos y fue llevada por sus soldados a Europa en el marco de la primera guerra mundial. Dado que España sí contó a las víctimas fatales de la enfermedad y dio a conocer esta información, se generó la percepción de que fue ahí donde se produjo el primer brote que produjo decenas de millones de muertes en todo el planeta.

Para el momento en que la influenza A H1N1 apareció en abril de 2009, una vez más predominaron los miedos que generaron respuestas racistas, xenófobas y la estigmatización, esta vez en torno a los mexicanos. Entre abril y noviembre de 2009 se tuvieron 54 mil casos confirmados de influenza A H1N1 en México con una tasa de letalidad sumamente baja -398 muertes o bien 0. 73 por ciento. Empero, el desconocimiento de la población sobre los protocolos para prevenir el contagio ante una emergencia sanitaria desencadenó una suerte de histeria colectiva, alimentada por las medidas que las autoridades, de conformidad con el reglamento sanitario internacional (RSI) de la OMS -aprobado en 2005, que entró en virgo en 2007 y que México estrenó- pusieron en marcha. La interacción social a la que la población está acostumbrada en el país se vio súbitamente modificada ante la suspensión de clases a todos los niveles; el cierre de restaurantes, estadios y lugares de entretenimiento y espectáculos; y otras medidas que para el ciudadano de calle equivalían a esperar lo peor. La epidemia se produjo también en muy mal momento, pues en 2008 el mundo había padecido una terrible crisis económica y como Estados Unidos, principal socio comercial de los mexicanos, entró en recesión, los impactos de este hecho en la economía nacional fueron terribles. A ello se sumaron las pérdidas económicas emanadas de la epidemia, estimadas en 57 mil millones de pesos o bien el 0. 7 por ciento del producto interno bruto (PIB).

Pero México no sólo tuvo que lidiar con eso: el sector salud se vio rebasado ante el flujo de personas que, preocupadas por la sintomatología que presentaban, abarrotaron los hospitales. En 2009, el Instituto Mexicano del Seguro Social (IMSS) tuvo un déficit del 316 por ciento en su presupuesto ante la demanda social. En el exterior, el mundo veía a México con recelo. Diversas naciones suspendieron vuelos a México -un caso muy comentado y criticado fue la decisión de la entonces presidenta de Argentina, Cristina Fernández, de suspender vuelos entre su país y México, repatriando además a 229 argentinos. Otros países latinoamericanos que adoptaron medidas similares fueron Cuba, Ecuador y Perú. La RP China también canceló vuelos a México y repatrió connacionales. Estudiantes mexicanos que se encontraban en diversos países fueron agredidos y discriminados -en la RP China se les aisló y cuarentenizó aun sin presentar síntomas. Las exportaciones mexicanas fueron rechazadas, por ejemplo, las de carne de cerdo, por considerarlas fuentes de contagio. Haití, un país al que México envía ayuda con frecuencia frente a los diversos infortunios que enfrenta, rechazó en mayo de ese año que un barco mexicano que portaba víveres y otros implementos con fines humanitarios llegara a la nación caribeña por temor a contagiarse de influenza (Karam *et al*, 2015). Es muy posible que el que México estrenara no sólo el RSI sino que aplicara las medidas ahí previstas -como proveer información a la OMS sobre el brote y su propagación, entre otras cosas, lo que abonó al escrutinio público- contribuyera a que el mundo, poco acostumbrado a que se proporcionara información epidemiológica en esos términos, reaccionara de la manera en que lo hizo. Cuando el SARS-CoV vio la luz en 2002-2003, el RSI imperante, databa de 1969 y sólo estaba pensado para brotes de cólera, peste y fiebre amarilla. Esto no significa que México debió quedarse callado y no notificar: más bien se trata de informar de una manera veraz sobre un brote y su evolución, lo que no sólo puede posibilitar el flujo de asistencia y la cooperación internacional para enfrentarlo, sino también la reducción de las posibilidades de que países con sistemas de salud precarios colapsen ante su arribo. Mucho se ha hablado de lo costoso que es para un país notificar, pero rara vez se menciona lo costoso que sería no hacerlo.

El MERS-CoV es un coronavirus identificado por primera vez en Arabia Saudita en septiembre de 2012 –si bien estudios retrospectivos encontraron casos del MERS-CoV en Jordania en abril del mismo año-, y desde entonces ha causado enfermedades graves e incluso la muerte de personas en varios países. En el año 2014 se produjo un incremento sustancial en el número de casos de individuos aquejados por la enfermedad. En 2015, los casos de brotes más relevantes del MERS-CoV acontecieron en los Emiratos Árabes Unidos, Qatar y Corea del Sur. Hacia 2018 se tenían confirmados 2 144 casos de los que al menos 750 fallecieron involucrando a nacionales de 27 países. Esto sugiere que la tasa de letalidad del MERS-CoV ha sido significativamente mayor que la del SARS-CoV y la de la influenza A H1N1 oscilando entre el 30 y el 37 por ciento. Comparativamente con el nuevo coronavirus SARS-CoV2, el MERS-CoV es el que ha resultado más letal y su estudio y características se tornan de la mayor importancia en previsión de nuevos brotes y enfermedades por esta familia de patógenos (Vijay, 2020). Si bien se han documentado más ampliamente las consecuencias económicas del MERS-CoV en Corea del Sur, en donde se propagó la enfermedad cuando un empresario surcoreano que visitó países de Medio Oriente se contagió, el impacto de la enfermedad en el turismo de la región fue visible. Quizá la estigmatización no fue tan extendida en contra de nacionales de los países árabes, posiblemente porque a pesar de su tasa de letalidad, no tuvo una propagación tan dramática como la vista en torno al SARS-CoV, o bien el A H1N1.

El SARS-CoV2 generó una psicosis en todo el mundo, como se explicaba, no en función de su letalidad que, afortunadamente es baja, sino por la rapidez con la que se contagia. Comparada con la mal llamada *influenza española,* el SARS-CoV2 no ha producido sino un 10 por ciento de las víctimas fatales generadas por aquella gran pandemia de las primeras décadas del siglo XX. Con todo, el segundo informe sobre seguridad en salud global de 2021 alertaba respecto a que ningún país estaba preparado para hacer frente a una pandemia. El informe calificaba con 34. 7 puntos -de 100 posibles- la preparación del mundo para eventos biológicos catastróficos globales en tanto el 65 por ciento de los países no cuentan con una estrategia de respuesta de salud pública nacional de largo alcance para enfrentar enfermedades con potencial epidémico o pandémico. Estas son calificaciones reprobatorias. Pero lo más irónico y sorprendente es que el país mejor calificado, Estados Unidos, con 83. 5 puntos (John Hopkins University, October 2019: 20) resultó el más golpeado durante la pandemia del SARS-CoV2, teniendo en el momento de escribir estas líneas 103 804 263casos confirmados -equivalentes a una tercera parte de su población- y 1 123 836 defunciones -esto es, que una de cada siete personas que han muerto en el mundo por la enfermedad es estadunidense.[3] Más escandaloso resulta saber que Estados Unidos es el país que posee el presupuesto en salud más alto del mundo -se estima que en 2021 destinó el 17. 8 por ciento de su PIB a la salud, muy por arriba del porcentaje del PIB que se canaliza a lo militar, que es del 3. 5 por ciento.

La salud es una condición que no se aprecia cuando se tiene, sino en ausencia. Cuando no está presente, las personas simple y llanamente no pueden desarrollar sus actividades cotidianas y, sin el acceso a tratamientos, medicamentos y expertos, puede requerir desembolsos muy onerosos para los enfermos y sus familias, al igual que para las economías de los países. Dependiendo del sistema de salud de que se trate, el Estado asume cierta responsabilidad en el aprovisionamiento de servicios de

---

3 Datos al 10 de marzo de 2023, última fecha en se procesó la información por parte de la Universidad Johns Hopkins.

salud esenciales y en algunos casos, para tratamientos más costosos. Por eso las políticas en materia de salud no pueden ser políticas de gobierno: necesariamente deben ser políticas de Estado, lo que abonaría a favor de la prevención a través de la regulación del sector salud más allá de los cambios de gobierno.

El efecto de las epidemias y pandemias en el mundo, se ha visto que es costoso en diversos ámbitos como el económico, el político, y el social. Sin embargo, también ha generado cuestionamientos respecto a las percepciones sobre los riesgos asociados a las enfermedades emergentes, dando a la salud un protagonismo que debe mantener, por el bien de las sociedades. Como se ha visto, la ignorancia genera estigmas y posibilita violaciones a derechos humanos fundamentales. Las políticas de salud, entonces, demandan una mejor comunicación entre gobiernos y sociedades, amparada en educación, por un lado, y un sistema de salud promotor del bienestar y del acceso con equidad, responsabilidad y alejado de los estigmas.

3. BREVE SEMBLANZA SOBRE EL SISTEMA DE SALUD DE MÉXICO

El 5 de mayo de 2009, Andrés Manuel López Obrador, en ese tiempo, opositor que había perdido por escaso margen la contienda presidencial de 2006, criticó fuertemente la manera en la que el entonces mandatario, Felipe Calderón Hinojosa enfrentó la epidemia -que eventualmente se convirtió en pandemia- de la influenza A H1N1, señalando entre otras cosas

> Creo que no [ha actuado bien]; no quise contradecir cuando estaba en su apogeo la alarma, el miedo; creo que el gobierno federal, Calderón en particular, hace las cosas mal (...) Tienen una reunión en Los Pinos y de manera apresurada van a la televisión y sueltan de que hay una epidemia... que ya hay 20 muertos desde el primer día y se desata, en los medios de comunicación, una alarma general... infunden miedo y ahí están las consecuencias (...) Yo creo que tenían que haber definido

> una estrategia primero; lo que se hace en estos caso es localizar el problema; es evidente la improvisación en todo... hay que verlo en el manejo de las cifras (...) Tenían que haber hecho primero un plan, una estrategia; la gente que sabe de esto, los especialistas, recomiendan primero cercar los casos, hacer la investigación, a partir de los casos específicos, para saber el tamaño y dimensión del problema y controlarlo, eso lo vinieron haciendo hasta hace 4 o 5 días (...) Lo hicieron por torpeza, es el virus de la idiotez..." (*W Radio,* 5 de mayo 2009).

Incluso llegó a insinuar que la influenza A H1N1 era una falacia a pesar de que uno de sus colaboradores más cercanos, Manuel Camacho Solís, fue internado en estado grave en el Hospital ABC debido a las complicaciones derivadas de la citada enfermedad en su persona (*Expansión,* 28 de abril de 2009).

No se puede dar la razón ni a Felipe Calderón, como tampoco a Andrés Manuel López Obrador. Uno y otro cometieron graves errores en sus percepciones y acciones en materia de salud pública. Al primero se le vio, en medio de la epidemia de influenza A H1N1, visitando hospitales sin portar ningún tipo de protección para sus vías respiratorias: tan sólo llevaba puesta una bata blanca. Su Secretario de Salud, José Ángel Córdova, aparecía cotidianamente en televisión para informar a la población sobre el número de infectados, las medidas que las autoridades tenían en marcha para contener la expansión de la epidemia y daba recomendaciones a la población, incluyendo la manera en que se debía estornudar. Su rostro, en las apariciones que tenía ante los medios, revelaba miedo e incertidumbre, algo digno de mención porque su función no sólo era informar sino también tranquilizar a una población expectante.

En contraste, ante el arribo del coronavirus a México, el Secretario de Salud en el presente gobierno, Jorge Alcocer Varela, ha estado ausente. Ha sido el Subsecretario de Prevención y Promoción de la Salud, Hugo López-Gatell Ramírez quien ha tenido a su cargo proveer de información a la población, tanto en las conferencias "mañaneras", como también en conferencias de prensa que se realizaron por las tardes con el mismo fin tras el arribo del COVID-19 al país y durante varios meses entre 2020 y 2021. López-Gatell, si bien cuenta con reconocidas credenciales en el ramo -ha sido Director de Innovación en Vigilancia y Control de Enfermedades Infecciosas del Instituto Nacional de Salud Pública entre noviembre de 2013 y noviembre de 2018 en el gobierno de Peña Nieto; titular de las Encuestas Nacionales de Salud del citado Instituto de Salud Pública entre mayo de 2012 y octubre de 2013; y Director General Adjunto de Epidemiología de la Secretaría de Salud de 2008 a abril de 2012 en el gobierno de Calderón- asumió un protagonismo en lo peor de la pandemia, no siempre honrando a la ciencia sobre los intereses políticos. De entrada, su visibilidad revelaba las profundas fisuras que existen en el sector salud en torno a la titularidad de una dependencia que resulta muy importante en las políticas sociales del presente gobierno. Alcocer Varela, por cierto, ha tenido una prominente carrera como especialista en inmunología y se desempeñó por largo tiempo en el Instituto Nacional de Ciencias Médicas y Nutrición Salvador Zubirán -dicho sea de paso, duramente atacado por autoridades hacendarias y de la función pública del presente gobierno-, habiendo incluso atendido a la primera esposa de López Obrador, quien padecía una enfermedad autoinmune. Empero, es evidente que la Secretaría de Salud es un cargo anhelado por muchos. En sí mismo, ello no debería ser negativo: podría dar pie a que quienes suspiran o aspiran a la titularidad de la dependencia, hagan bien su trabajo para hacerse merecedores al cargo. Desafortunadamente, las pugnas del gremio afectan negativamente a las políticas de salud y el acceso de la población a los servicios médicos, como lo ilustran la escasez de vacunas, de medicinas, de oncológicos -si bien en estos temas también tiene mucho que ver el papel de los fabricantes de medicamentos-, el desmantelamiento del seguro popular, la creación del Instituto para la Salud y el Bienestar (INSABI), el cambio en las cadenas de suministro y proveeduría, la importación de médicos cubanos a quienes se dieron honorarios muy por arriba de los salarios que perciben los médicos mexicanos, etcétera.

En los tiempos de Peña Nieto, Mercedes Juan López, designada Secretaria de Salud -cargo que ocupó del 1 de diciembre de 2012 al 8 de febrero de 2016, cuando fue sucedida por el ex Rector de la Universidad Nacional Autónoma de México (UNAM), José Narro- enfrentó presiones de miembros distinguidos del gremio quienes buscaban acceder a la titularidad de la cartera de salud, por considerar que tenían mejores credenciales que la susodicha. Así que las rivalidades para tener la titularidad de una dependencia tan importante y sensible para la vida de los mexicanos, siempre han estado presentes, y hoy, una vez más, cobran notoriedad.

En México, las políticas de salud son políticas de gobierno, no de Estado. Por lo tanto, cuando cambia el gobierno, cambia la política. A menudo, el gobierno en turno, suele defenestrar lo hecho por quien le antecedió. Para López Obrador, la manera en que actuó Calderón ante la pandemia de influenza A H1N1 fue errónea y, se entendería entonces, que bajo su administración las cosas se harían de manera distinta. ¿Qué trascendencia tiene ello a la hora de lidiar con el SARS-CoV2, enfermedad nueva, en momentos en que el sistema de salud de México experimenta una transición tras el desmantelamiento del seguro popular y el nacimiento del INSABI -impugnado, por cierto, por gobiernos estatales? ¿Se puede garantizar la preparación del sector salud ante la pandemia del nuevo coronavirus cuando escasean vacunas, medicinas, instrumental y hay una fuerte desmotivación en el gremio de los médicos y las enfermeras por las condiciones en que operan?

México se encuentra en la 25ª posición en los índices de seguridad en salud global correspondientes a 2021 (Johns Hopkins, 2022), en tanto en el índice anterior se localizaba en la 28ª posición (Johns Hopkins, 2019). Como se puede observar en el gráfico 1, el gasto en salud en 2020 aparentemente fue el más alto en lo que va del siglo. Sin embargo, una radiografía del gasto en salud revela que la aportación gubernamental es, de apenas el 3. 3 por ciento, en tanto la población eroga, desde su bolsillo, el 2. 9 por ciento restante o bien, el 47 por ciento de todos los recursos sufragados (véase el gráfico 2). Esto significa que cuando una persona enferma, normalmente cubre los gastos médicos, las medicinas o los estudios clínicos respectivos. En Estados Unidos, en contraste, del 17. 8 por ciento del gasto en salud, el 15. 9 por ciento es aportado por el gobierno (OECD, 2021), por lo que la carga para el bolsillo de la población es del 1. 9 por ciento del gasto en salud, lo cual, de todos modos, es un tema muy debatido dado que los honorarios médicos y los costos de los medicamentos son estratosféricos en el vecino país del norte.

Gráfico 1

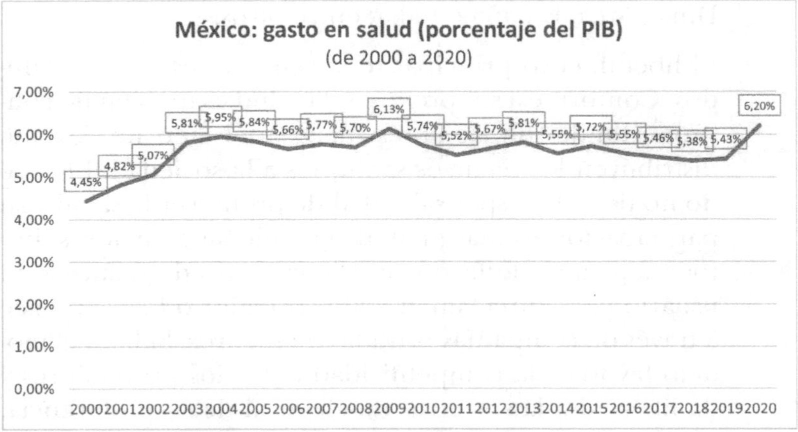

Fuente: Banco Mundial y OCDE.

En general existen principalmente cuatro sistemas de salud en el mundo, a saber:

- El mutualista o bismarckiano, basado en cotizaciones como fuente principal de financiamiento, que se basa en las aportaciones obligatorias del trabajador y de la empresa en la que labora para su solvencia. Este sistema prevalece actualmente en Alemania y también en Austria, Países Bajos, Bélgica, Luxemburgo y Japón. Al modelo bismarckiano también se le conoce como modelo de los seguros sociales (Vera, 24 de septiembre 2018).

- El modelo Beveridge. Este sistema nació en 1942, en plena segunda guerra mundial de la mano de Lord William Beveridge, en el cual el Estado se hace cargo del financiamiento del sistema de salud unificando el sistema de seguridad social bajo su égida, a través de impuestos. Este modelo también se aplica en Francia -donde Pierre Laroque encabezó los esfuerzos para brindar protección social a la población, de manera que en 1946 se creó el sistema nacional de seguridad social- (Organización Internacional del Trabajo, 1 de diciembre 2009), Suecia, Dinamarca, España e Italia, entre otros.

- El liberal, cuyo principal representante es Estados Unidos. Conforme a sus premisas, la salud es un bien de consumo donde son las libres fuerzas del mercado las que distribuyen los recursos sanitarios a la sociedad. El Estado no tiene la responsabilidad de promover la salud y su participación es marginal, dirigiendo su atención sobre todo a grupos desfavorecidos o carentes de recursos. El usuario paga directamente al proveedor o bien, lo hace a través de compañías privadas de seguros. Si bien el modelo favorece la competitividad entre los proveedores y da libertad a la sociedad de elegir al de su preferencia, cubre de manera imperfecta el aprovisionamiento de servicios de salud, dejando fuera numerosos padecimientos y también a diversos sectores de la población, incluso a aquellos que cuentan con un seguro privado.

- El socialista o Semashko, creado en la década de los años 20 del siglo pasado tras el triunfo de la revolución de octubre. Lleva el nombre de Nicolai Semashko, quien fuera Ministro de Salud de la URSS de 1918 a 1930 (Giraldo Valencia, julio-agosto 2017: 20). Actualmente subsisten ya muy pocos ejemplos basados en el modelo Semashko, siendo Corea del Norte y sobre todo Cuba, sus máximos exponentes. En este modelo el financiamiento corre por cuenta del Estado e incluye a la totalidad de la población. Por lo tanto, tiene cobertura universal y gratuita. Las ventajas son evidentes: se apuesta por la medicina preventiva y la educación y alfabetización sanitarias para elevar la salud de la población. Con todo es un sistema rígido y burocrático (Universidad Autónoma de Madrid, 2011).

Gráfico 2

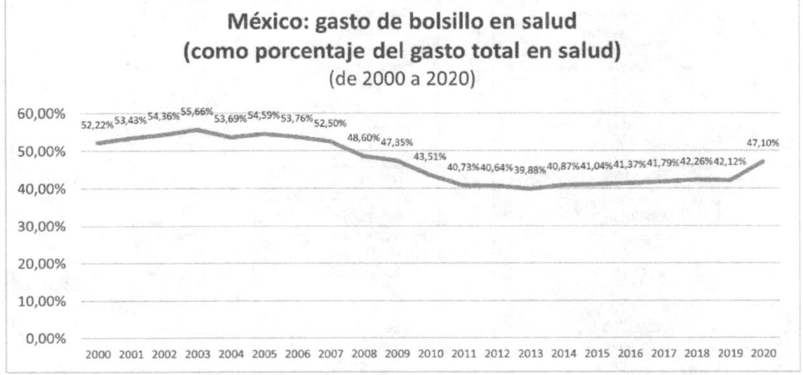

Fuente: Banco Mundial y OCDE.

El sistema de salud de México es un híbrido del bismarckiano con el liberal que si bien aspira a la cobertura universal de servicios básicos de salud ha debido transitar de una visión asistencialista/caritativa a una de sostenibilidad, para volver, en el gobierno de López Obrador, al sistema asistencialista de coberturas limitadas y excluyente.

El país ha vivido una transición demográfica y epidemiológica que lleva a que las enfermedades crónico-degenerativas no transmisibles sean las principales causas de defunción en el país. Ciertamente las enfermedades infecciosas, en especial, las de las vías respiratorias hacen su parte, al igual que los accidentes y los homicidios. Empero se observa el predominio de las enfermedades isquémicas del corazón, la diabetes mellitus, los tumores malignos -cánceres-, las enfermedades hepáticas y las cerebrovasculares entre las principales (véase el cuadro 1).

Cuadro 1
Diez principales causas de defunción en México en 2021

Rango	Total	Hombre	Mujer
1	COVID-19 238 772 En 2020 fueron 201 270	COVID-19 145 115 En 2020 fueron 128 892	Enfermedades del corazón 102 127 En 2020 fueron 97 132
2	Enfermedades del corazón 225 449 En 2020 fueron 218 704	Enfermedades del corazón 123 313 En 2020 fueron 121 556	COVID-19 93 652 En 2020 fueron 71 403
3	Diabetes mellitus 140 729 En 2020 fueron 151 019	Diabetes mellitus 71 330 En 2020 fueron 78 922	Diabetes mellitus 69 396 En 2020 fueron 72 094
4	Tumores malignos 90 124 En 2020 fueron 90 603	Tumores malignos 43 503 En 2020 fueron 44 476	Tumores malignos 46 620 En 2020 fueron 46 125
5	Influenza y neumonía 54 601 En 2020 fueron 58 037	Influenza y neumonía 33 101 En 2020 fueron 35 657	Influenza y neumonía 21 492 En 2020 fueron 22 375
6	Enfermedades del hígado 41 890 En 2020 fueron 41 492	Agresiones (homicidios) 31 263 En 2020 fueron 32 338	Enfermedades cerebrovasculares 18 090 En 2020 fueron 18 072
7	Enfermedades cerebrovasculares 37 169 En 2020 fueron 37 020	Enfermedades del hígado 30 524 En 2020 fueron 30 300	Enfermedades del hígado 11 362 En 2020 fueron 11 189
8	Agresiones (homicidios) 35 700 En 2020 fueron 36 773	Accidentes 26 779 En 2020 fueron 25 343	Enfermedades pulmonares obstructivas crónicas 8 579 En 2020 fueron 10 055
9	Accidentes 34 604 En 2020 fueron 32 356	Enfermedades cerebrovasculares 19 079 En 2020 fueron 18 946	Accidentes 7 785 En 2020 fueron 6 992
10	Enfermedades pulmonares obstructivas crónicas 18 439 En 2020 fueron 21 949	Enfermedades pulmonares obstructivas crónicas 9 860 En 2020 fueron 11 894	Insuficiencia renal 6 160 En 2020 fueron 6 618

Enfermedades del corazón | Diabetes mellitus | Tumor maligno | Otras enfermedades no transmisibles
Accidentes | Agresiones (homicidios) | Enfermedades transmisibles | COVID-19

Fuente: Compilado por INEGI a partir de las estadísticas de defunciones en México.

Es de destacar que, si bien la esperanza de vida ha aumentado en el país, dado que mientras que en 1960 era de 55 años y en 2020 de 70, se observa un estancamiento en lo que va del presente siglo con una cifra que ha oscilado entre los 74 y los

75 años. 2020 fue un año especial que impactó fuertemente en la esperanza de vida de los mexicanos al desplomarse a 70 años, que es el promedio imperante en 1990. Con ello, México tiene la esperanza de vida más baja de todos los países que pertenecen a la Organización para la Cooperación y el Desarrollo Económicos (OCDE) (Pérez, 30 de mayo de 2022), si bien el fenómeno es multicausal y se relaciona también con el sistema de salud y el acceso a servicios médicos. Los homicidios y la violencia hacen su parte, al igual que el creciente consumo de estupefacientes y los accidentes, por lo que es importante entender la problemática con un enfoque amplio a efecto de revertir esta caída en la esperanza de vida de la población. También se observa un estancamiento en la tasa de mortalidad infantil por cada 1 000 nacidos vivos, dado que, si bien la tasa de defunciones se ha reducido en un 50 por ciento entre 2000 y 2020, sigue siendo de dos dígitos cuando en otros países latinoamericanos como Argentina, Costa Rica y Chile es de un dígito -8, 7 y 6 respectivamente.

Gráfico 3

Fuente: Banco Mundial.

La tasa de homicidios es considerable si se toma en cuenta que el promedio mundial en 2020 era de 6 por cada 100 mil habitantes y que en México era casi cinco veces más alta (28. 8 homicidios por cada 100 mil habitantes). Asimismo, se observa el aumento exponencial de los mismos a partir de 2018, incluso en el marco de la pandemia, misma que, como es sabido, potenció la violencia intrafamiliar en el hogar.

Gráfico 4

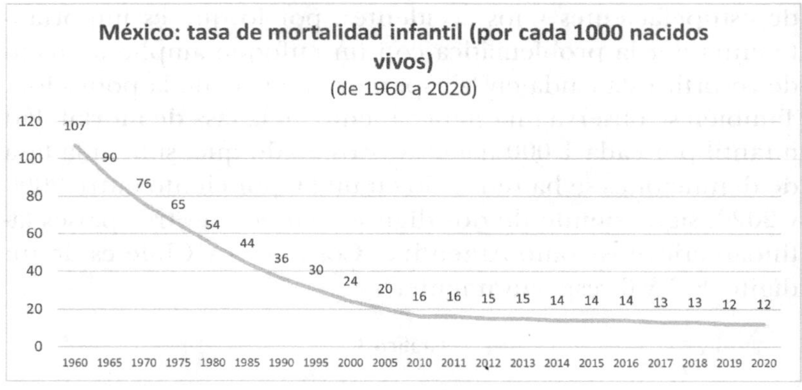

Fuente: Banco Mundial.

4. GESTION DE LA PANDEMIA DEL SARS-CoV2 EN MEXICO

El SARS-CoV2 llegó a México el 27 de febrero de 2020 cuando se confirmó el primer caso de un hombre de 35 años quien arribó a la Ciudad de México tras haber estado en el norte de Italia. El 18 de marzo se produjo la primera muerte de una persona que había sido diagnosticada con la enfermedad. En el momento de escribir estas líneas, en México se tienen confirmados los contagios de 7 400 848 y el deceso de 332 580 personas. Estos datos difieren de los que el Instituto Nacional de Estadística y Geografía (INEGI) divulgó el año pasado y en que se anota que el número de defunciones acumuladas en 2020 y 2021 fue de 439 042, es decir, con una diferencia de 106 462 defunciones que la Secretaría de salud (SSA) informó a la OMS, pero que no figuran en sus estadísticas oficiales. Para explicar esta discrepancia, el Subsecretario de Salud de México reconoció que existe una "cifra negra" de defunciones atribuible a que no existe suficiente información sobre las personas que fallecieron en sus hogares frente a las que recibieron atención y murieron en nosocomios- es de destacar que durante la pandemia, las autoridades del país exhortaron a la población a quedarse en casa y a que si tenía síntomas de la enfermedad se aislara en alguna de las habitaciones de su lugar de residencia. Esta política buscó evitar la saturación de hospitales y escenarios como los que se vivieron en Italia y España donde los centros de salud se encontraban abarrotados. Sin embargo, al no recibir la atención médica a tiempo, muchas personas con síntomas empeoraron y fallecieron en sus casas. Es por esto que, diversos estudios como el del Instituto de Mediciones de la Salud de la Universidad de Washington en Seattle, tomando las cifras de la SSA y del INEGI desarrolló una estadística con factor de corrección del 2. 67 para la Dirección general de Epidemiología y de 1. 4 para el INEGI que coloca entre 827 512 y 930 548 las defunciones por SARS-CoV2 en el país entre el 18 de marzo de 2020 y el 19 de marzo de 2022. Se piensa, por tanto, que la cifra de muertes es cercana o comparable a la de Estados Unidos, con la diferencia de que aquel país tiene una demografía superior en más de dos veces a la de México (Comas García, 19 de marzo de 2022).

Gráfico 5

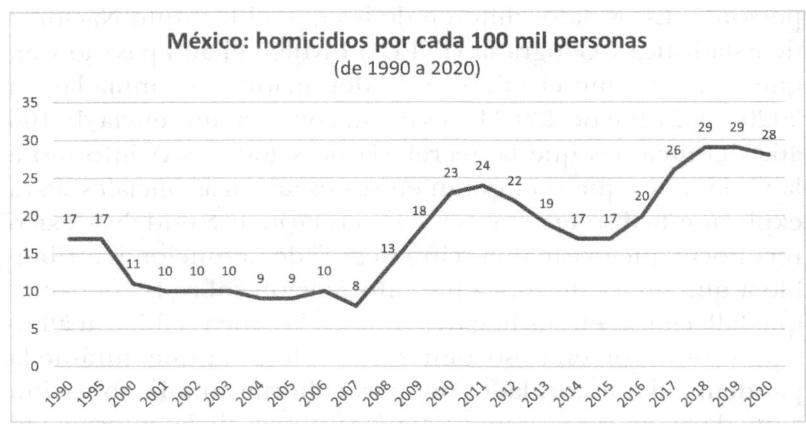

Fuente: Banco Mundial.

¿Por qué la pandemia del SARS-CoV2 ha sido tan letal en México, considerando que el país ya había vivido la experiencia de una pandemia en 2009 con el A H1N1? Entre las explicaciones posibles, figuran las siguientes:

1) el contagio del personal de salud de manera que México quedó desprovisto de su primera línea de defensa contra la enfermedad y ello colocó al país a la cabeza de las defunciones entre el personal de salud por el SARS-CoV2 a nivel mundial;

2) el estigma social que llevó a la población a atacar físicamente al personal de salud al que acusaba de contribuir a la propagación de la enfermedad;

2) no permitir que la estrategia para enfrentar la pandemia la dirigiera el Consejo General de Salubridad;

3) desestimar las recomendaciones de la comunidad científica nacional e internacional;

4) la desaparición del seguro popular y la creación del INSABI, además de la desaparición del fondo de gastos ca-

tastróficos, lo que ha dejado a la población sin acceso a recursos para hacer frente a enfermedades y tratamientos costosos como ciertos tipos de cánceres;

5) la creación de un nuevo sistema de compras y cambios a las cadenas lo suministros de medicinas e insumos médicos, lo que ha coadyuvado al desabasto;

6) falta de coordinación y comunicación entre la autoridad federal con las autoridades estatales y locales;

7) la falta de una política de comunicación social clara, seria, responsable y basada en el conocimiento científico y no en las creencias personales o religiosas del Presidente ni del Subsecretario López-Gatell, quien llegó a afirmar que el mandatario no se contagiaría -a pesar de viajar constantemente sin utilizar cubrebocas o barbijo- debido a que poseía "fuerza moral", lo que, según él, lo inmunizaba (sic);

8) no haber aplicado el modelo centinela de vigilancia epidemiológica, el cual era el adecuado para una pandemia de virus desconocido;

9) el alto nivel de subregistro de casos y defunciones, lo cual generó que la detección de casos fuera reactiva y no preventiva;

10) la falta de control en la transmisión local de casos;

11) el mal diseño financiero y el subejercicio del gasto en salud;

12) emplear el modelo de reconversión hospitalaria sin contar con un número suficiente de médicos especialistas, subespecialistas e insumos;

13) expandir la capacidad de las unidades de cuidados intensivos sin comprender que la atención primaria y la prevención de casos era más importante que la atención de tercer nivel;

14) una vacunación desarrollada en el marco de los comicios de medio término que privilegió intereses electorales sobre el acceso equitativo a vacunas para la población (Marcial Pérez, 24 de diciembre, 2020);

15) que la estrategia de vacunación no la llevara a cabo el Centro Nacional de Salud para la Infancia y la Adolescencia (CENSIA) y el Consejo Nacional de Vacunación (CONAVA) quienes son las entidades que cuentan con la experiencia en la materia;

16) que tras la pandemia del A H1N1 el país no desarrollara capacidades para la producción de vacunas, lo que le generó la vulnerabilidad de tener que importarlas ante la nueva pandemia del SARS-CoV2 (Morán Breña, 10 de junio de 2020);

17) que en aras de mitigar los impactos de la pandemia, las autoridades mexicanas permitieran el ingreso, de manera indiscriminada de viajeros sin pruebas de COVID-19 y/o sin vacunación (Comas García, *Ibid.*);

18) el arribo de médicos cubanos como parte de una acción política de colaboración intergubernamental pero que no obedeció a una planeación debidamente articulada para que contribuyeran a proveer servicios de salud a sectores de la población mexicana muy necesitados; ello sin dejar de lado que sus condiciones laborales fueron privilegiadas frente a las de los médicos y personal de enfermería mexicanos (*El Financiero,* febrero 11, 2023)

19) la escasa realización de pruebas diagnósticas por ser consideradas "inútiles" por parte de las autoridades sanitarias;

20) movimientos antivacunas como "Mexicanos por la Verdad" y "Abogados por la Verdad México" que se han manifestado en contra del uso de cubrebocas o barbijo y

también contra la vacunación y si bien son grupos pequeños, el 7. 2 por ciento de los mexicanos, según una encuesta, no se vacunarían (Badillo, 1 de agosto de 2021).

5. CONSIDERACIONES FINALES

El deterioro de la salud de la población mexicana en el presente gobierno es resultado no sólo de la pandemia del SARS-CoV2 en sí, sino de la malas decisiones en materia de salud pública y de la falta de infraestructura y recursos humanos suficientes que dejaron a millones de mexicanos a merced de sus propios recursos para acceder a tratamientos y paliativos frente a esa y otras enfermedades. México fue protagonista de la primera pandemia del siglo XXI, la influenza provocada por el A H1N1 en 2009, momento en que se habló profusamente de la importancia de la prevención y de acciones como la producción de vacunas, al igual que de la imperiosa necesidad de mejorar la infraestructura hospitalaria y del desarrollo de recursos humanos. De hecho, antaño México no sólo produjo vacunas, sino que las exportó a 15 países, y ahora depende de las importaciones de los biológicos para la inmunización de la población.

El analfabetismo en salud es un tema de la mayor importancia, dado que todos los días las personas deben tomar decisiones que atañen a su salud y en la medida en que no sean decisiones informadas, pueden coadyuvar al deterioro de la calidad de vida de la población. El analfabetismo en salud también es importante ante la infodemia y la posverdad, dado que las personas tienden a creer o dar por cierta la información de baja calidad sobre aquella que se sustenta en evidencia científica.

La comunicación de riesgos a la población mexicana debe cambiar. En la pandemia, el presidente de México y sus diversos colaboradores, se contagiaron -en el caso de López Obrador en dos ocasiones-,[4] no obstante denostando la gravedad del hecho y haciendo comentarios poco apegados a la realidad. La ex Secretaria de Gobernación, Olga Sánchez Cordero, por ejemplo, sostenía que ella se tomaba "unas gotitas" para prevenir los contagios y que por esa razón no necesitaba usar cubrebocas o barbijo (*Animal Político,* 4 de junio, 2020). El ahora occiso gobernador del estado de Puebla, Miguel Barbosa, en los inicios de la pandemia declaró que esta era una enfermedad de "ricos", de personas que tenían recursos para viajar al exterior y que importaron la enfermedad, añadiendo que la gente "buena", los "pobres" no se contagiarían (*Animal Político,* 25 de marzo, 2020). Otra pifia más fue cuando el Subsecretario de Salud López-Gatell anunció que la pandemia terminaría en octubre de 2020, y cuando llegó la fecha señalada siguió minimizando su gravedad (*Latinus,* junio 11, 2020).[5]

Debido a la mala gestión de la pandemia, el Subsecretario Hugo López-Gatell ha sido investigado por la Fiscalía General de la República (FGR) pese a lo cual el presidente López Obrador insiste en señalar que su desempeño ha sido intachable y que gracias a ello salvó muchas vidas (*El Financiero,* febrero 2, 2022).

En el fondo, sin embargo, se tiene a un sistema de salud ineficiente, en transición y en la recta final del gobierno de López Obrador sin que se plantee su revitalización como tampoco una correcta preparación para la próxima pandemia. Se trata de un sistema fragmentado, con pocos recursos materiales y humanos y que no garantiza el derecho a la salud como tampoco la equidad para la población. Los problemas de acceso a los servicios de salud y el deterioro de la salud de los mexicanos se exacerbaron durante la pandemia, en gran

---

4 Enfermó en enero de 2021 y nuevamente en enero de 2022.

5 En febrero de 2021, el Subsecretario López-Gatell anunció que había contraído la enfermedad.

medida por la centralidad del SARS-CoV2 sobre el resto de los padecimientos. Ante la imposibilidad de acceso a los servicios de salud, la población incrementó la erogación con sus propios recursos, lo que elevó el gasto de bolsillo que hoy es casi la mitad de lo que el país destina a la salud. Un gasto de bolsillo del 47 por ciento emanado de los bolsillos de la población, tiene un efecto empobrecedor en las personas y un deterioro de su calidad de vida.

La desinformación vista en la pandemia en México, fue generada tanto desde fuera, como de parte de actores no gubernamentales y además, las autoridades gubernamentales, lo que exacerbó el flujo de información carente de veracidad y con poco apego a la ciencia. El analfabetismo en salud, por tanto, ha pasado factura a la población, lo que, presumiblemente, impide un análisis objetivo acerca del SARS-CoV2 y otras enfermedades. Si bien el movimiento antivacunas en México es pequeño, no se debe minimizar su importancia, considerando además el retroceso que ha vivido la inmunización en general en el país para diversas enfermedades previo a la pandemia.

BIBLIOGRAFÍA

Animal Político (4 de junio de 2020), "Titular de Segob dice que no usa cubrebocas porque toma unas gotas de nanomoléculas", disponible en https://www.animalpolitico.com/2020/06/olga-sanchez-segob-gotas-covid-nanomoleculas (consultado el 20 de septiembre de 2022).

_____ (25 de marzo, 2020), "'Solo los ricos tienen riesgo de contagiarse de COVID-19, los pobres somos inmunes': Barbosa", disponible en https://www.animalpolitico.com/2020/03/barbosa-puebla-covid-19-ricos-contagio-pobres (consultado el 20 de septiembre de 2022).

Badillo, Diego (1 de agosto de 2021), "En México hay grupos minoritarios antivacunas; autoridad no debe ignorarlos, dicen especialistas", en *El Economista,* disponible en https://www.eleconomista.com.mx/politica/En-Mexico-hay-grupos-minoritarios-antivacunas-autoridad-no-debe-ignorarlos-dicen-especialistas-20210801-0015.html (consultado el 20 de septiembre de 2022).

Comas García, Andreu (19 de marzo de 2022), "La verdadera cifra fatal en México por COVID-19 a dos años de la primera muerte y los factores detonantes", en *Infobae,* disponible en https://www.infobae.com/america/mexico/2022/03/19/la-verdadera-cifra-fatal-en-mexico-por-covid-19-a-dos-anos-de-la-primera-muerte-y-los-factores-detonantes/ (consultado el 20 de diciembre de 2022).

El Financiero (febrero 11, 2023), "AMLO pide a Díaz-Canel que envíe médicos cubanos a México: 'Ojalá nos apoyen con más'", disponible el https://www.elfinanciero.com.mx/nacional/2023/02/11/amlo-pide-a-diaz-canel-que-envie-medicos-cubanos-a-mexico-ojala-nos-apoyen-con-mas/ (consultado el 12 de febrero de 2023).

_____ (febrero 2, 2022), "AMLO defiende estrategia contra COVID: 'fue acertada y salvó muchas vidas'", disponible en https://www.elfinanciero.com.mx/nacional/2022/02/02/amlo-defiende-estrategia-contra-covid-fue-acertada-y-salvo-muchas-vidas/ (consultado el 20 de octubre de 2022).

Expansión (28 de abril de 2009), "Camacho Solís se recupera de influenza", disponible en https://expansion.mx/actualidad/2009/04/28/camacho-solis-se-recupera-de-influenza (consultado el 12 de octubre de 2022).

Giraldo Valencia, Juan Carlos (julio-agosto 2017), "Rasgos distintivos de los sistemas de salud en el mundo. Actualización 2017. Basado en el Índice Compuesto de Resultados en salud (ICRS)", en *Hospitalaria,* disponible en https://achc.org.co/wp-content/uploads/2018/08/Rasgos-distintivos-de-los-sistemas-de-salud-ACHC-2017.pdf (consultado el 20 de agosto de 2022).

John Hopkins University (October 2022), *Global Health Security Index. Building Collective Action and Accountability,* disponible en https://www.ghsindex.org/ (consultado el 30 de enero de 2022).

_____ (October 2019), Global Health Security Index. Building Collective Action and Accountability, disponible en https://www.ghsindex.org/wp-content/uploads/2019/10/2019-Global-Health-Security-Index.pdf (consultado el 10 de noviembre de 2022).

Karam, Daniel *et al* (2015), *La influenza mexicana y la pandemia que viene,* México, Siglo XXI.

Latinus (junio 11, 2020), "Pico será la próxima semana, pero la epidemia terminará en octubre: López-Gatell", disponible en https://latinus.us/2020/06/11/mexico-preve-pico-proxima-semana-pero-epidemia-terminara-en-octubre-afirma-lopez-gatell/ (consultado el 20 de septiembre de 2022).

Lutz, Catherine y Andrea Mazzarino (Editors) (2019), *War and Health. The Medical Consequences of the Wars in Iraq and Afghanistan,* New York, New York University Press.

Marcial Pérez, David (24 de diciembre, 2020), "El uso electoral de la vacuna enfrenta al Gobierno y a la oposición mexicana", en *El País,* disponible en https://elpais.com/mexico/2020-12-25/el-uso-electoral-de-la-vacuna-enfrenta-al-gobierno-y-a-la-oposicion-mexicana.html (consultado el 20 de diciembre de 2022).

Méndez Méndez, Judith Sanyacen (20 de noviembre de 2019), *Presupuesto para prevención y control de las enfermedades,* México, CIEP, disponible en https://ciep.mx/presupuesto-para-prevencion-y-control-de-enfermedades/ (consultado el 20 de diciembre de 2022).

Morán Breña, Carmen (10 de junio, 2020), "México fue una potencia en vacunas: ahora espera la de la covid-19 mirando al exterior", en *El País,* disponible en https://elpais.com/sociedad/2020-06-10/mexico-fue-una-potencia-en-vacunas-ahora-espera-la-de-la-covid-19-mirando-al-exterior.html (consultado el 20 de diciembre de 2022).

National Geographic España (15 de diciembre de 2022), "Los 7 tipos de coronavirus que infectan humanos", disponible en https://www.nationalgeographic.com.es/ciencia/siete-tipos-coronavirus-que-infectan-humanos_15353 (consultado el 30 de noviembre de 2021).

OECD (2021), *Health Spending,* Paris, Organization for Economic Cooperation and Development, disponible en https://data.oecd.org/healthres/health-spending.htm (consultado el 5 de enero de 2022.

Organización Internacional del Trabajo (1 de diciembre 2009), *De Bismarck a Beveridge: seguridad social para todos,* Ginebra, OIT, disponible en https://www.ilo.org/global/publications/world-of-work-magazine/articles/ilo-in-history/WCMS_122242/lang—es/index.htm (consultado el 10 de diciembre de 2022).

Organización Mundial de la Salud (2007), *Informe sobre la salud en el mundo. Un provenir más seguro,* Ginebra, OMS, disponible en https://reliefweb.int/attachments/fdca7c60-3e67-326c-ab72-dbd4b4f34980/3AA57E32D99C8B58852573400056D690-WHO-UnPorvenirMasSeguro-Aug2007.pdf (colsultado el 20 de septiembre de 2022).

Pérez, Maritza (30 de mayo de 2022), "Esperanza de vida de los mexicanos bajó de 75 a 71 años", en *El Economista,* disponible en https://www.eleconomista.com.mx/politica/Esperanza-de-vida-de-los-mexicanos-bajo-de-75-a-71-anos-20220530-0008.html (consultado el 20 de diciembre de 2022).

Sánchez Vargas, Armando e Isalia Nava Bolaños (coordinadores) (2020), *Efectos económicos de la pandemia de COVID-19,* México, Instituto de Investigaciones Económicas-UNAM.

The Economist (January 25, 2023), "How a Manchester United superfan became a conspiracy theorist. Is the internet to blame for the rise of conspiracy theories or are they a symptom of political malaise?", disponible en https://www.economist.com/1843/2023/01/25/how-a-manchester-united-superfan-became-a-conspiracy-theorist?utm_campaign=a.coronavirus-special-edition&utm_medium=email.internal-newsletter.np&utm_source=salesforce-marketing-cloud&utm_term=2/4/2023&utm_id=1480023 (consultado el 25 de enero de 2023).

_____ (March 16, 2022), "What is the "Great Replacement" right-wing conspiracy theory? And why has it spread to mainstream politics?2, disponible en https://www.economist.com/the-economist-explains/2022/05/16/what-is-the-great-replacement-right-wing-conspiracy-theory?utm_campaign=a.coronavirus-special-edition&utm_medium=email.internal-newsletter.np&utm_source=salesforce-marketing-cloud&utm_term=2/4/2023&utm_id=1480023 (consultado el 20 de septiembre de 2022).

Universidad Autónoma de Madrid (2011*), Introducción a los sistemas sanitarios. El sistema sanitario español,* Madrid, Universidad Autónoma de Madrid-Unidad de Medicina de Familia y Atención Primaria-Facultad de Medicina, disponible en https://formacion.uam.es/pluginfile.php/122653/mod_resource/content/1/Tema_7.pdf (consultado el 20 de octubre de 2022).

Vera, I. (24 de septiembre 2018), "Bismarck vs Beveridge: el cara a cara de los sistemas de salud en la Unión Europea", en *Planta Doce,* disponible en https://www.plantadoce.com/entorno/bismarck-vs-beveridge-el-cara-a-cara-de-los-sistemas-sanitarios-en-la-union-europea.html (consultado el 10 de septiembre de 2022).

Vijay, Rahul (2020), *Mers Coronavirus: Methods and Protocols,* Berlin, Humana Press.

W Radio (5 de mayo 2009), "Calderón actuó mal en contra de la influenza: AMLO", disponible en http://wradio.com.mx/radio/2009/05/05/nacional/1241528340_806374.html (consultado el 30 de agosto de 2022).

Capítulo 9.

MANIPULACIÓN INFORMATIVA Y FAKENEWS: PERCEPCIÓN Y COMPETENCIA DE LOS JÓVENES GALLEGOS

LORENA CASAL-OTERO
Universidad de Santiago de Compostela (USC)
lorena.casal@usc.es
JOSÉ JULIO FERNÁNDEZ RODRÍGUEZ
Universidad de Santiago de Compostela (USC)
josejul.fernandez@usc.es
CARMEN FERNÁNDEZ-MORANTE
Universidad de Santiago de Compostela (USC)
carmen.morante@usc.es
BEATRIZ CEBREIRO LÓPEZ
Universidad de Santiago de Compostela (USC)
beatriz.cebreiro@usc.es

SUMARIO: 1. Introducción. 2. Método. 2.1. Muestra. 2.2. Instrumentos. 2.3. Análisis estadísticos. 3. Resultados. 4. Conclusión. Bibliografía.

1. INTRODUCCIÓN

La sociedad ha experimentado un crecimiento y desarrollo exponencial en la última década. Los avances de las Tecnologías de la Información y la Comunicación (TIC) han generado un impacto extraordinario en todos los sectores de la sociedad. Estos cambios no se centran solo en los procesos productivos, sino que afectan a todos los ámbitos de la vida de las personas, tanto profesional como personal.

En la actualidad, las TIC facilitan que el volumen de información generado sea ingente y que, además se distribuya de una forma rápida. El patrón de distribución y consumo de información en lnternet, redes sociales y aplicaciones de mensajería, ha cambiado la forma en la que accedemos, consumimos y creamos información. Estas condiciones aportan numerosos beneficios ya que todos somos consumidores y prosumidores de contenidos. La colaboración y la participación social en la red favorece el intercambio de opiniones, de información y la generación del conocimiento compartido. Sin embargo, esta situación implica la aparición de nuevas amenazas, la más relevante, la relacionada con la manipulación informativa y con la creación y la difusión de noticias falsas: *fakenews*. En efecto, la manipulación informativa, en sus diferentes vertientes, es una amenaza para la seguridad de nuestras democracias (Varela Hernández, 2022). El engaño y la mentira siempre han existido, pero, en la actualidad, su alcance incrementa de forma exponencial debido a los avances tecnológicos y sociales, que permiten una difusión rápida y masiva de estos contenidos (Varela Hernández, 2022).

La manipulación informativa es la situación en la que se altera conscientemente la información, tergiversándola o distorsionándola al servicio de ciertos intereses; tras esta distorsión, se produce la propagación de la versión modificada, quizá de manera inconsciente, por parte de los terceros a los que le llega esa información (Fernández Rodríguez, 2022).

Las *fakenews* son noticias falsas, creadas con una intencionalidad determinada y con la pretensión clara de engañar y manipular a las personas por parte del emisor. Pretenden tener un sentido objetivo y negativo: la noticia que es contraria a la verdad, elaborada desde tal planteamiento falsario (Fernández Rodríguez, 2022). Este tipo de información se procesa fácilmente, se distribuye rápidamente, gracias entre otros a Internet y las redes sociales, y desacreditarla resulta complicado (Sanz y Carro, 2019; Terol-Bolinches & Alonso-López, 2020). Las *fakenews* se distribuyen, normalmente, a través de medios digitales, sin embargo, en ocasiones también por los medios convencionales, lo que implica que las noticias falsas pueden pasar al mundo real desde la virtualidad en la que han sido concebidas, intoxicando otros medios tradicionales de comunicación (Terol-Bolinches & Alonso-López).

La mayoría de las veces, las noticias falsas pueden circular sin que las personas entiendan cómo los medios influyen en ellas mismas y en otras personas y también sin comprender cuál es su responsabilidad a la hora de evaluar críticamente el contenido antes de compartirlo (De Jesús & Hubbard, 2021). España es uno de los países europeos que encabeza la recepción de este tipo de contenidos (Bernal-Triviño & Clares-Gavilán, 2019). Las noticias falsas no son un fenómeno nuevo, pero sí lo es la amplitud con que pueden reproducirse gracias a las redes sociales (Fernández-García, 2017). Las *fakenews,* se han convertido en una amenaza global con un enorme impacto en la vida de las personas.

La situación generada por la manipulación informativa y por la difusión de las *fakenews* ha puesto de manifiesto la importancia actuar de una forma sistemática desde el ámbito de la educación, concretamente, trabajando la competencia digital en todas las etapas del sistema educativo. En este sentido, la alfabetización de los ciudadanos del s. XXI exige poner el foco en la adquisición de competencias para el para el uso seguro, crítico y responsable de las tecnologías digitales y de los mensajes que a través de ellas se transmiten. En efecto, el desarrollo del pensamiento crítico es un imperativo al que hay que dar respuesta desde ámbito educativo (Petrucco & Agostini, 2020) ya que, sólo de este modo, se logrará una sociedad más participativa y democrática.

Todos los ciudadanos, y los jóvenes en particular, debido a su alta exposición a las redes sociales (Fernández et al., 2020), deben saber que hay informaciones engañosas, que se difunden de una forma amplia y rápida en la sociedad, que este hecho no es inofensivo y que puede causar un importante impacto a gran escala, como incitar a la violencia, perjudicar las oportunidades económicas o negocios, hacer que la gente tenga un miedo innecesario a una situación determinada e incluso cambiar el curso de unas elecciones (De Jesús y Hubbard, 2021).

En este contexto, en el que la manipulación informativa y las *fakenews* son un elemento que claramente puede poner en riesgo a la sociedad, la educación y la formación de todas las personas es la vía más adecuada para reforzar la sociedad democrática. La alfabetización mediática surge como la respuesta a esta situación, ya que gracias a este proceso las personas logran la competencia y las habilidades necesarias para desenvolverse en los medios de comunicación actuales, producir contenido y entender de una manera más crítica la información que se recibe. Utilizamos el término alfabetización mediática y no alfabetización digital porque, este último se centra en el componente tecnológico y obvia elementos relacionados, por ejemplo, con el contexto social, económico y cultural, contextos desde el que también las noticias deben ser interpretadas (Buckingham, 2019).

La alfabetización mediática es una prioridad emergente y creciente en las políticas y evaluaciones educativas de gobiernos e instituciones desde los primeros años del siglo XXI por ser una preferencia en la formación de la ciudadanía (Pérez-Escoda et al., 2019). La lucha contra la desinformación es un esfuerzo conjunto en el que participan instituciones como la Unión Europea y los gobiernos de diferentes países. Además de esta implicación institucional, existen medios de comunicación dedicados a la verificación de información de forma independiente, como es el caso de Maldita y Newtral Media en España, y Chequeado, Pagella politica, Facta y Snopes a nivel internacional (Barrero & López, 2022).

Este trabajo se centra en conocer la percepción de los jóvenes gallegos con relación a las *fakenews*, teniendo en cuenta el uso de las redes sociales, los medios de información que utilizan, su percepción sobre las noticias falsas y el nivel de competencia para reconocerlas y contrastarlas.

Concretamente, se plantean los siguientes objetivos:

1. Identificar las redes sociales utilizadas por los jóvenes gallegos.
2. Determinar los medios de información que usan los jóvenes gallegos.
3. Comprobar la percepción sobre las *fakenews*.
4. Determinar el nivel de competencia de los jóvenes gallegos para contrastar las *fakenews*.

2. MÉTODO

2.1. Muestra

La muestra del estudio se compone de un total de 641 participantes, de los cuales el 78,78% son estudiantes universitarios de las tres universidades del sistema universitario de Galicia (Universidad de Santiago de Compostela, Universidad de A Coruña y Universidad de Vigo), mientras que el 21,22% son estudiantes de bachillerato, procedentes de tres de las cuatro provincias de la Comunidad Autónoma gallega.

Gráfico 1. Distribución de la muestra

Distribución de la muestra

78.78

■ Alumnado de bachillerato ■ Alumnado universitario

En cuanto a la distribución por género, el 38,8% de los encuestados son hombres, el 56,3%, mujeres y el 2,3% de género no binario. Con relación a la edad, el 21,8% de los encuestados tienen 18 años, el 14,5%, 17 años, el 11,7% y el 11,1% 19 y 16 años, respectivamente, y el 10,3%, 20 años, representando el resto de las edades por debajo del 10%.

2.2. Instrumentos

El cuestionario utilizado para la presente investigación utilizó las escalas Likert diseñadas por Herrera y Belda (2021) para su estudio: Opiniones y actitudes de los estudiantes universitarios de Comunicación ante las *fakenews.* Diagnóstico en un ecosistema docente.

El cuestionario fue remitido en formato electrónico al conjunto de la población, solicitando su participación voluntaria y garantizando su anonimato. La recogida de datos se realizó a través de la aplicación Forms, incluida en el paquete Microsoft Office 365, que la Universidad de Santiago de Compostela (USC) pone a disposición de su comunidad educativa. Así mismo, el estudio contaba con el informe favorable del Comité de Bioética de la USC.

2.3. Análisis estadísticos

El análisis de datos requirió, en primer lugar, la depuración y el tratamiento de las matrices de datos, así como la fusión de la matriz relativa al cuestionario para los estudiantes de bachillerato (136 casos) con la matriz relativa al cuestionario administrado a los universitarios (505 casos). Una vez fusionadas ambas matrices en una única base de datos, se creó una nueva variable que identificara a los estudiantes de bachillerato y a los universitarios.

A continuación, se procedió a realizar un análisis descriptivo, cruzando todas las variables coincidentes en ambos cuestionarios (VDs) por varias variables (Vis): género, área de estudio, tipo de alumno: de universidad o de bachillerato y universidad en la que realiza sus estudios, en el caso de los segundos.

Debido a la naturaleza cualitativa de las variables, estas tablas de contingencia se completaron con la realización de la prueba Chi cuadrado de homogeneidad de grupos para determinar se existían o no diferencias significativas entre grupos en cuanto a sus hábitos de consumo de las redes sociales y su exposición a las noticias falsas. Por lo tanto, las hipótesis que se contrastan son las siguientes:

- H0: No existen diferencias significativas entre grupos
- H1: Existen diferencias significativas entre grupos

La prueba chi cuadrado para homogeneidad está basado en la comparación de frecuencias observadas y esperadas de los datos en cada clase en cada población.

3. RESULTADOS

Los análisis realizados revelaron que el 79,1% jóvenes gallegos dedican diariamente a las redes sociales entre una y tres horas, menos de una hora el 7,8% y más de cuatro horas el 13,1. La red social más utilizada (gráfico 2) es WhastApp (98.4%), seguida de Instagram (89,1%) y Twitter (63,7%). La que menos utilizan es Snapchat (7,8%).

Gráfico 2. Redes sociales más utilizadas por los jóvenes gallegos

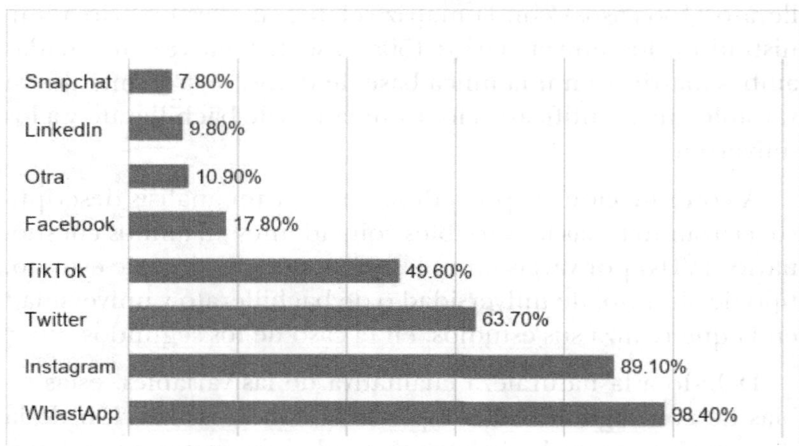

Los contrastes estadísticos, observando los valores de la prueba χ^2 de Pearson, han mostrado un efecto significativo del género con relación al uso de determinadas redes sociales (tabla 1). Instagram, Facebook, WhastApp, Snapchat y TikTok son redes más utilizadas por mujeres que por hombres.

Tabla 1. Uso de redes sociales diferenciado por género

Red social	Hombre	Mujer	Chi-cadrado de Pearson
Instagram	83,1%	93,4%	15,949(1)***
Facebook	14,5%	20,8%	3,951(1)*
LinkedIn	11,6%	9,1%	1,013(1)
WhastApp	97,2%	99,4%	5,165(1)*
Snapchat	3,6%	10,8%	10,505(1)***
Twitter	61,4%	65,1%	0,849(1)
TikTok	36,9%	58,4%	27,250(1)***
Otra	12,4%	8,0%	3,241(1)+

***; ** ; * ;

En la tabla 2 se informa de los medios utilizados por los jóvenes para consumir noticias. Se observa que jóvenes consumen noticias, fundamentalmente, a través de redes sociales (84,1%), seguido de periódicos digitales (58,3%) y TV (51,0%). Los resultados informan que la parte de la noticia a la que le prestan más atención es al titular (71,8%) seguida del cuerpo (46,8%), de la foto (27,0%) y del vídeo 12,6%.

Tabla 2. Medio de información de los jóvenes

Medio	Porcentaje válido
Redes Sociales	84,1%
Periódicos digitales	58,3%
Televisión	51,0%
Radio	11,9%
Prensa escrita	6,7%
Otra	3,6%

Atendiendo a los valores del test de Pearson, se identifican diferencias significativas en cuanto a los medios de información utilizados por los y las jóvenes (tabla 3). En este sentido, se constata que las mujeres acceden a la información a través de redes sociales y televisión, mientras que los hombres, los hacen a través de prensa escrita y radio.

Tabla 3. Medio de información de hombre y mujeres

Medio de información	Hombre	Mujer	Chi-cadrado de Pearson
Televisión	41,8%	59,0%	17,537(1)***
Periódicos digitales	62,2%	56,2%	2,200(1)
Prensa escrita	8,8%	5,3%	2,999(1)+
Radio	14,5%	10,0%	2,484(1)+
Redes sociales	77,9%	88,6%	12,796(1)***
otra	4,0%	2,5%	1,133(1)

***; ** ; * ;

Con relación a la percepción de consumo de noticias falsas, se revela que la mitad de los encuestados (gráfico 3) perciben que lo hacen de forma periódica.

Gráfico 3. Percepción de consumo de noticias falsas

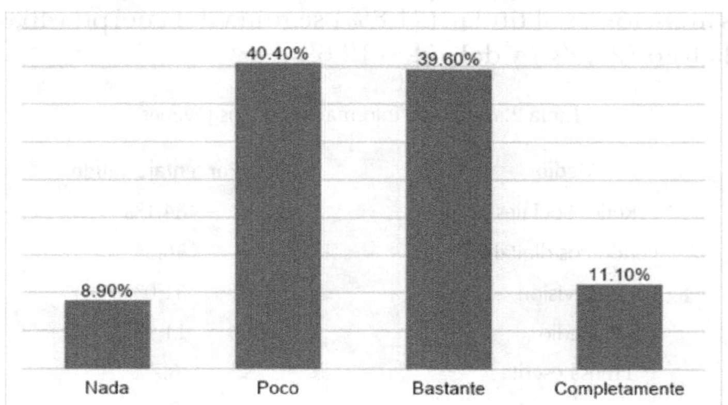

Cuando se le pregunta sobre su percepción acerca de la competencia de la población general para la identificación de noticias falsas, los jóvenes gallegos indican que la competencia de estos es baja (gráfico 4).

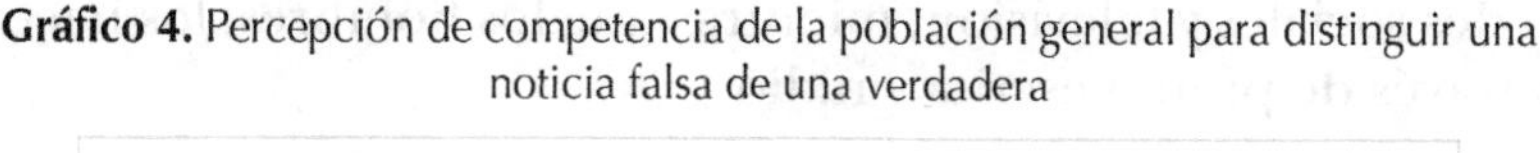
Gráfico 4. Percepción de competencia de la población general para distinguir una noticia falsa de una verdadera

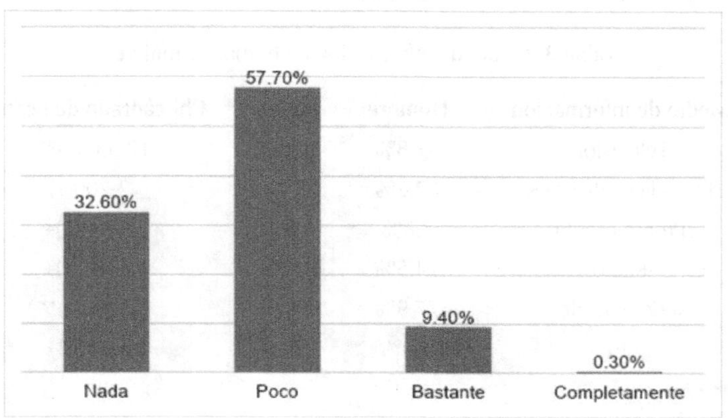

Con relación a la percepción del daño o la molestia que pueden causar las *fakenews*, los jóvenes manifiestan, en un alto porcentaje (gráfico 3), que este tipo de noticias, no son inofensivas, es decir, pueden causar un perjuicio.

Gráfico 3. Carácter inofensivo de las *fakenews*

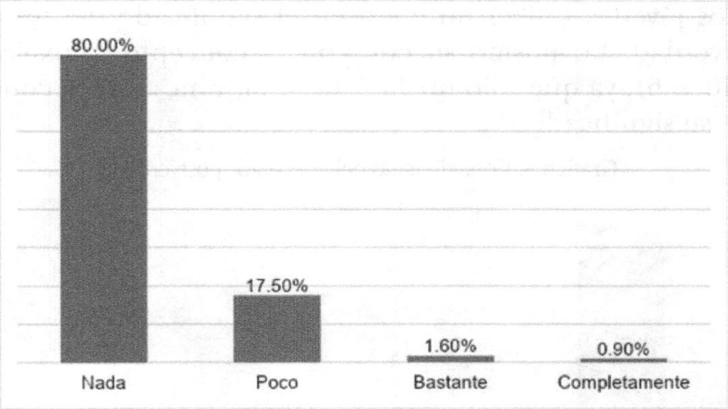

80.00%
17.50%
1.60%
0.90%
Nada
Poco
Bastante
Completamente

Al solicitar a los participantes que indicaran su nivel de desacuerdo o acuerdo con esta afirmación: "Sé cómo contrastar una noticia publicada en Internet", la mayoría de los encuestados, concretamente, el 58% y el 19,8%, informaron estar de acuerdo o completamente de acuerdo.

Gráfico 4. Competencia para contrastar noticias falsas

4.10%
18.10%
58.00%
19.80%
Nada
Poco
Bastante
Completamente

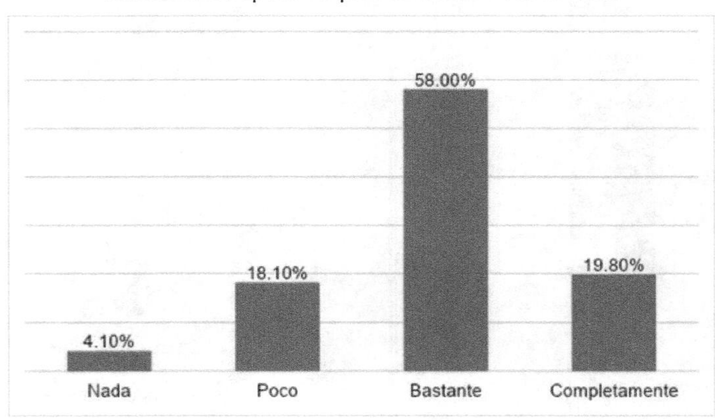

Al preguntarles directamente sobre su conocimiento con relación a dos términos vinculados a la manipulación informativa y a las *fakenews:* postverdad e infoxicación, se observa que los jóvenes no lo tienen claro.

En efecto, se observa, en el gráfico 5, que la gran mayoría de los jóvenes (46%) no conocen el significado del término postverdad. Lo mismo sucede con el concepto infoxicación (gráfico 6), ya que solo un 17% de los jóvenes indica conocer bien su significado.

Gráfico 5. Conocimiento del concepto "postverdad"

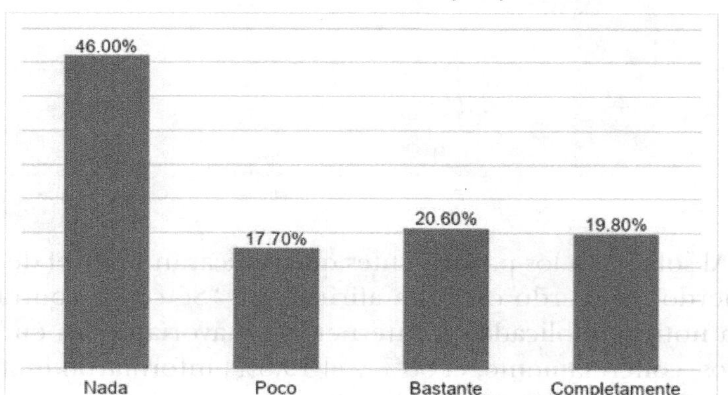

Gráfico 6. Conocimiento del concepto "infoxicación"

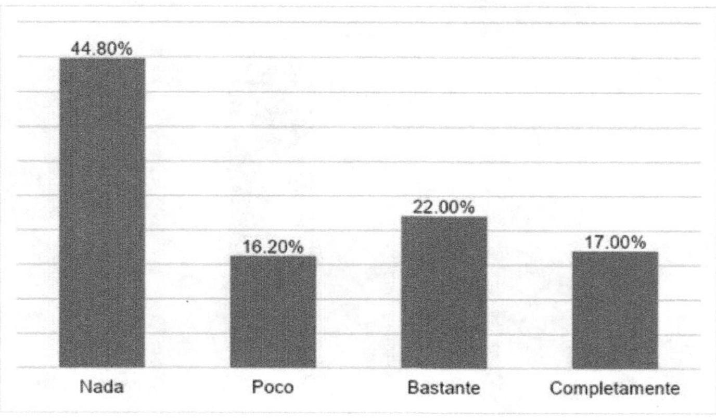

Ya para finalizar y con relación a la necesidad de formación percibida, los jóvenes gallegos consideran que durante la Educación Secundaria Obligatoria y el Bachillerato se debería advertir o formar a los jóvenes en *fakenews*, concretamente, un 28,5% manifiesta estar bastante de acuerdo con esta cuestión y el 64,4% manifiesta estar completamente de acuerdo.

4. CONCLUSIÓN

La manipulación informativa y las *fakenews* son una amenaza para nuestra sociedad y una importante preocupación social que tienen en el contexto actual, el escenario ideal para su promoción e intensificación, ligado estrechamente con el progreso tecnológico (Fernández Rodríguez, 2022). La experiencia de uso no garantiza el éxito para identificar la información falsa (Taddeo et al., 2022) y, consecuentemente, es necesario que la ciudadanía en general desarrolle el pensamiento crítico y la capacidad de análisis y evaluación de la información.

Este trabajo informa de la percepción que los jóvenes gallegos tienen acerca de la manipulación informativa y de las *fakenews*. Para ello, este estudio se centra dar respuesta a los siguientes objetivos:

1. Identificar las redes sociales utilizadas por los jóvenes gallegos.
2. Determinar los medios de información que usan los jóvenes gallegos.
3. Comprobar la percepción sobre las *fakenews*.
4. Determinar el nivel de competencia de los jóvenes gallegos para contrastar las *fakenews*.

Este estudio revela que los jóvenes utilizan como principal medio de información las redes sociales, seguido de periódicos digitales y que atienden, principalmente, al titular. Este hecho revela que los jóvenes han dejado de consumir información a través de los medios tradicionales y tienen una clara preferencia por el consumo de información online. Este dato coincide con el de otras investigaciones realizadas previamente en las que se pone de manifiesto que, en la actualidad, la prensa y los informativos de televisión pierden audiencia, especialmente entre las generaciones más jóvenes, entre las cuales las redes sociales han pasado a ser hegemónicas (Fernández-García, 2017; Figueira & Santos, 2019; Sánchez, 2021; Mendiguren et al., 2020; López-Flamarique & Planillo-Artola, 2021).

La percepción de consumo de *fakenews* por parte de los jóvenes no es un asunto que esté claramente resuelto por la muestra o algo que se haya podido responder de una forma concreta con este estudio. En este sentido, los resultados de este estudio revelan que un 40,4% de los jóvenes tienen una percepción escasa de consumo de noticias falsas, mientras que un 39,6% de los encuestados informan que perciben de forma bastante clara que consumen noticias falsas. Este dato, que podría considerarse contradictorio, también podría revelar que los jóvenes no tienen bien reconocidos o definidos los límites concretos para catalogar una noticia como falsa, pero esto es solo una hipótesis que debe ser investigada en futuros estudios. Este resultado, no obstante, coincide con el informado por Figueira y Santos (2019).

Atendiendo a los efectos que las *fakenews* causan en la sociedad, los estudiantes han manifestado que las noticias falsas no son inofensivas. Consideran, por lo tanto, que esta información puede causar un perjuicio. Este resultado coincide con el informado previamente por Martín-Herrera y Micaletto-Belda (2021).

Respecto a la percepción de la competencia que tienen los jóvenes para contrastar la información de una noticia falsa, los datos informan que este colectivo se considera altamente competente. Sin embargo, al ser preguntados por la competencia que creen que tiene la población general para reconocer *fakenews*, indican que su competencia es menor. Es decir, los jóvenes perciben que poseen más competencia para detectar noticias falsas que el resto de la población y confían más en su propia inmunidad a la desinformación (Martínez-Costa et al., 2022). Este resultado no es novedoso y ya ha sido informado en estudios previos (Martín-Herrera & Micaletto-Belda, 2021; Martínez-Costa et al., 2022).

En línea con lo anterior, los resultados de este estudio informan que, cuando se pregunta a los jóvenes sobre su conocimiento específico acerca de conceptos relacionados con la manipulación informativa o con las *fakenews*, por ejemplo, al preguntarles sobre el término "postverdad" o el término "infoxicación", sus respuestas evidencian un desconocimiento importante del significado de estos conceptos. Consecuentemente, se puede afirmar que los jóvenes tienden a sobrevalorar su competencia mediática porque dominan el medio, sin embargo, cuando se les pregunta sobre conocimientos específicos, los datos revelan que esta competencia no es tan elevada como ellos consideran.

Los jóvenes participantes en este estudio han puesto de manifiesto que durante la Educación Secundaria Obligatoria y el Bachillerato se debería advertir o formar en *fakenews*. La alfabetización mediática es más necesaria que nunca, de hecho, si las nuevas generaciones obtienen su información de redes sociales y otros recursos en línea, deben aprender a decodificar lo que leen (Fernández-García, 2017). El sistema educativo, partiendo de las habilidades que el alumnado ya posee (López-Flamarique & Planillo Artola, 2021) tiene la oportunidad de formar a sus estudiantes en competencias mediáticas específicas que les serán útiles en su escolaridad, así como en su trabajo y vida posteriores (Petrucco & Agostini, 2020).

Por consiguiente, la alfabetización mediática es una prioridad emergente y creciente en las políticas y evaluaciones educativas de gobiernos e instituciones desde los primeros años del siglo XXI por ser una preferencia en la formación de la ciudadanía (Pérez-Escoda et al., 2019; Herrero-Diz et al., 2019). Esta alfabetización se enmarca en la competencia digital, que es una de las competencias clave para el aprendizaje permanente del marco de referencia europeo, y debería trabajarse y lograrse en la Educación Secundaria, a través de un curriculum que ayude a desarrollar el pensamiento crítico y a sistematizar ciertas acciones relacionadas con la información.

Desde nuestro punto de vista, y de acuerdo con lo comentado hasta ahora, se pone de manifiesto la necesidad de empoderar a los ciudadanos y facilitarles la adquisición de las competencias mediáticas necesarias que les permitan tomar conciencia crítica en la recepción y la interpretación de noticias (Fernández-García, 2017; Sánchez, 2021). El logro de esta competencia debería permitir que los ciudadanos puedan: identificar la necesidad de información, trabajar con diversidad de fuentes y códigos de información, saber dominar la sobrecarga de información, evaluar la información y discriminar la calidad de la fuente de información, organizar la información, usar la información y saber comunicar la información encontrada a otros (Cabero & Llorente, 2008; Petrucco & Agostini, 2020).

Como se ha visto hasta ahora, en la actualidad emergen nuevos retos educativos, como el de lograr que todas las personas hagan un uso creativo, crítico y seguro de las tecnologías, que trascienda el concepto de consumidores de tecnologías y contenidos digitales, para alcanzar los objetivos relacionados con el trabajo, el aprendizaje, el tiempo libre y la inclusión y la participación en la sociedad.

La democracia se basa en la existencia de una opinión pública que ejerce el control del poder. Para cumplir esta esencial misión, dicha opinión pública debe estar correctamente informada de lo que sucede, ya que solo así podrá adoptar decisiones racionales y coherentes con el interés general. De esta forma, la manipulación de la información puede afectar de manera sustancial al proceso de decisión de la opinión pública, que al no conocer la verdad de los acontecimientos puede adoptar posiciones que no se corresponde con el referido interés general. Además, esta manipulación afecta negativamente a la libertad de información ya que esta debe partir de datos veraces para la elaboración de las noticias, también imprescindibles en el ecosistema democrático para proveer de información a la aludida opinión pública.

De todos modos, el tema no es tan sencillo porque la libertad de expresión podría proteger la mentira. Sea como fuere, la sociedad avanzada que debemos construir en este siglo XXI no puede obstaculizarse por estos amplios procesos manipuladores que sufrimos, favorecidos por los medios digitales y las tensiones geopolíticas.

Por todo ello, una alfabetización mediática, que ayude a identificar la manipulación y las noticias falsas que en la actualidad recibimos, es una herramienta imprescindible para cualquier sistema democrático.

BIBLIOGRAFÍA

Barrero, A. & López Redondo, I. (2022). La verificación en la era de las fake news. Algunos ejemplos sobre el COVID-19. *Ámbitos. Revista Internacional De Comunicación,* (57), 124–137. https://doi.org/10.12795/Ambitos.2022.i57.07

Bernal-Triviño, A., & Clares-Gavilán, J. (2019). Uso del móvil y las redes sociales como canales de verificación de fake news. El caso de Maldita.es. *Profesional De La información, 28*(3). https://doi.org/10.3145/epi.2019.may.12

Buckingham, D. (2019). Teaching media in a 'post-truth'age: fake news, media bias and the challenge for media/digital literacy education. *Culture and Education, 31*(2), 213-231. https://doi.org/10.1080/11356405.2019.1603814

De Jesús, I. Q., & Hubbard, J. (2021). Media Literacy for Elementary Education Students: Inquiry into Fake News. *The Social Studies, 112*(3), 136-145. https://doi.org/10.1080/00377996.2020.1841717

Fernández de la Iglesia, J. C., Casal-Otero, L., Fernández Morante, M. C., & Cebreiro, B. (2020). Actitudes y uso de Internet y redes sociales en estudiantes universitarios/as de Galicia: implicaciones personales y sociales. *Revista Prisma Social,* (28), 145–160. https://revistaprismasocial.es/article/view/3372

Fernández Rodríguez, J. J. (2022). Aproximación crítica a la manipulación informativa: el ejemplo de las redes sociales. *Gladius Et Scientia. Revista De Seguridad Del CESEG,* (3). https://doi.org/10.15304/ges.3.8909

Fernández-García, N. (2017). Fake news: una oportunidad para la alfabetización mediática. *Nueva sociedad,* 269.

Herrera, I. M., & Belda, J. P. M. (2021). Opiniones y actitudes de los estudiantes universitarios de Comunicación ante las fake news. Diagnóstico en un ecosistema docente. *Comunicación y hombre: revista interdisciplinar de ciencias de la comunicación y humanidades,* (17), 193-206.

Herrero-Diz, P., Conde-Jiménez, J., Tapia-Frade, A., & Varona-Aramburu, D. (2019): The credibility of online news: an evaluation of the information by university students. Culture and Education, 31(2), 407-435. https://doi.org/10.1080/11356405.2019.1601937

López-Flamarique, M., & Planillo Artola, S. (2021). El alumnado de educación secundaria frente a las noticias falsas: resultados de una intervención didáctica. *Revista Latinoamericana De Tecnología Educativa–RELATEC, 20*(1), 39-56. https://doi.org/10.17398/1695-288X.20.1.39

Pérez-Escoda, A., García-Ruiz, R., & Aguaded, I. (2019). Dimensions of digital literacy based on five models of development/Dimensiones de la alfabetización digital a partir de cinco modelos de desarrollo. *Culture and Education, 31*(2), 232-266. https://doi.org/10.1080/11356405.2019.1603274

Sánchez García, F. J. (2021). Educar la mirada. El discurso informativo de las "fake news" en el currículo de Secundaria y Bachillerato. *Contextos educativos: revista de educación,* 27, 153-167. https://doi.org/10.18172/con.4865

Sanz Blasco R. y Carro de Francisco C. (2019). Susceptibilidad cognitiva a las falsas informaciones. *Historia y Comunicación Social, 24*(2), 521-531. https://doi.org/10.5209/hics.66296

Taddeo, G., de-Frutos-Torres, B., & Alvarado, M. (2022). Creators and spectators facing online information disorder. Effects of digital content production on information skills. [Creadores y espectadores frente al desorden informativo online. Efectos de la producción de contenidos digitales en competencias informativas]. *Comunicar, 72*, 9-20. https://doi.org/10.3916/C72-2022-01

Terol-Bolinches, R., & Alonso-López, N. (2020). La prensa española en la Era de la Posverdad: el compromiso de la verificación de datos para combatir las Fake News. *Prisma Social: revista de investigación social*, 31, 304-327.

Varela Hernández, A. (2022). La manipulación informativa: una vieja amenaza que requiere de una solución multilateral, equilibrada e innovadora. *Gladius Et Scientia. Revista De Seguridad Del CESEG*, (3). https://doi.org/10.15304/ges.3.8910

Capítulo 10.

LA DESINFORMACIÓN COMO HERRAMIENTA POLÍTICA: REPERCUSIÓN EN LOS DERECHOS FUNDAMENTALES Y EN LA CALIDAD DEMOCRÁTICA DE LOS ESTADOS

OLAYA GODOY VÁZQUEZ
Universidad Complutense de Madrid (UCM)
olagodoy@ucm.es

1. INTRODUCCIÓN

El recurso a la desinformación como herramienta política, y la evidencia de su repercusión en los ciudadanos y, por ende, en la calidad democrática de los Estados, no constituye un fenómeno reciente. La novedad radica en el alcance de su expansión, como consecuencia de los avances tecnológicos (auge de las redes sociales) y de la transformación experimentada por los contenidos informativos (forzados por la exigencia de inmediatez, el gusto segmentado de los usuarios y la presión de su capacidad viral para incrementar el tráfico). La propagación de desinformación a través de internet es difícil de controlar, porque pueden generarla los ciudadanos, los Estados, las organizaciones y los regímenes políticos (LÓPEZ & CABRERA, 2015).

El impacto que se atribuyó a la desinformación en el resultado de procesos políticos relevantes celebrados entre 2015 y 2020 [referéndum sobre el Brexit (2015), referéndum sobre los Acuerdos de Paz en Colombia (2016), campañas electorales en EEUU (2016 y 2020) y en Brasil (2018)]; unido a la preocupación ciudadana sobre la desinformación en internet (el Eurobarómetro de 2018 reflejó que un 85% de los ciudadanos europeos considera que la desinformación que pretende influir en los procesos electorales es un problema tanto para su país como para la democracia[1]), ha conllevado la adopción de distintas iniciativas políticas, tanto por la UE como por los Estados a título individual, que han tenido diferente acogida por su eficacia y por la proyección que puedan desplegar sobre los derechos fundamentales de los ciudadanos.

---

1 "Eurobarómetro Flash 464: Noticias falsas y desinformación en línea" (2018). Los resultados pueden consultarse íntegramente en [https://data.europa.eu/data/datasets/s2183_464_eng?locale=es]. Fecha última consulta 23.20 2022.

A lo largo de este estudio se realiza una aproximación a esa respuesta (apdo. 8), para valorar su eficacia y el riesgo de impacto sobre los derechos fundamentales (apdo. 8.3). Con carácter previo se describe el contexto que propicia la difusión de desinformación (apdo. 2) y se perfilan las características del concepto (apdos. 3 y 4). También se analiza el papel que han desempeñado los medios de comunicación tradicionales (apdo. 5), la posición de los Estados ante el fenómeno (apdo. 7), y la eficacia y oportunidad de la verificación de contenidos (apdo. 6). El trabajo finaliza con una breve reflexión final.

2. CONTEXTO: ATRACCIÓN SOCIAL DE LA MENTIRA Y SIMBIOSIS MENTIRA-POLÍTICA

La desinformación tiene como principal consecuencia la erosión de la calidad democrática de los Estados porque mantiene una relación simbiótica con la política que se construye sobre un pilar básico: la atracción que tiene la sociedad hacia la mentira.

La simbiosis mentira-política ya fue destacada a finales del siglo XX por la alemana HANNAH ARENDT, experta en filosofía política y una de las pensadoras más relevantes de la época. De su ensayo *La mentira en política* (1971) destacan dos frases que décadas después describen fielmente la realidad actual:

- "Las mentiras resultan a menudo más verosímiles, más atractivas para la razón que la realidad, porque quien miente tiene la gran ventaja de conocer de antemano lo que su audiencia desea o espera oír"; y
- "Nadie ha dudado jamás que la verdad y la política nunca se llevaron demasiado bien, y nadie, por lo que yo sé, puso nunca la veracidad entre las virtudes políticas".

Esta atracción irresistible es el caldo de cultivo en el que germina la desinformación. Y la desinformación tiene como objetivo principal lograr la adhesión incondicional del receptor final (obtención de un beneficio concreto por el emisor).

La difusión de mentiras y de información falsa, desvirtuada o descontextualizada no tiene origen en la era digital, sino que es inherente al ser humano; lo que ha evolucionado en los últimos años es la velocidad de su transmisión, y la facilidad para su generación y propagación, dadas las características propias de internet (instantaneidad, interactividad, viralización y globalización).

La difusión de contenidos dudosos o fraudulentos se produce a mayor velocidad y logra más repercusión y alcance que la información contrastada[2]. Si versa sobre política o cuestiones afines a ella, sus efectos son incluso más pronunciados. La información de calidad ya no es rentable y, por tanto, es escasa y de difícil acceso para una gran mayoría social. En un momento en que el acceso a la información resulta más fácil que nunca, la sobrecarga informativa ha convertido a la sociedad actual en la peor informada de todos los tiempos (BERMÚDEZ, 2018).

Los datos son desalentadores. Por minuto las principales redes sociales registran los siguientes movimientos[3]: Twitter

---

2 En España las noticias falsas alcanzan una difusión calculada entre 1.000 y 100.000 personas, frente a las noticias contrastadas que rara vez superan las 1.000 personas. Los datos han sido extraídos del "I Estudio sobre la Desinformación en España", realizado por la Universidad de Navarra (2022). El estudio completo puede consultarse íntegramente en [https://en.unav.edu/documents/10174/11264174/informe+sobre+i+estudio+desinformaci%c3%93n.pdf]. Fecha última consulta 23.10.2022.

3 Los datos han sido extraídos de "Digital 2022: Global Overview Report". El informe completo puede consultarse en [https://datareportal.com/reports/digital-2022-global-overview-report]. Fecha última consulta 23.10.2022.

200.000 mensajes[4]; Instagram 700.000 historias[5]; Facebook 1.400.000 publicaciones[6]; y WhatsApp 21.000.000 de mensajes[7]. En España, un estudio reciente sobre la desinformación arrojó los siguientes resultados[8]. Un 62% de los internautas otorga una alta credibilidad a las informaciones que lee sin discriminar su origen. El porcentaje se eleva al 86% en la franja correspondiente a los menores de 25 años. Las noticias falsas tienen un 70% más de probabilidades de ser compartidas y replicadas en las redes sociales que la información contrastada. Y el 44% de los usuarios de internet declara recibir entre uno y cinco "bulos" a la semana a través de las redes sociales. Estas cifras, unidas al consumo medio de internet, calculado en España por los operadores entre siete y nueve horas al día considerando los diferentes dispositivos[9], refleja la elevada exposición que tienen los ciudadanos a la recepción de desinformación.

Las redes de desinformación constituyen, tras el terrorismo, la principal amenaza contra la democracia (TORRES-SORIANO, 2020). Y esta percepción empieza a ser compartida por un alto porcentaje de ciudadanos[10]. No obstante, la respuesta jurídica a este ataque plantea varios dilemas de difícil solución:

---

4 1.050 millones de usuarios aprox.

5 1.478 millones de usuarios aprox.

6 1.723 millones de usuarios aprox.

7 1.995 millones de usuarios aprox.

8 Los datos han sido extraídos del "I Estudio sobre la Desinformación en España", realizado por la Universidad de Navarra (2022), o. cit.

9 El dato ha sido extraído del "Dossier de Statista sobre el consumo de Internet de banda ancha fija en España (2005-2020)". El dossier completo puede consultarse en [https://es.statista.com/estudio/31672/consumo-de-internet-de-banda-ancha-fija-en-espana-dossier-de-statista]. Fecha última consulta 23.10 2022.

10 Según el "Eurobarómetro Flash 464: Noticias falsas y desinformación en línea (2018)", un alto porcentaje de ciudadanos manifiesta preocupación por la veracidad de la información en internet y, en

¿debe atribuirse a los Gobiernos el control de los contenidos publicados? ¿los Gobiernos son fuente de desinformación? ¿los medios de comunicación tradicionales favorecen la desinformación? ¿debe exigirse responsabilidad a las plataformas de internet para que articulen herramientas de autocontrol? ¿debe sacrificarse la libertad de expresión, incluyendo expresamente la política, para evitar la desinformación? ¿tiene límites el control de contenidos? ¿puede exigirse responsabilidad a los verificadores de contenidos? ¿qué influye más en un resultado electoral: la desinformación o la restricción de libertades para combatirla; la desinformación o una verificación falsa?

Es muy difícil responder a todas estas cuestiones, y resulta todavía más complicado alcanzar un acuerdo sobre el sentido y alcance de la respuesta. No obstante, existe un amplio consenso al interpretar que la ausencia de límites en el control de los contenidos que se difunden principalmente a través de la red, deteriora la democracia y la hace permeable a la desinformación. Y, a su vez, también es comúnmente aceptada la interpretación que considera que la desinformación generalizada socava la confianza de los ciudadanos en las Instituciones y perjudica sus derechos. Por este motivo se han adoptado diferentes medidas para hacerle frente.

3. DISTINCIÓN CONCEPTUAL

El fenómeno de la desinformación es complejo, pero para poder identificarla y combatirla su concepto debe simplificarse. Los términos noticias falsas (fake news), propaganda y desinformación tienden a utilizarse como sinónimos, pero, aun-

---

particular, por la "desinformación intencionada destinada a influir en las elecciones", o. cit.

que puedan compartir elementos característicos, presentan diferencias sustanciales.

3.1. Noticias falsas

La expresión "fake news" (noticia falsa o de contenido fraudulento) es un oxímoron: la mentira nunca es noticia sino mera ficción narrativa (DUTTON, 2018). La noticia, por definición, relata hechos ciertos para conocimiento de la audiencia.

En el léxico popular la expresión agrupa diferentes situaciones y circunstancias que comparten un elemento común: el contenido que se difunde es falso. No obstante, la falsedad puede atribuirse a diferentes factores y perseguir finalidades distintas.

En el ámbito de este ecosistema cabe distinguir tres grupos (AMORÓS, M. 2020): (i) los errores, las interpretaciones equivocadas, y los datos incompletos, inconexos o descontextualizados; (ii) la información manipulada de forma intencional con el objetivo de perjudicar a una persona, colectivo, ideología, organización o institución; y (iii) el fenómeno de las clickbait news, que hace referencia a contenido publicitario que se presenta con apariencia de noticia, y que persigue un lucro que será proporcional a la capacidad de viralización del contenido. Sólo cuando la mentira se difunde de forma consciente para lograr un objetivo concreto puede interpretarse como desinformación (ORTEGA, 2017).

Desde un punto de vista ideológico, la expresión *fake news* ha sido absorbida por el lenguaje político, y es un recurso habitual para atacar a adversarios y a periodistas y medios de comunicación, que se hacen eco o publican noticias contrarias a los intereses políticos o personales de un partido o líder concreto (RODRÍGUEZ ANDRÉS, 2018).

3.2. Propaganda

El término "propaganda" no es equiparable a desinformación, no obstante, la desinformación presta gran utilidad a los intereses de la propaganda. La propaganda constituye una herramienta eficaz para manipular a la opinión pública, pero a través de la difusión de mensajes más emocionales que informativos (IRETON & POSSETI, 2018).

La propaganda se articula sobre la base de un proceso controlado de diseminación de ideas a través de múltiples canales con la finalidad de promover e inocular en el grupo al que se dirige los objetivos del emisor; conlleva, por tanto, un doble proceso: informativo y persuasivo (PIZARROSO, 1999). El esquema puede sintetizarse en los siguientes términos: control del flujo de la información, dirección de la opinión pública y manipulación.

De las múltiples definiciones publicadas para identificar este fenómeno, destaca la enunciada por VIOLET EDWARDS en 1938:

- "Propaganda es la expresión de una opinión o una acción por individuos o grupos, deliberadamente orientada a influir opiniones o acciones de otros individuos o grupos para unos fines predeterminados y por medio de manipulaciones psicológicas".

El fenómeno de la propaganda sólo tiene cabida en sociedad y es inherente a la organización estatal. Sociedad y propaganda, y Estado y propaganda son binomios indisolubles e inseparables. La propaganda es propaganda política, propaganda estatal (o gubernamental), o contrapropaganda.

Desde el punto de vista ideológico la propaganda jugó un papel protagonista en el período de entreguerras (DOMENECH, 2016) y fue un instrumento eficaz, tanto para consolidar el régimen bolchevique en Rusia (ARRIBAS & BARBERÁ,

2018), como para sustentar el auge del fascismo en Italia (MORANDINI, 2019) y, especialmente, del nazismo en Alemania (PINEDA, 2007). Hoy, junto a la demagogia, debe considerarse determinante en el auge y aceptación del discurso populista (inmigración, minorías identitarias, localismos, sentimentalismo, etc.).

3.3. Desinformación

La "desinformación" es un concepto más complejo que los anteriores puesto que persigue un objetivo definido previamente: la adhesión incondicional del receptor final (obtención de un beneficio concreto). Integra, por tanto, la difusión de información distorsionada o de contenido total o parcialmente fraudulento, de forma consciente y deliberada, para provocar un daño concreto a una persona, colectivo, ideología, organización o institución y promover la posición ideológica contraria; y la propagación del discurso de odio, de forma consciente y deliberada, para denostar a una persona, colectivo, ideología, organización e institución y promover la posición ideológica contraria. En todas sus formulaciones la "desinformación" distorsiona la información con el ánimo de engañar al receptor final y lograr su adhesión (BERMÚDEZ, 2018).

En 2018 la UE definió el concepto desinformación en el *Código de Buenas Prácticas sobre desinformación* en los siguientes términos:

- "Información verificablemente falsa o engañosa que, de manera acumulativa, (a) se crea, presenta y difunde con fines de lucro económico o para engañar intencionalmente al público; y (b) puede causar daño público, con la intención de amenazar a la política democrática y a los procesos de formulación de políticas, así como a bienes públicos como la protección de la salud, el medio ambiente o la seguridad de los ciudadanos de la UE".

Como ya se ha destacado la desinformación no es un fenómeno nuevo ni tiene su origen en la red. Es una práctica que existe y convive en la sociedad desde el origen de la democracia, y está indisolublemente unida a la política y al discurso político. En ocasiones se manifiesta a través de muy diversas interpretaciones, versiones, visiones u opiniones respecto de los mismos hechos ciertos. Y, en otras ocasiones, mediante una distorsión consciente y provocada de la realidad. En ambos casos la finalidad es común: manipular y dirigir a la opinión pública hacia una posición ideológica concreta[11]. El factor diferenciador que se introduce hoy es el tecnológico, que facilita e incrementa de forma exponencial la capacidad de manipulación de la opinión pública. La desinformación ya no se dirige al público en general, sino que se segmenta por sectores, tras una identificación previa de los usuarios más proclives a creerla y/o difundirla.

Al igual que la expresión *fake news*, el término desinformación se ha incorporado al léxico popular e integrado en el lenguaje político para identificar diferentes situaciones caracterizadas por el recurso a la mentira: manipulación de la opinión pública por los medios de comunicación, control de la información en beneficio de intereses políticos o económicos; y estrategia gubernamental, partidista o empresarial para engañar a la opinión pública (RODRÍGUEZ ANDRES, 2018). No obstante, sólo existe realmente desinformación cuando los promotores de la información persiguen la obtención de un beneficio concreto a través del engaño (FALLIS, 2015).

Desde un punto de vista ideológico la desinformación ha irrumpido con fuerza en diferentes procesos políticos: referéndum sobre el Brexit (2015), referéndum sobre los Acuerdos

---

11 En esa línea, la UE ha señalado que en el concepto de desinformación no quedan incluidas la publicidad engañosa, la sátira, la parodia, ni las noticias partidistas claramente identificadas.

de Paz en Colombia (2016), campañas electorales en EEUU (2016 y 2020) y en Brasil (2018). Y se ha utilizado como principal argumento para justificar el triunfo de opciones imprevistas por los Estudios Demoscópicos o poco deseables (TORRES-SORIANO, 2020). Sin embargo, al establecer una correlación automática entre desinformación y resultado de procesos políticos, sin considerar el efecto de otros factores, se corre el riesgo de infantilizar a los votantes. No parece justificable que sólo sean aceptables como democráticos los resultados de un determinado signo, y que todos los demás sean producto de la desinformación sin excepción (aunque se trate de opciones imprevistas o poco deseables). Varias reflexiones a título de ejemplo. Si en las Elecciones Presidenciales de Francia (2022) hubiese ganado Marine Le Pen ¿estaríamos hablando de otro proceso político definido por la desinformación? La misma pregunta resultaría aplicable al resultado del último proceso electoral celebrado en Brasil (2022). Si Jair Bolsonaro hubiese revalidado la Presidencia ¿su triunfo sólo sería justificable por la desinformación? En términos idénticos podríamos trasladar el debate a Italia ¿el éxito de Giorgia Meloni en las Elecciones Generales de 2022 fue fruto de la desinformación? Y a EEUU en las recientes Elecciones Legislativas ¿la recuperación de la mayoría en la Cámara de Representantes por el Partido Republicano se debe a la desinformación, pero el mantenimiento de la mayoría en el Senado por el Partido Demócrata no? Es indiscutible el protagonismo que ha adquirido la desinformación en los procesos políticos, pero establecer una correlación automática entre desinformación y resultado concreto parece peligroso, y puede dañar la legitimidad del proceso al despreciar la voluntad del ciudadano "que vota mal" (presuntamente por culpa de la desinformación). A diferencia de lo que piensa VARGAS LLOSA ("Hubo unas elecciones limpias y los peruanos han votado mal"), en mi opinión, en una sociedad democrática los ciudadanos manifiestan libremente su voluntad en el proceso político convocado, votando. No votan bien, ni mal, simplemente votan a la opción que consideran mejor (o menos mala).

4. LIBERTAD DE EXPRESIÓN E INFORMACIÓN V. DESINFORMACIÓN: CARACTERÍSTICAS DIFERENCIADORAS

La desinformación está directamente relacionada con el ejercicio de la libertad de expresión e información, y se beneficia de su intenso nivel de protección jurídica.

La libertad de expresión ampara la manifestación de cualquier pensamiento, idea u opinión. El derecho legal protegido es la libertad que toda persona tiene de transmitir juicios, opiniones o ideas. En el ejercicio de este derecho las personas tienen como límite la protección de los derechos de terceros, es decir, su única obligación o responsabilidad, radica en no causar un daño a los demás (GÁLVEZ, 1980).

Distinto es el derecho a transmitir y recibir información, que por su especial relevancia sólo está protegido si la información está contrastada (ABAD, 2020). El fundamento de la libertad de información, como pilar básico de una sociedad democrática, es garantizar la formación y pervivencia de una opinión pública libre que constituye, a su vez, la premisa previa para ejercitar otros derechos inherentes al funcionamiento de la democracia, principalmente, los de participación política.

La construcción de una opinión pública libre sólo es posible desde el pluralismo sociopolítico y sobre la base de una información objetiva y veraz (no sobre mentiras o rumores sin contrastar). La veracidad, como sinónimo de información contrastada, responsable y emitida con la convicción de certeza, constituye, por tanto, un elemento esencial del proceso informativo. A diferencia del ciudadano común, el periodista y el medio de comunicación están obligados a decir la verdad sobre lo que está sucediendo (GAREIS, 2003).

Las redes sociales y blogs no deben considerarse medios de comunicación alternativos a los tradicionales, ni la figura del productor de contenidos debe reemplazar al periodista. Pero su irrupción y aceptación generalizada, ha promovido una transformación del proceso informativo, que desde una comunicación unidireccional (en la que los roles de editor, emisor y receptor de contenidos están perfectamente definidos), se ha trasladado de forma inexorable hacia una compleja red de conexiones multidireccionales (caracterizada porque todos los miembros son a la vez emisores, editores y receptores de contenidos) (FERNÁNDEZ RODRÍGUEZ, 2004).

Esta nueva realidad, con sus retos y oportunidades, es proclive a la desinformación, puesto que, en cualquier momento y lugar, cualquier persona, con independencia de su percepción de la realidad, puede crear y difundir contenidos de forma habitual (ORTEGA, 2017).

A diferencia de los contenidos que se difunden en el ejercicio de las libertades de expresión (ideas, opiniones) e información (hechos noticiables), la desinformación presenta tres rasgos identificadores (RODRÍGUEZ ANDRÉS, 2018). En primer lugar, tiene carácter intencional. El contenido se transmite con el único propósito de influir en el receptor para que se adhiera a la posición del emisor. En segundo lugar, falta siempre a la verdad. La mentira es el elemento conductor del concepto, bien por comisión (transmisión consciente de una falsedad), o bien por omisión (ocultación consciente de datos relevantes). Y, en tercer lugar, pretende perjudicar al adversario. La negatividad es la esencia del concepto: no se pretende ensalzar las virtudes del emisor o de un tercero sino desprestigiar y denostar al adversario.

La desinformación, en origen, ha estado vinculada, principalmente, al control de la opinión pública en escenarios bélicos y políticos. En la actualidad, se considera ya una herramienta extendida a la manipulación en todos los ámbitos: político, económico, corporativo-empresarial y mediático (FALLIS, 2015).

5. LA IRRUPCIÓN DE LA INFORMACIÓN OPINADA COMO FUENTE PROMOTORA DE DESINFORMACIÓN: LA RESPONSABILIDAD DE LOS MEDIOS DE COMUNICACIÓN TRADICIONALES

En el contexto mediático actual concurren una serie de factores que de forma indirecta han contribuido a la promoción de la desinformación: la polarización ideológica de los medios; la reducción de fuentes oficiales; la prevalencia del espectáculo político en la construcción del proceso informativo; y la proliferación de programas de distinto género con la política como elemento subyacente.

En una lucha encarnizada por mantener los niveles de audiencia, los diferentes medios de comunicación tradicionales (radio, TV y prensa) han optado por la adopción de una línea editorial "dura" para mantener su posición. La neutralidad informativa queda penalizada debido a una fuerte tendencia a la exposición y percepción selectiva por parte del público (MAYORAL, PARRATT & MORATA, 2019). El objetivo de los medios ya no es informar, sino presentar la información de la manera más adecuada para fidelizar a su audiencia. Imitando la dinámica propia de las redes sociales, los medios han evolucionado hacia la homogeneidad informativa: los mismos argumentos se repiten de forma reiterada con el único objetivo de atrincherarse y reforzar la propia posición de la audiencia.

El acceso a las fuentes oficiales de información por los medios de comunicación se ha reducido considerablemente en los últimos años, y está siendo sustituido por otras formas de producción de noticias que se ajustan mejor a las demandas de los usuarios de las redes sociales: rapidez e inmediatez. Los ciudadanos exigen un suministro inmediato de información, y los periodistas (y medios) se ven obligados a satisfacer esta demanda renunciando al ejercicio de su obligación de contraste. Cualquier fuente se considera aceptable si cumple la satisfacción ciudadana. La generalización de esta práctica colisiona con la responsabilidad de periodistas (y medios) que tienen la obligación de realizar una adecuada verificación de la información suministrada (MAYO-CUBERO, 2020).

La necesidad de fidelizar a la audiencia para preservar o mejorar la posición adquirida, ha impactado también en la construcción del proceso informativo, primando al espectáculo como criterio editorial principalmente al servicio de la política (MARÍN LLADÓ & PÉREZ TORNERO, 2020). El recurso al personaje político en programas de diferente formato no persigue mejorar la calidad informativa, sino proyectar la estrategia política del medio para empatizar con la audiencia.

La significación política tiene cabida en cualquier formato (informativo, tertulia, humor, etc.). Al recurrir a este género periodístico los medios convierten definitivamente las opiniones en hechos, adjudicando intenciones a las acciones, omisiones o contradicciones (LÓPEZ DOMÍNGUEZ, 2020). El fenómeno se amplifica especialmente con la proliferación de tertulias "de expertos" que confunden más que difunden, y que parecen competir entre sí por "el minuto de oro".

Ante este cúmulo de circunstancias, el ciudadano ya no demanda la verdad del discurso periodístico, ni está dispuesto a escuchar al que piensa diferente. Consume exclusivamente aquello que comparte y que le da la razón, y queda atrapado en un círculo vicioso de polarización que sólo le permite tolerar el discurso afín a su pensamiento.

6. LA VERIFICACIÓN DE CONTENIDOS: ¿CONTROL DE LA DESINFORMACIÓN O CONTROL DE LA VERDAD?

La verificación de contenidos (*fact-checking*) es una especialidad centrada, principalmente, en escrutar y difundir el grado de veracidad de las informaciones publicadas por los medios de comunicación, y las declaraciones o mensajes realizados por políticos y altos mandatarios. Ha sido definida como una práctica periodística basada en la "comprobación de datos con tecnología informática" (MAYORAL, PARRATT & MORATA, 2019). En la actualidad, con sus luces y sus sombras, se considera una herramienta bastante eficaz para contrarrestar los efectos de la desinformación en internet.

Surge en EEUU a finales del siglo XX con la consolidación de sitios digitales independientes que contaron con la colaboración de periodistas profesionales. En origen (1995) las plataformas de verificación fueron independientes (p.ej. snopes.com dedicado a verificar rumores sobre política) pero posteriormente se han sucedido las iniciativas vinculadas a medios de comunicación o a agrupaciones de periodistas, alcanzando su máxima expresión en torno a 2015 (LÓPEZ-GARCÍA, VIZOSO & PÉREZ-SEIJO, 2019). En la actualidad los mecanismos de verificación pueden clasificarse en dos tipos: internos, cuando integran el organigrama del medio que difunde los contenidos objeto de verificación; o externos, cuando operan como sujetos ajenos a los medios que difunden los contenidos que se verifican.

La verificación es inherente a la responsabilidad del periodista que, como ya se ha señalado, tiene la obligación de contrastar la información antes de difundirla. No obstante, ante el desplazamiento de los medios de comunicación tradicionales por otros canales transmisores de información, la verificación a posteriori se convierte en una herramienta que devuelve al periodista su utilidad social (MAYORAL, PARRATT & MORATA, 2019). En esta línea, el trabajo de los verificadores de información es comprobar los datos y las fuentes de origen para esclarecer la veracidad o falsedad de la información difundida, empleando recursos tecnológicos. GRAVES (2016) resume las rutinas del *fact-checker* en cinco etapas: seleccionar el contenido objeto de verificación; contactar con el autor del mismo; realizar el seguimiento de la afirmación a través de buscadores y/o bases de datos; consultar a expertos y fuentes; y publicar y difundir el resultado del proceso.

El auge del *fact-checking* está vinculado al control del poder político, y su actividad principal ha estado ligada a los períodos de campaña electoral. En EEUU, en las elecciones presidenciales que enfrentaron a Bill Clinton y George Busch en 1992, una gran parte de los medios de comunicación tradicionales centraron ya su atención en la verificación de mensajes políticos (GRAVES, 2016). La relación entre la actividad política y este periodismo de confirmación creció exponencialmente tras el referéndum del Brexit (2015) y la campaña electoral que en 2016 enfrentó a Donald Trump con Hilary Clinton. En España, esta correlación entre picos de intensidad política y actividad de verificación se hizo patente durante la campaña electoral de 2019 con la irrupción de maldita.es, entidad pionera nacida en 2018.

La expansión del *fact-checking* fuera del ámbito político encuentra su justificación en la crisis de credibilidad de los medios tradicionales en el entorno digital, y la aspiración de los periodistas de recuperar la legitimidad de su actividad en la esfera pública (LÓPEZ-GARCÍA, VIZOSO & PÉREZ-SEIJO, 2019). En la actualidad, se ha convertido en una oportunidad laboral para reporteros independientes y de investigación generando una nueva rama periodística: el periodismo de confirmación.

La generalización de esta práctica ha sido criticada por tres motivos (MOSHIRNIA, 2020): la ausencia de objetividad en la elección del contenido objeto de verificación; la falta de rigor en el uso de métricas de calificación (lógica binaria del verdadero-falso); y la subjetividad o sesgo del *fact-checker.* Los detractores de la técnica consideran, asimismo, que en el ámbito político presenta tres disfunciones relevantes (LORETO-ECHEVERRI, G.; ROMERO-RODRÍGUEZ, L.; PÉREZ-RODRÍGUEZ, M., 2018): discrepancia sobre el contenido que debe ser objeto de verificación entre *fact-checkers*; discordancia en las conclusiones realizadas por diferentes *fact-checkers* sobre el mismo contenido; y generación de una falsa impresión de falta de honestidad en la actividad política. La concurrencia de estas circunstancias podría traducirse en una clara interferencia que revestiría cierta gravedad en el contexto de un proceso político relevante (p. ej. una campaña electoral).

La práctica también ha sido cuestionada desde el punto de vista de su fuente de financiación (GRAVES, 2016). Los sitios de *fact-checking* pueden agruparse en torno a tres modelos: los que pertenecen a un medio de comunicación concreto (financiados por el medio al que auditan); los que tienen condición de proveedores de servicios (financiados con cargo a sus clientes normalmente a través de publicidad); y los que se financian recurriendo a donaciones particulares (crowdfunding). Desde esta perspectiva se considera que, a mayor independencia económica, mayor confianza y credibilidad.

Las redes sociales son conocedoras de la intensa transmisión de desinformación que fluye a través de sus cuentas, y han adoptado diversas medidas para intentar restringir o limitar esta circulación.

Facebook e Instagram han implementado desde enero de 2017 un programa por países en el que organizaciones externas de *fact-checking*, certificadas por la International Fact Checking Network (IFCN), identifican desinformación viral que carece de fundamento. Los pasos del programa son los siguientes: identificar noticias falsas, revisar contenidos, etiquetar desinformación e informar a los usuarios, filtrar desinformación para que tenga acceso limitado y emprender acciones contra páginas reincidentes. No obstante, su sistema de detección de *fake news* basado en algoritmos poco transparentes ha manifestado "sesgo o tendencia", lo que no parece una solución adecuada.

Twitter, por su parte, etiqueta publicaciones como "not factual" desde junio de 2020, pero advierte que su objetivo "es proporcionar contexto, no realizar fact-checking". Más críticas ha recibido su política de cancelación de cuentas por flujo de contenido inapropiado (resultando especialmente destacada la polémica que se suscitó en torno a la expulsión de Donald Trump).

En todo caso, el sistema de *fact-checking* apunta ya varios problemas de calado, puesto que ni todas las noticias son verificables de forma inmediata, ni siempre es posible discernir con claridad entre hechos y opiniones. Además, no existen mecanismos para garantizar la neutralidad o independencia de los verificadores (MOSHIRNIA, 2020). Por ese motivo la generalización del *fact-checking*, con más dudas que certezas, lleva a plantearse las siguientes cuestiones: ¿tiene límites la verificación de contenidos? ¿tiene responsabilidad la empresa verificadora ante un *checking* que se reputa falso? ¿qué impacta más en un proceso político una noticia falsa o un *checking* que se reputa falso?

7. LA POSICIÓN DE LOS ESTADOS ANTE LA DESINFORMACIÓN

El Estado desempeña un papel fundamental ante el fenómeno de la desinformación que puede analizarse desde tres perspectivas: (i) el Estado como víctima de la desinformación difundida por otro Estado, organización o persona (p. ej. en el conflicto Rusia v. Ucrania); (ii) el Estado como promotor o autor de desinformación (p. ej. en España durante la pandemia de Covid-19); y (iii) el Estado como garante de los ciudadanos ante la desinformación, tanto promoviendo las condiciones necesarias y removiendo los obstáculos para un ejercicio efectivo de la libertad de expresión e información, como adoptando las medidas necesarias para combatir y erradicar la desinformación.

7.1. El Estado como víctima de la desinformación

Las guerras se desarrollan en muchos frentes, y entre ellos resulta esencial el de la batalla por la comunicación, que lleva implícita un pulso por el relato, el imaginario social y el apoyo de la opinión pública. El éxito de esa batalla pilota sobre la desinformación, que en un escenario bélico tiene como principal objetivo desacreditar al adversario y ganar apoyos para la causa (PINTO CEBRIÁN, 2022). En el conflicto Rusia v. Ucrania la estrategia comunicativa de ambos Estados, y el recurso a la desinformación como aspecto inherente a la propaganda, presenta diferencias notables.

Rusia ha optado por los medios de comunicación tradicionales, principalmente la TV (Russia Today y Canal 1), y ha centrado su estrategia en un férreo control de la información, que glorifica la invasión rusa como una misión de liberación. Apoyándose en la censura y la represión de los medios independientes, descarta como falsa toda información sobre las atrocidades cometidas por sus tropas (ROBINSON & DEVLIN, 2022). Con esta estrategia ha mantenido el apoyo explícito de sus aliados tradicionales y ha logrado aunar a Irán, Siria y Venezuela entre otros.

Ucrania, por su parte, ha optado por las redes sociales y ha centrado su estrategia en la repetición de un discurso sencillo protagonizado por un único interlocutor, Volodímir Zelenski, que presenta una imagen impoluta de sí mismo y visibiliza a Vladímir Putin como la encarnación de todo mal (ALONSO

SANTOS, 2022). El carácter viral de la información que discurre por las redes, y el apoyo sin fisuras de un importante grupo de empresas de comunicación y relaciones públicas que colabora con el Gobierno, han conferido a Ucrania un mayor protagonismo que le ha permitido mostrar la guerra desde su perspectiva, apelando así a las emociones de los receptores. La campaña ha sido tan exitosa que, aunque gran parte de la información suministrada sobre la evolución del campo de batalla, incluyendo las cifras de bajas en ambos bandos, no pueda verificarse de forma independiente, Ucrania ha logrado un apoyo casi unánime en los países occidentales, principalmente, EEUU y UE.

7.2. El Estado como promotor o autor de la desinformación

La pandemia provocada por el Covid-19 puso de manifiesto que, en determinados momentos y ante circunstancias concretas, los Estados pueden ser los principales promotores o autores de desinformación.

La rápida propagación del Covid-19 entre los diferentes países conllevó la declaración de pandemia global por la OMS el 11 de marzo de 2020. En España, esta situación de alerta sanitaria de máximo nivel justificó la declaración del estado de alarma (ex. art. 116 de la Constitución), que fue acordada por el Consejo de Ministros el 14 de marzo de 2020 con la aprobación del Real Decreto 463/2020, de 14 de marzo, por el que se declara el estado de alarma para la gestión de la situación de crisis sanitaria ocasionada por el Covid-19, hoy ya declarado inconstitucional[12].

---

[12] El Tribunal Constitucional en virtud de la Sentencia 148/2021, de 14 de julio de 2021 resolvió el Recurso de inconstitucionalidad 2054/2020 interpuesto por el Grupo Parlamentario Vox del Congreso

Con carácter previo a esta declaración, el 12 de marzo de 2020, el Gobierno, con una decisión sin precedentes, prohibió el acceso de los medios de comunicación a La Moncloa y modificó el formato de las ruedas de prensa, que pasaron a realizarse de forma telemática. Para la gestión de las comparecencias se creó un chat en el que los periodistas acreditados, de forma anticipada, formulaban sus preguntas al Secretario de Estado de Comunicación. Convocada la rueda de prensa, el Secretario de Estado de Comunicación, tras haber escogido las preguntas que el Gobierno estaba dispuesto a contestar, las formulaba al miembro del Gobierno al que iban dirigidas (indicando el nombre del profesional y el medio de comunicación) y éste las contestaba. No se admitían repreguntas.

La finalidad de la medida, reducir la propagación del virus, no fue discutida; pero sí se criticó con severidad que se aprovechasen las circunstancias para imponer un nuevo formato a las ruedas de prensa, que no cumplía con los requisitos mínimos exigibles en un sistema democrático consolidado (BLANES CLIMENT, 2020): no se permitía la realización en directo de preguntas libres, sin filtro ni censura; no se facilitaban respuestas breves, directas y sin evasivas; y no existía la posibilidad de formular repreguntas.

Ante esta realidad, que se estaba prolongando en el tiempo, más de un centenar de periodistas de diversas tendencias edi-

---

de los Diputados en relación con diversos preceptos del Real Decreto 463/2020, de 14 de marzo, por el que se declaró el estado de alarma para la gestión de la situación de crisis sanitaria ocasionada por el COVID-19; el Real Decreto 465/2020, de 17 de marzo, por el que se modificó el anterior; los Reales Decretos 476/2020, de 27 de marzo, 487/2020, de 10 de abril, y 492/2020, de 24 de abril, por los que se prorrogó el estado de alarma declarado por el Real Decreto 463/2020, y la Orden SND/298/2020, de 29 de marzo, por la que se establecieron medidas excepcionales en relación con los velatorios y ceremonias fúnebres para limitar la propagación y el contagio por el Covid-19.

toriales firmaron el 30 de marzo de 2020 el manifiesto denominado "La Libertad de Preguntar"[13], exigiendo al Gobierno el respeto a la libertad de información. Los profesionales defendían que el control ejercido por los medios de comunicación se hacía especialmente necesario en un momento en que el Gobierno estaba dotado de potestades extraordinarias, y exigían la posibilidad de formular las preguntas en directo y de repreguntar, aunque las ruedas de prensa continuasen celebrándose de forma telemática. Además, remarcaban dos cuestiones: en primer lugar, que el hecho de que fuese un miembro del propio Gobierno el que formulase las preguntas a otros miembros del Gobierno evidenciaba una falta absoluta de transparencia, y un fuerte interés por controlar la información; y, en segundo lugar, que el estado de alarma no podía utilizarse para socavar el ejercicio del art. 20.1 d) de la Constitución, que garantiza el derecho fundamental "a comunicar o recibir libremente información veraz" (RODRÍGUEZ BLANCO, 2021).

Dada la presión ejercida por los periodistas y los medios de comunicación, el Gobierno rectificó su decisión anunciando el 5 de abril de 2020 que los periodistas podrían volver a formular preguntas de forma directa, mediante un mecanismo aleatorio, público y verificable.

A lo largo de la pandemia, pero especialmente durante el primer confinamiento, el Gobierno desplegó también un control sin precedentes sobre los contenidos informativos relacionados con el Covid-19: la mayor parte de la información pública procedía del Gabinete de Comunicación del Gobierno, era monotemática y los periodistas no tenían oportunidad ni de contrastarla ni de contrarrestarla.

---

13 El manifiesto íntegro puede consultarse en [https://www.ecestaticos.com]. Fecha última consulta 23.10 2022.

En línea con esta política gubernamental, se impidió que periodistas y medios de comunicación tuviesen acceso a los hospitales, a las residencias, y a los espacios habilitados de urgencia para acoger a los féretros durante las semanas más virulentas de la pandemia. A diferencia de otros países, no se publicaron fotografías ni imágenes en los medios de comunicación del transporte o almacenamiento de féretros (IBÁÑEZ PEIRÓ, 2021). Esta censura ha sido denunciada por algunos profesionales de la comunicación en diferentes reportajes publicados[14], y se ha considerado un incumplimiento flagrante de las obligaciones gubernamentales en materia de transparencia, al entender que era una obligación ineludible del Gobierno, que cobraba especial relevancia en una situación de confinamiento, el haber acompañado las informaciones sobre el número de fallecidos con fotografías e imágenes de los féretros (CABALLERO TRENADO, 2022).

Esta estrategia comunicativa del Gobierno durante el primer estado de alarma pretendió diluir los mecanismos de control que corresponden a la opinión pública y reveló un cierto interés en "promover u ocultar" información concreta de forma monopolizadora. En este sentido *El País* publicó el 15

14 "Los muertos invisibles, censura en la pandemia", *El Independiente*, 13 de junio de 2020. En este reportaje Rafael Ordoñez, destaca que en plena sociedad de la información se haya dejado un vacío sobre la pandemia, que pasará a la historia por los féretros que no hemos visto. En la misma línea, Gervasio Sánchez señala que "se ha violado la libertad de prensa" puesto que desde todos los medios y desde todas las administraciones se ha evitado la imagen de los muertos por la pandemia pese a multiplicar los fallecidos en el 11-M. Por su parte Fernando Lázaro, tras destacar que sólo *El Mundo* se atrevió a publicar el 12 de abril una foto del Palacio del Hielo de Madrid habilitada como una gran morgue, denunció que la consigna de La Moncloa había sido "nada de muertos y sólo palmas y mensajes positivos" en un afán paternalista de ocultar una información "dura pero real" a los ciudadanos.

de abril de 2020 que el CIS había incorporado una pregunta al último barómetro sobre si había que "mantener la libertad total para la difusión de noticias e informaciones sobre el coronavirus" o si sería mejor "restringir toda la información sobre la pandemia a fuentes oficiales". La inserción de esta pregunta fue interpretada como una invitación a la censura estatal y se acusó al Gobierno de buscar una respuesta favorable de los ciudadanos mediante una redacción de la pregunta alejada de la neutralidad (ESPINOSA SÁNCHEZ, 2020).

7.3. El Estado como garante de los derechos y libertades de los ciudadanos ante la desinformación

Los Estados, en su condición de garantes, tienen la obligación de generar las condiciones necesarias para un ejercicio efectivo de la libertad de expresión e información, lo que incluye la adopción de las medidas adecuadas para combatir y erradicar la desinformación.

Esta exigencia comporta dos dimensiones. Una dimensión negativa o de abstención: el Estado debe evitar interferir en el ejercicio de la libertad de expresión e información de los ciudadanos a través de la censura de contenidos (ideas, opiniones o informaciones), de la opacidad u obstrucción del acceso a la información pública, y de la difusión de contenidos fraudulentos. Y una dimensión positiva o de proactividad: el Estado debe procurar un marco legal que proteja los derechos de las personas a la libertad de expresión e información, y garantice la igualdad de oportunidades, promoviendo las condiciones adecuadas para su ejercicio y removiendo los obstáculos que lo impidan o dificulten. Esta dimensión positiva abarca la adopción de medidas necesarias y proporcionadas para limitar el abuso de derecho que se produce cuando se transmite desinformación.

En su lucha contra la desinformación los Estados han optado por medidas parlamentarias y extraparlamentarias. Desde el año 2016 la desinformación marca la agenda parlamentaria en la práctica totalidad del mundo a través de diferentes enfoques.

Algunos Estados han optado por criminalizar el fenómeno, tipificando como delito diferentes conductas relacionadas con la difusión de noticias falsas. Es el caso, p. ej., de países como Rusia o Francia. En España se ha producido la primera condena penal por la difusión de una noticia falsa, al entender la Audiencia Provincial de Barcelona que el contenido de la misma (atribuir una agresión sexual que había sucedido en China a menores no acompañados de un Centro español en concreto) quedaba subsumido en el tipo que castiga "la incitación al odio de un grupo vulnerable por motivos discriminatorios". La tipificación como delito de estas conductas ha sido criticada por tres motivos (PAUNER CHULVI, 2018): la dificultad que entraña la identificación del propio concepto fake news; la dificultad que supone apreciar la concurrencia del dolo o intención en la conducta; y la dificultad que conlleva precisar el momento exacto en que se provoca el daño.

Otros Estados han optado por el control de contenidos articulando un sistema que traslada la responsabilidad a las plataformas de internet (intermediarios). Es el caso, p. ej., de Singapur que por Ley exige a estas empresas que evalúen, determinen y oculten el contenido falso en un período de tiempo determinado so pena de incurrir en sanciones económicas elevadas. Aplicando esta Ley, Singapur obligó a Facebook a bloquear, durante la pandemia de Covid-19, una página web que difundía contenidos muy críticos con la actuación del Gobierno. La aprobación de estas normas también ha sido muy criticada por el uso abusivo que puedan realizar los Gobiernos, ya que les permitiría convertir una herramienta contra la desinformación en un instrumento de censura, tanto para la oposición política como para la opinión pública (ARROYO AMAYUELAS, 2020).

8. MEDIDAS CONTRA LA DESINFORMACIÓN Y REFLEJO EN LOS DERECHOS FUNDAMENTALES: ESPECIAL REFERENCIA A SU IMPACTO EN LA LIBERTAD DE EXPRESIÓN Y LOS DERECHOS DE PARTICIPACIÓN POLÍTICA

La desinformación se ha convertido en la protagonista de los debates sobre la calidad democrática, y su futuro tal y como la conocemos hoy (democracia representativa). En inicio se consideró como una herramienta más de persuasión en los procesos políticos (principalmente, en las campañas electorales). Pero tras valorarse las consecuencias de su impacto, hoy se ha dado un paso más, y se le atribuye un efecto disruptivo clave, tanto sobre las instituciones democráticas (para ocuparlas, socavarlas o paralizarlas), como sobre la opinión publica (para radicalizarla y polarizarla).

En la actualidad es comúnmente aceptado que la desinformación constituye una amenaza real para la democracia por dos motivos: erosiona el clima social y socava la confianza de los ciudadanos en las Instituciones (GONZÁLEZ DE LA GARZA, 2018). No obstante, hasta que no se percibió como tal, los países occidentales no plantearon la adopción de medidas institucionales para combatirla.

8.1. Aproximación a la respuesta de la Unión Europea

El 15 de junio de 2017 el Parlamento Europeo adoptó la *Resolución sobre las plataformas en línea y el mercado único digital* [2016/2276 (INI)], en la que se instaba a la Comisión a analizar el contexto y el marco jurídico existente en torno al control de la difusión de noticias falsas, barajando la posibilidad de una intervención legislativa para su limitación; y se realizaba un llamamiento para que las plataformas en línea adoptaran una mayor proactividad en la defensa de los usuarios.

El 1 de marzo de 2018 se aprobó la *Recomendación (UE) 2018/334 de la Comisión, sobre medidas para combatir eficazmente los contenidos ilícitos en línea*, con el objetivo de orientar a los Estados miembros acerca de cómo frenar los abusos en la difusión de información por parte de terceros.

En octubre de 2018 se firmó el *Código de buenas prácticas en materia de desinformación*, una de las medidas más importantes, que fue definida como una herramienta de autorregulación innovadora para garantizar una mayor transparencia y rendición de cuentas de las plataformas en línea, y un marco para supervisar y mejorar sus políticas en materia de desinformación. Los firmantes de este Código (entre los que destacan Google, Facebook, Twitter y Mozilla) se comprometen, entre otras cuestiones: (i) a limitar los ingresos publicitarios de cuentas y sitios web que distorsionen información; (ii) a proporcionar herramientas para reducir la desinformación; (iii) a disponer de una política clara y accesible sobre bots; (iv) a cerrar cuentas falsas; y (v) a ofrecer información y herramientas para ayudar a los ciudadanos en la toma de decisiones promoviendo el acceso a diversos puntos de vista.

La colaboración de las plataformas de internet en el control de la desinformación prevista en el *Código de buenas prácticas* ha sido contestada por el riesgo que conlleva para el derecho de acceso a la información la selección y diferenciación de contenidos (entre verdaderos y falsos) por medio de algoritmos (PETIT, 2018).

El *Código de buenas prácticas* tuvo una primera evaluación el 29 de enero de 2019 gracias a los informes emitidos por los firmantes, que sintetizaron las diferentes medidas adoptadas para cumplirlo. Entre ellas cabe destacar la eliminación de cuentas falsas por Facebook y de la visibilidad de sitios que difunden desinformación por Google. Google ha dispuesto también diferentes instrumentos para controlar la propaganda política, aunque no están operativos en todos los países. Twitter ha priorizado el cierre de cuentas falsas y la lucha contra los bots. Y Mozilla, ha lanzado una versión de su navegador que bloquea por defecto el cross-site tracking, aunque todavía se desconoce cómo limita la información de las actividades de los usuarios que pueden utilizarse para campañas de desinformación. Con todo, y pese al gran esfuerzo realizado por la UE para difundirlo, el *Código de buenas prácticas* tiene todavía muy pocas empresas entre los firmantes (tan sólo 34 a 16 de noviembre de 2022).

En diciembre de 2018, el Consejo Europeo presentó el *Plan de Acción contra la desinformación*, que supone una respuesta coordinada que se sustenta sobre cuatro pilares básicos: (i) el incremento de recursos y la mejora de las capacidades de detección y análisis de desinformación; (ii) la sensibilización y el refuerzo de la resiliencia de la sociedad; (iii) el aumento de las respuestas coordinadas a través de infraestructuras tecnológicas [Rapid Alert System (RAS) puesto en marcha en marzo de 2019]; y (iv) la movilización de las plataformas en línea y el sector de la publicidad para promover su implicación en la lucha contra la desinformación.

El 17 de abril de 2019 se aprobó la *Directiva (UE) 2019/790 del Parlamento Europeo y del Consejo sobre los derechos de autor y derechos afines en el mercado único digital y por la que se modifican las Directivas 96/9/CE y 2001/29/CE*, con el objetivo de armonizar las normativas internas y adaptar los derechos de propiedad intelectual a las nuevas formas de creación, producción, distribución y acceso a los contenidos, que han variado notablemente como consecuencia de los avances tecnológicos. Esta Directiva no se planteó, en inicio, como un mecanismo de respuesta a la desinformación, pero se prevé que su aplicación contribuya a reducir la difusión de desinformación, puesto que las plataformas en línea tendrán responsabilidad sobre el control de la autoría del contenido difundido por los usuarios para preservar los derechos de propiedad intelectual.

Esta norma ha sido acogida con cautela por el impacto que pueda desplegar sobre internet en su condición de red abierta (los agregadores de noticias no podrán reproducir fragmentos salvo autorización expresa del titular de los derechos y/o garantizando la retribución de los autores); y por el riesgo que conlleva para los derechos fundamentales la aplicación de mecanismos para filtrar contenidos bajo el pretexto de proteger a los autores (ACOSTA-GONZÁLEZ, 2019).

En diciembre de 2020, el Consejo Europeo presentó el *Plan de Acción para la democracia europea*, que contempla tres ámbitos prioritarios.

En primer lugar, promover la celebración de elecciones libres y justas. Entre las acciones clave se incluyen: (i) proponer legislación para garantizar una mayor transparencia en el ámbito del contenido político patrocinado (publicidad política); (ii) proponer una revisión del Reglamento sobre la financiación de los partidos políticos; (iii) establecer un nuevo mecanismo operativo conjunto a través de la Red Europea de Cooperación Electoral a fin de hacer frente a las amenazas externas (injerencia extranjera) en los procesos electorales; y (iv) adoptar medidas para proteger las elecciones y las infraestructuras electorales contra las amenazas, incluyendo los ciberataques.

En segundo lugar, reforzar la libertad y el pluralismo de los medios de comunicación. Entre las acciones clave se incluye reducir la interposición de demandas estratégicas contra la participación pública en asuntos civiles con implicaciones transfronterizas a través de diferentes medidas: (i) permitiendo a los jueces desestimar rápidamente las manifiestamente infundadas promovidas contra periodistas y defensores de los derechos humanos; (ii) estableciendo garantías procesales como p. ej. la indemnización por daños y perjuicios; y (iii) contemplando sanciones disuasorias por la interposición de demandas abusivas.

Y, en tercer lugar, luchar contra la desinformación. Entre las acciones clave se proponen: (i) mejorar las herramientas para contrarrestar las injerencias extranjeras en el espacio de información UE; y (ii) revisar el *Código de buenas prácticas en materia de desinformación* para convertirlo en un marco regulatorio compartido respecto a las obligaciones y la rendición de cuentas de las plataformas en línea.

El 19 de octubre de 2022 se aprobó el *Reglamento (UE) 2022/2065 del Parlamento Europeo y del Consejo, relativo a un mercado único de servicios digitales y por el que se modifica la Directiva 2000/31/CE* (Reglamento de Servicios Digitales o DSA, por sus siglas en inglés), cuyo objetivo principal es luchar contra la proliferación de contenido ilícito en internet y salvaguardar, al mismo tiempo, los derechos de los usuarios.

Se aplicará a partir de enero de 2024 a los proveedores de servicios intermediarios prestados a destinatarios que tengan su lugar de establecimiento o residencia en la UE, con independencia del lugar de establecimiento o ubicación del proveedor (criterio del país de destino de los servicios prestados).

Desde la perspectiva de su ámbito subjetivo, la DSA clasifica a los proveedores de servicios intermediarios en los siguientes términos:

- *Servicios de intermediación*: ponen a disposición de los usuarios las infraestructuras de red. Incluye proveedores de acceso a internet y registradores de nombres de dominio.
- *Servicios de alojamiento de datos*: almacenan información proporcionada por los destinatarios del servicio a petición. Incluyen, entre otros, servicios de computación en nube o de alojamiento web.
- *Plataformas en línea*: prestadores de servicios de alojamiento que, a petición del receptor del servicio, almacena y difunde información al público, a menos que esta

actividad sea una característica menor y puramente auxiliar de otro servicio y, por motivos técnicos y objetivos no pueda usarse sin ese otro servicio, y la integración de esa características en el otro servicio no sea una medio para evitar la aplicación de este Reglamento. Incluye las redes sociales o marketplaces (p. ej. los prestadores de servicios de alojamiento de datos).

- *Motores de búsqueda.* Y
- *Plataformas en línea y motores de búsqueda de muy gran tamaño*: aquellas que cuentan con al menos 45 millones de usuarios mensuales activos en la UE.

Desde la perspectiva de su ámbito objetivo, la DSA configura cuatro niveles (de carácter cumulativo) en función del menor o mayor grado de obligaciones que impone a los sujetos pasivos.

- *Primer nivel: obligaciones generales* (servicios de intermediación, servicios de alojamiento de datos, plataformas en línea, motores de búsqueda, y plataformas en línea y motores de búsqueda de muy gran tamaño)

Hasta la fecha, la responsabilidad de los prestadores de servicios digitales se asentaba en torno a dos principios básicos: la ausencia de responsabilidad por los contenidos ilícitos que alojaban o transmitían siempre que no tuviesen conocimiento efectivo de los mismos; y la inexistencia de una obligación general de monitorización para impedir la publicación o transmisión de estos contenidos. La DSA mantiene ambos principios, pero introduce nuevas obligaciones para estos prestadores de servicios: (i) la creación de procesos específicos para solicitar la retirada de contenidos ilícitos, incluyendo la necesidad de justificar la retirada; (ii) la habilitación de mecanismos para permitir que los usuarios puedan defenderse en caso de que entiendan que sus contenidos han sido retirados sin justificación infringiendo, por ejemplo, sus libertades de expresión e información; o (iii) la obligación de cooperar con las autoridades de los Estados Miembros tanto en la retirada de contenidos ilícitos como en la identificación de determinados usuarios.

- *Segundo nivel: obligaciones de diligencia* (servicios de intermediación, servicios de alojamiento de datos, plataformas en línea, motores de búsqueda, y plataformas en línea y motores de búsqueda de muy gran tamaño)

Con el objetivo de aumentar la transparencia respecto de los mecanismos de actuación de los prestadores de servicios digitales frente a los usuarios (tanto consumidores como profesionales), la DSA impone las obligaciones de diligencia debida: (i) establecer un punto de contacto único; (ii) designar un representante legal para los no establecidos en territorio UE; (iii) describir las políticas, procedimientos y medidas que emplean a la hora de moderar contenidos, incluyendo el uso de sistemas algorítmicos para la toma de decisiones; y (iv) publicar información relativa a las solicitudes de retirada de contenidos ilícitos recibidas de terceros (p. ej. autoridades públicas o ciudadanos) o fruto de su propia actividad de monitorización voluntaria.

- *Tercer nivel: obligaciones específicas* (plataformas en línea y plataformas en línea de muy gran tamaño)

Contempla un conjunto de obligaciones que se dirige de forma específica a las plataformas en línea: (i) la creación de sistemas internos de reclamación para gestionar la retirada de contenidos ilícitos y/o la suspensión o terminación de los servicios y/o de las cuentas de usuarios; (ii) cooperar con servicios alternativos para la resolución de disputas (p. ej. mecanismos de mediación); (iii) la gestión preferente de las notificaciones de retirada de contenidos ilícitos realizadas por informadores de confianza; (iv) la obligación de suspender temporalmente las cuentas de los usuarios con un historial considerable de infracciones; (v) obtener la información necesaria para permitir la trazabilidad de los terceros que ofrezcan la venta a distancia de productos o servicios en la plataforma; e (vi) identificar debidamente la publicidad que se muestran en sus interfaces, incluyendo información sobre los criterios empleados para seleccionar a los receptores de la publicidad. Las plataformas en línea deberán suspender temporalmente la actividad de la persona que muestre comportamientos abusivos (publicación frecuente de contenidos manifiestamente ilícitos y envío frecuente de avisos o reclamaciones manifiestamente infundados a través de los mecanismos habilitados). Una información tendrá la consideración de contenido manifiestamente ilícito cuando sea evidente para una persona lega en la materia, sin un análisis de fondo. Se excluye de este conjunto de obligaciones a las pequeñas y medianas empresas por entender que se trata de una carga excesiva que puede actuar como una barrera de entrada para nuevos competidores, desincentivando así la creación de empresas digitales en la UE.

- *Cuarto nivel: obligaciones adicionales* (plataformas en línea y motores de búsqueda de muy gran tamaño)

Establece una serie de obligaciones adicionales que sólo serán exigibles a las grandes plataformas en línea con el objetivo de gestionar riesgos sistémicos: (i) la elaboración de un análisis de riesgo para determinar, al menos, los riesgos relativos a la distribución de contenidos ilegales, el impacto de su actividad en los derechos fundamentales de los usuarios y posibles usos manipulados de sus servicios que puedan afectar de forma negativa a la protección de la salud pública, a los menores, los discursos cívicos, los procesos electorales o la seguridad pública; (ii) la introducción de medidas mitigadoras de los riegos identificados como, por ejemplo, la adaptación de sus sistemas de moderación y/o recomendación, iniciar o aumentar la colaboración con informadores de confianza o limitar la publicidad asociada con sus servicios; (iii) la realización de auditorías independientes para determinar su grado de cumplimiento al menos una vez al año; (iv) la descripción de los parámetros utilizados en sus sistemas de recomendación; (v) la creación de un repositorio de la publicidad publicada; o (vi) la obligación de designar un responsable de cumplimiento encargado de monitorizar su grado de cumplimiento.

De forma adicional, la Comisión propone la creación de un Coordinador de Servicios Digitales en cada Estado Miembro, que será la autoridad competente para determinar el grado de cumplimiento del Reglamento, investigar la actividad de los prestadores y, en su caso, imponer sanciones que podrían alcanzar hasta el 6% de los ingresos anuales del prestador.

El contenido de la DSA pone de manifiesto que la UE ha optado por una posición más intervencionista, al exigir nuevas obligaciones a los proveedores de servicios intermediarios por internet, con el fin de garantizar una mayor transparencia y promover su colaboración en la lucha contra la difusión de contenidos ilícitos. Al tratarse de una norma horizontal, directamente aplicable, puede anticiparse que incrementará de forma notable la complejidad jurídica de los negocios digitales, por tanto, habrá que esperar a los resultados de su aplicación para valorar si es idónea para lograr la finalidad que persigue.

8.2. Aproximación a las primeras respuestas de los Estados en Europa

Algunos países europeos han adoptado medidas (legislativas o de otro tipo) para hacer frente a la desinformación.

En España existe una “comisión sobre noticias falsas” que depende desde 2018 de la Comisión de Seguridad Nacional.

Además, conforme a la estrategia de Seguridad Nacional, se aprobó también el *Real Decreto Ley 14/2019 de 31 de octubre, por el que se adoptan medidas urgentes por razones de seguridad pública en materia de administración digital, contratación del sector público y telecomunicaciones*. Según el texto de la ley, la normativa se adapta a las nuevas tecnologías y redes de comunicaciones por parte de las Administraciones Públicas y garantiza el interés general y la seguridad pública, avalado por la *Ley 36/2015 de Seguridad Nacional*, que describe riesgos asociados a nuevas tecnologías. El Real Decreto hace referencia a los desafíos que plantean las redes: la desinformación, las interferencias en procesos de participación política de la ciudadanía y el espionaje. Y establece medidas para reforzar la coordinación en materia de seguridad de las redes y sistemas de información, reforzando la normativa sobre protección de datos personales y la protección de la seguridad pública en este ámbito.

Los análisis realizados sobre este Real Decreto coinciden en que su intención es, entre otras cosas, proteger contra el robo de datos y sobre todo prevenir la creación de una administración digital paralela. No obstante, se ha destacado que incluye referencias abstractas, y atribuye a la Administración del Estado una serie de competencias amplias con vocación de permanencia, que afectan derechos de los ciudadanos (p. ej. podría dar lugar a la posibilidad de cierre de webs sin autorización judicial, en supuestos excepcionales que atenten al orden o la seguridad pública o nacional) (SEIJAS, 2020).

Alemania aprobó en 2017 la Ley para mejorar la aplicación de la legislación sobre redes sociales, y optó por fortalecer la educación pública para reducir la desinformación y el extremismo.

Francia modificó en 2018 su Código Penal para tipificar como delito la manipulación de información a través de tres conductas: la difusión de noticias manifiestamente falsas, la difusión masiva y artificial de falsedades, y la alteración del orden público por incidencia en el voto electoral.

El Reino Unido creó en 2018 la Unidad de Comunicaciones de Seguridad Nacional, para combatir la desinformación y garantizar la seguridad nacional.

E Italia ha optado recientemente por la creación de Comisiones Parlamentarias para monitorizar la difusión de desinformación en línea.

La adopción de estas medidas ha sido muy criticada por la amenaza que suponen para la libertad de expresión, puesto que para contrarrestar la desinformación se recurre principalmente al monitoreo de redes y mensajes a través de filtros y, si éste se practica con sesgo o se ejecuta mal, puede convertirse en una peligrosa herramienta de censura en manos de los Gobiernos (CASTRO, 2018).

Lo que parece claro, es que resulta muy difícil establecer herramientas de control de la desinformación, orientadas a la vigilancia de los sitios de internet y la verificación de contenidos, sin poner en peligro la libertad de expresión incluyendo la política.

8.3. ¿Protección o afectación de los derechos fundamentales?

Como ya se ha destacado, las principales propuestas para combatir la desinformación están orientadas al control y verificación de contenidos y constituyen un riesgo para el ejercicio de la libertad de expresión en internet. Ante esta circunstancia, expertos para la libertad de expresión de la Organización de Naciones Unidas (ONU), la Organización para la Seguridad y la Cooperación en Europa (OSCE), la Comisión Interamericana de Derechos Humanos (CIDH), la Organización de los Estados Americanos (OEA) y la Comisión Africana de Derechos Humanos (CADH), publicaron el 7 de marzo de 2017 una *Declaración Conjunta sobre libertad de expresión y noticias falsas, desinformación y propaganda.*

La *Declaración Conjunta* persigue dos objetivos clave. En primer lugar, identificar principios y buenas prácticas que deben ser respetados conforme al derecho internacional para preservar los derechos humanos; y, en segundo lugar, advertir sobre iniciativas procedentes tanto del sector público como del privado, que intentan poner coto a la desinformación mediante la restricción o supresión de la libertad de expresión, la libre circulación de ideas y el disenso, y que podrían considerarse contrarias al derecho internacional de los derechos humanos.

Los principios generales de la *Declaración Conjunta* destacan que la lucha contra la expansión de la desinformación no debe realizarse a costa de los derechos fundamentales. Y recuerdan que las restricciones a la libertad de expresión solo pueden imponerse desde el derecho internacional, conforme a los requisitos estipulados (prohibición de la apología del odio, la violencia, la discriminación o la hostilidad), y de acuerdo con el art. 20.2 del *Pacto Internacional de Derechos Civiles y Políticos.*

La *Declaración Conjunta* deja claro, refiriéndose a los acuerdos establecidos con los intermediarios (plataformas en línea), que no se les puede atribuir responsabilidad sobre los contenidos de terceros a menos que intervengan en ellos. En cuanto a los bloqueos a direcciones IP o sitios web, señala que se trata de medidas de carácter extremo que sólo podrán adoptarse cuando venga estipulado por ley o resulte necesario para proteger un derecho humano. Y, con relación a los sistemas de filtrado de contenido controlados por los Gobiernos (y

no por los usuarios finales) concluye que suponen una restricción injustificada de la libertad de expresión porque la cancelación de derechos de transmisión de información sólo es legítima cuando un tribunal de justicia así lo determina.

El control de la desinformación, por tanto, debe cumplir unos estándares mínimos: (i) no puede prohibirse la difusión de información aplicando filtros basados en conceptos imprecisos o ambiguos como el de *fake news*; (ii) los Estados deben promover un entorno de comunicaciones libre e independiente, y abstenerse de distribuir información falsa; y (iii) los medios de comunicación y periodistas deben ofrecer una cobertura crítica de la desinformación y la propaganda, especialmente en períodos electorales. Además, en las medidas adoptadas contra la desinformación deben reforzarse determinados aspectos para que no se produzcan vulneraciones de derechos (p. ej. las decisiones automatizadas sobre personas deben ser transparentes, extremar las garantías legales y garantizar el consentimiento del usuario).

Los poderes públicos tienen la obligación de garantizar el ejercicio de los derechos, especialmente el de libertad de expresión, el derecho a la información y la participación política. Por tanto, no parece prudente dirigir todos los esfuerzos al control de contenidos promoviendo el bloqueo de la comunicación pública, ni siquiera para la consecución de un objetivo tan loable como es la supresión de la desinformación. El riesgo de censura desde el ámbito privado debería limitarse para proteger el principio de neutralidad, exigiendo a las plataformas en línea que garanticen el pluralismo, y manteniendo un control público sobre los sistemas de autorregulación. Para evitar que la libertad de expresión quede sujeta a un nivel de censura y autocensura sin precedentes, los esfuerzos deben centrarse en garantizar el pluralismo en la red y no sólo en el control de los contenidos que se difunden (CASTRO, 2018).

9. REFLEXIÓN FINAL

El proceso de informarse a través de internet vive una etapa convulsa producto de la gran cantidad de desinformación que fluye por la red. Y la desinformación constituye una amenaza real para la democracia, porque erosiona el clima social y socava la confianza de los ciudadanos en las Instituciones.

Frente a la complejidad del fenómeno debe promoverse la simplificación del concepto: la desinformación consiste en la transmisión de mentiras por acción u omisión para lograr un fin concreto. Debe destacarse el oxímoron propio de la expresión fake news: si es mentira no es noticia. Por el peligro añadido que conlleva, debe señalarse la apropiación discursiva del concepto en el ámbito de la política, como herramienta para desacreditar a periodistas, medios de comunicación y adversarios. Y, también, debe hacerse hincapié en las motivaciones intrínsecas vinculadas a la generación y difusión de contenidos fraudulentos (que encuentra su máxima expresión en la injerencia sobre los procesos políticos).

El auge de las plataformas en línea ha contribuido a potenciar el impacto de la desinformación en la calidad democrática de tres maneras: facilitando la difusión de contenidos engañosos, fraudulentos y descontextualizados; permitiendo la propagación de discursos de odio y radicalizados; y promoviendo la polarización social al facilitar la canalización de propaganda segmentada por sectores. De forma indirecta, los medios de comunicación tradicional también han participado en el proceso, al sustituir la información contrastada por información opinada al objeto de fidelizar su audiencia y mantener su posición. La neutralidad informativa ha sido sustituida por líneas duras de tendencia encaminadas hacia una homogeneidad informativa empática con el pensamiento de la audiencia. Y las fuentes oficiales de información contrastada han quedado sustituidas por cualquier fuente que permita la puesta inmediata de información para satisfacer la demanda ciudadana de inmediatez.

En la lucha contra la desinformación la verificación de contenidos (fact checking) se ha presentado como un recurso útil como revulsivo, pero es lento y tiene carácter reactivo, puesto que sólo interviene cuando la desinformación ya se ha viralizado. Se ha demostrado además, que la desinformación mantiene su efecto en el receptor incluso después de haber sido desacreditada. El peligro de la desinformación no reside por tanto en dónde se produce, sino en cómo infecta la agenda mediática y las corrientes de opinión en el debate público. En todo caso, el sistema de fact-checking apunta ya varios problemas de calado, puesto que ni todas las noticias son verificables de forma inmediata, ni siempre es posible discernir con claridad entre hechos y opiniones. Además, no existen mecanismos para garantizar la neutralidad o independencia de los verificadores.

En la adopción de medidas contra la desinformación constituyen una dificultad adicional, tanto la apropiación del término en el discurso político para desacreditar al opositor o al adversario, como la posición que, en ocasiones y ante determinadas circunstancias, puedan presentar los Estados, como sujetos generadores o promotores de desinformación o como beneficiarios de determinadas herramientas para combatirlas.

Ante esta realidad, y para frenar el deterioro de las instituciones democráticas, la respuesta que se adopte debe tener alcance global, y basarse en los principios y valores universales que sostienen la democracia representativa y los derechos fundamentales. El objetivo de la intervención regulatoria debe orientarse en dos direcciones: (i) la protección de los grupos más vulnerables y proclives a consumir la información (y desinformación) que discurre a través de internet (principalmente en el ámbito de las redes sociales); y (ii) la construcción de un espacio público de calidad plural, a través de unos medios de comunicación que aporten hechos contrastados al debate público.

Estos objetivos deben alcanzarse respetando siempre el equilibrio entre los Poderes del Estado. Por este motivo debe limitarse toda injerencia del Poder Ejecutivo que pueda afectar al ejercicio de las libertades de expresión e información y los derechos de participación política. Y debe tenerse en cuenta que el Poder Judicial es el garante de los derechos fundamentales y las libertades públicas, y el único con habilitación constitucional para suspenderlos o restringirlos.

La preservación de un régimen democrático depende de las libertades de expresión e información, porque son el instrumento que garantiza la construcción de una opinión pública libre, premisa esencial para el ejercicio de los derechos de participación política que garantizan el control y la alternancia del poder. La construcción de una opinión pública libre sólo es posible desde el pluralismo sociopolítico, y sobre la base de una información objetiva y veraz. Por tanto es fácil concluir que la desinformación se combate con mejor información y no con menos información.

BIBLIOGRAFÍA

ABAD ALCALÁ, L. (2020), *Las libertades informativas en el ámbito internacional*, Dykinson, Madrid

ACOSTA-GONZÁLEZ, D. (2019), "Consideraciones en torno a la normativa sobre los prestadores de servicios en línea y editoriales de prensa propendida por la nueva directiva europea sobre derechos de autor y derechos afines en el mercado único digital", *Revista La propiedad inmaterial*, núm. 27

ALONSO SANTOS, P. (2022), "Comunicación, propaganda, relato: el otro frente de la guerra de Ucrania", *El País*, 19.03.2022

AMORÓS, M. (2020), *¿Por qué las Noticias falsas nos joden la vida?*, LID Editorial, Madrid

ARENDT, H. (1971), *La mentira en política*, Alianza Editorial, Madrid

ARRIBAS, FELISA & BARBERÁ R. (2018), "La Revolución Bolchevique: los orígenes de la propaganda y la manipulación de la opinión pública", *Historia y Comunicación Social*, vol. 23, núm. 1

ARROYO AMAYUELAS, E. (2020), "La responsabilidad de los intermediarios en internet: ¿Puertos seguros a prueba de futuro?", *Cuadernos de Derecho Transnacional* núm. 12

BERMÚDEZ VÁZQUEZ, M. (2018), "La sociedad de la desinformación", *Análisis del discurso y pensamiento crítico*, Egregius, Sevilla

BLANES CLIMENT, M. A. (2020), "La incidencia del Covid-19 sobre la transparencia de las instituciones públicas", *Revista Española de la Transparencia*", núm. 11

DOMÉNECH MUÑOZ, D. (2016), "La construcción de los estados fascistas ¿arquitectura o propaganda? Alemania, Italia y España (1922-1945)",

Fascismo y modernismo: política y cultura en la Europa entreguerras (1918-1945), Tirant, Valencia

DUTTON, W. H. (2018), "¿Son las "fake news" una fake new?", *Temas para el debate,* núm. 278-279, Ejemplar dedicado a Sociedad digital y democracia horizontal

EDWARDS, V. (1938), *Group Leader's Cuide to Propaganda Analysis,* Columbia University Press, New York

ESPINOSA SÁNCHEZ, N. (2020), "Censura y manipulación informativa durante las primeras semanas de la crisis del Coronavirus en España", *La Razón Histórica,* núm. 46

FERNÁNDEZ RODRÍGUEZ, J. J. (2004), *Lo público y lo privado en internet. Intimidad y libertad de expresión en la red,* UNAM, México

GÁLVEZ MONTES, J. (1980), "Artículo 20", *Comentarios a la Constitución,* Ed. Fernando Garrido Falla, Madrid

GAREIS, T. (2003), "Derechos y deberes de los profesionales", *Derecho de la Información,* Ariel, Barcelona

GRAVES, L. (2016), *Deciding what's true: The rise of political fact-checking in American journalism,* Columbia University Press, New York

GONZÁLEZ DE LA GARZA, L. M. (2018), "La crisis de la democracia representativa: nuevas relaciones políticas entre democracia, populismo virtual, poderes privados y tecnocracia en la era de la propaganda electoral cognitiva virtual, el microtargeting y el big data", *Revista de Derecho Político,* núm. 103

IBÁÑEZ PEIRÓ, A. (2021), "La actividad informativa del Gobierno español durante la emergencia sanitaria provocada por el coronavirus, Covid-19", *Revista Española de Comunicación en Salud,* vol. 10, núm. 2

IRETON, C., & POSETTI, J. (2018), "Journalism, Fake News & Disinformation", *Handbook for Journalism Education and Training,* Unesco, París

LÓPEZ, M. & CABRERA, T. (2015), "Campaña política a través de redes sociales", *ComHumanitas,* vol. 5, núm. 1

LÓPEZ DOMÍNGUEZ, C. (2020), *La evolución del magacín televisivo en España: desde los programas de variedades de TVE y el infoentretenimiento, hasta el politainment y la tertulia política,* Universidad de Sevilla

LÓPEZ-GARCÍA, X., VIZOSO, A., & PÉREZ-SEIJO, S. (2019), "Iniciativas de verificación en el escenario de la desinformación", *Brazilian Journalism Research,* vol. 15, núm. 3

LORETO-ECHEVERRI, G., ROMERO-RODRÍGUEZ, L., & PÉREZ-RODRÍGUEZ, M. (2018), "Fact-checking vs. Fake news: periodismo de confirmación como componente de la competencia mediática contra la Desinformación", *Índex-comunicación,* vol. 8, núm. 2

MARÍN LLADÓ, C., & PÉREZ TORNERO, J. M. (2020), "Un modelo conceptual para analizar los debates electorales en TV. Mediatización y ceremonias televisivas", *Revista Latina de Comunicación Social,* núm. 79

MAYO-CUBERO, M. (2020), "Secciones, periodistas y fuentes informativas en la cobertura de crisis y emergencias en España", *El profesional de la información,* vol. 29, núm. 2

MAYORAL, J., PARRATT, S., & MORATA, M. (2019), "Desinformación, manipulación y credibilidad periodísticas: una perspectiva histórica", *Historia y Comunicación Social,* vol. 24, núm. 2

MORANDINI, C. (2019), "Il quaderni di epoca fascista veicolo di propaganda ideologica e strumento didattico il fondo della scuola elementare Parini di Torino (1938-1942)", *Historia y Memoria de la Educación,* núm. 10

MOSHIRNIA, A. (2020), "Who Will Check the Checkers? False Factcheckers and Memetic Misinformation", *Utah Law Review,* núm. 4

ORTEGA GUTIÉRREZ, D. (2017), *Retos de la libertad de información,* Dykinson, Madrid

PAUNER CHULVI, C. (2018), "Noticias falsas y libertad de expresión e información. El control de los contenidos informativos en la Red", *Teoría y Realidad Constitucional,* núm. 41

PINEDA, A. (2007), "Orígenes histórico-conceptuales de la teoría de la propaganda nazi", *Historia y Comunicación Social,* vol. 22, núm.12

PINTO CEBRIÁN, F. (2022), "Guerra ruso-ucraniana. Propaganda, debates y controversias", *Revista Desperta Ferro de Arqueología e Historia,* 21.10.2022

PIZARROSO QUINTERO, A. (1999), "La historia de la propaganda: una aproximación metodológica", *Historia y Comunicación Social,* núm. 4

RODRÍGUEZ ANDRÉS, R. (2018), "Fundamentos del concepto de desinformación como práctica manipuladora en la comunicación política y las relaciones internacionales", *Historia y Comunicación Social,* vol. 23, núm. 1

RODRÍGUEZ BLANCO, V. (2021), "¿Se vulneró el Derecho a recibir información durante el primer estado de alarma en la crisis del Covid-19?", *Revista Española de la Transparencia,* núm. 12

SEIJAS, R. (2020), "Las soluciones europeas a la desinformación y su riesgo de impacto en los derechos fundamentales", *Revista de Internet, Derecho y Política* (*RIDP*), núm. 31

TORRES-SORIANO, M. (2020), "Democracia vs. Desinformación ", *Propuestas para la protección de las sociedades abiertas,* Colección Actualidad, Centro de Estudios Andaluces, núm. 87

VARGAS LLOSA, M. (2021), "Votar "bien" y votar "mal", *El País,* 17.10.2021

Capítulo 11.

NOTICIAS FALSAS, DIFAMACIÓN Y COMPETENCIA JUDICIAL INTERNACIONAL: BREVE PANORÁMICA DE DERECHO INTERNACIONAL PRIVADO

JAVIER MASEDA RODRÍGUEZ
Universidad de Santiago de Compostela (USC)
javier.maseda@usc.es

1. INTRODUCCIÓN: NOTICIAS FALSAS Y DIFAMACIÓN

1.1. Noticias falsas, información inexacta o engañosa: Esfera pública y esfera privada

En forma de noticias falsas o de información inexacta o engañosa, no es cuestión menor el fenómeno de la desinformación y la manipulación informativa. Son muchos los estudios dedicados a analizar la proyección de este fenómeno en distintos ámbitos. Desde la figura de los gobiernos, los medios de comunicación de masas, los partidos políticos o las grandes corporaciones como actores de emisión de desinformación, hasta el impacto de la desinformación en la democracia como sistema de ordenación política y social, pasando por su influencia en la deontología periodística o el impacto en la economía de un país.

Del mismo modo que sucede en ámbitos de carácter eminentemente público como los descritos, el fenómeno de las noticias falsas o la información inexacta o engañosa tiene su proyección, asimismo, en lo que es la esfera privada del individuo. Tal es el caso, por ejemplo, de aquellos supuestos de responsabilidad civil por pérdidas en las inversiones financieras realizadas por particulares con base en ofertas bancarias con información supuestamente engañosa e inexacta. O los casos de publicidad engañosa y su compatibilidad con los derechos del consumidor y la responsabilidad por productos. También, en lo que ahora interesa y vinculado a la protección de los derechos fundamentales, en ámbitos como la violación del derecho al honor, la intimidad personal o propia imagen, básicamente, de los derechos relacionados con la personalidad, en particular, la difamación. Piénsese en aquel caso protagonizado por el Real Madrid Club de Fútbol frente a la editora del periódico francés *Le Monde* por la información que relacionaba a este club con el dopaje deportivo aparecida en la versión impresa y digital del periódico (artículo con el título "Real Madrid y Barça vinculados al doctor Fuentes", más un dibujo de un ciclista con una indumentaria con los colores de la bandera española y con el titular de "Dopaje: el fútbol tras el ciclismo"). La demanda interpuesta por el actor Michael Douglas contra el tabloide inglés *Sunday Mirror* por la publicación de unas fotografías tomadas en Mallorca acompañadas por textos ofensivos. O, en fin, aquel otro caso donde el periódico francés *France-Soir* publicó un artículo informando de una operación realizada por la brigada de estupefacientes de la policía francesa en una oficina de cambio en París, mencionando en dicha información a una señora inglesa llamada Fiona Shevill-Avril, que había trabajado tres meses de verano en esta oficina de París y luego regresó al Reino Unido: aunque el periódico emitió una nota rectificativa, Fiona Shevill consideró el artículo como difamatorio en tanto que sugería que formaba parte de una red de tráfico de drogas para la cual había hecho operaciones de blanqueo de dinero.

1.2. Noticias falsas y difamación: La relevancia de la competencia judicial internacional

Es en este contexto de relación entre noticias falsas e información engañosa y los derechos de la personalidad y, en particular, la difamación, donde se sitúa nuestra contribución a esta obra colectiva. De los muchos problemas que esta relación genera, se ocupa este trabajo de la exposición de aquellos criterios normativos y jurisprudenciales que, en materia de Derecho internacional privado, permitirán determinar qué debe entenderse, a efectos de competencia judicial internacional y en el ámbito espacial europeo, por el *locus delicti commissi* del que habla el art. 7.2 del *Reglamento (UE) núm. 1215/2012, del Parlamento Europeo y del Consejo, de 12 de diciembre de 2012, relativo a la competencia judicial, el reconocimiento y la ejecución de resoluciones judiciales en materia civil y mercantil*[1]. Y ello, respecto de ilícitos contra la vida privada de las personas por lesión del honor o la reputación derivados de noticias falsas o informaciones engañosas aparecidas en medios digitales o impresos y en aquellos casos en los que los daños se localizan en el territorio de distintos Estados. O, lo que es lo mismo y en ausencia de regla especial alguna a efectos de competencia para casos de responsabilidad no contractual por difamación, analizaremos el alcance que, en el ámbito espacial europeo y en relación con los casos de difamación por noticias falsas o información engañosa, tiene un art. 7.2 R. 1215, que, en materia delictual o cuasi delictual, entiende la competencia del "...órgano jurisdiccional del lugar donde se haya producido o pueda producirse el hecho dañoso...". No trataremos, pues, ni el foro del domicilio del demandado del art. 4 R. 1215, ni los foros basados en la autonomía de la voluntad de los arts. 25 y 26 R. 1215, también operativos en materia de difamación (Cordero, 2015, pp. 95 y 98; Torralba, 2012, par. 4; Garau, 2007, p. 197). Tampoco la impronta en esta sede de otros regímenes, como el *Convenio de Lugano de 30 de octubre de 2007 relativo a la competencia judicial, el reconocimiento y la ejecución de resoluciones judiciales en materia civil y mercantil*, o la propia del art. 22 quinquies b) LOPJ (De Miguel, 2022a, pp. 262, 264 y 279; Cordero, 2015, pp. 83, 98 y 103)[2].

No se cuestiona la relevancia de la competencia judicial internacional en materia de difamación y, con ello, la identificación del *locus* que fundamenta el art. 7.2 R. 1215.

---

1 DOCE 20/12/2012; sustituye al *Reglamento (CE) 44/2001* (anterior *Convenio de Bruselas de 1968*).

2 P.e.: *SAP Madrid 24/10/2011* (JUR 2011\433647): difamación vía Internet en periódico digital marroquí, *L'ObservateurMa,* sobre víctima española con domicilio en España, aplicando a competencia el Derecho doméstico español.

Sin desconocer la proyección de las conductas difamatorias en el tráfico privado interno, la globalización del mundo y, con ello, también del individuo, ubica en gran medida este tipo de situaciones en un escenario de internacionalidad. Factores como el acceso público a las nuevas tecnologías y su alcance casi universal, la facilidad de las comunicaciones, o la propia movilidad del individuo, tanto del común como del que posee fama internacional, contribuyen a proyectar la vida de una persona más allá del Estado donde tiene su domicilio o residencia habitual y, en consecuencia, a su exposición pública fuera de estas fronteras. Sin ser un fenómeno nuevo, esta proyección más allá de los límites de un Estado de la información falsa, engañosa o inexacta cobra una nueva dimensión por las nuevas tecnologías e Internet, que incrementan exponencialmente sus efectos, muchas veces en consonancia con la aparición de nuevas y dudosas prácticas (redes de falsos *followers* o *haters*, memes, troleos, piezas audiovisuales manipuladas o falseadas, *nicks*...). Esta internacionalidad de las conductas infractoras aumenta la incertidumbre de la víctima a la hora de identificar ante qué órganos jurisdiccionales puede reclamar el cese de la conducta o la indemnización del responsable del daño por la información difamatoria. De ahí la importancia de la competencia judicial internacional y de la identificación del lugar del daño respecto de este tipo de comportamientos.

Pero es que, además, nos hallamos en un contexto de ausencia de uniformidad normativa, ni siquiera en el ámbito de los Estados que conforman la Unión Europea (UE). El debate entre la libertad de expresión y derecho a la información frente a la protección del honor o la intimidad se traslada a la elaboración de normativas materiales de distinto alcance protector de uno y otro derecho en los distintos ordenamientos jurídicos de los Estados miembros (también, fuera de la UE), coherente con un derecho al honor no universal y sí fragmentado en función de cada ordenamiento jurídico. Tal es el caso de los daños morales por lesión del derecho al honor, de regulación diferente en los distintos ordenamientos jurídicos. Desde una óptica conflictual, la situación no difiere: el *Reglamento 864/2007, del Parlamento y del Consejo, de 11 de julio de 2007, sobre ley aplicable a las obligaciones no contractuales (Roma II)*[3], aunque contribuye a la armonización europea en esta materia, deja fuera de su ámbito de aplicación las obligaciones extracontractuales que deriven de la violación de la intimidad o de los derechos de la personalidad, en especial, la difamación (art. 1.g Roma II). La imposibilidad por parte de los Estados miembros de llegar a un acuerdo sobre la respuesta conflictual más apropiada tuvo su origen en la presión de los medios de comunicación y otros grupos de intereses afines que rechazaban una solución que sí aparecía contemplada en el art. 7 del Anteproyecto del Reglamento presentado por la Comisión en el 2002 y que establecía la aplicación de la ley de la residencia habitual de la víctima (Garcimartín, 2007, par. 16; o De Miguel, 2009, par. 8)[4]. Por eso es importante el *lugar* donde se presente la demanda. A diferencia del resto de materias de responsabilidad no contractual en las que, cualquiera que sea el Tribunal europeo que conozca de la controversia, aplicará para resolver el fondo del asunto una misma norma de conflicto y, por tanto, un mismo ordenamiento jurídico (identidad de ley aplicable), en materia de derechos de la personalidad y difamación cada Tribunal aplicará su propia norma de conflicto, distinta de la norma de conflicto de otro Tribunal (en nuestro caso, el art. 10.9 C.c.) (Álvarez, 2009; De Miguel, 2009, par. 8)[5]: distintas normas de conflicto que nos pueden llevar a distintos ordenamientos jurídicos a la hora de resolver el fondo del asunto y, con ello, a

---

3 DOUE 31/7/2007.

4 El art. 30 Roma II obliga a la Comisión a reevaluar la situación.

5 Ejemplo de este *forum shopping* puede verse en lo que se llamó el *libel tourism*; sobre ello, Levi, 2011.

distintas respuestas a un mismo problema de difamación, más o menos favorables a los intereses de autor o víctima[6].

Así las cosas, pasemos a analizar, pues y como decíamos, aquellos elementos que, a efectos de competencia judicial internacional, permiten la identificación de este *locus delicti commissi* del art. 7.2 R. 1215 en relación con aquellos casos internacionales de difamación por noticias falsas o información inexacta o engañosa, con especial atención a aquellos supuestos de daños localizados en varios Estados, que es el caso más problemático y cuyo debate permanece plenamente abierto y en constante evolución en la práctica judicial del Tribunal de Justicia de la UE (TJUE).

2. DIFAMACIÓN Y LUGAR DE COMISIÓN DEL ILÍCITO: A TRAVÉS DE PUBLICACIONES IMPRESAS

2.1. Lugar de comisión del ilícito respecto de daños en varios estados: La teoría de la alternatividad

En los supuestos de tráfico privado externo por difamación, la determinación del *locus delicti commissi* en el que se fundamenta el art. 7.2 R. 1215 pasa por la identificación de aquel lugar donde la noticia falsa o la información engañosa causa un daño al honor o reputación de un individuo[7]. Siguiendo

---

6 Véase *Comparative study on the situation in the 27 Member States as regards the law applicable to non-contractual obligations arising out of violations of privacy and rights relating to personality*, JLS/2007/C4/028. Final Report, 2009.

7 Sólo hablamos en este trabajo del *locus delicti commissi* del art. 7.2 R. 1215 en relación con daños directos sobre víctimas directas; sobre daños indirectos y víctimas indirectas, Cordero, 2015, pp. 149-151.

el principio de interpretación autónoma que preside la labor interpretativa de toda norma comunitaria, se trataría de seleccionar aquel Tribunal mejor situado desde la óptica de la buena administración de justicia y desarrollo del proceso, coherente con un art. 7.2 R. 1215 que tiene su base en el principio de proximidad razonable desde el punto de vista procesal y material (Informe Jenard, 1990, p. 142). Menos problema en cuanto a la identificación del lugar del daño cuando el hecho causante de la lesión, los perjuicios manifestados o el domicilio de la víctima, como elementos relevantes de la relación controvertida vinculados con la ubicación del daño, coinciden en un mismo Estado. Más problemas, en cambio, en aquellos supuestos de disociación en el espacio entre el lugar de origen del daño, donde se produce el hecho generador del daño, y el lugar del resultado, donde se produce la intromisión o lesión del bien jurídico protegido. Sería lo que llamamos los ilícitos a distancia, manifestándose el daño en un único Estado, que es el supuesto básico, manifestándose en el territorio de varios Estados: supuestos de plurilocalización de daños. Es lo que sucedió en el ya referido caso *Shevill*, donde la víctima de la información injuriosa demandó ante los Tribunales ingleses a *Presse Alliance*, editora del periódico francés *France-Soir*, por los ejemplares vendidos tanto en Francia como en otros Estados europeos (si bien más tarde se redujo la demanda a los ejemplares vendidos en el Reino Unido y Gales) y que dio lugar a la primera resolución del TJUE en la materia, origen de sus respuestas en casos posteriores similares también referidos a reclamaciones por violaciones de los derechos de la personalidad con base en informaciones engañosas o noticias falsas[8].

Pues bien, lo que hace el TJUE es multiplicar el alcance del *locus delicti commissi* respecto de este tipo de supuestos al considerar como *locus* tanto el lugar donde se han generado los

---

8 *STJCE 07/03/1995*, As. C-68/93, *Fiona Shevill*.

actos que causaron el menoscabo al honor o reputación de un individuo (lugar del acontecimiento causal), como cualquiera de los lugares donde ha resultado dañado el bien o interés protegido por la información injuriosa (lugar del resultado): la víctima demandante podría presentar su demanda, *ex* art. 7.2 R. 1215, ante los órganos jurisdiccionales de cualquiera de estos lugares. Y lo hace proyectando también sobre los ilícitos de naturaleza inmaterial la *teoría de la alternatividad* que había desarrollado en supuestos de ilícitos a distancia de carácter patrimonial[9], precisamente por la existencia de un vínculo de conexión estrecho entre el litigio y cualquiera de las conexiones referidas. Bajo esta premisa, identifica el TJUE la edición de la publicación impresa como aquel elemento identificativo del lugar del evento causal en un caso de difamación internacional, y, en concreto, el Estado del establecimiento del editor, operando como lugar de manifestación del daño los Estados donde se haya publicado o difundido la noticia en tanto que lugar(es) donde se encuentra el bien o el interés que ha resultado dañado en el momento de la lesión, esto es, el lugar donde el hecho causal ha producido sus efectos dañosos en relación con la víctima, lo que permitiría formular demanda, dado que el bien o interés ha sido dañado en varios Estados, en el territorio de cada uno de esos Estados[10].

---

[9] Inspirado el TJUE en la *STJCE 30/11/1976*, As. C-21/76, *Mines de Potasse,* sobre polución transfronteriza.

[10] Ap. 28 y 29 del caso *Shevill* (sobre ello, Gardeñes, 1995, p. 617). También, *Sent. TGI Paris 29/11/1982, Romy Schneider* (*Rev. cr. dr. int. pr.*, 1983, p. 670); *Sent. CA Paris 19/3/1984 y TGI Paris 30/6/1984, Carolina de Mónaco* (*Rev. cr. dr. int. pr.*, 1985, p. 141; antes, *Sent. TGI Paris 29/09/1982, Romy Schneider, Rev. cr. dr. int. pr.*, 1983, p. 670); o *Sent. TGI Paris 28/10/1992, El Assad.* En España, *SAP Barcelona 27/10/2009* (JUR 2009\488564); *SAP Barcelona 10/01/2008,* Rec., núm. 76/2007, o *STS 07/11/2011,* RJ 2012\1360, en el mismo asunto); *SAP Murcia 17/04/2007* (JUR\2007\262518); o *SAP Baleares 27/11/2000* (*AEDipr.*, 2002).

2.2. *Distinto alcance de los foros alternativos propuestos*

Ahora bien, el principio de proximidad y la buena administración de justicia conducen a considerar competentes para reparar la globalidad de los daños causados *sólo* a los Tribunales del lugar del establecimiento del editor (lugar del evento causal), mientras que los Tribunales de los distintos lugares donde se difunde la publicación y se origina un perjuicio a la víctima (lugar de manifestación del daño) conocerían *sólo* de aquellos daños ocasionados en dicho territorio y no de la totalidad (teoría del mosaico)[11]. Poco ajuste con los principios que presiden el art. 7.2 R. 1215 tendría trasladar a un supuesto de pluralidad de lugares de manifestación del daño una teoría como la de la alternatividad que había nacido a partir de un caso en el que el perjuicio se había causado en un único lugar. Primero, porque la interpretación restrictiva del TJCE disminuye del riesgo de *forum actoris* al impedir a la víctima presentar demanda por la globalidad de los daños ante los Tribunales donde se halla domiciliada, habitualmente uno de los lugares de difusión de la información, creando en la práctica un foro de competencia basado en el domicilio del demandante. Segundo, porque permite dotar de *efecto útil* al art. 7.2 R. 1215 como foro especial. Piénsese que, en los casos de difamación internacional, el lugar de edición de una publicación injuriosa suele coincidir con el lugar de la sede social de la empresa editora: de permitir presentar la demanda *ex* art. 7.2 R. 1215 *sólo* ante los Tribunales del lugar donde el daño se ha generado (evento causal), se estaría en la práctica vaciando de contenido al propio foro es-

---

11 Ap. 30 y 31 del caso *Shevill.* También, *Sent. TGI Paris 29/09/1982, Romy Schneider*; o *Sent. CA Paris 19/03/1984* y *TGI Paris 30/6/1984, Carolina de Mónaco*; o *Sent. CA Paris 19/03/1984, Duchese de Windsor* (*Rev. cr. dr. int. pr.*, 1985, p. 144). No así en Derecho alemán, Kropholler, 1993, p. 106 y 1996, p. 122, competencia para la totalidad. También, *Sent. OLG Hamburgo 08/12/1994, Caroline de Monaco.*

pecial en tanto que el Tribunal (del lugar del establecimiento del editor) emplearía para conocer el foro general del domicilio del demandado del art. 4 R. 1215. La opción del TJCE permite *crear el foro de ataque*, esto es, dotar de *efecto útil* al art. 7.2 R. 1215. Tercero, porque multiplicar sin restricciones los foros competentes a través de sucesivas descomposiciones del acto causal o del daño favorece el *forum shopping*: permitiría a la víctima seleccionar el foro que le lleve a obtener una mejor reparación, además de aumentar el riesgo de resoluciones contradictorias que desaparece ante una competencia limitada, más todavía en ausencia de uniformidad conflictual en materia de difamación. Téngase en cuenta de que el art. 7.2 R. 1215 no está presidido por el *favor laesi*.

2.3. Críticas

2.3.1. La edición como acontecimiento causal

Obviando los actos meramente preparatorios, se produzcan o no dentro de la cadena causal, como los recopilatorios de la información, meramente introductorios y no concluyentes, puede entenderse como lugar del evento o acontecimiento causal aquél coincidente con el territorio donde se ha producido el último acto relevante bajo control del responsable del daño para causar el perjuicio, esto es, la acción que causa directamente el daño y que sirve de fundamento inmediato de la pretensión del demandante en tanto que acto generador del perjuicio (Virgós y Garcimartín, 2007, p. 191: "teoría del último acto"). En tal sentido, no puede decirse que la edición no encaje en esta definición de *hecho causal*: los actos que conducen a la *edición* de la noticia injuriosa permiten que la información forme parte de una publicación impresa y que pueda ser conocida posteriormente por la opinión pública. No en vano la edición aglutina todas aquellas actividades que hacen que una noticia sea *noticia impre-*

sa. Ahora bien, dejando al margen propuestas como la *impresión de la noticia falsa* o la *redacción del escrito difamatorio* (Kaye, 1987, p. 580), lo cierto es que no sólo la edición encaja en esta definición, también lo hace la *difusión* (referenciada a veces a partir de términos como *comunicación a terceros, puesta a disposición a terceros,* o *distribución* en sentido amplio)[12] en tanto que puede ser también el elemento a través del cual se concreta y/o genera el daño: editada la noticia injuriosa y nacido el periódico, sólo difundido el periódico se genera el daño, que no se produciría si la publicación no sale a la luz pública y, con ello, no es accesible al lector (Fernández y Sánchez, 2022, p. 747; Bourel, 1989, pp. 356-357; o Gaudemet, 1983, p. 676).

Aunque el TJUE se haya decantado por un determinado elemento, todas estas variables relativas al *acto generador del perjuicio* o *evento causal* en un caso de difamación a través de una publicación impresa generan una serie de dudas en la labor del operador jurídico que tienen difícil ajuste con el principio de seguridad jurídica que debe presidir la aplicación de una normativa comunitaria como el art. 7.2 R. 1215.

2.3.2. El establecimiento del editor como lugar del acontecimiento causal

No sólo el TJUE habla de edición como hecho causal, sino que sitúa al *establecimiento del editor* como punto de referencia para identificar a efectos de atribución de competencia judicial

---

12 La doctrina no emplea términos comunes al referirse a esta conducta, aunque podría aglutinarse bajo el término *difusión.* Así, Saravalle, 1995, pp. 332-340: comunicación a terceros; Lasok & Stone, 1987, p. 232, o Wengler, 1966, p. 18: lugar relevante donde se escribe o edita y donde se pone la noticia a disposición de terceros; o Parleani, 1996, p. 64: distribución (en término equivalente a difusión). El Gobierno británico, en el asunto *Shevill,* comunicación del periódico (ap. 50 Concl. AG).

internacional el lugar del evento causal. Si bien podemos estar de acuerdo, a pesar de las alternativas expuestas, en la edición como punto de referencia del evento causal en tanto que conductas que concluyen en la publicación y puesta en circulación del periódico con la información injuriosa, más dudas nos genera su concreción en el lugar donde se halla situado el establecimiento del editor. Y es que atender al establecimiento del editor en este asunto puede interpretarse de una doble manera. Una primera, que respondería a la idea de objetivar la identificación del lugar del evento causal en una materia de respuestas tan dispares como la difamación (lugar de redacción del artículo difamatorio, lugar donde el editor toma la decisión de publicarlo, lugar de impresión del artículo...): el *establecimiento del editor* tendría sentido como lugar donde se concentran todos los actos conducentes a la publicación de una información difamatoria por parte del editor, aunque sea una conexión ficticia en ocasiones, en la medida en que el evento causal puede producirse en un lugar *distinto* de aquél del establecimiento del editor (Crespo, 1995, pp. 3-4). La segunda interpretación, más ajustada, a nuestro entender, a la realidad de la materia, considera que el TJCE se decanta por el establecimiento del editor *en este caso*, y lo hace porque, en este caso, es aquí donde se producen todos los actos que conducen a la puesta en circulación de la publicación injuriosa[13]. Significaría, en consecuencia, que, si en otro caso el lugar de la publicación y puesta en circulación del periódico es otro distinto al del establecimiento del editor, debería ser este otro y no el del establecimiento del editor el punto de referencia a efectos de competencia judicial internacional (Virgós y Garcimartín, 2007, p. 193)[14].

---

13 En esta clave puede leerse el ap. 24 del caso *Shevill*.

14 Véase Saravalle, 1995, pp. 332-340: establecimiento del editor en sitio distinto a donde se publica realmente la noticia (ediciones locales de periódicos de difusión internacional, como el *Financial Times* o *Herald Tribune*).

2.3.3. Lugar de difusión de la publicación: mosaico, atomización del litigio y efecto disuasorio

Permitir demandar ante los Tribunales del lugar de difusión de la información injuriosa *sólo* por los daños sufridos en ese territorio podría tener un efecto disuasorio para la víctima (Lutzi, 2017, p. 691; Torralba, 2012, par. 4.b.): la atomización del litigio dificultaría el objetivo de la víctima que quiera resarcirse de la totalidad de los daños a su honor al obligarla a presentar la demanda ante una pluralidad de Tribunales de distintos Estados. Descartar los Tribunales de manifestación del daño y optar sistemáticamente por los Tribunales del lugar del evento causal, muchas veces coincidentes con el domicilio de la empresa editora como responsable del daño, no sólo privaría en la práctica de contenido al foro especial, también convertiría al domicilio del demandado, realmente, en el único y suficiente foro para este tipo de ilícitos (Crespo, 1995, p. 5). No parece un foro sencillo tampoco para el presunto responsable del daño, dado el riesgo de ser demandado en cualquiera de los Estados miembros, ni cómodo para los Tribunales por las reticencias de algunas jurisdicciones a adoptar medidas con base en una competencia limitada (Lutzi, 2017, p. 692).

2.4. Alternativa: El domicilio de la víctima como locus *en difamación a través de publicaciones impresas*

2.4.1. *Locus* compartido o *locus* único

Mención especial merece el domicilio de la persona difamada como conexión a considerar a efectos de competencia judicial internacional, introducido, básicamente, a partir de una doble argumentación. Primero, a título de lugar de manifestación del daño, operando la edición y difusión como representativos del *lugar del evento causal* (y no del resultado), uno como evento primario y el otro como secundario: la protección a la víctima (Gaudemet, 1983, p. 677; Fuentes, 1992, pp. 5-6; Bourel, 1988, p. 533), la naturaleza moral e inmaterial del perjuicio, así como el carácter del derecho violado indisociable de la persona, aconsejarían localizar el daño también en su domicilio en tanto que es allí donde puede verse afectada la vida de un individuo por lesiones contra el honor o la reputación (Gaudemet, 1983, p. 676; id., 1985, p. 147). De acuerdo con ello, la víctima podría optar *ex* art. 7.2 R. 1215 entre presentar la demanda ante los Tribunales de su domicilio por la totalidad de los daños, o ante los Tribunales de lugar del evento causal, primario (por el todo) o secundario (por la parte) (Lagarde, 1996, p. 499).

Y, segundo, domicilio de la víctima a título de único lugar de comisión del ilícito, lo que supone negar la plurilocalización y, con ello, la necesidad de acogerse a la teoría de la alternatividad respecto de daños inmateriales (Crespo, 1995, p. 6). Disociar lugar del hecho y lugar donde se experimenta el daño desde una óptica espacial sólo tiene sentido respecto de daños materiales, no siendo ni la edición o la difusión elementos representativos de la localización de un litigio que afecta a la esfera personal e inmaterial de un individuo. El domicilio de la víctima operaría como el único lugar donde la persona sufre el daño o perjuicio, entendido este lugar como el ámbito jurídico donde se ha producido el desequilibrio moral de la víctima por ser allí donde se desenvuelve vitalmente y, por ello, donde es relevante el atentado a su honor (Bourel, 1989, p. 357). En consecuencia, la demanda se podría presentar, además del foro general del domicilio del demandado, sólo ante los Tribunales del domicilio de la víctima y por la *totalidad de los daños* (Fuentes y Villafruela, 2004, pp. 864-865; Eslava, 1996, pp. 130-133; Crespo, 1995, p. 4). Desde esta óptica, no se estaría ante un caso de *forum actoris* en tanto que el domicilio de la víctima intervendría a título de lugar donde se sufre el perjuicio y no con la intención de privilegiar su posición (Crespo,1995, pp. 6-7 y referencias allí recogidas).

2.4.2. Difícil ajuste con la jurisprudencia comunitaria

No puede decirse que atender al domicilio de la víctima no presente una lectura positiva. Su consideración como único foro a través del cual interpretar el *locus delicti commissi* del art. 7.2 R. 1215 y por la totalidad de los daños evitaría la atomización del litigio y conduciría a la concentración de acciones, que es otro de los objetivos del TJUE a la hora de aplicar el Reglamento 1215/2012 (Crespo, 1995, p. 5): no sólo eliminaría el efecto disuasorio que provoca la dispersión de la controversia *ex* doctrina *Shevill*, también convertiría al art. 7.2 R. 1215 en una opción con una verdadera traducción práctica en esta materia, dotando de sentido al término *efecto útil* y evitando su solapamiento con el foro general del domicilio del demandado del art. 4 R. 1215 provocado por su coincidencia con el establecimiento del editor. Además, la operatividad del domicilio de la víctima disminuiría el riesgo de *forum shopping*. Piénsese que la demanda de la víctima ante los Tribunales del establecimiento del editor, buscando el resarcimiento por la totalidad del daño y huyendo de los lugares de difusión por la atomización de sus acciones, puede ser aprovechado por los editores para ubicar su establecimiento en Estados con legislación más flexible respecto de la defensa de los derechos de la personalidad, como serían aquéllas que conceden una mayor protección de la libertad de prensa frente al derecho al honor del individuo, o que no reconocen los daños morales en su legislación material (Crespo, 1995, p. 5; Parleani, 1996, p. 64)[15].

---

15 Señala el debate, Lagarde, 1996, p. 502; Saravalle, 1995, p. 338; en ley aplicable, Amores y Torralba, 2004, par. 29.

Ahora bien, a pesar de sus bondades, en el momento jurisprudencial en el que nació la doctrina *Shevill,* no resultaba sencillo encajar el domicilio de la víctima como *locus* dentro de los principios rectores de la práctica comunitaria[16]. Por un lado, porque edición y difusión son respuestas más ortodoxas en tanto que más fácilmente encajables en el concepto de materialidad que está detrás de la comisión de un daño, lo que permite un ajuste más cómodo con el principio de proximidad razonable que garantice una buena administración de justicia que venía sosteniendo la práctica comunitaria (práctica de pruebas, acreditación de daños, el cese de actividad ilícita, resarcimiento por el daño causado[17]). Desde este punto de vista, e irrelevante la existencia abstracta de un derecho al honor susceptible de lesión, aquellas acciones que pueden suponer un atentando contra este derecho y que sí lo vinculan de manera más gráfica con un concreto territorio tienen lugar en los Estados de edición o difusión de la publicación impresa y no necesariamente en el domicilio de la víctima[18]. Que el domicilio de la víctima sea el lugar donde *se sufre* el perjuicio por el atentado contra este bien tampoco sería argumento: los verdaderos elementos a valorar no son estas consecuencias indirectas derivadas de la lesión al honor, sino el daño directo a

---

16 Ap. 45-46 del caso *Shevill.*

17 P.e., la verificación del impacto de la publicación injuriosa a partir del número de ejemplares del periódico o revista vendido en el Estado de edición o difusión. Sobre ello, Gauthier, 1996, p. 133. En el asunto *Shevill,* de los 250.000 ejemplares del periódico *France-Soir:* sólo 230 vendidos en Inglaterra (5 en Yorkshire, donde habitualmente residía la víctima), mientras que 237.000 en Francia y 15.500 en otros Estados europeos.

18 La apelación al domicilio de la víctima en el caso *Shevill* (Gobierno británico; ap. 46 Concl. AG) no fue considerada por no atender al principio de proximidad.

este derecho provocado por los hechos que han ocasionado la lesión, ajenos, en este caso, al domicilio de la víctima[19].

Y, por otro, por la tradicional aversión del TJUE de acercarse a los foros basados en la persona del demandante: el domicilio de la víctima, cuando es distinto de los lugares de edición y difusión de la publicación impresa (Palao, 1996, p. 78)[20], se acerca mucho a la idea de *forum actoris* (Sánchez e Izquierdo, 1996, p 154; también, Lagarde, 1974, p. 703; y Lagarde, 1996, p. 500; en contra, Bourel, 1985-1986, p. 86; Fuentes y Villafruela, 2004, p. 864) de difícil encaje en un instrumento como el Reglamento 1215/2012 que rechaza los foros exorbitantes (y que, cuando los reintroduce por vía indirecta, sólo permite su juego siempre que no actúe como único criterio atributivo de competencia; Gardella, 1997, p. 664). Y todo ello, en un art. 7.2 R. 1215 que opera a partir de una conexión particularmente estrecha entre territorio y daño y no con base en un supuesto interés del legislador comunitario de favorecer a la víctima o *favor laesi*[21].

---

19 Ap. 26 Concl. AG en caso *Shevill*. Parleani, 1996, p. 64: lugar de materialización del perjuicio distinto intelectualmente del domicilio de la víctima. Asimismo, Gardella, 1997, p. 667; O'Connell, 1991, p. 172.

20 Así, *Sent. BGH alemán 03/05/1977*, *N.J.W.*, 1977, pp. 1590-1591.

21 Ap. 11 del asunto *Mines de Potasse*.

3. DIFAMACIÓN Y LUGAR DE COMISIÓN DEL ILÍCITO: A TRAVÉS DE INTERNET

3.1. El centro de intereses de la víctima como lugar de comisión del ilícito respecto de daños en varios estados

3.1.1. La teoría de la alternatividad y los medios digitales

La intervención de medios digitales en los casos de información falsa o engañosa modifica las respuestas anteriores del TJUE vinculadas a la difamación a través de publicaciones impresas. No abandona el Tribunal la teoría de la alternatividad, de manera que, y a título de *locus delicti commissi*, cabe la posibilidad de demandar por la totalidad del daño ante los Tribunales del lugar del establecimiento del emisor de los contenidos, esto es, aquel territorio donde el presunto responsable del daño pone en marcha el proceso técnico que lleva a la difusión de la información infractora en Internet (De Miguel, 2022a, pp. 266-267)[22], así como ante los Tribunales del Estado miembro en cuyo territorio el contenido publicado en Internet sea accesible, extendiéndose su competencia exclusivamente respecto de los daños causados en este territorio.

Ahora bien, desde la óptica del Tribunal, el alcance universal de Internet diluye el elemento territorialidad que se halla detrás de la difusión de una publicación impresa, además de dificultar la cuantificación de los daños producidos en un concreto Estado, lo que, a su juicio, obliga a adaptar la proyección

---

22 A través de *STJUE 19/04/2012*, As. C-523/2012, *Wintersteiger*, en un caso de derechos de propiedad industrial. La ubicación del servidor no sería relevante; así, Cordero, 2015, pp. 142-143. Dadas las dificultades para la víctima para precisar el país del hecho causal, se propuso su identificación a partir del lugar donde se creó la página web que aloja en contenido difamatorio; Cordero, 2015, p. 144.

de la teoría de la alternatividad respecto de este nuevo tipo de supuestos. Por ello, se amplía el concepto de *locus* para permitir demandar, y también por la totalidad del daño[23], ante los Tribunales del lugar donde el perjudicado tiene su *centro de intereses*, ajustándose así de manera más precisa al objetivo de una buena administración de justicia: este Tribunal es el mejor situado para valorar la repercusión de un contenido publicado en Internet sobre los derechos de la personalidad de un individuo. Resulta conforme, asimismo, con el principio de previsibilidad de los foros de competencia: el emisor del contenido lesivo puede en el momento de la publicación conocer los centros de intereses de las personas afectadas por la información.

Así resolvió el TJUE la cuestión prejudicial elevada por el *Tribunal de grande instance* de Paris enfrentado a una demanda interpuesta por la víctima de la difamación, el actor francés Olivier Martínez, con domicilio en Francia, además de su padre, contra la sociedad inglesa MGN, editora del sitio de Internet del periódico británico *Sunday Mirror*, que había publicado informaciones (con fotografías) sobre la vida privada del actor, en concreto, un supuesto reencuentro con la artista Kylie Minogue[24]. No sólo mantuvo las respuestas de la práctica anterior, también amplió el concepto de *locus* a favor del lugar en el que una persona tiene su centro de intereses, que entiende que puede corresponder tanto con su residencia habitual, como con otro Estado miembro distinto en la medida en que otros indicios, como el ejercicio de una actividad profesional, per-

---

[23] No está claro si la respuesta del caso *eDate* se refiere a la totalidad de los daños a nivel mundial o se circunscribe a los daños producidos en la UE; Fernández y Sánchez, 2022, p. 748.

[24] Ap. 45, 46 y 50 de la *STJUE 25/10/2011*, As. C-509/09 y C-161/10, *eDate*.

mitan establecer la existencia de un vínculo particularmente estrecho con ese Estado miembro[25].

Aunque esta resolución nació al hilo de una reclamación por intromisión al derecho al honor por informaciones supuestamente injuriosas a través de la versión digital de un periódico, nada impide su extensión respecto de violaciones de la reputación de una persona a través de las redes sociales, tanto por el contenido de las informaciones vertidas, como por la intromisión en el derecho a la imagen derivada de la difusión de ciertas fotografías (De Miguel, 2022, par. 10; o De Miguel, 2022a, p. 273).

3.1.2. Ampliación del concepto de locus: la posición (mejorada) de la víctima

No extraña la adopción de una respuesta ajustada a la nueva realidad de una violación al honor o la reputación de un individuo derivada de una información falsa o engañosa difundida a través de medios digitales: no es cuestionable la influencia de Internet en las relaciones jurídico-privadas, tampoco en sede de competencia judicial internacional en esta materia. De ahí que no llame la atención la ampliación del concepto de *locus* del art. 7.2 R. 1215 a favor del centro de intereses de la víctima en orden a garantizar un efectivo acceso a la justicia a los perjudicados en este tipo de supuestos (Kaufmann-Kohler, 1998, pp. 117-118). Palía en parte las consecuencias dañosas que para la estrategia de la víctima tiene la atomización del litigio con base en la difusión de la noticia falsa o engañosa, más cuando

---

25 Ap. 49 del caso *eDate.* Si bien anterior a esta jurisprudencia, *SAP Las Palmas 20/1/2004* (AC 2004/129); también, *SAP Madrid 18/10/2010* (ECLI:ES:APM:2010:14759), confirmada por *STS 24/02/2014* (RJ 2014\1145), en el caso del Real Madrid C.F. y *Le Monde* (versión digital).

el alcance de esta difusión por vía digital resulta en la práctica casi universal: la opción del centro de intereses equilibra la posición de la víctima respecto del presunto responsable del daño en tanto que su (eventual) renuncia a los foros de difusión no la situaría necesariamente ya en manos de un foro como aquél del establecimiento del responsable del contenido injurioso, muchas veces coincidente con el domicilio del demandado (De Miguel, 2022a, p. 272; Mankowski, 2004, p. 150). El carácter de foro especial del art. 7.2 R. 1215 se materializa en la práctica como una alternativa real para el reclamante del daño.

Que su demanda ante los órganos jurisdiccionales pueda ser respecto de la totalidad del daño (y no sólo sobre la parte correspondiente a este territorio) completa finalmente las bondades de este nuevo foro. Más todavía cuando, siendo cierto que favorece en la práctica la posición del perjudicado, su fundamento no es la protección de la víctima, sino las condiciones objetivas que conectan el litigio con los órganos jurisdiccionales del territorio donde se ubican sus intereses, lo que permite no sólo adecuarse a los principios de proximidad y previsibilidad propios del art. 7.2 R. 1215, también alejarse de un eventual carácter de *forum actoris* (De Miguel, 2022a, p. 273)[26]. Téngase en cuenta además que, si bien con menos frecuencia, no siempre el centro de intereses de un individuo coincide con el lugar donde este individuo tiene su residencia habitual.

---

26 También, ap. 38 y 39 de *STJUE 17/10/2017*, As. C-194/16, *Bolagsupplysningen*; o ap. 32 y 33 de la *STJUE 17/06/2021*, As. C-800/19, *Mittelbayerischer*. De otra opinión, Orejudo, 2013, par. 13.

3.2. El juego del centro de intereses

3.2.1. De persona física y también jurídica

La aproximación primera al concepto de centro de intereses de la víctima como correspondiente con su residencia habitual o con el territorio de un Estado miembro distinto identificado a partir de una conexión estrecha tiene como base un supuesto en el que la víctima es una persona física. No quiere decir, no obstante, que las personas jurídicas no puedan beneficiarse también de esta ampliación del *locus* en el que se fundamenta en art. 7.2 R. 1215 en aquellos casos en los que esta persona jurídica se vea afectada por la difusión de información falsa o engañosa a través de medios digitales. Primero, porque la utilización como foro del concepto de centro de intereses por la totalidad del daño alegado tiene que ver con el objetivo de la buena administración de la justicia y no para proteger específicamente a la figura del demandante: en tanto que no se atiende a la víctima como parte débil, resulta indistinto su carácter de persona física o jurídica. Y, segundo, porque este criterio se fundamenta en su consideración como territorio del Estado mejor situado para conocer del litigio en garantía de la referida buena administración de justicia, restando así sentido su eventual limitación sólo a las personas físicas[27]. Otra cosa es decidir si una persona jurídica puede resultar titular de un derecho de la personalidad susceptible de ser infringido, que no es cuestión ya de competencia judicial internacional sino de ley aplicable (De Miguel, 2022a, p. 274).

La utilización del centro de intereses también respecto de las personas jurídicas derivó de la demanda interpuesta por la sociedad estonia Bolagsupplysningen y una empleada suya contra la sociedad sueca Svensk Handel solicitando, además de daños morales para la trabajadora, la rectificación de la infor-

---

27 Ap. 38 y 39 del caso *Bolagsupplysningen.*

mación inexacta publicada en su sitio de Internet sobre Bolagsupplysningen, así como de los comentarios que allí figuraban. Svensk Handel había incluido a Bolagsupplysningen en una lista *negra* en su sitio de Internet, acusándola de actos de fraude y engaño, llegando a paralizar su actividad económica en Suecia: en el foro de discusión del sitio de Internet se recogieron aproximadamente un millar de comentarios, algunos de los cuales con llamamientos directos al uso de la violencia contra Bolagsupplysningen y sus empleados[28]. El TJUE permitió a la sociedad estonia demandar ante los órganos jurisdiccionales de su centro de intereses, que debe ser entendido como aquel lugar donde la persona jurídica goza de mayor reputación comercial, esto es, el lugar donde ejerce la parte esencial de su actividad económica, coincida o no con el lugar donde se halle su domicilio social. De ahí que, aunque el centro de intereses de una persona jurídica puede coincidir con el lugar de su domicilio cuando ejerce la totalidad o parte esencial de sus actividades en el Estado miembro en que se halla situado este domicilio (y, en consecuencia, la reputación de que goza allí es más importante que en cualquier otro Estado miembro), la ubicación del domicilio no constituye en sí misma un criterio decisivo en el marco de tal análisis. Coherente con lo expuesto, no sería posible la utilización de este criterio de competencia por imposibilidad de identificación del centro de intereses de una persona jurídica de no poder apreciar que su actividad económica sea preponderante en un concreto Estado miembro.

3.2.2. Centro de intereses y repercusión de información en un Estado distinto

No parece oponerse la práctica comunitaria a la operatividad del centro de intereses de la víctima para conocer de la

---

28 *STJUE 17/10/2017*, As. C-194/16, *Bolagsupplysningen*.

totalidad del daño en aquellos casos en los que la información supuestamente falsa o engañosa difundida por medios digitales tenga repercusión en un Estado miembro distinto de aquél donde el perjudicado tiene su centro de intereses. Aunque sean éstas las circunstancias, parece que, a juicio de la jurisprudencia comunitaria, este lugar no deja por ello de estar vinculado con el daño a los derechos de la personalidad de la víctima, conforme con el principio de previsibilidad en la determinación de la competencia y mejor situado para conocer del litigio como territorio donde se materializa el perjuicio[29].

3.2.3. Víctima identificable

La operatividad del foro del centro de intereses de la víctima no puede ser invocado por un demandante perjudicado que no es mencionado ni directa ni indirectamente en el contenido supuestamente lesivo para su honor o reputación difundido a través de Internet. Tiene que ver con su difícil ajuste con el principio de previsibilidad y seguridad jurídica que preside las

---

[29] Apoyándose en el caso *Bolagsupplysningen*, De Miguel, 2022a, pp. 274-275: posible operatividad de este foro en casos de difusión en un sitio de Internet destinado al público de un país concreto con información en el idioma de ese país respecto de una persona cuyo centro de intereses se ubica en otro Estado; también de difusión de información difamatoria por responsable dirigida sólo a otro concreto país (p.e.: aquél de establecimiento del emisor) y sólo disponible en el idioma local de ese país (distinto del inglés, español u otro universal, y del hablado en el país donde la víctima tiene el centro de intereses). No obstante, Orejudo, 2013, par. 15, que, en su crítica al caso *eDate*, y en un caso de difamación a través de la versión digital de un periódico sueco de una actriz sueca residente en España y que trabaja también aquí, no considera competentes a los Tribunales españoles *ex* art. 7.2 R. 1215 de publicarse ese periódico sólo en sueco, en un dominio de nivel superior geográfico ".se", no publicitado en España, y sin asignación de palabras clave en español en los motores de búsqueda.

reglas de competencia del Reglamento 1215/2012: el responsable del daño no puede prever cuál es el centro de intereses de una persona cuando no se menciona ni se identifica nominal o indirectamente como individuo en el contenido que se difunde. La imposibilidad de identificación de la víctima potencial convirtió en inoperativo este criterio en el caso de la demanda interpuesta ante los Tribunales polacos por un ciudadano polaco, antiguo preso de Auschwitz superviviente del Holocausto y residente en Varsovia (Polonia), por violación de sus derechos de la personalidad contra un periódico alemán que había utilizado en uno de sus artículos digitales la expresión "campo de exterminio polaco" a la hora de referirse a un campo de exterminio nazi situado en la Polonia ocupada[30]. En consecuencia, sólo si es identificable con base en "elementos objetivos y verificables" sería operativa esta ampliación del *locus* del art. 7.2 R. 1215 a favor del centro de intereses de la víctima.

Ahora bien, siendo esto cierto, también lo es que existen situaciones en las que, aunque el contenido publicado en un sitio de Internet no permita esta identificación, la previsibilidad, seguridad jurídica y buena administración de justicia pueden aconsejar la competencia del Tribunal de Estado del centro de intereses para conocer de la totalidad del daño causado. Tal sería así en relación con una demanda por difamación por una publicación en Internet con información controvertida sobre todos los habitantes de un determinado país: a diferencia de la jurisprudencia *Mittelbayerischer*, que no lo permitiría, no debería extrañar la competencia a los Tribunales de ese concreto Estado en tanto que resultan sobradamente cumplidos estos objetivos de previsibilidad, seguridad jurídica y buena administración de justicia. El peso que la práctica comunitaria concede a la identificación de la víctima parece excesivo cuando el centro de intereses pueda determinarse también a partir de

---

30 Ap. 36 a 38 del caso *Mittelbayerischer Verlag*.

elementos distintos del referido (en este caso, una declaración determinada geográficamente que puede causar una ofensa en ese lugar determinado geográficamente al que se refiere) (Álvarez, 2021, par. 7)[31].

3.3. Accesibilidad en red del contenido lesivo

La atribución de competencia con base en el *locus* se halla supeditada, sin más requisitos adicionales, a la condición de que el contenido lesivo sea o haya sido accesible en el territorio del órgano jurisdiccional ante el que se interpone la demanda. De acuerdo con la práctica comunitaria, la limitación mediante requisitos adicionales de la facultad de presentar una demanda de indemnización ante uno de los Tribunales en los que se desdobla el art. 7.2 R. 1215 podría excluir de hecho esta facultad, privando a la víctima de ejercitar una acción de indemnización ante los Tribunales competentes para conocer del daño causado en el Estado miembro al que pertenecen y en contra de la reiterada práctica jurisprudencial comunitaria[32].

Ahora bien, a pesar de lo expuesto, parece excesivo considerar la mera accesibilidad como elemento suficiente en todo caso a efectos de identificación del lugar de manifestación del daño (De Miguel, 2022, par. 20). O, lo que es lo mismo, no pueden desconocerse los efectos negativos sobre la competencia de la mera accesibilidad sin otros vínculos a mayores, no sólo la multiplicación de los potenciales órganos jurisdiccionales competentes, lo que favorece el *forum shopping* en un contexto no unificado de ley aplicable a la difamación, también su (a veces) complicado ajuste con el principio de proximidad, específicamente, cuando la accesibilidad desde un concreto

---

31 Asimismo, AG en sus Concl. en el caso *Mittelbayerischer* (ap. 67).

32 Como muestra, ap. 51 del caso *eDate*; o ap. 41 a 43 del caso *Gtlix*.

Estado resulta sólo circunstancial y no responde a un verdadero vínculo del litigio con el Estado miembro que se trate (distribución accidental de la información en un concreto Estado, por ejemplo) (Álvarez, 2021, p. 7; Azzi, 2020, p. 698; Cordero, 2015, p. 151)[33]. De ahí que resulte legítimo cuestionarse que quien difunde un contenido en la red deba prever en todo caso, por la universalidad de Internet, que pueda ser demandado ante los Tribunales de cualquier Estado miembro donde la información sea accesible, más cuando la víctima titular del derecho lesionado es una persona especialmente conocida: la víctima pasaría a ocupar una posición de privilegio respecto un responsable del daño que no puede controlar la expansión en red de un contenido que puede ser distribuido por terceros (redes sociales, links, blogs…). Por eso no extrañan las propuestas para considerar, a efectos del art. 7.2 R. 1215 y en relación con este tipo de supuestos, el carácter pasivo o activo de las páginas web, o la existencia o no de interactividad por parte del destinatario del contenido lesivo (Cordero, 2015, pp. 151 y 153), cuestionando el requisito de la accesibilidad como elemento único a efectos de competencia del art. 7.2 R. 1215 (De Miguel, 2012, pp. 3-4).

3.4. Tipo de medidas y alcance de la competencia basada en el **locus.**

Además de la competencia basada en el domicilio del demandado, tanto la competencia derivada del lugar de origen de la información controvertida como aquélla basada en el centro de intereses de la víctima tienen alcance general sin restricción territorial, ya sea frente al emisor de los contenidos o cuando su destinatario es un proveedor de alojamiento

---

33 También, ap. 56 de Concl. AG en el caso *eDate*, en referencia al riesgo de *forum shopping*.

(como una red social). Con todo, aun cuando la ausencia de restricción competencial para adoptar una medida de alcance mundial en estos casos, el contenido y alcance de la medida se halla condicionado por cuestiones de fondo[34].

Por el contrario, resulta restrictiva la competencia basada en el foro de la manifestación del daño no coincidente con el centro de intereses de la víctima de la lesión de los derechos de la personalidad: las medidas a adoptar se limitarán al territorio de la jurisdicción correspondiente. Por ello, y dada la naturaleza ubicua de los datos y los contenidos puestos en línea en un sitio de Internet y de que el alcance de su difusión es, en principio, universal, una demanda que tenga por objeto la rectificación de los datos y la supresión de los contenidos es única e indivisible y, en consecuencia, sólo puede interponerse ante un Tribunal competente para conocer íntegramente de una acción de indemnización del daño[35]. Coherente con ello, nada impediría reclamar ante los Tribunales del lugar de manifestación del daño una indemnización por los perjuicios sufridos en ese concreto territorio, así como la restricción de la difusión de la información difamatoria en ese concreto Estado, esto es, no la supresión de información de un sitio de Internet, sino limitar el acceso a esa información desde el Estado del Tribunal donde se presenta la reclamación (*blocking injunctions*) (De Miguel, 2022a, p. 279 y doctrina referida)[36]. Téngase en cuenta

---

[34] Ap. 86 de Concl. AG en el caso *Glawischnig-Piesczek.*

[35] Ap. 48 del caso *Bolagsupplysningen.* Sobre ello, Fernández y Sánchez, 2022, pp. 749-750.

[36] Este mismo autor (p. 280) se refiere a la *STJUE de 03/10/2019,* As. C-18/18, *Glawischnig-Piesczek,* respecto del alcance espacial de las medidas de cesación frente a contenidos difundidos en redes sociales que pueden vulnerar los derechos de la personalidad (solicitud a Facebook Ireland Ltd. de un comentario vejatorio sobre la persona de la demandante), si bien el TJUE no estableció pautas concretas. Con más dudas, Lutzi, 2020, pp. 81-82.

el carácter independiente de una solicitud de rectificación y supresión de una información denigrante respecto de aquélla otra de indemnización por el perjuicio causado, que justificaría su tratamiento por separado (y no necesariamente conjunto) en aquellos casos de demanda con doble reclamación de la víctima: a pesar de la identidad de hechos que constituyen el fundamento de ambas demandas, difiere su objeto, causa y posibilidad de ser divididas[37].

En cualquier caso, no debe olvidarse, tal como vimos, que ni el Derecho material ni el régimen conflictual se hallan unificados ni a nivel global, ni en el ámbito espacial europeo. De ahí que una eventual medida de alcance universal con base en una única ley aplicada deba tomarse con cautela, más en una materia como ésta en la que son significativas las diferencias entre las respuestas de los distintos ordenamientos jurídicos, incluso entre aquéllos más próximos, respecto de la protección de los derechos fundamentales y el derecho a la información[38]. Tal sería así respecto de una medida como la retirada de contenidos de una red social que, aunque con potencial alcance universal, imposibilite su acceso sólo desde los Estados de la UE (a través de la geolocalización) y sin ordenar su retirada a nivel mundial. Favorecería, asimismo, el reconocimiento y ejecución de resoluciones, sobre todo en terceros Estados. No implica, no obstante, que no pueda adoptar una medida con alcance mundial en casos como aquéllos en los que el origen de la información y todos los afectados se encuentran en la UE[39].

---

37 Ap. 35 del caso *Gtlix*.

38 Ap. 110 de Concl. AG en el caso *Glawischnig*, que habla de "cortesía internacional" y de "postura comedida".

39 Sobre estas cuestiones, De Miguel, 2022a, p. 281, apoyándose en *STJUE 24/09/2019*, As. C-507/17, *Google (alcance territorial del derecho a la retirada de enlaces)*.

4. UN APUNTE FINAL.

4.1. ¿Eliminación del foro de la difusión en difamación por medios digitales?

Desde ciertas opiniones, las reticencias del TJUE a desprenderse de la práctica anterior del caso *Shevill* en la que se apoya convierten en incompleta la diferencia de trato competencial de la difamación por medios digitales respecto de las publicaciones impresas. Lo demuestra el hecho de mantener también para los supuestos de difamación por Internet la posibilidad de demandar ante los Tribunales del Estado miembro en cuyo territorio el contenido publicado en Internet sea accesible y exclusivamente respecto de los daños causados en este territorio. De acuerdo con este razonamiento, la escasa utilidad de este foro para la víctima, así como su carácter excesivamente gravoso para el emisor de la información, deberían aconsejar su supresión, sobre todo cuando se introduce una nueva alternativa como es el centro de intereses de la víctima y por la totalidad del perjuicio causado (Azzi, 2020, p. 696; Torralba, 2012, par. 4.c y par. 6, que lo extiende asimismo a la difamación por medios impresos; o Cordero, 2015, pp. 163-164). O, lo que es lo mismo, extender la jurisprudencia del caso *Shevill* al ámbito de Internet significa reconocer simultáneamente la competencia de la práctica totalidad de las jurisdicciones de los Estados miembros desde el momento en que se puede acceder a la información de manera instantánea en todos ellos. Siendo cierto que el número y origen de visitas de una página web puede ser indicativo de un impacto territorial determinado, no constituye un criterio fiable para medir la difusión de la información específica en Internet, siendo una única visita suficiente para identificar una difusión en el sentido de la sentencia *Shevill*[40], permitiendo así al demandante

---

[40] Ap. 50 de Concl. AG en el caso *eDate*.

interponer un procedimiento en el correspondiente territorio. Esta multiplicidad de foros derivados del criterio de la difusión resulta de difícil conciliación con el objetivo de previsibilidad de las normas de competencia y la buena administración de justicia del Considerando 15 del Reglamento 1215/2012, prefiriendo restringir las posibilidades de demandar en estos casos de difamación vía Internet sólo entre el domicilio del demandado y el centro de intereses de la víctima[41].

Ahora bien, sin desconocer la fortaleza de los argumentos expuestos, lo cierto es que no siempre resulta de escasa utilidad el foro de la difusión en difamación por medios digitales. Así sería en aquellos casos en los que no es posible determinar el centro de intereses de la víctima al no existir un lugar preponderante de manifestación del daño[42]. También, cuando el prestador del servicio domiciliado en un concreto Estado difunde contenido que pueda lesionar derechos de una persona cuyo centro de intereses se halla en otro Estado, habiendo difundido esta información controvertida en el idioma de un tercer Estado miembro diferente de los anteriores, que es donde tienen realmente repercusión y siendo allí conocida también la víctima (De Miguel, 2022a, pp. 276 y 277). Eliminar el juego de los Tribunales del lugar de difusión de la información difamatoria impediría a la víctima demandar ante los órganos jurisdiccionales de este tercer Estado miembro, en claro desajuste con el fundamento del art. 7.2 R. 1215: no puede desconocerse que los Tribunales del lugar de manifestación del daño son los mejor situados para valorar si los daños se han producido efectivamente y cuál es su naturaleza, así como para adoptar medidas para evitar que el daño se siga produciendo en ese territorio (por ejemplo, a través de mandamientos a los proveedores de acceso a Internet para bloquear el acceso a la información

---

41 Ap. 71 y 77 a 79 de Concl. AG en el caso *Bolagsupplysningen.*

42 Ap. 43 del caso *Bolagsupplysningen.*

controvertida desde su territorio). En tal sentido, y en este tipo de supuestos, cobra de nuevo importancia la competencia limitada de los distintos Tribunales del lugar de manifestación del daño. Más, existiendo en la actualidad herramientas basadas en la geolocalización y en las estadísticas de acceso y descarga de contenidos que pueden utilizarse para localizar los daños en un concreto territorio (Google Analytics, por ejemplo) (De Miguel, 2022, par. 7).

Con todo, siendo cierto que una eventual supresión del foro de la manifestación provocaría la distorsión del sistema competencial del Reglamento 1215/2012 al limitar sin suficiente justificación la posibilidad de acceso a los Tribunales (De Miguel, 2022a, pp. 276 y 277)[43], no pueden desconocerse los problemas que plantea la multiplicación de foros a título de lugares de manifestación del daño, lo que exige una ulterior labor de matización que corresponde al TJUE en próximas jurisprudencias.

4.2. *¿Ampliación del foro del centro de intereses de la víctima a los medios impresos?*

Si la ampliación a favor del centro de intereses de la víctima tiene que ver con la difusión universal de los medios digitales frente al carácter más restringido y territorialmente limitado de las publicaciones impresas[44], puede dudarse de la necesidad de un tratamiento diferenciado en función del tipo de medios respecto de aquellos supuestos de difusión vía Internet a través de un medio restringido en virtud de controles a usuarios de un Estado diferente a aquel del centro de intereses de la víctima desde el momento en que mecanismos como la

---

43 Asimismo, ap. 79 de Concl. AG en el caso *Gtflix.*

44 Véase ap. 45 del caso *eDate.*

geolocalización permiten restringir el acceso a usuarios que se encuentren en determinados países (De Miguel, 2022a, pp. 275-276). No en vano puede decirse que quien difunde un contenido en una publicación impresa puede también prever el centro de intereses de la víctima en tanto que lugar donde la información es noticiable. Más todavía cuando, en el actual estado de la sociedad de la información, resulta frecuente que la información recogida en un medio impreso se difunda en otros países, singularmente, aquél del centro de intereses de la víctima, a través de otros medios digitales. Desde esta óptica, no debería diferenciarse el tratamiento competencial de estos casos de publicaciones impresas con los referidos de difusión por medios digitales con restricción territorial de acceso[45].

No puede olvidarse que nunca resultó pacífica la ampliación del *locus* a favor del centro de intereses de la víctima con base en el tipo de medio (impreso o digital) a partir del cual se difunde la información controvertida, más cuando supone inclinar hacia su posición la balanza del foro especial, en tanto que muchas veces el medio de difusión (impreso o digital) no se comporta como aquel elemento diferenciador que en esta materia justifique una respuesta competencial diferente. Así sería respecto de un contenido controvertido con escasa difusión en Internet frente a una información impresa escrita que tenga repercusión global[46]. Con todo, a nuestro entender y

---

45 De Miguel, 2022a, p. 276, que añade, respecto de la información difundida en redes sociales, la necesidad de tener en cuenta el nivel de acceso a los contenidos del perfil que se trate como condicionante del alcance de la difusión de la información.

46 Orejudo, 2013, par. 13, que contrapone una información de escasa difusión en la red frente a una pancarta difamatoria desplegada en el campo de fútbol donde se juega la final de un Mundial, televisado en todos los países, que le sirve para cuestionar el refuerzo de la posición de la víctima respecto de publicaciones en Internet "...por el mero hecho de que estas pueden tener alcance global: primero, porque

siendo esto cierto, la consecuencia no debe ser poner en duda la existencia de un foro como el centro de intereses de la víctima, más beneficioso que perjudicial a efectos competenciales, sino su adaptación también a los medios impresos.

BIBLIOGRAFÍA

Álvarez González, S. (2021). Una nueva, provisional y discutible delimitación de la competencia judicial internacional en materia de atentados a los derechos de la personalidad. *La Ley (Unión Europea)*, 95.

Álvarez Rubio, J.J. (dir.), 2009. *Difamación y protección de los derechos de la personalidad: ley aplicable en Europa.* The Global Law Collection, Cizur Menor (Navarra): Aranzadi.

Amores Conradi, M.A. y Torralba Mendiola, E. (2004). XI Tesis del Estatuto delictual. *REEI*, 1-34.

Amores Conradi, M.A. y Torralba Mendiola, E. (2007). Difamación y Roma II. *AEDipr.*, 251-265.

Azzi, T. (2020). Compétence jurisdictionnelle en matière de cyber-délits: l'incontestable déclin du critère de l' accessibilité (à propos de plusiers arrêts récents). *Rev. cr. dr. int. pr.*, 4, 695-791.

Bourel, P. (1977). Nota a la STJCE de 30/11/1976, *Mines de Potasse. Rev. cr. dr. int. pr.*, 568.

Bourel, P. (1985-1986). En *Débats* a F. Pocar, Le lieu du fait illicite dans les conflits de lois et de jurisdictions. *Travaux com. fr. dr. int. pr.*, 86.

Bourel, P. (1988). Nota a Sent. Cour Cass. de 13/4/1988, *Farah Diba. Rev. cr. dr. int. pr.*, 533.

Bourel, P. (1989). Du rattachement de quelques délits spéciaux en droit international privé. *R. des C.*, 251-398.

Cordero Álvarez, C.I. (2015). *Litigios internacionales sobre difamación y derechos de la personalidad.* Madrid: Dykinson.

Crespo Hernández, A. (1995). Precisión del *forum locus delicti commissi* en los supuestos de daños contra la persona causados a través de la prensa. *La Ley. Comunidades Europeas*, 1-7.

---

otras publicaciones también pueden tenerlo; segundo, porque en el caso en particular, podría no darse tal alcance...".

De Miguel Asensio, P.A. (2009). El régimen comunitario relativo a la ley aplicable a las obligaciones extracontractuales. *Revista Española de Seguros*, 140, 695-726.

De Miguel Asensio, P.A. (2021). Vulneración de derechos de la personalidad en Internet: precisiones en materia de competencia judicial internacional. https://pedrodemiguelasensio.blogspot.com (entrada de 17/06/2021).

De Miguel Asensio, P.A. (2022). Competencia judicial internacional y actividades ilícitas en línea (Sentencia del Tribunal de Justicia de 21 de diciembre de 2021, asunto c-251/20: Gtflix tv. *La Ley (Unión Europea)*, 99.

De Miguel Asensio, P.A. (2022a). *Derecho privado de Internet* (6ª ed.), Cizur Menor (Navarra): Civitas, Thomson-Reuters.

Eslava Rodríguez, M. (1996). *La protección civil del derecho a la vida privada en el tráfico privado internacional: Derecho aplicable.* Universidad de Extremadura.

Eslava Rodríguez, M. (2002). El *locus delicti commissi* en los ilícitos contra la vida privada cometidos a través de Internet. *Informática y Derecho*, 15-38.

Fernández Rozas, J.C. y Sánchez Lorenzo, S. (2022). *Derecho internacional privado* (12ª ed.). Madrid: Civitas, Thomson Reuters.

Fuentes Camacho, V. (1992). Principio de proximidad y precisión del forum delicti commissi en las hipótesis de pluralidad de daños sobrevenidos en distintos Estados. *La Ley. Comunidades Europeas*, 1-8.

Fuentes Camacho, V. y Villafruela Chaves, P. (2004). Nota a STJCE de 10/6/2004. *R.E.D.I.*, II, 864-865.

Garau Sobrino, F. (2007). Cuestiones de Derecho Internacional Privado: competencia judicial internacional y ley aplicable. En *Responsabilidades de los proveedores de información en internet* (pp. 191-228). Granada.

Garcimartín Alférez, F.J. (2007). La unificación del Derecho conflictual en Europa: el Reglamento sobre ley aplicable a las obligaciones extracontractuales (Roma II). *Diario La Ley*, 6811, D-232.

Garcimartín Alférez, F.J. (2021). *Derecho internacional privado* (6ª ed.). Madrid: Civitas, Thomson-Reuters.

Gardella, A. (1997). Diffamazione a mezzo stampa e Convenzione di Bruxelles del 27 settembre 1968. *Riv. dir. int. pr. proc.*, 657-680.

Gardeñes Santiago, M. (1995). La compétence spéciale en matière délictuelle et quasi délictuelle dans la Convention de Bruxelles: à propós de l'arrêt Presse Alliance, du 7 mars 1995. *Rev. trim. dr. europeén*, 611-620.

Gaudemet-Tallon, H. (1983). Nota a *Sent. Trib. Grande Instance de Paris 29/9/1982, Romy Schneider. Rev. cr. dr. int. pr.*, 677-678.

Gaudemet-Tallon, H. (1985). Nota a Sent. Cour d'Appel de Paris de 19/3/1984 y Tribunal de Grande Instance de Paris de 30/6/1984. *Rev. cr. dr. int. pr.*, 147.

Gaudemet-Tallon, H. (1990). Nota a la STJCE de 11/1/1990, *Dumez. Rev. cr. dr. int. pr.*, 372.

Gauthier, P. (1996). Du droit applicable dans le village planétaire au titre de l'usage immatériel des ouvres. *Dalloz*, chr., 133.

Jenard, P. (1990). Informe sobre el Convenio de 27 de septiembre de 1968 relativo a la competencia judicial y a la ejecución de resoluciones judiciales en materia civil y mercantil (Informe Jenard). *DOCE* C 189.

Kaufmann-Kohler, G. (1998). Internet: mondialisation de la communication – mondialiasation de la résolution des litiges. En Boele-Woelki, K. & Kessedjan, C. (ed.). *Internet Which Courts Decides? What Law Applies? Quel tribunal décide? Quel droit s'applique?* (pp. 89-142). The Hague: Kluwer.

Kaye, P. (1987). *Civil jurisdiction and enforcement of foreign judgements.* Abingdon: Oxon.

Kropholler, J. (1993). *Europaïsches Zivilprozessrecht* (4ª ed.). Heidelberg.

Kropholler, J. (1996). *Europaïsches Zivilprozessrecht* (5ª ed.). Heidelberg.

Lagarde, P. (1974). Nota a Sent. Trib. Grande Instance de Paris de 19/6/1974, *Hauert. Rev. cr. dr. int. pr.*, 703.

Lagarde, P. (1996). Nota a STJCE de 7/3/1995, *Fiona Shevill. Rev. cr. dr. int. pr.*, 499-502.

Lasok, D. & Stone, P. (1987). *Conflict of laws in the European Community.* Abingdon: Oxon.

Levi, L. (2011). The Problem of Transnational Libel. *University of Miami Legal Studies*, Research Paper 11 (https://ssrn.com/abstract=1795237).

Lutzi, T. (2017). Internet cases in EU private international law – developing a coherent approach. *I.C.L.Q.*, 66, 687-721.

Lutzi, T. (2020)., *Private International Law Online. Internet Regulation and Civil Liability in the EU.* Oxford: Oxford University Press.

Lutzi, T (2021). Case C-800/19: CJEU Limits Scope of "Centre of Interests" Jurisdiction for Online Infringements of Personality Rights. *Conflictoflaws.net*, post de 18/06/2021.

Mankowski, P. (2004). Jurisdiction and enforcement in the information society. En Nielsen, R., Jakobsen, S.S. & Trzakowski, J. (ed.). *EU Electronic Commerce* Law (pp. 125-159). Copenague: Djoef.

O'Connell, K.A. (1991). Libel suits against american media in foreign courts. *Dickinson J. Int. Law,* 172.

Orejudo Prieto de los Mozos, P. (2013). La vulneración de los derechos de la personalidad en la jurisprudencia del Tribunal de Justicia. *La Ley (Unión Europea),* 4.

Palao Moreno, G. (1996). La aplicación de la regla forum delicti commissi (el art. 5.3 del Convenio de Bruselas de 1968) en supuestos de difamación por medio de prensa. *Noticias de la UE,* 75-80.

Parleani, G. (1996). Nota a STJCE de 7/3/1995, *Fiona Shevill, Dalloz,* jur., 64.

Reed, A. & Kennedy, T.P. (1996). International torts and Shevill: the ghost of forum shopping yet to come. *Lloyd's Maritime and Commercial Law Quaterly,* 108-122.

Sánchez Santiago, J. y Izquierdo Peris, J.J. (1996). Difamar en Europa: las implicaciones del asunto Shevill. *Rev. Inst. Europeas,* I, 141-169.

Saravalle, A. (1995). Forum damni o fora damni? *Foro it.,* 332-340.

Torralba Mendiola, E. (2012). La difamación en la era de las comunicaciones: ¿Nuevas? perspectivas de Derecho Internacional Privado Europeo. *Indret,* 1, 1-37.

Virgós Soriano, M. y Garcimartín Alférez, F.J. (2007). *Derecho procesal civil internacional. Litigación internacional* (2ª ed.). Madrid: Thomson, Civitas.

Wengler, W. (1966). La responsabilitá per fatto illecito nel diritto internazionale privato. *Ann. dir. int.,* 1-21.

Capítulo 12.

DEMOCRACIAS AMENAZADAS POR LA MANIPULACIÓN INFORMATIVA. LA DESINFORMACIÓN EN EL ÁMBITO DE LA SEGURIDAD

TAMARA ÁLVAREZ ROBLES
Universidad de León (ULe)
talvr@unileon.es

La gente no piensa se informa y lo suele hacer principalmente a través de imágenes, titulares y narrativas que apelan a los sentimientos, a los instintos básicos, que distorsionan la realidad y comprometen nuestros sistemas democráticos.

1. INTRODUCCIÓN

El acceso a la información veraz[1], de calidad y plural es uno de los pilares sobre los cuales se asientan los sistemas democráticos, una garantía en las sociedades democráticas (STC 121/2002, FJ3). No puede haber democracia sin libertad y sin sociedad informada. De ahí que la información veraz se haya configurado como un derecho fundamental (art 20.d CE) y que sea imprescindible el establecimiento y sostenimiento de un sistema de garantías subjetivas y objetivas, institucionales y normativas, así como económicas, que impliquen a las instituciones y administraciones públicas a todos los niveles.

El acceso a la buena información, a la información de calidad, nos da la posibilidad de conformar una opinión plural, libre y formada sobre los asuntos políticos y sociales. Permite "adquirir conciencia y fundamento para participar en los debates públicos y, entre otros derechos democráticos, en los procesos electorales"[2]. De este modo, la democracia solo es posible en un clima de participación abierto, en un espacio público plural, libre de injerencias, donde la población pueda expresarse libremente, los medios de comunicación ofrezcan información veraz y plural que fomente debates de calidad, en el cual los académicos reflexionen y critiquen las instituciones y todos se proyecten sin miedo a sufrir engaños, manipulaciones

---

1 La veracidad que se exige es una veracidad subjetiva que se traduce en un deber de diligencia al informante, que el informante haya actuado con diligencia, contrastando suficientemente la información teniendo en cuenta las características de los hechos o la noticia y a los medios disponibles, tal y como afirma la doctrina del Tribunal Constitucional, SSTC: 6/1988;105/1990; 240/1992; 47/200; 76/2002.

2 Orden PCM/1030/2020, de 30 de octubre, por la que se publica el Procedimiento de actuación contra la desinformación aprobado por el Consejo de Seguridad Nacional.

y/o represalias por quienes ostentan el poder en sus distintas formas[3].

Las democracias, base de nuestro sistema, tienen que ser "cuidadas y protegidas de forma activa"[4] frente a las amenazas que se intensifican y evolucionan (difusión de informaciones falsas, desinformación, infoxicación, etc.) y ante la utilización de distintas técnicas (manipulación afectiva, semántica, de imágenes y vídeos, histórica, estadística, etc.) y medios (tradicionales y tecnológicos) que tratan de manipular a la opinión pública[5].

Pensemos en el crecimiento de las campañas electorales en línea qué ha supuesto la aparición de nuevas vulnerabilidades que, en ocasiones, pueden comprometer la integridad de los procedimientos electorales, que facilitan la difusión de desinformación y la manipulación, dificultan la garantía de unos medios de comunicación plurales y libres (Rubio Núñez, 2018 a y b). En igual sentido, los ciberataques a las infraestructuras electorales[6], el uso de información falsa y campañas de desin-

---

3 Informe sobre las injerencias extranjeras en todos los procesos democráticos de la Unión Europea, en particular la desinformación (2020/2268(INI)). A9-0022/2022, Disponible en: https://www.europarl.europa.eu/doceo/document/A-9-2022-0022_ES.html#section4

4 Plan de Acción para la Democracia Europea, COM/2020/790.

5 Un ejemplo de ello puede ser el uso de *deepfakes* (simulación de caras) engañando a europarlamentarios (de Reino Unido, Lituania, Estonia y Latvia), en marzo de 2021, haciéndose pasar por un opositor ruso y solicitando una reunión con la Comisión de exteriores. Ampliar información en: https://www.theguardian.com/world/2021/apr/22/european-mps-targeted-by-deepfake-video-calls-imitating-russian-opposition

6 En referencia a las elecciones de Estados Unidos de 2016 Gómez de Ágreda sostiene que "en 2016 se hizo evidente que los procesos electorales son fundamentales para los sistemas democráticos y que tienen que ser

formación coordinadas[7], que con la utilización de algoritmos y datos personales ayudan en la creación de perfiles y microsegmentación de población para potenciar su alcance, o el acoso a periodistas[8].

Estas amenazas a los sistemas democráticos provienen de distintos actores (estatales y no estatales, internos y externos), que utilizan diversas técnicas que afectan a diferentes ámbitos[9]

---

protegidos con igual celo, al menos, que las infraestructuras y servicios críticos tradicionales. La democracia no es el ejercicio del derecho del voto, pero sin la capacidad para decidir libremente no se puede hablar de Estados democráticos. Y el acceso a una información veraz está en la base del ejercicio de esa libertad" Gómez de Ágreda, A. (2019). *Mundo Orwell. Manual de supervivencia para un mundo hiperconectado.* Barcelona: Ariel, p. 80. En igual sentido Allcott, H., & Gentzkow, M. (2017). Social Media and Fake News in the 2016 Election, *Journal of economic perspectives,* núm. 31 vol. 2, pp. 211-236. Disponible en: https://www.aeaweb.org/articles?id=10.1257/jep.31.2.211

7 Relatora Especial sobre la promoción y protección del derecho a la libertad de opinión y de expresión, Irene Khan, Fortalecimiento de la libertad de los medios de comunicación y de la seguridad de los periodistas en la era digital, A/HRC/50/29, 20 de abril de 2022. Disponible en: https://documents-dds-ny.un.org/doc/UNDOC/GEN/G22/323/47/PDF/G2232347.pdf?OpenElement

8 Este es el caso de Azerbaiyán, China, Turquía y Rusia, entre otros países, donde se han perseguido a periodistas y opositores en la Unión, como en el caso del bloguero y opositor azerbaiyano Mahammad Mirzali en Nantes o en el del periodista turco Erk Acarer en Berlín, tal y como pone de manifiesto el Informe sobre las injerencias extranjeras en todos los procesos democráticos de la Unión Europea, en particular la desinformación (2020/2268(INI)), considerando W. p.10.

9 "El Centro Europeo de Excelencia para la Lucha contra las Amenazas Híbridas y el Centro Común de Investigación de la Comisión Europea identifican trece dominios (infraestructura, ciberespacio, económico, militar y defensa, cultural, social, administración pública, legal, inteligencia, diplomacia, política y el dominio de la información), tres fases (preparación, desestabilización y coerción) y cuatro actividades en un espectro (interferencia, influencia, operaciones/campañas y

con el propósito de obtener para sí un beneficio (político y/o económico) a costa de otros, mediante el condicionamiento de su opinión, accediendo al rincón más íntimo de las personas, a su ámbito cognitivo[10].

Son amenazas híbridas (que combinan lo físico y lo virtual con las ideas) que persiguen controlar el discurso político, polarizar a la población, manipular a la opinión pública, radicalizar a personas, la desestabilización social y/o cuestionar la legitimidad de las instituciones democráticas. En definitiva, tratan de socavar los valores democráticos y las libertades fundamentales convirtiéndose en un asunto de defensa y seguridad nacional y de orden público[11].

Amenazas que se proyectan sobre una sociedad que se ve condicionada, manipulada, por la información que le llega por distintos canales y que trata de alterar la toma de decisiones, en

---

guerra). [...] las campañas de desinformación afectan a múltiples dominios, incluido el de la información, pero también a otros dominios estrechamente vinculados, como el cibernético, el social, el político, el de la inteligencia, el de la administración y el cultural, entre otros" (traducción propia), Arcos, R. y Smith, H. (2021), Digital Communication and Hybrid Threats, *Revista ICONO 14, Revista de Comunicación y Tecnologías emergentes*, núm. 1 vol. 19, pp.5-6. Disponible en: https://icono14.net/ojs/index.php/icono14/article/view/1662

10 "La doctrina reconoce al ámbito cognitivo la facultad del adversario de afectar la capacidad de juicio y toma de decisiones, la voluntad, los valores, percepciones, actitudes y prejuicios de las personas". Documento de Trabajo del Centro Superior de Estudios de la Defensa Nacional 01/2020. Implicaciones del ámbito cognitivo en las Operaciones Militares, Instituto Español de Estudios Estratégicos (IEEE), p. 31. Disponible en: https://emad.defensa.gob.es/Galerias/CCDC/files/IMPLICACIONES_DEL_AMBITO_COGNITIVO_EN_LAS_OPERACIONES_MILITARES.pdf

11 Comunicación Conjunta sobre la Lucha contra las amenazas híbridas, Una respuesta de la Unión Europea, JOIN/2016/18.

ocasiones poniendo en un grave riesgo al propio Estado, a las instituciones democráticas[12].

A ello hemos de sumarle que, en el actual contexto del siglo XXI global y tecnológico-digital, "se produce una sobreinformación (exceso de información disponible), una sobredifusión (rapidez de la transmisión de la información), una sobreconexión (gracias a los dispositivos móviles) y una sobremovilización (debido a las redes sociales)"[13] que sirven de catalizadores para esas influencias.

Tenemos acceso universal e instantáneo a una cantidad de información nunca imaginada que teóricamente nos brinda un sinfín de posibilidades de elección favoreciendo la configuración de una opinión formada, la toma de decisiones. Si bien, existen factores a nuestro alrededor que condicionan esa libertad: desde la veracidad de las informaciones, la independencia de los medios de comunicación y plataformas, hasta la forma en la que accedemos a la información a través de las redes sociales.

---

12 Un ejemplo de esa gravedad sería el denominado "Asalto al Capitolio" de los Estados Unidos de Norteamérica de enero de 2021. El cuestionamiento de los resultados electorales del año 2020 y el uso de la información en este contexto de hiperconexión, y la importancia que tuvieron la redes sociales Twitter, Facebook o Youtube. Previamente las elecciones de 2016 ya hicieron correr ríos de tinta sobre la manipulación informativa y el uso de las tecnologías de le información y de la comunicación para condicionar a los votantes de determinados Estados. Ello queda bien recogido por Pedro Rodríguez (2022) La degradación populista de Estados Unidos (reedición), Documento de análisis IEEE. Disponible en https://www.ieee.es/en/Galerias/fichero/docs_analisis/2022/DIEEEA04_2022_PEDROD_Populista.pdf

13 Documento de Trabajo del Centro Superior de Estudios de la Defensa Nacional 01/2020. Implicaciones del ámbito cognitivo en las Operaciones Militares. *Op. cit.*, p.31

Accedemos, en realidad, a una información sesgada y monopolizada por distintos gobiernos y compañías quienes mediante el uso de algoritmos nos analizan y proporcionan la misma en función de los intereses que persigan condicionando nuestra opinión (verbigracia Cambridge Analytica). Gómez de Ágreda[14] lo explica ejemplarmente al señalar que existen "filtros burbuja" que nos muestran información sobre una idea preconcebida y acorde a nuestros intereses para reforzar nuestras opiniones, y no autocuestionarnos, entrando en una "cámara de eco", nos encontramos ante "algoritmos populistas" y "egoritmos" que terminan con nuestras libertades.

En respuesta o a consecuencia de estas amenazas tratamos de buscar la seguridad en las instituciones, y de conseguir la protección de los derechos fundamentales, las libertades públicas, los valores superiores, a las sociedades y la democracia. De forma que, las políticas de seguridad tratarán de responder a estos fenómenos desde el respeto al Estado de Derecho y con las garantías constitucionales de necesidad, proporcionalidad, legalidad, transparencia, rendición de cuentas y control democrático[15].

Por todo ello, aumenta la preocupación por la prevención, el control y la respuesta a este fenómeno, apareciendo foros (Foro contra las campañas de desinformación en el ámbito de la seguridad nacional), grupos de trabajo, organismos e instituciones (Comisión Especial sobre injerencias extranjeras en todos los procesos democráticos de la Unión Europea; Servicio Europeo de Acción Exterior- SEAE) que tratan de estudiar y

---

14 Gómez de Ágreda, A. (2019). *Mundo Orwell. Manual de supervivencia para un mundo hiperconectado. Op. cit.*, pp. 36-53.

15 Comunicación Conjunta sobre la Estrategia de la UE para la Unión de la Seguridad, COM/2020/605.

responder a las campañas de desinformación, máxime con la vista puesta en los distintos procedimientos electorales[16].

1.1. La desinformación como condicionante de la opinión pública

Poder entender cómo se condiciona a la opinión pública a través del uso de la información supone comprender qué es la desinformación y diferenciarla de otras técnicas utilizadas en este ámbito.

Si bien, es complejo llegar a tener un conocimiento certero sobre qué es la desinformación dada la evolución conceptual que se observa en el estudio de varios documentos oficiales, a modo de ejemplo las definiciones previstas en la Estrategia de Seguridad Nacional de 2021; en el Plan de Acción contra la desinformación de la Unión Europea de 2018 y en el Plan de Acción para la Democracia Europea de 2020; y dado el poco consenso en la definición de este término (Rodríguez Pérez, 2019; Garriga Domínguez,2020; Cotino Hueso, 2022).

Comenzando por el Plan de Acción contra la desinformación, JOIN/2018/36[17], éste define la desinformación como la *información verificablemente falsa o engañosa* que se crea, presenta

---

16 La preocupación aquí se sitúa en el uso y abuso que pueden hacer de estos métodos de manipulación los distintos partidos que puede llegar a desvirtuar los tradicionales sistemas democráticos. La realidad parecería demostrar que estos métodos se usan por todos, o por la mayoría, y quien no lo hace pierde puesto que contrarrestar las desinformaciones cuesta más en términos (temporales, económicos, reputacionales, etc.) desde la facilitación de la información verídica que si se utilizan los mismos métodos tramposos. La consecuencia de lo segundo es, como hemos apuntados, dejar de tener una democracia para tener un show en el que lo importante es la imagen y la percepción y no las políticas o la ideología.

17 Este Plan tiene por objeto la detención de las campañas de desinformación y protección de sus sistemas democráticos y debates

y divulga con *fines lucrativos o para engañar deliberadamente* a la población, que *causa un perjuicio* público, y que pude suponer una *amenaza para la democracia.* La desinformación no incluye los errores involuntarios, la sátira, la parodia, ni opiniones claramente identificadas como partidistas.

El Plan de Acción para la Democracia Europea, COM/2020/790, define la desinformación como un *contenido falso o engañoso* que se difunde con intención de *engañar o de obtener una ganancia económica o política* y que puede causar un *perjuicio público*[18].

Por lo tanto, podemos observar cómo en estas dos definiciones se exige que la información sea falsa o engañosa.

Por su parte, la Estrategia de Seguridad Nacional 2021, personalmente la que mejor define este concepto, afirma que las campañas de desinformación *no contienen necesariamente noticias falsas,* sino que *pretenden distorsionar la realidad mediante contenido manipulado.* Sostiene que las campañas de desinformación tienen clara *repercusión en la seguridad nacional* y deben diferenciarse de otros factores como la información falsa (*fake news*) o información errónea (*misinformation*).

Por lo que en esta definición cabe la información verídica, pues lo que importa es la *percepción que se genera de la realidad,* que, a priori, ha de ser una percepción que tergiverse la reali-

públicos. Disponible en: https://eur-lex.europa.eu/legal-content/es/TXT/?uri=CELEX%3A52018JC0036

18 En sentido similar el Informe(2020/2268(INI)) A9-0022/2022 cit., "la desinformación es una información falsa o engañosa que puede comprobarse y que se crea, presenta o difunde intencionadamente con el propósito de causar daño o provocar un efecto potencialmente perturbador para la sociedad engañando al público o con la intención de obtener un beneficio económico", Considerando H, p. 7.

dad, la verdad, que consiga afectar nuestra toma de decisiones, nuestra opinión. La narrativa se hace importante.

Los elementos que son inherentes a una campaña de desinformación son: la voluntad de generar confusión y socavar la cohesión social, el uso coordinado de distintos medios para la creación y difusión de contenidos dirigidos a audiencias amplias y la intención maliciosa con fines de desprestigio o influencia sobre el objetivo del ataque. Así, las campañas de desinformación suponen una grave amenaza para los procesos electorales, máxime al tratar de polarizar a la sociedad y minar su confianza en las instituciones.

Lo común a ambas definiciones es que la desinformación es una información que engaña, que distorsiona la realidad o manipula y es una amenaza para las democracias, que se dirige a sus sociedades.

Es a partir de esta consideración de *desinformación como información que manipula nuestro ámbito cognitivo*[19] *a fin de condicionar la opinión pública, de desestabilizar un Estado, socavar los valores democráticos y los derechos y libertades fundamentales, al polarizar a sus sociedades y lograr la pérdida de confianza en sus instituciones*, que vamos a analizar los siguientes apartados.

1.2. Diferenciación con otros conceptos que también afectan o condicionan la opinión pública, a las democracias

Definir y diferenciar la desinformación de otros fenómenos que pueden relacionarse con esta nos ayudará no solo a su mejor comprensión sino, también, a darnos una estanda-

---

19 En este sentido, el ámbito cognitivo es un espacio más en el que ejercer influencia, que se suma a los ámbitos terrestre, marítimo, aéreo, espacio y ciberespacio.

rización que posibilite la defensa y respuesta a las campañas de desinformación que se despliegan en distintos escenarios y que afectan frontalmente a los Estados democráticos, como hemos puesto de manifiesto. De este modo, desde los Planes y Estrategias previamente mencionados podemos diferenciar la desinformación, entre otras, de:

- *Información falsa o engañosa/ fake new*: es la información con contenidos falsos o engañosos compartida *sin intención de perjudicar*, aunque sus efectos pueden ser nocivos cuando se comparte. Lo relevante de esta definición es la ausencia de intencionalidad de causar perjuicio. Ante este contexto las tecnologías de la información y de la comunicación e internet influyen no solo en la posibilidad de contrastar en tiempo real la información que es falsa si no también el escaso impacto que tiene una rectificación de esa información falsa.

- *Información errónea o no veraz/ misinformation*: estamos ante una información que no es correcta, que es falsa y que a diferencia de la información falsa o engañosa existe una *intención en su difusión.*

- *Infoxicación o sobreinformación*: se trata de una *exposición* a tanta carga de *información que no somos capaces de procesarla* y por lo tanto nos abruma, no pudiendo decidir ni conformar una opinión seria e informada. En este contexto, cobran gran relevancia las tecnologías de la información y de la comunicación, internet y las redes sociales que actúan como catalizadores de la información al aumentar el alcance y la velocidad de esa sobreinformación.

- *Operación de influencia en la información*: *esfuerzos coordinados* de actores nacionales y/o extranjeros para *influir en un público* destinatario usando una serie de *medios enga-*

ñosos, como la *supresión de fuentes de información* independientes, unida a la *desinformación*[20].

- *Injerencia extranjera en el espacio de información*: parte de una operación híbrida más amplia consistente en esfuerzos coercitivos y engañosos para perturbar la libre formación y manifestación de la voluntad política de las personas por parte de un actor estatal extranjero o de sus agentes.

En cualquier caso, y como hemos advertido previamente, esta diferenciación terminológica en el campo de las ideas está suponiendo un problema en el propio tratamiento por cuanto no existen consensos o posiciones unánimes sobre qué es cada cosa (Rodríguez Pérez, 2019; Cotino Hueso, 2022). Por lo tanto, se dificulta el estudio y la comprensión de este fenómeno cognitivo que, sin embargo, afecta considerablemente a los tradicionales sistemas democráticos[21].

Quizá sería conveniente que desde las distintas instituciones, administraciones y disciplinas se estandarizasen estos conceptos, a fin de entender todos lo mismo y de poder prevenir, defender y reaccionar ante ellos[22].

---

20 Torres Soriano, M. R. Operaciones de influencia vs. desinformación: diferencias y puntos de conexión. *Documento de Opinión* IEEE 64/2022. Disponible en: https://www.ieee.es/Galerias/fichero/docs_opinion/2022/DIEEEO64_2022_MANTOR_Operacio nes.pdf

21 Pensemos en las elecciones de Colombia de 2022, en el asalto al Capitolio de 2021 o en el conflicto catalán de 2017.

22 Respuesta que habrá de ser global, multidisciplinar e intersectorial si pretendemos que sea una respuesta eficaz y resiliente.

2. AMENAZA HÍBRIDA: LA MANIPULACIÓN COGNITIVA DE LA SOCIEDAD Y LA DESINFORMACIÓN COMO FACTOR CONDICIONANTE

2.1. Definición de amenaza híbrida

Al igual que sucede con el concepto de desinformación, definir lo que es una amenaza hibrida es complicado debido a su carácter evolutivo.

La *Comunicación Conjunta sobre la Lucha contra las amenazas híbridas, Una respuesta de la Unión Europea,* JOIN/2016/18, propone una definición flexible y dinámica. Sostiene que estas acciones mezclan actividades coercitivas, subversivas, convencionales y novedosas, *entre las que se encuentran las campañas de desinformación,* que afectan a los ámbitos diplomáticos, militares, económicos y tecnológicos convirtiéndose en un asunto de defensa y seguridad nacional, de orden público, manteniéndose siempre por debajo del umbral de la guerra declarada (amenaza), y que pude provenir de Estados o actores no estatales. De esta aproximación extraemos que la desinformación hace parte de las amenazas híbridas.

Frank Hoffman (2018:36) la define como "aquellas actividades encubiertas o ilegales de la *diplomacia no tradicional* que están *por debajo del umbral de la violencia armada* organizada; incluyendo la *alteración del orden, la subversión política del gobierno o de las organizaciones* gubernamentales o no gubernamentales, las *operaciones psicológicas,* el *abuso de los procesos legales* y la corrupción financiera como parte de un diseño integrado para lograr una ventaja estratégica".

A partir de estos elementos Galán (2018) define las amenazas híbridas como: "acciones coordinadas y sincronizadas —con origen habitualmente, pero no solo, en los servicios de inteligencia de los agentes de las amenazas— que atacan deliberadamente vulnerabilidades sistémicas de los Estados y sus instituciones a través de una amplia gama de medios y en distintos sectores objetivo (políticos, económicos, militares, sociales, informativos, infraestructuras y legales) utilizando el ciberespacio como la herramienta más versátil y adecuada para sus propósitos. Una característica definitoria de este tipo de amenazas es su capacidad para explotar los umbrales de detección y atribución de tales acciones —lo que en sí mismo puede considerarse una vulnerabilidad sistémica—, así como la frontera jurídica entre guerra y paz, y con ello, por ejemplo, impedir la activación del compromiso de "asistencia mutua" recogido en el art. 5 del Tratado de la OTAN. El objetivo de los denominados ataques híbridos es casi siempre el mismo: influir en los diferentes mecanismos de toma de decisiones de la víctima (Estado u organización), ya sean decisiones a nivel local, estatal o institucional, para favorecer o alcanzar los objetivos estratégicos del atacante al tiempo que socava la credibilidad, la estabilidad o la moral de la víctima".

Entre los objetivos que se marcan las amenazas híbridas están: erosionar la confianza de los ciudadanos en sus instituciones; generar desconfianza o incertidumbre; cuestionar la legitimidad del sistema democrático; socavar la cohesión o los modelos sociales; el sistema de valores y derechos fundamentales y libertades públicas, generar divisiones sociales y/o polarizar a la sociedad; debilitar la cohesión social; etc. En este orden de ideas, es fundamental determinar el objetivo que persiguen los actores que llevan a cabo estas amenazas híbridas para responder a las técnicas y medios empleados.

Junto a ello hemos de considerar la ligera diferencia que existe entre desinformación y operación de influencia (Torres Soriano, 2022), puesto que esa mínima diferencia en ocasiones es tan imperceptible que tensiona las garantías constitucionales previstas en la labor de seguridad (lo permitido o legítimo vs. la amenaza a la seguridad nacional).

Las amenazas híbridas son un asunto de defensa y seguridad nacional, por lo que el principal responsable es el Estado, no obstante, dada la situación previamente descrita se precisa de una acción coordinada con el resto de los Estados bien a nivel regional (UE, art. 21 TUE y 222 TFUE), bien a nivel internacional. Acción que deberá tratar de conocer quiénes son los sujetos que manipulan, qué técnicas y medios utilizan y cuáles podrían ser algunas de las herramientas existentes para combatir las amenazas relacionadas con las campañas de desinformación.

2.2. *Agentes que manipulan o engañan*

- *Estatales:* con motivación principalmente política, pero en ocasiones también económica. Agencias de inteligencia al mando de distintos gobiernos, no necesariamente dictatoriales o totalitarios: Estados Unidos, Rusia y China como principales potencias mundiales que tratan de conseguir un nuevo estatus en la geopolítica actual[23].
- *No estatales:* con fines económicos, lucrativos:

---

23 "Considerando que las pruebas demuestran que agentes estatales y no estatales extranjeros malintencionados y autoritarios, como Rusia y China, entre otros, utilizan la manipulación de la información y otras tácticas de injerencia para interferir en los procesos democráticos en la Unión; que estos ataques, que forman parte de una estrategia de guerra híbrida y constituyen una violación del Derecho internacional" e igualmente se apunta a Turquía junto con los anteriormente citados en una influencia sobre países candidatos a entrar en la Unión Europea. Siendo esa la posición mayoritaria pero no la única. Informe sobre las injerencias extranjeras en todos los procesos democráticos de la Unión Europea, en particular la desinformación (2020/2268(INI)) considerando D y CJ , p. 6 y 21.

- Advanced Persistent Threatens- APT's: APT 1, APT 28, APT 29, APT 33; APT 35, APT 39; TAO, etc.
- Medios tradicionales de comunicación: prensa, radio y televisión que, bien por ser financiados o dependientes de Estados, bien por intereses económicos o ideológicos, condicionan la opinión pública de su auditorio, al perder la neutralidad informativa.
- Compañías tecnológicas, preeminentemente monopolísticas a fin de mantener su cuota de mercado, su poder[24].
- Empresas con intereses económicos en una región/ Estado concreto, como es la minería del litio, wolframio o sílice. Son empresas principalmente actoras en el ámbito de la geopolítica.
- Actores políticos: activistas, partidos políticos, agrupaciones, asociaciones o lobbies que actúan en ocasiones como cárteles.

Estos actores pueden tener un alcance macro (Estados, empresas tecnológicas, plataformas digitales) o micro (prensa, radio, televisión).

2.3. *Técnicas utilizadas para condicionar la opinión pública y afectar a las democracias*

- *Manipulación de imágenes y vídeos*: poniendo imágenes descontextualizadas, que apelan a los sentimientos o que

---

24 Este podría ser el ejemplo de Google y Facebook, por cuanto controlan el mercado de la publicidad, que es poco transparente, como se pone de manifiesto en el Informe sobre las injerencias extranjeras en todos los procesos democráticos de la Unión Europea, en particular la desinformación (2020/2268(INI)), considerando AU, p14.

no se corresponden con la época, con el lugar, con las personas, que protagonizan la noticia.

- *Manipulación semántica*: se trata del uso de unos u otros términos para que sean mejor o peor vistos en relación con lo que queremos conseguir en la opinión pública sobre un tema y que impide tener un libre conocimiento; cuando la información se centra en aspectos menos relevantes al tema en cuestión; al crear una cortina de humo sobre el tema que realmente es relevante y que condicionaría por ejemplo una votación; o cuando se da una mala traducción.
- *Manipulación estadística*: bien a través del aporte de datos erróneos o de una lectura interesada de datos correctos.
- *Manipulación afectiva:* apelando a los sentimientos y emociones de la sociedad, manipulando con información que incita al miedo que produce alarmismo, esto se conseguiría exponiendo casos conflictivos o confrontando valores, entre otras prácticas.
- *Manipulación histórica o patriótica*: poniendo énfasis en datos o acontecimientos históricos que en realidad fueron irrelevantes de manera qué se consigue desvirtuar la realidad histórica de una nación, en apoyo de una historia creada ad hoc; confrontando identidades político-administrativas o jurídico-políticas.
- *Falsedad documental*: se trata de manipular documentos, públicos o privados, en cualquier formato, a fin de conseguir engañar a la población, de manipularla.
- *Utilización de software*: inteligencia artificial, bots, ordenadores zoombies, spam, ataques Ddos, etc., que suelen tener como objetivo acelerar la difusión y alcanzar a más personas, aumentar la propagación de la desinformación.

- *Robo de perfiles*: se trata de la usurpación de perfiles de personas que pueden ser públicas, conocidas o relevantes (aumentando el impacto) y en otros casos son personas anónimas (aumentando el número) con la finalidad de difundir desinformación.
- *Robo de información*: obteniendo ilegalmente información que puede ser utilizada para conseguir esa distorsión de la realidad, para manipular a la opinión pública.
- *Doxing*: consiste en revelar información públicamente, normalmente online sobre una persona.
- *Testeo de opinión pública*: se trata de crear o maximizar un problema o de divulgar datos o información para ver cómo reacciona la opinión pública. De este modo, podemos llegar a pedir que se limiten los derechos fundamentales y las libertades públicas, que se aumenten los tipos del Código Penal, etc. por creer que estamos en un entorno inseguro.
- *Fomento de una campaña política* que impide comenzar otras realmente importantes para la sociedad.
- *Proporcionalidad negativa:* consistente en verter y potenciar informaciones negativas sobre algo o alguien para que no cuente con el favor de la sociedad.
- *Consenso*: en este caso se utilizaría el consenso social sobre un tema para cambiar la opinión disidente e influir sobre las personas dubitativas, aun sabiendo que puede ser perjudicial para el conjunto de la sociedad. También se puede utilizar el consenso en apoyo de un procedimiento que se tiene ganado de antemano en un momento preciso cuando las mayorías son ajustadas, se jugaría con las mayorías y los tiempos.
- *Control de medios de comunicación y/o de periodistas*: a través de subvenciones, financiación y/o de amenazas.

- *Censuras y bloqueos de fuentes de información e internet*: se trata de evitar el acceso, el conocimiento de la información.
- *Sistema educativo memorístico*, que evita pensar, razonar y distinguir lo verídico de lo falso, favoreciendo la manipulación.

2.4. Medios de difusión

- *Medios de comunicación tradicional, analógicos*: televisión, radio, prensa. Actúan principalmente mediante la manipulación de imágenes y vídeos o con técnicas de censura. También pueden condicionar la opinión pública mediante la falta de imparcialidad. Estos tienen menos capacidad de influencia por lo que se da una micromanipulación.
- *Medios digitales*: siendo internet y las redes sociales los más reseñables produciendo una gran asimetría en el alcance (más rápido y a mayor número de personas). Las redes sociales comportan un medio idóneo para manipular la opinión pública, para desanimar a la participación en procedimientos electorales y para crear dudas sobre la legitimidad de los propios procesos electorales y sobre del conjunto de las instituciones estatales. Existen dispositivos pre-programados y no controlados que difunden estas informaciones; uso de algoritmos que ayudan a crear filtros burbuja o cámaras de eco, provocan sesgos de información, crean *deep fakes*, que son populistas en tanto que difunden una concreta noticia de forma sesgada. También la fragmentación del ciberespacio con distintas redes que violan la neutralidad como RutNet o la Internet China.
- *Combinación de medios digitales y analógicos*: es lo común.

2.5. Herramientas para combatirla

Combatir la manipulación informativa que trata de condicionar a la opinión pública a través del cambio de la percepción de la realidad, supone detenernos en la capacidad de resiliencia de los propios Estados, quienes habrán de implicar a los actores principales, la sociedad[25].

En el Plan de Acción contra la desinformación, de la Unión Europea, de 2018 (JOIN/2018/36) se indica que la lucha contra la desinformación requiere la determinación política y una acción unificada que movilice a todas las ramas de las Administraciones Públicas incluidos quienes se encargan de la lucha contra las amenazas híbridas, la seguridad informática, la inteligencia y la comunicación estratégica, la Protección de Datos, el sistema electoral, las autoridades policiales y judiciales y las autoridades que rigen los medios de comunicación.

Además, en este Plan de acción se establecen los cuatro pilares de respuesta coordinada a la desinformación:

- Mejora de la capacidad de las instituciones para detectar analizar y exponer la desinformación.
- Refuerzo de las respuestas coordinadas y conjuntas a la desinformación.
- Movilización del sector privado para combatir la desinformación.
- Aumento de la sensibilización y la capacidad de respuesta de la sociedad.

---

[25] Como se determina en la Estrategia de Seguridad de la UE para el periodo 2021-2027, que establece un enfoque en materia de seguridad que incluye a la sociedad en su conjunto para poder responder eficazmente a las amenazas híbridas, a sus transformaciones. Comunicación Conjunta sobre la Estrategia de la UE para la Unión de la Seguridad, COM/2020/605.

Por su parte, la Comunicación conjunta sobre la lucha contra las amenazas híbridas, Una respuesta de la Unión Europea, JOIN/2016/18[26], sostiene que una respuesta eficaz debe basarse en aumentar la concienciación, reforzar la resiliencia, prevenir, responder a las crisis y recuperarse de ellas.

En la misma línea la Comunicación Conjunta sobre la Estrategia de la UE para la Unión de la Seguridad, COM/2020/605, afirma que es necesaria una respuesta coordinada que persiga tres objetivos comunes:

- Desarrollar capacidades y medios para la detección temprana, la prevención y la respuesta rápida a las crisis, siguiendo un enforque integrado y coordinado global y sectorialmente.
- Centrarse en los resultados, en la evaluación de las amenazas y de los riesgos, lo que requiere además la definición y aplicación de normas e instrumentos adecuados.
- Conectar a todos los actores de los sectores públicos y privados prestando especial atención a la sensibilización para combatir la desinformación.

La colaboración público-privada (empresas, sociedad civil, academia y administración) es clave ante este fenómeno que se plantea varias líneas de acción o respuesta:

---

26 "Las medidas se basan en estrategias y políticas sectoriales existentes que contribuirán al logro de una mayor seguridad. En particular, la Agenda Europea de Seguridad, la Estrategia global de la UE sobre política exterior y el Plan de Acción de Defensa Europeo, que serán adoptados en breve, la Estrategia de ciberseguridad de la UE, la Estrategia Europea de Seguridad Energética y la Estrategia de Seguridad Marítima de la Unión Europea constituyen herramientas que también pueden contribuir en la lucha contras las amenazas híbridas" Comunicación conjunta sobre la lucha contra las amenazas híbridas, Una respuesta de la Unión Europea, JOIN/2016/18 .

- *Ciberdiplomacia*: crear una diplomacia en el ámbito cibernético que ayude a fortalecer las estrategias de comunicación con Estados y empresas relevantes en la geopolítica y cuyo objetivo sería respetar y velar por los valores de los Estados en ese ámbito cibernético combatiendo estas amenazas híbridas entre las que se encuentra la desinformación.

- *Adecuación del marco normativo*: se trataría de crear normas que respondan a este entorno de manipulación y generen cierta seguridad jurídica y garanticen el respeto de los derechos y libertades fundamentales. Previsiblemente normas internacionales *soft y hard*, estándares[27], similares a la Ley de Servicios Digitales de la Unión Europea.

- *Comunicación estratégica*: tomando como principal actor al Estado, se trata de crear en cada Estado un punto de contacto, en el marco de las comunicaciones estratégicas, que se coordine con el resto de las autoridades y al que puedan acudir las plataformas en caso de detección de campañas de desinformación. La creación de sistemas de alerta rápida, con su propia infraestructura tecnológica, para detectar, alertar y contrarrestar las campañas de desinformación de forma rápida y coordinada, en clave nacional regional, supranacional e internacional, al estilo de la Red Europea de cooperación electoral. Si tomamos como protagonista al individuo o a las sociedades se

---

27 En el contexto español quizá se trate de revisar la normativa que responda a la campaña permanente electoral que se vive en esta sociedad tecnológico-digital y que termine con el anacronismo de la campaña electoral determinada en un concreto espacio temporal. "Las campañas tienen y deben de ser permanentes. Por eso, no parece de mucha utilidad una legislación antimanipulación que segmente los periodos electorales y se aplique solamente durante los mismos. La política se ha vuelto también una campaña electoral constante", Gómez de Ágreda (2019). Mundo Orwell, op. cit., p.73.

trataría de proporcionar información rápida y de concienciar a la opinión pública de forma eficaz y eficiente (con el uso de especialistas en medios sociales, lingüistas, sociólogos, etc.) a fin de contrarrestar las campañas de desinformación o manipulación. Similar al Programa de Empoderamiento de la Sociedad Civil o de Sensibilización frente a la Radicalización previstos en la Unión Europea.

- *Inversión en inteligencia*: mejora la prevención y respuesta a las campañas de desinformación. Hemos de tener en cuenta que el análisis de las amenazas y la evaluación de información confidencial constituye la base del trabajo en materia de desinformación, como se deriva de la experiencia del centro de inteligencia y de situación de la Unión Europea que analiza el carácter evolutivo de las campañas de desinformación y que puede servir como inspiración al resto.

- *Cooperación entre Estados*: se trataría de implementar mecanismos operativos que ayuden a detectar, analizar y responder a amenazas, a campañas de manipulación y/o desinformación, que presten asistencia y lleven a cabo una cooperación reforzada, si detectan injerencias en campañas electorales, quizá mediante la creación de equipos de expertos en ciberseguridad, en procedimientos electorales, en delitos informáticos, etc. Al estilo de la Red Europea de Cooperación Electoral y del Grupo de cooperación para la seguridad de las redes y de los sistemas de información.

- *Creación de centro de la excelencia*: se trataría de un centro de investigación cuyo objetivo principal sea el estudio de las amenazas híbridas, las formas de manipulación y condicionamiento de la opinión pública, la desinformación. Este centro de excelencia sería el idóneo para consensuar las características de la desinformación, para desarrollar los conceptos, para originar estándares y desarrollar tecnología. Se trataría de un centro en materia de ciberdefensa, comunicación, un centro de cooperación civil y militar en el que los participantes pusiesen en común los conocimientos adquiridos a fin de responder a las amenazas híbridas desde una perspectiva plurinacional, intersectorial y público-privada.

- *Pluralismo informativo*: se trata de garantizar la libertad y pluralismo de los medios de comunicación desde distintos prismas: económico, de seguridad, neutralidad. Desde el ámbito económico facilitando la transparencia de los propietarios de los medios de comunicación y/o de la financiación de los mismos que permitiría saber a qué intereses responden; asegurando la financiación estable de aquellos periodistas íntegros; desde la seguridad a los propios periodistas que pueden estar sufriendo amenazas, coacciones, demandas injustificadas (demandas estratégicas contra la participación pública- SLAPP) o incitación al odio que les impide desarrollar su actividad libremente y caer en autocensuras o en desinformaciones, quizá lo conveniente sería crear un canal de denuncia, fomentar grupos de expertos juristas y periodistas que ayuden a combatir estas prácticas con asesoramiento, información; desde la neutralidad de las informaciones que se vierten de forma objetiva y cumpliendo con el principio constitucional de veracidad, la revisión e implementación de los códigos de buenas prácticas, como puede ser el código de buenas prácticas sobre desinformación que se publicó el 26 de septiembre de 2018 y que firmaron las principales plataformas en línea. El uso de auditorías también podría ayudar.

- *Verificadores/Factcheckers*: se trata de verificadores de datos y de investigadores independientes que ayuden en la lucha contra la desinformación y manipulación informativa, bien visibilizando estos métodos de condicionamiento de la opinión pública, mostrando la información rectificada y verídica, facilitando plataformas para acceder a información de calidad, etc. Un ejemplo de estos verificadores a nivel de la UE sería EUvsDisinfo u Ob EDes.

- *Implementación de un sistema de intercambio de información y rendición de cuentas de plataformas online y redes sociales, un sistema de coorregulación.* A las plataformas online y a las redes sociales se asocia la facilitación de la difusión de contenidos falsos y engañosos o el uso de algoritmos de clasificación y recomendaciones, la mercantilización con los contenidos falsos y engañosos. Es por ello por lo que sería necesario instalar el principio de transparencia y cooperación con el cometido de poder desarrollar códigos de buenas prácticas, de compartir información, de ayudar en la eliminación de desinformaciones y establecer responsabilidades.
- *Transparencia de la publicidad y comunicación políticas*: se trata de que los propios ciudadanos sean capaces de reconocer el material político de pago y distinguirlo de otros contenidos políticos denominados orgánicos compartidos y creados por otros usuarios. Es importante contar con información sobre técnicas de microsegmentación y elaboración de perfiles en el ámbito de campañas electorales a fin de posibilitar un control y de determinar las responsabilidades por las autoridades pertinentes si se comprueba la manipulación del electorado. Podría ser determinante la verificación de la identidad de los anunciantes.
- *Educación y concienciación social*: se trata de educar en el sentido amplio de la palabra en los valores democráticos, de concienciar a las sociedades sobre los peligros existentes relacionados con la manipulación y la desinformación, sensibilización y alfabetización mediática, de hacer partícipes a los ciudadanos en la toma de decisiones, de

capacitar a los ciudadanos para distinguir lo verdadero de lo falso, la información de calidad, para que sean capaces de pensar por sí mismos y de cuestionar la información que les llega, así como de acceder a fuentes fiables de información en el ámbito digital, educación digital.

- *Sanciones*: preeminentemente de tipo económico, pero también podrían ser privación de libertad en función del sujeto que haya llevado a cabo la acción. Aquí la dificultad que advertimos sería la de determinar la autoría[28], no tanto la de imputar un posible beneficio a alguno de los actores, pues podría correrse el riesgo de ataques de falsa bandera.

Como vemos, existe una pluralidad de mecanismos o herramientas para combatir o contrarrestar la desinformación. Si bien es cierto, ante este fenómeno que va más allá de la propagación de información engañosa que podría confrontarse mediante información fiable y la sensibilización y educación ciudadana en el caso de la desinformación, la respuesta exige un mayor esfuerzo y aumentar las capacidades, siendo necesario implementara varias de las técnicas previamente mencionadas simultáneamente.

Además, no hemos de olvidar que "los conflictos en el ámbito psicológico deben resolverse en el mismo ámbito, no sirve la mera intervención en el plano físico. Incluyen creencias, normas, motivaciones, emociones, experiencias, moral, educación, salud mental, identidad e ideología"[29] por lo que debe-

---

[28] A estos efectos: Moret, E y Pawlak, P. (2017). The EU Cyber Diplomacy Toolbox:: towards a cyber sanctions regime? *BRIEFF SUE*, núm. 24, European Union Institute for Security Studies (EUISS). Disponible en: https://www.jstor.org/stable/pdf/resrep06815.pdf

[29] Documento de Trabajo del Centro Superior de Estudios de la Defensa Nacional 01/2020. Implicaciones del ámbito cognitivo en las Operaciones Militares, op. cit., p.32.

mos cuidar complementariamente a los espacios físicos (tierra, mar, aire) al espacio, al ciberespacio y la seguridad cognitiva.

Enfrentarnos a estas amenazas híbridas exige una cooperación estrecha entre todos los actores públicos y privados (sociedad civil, mundo académico, industria y administraciones) y a todos los niveles (local, regional, autonómico, nacional, supranacional, internacional), como ya hemos mencionado.

3. LA RESPUESTA EUROPEA A LA DESINFORMACIÓN

En los últimos años hemos asistido a un creciente interés por las campañas de desinformación, si bien, ya en 2015 comenzaría a visibilizarse esta preocupación a nivel de la Unión Europea. En este año se creó el proyecto EUvsDisinfo, del Grupo de Trabajo East Stratcom, perteneciente al Servicio Europeo de Acción Exterior, que trataría de concienciar a las sociedades europea y vecinas sobre el uso de la desinformación preeminentemente rusa.

Podemos ver la importancia del Servicio Europeo de Acción Exterior-SEAE: dentro del cual está el Grupo de trabajo sobre comunicación estratégica[30], la Célula de fusión de la Unión

30 "El SEAE ha creado grupos operativos de comunicación estratégica específicos, compuestos por expertos con competencias lingüísticas y conocimientos pertinentes, para abordar la cuestión y elaborar estrategias de respuesta. Están colaborando estrechamente con los servicios de la Comisión para lograr un enfoque de comunicación coordinado y coherente en las diferentes regiones. Basándose en el Plan de acción sobre comunicación estratégica, adoptado el 22 de junio de 2015, el mandato del Grupo de Trabajo sobre Comunicación Estratégica del Este comprende tres líneas de acción: i) comunicación eficaz y promoción de las políticas de la Unión para con los países vecinos del este; ii) refuerzo del entorno mediático general en los países vecinos del este y en los Estados miembros, incluido apoyo a

Europea contra las amenazas híbridas (INTCEN) y el Centro de excelencia para la lucha contra las amenazas híbridas, con el objeto de combatir la desinformación, mediante el estudio de los actores, vectores de ataque, herramientas y métodos utilizados, objetivos e impactos de la desinformación[31].

En diciembre de 2018 el Consejo Europeo estableció el Plan de Acción para una propuesta coordinada contra la desinformación, unos meses más tarde, en marzo de 2019, se crearía el Sistema de alerta rápida con puntos de contacto en los Estados miembros y la Unión[32]. Este sistema ayuda en la monitoriza-

---

la libertad de los medios de comunicación y fortalecimiento de los medios de comunicación independientes; iii) mejora de la capacidad de la Unión para prever, abordar y responder a las actividades de desinformación de Rusia. En respuesta a las Conclusiones del Consejo de diciembre de 2015 y junio de 2017, el SEAE creó dos grupos de trabajo adicionales, uno para los Balcanes occidentales y otro para los países de Oriente Próximo, el norte de África y la región del Golfo", Plan de Acción contra la desinformación JOIN/2018/36.

31 En este orden de ideas podemos señalar que se ha indicado la conveniencia de prepararnos ante estas crisis de amenazas híbridas teniendo en cuenta ámbitos educativo, tecnológico y de investigación, se aconseja revisar el protocolo operativo de la Unión contra amenazas híbridas, EU Playbook, y además se prevé crear una plataforma en línea restringida para la referencia a los Estados miembros a los instrumentos y medidas de lucha contra las amenazas híbridas a escala de la Unión Europea. Comunicación Conjunta sobre la Estrategia de la UE para la Unión de la Seguridad, COM/2020/605.

32 En este orden de ideas en España se crearía la Red de Coordinación para la Seguridad en Procesos Electorales, dependiente del Ministerio del Interior y que trabaja de forma coordinada con la Red Europea, desde una cuádruple línea de acción: desinformación, ciberseguridad, protección de datos de carácter personal y procedimiento electoral estricto sensu. Si nos centramos en el ámbito que aquí ocupa, la desinformación hemos de poner de manifiesto cuales son los organismos intervinientes: el Departamento de Seguridad Nacional (DSN) y Secretaría de Estado de Comunicación (SEC) de Presidencia del Gobierno, el Ministerio

ción de las redes a fin de poder detectar acciones de desinformación y facilita el diseño de respuestas comunes ante el desafío de la desinformación, de las amenazas híbridas.

La Comisión, con la ayuda del Grupo de entidades reguladoras europeas de los servicios de comunicación audiovisual (ERGA, por sus siglas en inglés), supervisa la aplicación de los compromisos por parte de los firmantes del Código de buenas prácticas sobre desinformación que se publicó el 26 de septiembre de 2018, las principales plataformas en línea, que se comprometieron a adoptar medidas concretas tendentes a: "i) garantizar el control de la colocación y la transparencia de la publicidad política, sobre la base de controles eficaces y ágiles de la identidad de quienes la contratan; ii) cerrar cuentas falsas activas en sus servicios; iii) detectar los ordenadores zombis automatizados y etiquetarlos en consecuencia. Las plataformas también deben cooperar con los reguladores audiovisuales nacionales, los verificadores de datos y con investigadores independientes para detectar y señalar las campañas de desinformación, en particular durante los períodos electorales, y velar por que los contenidos verificados sean más visibles y obtengan una mayor difusión"[33].

Más recientemente podemos advertir la creación del Comité Especial para la injerencia extranjera, INGE.

El 18 de junio de 2020, el Parlamento Europeo decidió crear la Comisión Especial sobre injerencias extranjeras en todos los procesos democráticos de la Unión Europea, en particular la desinformación, y le encomendó el mandato de formular un

---

de Asuntos Exteriores, Unión Europea y Cooperación (Dirección General de Comunicación, Diplomacia Pública y Redes), Ministerio de Defensa (Centro Nacional de Inteligencia -CNI-) y Ministerio de Asuntos Económicos y Transformación Digital (Secretaría de Estado de Transformación Digital e Inteligencia Artificial -SEDIA-).

33 Plan de Acción contra la desinformación, JOIN/2018/36, pp.9-10.

enfoque a largo plazo para hacer frente a las pruebas de injerencias extranjeras en las instituciones y los procesos democráticos de la Unión y sus Estados miembros[34].

El Comité INGE considera que "las injerencias extranjeras, la manipulación de la información y la desinformación constituyen un abuso de las libertades fundamentales de expresión e información establecidas en el artículo 11 de la Carta de los Derechos Fundamentales de la Unión Europea y amenazan tales libertades, así como los procesos democráticos en la Unión y sus Estados miembros, como la celebración de elecciones libres y justas; que el objetivo de las injerencias extranjeras es distorsionar los hechos o presentarlos de manera incorrecta, inflar artificialmente argumentos unilaterales, desacreditar la información para degradar el discurso político y, en última instancia, minar la confianza en el sistema electoral y, por tanto, en el propio proceso democrático"[35]. Por ese motivo se propone responder a ese fenómeno.

Para llevar a cabo esa misión trata de evaluar el nivel de estas amenazas en diferentes ámbitos: las principales elecciones nacionales y europeas en toda la UE; las campañas de desinformación en los medios de comunicación tradicionales y sociales para moldear la opinión pública; los ciberataques dirigidos a infraestructuras críticas; el apoyo financiero directo e indirecto y la coerción económica de los actores políticos y la subversión de la sociedad civil. Para lo cual se sirve de distinta informa-

34 La misma se crea a fecha de 23 de septiembre de 2020.

35 Informe sobre las injerencias extranjeras en todos los procesos democráticos de la Unión Europea, en particular la desinformación (2020/2268(INI)), considerando B, p6.

ción y de una larga serie de testimonios de diversos expertos y profesionales.

De este modo, una vez establecido un diagnóstico general, conforme a lo previamente apuntado, identifica soluciones y proponer herramientas para contrarrestar estas injerencias en los valores democráticos, normalmente a través de distintos informes, valga por todos el Informe sobre las injerencias extranjeras en todos los procesos democráticos de la Unión Europea, en particular la desinformación (2020/2268(INI).

La Comisión INGE señala directamente a varios Estados (preeminentemente Rusia y China) que influyen en el ámbito geopolítico y del cual se predica protección. No obstante, la opinión mayoritaria del Comité no siempre es unánimemente compartida[36].

Este es solo un ejemplo de la pluralidad de técnicas y medios que se utilizan como respuesta a la desinformación en el ámbito de la Unión y que implica, en el plano más próximo, a los Estados miembros.

---

36 "La mayoría en la Comisión INGE, que prefiere mantener una narrativa engañosa sobre una Europa víctima de adversarios geopolíticos malintencionados. Se utilizó la investigación para exagerar la amenaza de la injerencia rusa y china, ignorar las causas materiales de la crisis de la legitimidad política en Europa, estigmatizar los desacuerdos con la política exterior oficial de la Unión y establecer motivos de seguridad para limitar la libertad de expresión y otros derechos fundamentales. Así pues, el informe resultante carece de equilibrio y objetividad, ya que constituye en sí mismo desinformación" Id. p. 69.

4. FORO CONTRA LAS CAMPAÑAS DE DESINFORMACIÓN EN EL ÁMBITO DE LA SEGURIDAD NACIONAL ESPAÑOLA: UN MECANISMO PARA COMBATIR LA DESINFORMACIÓN

En plano nacional han sido varias las acciones que se han llevado a cabo para contrarrestar la desinformación[37]: creación de campañas de concienciación, impulso de *factcheckers/verificadores,* grupos de investigación, creación de Planes, etc.,[38]. Si bien, recientemente hemos asistido a la previsión de un Foro centrado en el ámbito de la seguridad.

El Consejo de Ministros en su reunión del 31 de mayo de 2022 acordaría la creación de un *Foro contra las campañas de desinformación en el ámbito de la seguridad nacional*[39], adscrito al Departamento de Seguridad nacional, que trataría de dar respuesta a la creciente preocupación por las injerencias, tanto

---

37 Se considera que desde 2015 España ha sufrido más de 50 campañas de desinformación cuya atribución se imputa a la federación rusa por Fernando h. Valls en el Confidencial del 27 de enero de 2022. Información disponible en: https://www.elconfidencial.com/espana/2022-01-27/espana-victima-57campanase-propaganda-rusia_3365114/

38 A modo de ejemplo: la Red de Coordinación para la Seguridad en Procesos Electorales; la Orden PCM/1030/2020, de 30 de octubre, por la que se publica el Procedimiento de actuación contra la desinformación aprobado por el Consejo de Seguridad Nacional; verificadores en el plano nacional español podemos encontrar a Maldito bulo. Maldita.es y Newtral.; grupos de trabajo en el instituto el Cano, apoyo a proyectos en Universidades que trabajan sobre manipulación informativa; o las campañas de concienciación respecto a la Covid-19.

39 Orden PCM/541/2022, de 10 de junio, por la que se publica el Acuerdo del Consejo de Ministros de 31 de mayo de 2022, por el que se crea el Foro contra las campañas de desinformación en el ámbito de la Seguridad Nacional y se regula su composición y funcionamiento.

internas como externas, estatales como no estatales, en los procedimientos electorales y por el condicionamiento de la opinión pública, esto es, centrado en materia de seguridad, comunicación y valores democráticos.

En realidad, parece tratarse de un proyecto continuista respecto del impulsado por Departamento de Seguridad Nacional (DSN) a finales del año 2020 y que constituiría varios grupos de trabajo que trabajarían sobre las siguientes líneas de investigación: la desinformación como una amenaza a la democracia; propuestas de regulación ante la desinformación; la alfabetización mediática, como herramienta clave en la lucha contra la desinformación; propuestas concretas para combatir la desinformación en los procesos electorales y los principios que han de sustentar una nueva estrategia contra la desinformación.

Los cinco grupos de trabajo antedichos estaría liderados respectivamente por: Ramón Salaverría, Universidad de Navarra; Yolanda Quintana, Plataforma en Defensa de la Libertad de Información; Aurelio Martín, Federación de Asociaciones de Periodistas de España-FAPE; Jordi Rodríguez, Universidad de Navarra y Félix Arteaga, Real Instituto Elcano). La culminación del trabajo de estos grupos ha sido la publicación del libro "Lucha contra las campañas de desinformación en el ámbito de la seguridad nacional: propuestas de la sociedad civil" a finales de septiembre de 2022[40]. Esos grupos de trabajo han tratado de responder desde una visión público-privada y multisectorial a las demandas europeas previamente mencionadas en relación con las campañas de desinformación.

---

40 VVAA (2022). *Lucha contra las campañas de desinformación en el ámbito de la seguridad nacional: propuestas de la sociedad civil*, Presidencia del Gobierno. Disponible en: https://www.dsn.gob.es/es/documento/lucha-contra-campa%C3%B1as-desinformaci%C3%B3n-%C3%A1mbito-seguridad-nacional-propuestas-sociedad-civil

Volviendo al Foro contra las campañas de desinformación en el ámbito de la seguridad nacional del año 2022, este se sustenta en la base normativa configurada por la *Ley 36/2015, de 28 de septiembre, de Seguridad Nacional* (art.5), que contiene la promoción de la cultura de la seguridad nacional mediante la creación de acciones y planes que tengan por objeto aumentar el conocimiento y la sensibilización de la sociedad en materia de riesgos y amenazas que comprometan la seguridad y del conocimiento de los actores y organismos implicados en su salvaguarda; *el Real Decreto 1150/2021, de 28 de diciembre, por el que se aprueba la Estrategia de Seguridad Nacional 2021* que se enmarca como una de las líneas de acción la elaboración de la Estrategia Nacional de Lucha contra las campañas de desinformación[41]; y la *Ley 40/ 2015, de 1 de octubre, de Régimen Jurídico del Sector Público* (art. 22.3), en tanto se trata de un órgano colegiado con carácter de grupo o comisiones de trabajo creado por Acuerdo del Consejo de Ministros, que emite acuerdos que no podrán tener efectos directos frente a terceros.

En suma, se inspira en las demandas europeas de coordinación de la Unión con los Estados miembros, respondiendo a las políticas de seguridad europeas del *Plan de Acción para la Democracia Europea,* COM/2020/79, del *Plan de Acción contra la Desinformación,* JOIN/2018/36 y de la *Estrategia de la UE para una Unión de la Seguridad,* COM/2020/605. Si bien es cierto, también se ve influenciado por la *Comunicación Conjunta sobre la Lucha contra las amenazas híbridas, Una respuesta de la Unión Europea,* JOIN/2016/18, el Plan de Acción de Educación Digi-

---

41 Y que continúa con la línea de la Orden PCM/1030/2020, de 30 de octubre, por la que se publica el Procedimiento de actuación contra la desinformación aprobado por el Consejo de Seguridad Nacional. Que a su vez trae causa de las demandas europeas de 2018, del Consejo Europeo, de coordinación de los Estados miembros bajo el paraguas del Plan de acción contra la Desinformación.

tal, COM/2020/624, L*a lucha contra la desinformación acerca de la COVID-19: contrastando los datos,* JOIN/2020/8, entre otras.

Podemos decir que, este Foro contra las campañas de desinformación es un instrumento más en el ámbito de la seguridad nacional que trata de responder de forma resiliente a las amenazas híbridas que ponen en jaque a la democracia española[42] (Fernández Rodríguez, 2018: 100; Rubio Núñez, 2018).

¿Cuál es el objetivo que se persigue con este foro?

El objetivo principal del Foro contra las campañas de desinformación es la lucha contra las campañas de desinformación, para lo cual se enmarca dos líneas complementarias de actuación: una tendente a promover e incentivar estudios e iniciativas que permitan el conocimiento y la sensibilización, por parte de la sociedad preeminentemente española, de los riesgos y amenazas de las campañas de desinformación que afectan a la seguridad nacional del Estado; y otra que trata de visibilizar la labor de los actores y organismos comprometidos con la salvaguarda y con la implementación de los medios y técnicas preventivas, analíticas, de detección y de respuesta ante estas campañas de desinformación que afectan a la seguridad nacional. Esto es, trata de dar cumplimiento al artículo 5 de la ya mencionada Ley 36/2015 de Seguridad Nacional en relación con las campañas de desinformación.

Para ello, se plantea que un grupo de 16 personas (Admón. General del Estado, académicos, sector privado, asociaciones o entidades sin ánimo de lucro) se reúnan un mínimo de 2 veces al año durante un período de 2 años (prorrogables por otros dos años), bien de manera plenaria, bien a través de la crea-

---

42 Otros instrumentos que ayudan en este ámbito de defensa contra las amenazas híbridas son, por ejemplo, las cátedras de seguridad existentes en España, el proyecto que hace posible esta obra en el marco del Centro de Estudios de Seguridad, etc.

ción de grupos de expertos específicos que trabajen en alguna de estas líneas de trabajo o actuación.

De los 16 miembros del foro 6 pertenecen a la Administración General del Estado: Departamento de Seguridad Nacional (en quien recae la presidencia); Secretaría de Estado de Comunicación (vicepresidencia); Ministerio de Asuntos Exteriores, Unión Europea y Cooperación; Ministerio de Defensa; Ministerio del Interior y Ministerio de Asuntos Económicos y Transformación Digital.

Los otros 10 miembros restantes corresponderán a medios de comunicación audiovisual (CNMC); publicidad (CNMC); dos periodistas (asociaciones representativas); catedrático/profesor universitario (CRUE); experto en inteligencia artificial (CSIC); jurista/politólogo (CEPC); persona del ámbito de la geopolítica, la inteligencia, la seguridad del Estado (IEEE); industria digital (asociación representativa) y usuarios de las nuevas tecnologías de la información (Consejo de Consumidores y Usuarios).

Hemos de señalar que, además, se prevé la existencia de una Secretaría dependiente del Departamento de Seguridad Nacional y la posibilidad de incorporar a expertos y ciudadanos, con voz, pero sin voto.

Esta composición del Foro nos señala la necesaria implicación público-privada y la importancia de la seguridad y comunicación para poder entender y responder a una amenaza híbrida, que trata de polarizar a la sociedad, de minar la confianza en las instituciones y de inferir en los procesos democráticos, en las elecciones.

BIBLIOGRAFÍA

Allcott, H., & Gentzkow, M. (2017). Social Media and Fake News in the 2016 Election, *Journal of economic perspectives,* 31 (2): 211-36 DOI: 10.1257/jep.31.2.211

Arcos, R., & Smith, H. (2021). Comunicación Digital y Amenazas Híbridas. *Revista ICONO 14. Revista Científica De Comunicación Y Tecnologías Emergentes, 19*(1), 1-14. DOI: 10.7195/ri14.v19i1.1662

Cotino Hueso, L. (2022). Quién, cómo y qué regular (o no regular) frente a la desinformación, *Teoría y realidad constitucional*, 49, pp.199-238. DOI: 10.5944/trc.49.2022.33849

Fernández Rodríguez, J. J. (2018). La hiperglobalización y su impacto, *Cuadernos de estrategia*, 199, Gobernanza futura: hiperglobalización, mundo multipolar y Estados menguantes), pp. 83-118.

Garriga Domínguez, A (2020). Reflexiones sobre el marketing político y el fenómeno de la desinformación en el contexto electoral, *Anuario de filosofía del derecho*, 36, pp. 252-287.

Galán, C. (2018). Amenazas híbridas: nuevas herramientas para viejas aspiraciones, *Documento de trabajo 20/2018*, Real Instituto el Cano.

Gómez de Ágreda, A. (2019). *Mundo Orwell. Manual de supervivencia para un mundo hiperconectado.* Barcelona: Ariel.

Hoffman, F. G. (2018). Examining Complex Forms of Conflict: Gray Zone and Hybrid Challenges, *Prism*, 4 (7).

Moret, E y Pawlak, P. (2017). The EU Cyber Diplomacy Toolbox: towards a cyber sanctions regime? *BRIEFF SSUE*, European Union Institute for Security Studies (EUISS), 24.

Rodríguez Pérez, C. (2019). No diga fake news, di desinformación: una revisión sobre el fenómeno de las noticias falsas y sus implicaciones. *Comunicación*, 40, pp. 65-74. DOI: 10.18566/comunica.n40.a05

Rubio Núñez, R. (2018 a). La amenaza tecnológica en los procesos electorales. Una respuesta jurídica, *Revista de privacidad y derecho digital*, 3 (11), pp. 109-146.

Rubio Núñez, R. (2018 b). Los efectos de la posverdad en la democracia, *Revista de Derecho Político*, 1 (103), pp.191-228. DOI: 10.5944/rdp.103.2018.23201

Torres Soriano, M. R. Operaciones de influencia vs. desinformación: diferencias y puntos de conexión. *Documento de Opinión* IEEE 64/2022.

Capítulo 13.

EL PROBLEMA DE LA DESINFORMACIÓN Y MANIPULACIÓN INFORMATIVA EN LA RED

PURIFICACIÓN CARIÑENA AMIGO
Universidade de Santiago de Compostela (USC)
puri.carinena@usc.es

1. INTRODUCCIÓN

En los últimos años se han incrementado notablemente los efectos de la tecnología sobre la difusión de desinformación o la manipulación de la información con distintos propósitos. La información en línea llega a millones de usuarios con un solo clic, y los actores maliciosos ven su actividad amparada tras la facilidad para el anonimato que proporciona la red.

La desinformación puede llevar al engaño o a la confusión a los receptores de la información, pero también puede estar dirigida a la persuasión de los ciudadanos para convencerlos o alinearlos a favor o en contra de determinadas posturas; o en el ámbito corporativo, para desacreditar o favorecer determinadas líneas de negocio. Dos de los ámbitos con un mayor incremento en los efectos de la desinformación sobre la sociedad a nivel general han sido el sanitario, especialmente a raíz de la pandemia de la COVID-19, y el político, debido a las distintas campañas de manipulación en distintos procesos electorales en países de todo el mundo.

La pandemia de la COVID-19 ha venido acompañada de lo que se ya se conoce como infodemia[1] de forma general (el término fue introducido a raíz de la epidemia del SARS en 2003[2]), para denotar el exceso de información asociada a un tema determinado; en el caso de la COVID-19, la difusión masiva de información, no siempre veraz, asociada al virus, a los remedios, vacunas, etc. Esta avalancha de información y la facilidad de acceso a la misma lleva a un efecto contrario al deseado: la desinformación del ciudadano, que acaba teniendo problemas para distinguir lo que es información veraz de lo que son noticias sesgadas, bulos, o incluso intentos de manipulación de comportamiento. Esta característica está muy presente también en las campañas asociadas al ámbito político.

La desinformación tiene efectos perjudiciales sobre la sociedad (de Ridder, 2021) no solo a nivel de la imposibilidad de determinar un conocimiento más o menos veraz sobre determinados hechos, sino a nivel de credibilidad y confianza en los medios de información y gubernamentales. Las plataformas de

---

1 https://www.fundeu.es/recomendacion/infodemia/ (Accedido en abril de 2023).

2 Rothkopf, D.K. (2003) When the buzz bites back. *The Washington Post*, 11 de mayo de 2003. https://www.washingtonpost.com/archive/opinions/2003/05/11/when-the-buzz-bites-back/bc8cd84f-cab6-4648-bf58-0277261af6cd/ (Accedido en abril de 2023).

redes sociales como Twitter, Facebook, YouTube, Instagram o TikTok e incluso las aplicaciones de mensajería como WhatsApp o Telegram, que facilitan el acceso y la compartición de información en tiempo real, han sido y siguen siendo utilizadas como mecanismo de difusión de desinformación, en forma de *fake news*, bulos, etc. Llega un momento en el que la información contradictoria entre distintas fuentes hace que el ciudadano no sepa distinguir la información confiable, y en el caso de la pandemia, por ejemplo, no sepa qué medidas son adecuadas para proteger su salud, lo que puede llevar a comportamientos de riesgo. Estudios sobre el impacto de la desinformación sobre la pandemia de la COVID-19 (Borges do Nascimento et al., 2022; Joseph et al., 2022) inciden en cómo esta desinformación puede alterar las actitudes de los individuos frente a la situación a la que se enfrentan, distorsionando la interpretación de las evidencias científicas, polarizando las opiniones y creando grupos de usuarios con creencias similares que se refuerzan entre sí, difundiendo información de no especialistas que contradice información correcta o disminuye su credibilidad, promoviendo el temor y el miedo, e incrementando la fatiga física y mental de la población.

Por otro lado, esta misma capacidad de propagación de información ha facilitado a las autoridades sanitarias la difusión de información relacionada con la prevención y el tratamiento de la enfermedad durante la pandemia (Zarocostas, 2020). El propio mecanismo de transmisión del "virus" de la desinformación puede utilizarse para asegurarse de que la información correcta también está disponible, pero es muy importante concienciar a la población de cuáles son las fuentes seguras o fiables de información. El incremento de información durante las emergencias sanitarias suele ser exponencial, pero la calidad de las publicaciones no siempre es la adecuada. La infodemia puede además hacer que disminuya la confianza en los gobiernos y en los sistemas de salud, puede provocar un mayor estrés sobre los profesionales de la salud, una caída en la asistencia a los centros sanitarios, un aumento de la desconfianza en las vacunas y un aumento de las teorías de la conspiración, aumento de la venta o promoción de sustancias peligrosas o ilegales, y por todo ello, un retraso en el tratamiento adecuado a los pacientes. Los esfuerzos para mitigar y prevenir esta desinformación deben involucrar a los gobiernos y a las agencias de salud pública, y a las plataformas de redes sociales y las personas/cuentas de referencia en las mismas, los conocidos como *influencers*.

Es importante, además de la concienciación de los ciudadanos, el desarrollo de algoritmos y herramientas para la ayuda a la hora de detectar desinformación, especialmente en el ámbito de la salud. Estas herramientas permiten, analizando las características de los documentos recuperados en la web o a través de redes sociales, estimar su fiabilidad a partir de algoritmos de inteligencia artificial (IA) que combinan técnicas de procesado de lenguaje natural, con aprendizaje supervisado y no supervisado, especialmente útil en el caso de falta de conjuntos de datos para el aprendizaje. Por ejemplo, Fernández-Pichel et al. (2022a) proponen un método para la identificación de desinformación en este ámbito, que puede ser utilizado por los moderadores de las redes sociales para bloquear contenido desinformativo, o por los administradores de páginas web relacionadas con la salud para identificar y filtrar contenidos no fiables. Un caso de uso, aplicado a enlaces referenciados a través de la red social Twitter, es la herramienta *Social Minder*[3] (Fernández-Pichel et al., 2022b).

---

3 Social Minder: credibilidad de contenidos relacionados con la salud en redes sociales https://tec.citius.usc.es/social-minder/.

2. DESINFORMACIÓN Y REDES SOCIALES

Las redes sociales proporcionan una forma en que la información puede circular más libremente y sin filtros previos (cualquier ciudadano puede convertirse en "reportero" para publicar información sobre cualquier evento en primera persona), lo cual es un valor añadido para favorecer la participación democrática, sin el sesgo de líneas editoriales o censura gubernamental. Pero esta libertad de publicación de ideas sin el filtro de las líneas editoriales y la verificación de hechos por parte de los medios tradicionales conlleva que en ocasiones se publique información sin verificar, e incluso directa e intencionadamente falsa, lo que unido a la facilidad que ofrecen para la creación de discusión y debate favorecen la movilización política no siempre con las garantías democráticas adecuadas.

El Digital News Report del año 2022[4] del Reuters Institute sobre medios de información digital documenta como en este pasado año se ha ido incrementando la desconexión entre el periodismo tradicional y el público, con una caída en la confianza en los medios tradicionales. La inmediatez en el acceso a la información hace que los lectores ya no se conformen con informarse en momentos puntuales (el periódico por la mañana, el noticiario a una hora determinada), sino que se busca la información al momento. Los medios muchas veces no pueden cubrir esta demanda, y son los propios ciudadanos los que se convierten en reporteros a través sobre todo de las redes sociales. El problema de este enfoque es que muchas veces no se validan las fuentes, e información incompleta, sesgada o incluso falsa se hace viral en muy poco tiempo. Los medios periodísticos tradicionales a veces tampoco son capaces de seguir y validar todas las fuentes, pues en ocasiones

---

4 Digital News Report 2022: https://reutersinstitute.politics.ox.ac.uk/digital-news-report/2022 (Accedido en abril de 2023).

es muy difícil averiguar el origen de una noticia que se ha replicado en numerosas redes y por muchas cuentas diferentes.

Según el estudio del Reuters Institute, el público tiende a moverse cada vez más a fuentes alternativas de información. El 39% de los jóvenes europeos usa las redes sociales como fuente de noticias. Y TikTok se ha convertido en la plataforma de más rápido crecimiento a nivel global, llegando al 40% de los jóvenes de 18 a 24 años, de los cuales un 15% la utiliza a su vez para acceder a las noticias. Este cambio de tendencia a la hora de acceder a la información hace que sea más fácil la difusión de noticias sesgadas o manipuladas, cuando no directamente falsas. Según la Guía del CCN-Cert (CERT del Centro Criptológico Nacional) sobre Desinformación en el Ciberespacio[5] de 2019, más de 20 millones de ciudadanos españoles estaban ya entonces en riesgo de ser víctimas de la desinformación, y esta tendencia sigue creciendo.

2.1. El problema de las *fake news*

El uso de las redes sociales y otras plataformas web alternativas a los medios periodísticos tradicionales hace que las fuentes sean cada vez menos verificables, debido al anonimato que da la red, y a la velocidad a la que se puede retransmitir a múltiples usuarios cada pieza de información, sea veraz o no, simplemente con el reenvío a través de un clic. Esto ha llevado a la proliferación cada vez mayor de las *fake news:* noticias no necesariamente falsas, pero que llevan información manipulada y/o sesgada, y presentada con objetivo de falsear la realidad o engañar al lector. Es necesario formar a los ciudadanos para que desarrollen espíritu crítico a la hora de acceder a la infor-

---

5 Desinformación en el Ciberespacio: https://www.dsn.gob.es/sites/dsn/files/CCN-CERT_BP_13_Desinformación_en_el_Ciberespacio.pdf (Consultado en abril de 2023).

mación, y aprendan a verificar las fuentes y a contrastar entre distintos medios o publicaciones, incluso en fuentes oficiales o gubernamentales, aquello que están leyendo o viendo en los medios en línea. También es necesario avanzar en los mecanismos para la detección e identificación de estas *fake news* para evitar su difusión y propagación en la medida de lo posible. No solo por limitar la publicación de información falsa, sesgada o incompleta, sino para garantizar el acceso a información de calidad y evitar la pérdida de confianza de los ciudadanos en los medios de comunicación como fuente de información.

Debido a la dimensión del problema asociado a la facilidad con la que se difunden *las fake news* en las plataformas en línea, la mayor parte de ellas ya han incorporado ciertas medidas para frenar esta difusión, tratando de que la información que aparece en sus redes y sitios web sea de la mayor calidad posible. Tan (2022) analiza el caso del intento de autorregulación del servicio de noticias *Google News*. Google incorporó una herramienta (*Google Fact Check Explorer*[6]) para ayudar en la identificación de información falsa en la red, que sin embargo no está visible directamente en la herramienta de búsqueda de noticias. Es el usuario quien proactivamente puede utilizar la herramienta para verificar las noticias consultadas. Las demás plataformas también han ido incorporando servicios de verificación de noticias, normalmente a través de verificadores externos, por ejemplo, en el caso de Facebook[7], con el objetivo de minimizar la difusión de contenidos no verificados.

El desarrollo de herramientas automáticas para la detección de *fake news* es un campo abierto que debe complementar

---

6 https://toolbox.google.com/factcheck/explorer (Consultado en abril de 2023).

7 https://www.poynter.org/fact-checking/2019/in-the-past-year-facebook-has-quadrupled-its-fact-checking-partners/ (Consultado en abril de 2023).

el trabajo de los verificadores humanos. Las aproximaciones para la detección automática de *fake news* pueden basarse en el contenido de la información, a nivel de conocimiento que transmite, o a través de su estilo de redacción, o apoyarse en la determinación del contexto social de la noticia en la red, a nivel de su patrón de propagación o la credibilidad de la fuente. En las aproximaciones basadas en contenido se utiliza información extraída del contenido de la noticia (ya sea texto o multimedia – imagen/sonido/vídeo) para identificar las noticias falsas usando técnicas de IA como aprendizaje automático, aprendizaje profundo, o procesado de lenguaje natural para incrementar la precisión de la detección, basándose en la extracción de características relevantes de los documentos analizados. En muchas aproximaciones las técnicas de detección de *fake news* se apoyan en el análisis semántico del contenido de las noticias. Sin embargo, si el contenido es corto, puede dificultarse este análisis.

Si se utiliza información adicional sobre el contexto de la noticia, relativa a las características de los usuarios que la comparten, de los patrones de propagación, la credibilidad de la fuente, o el análisis de otras plataformas que compartan información similar (Zhou & Zafarani, 2021) es posible acelerar la detección y mejorar el rendimiento, lo cual es especialmente útil en el caso de noticias breves (Liao et al., 2021). Analizar el comportamiento del usuario frente al contenido compartido y sus emociones y opiniones hacia las noticias que lee también puede ayudar en la detección de *fake news*. En todo caso, siempre pueden complementarse estas técnicas con la intervención de los verificadores de hechos (*fact-checkers*), que implican el apoyo de conocimiento humano para validar la veracidad de las noticias.

Aïmeur et al. (2023) realizan una revisión sobre las herramientas propuestas hasta la fecha para la detección y mitigación de la difusión de *fake news* en redes sociales. Los autores inciden en que para que las soluciones propuestas sean efectivas no es suficiente con las técnicas de IA como el aprendizaje automático o aprendizaje profundo. Es precisa la colaboración de áreas como la psicología, la sociología, el periodismo, la ciberseguridad o el marketing digital, para entender cómo se difunden estas noticias, y qué hace que sean más o menos aceptadas por los usuarios. Las propias técnicas de IA están siendo utilizadas por los divulgadores de contenido manipulado para hacerlo cada vez más verosímil y difícil de detectar.

De hecho, un aspecto que está creciendo en relevancia a la hora de la difusión de noticias falsas, debido al avance en las técnicas de IA y aprendizaje profundo aplicadas al procesamiento digital de imagen, sonido y vídeo, es la cada vez mayor proliferación de lo que se conoce como *deepfakes*. Se trata de contenido manipulado que pretende hacerse pasar por auténtico, creando imágenes o vídeos en los que se implanta la cara, cuerpo y/o la voz de una persona para situarla en una localización o realizando una acción o comunicación que no ha hecho. Es común simular algún personaje público (político, actor, deportista, presentador, etc.) en escenas fabricadas o manipuladas, a veces con la introducción de objetos adicionales. Algunas redes sociales ya han prohibido su uso para evitar la difusión de información falsa, pero muchas veces no es fácil determinar cuándo una imagen o vídeo es o no auténtico, lo cual supone un riesgo importante si se difunden las imágenes manipuladas en redes sociales o medios de comunicación (Chesney & Citron, 2019). Las herramientas de generación de lenguaje natural son también cada vez más avanzadas (véase el auge de tecnologías como el popular *ChatGPT*[8], que genera textos cada vez más indistinguibles de los creados por humanos). Ello añade a los *deepfakes* la capacidad de crear no sólo imágenes manipuladas, sino textos asociados generados automáticamente

---

[8] Introducing ChatGPT: https://openai.com/blog/chatgpt (Consultado en abril de 2023).

con objetivo de persuadir o manipular a determinados perfiles de usuarios.

En 2019 una iniciativa de Facebook, Microsoft, The Partnership on AI[9], e investigadores de varias universidades (Technical University of Munich, University of Naples Federico II, Cornell Tech, MIT, University of Oxford, UC Berkeley, University of Maryland, College Park, y University at Albany–SUNY) planteó un concurso para el desarrollo de propuestas de detección de *deepfakes* (*DeepFake Detection Challenge*), con el objetivo de crear herramientas software de código abierto que puedan ser utilizadas por empresas, instituciones y medios de comunicación para detectar si determinados vídeos han sido manipulados o son auténticos. Para ello, fue preciso crear una base de datos de *deepfakes* lo suficientemente amplia para que los algoritmos de aprendizaje automático pudiesen ser entrenados para reconocer estos *deepfakes*. Los resultados del concurso[10] muestran la complejidad de la tarea (Dolhansky et al., 2020), pues la precisión de la detección se quedó por debajo de lo esperado. A medida que se vayan creando nuevas bases de datos de entrenamiento para la clasificación y detección de estas imágenes y vídeos manipulados, será posible implementar algoritmos de clasificación más precisos.

Sin embargo, muchas veces no es necesario recurrir a *deepfakes* para crear imágenes o vídeos con contenidos manipulados. Usando herramientas mucho más simples de edición de imagen casi cualquier usuario es capaz de crear fotografías manipuladas, mostrando personas en lugares en los que no estuvieron. O etiquetar imágenes con fechas o lugares incorrectos, por ejemplo, trayendo a la actualidad imágenes de protestas o

9 https://partnershiponai.org/partners/ (Consultado en abril de 2023).

10 https://sites.google.com/view/wmediaforensics2020 (Consultado en abril de 2023).

conflictos que no se corresponden con las etiquetas indicadas. Para minimizar la difusión (a veces no malintencionada) de este tipo de imágenes, existen ya propuestas que intentan crear herramientas automáticas que faciliten a los usuarios receptores de estas imágenes su identificación como falsificaciones, e iniciativas para facilitar la labor a periodistas y divulgadores de noticias a la hora de verificar las imágenes o vídeos antes de su difusión, de forma que se valide su origen, como la plataforma *InVID*[11], que permite autenticar y verificar ficheros de vídeo y contenidos difundidos a través de las redes sociales.

Otras líneas de investigación pasan por añadir mecanismos para que las imágenes y vídeos puedan ser autenticados, por ejemplo, mediante contratos inteligentes (*smart contracts*) utilizando la tecnología *blockchain* para comprobar la autenticidad de las fuentes y la trazabilidad del contenido de las noticias, pudiendo así rastrear si una fuente es original, o ha sido manipulada, en todo momento (Hasan & Salah, 2019).

2.2. Automatización de la desinformación. Bots sociales.

El papel de las redes sociales en la difusión de desinformación tiene una doble vertiente. Por un lado, la facilidad de compartir información por parte de cualquier usuario hace que muchas veces sean éstos quienes inadvertidamente contribuyen a la distribución, a veces de forma viral, de contenidos no verificados, sesgados o directamente maliciosos.

Por otra parte, el anonimato que proporcionan las redes sociales a través de la facilidad para la creación de cuentas de usuarios ficticios, ha favorecido la aparición de lo que se conocen como *bots sociales* (Ferrara et al., 2016): cuentas gestiona-

---

11 https://www.invid-project.eu/tools-and-services/invid-verification-plugin/ (Consultado en abril de 2023).

das por programas automáticos en lugar de por humanos, que se pueden programar para producir contenido e interactuar con humanos, intentando emular su comportamiento. Estos bots sociales intentan en la medida de lo posible parecerse a las cuentas y perfiles de uso de los humanos. Es posible generar de forma automática identidades que parezcan humanas a partir de nombres falsificados y perfiles con imágenes que los apoyen, bien generadas automáticamente mediante IA, o bien "robadas" de la red para hacerlas pasar como propias. Se suelen emular los patrones de publicación, de seguimiento y reenvío de mensajes, y de actualización de historias, de los usuarios humanos; incluso se puede automatizar la publicación de comentarios o las respuestas a los mismos. El desarrollo de las técnicas de procesamiento de lenguaje natural hace que cada vez sea más difícil distinguir una publicación generada automáticamente de un texto escrito por un humano; especialmente en el ámbito de las redes sociales, donde con frecuencia la redacción no es tan ortodoxa.

El propósito de los bots puede ser benigno (por ejemplo, existen cuentas automatizadas para determinadas tareas, como cuentas para la información meteorológica, resúmenes de noticias, etc.) pero también pueden contribuir de forma notable a la difusión de desinformación. Cuando se utilizan de manera masiva (a partir de una red de bots controlada por un único agente) estos bots pueden utilizarse para la difusión de *fake news,* a través de la copia o repetición de determinados mensajes. Las cuentas automatizadas pueden aumentar la popularidad de determinados contenidos no sólo con publicaciones propias, sino compartiendo, mediante "likes", o mediante reenvíos, información existente de una forma que imite a cuentas humanas, creando falsa sensación de popularidad o relevancia, al apoyar o criticar de forma masiva determinados temas. También es posible utilizarlas para difundir contenido difamatorio o atacar a determinadas figuras o ideas, con la garantía de que no se podrá rastrear fácilmente al autor real de la información (Reisach, 2021). Pueden incluso producir ataques de "denegación de información": bombardeando la red social con publicaciones con información falsa, o simplemente con información irrelevante para desviar la atención, se puede bloquear y alterar la transmisión de información veraz en la red (Brundage et al., 2018).

Las redes sociales, principalmente Twitter y Facebook, se han convertido, tal y como hemos comentado, en las principales fuentes de información y noticias en la red, lo que se ha traducido en que sean a su vez un elemento idóneo para su uso como herramientas de campaña electoral, utilizadas por los representantes políticos y los partidos para comunicar sus ideas e interactuar con sus seguidores. Pero este potencial ha sido (y es) también utilizado por agentes mal intencionados con el objetivo de distorsionar las campañas y manipular a los electores.

Howard et al. (2018) describen los bots políticos como programas automáticos diseñados para manipular a la opinión pública, e indican la importancia de que se estudien los algoritmos en los que se apoyan estos programas para entender cómo afectan a la comunicación en política, promoviendo solicitudes ilegales de fondos o de votos, o violando otro tipo de legislación electoral respecto al contenido o el tono de los mensajes. El papel de los bots sociales (principalmente de Twitter) en distintos procesos políticos ha sido estudiado en diferentes tipos de elecciones y en diferentes países. Ferrara (2020) analiza el papel de los bots en las elecciones presidenciales de los EE. UU. en 2016, y en las de medio mandato de 2018, así como las elecciones presidenciales francesas de 2017. Pastor-Galindo et al. (2020) presentan como caso de uso el de las elecciones generales en España en 2019, analizando las publicaciones en Twitter durante el período electoral, y clasificando a los usuarios en humanos o bots, a partir de sus interacciones. Los resultados muestran que una cantidad no despreciable de los bots detectados participaron activamente en la campaña, apoyando a los cinco principales partidos presentados.

En (Bruno et al., 2021) se presenta un estudio sobre el comportamiento de los bots en Twitter durante las elecciones en el Reino Unido en 2019, centrándose en los *tweets* publicados en relación con el Brexit. La participación de bots en conversaciones relacionadas con el Brexit se incrementó notablemente en los días previos a las elecciones. En días posteriores, la incidencia de bots descendió a niveles previos a los detectados antes de la campaña. Por otro lado, se observó que el uso de bots afectaba a todo el espectro político, aunque en distintas proporciones. Abdine et al. (2022) analizaron las interacciones en Twitter entre candidatos y seguidores de los diferentes partidos durante los meses previos a las elecciones presidenciales de Francia de 2022, filtrando palabras clave relevantes al proceso electoral. El análisis permitió identificar distintos grupos afines a cada partido, lo que permitió un posterior análisis de las estrategias de cada campaña, y de los perfiles demográficos de los afines a cada partido, así como determinar la prevalencia de bots en cada uno de ellos. La detección de *tweets* maliciosos (contrarios a la legislación electoral a la hora del comportamiento durante las campañas) es motivo de análisis en (Baran et al., 2022), donde presentan un conjunto de datos de *tweets* anotados según su adecuación a la participación de forma democrática, y no agitatoria, en el marco de las elecciones polacas a la presidencia en 2020. La influencia de los bots en Twitter en las elecciones generales en Suecia en 2018 se analiza en (Fernquist et al., 2018), concluyendo que los comportamientos de las cuentas automatizadas en estos periodos electorales son similares a los detectados en otros países.

2.3. Herramientas para la identificación de bots

Para contrarrestar el efecto de la desinformación y la manipulación en línea de los bots sobre las redes sociales es preciso detectarlos de la forma más precisa posible. Existen múltiples propuestas en este sentido, que se apoyan en identificar características específicas que presentan estas cuentas automáticas y que las distinguen de las operadas por personas. No siempre es fácil realizar esta clasificación: mientras que se va incrementando el número de modelos y propuestas basadas en aprendizaje e IA para la detección de bots sociales, estos a su vez evolucionan usando las mismas o similares técnicas para ir un paso por delante y evitar ser identificados, asimilándose cada vez más al comportamiento de cuentas legítimas.

La identificación de bots en Twitter ha sido objeto de numerosos estudios, aplicando diferentes metodologías para distinguir comportamientos humanos de comportamientos automatizados y/o maliciosos. Los primeros enfoques se centraron en el análisis de contenidos, estudiando los contenidos típicos que suelen publicar los bots, o bien en la topología de las conexiones, es decir, usar métricas como número de seguidores, de publicaciones, o relación seguidores/seguidos, para identificar pautas que permitieran discriminar a los bots, que inicialmente serían menos "sociales". Sin embargo, estas técnicas por si solas no son fiables. Las cuentas falsas se disfrazan manipulando estas cifras. La detección basada en contenido puede esquivarse copiando contenido de otras cuentas legítimas, o enmascarando desinformación con otras piezas de información "benignas"; también pueden usarse cuentas humanas comprometidas para introducir en ellas el contenido malicioso. El número de seguidores puede incrementarse dándole a "seguir" a distintas cuentas legítimas, a la espera de que por cortesía contesten recíprocamente, o crear varias cuentas ficticias y seguirse entre ellas (Wu et al., 2019). Otras formas de detección analizan el comportamiento temporal de las cuentas (Mazza et al., 2019). Estudiando los patrones temporales en los reenvíos de mensajes (*retweets*), y partiendo de los patrones de envío de usuarios legítimos (cuentas operadas por humanos), es posible mediate algoritmos de aprendizaje no supervisado clasificar los patrones en benignos (humanos) y maliciosos (bots).

Orabi et al. (2020) presentan un seguimiento a las distintas propuestas existentes en la bibliografía entre 2010 y 2019, identificando las siguientes carencias: la mayor parte de las propuestas se centran en Twitter, ignorando otras plataformas, y hay pocos estudios con aprendizaje no supervisado. Además, la mayor parte de los conjuntos de datos públicos de los que se dispone para el entrenamiento de los algoritmos no son todavía lo suficientemente grandes o precisos, lo cual limita las capacidades de los métodos de aprendizaje a utilizar.

Yang et al. (2019) utilizan como caso de estudio la herramienta *Botometer*[12], una herramienta popular de detección de bots desarrollada en la Indiana University, para ilustrar cómo interaccionan los usuarios con las herramientas de la IA contra la actividad de los bots sociales. El principal problema encontrado reside en la interpretación de los resultados proporcionados por las herramientas. Todas las técnicas de aprendizaje requieren de la identificación de las características que son relevantes para la clasificación a realizar. En general, se utilizan sobre todo datos del usuario, de sus "amigos", de la estructura de la red de menciones y *retweets*, de contenido del mensaje, del sentimiento asociado al mensaje, y patrones temporales de los mensajes. En el caso de los modelos supervisados, las características se introducen en los modelos para el entrenamiento, y luego los modelos aprendidos se aplican a datos nuevos. Sin embargo, estos modelos no funcionan bien por ejemplo en el caso de bots coordinados automáticamente pero que publican contenidos creados por un humano que los gestiona. Individualmente no son reconocidos como bots, es preciso considerar la actividad conjunta para identificar la red de bots.

Otro de los problemas de las propuestas para la detección de bots es el de las imprecisiones en los resultados, según las

---

12 https://botometer.osome.iu.edu/ (Consultado en abril de 2023).

métricas utilizadas para discriminar entre los tipos de cuentas (bots o no). Martini et al. (2021) buscan bots en varios discursos políticos en Twitter, usando tres métodos de detección diferentes, y aunque los tres experimentos identifican a los bots, las medidas que proporcionan difieren notablemente en su precisión. Otros métodos de detección de cuentas maliciosas proponen usar otro tipo de clasificaciones. Pastor-Galindo et al. (2022) proponen una metodología para caracterizar usuarios en Twitter como cuentas posiblemente automatizadas (*Likely Bots*), cuentas posiblemente semiautomatizadas (*Likely Semi-Bots*), y cuentas posiblemente humanas (*Likely Humans*), para lo que se utilizan hasta siete métricas diferentes, debido a los distintos resultados que pueden obtenerse según la métrica usada y las dificultades e imprecisiones asociadas a la interpretación del resultado. En un estudio sobre Twitter en las elecciones españolas de 2019 se comprobó que las cuentas semiautomatizadas eran las más dañinas en cuanto a difusión de desinformación y manipulación informativa.

Como alternativa a la hora de identificar actividad perjudicial en las redes, trabajos como el de Mbona & Eloff (2023) proponen una clasificación de bots en maliciosos y benignos, en vez de una discriminación entre bots y humanos, dado que los modelos basados en esta última clasificación (humano frente a bot) no son igualmente capaces de distinguir bots benignos de bots maliciosos.

Los bots pueden utilizar los sentimientos asociados a los *tweets* para crear una tendencia falsa o influenciar la opinión pública sobre determinado contenido, aprovechando por ejemplo el sesgo de confirmación (tendemos a creer más fácilmente aquello con lo que estamos de acuerdo o que confirma nuestras creencias), o el efecto *backfire* (tiro por la culata, por el cual tendemos a rechazar evidencias que contradicen nuestras creencias, y nos reforzamos en ellas). Este es el enfoque de la propuesta de Heidari et al. (2021). Se utilizan características de los sentimientos asociados a los *tweets*, identificados también mediante técnicas de IA, que se usan para entrenar los modelos de detección de bots.

Las plataformas pueden a su vez colaborar en la minimización del impacto de los bots. Del mismo modo que se pueden utilizar los algoritmos de aprendizaje automático para el seguimiento y categorización del comportamiento de los usuarios en la red, debería hacerse un esfuerzo en ajustar estos modelos de aprendizaje para diferenciar entre usuarios legítimos y usuarios maliciosos, ya sean bots automatizados o guiados por algún actor humano pero con propósitos de manipular o desinformar. Por ejemplo, detectar publicaciones de bots a la hora de determinar *trending topics*, limitar la capacidad de compartir determinados contenidos, identificar imágenes o contenidos manipulados para bloquear su publicación, o suspender cuentas sospechosas. En todo caso, las plataformas deben lidiar siempre con el compromiso entre la libertad de expresión de los usuarios y la censura de comportamiento no deseado (Lazer et al., 2018; Reisach, 2021).

3. INFLUENCIA DE LA MANIPULACIÓN INFORMATIVA Y LA DESINFORMACIÓN SOBRE LOS PROCESOS DEMOCRÁTICOS

Las campañas de propaganda en las redes sociales, como hemos visto, son muy efectivas, y tienen una alta velocidad de despliegue y un bajo coste. El uso de bots o cuentas falsas y su anonimato permite difundir contenido tanto a favor de una postura, como en contra del adversario, o desviar las conversaciones hacia temas que nos interesen y/o apartar del foco de atención situaciones que no nos interesen, y su relativo anonimato minimiza los riesgos políticos.

Un problema añadido a la presencia de bots sociales es el perfilado de usuarios en las redes, que permite identificar y alcanzar audiencias específicas con muy poco esfuerzo. Esto fue lo que sucedió por ejemplo en el caso de las elecciones presidenciales en EE.UU. en 2016, con el escándalo del perfilado de usuarios realizado por Cambridge Analytica, en el que la combinación de ataques específicos a determinadas figuras políticas, la difusión de contenidos apoyando otras candidaturas, y la manipulación del electorado especialmente mediante contenidos en las redes sociales dirigidos a determinados sectores políticos, sociales y demográficos, alteraron el normal desarrollo de las campañas de los candidatos. Se promovieron campañas orientadas a crear confusión y a inflamar los ánimos en determinados sectores en temas como el racismo, la inmigración, los derechos sobre el uso de armas, etc., favoreciendo el enfrentamiento entre distintas posturas y grupos de interés.

Estos intentos de manipulación por parte de agentes externos sobre distintos procesos democráticos se han ido sucediendo desde entonces en sucesivas campañas en otros ámbitos y países. Por ejemplo, el referéndum sobre el Brexit en 2016, sobre la independencia de Cataluña en 2017, o las elecciones presidenciales en Francia en 2018 (Helmus, 2020; Schia & Gjesvik, 2020). En (Woolley & Howard, 2017) se recogen casos de este tipo de campañas de propaganda computacional en nueve países (Rusia, Ucrania, Canadá, Polonia, Taiwan, Brasil, Alemania, EE.UU. y China).

3.1. Técnicas de manipulación

La preocupación por el uso de técnicas de manipulación informativa en campañas políticas ha ido creciendo desde los primeros intentos con repercusión en los medios (en particular desde el caso Facebook-Cambridge Analytica). Este caso puso de relieve cómo la publicidad digital dirigida por datos permite orientar las campañas a segmentos de población específicos, más susceptibles de ser influenciados. La infraestructura publicitaria en internet proporciona oportunidades para la manipulación política y la interferencia de entidades externas, aprovechando el conocimiento, en ocasiones con un grado de precisión muy elevado, obtenido acerca de los individuos a partir de sus datos de navegación e interacción en la red (Crain & Nadler, 2019). Este efecto se dejar ver en mayor medida en las campañas en redes sociales, por su prevalencia en el mercado publicitario global. La publicidad digital se apoya en la recolección e intercambio entre distintas compañías de enormes cantidades de datos sobre los individuos. Las plataformas de las redes sociales como Facebook, Twitter, Instagram, YouTube o TikTok, que permiten la comunicación instantánea e interactiva de ideas entre múltiples usuarios, obtienen beneficio a partir de sus anunciantes. Y el negocio que ofrecen a los anunciantes es el perfilado de audiencias. Los usuarios ceden sus datos de uso (datos personales como edad o sexo, datos de ubicación, gustos, patrones de uso, intereses, preferencias, etc.) a cambio de una mejor "experiencia" de usuario, y las compañías pueden con estos datos crear perfiles de población para ofrecer contenidos adaptados o enfocados a determinados perfiles. La recopilación masiva de datos y el uso de técnicas avanzadas de aprendizaje automático permite a los algoritmos analizar y clasificar perfiles y comportamientos de los usuarios en la red de forma rápida y precisa (Reisach, 2021). Esta estrategia ha permitido a los anunciantes adaptar sus servicios a las audiencias objetivo, con el objetivo de fidelizar a los clientes, y ofrecerle productos que, de acuerdo con los algoritmos, están basados en sus intereses o elecciones previas.

Por ejemplo, un estudio realizado en 2017 mostraba que Facebook usaba hasta 52000 categorías para clasificar a sus millones de usuarios[13], recogiendo datos no solo de los mensajes o

---

[13] Angwin, Julia, Madeleine Varner, and Ariana Tobin. "Facebook Enabled Advertisers to Reach 'Jew Haters.'" ProPublica, September 14, 2017.

historias publicadas por los usuarios, sino reacciones, información del perfil, conexiones sociales, datos de fotografías o vídeos (incluyendo técnicas de reconocimiento facial), inicios de sesión, etc. Con estos datos se crean perfiles que luego se pueden utilizar para segmentar a los usuarios y orientar las campañas publicitarias a distintos sectores demográficos, con el consiguiente riesgo potencial de poder llevar a discriminaciones por ideología, raza, orientación sexual, política, etc.[14] Datos simples como "likes" en las redes pueden permitir filtrado de preferencias en ámbitos de salud, de hábitos de consumo doméstico, de perfil demográfico, educación, orientación sexual o salud mental. Las plataformas han ido poco a poco limitando el tipo de perfiles que se pueden asociar a las campañas publicitarias, para evitar este tipo de acciones discriminatorias[15].

Estos datos se recogen, bien de manera directa porque el usuario los proporciona ("me gustas" en las redes sociales, datos de contacto, páginas que se siguen) o bien a partir de tecnologías como cookies y otros tipos de rastreadores asociados a las webs y las cuentas de los usuarios. Si bien es cierto que los reglamentos de los distintos países, especialmente a partir de la entrada en vigor del Reglamento General de Protección de Da-

---

https://www.propublica.org/article/facebook-enabled-advertisers-to-reach-jew-haters (Consultado en abril de 2023).

14 Dean, Sam. "Facebook Decided Which Users Are Interested in Nazis—and Let Advertisers Target Them Directly." *Los Angeles Times*, February 21, 2019. https://www.latimes.com/business/technology/la-fi-tn-facebook-nazi-metal-ads-20190221-story.html (Consultado en abril de 2023).

15 Lumb, David. "Facebook Removes 5,000 Ad Targeting Options to Prevent Discrimination." Engadget, August 21, 2018. Accessed March 15, 2019. https://www.engadget.com/2018/08/21/facebook-removes-5-000-ad-targeting-options-to-prevent-discrimin/ (Consultado en abril de 2023).

tos a nivel europeo (GDPR[16]), tratan de proteger a los ciudadanos del uso no adecuado de sus datos e información personal, es también cierto que las tecnologías evolucionan más rápido que las normativas, y aparecen nuevas técnicas de recolección de información que permiten esquivar en ocasiones las normas regulatorias.

Hoy en día casi todas las aplicaciones gestionan datos de los usuarios asociados a alguna cuenta personal que se almacenan en la nube (bien sea Google, Apple, Microsoft, u otro el proveedor del servicio). Estos datos van desde el historial de páginas visitadas, para permitir visionado de páginas entre múltiples dispositivos del usuario, a ubicaciones en tiempo real, o datos de salud o sobre actividad física, como frecuencia cardíaca, ejercicio realizado, etc. El valor de los datos para las compañías y las campañas publicitarias no está sólo en los datos individuales, sino sobre todo en el tratamiento sobre miles de estos datos para hacer perfilado de usuarios y diseñar sus campañas acordes a estos perfiles. Las grandes agencias publicitarias agregan datos de múltiples plataformas, no solo de redes sociales, utilizando rastreadores y cookies de terceros[17], lo que permite hacer campañas cruzadas: lo que comentamos en las redes se traduce en publicidad dirigida en medios de comunicación en línea, y viceversa: visitamos alguna tienda en internet para buscar algún producto, y en los siguientes días vemos anuncios o publicaciones relacionadas en nuestras redes o en nuestro navegador. Esto se lleva a cabo mediante datos recogidos por los sitios mediante seguimiento cruzado entre dominios, de manera que las plataformas sociales pueden saber qué periódicos leemos o qué páginas o perfiles visitamos, y cuánto tiempo permanecemos en ellas. Esta recolección de

---

16 GDPR: https://www.boe.es/doue/2016/119/L00001-00088.pdf.

17 https://www.aepd.es/es/documento/guia-cookies.pdf (Consultado en abril de 2023).

datos se realiza muchas veces a través de anunciantes, usando los sistemas de subasta en tiempo real (*RTB: real-time bidding*). En estos sistemas se utilizan algoritmos de aprendizaje automático para evaluar qué características de los consumidores son más predictivas de las influencias que se buscan. Se etiqueta a los usuarios y a sus dispositivos mediante identificadores únicos, lo que permite hacer un seguimiento. Aunque el elemento básico para este tipo de rastreo es la *cookie*, hoy en día se combina con otras tecnologías más avanzadas para hacer un seguimiento más eficaz, incluso aunque el usuario intente poner algún tipo de contramedida (por ejemplo, rechazando el almacenamiento de *cookies* de terceros en su equipo). Cuando un usuario visita una página, se recogen datos de seguimiento de su perfil, que se envían al gestor de la subasta. Los anunciantes para los que este perfil de usuario sea relevante reciben una solicitud para pujar por mostrarle un anuncio. El gestor selecciona la mejor puja y muestra el anuncio de la compañía "ganadora" al usuario en cuestión. Así, la ventaja es triple: los anunciantes obtienen mayor rendimiento de sus anuncios, pues el público está seleccionado; las plataformas publicitarias pueden cobrar más por sus espacios, pues el rendimiento que ofrecen es mayor; y los usuarios reciben anuncios que les pueden interesar en lugar de anuncios genéricos. El problema reside en la cantidad de datos que se comparten entre todos los anunciantes, pues todos tienen acceso a los perfiles de los usuarios que visitan las páginas, incluso aunque al final no se queden con la puja[18]. Esta recolección y compartición indiscriminada de datos va en contra de las políticas de protección de

---

18 H. Jones (2021). Real-Time Bidding: The Ad Industry Has Crossed A Very Dangerous Line. *Forbes, 18 de octubre de 2021:* https://www.forbes.com/sites/hessiejones/2021/10/18/real-time-bidding-the-ad-industry-has-crossed-a-very-dangerous-line/ (Consultado en abril de 2023).

la privacidad. En particular, ya se han presentado numerosas demandas a raíz de la entrada en vigor del GDPR.

En todo caso, en muchas ocasiones ya los perfiles públicos en las redes proporcionan suficientes detalles sobre la personalidad del individuo, y pueden ser utilizados para crear campañas publicitarias o propagandísticas basadas incluso en aspectos psicológicos (no sólo qué comunicar, sino cuándo y cómo expresarlo). Información como listas de amigos, contenido que se sigue o se ha visto, hábitos de compra o de publicación en historias personales, pueden utilizarse para orientar las campañas a usuarios más propensos a creérselas, o a redifundirlas, reforzando las ideas que se quieren propagar (Brundage et al., 2018). Y esta capacidad de perfilado se puede utilizar con propósitos no relacionados directamente con publicidad comercial, sino que es igualmente viable asociarlos a campañas políticas. Se pueden dirigir los mensajes a aquellos perfiles de población que más receptivos podrían ser a ellos, o adaptarlos según el perfil del receptor. Por ejemplo, se pueden segmentar los usuarios según el tipo de prensa digital que consultan, las páginas web que visitan, o a qué políticos o personalidades públicas siguen en redes sociales. Las plataformas publicitarias permiten a los anunciantes dirigir sus campañas a determinados objetivos, identificados mediante distintas características extraídas de sus perfiles. Se utilizan sistemas de toma de decisiones automatizados para determinar no sólo público objetivo, sino también el momento, el lugar o incluso el contenido de los mensajes publicitarios. Existe amplia evidencia ya del uso de estas técnicas de perfilado de usuarios en distintas campañas electorales y otros procesos del ámbito político o de movimientos sociales (Crain & Nadler, 2019). La publicidad dirigida por datos se ha convertido en un arma de doble filo: puede ayudar a que los usuarios de internet vean anuncios de productos relacionados con sus intereses, pero también permite que se utilice el conocimiento sobre sus perfiles para hacerlos objetivo de determinadas campañas de influencia o propaganda con fines políticos o de otra índole, con lo que se utilizan los datos sobre los intereses o comportamiento del usuario en la red como arma para manipular la información que recibe o intentar modificar su comportamiento o ideología. Muchas campañas de manipulación política se centran en amplificar determinados contenidos, apelando a las señas de identidad de los individuos y fomentando la confrontación entre diferentes grupos o ideologías, para favorecer la movilización de los votantes. Si las campañas están dirigidas a un grupo predispuesto, se puede ser más agresivo en la comunicación de determinadas ideas, lo que no se podría probablemente hacer con una audiencia más general sin sufrir consecuencias políticas. Así, es posible modificar automáticamente los mensajes según el público al que vayan a ser dirigidos.

3.2. Medidas de protección contra la manipulación informativa

Las plataformas están ya tomando medidas para evitar este uso inadecuado del perfilado de los usuarios usando atributos sensibles como etnia, creencias religiosas, preferencias sexuales, etc. Se van implementando protocolos para la identificación de los anunciantes, y para la restricción en la selección de atributos o perfiles a los que dirigir las campañas, especialmente en el caso de anuncios relacionados con el ámbito político. Por ejemplo, desde el caso Cambridge Analytica, Facebook ha diseñado un protocolo específico para anuncios relacionados con campañas de ámbito social y político, y procesos electorales[19], con el que se

---

19 *Información acerca de los anuncios sobre temas sociales, elecciones o política: https://www.facebook.com/business/help/167836590566506?id=288762101909005* (Consultado en abril de 2023).
Documento sobre la protección de los procesos electorales: https://www.facebook.com/gms_hub/share/facebook-protecting-elections-advertiser-narrative_short.pdf (Consultado en abril de 2023).

pretende evitar el uso de atributos sensibles en las campañas, y verificar en todo momento el origen de las mismas.

Sin embargo, existen algoritmos que son capaces de correlacionar determinados atributos no sensibles en principio con otros que sí lo son y acceder de este modo a los perfiles "objetivo"; por ejemplo, correlacionar determinados gustos gastronómicos o musicales con determinados grupos sociales, analizando el porcentaje de aparición de determinados atributos en cada uno de los grupos de interés (Speicher et al., 2018). Es necesaria una mayor transparencia en los tipos de datos que recogen las plataformas y en los usos que se les dan a dichos datos, así como a quién y en qué condiciones se comparten. Los ficheros de datos de las redes sociales son propiedad de las compañías, aunque existen iniciativas para poner al menos parte de los datos (respetando los derechos de privacidad de los propietarios de las cuentas) a disposición de la comunidad investigadora para avanzar en el estudio de la manipulación informativa. Ejemplo de estas iniciativas es Social Science One[20], que recoge y facilita el uso de los datos relativos a URLs compartidas en Facebook. Pero debería incrementarse la transparencia y la puesta a disposición de la comunidad investigadora de conjuntos de datos lo más amplio posibles para poder desarrollar sistemas de detección de desinformación más precisos.

Caled & Silva (2022) estudian los mecanismos de creación y difusión de desinformación en las redes sociales, incluyendo un análisis de las medidas propuestas por las plataformas digitales para gestionar esta desinformación. Las medidas más comunes son: la moderación de contenidos, en combinación con verificadores de hechos, intentando reducir la visibilidad de aquellos sitios que compartan noticias falsas, o bloquearlos directamente; la eliminación de contenidos identificados como

20 RFP for URL Shares | SOCIAL SCIENCE ONE: https://socialscience.one/rfps (Consultado en abril de 2023).

fake news; la suspensión de cuentas no suficientemente identificadas, o que vayan en contra de las políticas de la plataforma en cuanto a uso de la misma; la reducción o eliminación de la capacidad de ser compartida de la desinformación detectada; la promoción de aquellos lugares que muestran información de calidad; y la introducción de etiquetas que identifiquen los hechos que se han contrastado mediante verificadores. Por otra parte, se constata que debería aumentar la transparencia en la publicidad, y establecer medidas para proteger los derechos de los individuos sobre sus datos y el uso que se hace de ellos, reduciendo en lo posible la capacidad de segmentación de las audiencias.

Una conclusión interesante de los estudios sobre estos mecanismos y su efectividad es que las medidas impuestas por las plataformas modifican las tácticas de los propagadores de desinformación, y a su vez, estas tácticas impactan sobre las políticas de las plataformas. Es un juego del gato y el ratón, en el que las plataformas deben ir adaptándose a las nuevas prácticas que van surgiendo para la difusión de desinformación. Algunas medidas como la suspensión o el bloqueo de cuentas se contrarrestan creando nuevas cuentas que las sustituyan, o cambiando de plataforma. Sería por ello interesante que las plataformas estableciesen un marco común de medidas contra la desinformación en todos los aspectos, en lugar de proponer medidas independientemente, lo cual es complicado ya que se trata de corporaciones con ánimo de lucro cada una con su propia línea empresarial.

Un ámbito que aún no está tan estudiado es el de la desinformación en plataformas menos asociadas en un principio a la difusión de noticias, como pueden ser WhatsApp o Telegram (Herasimenka et al., 2023). Inicialmente creadas como herramientas de mensajería, cada vez incluyen más facilidades para la interacción social a través de grupos, e incluso para la publicación de noticias por canales específicos. En estos casos los mensajes se transmiten entre grupos de usuarios que ya pueden estar más fácilmente predispuestos a recibir determinados contenidos, con lo que el enfoque del análisis debe ser diferente.

3.3. Medidas a nivel europeo para combatir la desinformación en línea

A raíz de la repercusión del caso Facebook/Cambridge Analytica, la Comisión Europea propuso en 2018 una serie de medidas para abordar la desinformación en línea, que incluía el desarrollo de un código de conducta sobre la desinformación, que fuese común para todas las plataformas en línea[21]. Entre las medidas propuestas se incluía la transparencia en el contenido patrocinado, para limitar las capacidades del uso de publicidad dirigida; la transparencia en los algoritmos de segmentación de usuarios; el facilitar a los usuarios fuentes alternativas de información; la introducción de medidas de detección y cancelación de cuentas falsas y bots; y la introducción de verificadores de hechos independientes[22]. Y a nivel institucional, la creación de una plataforma europea en línea sobre desinformación, la promoción de una mayor alfabetización mediática de la población, el apoyo a los Estados en la protección de los procesos electorales, la mejora en la trazabilidad de los proveedores de información, y la promoción del periodismo de calidad, así como una política de comunicación coordinada.

Esta iniciativa se materializó en el *Código reforzado de Buenas Prácticas en materia de Desinformación de 2022*[23], que como se indica su descripción "es una herramienta pionera a través de

---

21 https://ec.europa.eu/commission/presscorner/detail/es/IP_18_3370 (Consultado en abril de 2023).

22 https://ifcncodeofprinciples.poynter.org/signatories (Consultado en abril de 2023).

23 Código reforzado de Buenas Prácticas en materia de Desinformación: https://disinfocode.eu/wp-content/uploads/2023/01/The-

la cual agentes relevantes del sector acordaron, por primera vez en 2018, unas normas de autorregulación para luchar contra la desinformación". Actualmente consta de 34 signatarios[24] que se comprometen a seguir estas buenas prácticas en el tratamiento de la información, entre los que se encuentran las principales plataformas online actuales (Google, Meta, Microsoft, TikTok, Twitter), que en mayor o menor medida[25] (Twitter parece que no ha cumplido estrictamente todos los requisitos de transparencia) apoyan el Centro de Transparencia[26] creado en febrero de 2023: un punto de referencia en la web en el que además del código de buenas prácticas se pueden consultar los informes de los compromisos de cada uno de los signatarios. Se espera que en julio de 2023 se actualicen estos informes con los datos de uso de los primeros seis meses del año, y se pueda comprobar su efectividad en la práctica.

4. CONCLUSIONES

La lucha contra la desinformación debe necesariamente ser multidisciplinar. No basta con el desarrollo de técnicas y algoritmos de detección e identificación de contenidos y agentes manipuladores/malintencionados. Se requieren intervenciones en educación de la ciudadanía, fomento del pensamiento crítico, e iniciativas legislativas. Es cierto que las iniciativas le-

---

Strengthened-Code-of-Practice-on-Disinformation-2022.pdf (Consultado en abril de 2023).

24 https://disinfocode.eu/es/signatarios/ (Consultado en abril de 2023).

25 https://digital-strategy.ec.europa.eu/en/news/code-practice-disinformation-new-transparency-centre-provides-insights-and-data-online (Consultado en abril de 2023).

26 Centro de Transparencia (UE): https://disinfocode.eu/es/ (Consultado en abril de 2023).

gislativas se pueden ver limitadas por el respeto a la libertad de expresión, y puede ser difícil establecer el límite para lo que sería censura o supresión de determinadas ideas. Por ello es muy importante la autorregulación por parte de las plataformas de contenidos y redes sociales, implementando medidas para la moderación del contenido, y la transparencia en la publicidad ofertada, la promoción de noticias de calidad, y la colaboración con verificadores de hechos.

El uso de la IA para el análisis de la cada vez mayor cantidad de datos recogidos de forma directa o indirecta sobre los hábitos digitales de los ciudadanos hace que las posibilidades para la manipulación informativa aumenten, permitiendo crear contenidos de manera automática adaptados a diferentes perfiles, y con la dificultad cada vez mayor para su detección, pues se va haciendo más difícil distinguir qué es y qué no es real. Las plataformas deben colaborar con la comunidad investigadora para proporcionar información con la que entrenar y validar los algoritmos de detección de intentos de manipulación o desinformación. La protección de la privacidad es un aspecto que debe tenerse en cuenta. Por ello, deben ser cuidadosas a la hora de compartir datos sensibles de los usuarios: los datos deben ser proporcionados una vez eliminadas todas las características que puedan comprometer la privacidad. En todo caso, la tarea de anotación para los conjuntos de datos es laboriosa, lo que hace que estos conjuntos acaben siendo limitados. Otro problema de los algoritmos de detección es en ocasiones la falta de precisión, y de transparencia en los resultados, que no son fácilmente explicables para los usuarios.

BIBLIOGRAFÍA

Abdine, H., Guo, Y., Rennard, V., & Vazirgiannis, M. (2022). Political Communities on Twitter: Case Study of the 2022 French Presidential Election. *Proceedings of the First Workshop on Natural Language Processing for Political Sciences (PoliticalNLP)*, 62–71. https://aclanthology.org/2022.politicalnlp-1.9.pdf

Aïmeur, E., Amri, S. & Brassard, G. (2023). . *Social Network Analysis and Mining,* 13(30). DOI: 10.1007/s13278-023-01028-5

Baran, M., Wójcik, M., Kolebski, P., Bernaczyk, M., Rajda, K., Augustyniak, L., & Kajdanowicz, T. (2022). Electoral Agitation Dataset: The Use Case of the Polish Election. *Proceedings of the First Workshop on Natural Language Processing for Political Sciences (PoliticalNLP),* 32–36. https://aclanthology.org/2022.politicalnlp-1.5.pdf

Borges do Nascimento, I.J., Pizarro, A.B., Almeida, J.M., Azzopardi-Muscat, N., Gonçalves, M.A., Björklund M., & Novillo-Ortiz, D. (2022). Infodemics and health misinformation: a systematic review of reviews. *Bulletin of the World Health Organization,* 100(9), 544-561. World Health Organization. DOI: 10.2471/BLT.21.287654

Brundage, M., Avin, S., Clark, J., Toner, H., Eckersley, B., Garfinkel, B., Dafoe, A., Scharre, P., Zeitzoff, T., Filar, B., Anderson, H., Roff, H., Allen, G.C., Steinhardt, J., Flynn, C., ÓhÉigeartaigh, S., Beard, S., Belfield, H., Farquhar, S., Lyle, C. et al. (2018). The Malicious Use of Artificial Intelligence: Forecasting, Prevention and Mitigation. https://maliciousaireport.com

Bruno, M., Lambiotte, R., & Saracco, F. (2021). Brexit and bots: characterizing the behaviour of automated accounts on Twitter during the UK election. *EPJ Data Science,* 11(17). DOI: 10.1140/epjds/s13688-022-00330-0

Caled, D., & Silva, M.J. (2022). Digital media and misinformation: An outlook on multidisciplinary strategies against manipulation. *Journal of Computational Social Science* 5: 123–159. DOI: 10.1007/s42001-021-00118-8

Chesney, R., & Citron, D.K. (2019). Deep Fakes: A Looming Challenge for Privacy, Democracy, and National Security. *107 California Law Review,* 1753. DOI: 10.2139/ssrn.3213954

Crain, M. & Nadler, A. (2019). Political Manipulation and Internet Advertising Infrastructure. *Journal of Information Policy 9: 370–410.* DOI:10.5325/jinfopoli.9.2019.0370

de Ridder, J. (2021). What's so bad about misinformation? *Inquiry.* DOI: 10.1080/0020174X.2021.2002187

Dolhansky, B., Bitton, J., Pflaum, B., Lu, J., Howes, R., Wang, M., & Ferrer, C.C. (2020). The DeepFake Detection Challenge (DFDC) Dataset. DOI: 10.48550/arXiv.2006.07397

Fernández-Pichel, M., Losada, D.E., & Pichel, J.C. (2022a). A multistage retrieval system for health-related misinformation detection. *Engineering*

Applications of Artificial Intelligence, 115, 105211. DOI: 10.1016/j.engappai.2022.105211

Fernández-Pichel, M., Losada, D.E., & Pichel, J.C. (2022b). Social Minder: a Tool for Social Media Monitoring and its Use for Detecting COVID-19 Misinformation. En *Proc. 2nd Joint Conference of the Information Retrieval Communities in Europe, CIRCLE 2022,* 3178. https://ceur-ws.org/Vol-3178/CIRCLE_2022_paper_01.pdf

Fernquist, J., Kaati, L., & Schroeder, R. (2018). Political Bots and the Swedish General Election, en: *2018 IEEE International Conference on Intelligence and Security Informatics (ISI),* 124–129. DOI: 10.1109/ISI.2018.8587347

Ferrara, E., Varol, O., Davis, C., Menczer, F., & Flammini, A. (2016). The rise of social bots. *Communications of the ACM* 59(7), 96–104. DOI: 10.1145/2818717

Ferrara, E. (2020). Bots, Elections, and Social Media: A Brief Overview. En: Shu, K., Wang, S., Lee, D., Liu, H. (eds) *Disinformation, Misinformation, and Fake news in Social Media. Lecture Notes in Social Networks.* DOI: 10.1007/978-3-030-42699-6_6

Hasan, H. R., & Salah, K. (2019). Combating deepfake videos using blockchain and smart contracts. IEEE Access, 7, 41596-41606. DOI:10.1109/ACCESS.2019.2905689

Heidari, M., Jones, J.H., & Uzuner, O. (2021). An Empirical Study of Machine learning Algorithms for Social Media Bot Detection. 2021 IEEE International IOT, Electronics and Mechatronics Conference (IEMTRONICS), 1-5. DOI: 10.1109/IEMTRONICS52119.2021.9422605

Helmus, T.C. (2020). Social Media and Influence Operations Technologies: Implications for Great Power Competition. Cap. 7 de *STRATEGIC ASSESSMENT 2020: Into a New Era of Great Power Competition.* Editor: Thomas F. Lynch III. NDU Press. https://ndupress.ndu.edu/Media/News/News-Article-View/Article/2404329/7-social-media-and-influence-operations-technologies-implications-for-great-pow/

Herasimenka, A., Bright, J., Knuutila, A. & Howard, P.N. (2023). Misinformation and professional news on largely unmoderated platforms: the case of telegram, *Journal of Information Technology & Politics,* 20(2), 198-212. DOI: 10.1080/19331681.2022.2076272

Howard, P. N., Woolley, S., & Calo R. (2018). Algorithms, bots, and political communication in the US 2016 election: The challenge of automated political communication for election law and administration. *Journal of*

Information Technology & Politics, 15(2):81–93. DOI: 10.1080/19331681.2018.1448735

Joseph, A. M., Fernandez, V., Kritzman, S., Eaddy, I., Cook, O. M., Lambros, S., Jara Silva, C. E., Arguelles, D., Abraham, C., Dorgham, N., Gilbert, Z. A., Chacko, L., Hirpara, R. J., Mayi, B. S., & Jacobs, R. J. (2022). COVID-19 Misinformation on Social Media: A Scoping Review. *Cureus, 14*(4), e24601. DOI: 10.7759/cureus.24601

Lazer, D.M.J., Baum, M.A., Benkler, Y., Berinsky, A.J., Greenhill, K.M., Menczer, F., Metzger, M.J., Nyhan, B., Pennycook, G., Rothschild, D., Schudson, M., Sloman, S.A., Sunstein, C.R., Thorson, E.A., Watts, D.J., & Zittrain, J.L. (2018). The science of fake news. *Science*, 359, 1094-1096. DOI:10.1126/science.aao2998

Liao, Q., Chai, H., Han, H., Zhang, X., Wang, X., Xia, W., & Ding, Y. (2021). An Integrated Multi-Task Model for *Fake news* Detection. *IEEE Transactions on Knowledge and Data Engineering*, 34, 5154-5165. DOI: 10.1109/TKDE.2021.3054993

Martini, F., Samula, P., Keller, T. R., & Klinger, U. (2021). Bot, or not? Comparing three methods for detecting social bots in five political discourses. *Big Data & Society*, 8(2). DOI: 10.1177/20539517211033566

Mazza, M., Cresci, S., Avvenuti, M., Quattrociocchi, W., & Tesconi, M. (2019). RTbust: Exploiting Temporal Patterns for Botnet Detection on Twitter. *WebSci'19: Proceedings of the 10th ACM Conference on Web Science*, 183–192. DOI: 10.1145/3292522.3326015

Mbona, I., & Eloff, J.H.P. (2023). Classifying social media bots as malicious or benign using semi-supervised machine learning, *Journal of Cybersecurity* 9(1), tyac015. DOI: 10.1093/cybsec/tyac015

Orabi, M., Mouheb, D., Al Aghbari, Z., & Kamel, I. (2020). Detection of bots in social media: A systematic review, *Information Processing & Management* 57 (4), 102250. DOI: 10.1016/j.ipm.2020.102250

Pastor-Galindo, J., Zago, M., Nespoli, P., Bernal, S.L., Celdrán, A.H., Pérez, M.G., Ruipérez-Valiente, J.A., Pérez, G.M., & Mármol, F.G. (2020). Spotting Political Social Bots in Twitter: A Use Case of the 2019 Spanish General Election. *IEEE Transactions on Network and Service Management*, 17, 2156-2170. DOI: 10.1109/TNSM.2020.3031573

Pastor-Galindo, J., Mármol, F.G., & Pérez, G.M. (2022). Profiling users and bots in Twitter through social media analysis. *Information Sciences*, 613, 161-183. DOI: 10.1016/j.ins.2022.09.046

Reisach, U. (2021). The responsibility of social media in times of societal and political_manipulation, *European Journal of Operational Research* 291(3), 906-917. DOI: 10.1016/j.ejor.2020.09.020

Schia, N.N., & Gjesvik, L. (2020). Hacking democracy: managing influence campaigns and disinformation in the digital age, *Journal of Cyber Policy* 5:3, 413-428. DOI: 10.1080/23738871.2020.1820060

Speicher, T., Ali, M., Venkatadri, G., Ribeiro, F.N., Arvanitakis, G., Benevenuto, F., Gummadi, K.P., Loiseau, P., & Mislove, A. (2018). Potential for Discrimination in Online Targeted Advertising. *Proceedings of the 1st Conference on Fairness, Accountability and Transparency*, in *Proceedings of Machine Learning Research* 81:5-19. https://proceedings.mlr.press/v81/speicher18a.html

Tan, C. (2022). The curious case of regulating false news on Google. *Computer Law & Security Review*, 46, 105738. DOI: 10.1016/j.clsr.2022.105738

Yang, K., Varol, O., Davis, C.A., Ferrara, E., Flammini, A., & Menczer, F. (2019). Arming the public with AI to counter social bots. *Human Behavior and Emerging Technologies 1(1 Emerging Technologies: Perspectives from Technology Pioneers)*, 1-68. DOI:10.1002/hbe2.115

Woolley, S.C & Howard, P.N. (2017). Computational Propaganda Worldwide: Executive Summary. Samuel Woolley and Philip N. Howard, Eds. *Working Paper 2017.11*. Oxford, UK: Project on Computational Propaganda. https://demtech.oii.ox.ac.uk/research/posts/computational-propaganda-worldwide-executive-summary/

Wu, L., Morstatter, F., Carley, K.M., & Liu, H. (2019). Misinformation in Social Media: Definition, Manipulation, and Detection. *ACM SIGKDD Explorations Newsletter*, 21(2), 80-90. DOI: 10.1145/3373464.3373475

Zarocostas, John (2020) How to fight an infodemic. *The Lancet*, 395 (10225), 676. DOI: 10.1016/S0140-6736(20)30461-X

Zhou, X., & Zafarani, R. (2021). A Survey of Fake news: Fundamental Theories, Detection Methods, and Opportunities. *ACM Computing Surveys*, 53(5), 109, pp. 1–40. DOI: 10.1145/3395046

PARTE III

IMPLEMENTACIÓN DE LOS DERECHOS DESDE UNA ÓPTICA TRANSVERSAL

Capítulo 14.

LOS EFECTOS DE LA DESINFORMACIÓN SOBRE LA SEGURIDAD. LAS EMERGENCIAS POLÍTICAS Y LAS TÉCNICAS

ARIANNA VEDASCHI
Università Bocconi
arianna.vedaschi@unibocconi.it
CHIARA GRAZIANI
Università Bocconi
chiara.graziani@unibocconi.it

1. INTRODUCCIÓN

El uso de la información tiene un papel destacado en la sociedad actual, que se puede definir una sociedad "digital" (Innerarity, 2021). El análisis propuesto por este capítulo se centra sobre un aspecto particular del uso de la información, es decir en los contextos de emergencias, según la definición que se explicará a continuación y que incluye tan las emergencias de naturaleza "política" como las de naturaleza "técnica". En particular, después de esta breve introducción, este trabajo consta de cinco partes. Primero, se define el concepto de "emergencia" – en sus dimensiones política y técnica – y lo de "mala información", intentando analizar las relaciones entre estas nociones. Segundo, se examina en el concreto el "mal" uso de la información en las emergencias, especialmente las de los últimos años. Tercero, se mira a las medidas jurídicas que fueron (y son) empleadas para frenar este "mal" uso. Cuarto, se estudian las posibles repercusiones de estas medidas – que combaten el uso "incorrecto" de la información – sobre los derechos (específicamente lo de la libertad de expresión). En conclusión del capítulo, se proponen algunas reflexiones sobre cómo la mala información y las medidas para abordarla pueden tener un impacto en la seguridad real o percibida por los individuos. Este último aspecto no es solo un problema sociológico en términos de percepción, sino también tiene consecuencias jurídicas, puesto que, si baja la percepción de seguridad, aumenta la aceptación, por parte de los ciudadanos, de medidas que limitan de forma significativa los derechos y las libertades.

2. "MALA INFORMACIÓN" Y EMERGENCIA: DEFINICIONES Y RELACIONES

Una premisa es útil para clarificar unos conceptos relevantes en este análisis, es decir los diferentes términos que se usan para hablar de la "mala información" (desinformación, *fake news* y otros) y sus correlaciones con el concepto de emergencia, que también merece algunas palabras definitorias.

Ya que no hay una definición especifica y oficial de desinformación y *fake news* en el contexto particular de la emergencia, es necesario empezar por estos conceptos *en general*, y luego intentar buscar los enlaces con lo de emergencia.

Con respecto al concepto de desinformación, es importante decir que frecuentemente se usa como sinónimo de "*fake news*", como notado también por el Parlamento europeo (European Parliament, 2021). No obstante, en 2018, el "Grupo de Expertos sobre las Fake News y la Desinformación online de la Unión europea"[1] diferenció los dos términos.

La desinformación es definida por este Grupo de Expertos como noticias falsas o manipuladas que son difundidas voluntariamente por alguno para engañar las personas y hacer daños o, de toda forma, para conseguir un beneficio personal, político o económico.

Diferentemente, las *fake news* son caracterizadas, por el mismo Grupo de Expertos, como una categoría más amplia, que incluye tanto la desinformación (ya definida) como las noticias falsas difundidas, esta vez, sin intención, es decir la persona que las difunde cree que son noticias verdaderas (se habla, a este respecto, de "mis-información"). En otras palabras, para el Grupo de Expertos de la Unión Europea, las *fake news* incluyen tan la desinformación como la mis-información[2].

---

1 Este Grupo fue establecido en 2018 por la Comisión europea (expertos de comunicación, derecho, ciencia política, inteligencia artificial) para adoptar *guidelines* en materia de lucha a la desinformación.

2 Una perspectiva similar es adoptada por el comité sobre "Digital, Culture and Media" de la House of Commons inglés, que dice que se habla de desinformación cuando se crea y difunde voluntariamente información falsa o manipulada para engañar el público, tan con el fin de hacer danos, como con el fin de ganar un beneficio personal, político o financiero (House of Commons, 2019).
Otros estudiosos adoptan definiciones parcialmente similares y parcialmente diferentes: para Lazer et al. (2018), el fenómeno de las *fake news* es cuando alguno difunde algo que parece noticia de información en su forma, pero no en el contenido y en el intento. La desinformación, diferentemente, son las noticias falsas que son difundidas voluntariamente para engañar las personas. Según estas

Fijada esta premisa, el análisis no trata de las *fake news* como categoría amplia, sino examina solo la tipología de la desinformación. En otros términos, la difusión de información incorrecta, pero sin saberlo, no es el *focus* de este discurso.

No hay duda de que la desinformación como definida antes se puede difundir de muchísimas formas. En particular, es posible difundir información falsa o manipulada tan con medidas "analógicas" (*offline*) como con medidas "digitales", gracias al desarrollo tecnológico (Passaglia, 2020). Claro que la tecnología favoreció muchísimo la difusión de la información, buena o mala que sea (Calvert, 2018): con respecto a la desinformación, podemos decir que la tecnología contribuyo a ampliar su alcance. De hecho, se podría afirmar que la tecnología implica un cambio substancial de como la información circula y se vehicula. Antes de la "revolución digital" (Zaloga, 2020), la información circulaba en un "mercado reglado" (de forma más o menos estricta) por autoridades estatales (se puede pensar en las autoridades y las normas que regulan los periódicos, la radio, la televisión). Con el avance de la tecnología, las plataformas de difusión de información cambian y no hay reglas puestas por el poder estatal, sino reglas diferentes, que dependen de la economía de mercado, ya que la tecnología está en manos de empresas privadas cuyas practicas son escasamente reguladas a nivel estatal (Vedaschi, 2023).

Después de esta explicación de la definición de desinformación y de su difusión a través de medios tecnológicos, se debe relacionar la desinformación con el segundo enfoque del discurso, es decir la emergencia.

---

teorías, hay también la "mis-información", es decir cuando se difunden noticias falsas pero no voluntariamente (la persona que las difunde cree que son verdaderas).

Desde una perspectiva jurídica, no es sencillo buscar una definición precisa y compartida de "emergencia", y quizás sea más fácil definirla "*a contrario*": podemos llamar emergencia las circunstancias que se diferencian de la "normalidad" e implican un cambio de las relaciones ordinarias entre las instituciones de gobierno así como de las relaciones entre las autoridades y los ciudadanos, debido a la necesidad de tomar medidas que tienen un impacto sobre los derechos y las libertades (Vedaschi, 2007).

Según la taxonomía tradicional, se pueden identificar por lo menos dos tipologías de emergencia. Desde un lado, existen las emergencias políticas, es decir causadas por un factor que tiene una naturaleza política, los ejemplos más típicos son la guerra, los conflictos armados, internacionales o civiles, pero también amenazas como el terrorismo, piénsese en el terrorismo interno y lo internacional de matriz yihadista. Desde otro lado, se pueden mencionar las emergencias técnicas, cuando la causa es un elemento políticamente neutro; a este respecto, se puede pensar en las catástrofes naturales o sanitarias, en tiempos recientes, en la pandemia de COVID-19.

Este análisis quiere examinar, en primer lugar y para investigar sus consecuencias jurídicas, como la desinformación fue utilizada como una medida para amplificar los efectos adversos de las emergencias e incluso para negar su existencia. Si tuviera que buscar una definición especifica de desinformación en los contextos de las emergencias, podría decirse que es la difusión voluntaria de noticias falsas o manipuladas para falsificar las causas de una emergencia, amplificar sus efectos o para negar su peligrosidad, con fines de causar daños y conseguir un beneficio personal, político o económico.

Para estudiar la desinformación y la emergencia, este capítulo toma en consideración tan las emergencias políticas como las emergencias técnicas. El ejemplo de emergencia política que se ha elegido como caso de estudio es el terrorismo internacional de matriz yihadista, una amenaza que empezó hace más de veinte años, todavía sigue siendo muy actual (Vedaschi & Scheppele, 2021). Como ejemplo de emergencia técnica (por lo menos en cuanto al factor desencadenante), se mira a la pandemia de COVID-19, cuyos efectos – especialmente los económicos – aún no se han acabados totalmente a la fecha de escribir este trabajo.

Es interesante subrayar que las emergencias políticas y las técnicas tienen varios aspectos comunes.

Primero, ambas las tipologías de emergencia afectan la seguridad pública. En el caso del terrorismo internacional, el impacto es en la seguridad nacional. En el caso de la COVID-19, los efectos atañen especialmente a la seguridad sanitaria, es decir la salud individual y la colectiva.

Segundo, ambas las categorías de emergencia tienen una dimensión global. El terrorismo internacional es una amenaza global porque, aunque haya empezado como una lucha de los extremistas islámicos contra el mundo occidental, con el paso de los años la situación se volvió mucho más complicada, hasta el punto de que no conoce límites de espacio ni de tiempo ni de “bandera” nacional, porque la parte no occidental del mundo está bajo de la amenaza yihadista y también los occidentales se hacen terroristas. Efectivamente, se habla de un fenómeno de “radicalización”, es decir, los que ya adhieren a la ideología terrorista convencen otras personas, geográficamente y culturalmente distantes del islamismo extremo, a adherir ellos mismos. Este tipo de terrorismo causa que todo el mundo es un *target* potencial (Vedaschi, 2016). La pandemia de COVID-19 es global por definición, ya que su difusión interesó casi todos los Estados del mundo.

El tercero elemento común es que ambas las emergencias tienen una relación muy estrecha con la desinformación y con la tecnología que la vehicula. No es posible en este capítulo listar todos los usos de la tecnología en el contexto de la emergencia terrorista y de la emergencia sanitaria, desde la vigilancia, al control del *web*, a la retirada de contenidos en línea potencialmente peligrosos, y muchos otros. Sin embargo, en el discurso que se desarrolla, lo que interesa más es que, en ambas las emergencias, la tecnología fue (y es) usada para difundir desinformación como definida antes. Desde esta perspectiva, en el párrafo siguiente, se identifica el papel de la desinformación – especialmente propagada con medidas tecnológicas – en ambas estas emergencias y cómo afecta la seguridad, real o percibida.

3. EL USO DE LA DESINFORMACIÓN EN LAS EMERGENCIAS RECIENTES

La desinformación tiene un papel destacado tanto en las emergencias políticas como en las técnicas. Este análisis empieza por la emergencia política del terrorismo internacional de matriz yihadista, ya que, cronológicamente, esta emergencia ya existía antes de la pandemia de COVID-19, y después se centra en la emergencia sanitaria. En ambos casos, junto con el examinar los usos de la desinformación en estas emergencias, se reflexiona también en cómo el binomio desinformación-emergencia puede perjudicar la seguridad pública (nacional y sanitaria, respectivamente).

3.1. Terrorismo internacional y desinformación

En el contexto del terrorismo internacional de matriz yihadista, la desinformación puede ser usada de formas diferentes. De hecho, se pueden identificar por lo menos dos formas principales de desinformación. La primera es llamada "*viral vigilantism*" (Vasu et al., 2018) y la segunda es la desinformación como estrategia de radicalización.

El *viral vigilantism* significa que, después de unos ataques terroristas (entonces, después que la amenaza terrorista se realizó), se difunde información falsa. Por ejemplo, se podrían falsificar las causas y/o las consecuencias de esos ataques. Falsificar las causas significa, entre otros, atribuir falsamente los ataques a grupos o entidades, así que la atención de las autoridades se desvíe de los verdaderos culpables; entre las conductas de falsificación de las consecuencias se puede mencionar la invención de víctimas, de nuevo con un fin de desviar la gestión de las crisis.

Hay varios ejemplos donde se produjeron casos de *viral vigilantism.* Uno de los más conocidos es el ataque en Boston de 2013. Después estos trágicos eventos, unos individuos indicaron víctimas inexistentes o personas desaparecidas que, en realidad, no eran tales. Lo hicieron difundiendo nombres y fotografías en los *social networks* y en la red en general y alertando también la prensa y los socorristas (Vasu et al., 2018).

Además, algo similar ocurrió después de los ataques terroristas en Manchester de 2017. Unos grupos de individuos tomaron imagen de chicos desde la *web* y difundieron la noticia (falsa) que estos chicos habían desaparecidos. Asimismo, inventaron noticias – y las difundieron en Twitter – de que unos ataques similares estaban a punto de ocurrir fuera de un hospital no muy lejos del lugar del primero atentado (Vasu et al., 2018).

Esta estrategia de desinformación es particularmente peligrosa en términos de seguridad pública por varias razones. Primero, crea una alerta adicional en una condición que ya es de emergencia. Segundo, implica el riesgo de desviar las operaciones de rescate inmediatamente después del ataque. Tercero, especialmente si las noticias falsas son difundidas por los *media,* se podrían causar disfunciones y retrasos en las líneas de comunicación, algo que es muy nocivo en un momento de crisis. Por último, el *viral vigilantism* podría desviar las actividades de las fuerzas de *intelligence* y de policía.

No hay duda de que el impacto de este tipo de desinformación se produce tan sobre la seguridad *real* como sobre la seguridad *percibida* por los individuos. En cuanto a la seguridad real, en el desviar las operaciones de rescate después de un ataque, hay riesgos concretos para la vida, la integridad física y la salud de las víctimas. Adicionalmente, otra vez desde la perspectiva de la seguridad real, en el desviar las operaciones de *intelligence*, las fuerzas de *intelligence* se enfocan sobre amenazas inexistentes y no ponen atención a otras posibles amenazas reales. En consecuencia, estas amenazas se podrían realizar más fácilmente.

Al mismo tiempo, el impacto sobre la seguridad percibida no se debe subestimar. Desde el punto de vista de la percepción, hay dos temas principales, muy relacionados entre ellos. Por un lado, los individuos se asustarán de la posibilidad concreta de otro ataque o de los efectos destructivos del ataque real, y empezarán vivir en el miedo; por otro lado, y por consiguiente, esta sensación de miedo llevará los mismos individuos a aceptar más limitaciones de sus libertades y derechos en el nombre de la seguridad. El resultado será una sociedad siempre más "vulnerable", dispuesta a tolerar medidas que, a largo plazo, podrían afectar negativamente al nivel de democracia (Vedaschi, 2021).

Pasando al segundo tipo de uso de la desinformación en el contexto del terrorismo, especialmente de matriz yihadista, es necesario hablar de desinformación como técnica de radicalización. En otras palabras, la información falsa o manipulada es empleada por los adeptos de grupos terroristas para radicalizar otros, especialmente en la red (Rollnert Liern, 2020). Estos grupos terroristas – o, en unos casos, individuos – hacen propaganda y enaltecimiento del terrorismo (Alapont, 2022) difundiendo, entre otras cosas, información falsa sobre sus fines, para transmitir el falso mensaje de que el objetivo de terrorismo yihadista es de lograr nobles propósitos políticos. Asimismo, hay mensajes donde los terroristas intentan convencer las personas que la información "oficial" – es decir la proporcionada por las instituciones – es falsa, y se ponen como alternativa ideológica y de organización social. Esta forma de desinformación puede tener un éxito significativo sobre las categorías psicológicamente más vulnerables de la sociedad (Cerrina Feroni & Federico, 2018) y en 2013 fue reconocida en toda su peligrosidad también por las Naciones Unidas en el documento oficial "El uso de Internet con fines terroristas".

Esta estrategia de desinformación y manipulación informativa en el contexto de la radicalización es muy nociva porque es una herramienta poderosa a las manos de los terroristas (Conway, 2016). Sin duda tiene un impacto significativo sobre la seguridad, ya que es una verdadera técnica de radicalización que puede funcionar con la porción de población que se percibe como "marginada" por la sociedad actual, como demostrado por estudios de psicología y sociología (Lyons-Padilla et al., 2015). En otras palabras, falsificando sus objetivos ideológicos y, al mismo tiempo, desacreditando el modelo de sociedad existente, los terroristas se ponen como "alternativa" ideológica y social, esperando ganar seguidores. Estas técnicas son muy refinadas y, unas veces, podrían ser más eficaces del incitamento explícito a elegir la ideología terrorista. Mas en el detalle, la desinformación como estrategia de radicalización impacta especialmente en la seguridad real (más que en la percibida) porque, si estas técnicas tienen éxito y los terroristas radicalizan más personas, hay por supuesto un riesgo mayor de atentados y otros eventos peligrosos para la seguridad.

3.2. Covid-19 y desinformación

Así como para la amenaza del terrorismo internacional, también en el contexto de la pandemia de COVID-19, la desinformación tuvo un papel significativo – e incluso más articulado y complejo – y de hecho se pueden individuar diferentes formas de desinformación (en su significado mencionado antes). Específicamente, los usos de la desinformación en tiempos del COVID-19 se pueden dividir en dos categorías principales: la desinformación difundida por las autoridades públicas y la desinformación difundida por personas calificadas, como por ejemplo los periodistas, y/o no calificadas, es decir los ciudadanos comunes.

Empezando por la desinformación difundida por las autoridades públicas, el caso más claro y frecuente es cuando varios políticos afirmaron que la pandemia era una *fake news*, negando así su existencia o su peligrosidad. Hay ejemplos, entre otros, en Estados Unidos, con Donald Trump, que por meses, en 2020, dijo que la COVID-19 no existía o que, si existía, era un problema "de los extranjeros" (Ginsburg, en publicación); sino también en Latinoamérica, donde, entre otros, el entonces Presidente de Brasil, Jair Bolsonaro, propagó noticias falsas, minimizando los riesgos de la pandemia y por último difundiendo información contra las vacunas (Benvindo, en publicación). Estos no son los únicos ejemplos de desinformación propagada por autoridades públicas, pero están ciertamente entre los más graves y evidentes.

Por su parte, la desinformación divulgada por ciudadanos fue un problema muy frecuente en tiempos de pandemia en muchísimos países, si se mira al marco comparado. Tanto periodistas – especialmente de periódicos próximos a determinadas posiciones políticas – como individuos comunes difundieron noticias falsas o no verificadas sobre la COVID-19, sobre todo en la *web*. La desinformación tuvo lugar casi en todo el mundo, pero hay ejemplos particularmente llamativos – como Hungría y otros Estados de Este Europa – donde la distribución de información diferente de la oficial de los gobiernos llevó a sanciones muy graves impuestas por los mismos gobiernos (véase el par. 4.2.).

La desinformación en tiempos de COVID-19, independientemente de dónde venía, causó riesgos para la seguridad, especialmente en el ámbito sanitario.

La desinformación propagada por las autoridades públicas tuvo un impacto más fuerte, ya que, en muchos casos, retrasó la aplicación de medidas de prevención y contención de COVID-19 – con obvias repercusiones en términos de números de casos y de víctimas del virus; además muchas personas se convencieron de que la pandemia no era una amenaza. Las consecuencias de este tipo de desinformación sobre la seguridad son muy graves, si se considera la seguridad en su significado de seguridad sanitaria.

Desde una perspectiva institucional, este planteamiento de las autoridades públicas de unos Estados causó cambios significativos en la gestión de la pandemia. Se puede pensar, entre otros, en los Estados Unidos, donde, por lo menos durante la primera y parte de la segunda ola de Coronavirus, los Estados federados fueron abandonados casi completamente solos por la Federación a gestionar la pandemia, sin un papel significativo del poder federal. De hecho, el entonces Presidente Trump se limitó a accionar unas leyes federales de emergencia (Emergencies Act, Stafford Act) pero sin disfrutar los poderes que estos actos normativos le daban. En consecuencia, se produjeron modificaciones interesantes del sistema federal estadounidense, con muchos Estados que cooperaban "horizontalmente" para alcanzar los resultados que el poder federal no logró (Vedaschi & Graziani, 2023).

Aunque, en general, la desinformación sobre crisis sanitarias originada por las autoridades públicas tenga sin duda repercusiones más considerables sobre la seguridad, los efectos de la desinformación difundida por los ciudadanos (calificados o no) son significativos también. Este tipo de desinformación es sí peligrosa para la seguridad sanitaria, porque puede inducir otros a conductas incorrectas (es decir, que incrementan el riesgo de propagación del virus), sino también porque puede causar fragmentación, incertidumbre sobre lo que es verdadero y lo que es falso, y una escasa cohesión social. La falta de cohesión social puede ser particularmente perjudicial en tiempo de emergencia porque puede llevar a un sentimiento de desconfianza hacia las autoridades que deben gestionar la crisis; a su vez, el déficit de confianza agrieta la relación de lealtad entre la ciudadanía y el poder público.

4. DESINFORMACIÓN Y EMERGENCIA: REACCIONES JURÍDICAS E IMPACTO SOBRE LOS DERECHOS

Desde el punto de vista comparado, se pueden identificar unas estrategias jurídicas para luchar contra el uso de la desinformación en los contextos de emergencia, tan de naturaleza política como técnica. Estas estrategias tienen un impacto significativo sobre los derechos humanos, por lo tanto la búsqueda de un punto de equilibrio entre dos contrapuestas exigencias legitimas es necesaria. Este párrafo analiza las diferentes tipologías de reacciones incluyendo las cuestiones jurídicas relacionadas, que muestran cómo, frecuentemente, encontrar el equilibrio mencionado no es sencillo.

4.1. Las reacciones jurídicas al uso de la desinformación en la emergencia terrorista

Como dicho antes, hay dos principales formas de desinformación en tiempos de emergencia terrorista: el *viral vigilantism* y la desinformación como técnica de radicalización.

Empezando por el *viral vigilantism*, se trata de una tipología de desinformación muy difícil a erradicar desde un punto de vista normativo, porque no es simple distinguir entre los que difundieron la noticia falsa y los que se limitaron a darle resonancia, creyendo que fuera una noticia verdadera (en este caso se hablaría de mis-información). Cuando la información es falsa, los que la difundieron se podrían punir gracias a la aplicación de reatos que castigan la denuncia de crimen imaginario y simulación de delitos, según los sistemas penales internos. Aunque estas disposiciones penales existan en la mayoría de los ordenamientos jurídicos[3], no es fácil aplicarlas, exactamente a causa de la dificultad de identificar los que difundieron la noticia falsa. Por ejemplo, en los dos casos mencionados antes (los ataques terroristas de Boston y Manchester), nadie fue sancionado. Además, aplicar una disposición penal significa desarrollar un procedimiento penal, que puede exigir un periodo bastante prolongado.

Se debe sin embargo considerar que el *viral vigilantism* es frecuentemente propagado en Internet. Si la información falsa es difundida en la red, también los *social networks* y otras plataformas pueden hacer algo. Entonces, la respuesta "pública" va acompañada por una respuesta "privada". Por ejemplo, Meta (es decir el nuevo nombre de Facebook) tiene una *policy* según la cual los utilizadores pueden señalar contenidos que creen ser falsos; esta información es controlada por expertos (*fact-checkers*) y, si comprobada falsa, el *social network* lo notifica a los utilizadores, algunas veces haciendo un enlace a noticias oficiales sobre el tema. En los casos de *viral vigilantism*, tampoco esta forma privada de control funciona pero perfectamente porque es muy difícil por los *fact-checkers* averiguar la exactitud de la información sobre nuevos posibles atendados. Por lo tanto, aunque esta respuesta privada pueda ser más rápida y eficiente, se correría el riesgo no solo de censurar expresiones protegidas por la libertad de expresión, sino también de eliminar información potencialmente útil por los servicios de policía y de *intelligence*.

---

3 Por ejemplo, en Italia el art. 658 del código penal.

Dejando de lado el *viral vigilantism* y centrándose sobre el uso de desinformación como estrategia de radicalización, el tema es muy complejo porque muy complejas son las respuestas a la radicalización, que se desarrollan desde una perspectiva jurídica, política y social.

Manteniendo el enfoque sobre los aspectos *jurídicos*, muchísimas son las regulaciones normativas que intentan prevenir la radicalización o eliminar el discurso "radicalizado". No es posible mencionar y analizar específicamente todas estas normativas de lucha contra la radicalización, pero es útil subrayar la acción reciente de la Unión europea, que, por supuesto, tiene impacto en todos Estados miembros. Primero, el art. 5 de la directiva (UE) 2017/541 impone a todos los Estados de la Unión de criminalizar – con delitos de apología, enaltecimiento, incitación al terrorismo – los que difunden mensajes "terroristas". Además, la Unión – con el reglamento (UE) 2021/784 – obliga a los Estados a eliminar los "contenidos terroristas" que se buscan en red. Estos contenidos pueden ser identificados tan por un orden de una autoridad pública (llamada "autoridad competente") como de forma proactiva por los proveedores de servicios y conectividad Internet.

Desde una perspectiva teórica, estas medidas de lucha contra el discurso terrorista se pueden aplicar también cuando el "mensaje terrorista" tiene la forma de una representación distorsionada de la realidad (es decir, cuando la desinformación es usada como estrategia de radicalización). Desde el punto de vista práctico, pero, es una tipología de discurso "*borderline*", no siempre reconocido como criminal. Por lo tanto, la desinformación finalizada a la radicalización tiene posibilidades de estar *online* por un tiempo considerable, ya que los algoritmos de *flag ging* y eliminación de contenidos "peligrosos" (y también las autoridades competentes en los Estados miembros, como policía e *intelligence*) podrían no reconocerlos rápidamente como tal. Por otro lado, podría producirse el problema contrario: para evitar de "desperdiciar" mensajes peligrosos, el algoritmo podría ser programado de forma demasiadamente restrictiva y censurar de forma desproporcionada. En otras palabras, son expresiones donde la línea entre "propaganda terrorista" y "expresión de pensamiento político" es particularmente borrosa.

4.2. Las reacciones jurídicas al uso de la desinformación en la emergencia pandémica

Con respecto a las reacciones jurídicas al uso de la desinformación en el contexto de emergencia pandémica, hay muchas diferencias dependiendo de si se trata de desinformación propagada por las autoridades o por los individuos.

Cuando las autoridades públicas de un país difundieron desinformación sobre la COVID-19, las reacciones fueron variegadas. En el caso del ex Presidente de Estados Unidos, Donald Trump, cuya desinformación fue difundida especialmente vía Twitter, no se produjo una verdadera reacción "jurídica" formal, pero fue el mismo Twitter a bloquear temporáneamente el *account* del Presidente por violación de sus *policies* sobre la desinformación. De hecho, con la difusión de la primera ola de Coronavirus, Twitter y también Meta (y otros *social media*) modificaron y reforzaron sus *policies* para contener la desinformación. Entonces, en el caso estadounidense, la reacción fue más "privada" que "pública". En el caso del ex Presidente de Brasil, Jair Bolsonaro, y de sus afirmaciones negacionistas, no solo sus *accounts* de redes sociales fueron suspendidos temporáneamente por violación de las *policies*, sino también una comisión parlamentaria empezó una investigación contra el por haber contribuido a la difusión del virus en Brasil. En febrero 2022, el Presidente fue denunciado por la misma comisión frente al Tribunal Penal Internacional de la Haya por supuestos crímenes contra la humanidad cometidos con su conducta negacionista durante la pandemia.

Las reacciones jurídicas fueron diferentes con respecto a las noticias falsas o manipuladas difundidas por los ciudadanos. Se pueden identificar por lo menos cuatros estrategias, en unos casos combinadas. La primera fue la aplicación de normativas ya existentes sobre la desinformación. Por ejemplo, España aplicó las disposiciones penales como la simulación de delitos[4] y la falsedad ideológica contra unas personas que difundieron en los *social networks* noticias falsas sobre la gestión de la pandemia por las instituciones española. Entre los países del Norte Europa, en Suecia, las leyes nacionales que permiten el bloque de contenidos criminales *online* por orden de la autoridad pública fueron ampliamente usadas. Este planteamiento fue criticado por unas asociaciones que defienden la libertad de expresión como a riesgo de formas de censura si aplicada sin respectar el principio de proporcionalidad[5]. Adicionalmente, las normas ya existentes tenían el riesgo de ser inadecuada para hacer frente a la desinformación sobre un fenómeno nuevo como la COVID-19.

La segunda tipología de reacción es similar a la primera porque de nuevo hay uso del derecho penal, pero no de disposiciones que ya existían, sino de nuevas normativas, aprobadas para castigar específicamente las noticias falsas (o consideradas tales) sobre COVID-19. Por ejemplo, durante la emergencia pandémica, en las democracias iliberales del Este Europa, como Hungría, se aprobaron decretos, que permitían condenar con penas de hasta cinco años a todos los que difundan noticias falsas (es decir, consideradas tales según el gobierno) o que "obstruyan la protección de la población" (Scheppele et al., 2020).

Desde la perspectiva de las garantías democráticas, esta criminalización general de las noticias "falsas" sobre la pandemia

---

4 Art. 457 del código penal español.

5 En particular, la asociación Article 19 – Freedom of Expression.

no puede ser considerada como una solución, ya que, de un lado, se produce un *chilling effect* de la libertad de expresión de todos los individuos y, de otro lado, la COVID-19 se transforma en una "excusa" para censurar la prensa y cualquier opinión que criticaba la política gubernamental en materia de pandemia, así la libertad de expresión de los periodistas es particularmente bajo ataque, incluso más de la de los ciudadanos comunes. Como consecuencia, hay una transformación de las democracias en democracias "iliberales". En verdad, en países como lo citado, Hungría, problemas relacionados con el autoritarismo y la concentración de poderes en el Ejecutivo existían desde mucho antes de la pandemia de COVID-19 y esta situación fue explotada a fin de conseguir un adicional giro autoritario.

La tercera estrategia para detener la desinformación difundida por los individuos fue la "contrainformación" por las instituciones públicas. En otras palabras, las democracias "maduras" de tradición liberal, frente a la desinformación, unas instituciones públicas adoptaron medidas que intentan "eludir" las noticias erradas o manipuladas con datos correctos. Por ejemplo, el Ministerio de la Sanidad italiano dedicó una sección de su sitio *web* a la refutación de noticias incorrectas sobre la difusión del virus y las vacunas. Este planteamiento es sin duda más respetuoso de la libertad de expresión, porque no implica criminalización de las afirmaciones ni eliminación de mensajes. Sin embargo, podría no ser particularmente eficaz, si se considera que, unas veces, la difusión de noticias falsas sobre el coronavirus ocultaba formas de disidencia sobre la gestión del virus para las autoridades públicas. Esto significa que los que difundían noticias falsas sobre la COVID-19 estaban en verdad criticando la política de las autoridades y su manera de gestionar la pandemia.

Por último, con referencia a este tipo de desinformación sobre COVID-19, también Internet y las tecnologías en general tuvieron un papel destacado. Algunas redes, como Twitter, modificaron sus *policies* en tiempos de COVID-19, incluyendo, en la definición de "contenido peligroso" que debe ser eliminado, la información que contradice las indicaciones de las autoridades de salud pública (generalmente, ponen también un enlace a la información oficial, es decir los sitios *web* de los ministerios de la salud y otras autoridades públicas). En unos casos, los *social media* impusieron la suspensión temporánea del *account* que difundía desinformación (lo que pasó con el Presidente Trump en Twitter, y también el *account* Youtube del Presidente Bolsonaro fue suspendido).

Desde esta perspectiva, es importante subrayar que, normalmente, las *policies* de los *social media* incluían la eliminación de contenidos violentos o "de odio", por ejemplo, el "mensaje terrorista". Así, parece que las *fake news* sobre el Covid-19 constituyen una nueva categoría de "discurso de odio", equiparada al terrorismo, al radicalismo islámico y a otras formas de difusión de las ideologías violentas en la red. Aunque la decisión de incluir este tipo de *fake news* entre las *policies* de los *social media* pueda ser considerada como una acción adecuada para prevenir el riesgo de desinformación, hay diferentes problemas. Por ejemplo, como en casos de eliminación de contenidos terroristas y otros contenidos "peligrosos", muchas empresas utilizan técnicas de inteligencia artificial, es decir algoritmos que están "entrenados" a reconocer los contenidos que deben ser eliminados (Vedaschi, 2023). Tratase de un problema que existía ya pero fue enfatizado mucho por la pandemia, lo del uso de la inteligencia artificial para la retirada de contenidos en líneas. Esta tecnología puede ayudar mucho el control de Internet y *social media*, pero las decisiones automatizadas podrían afectar la libertad de expresión con (posibles) restricciones.

5. REFLEXIONES CONCLUSIVAS

Después de este análisis, enfocado en el uso de la desinformación en diferentes tipologías de emergencia, se originan unas reflexiones de interés desde la perspectiva del derecho. En particular, dos observaciones son más teóricas y otras dos son más prácticas.

Desde el punto de vista teórico general, primero, este capítulo ha demostrado que los efectos de la desinformación (especialmente el impacto sobre la seguridad, en sus diversas acepciones) fueron similares en una emergencia política y en una emergencia técnica. Esto podría ser uno entre los factores que están sombreando la diferenciación tradicional entre emergencias técnicas y emergencias políticas. De hecho, desde el inicio de la emergencia COVID-19, parece que una crisis que nació con características técnicas, ya que era causada por un virus y no por un elemento político, se convirtió en una emergencia "híbrida", puesto que tuvo consecuencias sociales, económicas y, en última instancia, de naturaleza política. Si se considera que, en julio de 2021, el Tribunal Constitucional español concluyó que la pandemia habría requerido la activación del estado de excepción, y no del estado de alarma (Tribunal Constitucional, sentencia n. 148/2021), se puede pensar que la atenuación de la línea entre la emergencia política y la técnica está siguiendo adelante. Esto significaría que una taxonomía teórica tradicional, la que dividía entre crisis políticas y técnicas, podría estar fallando. Entonces sería necesaria una nueva reelaboración a nivel teórico de la noción de emergencia. A este respecto, algunos estudiosos (Fernández Rodríguez, 2020) argumentaron que el Tribunal habría tenido que evaluar la proporcionalidad de las medidas del estado de alarma, sin llegar a considerar este régimen de emergencia "incorrecto" para la pandemia. Como sugerido por esta tesis, el principio de proporcionalidad es sin duda una piedra angular de la democracia y nunca se puede ignorar – incluso en tiempos de emergencia; no obstante, tampoco se puede desconocer que, como el Tribunal subrayó, hay interacciones siempre más frecuentes entre los elementos técnicos y los políticos de las emergencias y este fenómeno tendría que reflejarse también en las normas jurídicas que regulan la crisis.

El segundo aspecto teórico es que – como se sabe – la desinformación es frecuentemente una forma de difusión de desacuerdo político y, al mismo tiempo, es negativa para la seguridad. Por lo tanto, hay una "doble alma" de la desinformación: por un lado, es una forma desviada de desacuerdo político y, por otro lado, una amenaza para la seguridad. Se deberían buscar otras formas de debate político, que permita al desacuerdo político – legitimo en un sistema democrático – ser expresado sin causar daños a la seguridad. En este sentido, sería muy útil si las instituciones estadales invirtieran en la educación de los ciudadanos a un uso apropiado y consciente de los *social media*, como real lugar (aunque virtual) de debate y no de difusión de *hate speech* y otros contenidos peligrosos.

Desde el punto de vista más práctico, en primer lugar, el análisis ha mostrado que el papel de la tecnología es importante en la difusión rápida de noticias falsas. Al mismo tiempo, el ingreso de las tecnologías automatizadas pone problemas también, porque, aunque sean empleadas como herramientas contra la desinformación, muchísimas veces tienen un riesgo alto de error y además podrían remover contenidos que estarían garantizados por la libertad de expresión. Por consiguiente, surge el tema de dónde se puede encontrar el justo equilibrio entre el avance tecnológico y la garantía de derechos. Cuando la tecnología está implicada, la aplicación del principio de proporcionalidad se hace más compleja, porque el elemento tecnológico tiene aspectos no jurídicos cuyas consecuencias pero son jurídicas (se piense, entre otros, en la automatización de unas operaciones).

En segundo lugar, siempre desde una postura práctica, y con un enfoque normativo, este trabajo ha subrayado que la desinformación es algo que es particularmente difícil criminalizar, por los menos en las democracias avanzadas. De hecho, la violación de la libertad de expresión es siempre un riesgo que no es fácil evaluar *ex ante*, y aún más en el caso de la desinformación, ya que no siempre es posible discernir entre lo que el "falso" y lo que es "verdadero", lo que es opinión y lo que es hecho. En esta situación, no es sencillo comprender cuál debería ser el papel de la normativa de las autoridades públicas. Es verdad que, como visto en los párrafos precedentes, la *soft law* puede tener un papel también en la lucha contra la desinformación (entre otros, se ha mencionado la obra de "contrainformación" del Ministerio de la Salud italiano), pero los actos no vinculantes tienen un riesgo muy alto de ineficacia. Entonces, el equilibrio entre la libertad (de expresión, en este contexto) y la seguridad (pública o sanitaria) debe tener en cuenta también la eficacia de las medidas normativas como un desafío "adicional".

BIBLIOGRAFÍA

Alapont J.L., *El enaltecimiento del terrorismo y la humillación de sus víctimas: límites y fundamentos de su punición en un Estado democrático de derecho*, en *Revista electrónica de ciencia penal y criminología*, vol. 24, 2022, 1-46

Benvindo J.Z., *Report on Brazil*, en A. Vedaschi (coord.), *Governmental Policies to Fight Pandemics. Defining the Boundaries of Legitimate Limitations on Fundamental Freedoms*, Brill, Leiden, en publicación

Calvert C., *Filtering Fake News Through the Lens of the Supreme Court. Observation and Adages*, en *University of Florida Levin College of Law*, vol. 16, 2018, 153-177

Ceri P., *La società vulnerabile. Quale sicurezza, quale libertà*, Laterza, Roma-Bari, 2003

Cerrina Feroni G., Federico V. (coords.), *Strumenti, percorsi e strategie dell'integrazione nelle società multiculturali*, Giappichelli, Torino, 2018

Conway M., *Determining the role of the Internet in violent extremism and terrorism: Six suggestions for progressing research*, en A. Aly, S. MacDonald, L. Jarvis, T. Chen (coords.), *Violent extremism online: New perspectives on terrorism and the Internet*, Routledge, New York-London, 2016, 123-148

European Parliament, *The fight against disinformation and the right to freedom of expression*, Study for the Libe Committee, 2021

Fernández Rodríguez J.J., *Cuestiones constitucionales sobre el estado de alarma en España y la pandemia del COVID-19*, en *IEEE.Es*, 2020, 1-23

Ginsburg T., *Report on United States*, en A. Vedaschi (coord.), *Governmental Policies to Fight Pandemics. Defining the Boundaries of Legitimate Limitations on Fundamental Freedoms*, Brill, Leiden, en publicación

High Level Group on Online Fake News and Online Disinformation (appointed by the European Commission), *Final Report*, 2018

House of Commons (United Kingdom), Digital, Culture, Media and Sport Committee, *Disinformation and 'Fake News': Final Report*, Eight Report of Session 2017-19, 14 February 2019, HC1791

Innerarity D., *European Digital Sovereignty*, Institute of European Democrats (IED) Strategic Research Paper, 2021

Lazer D. et al., *The Science of Fake News. Addressing Fake News Requires a Mutlidisciplinary Effort*, en *Science*, vol. 359, 1094-1096

Lyons-Padilla et al., *Belonging Nowhere: Marginalization & Radicalization Risk among Muslim Immigrants*, en *Behavioural Science and Policy*, vol. 1, 1-12

Naciones Unidas, *El uso de Internet con fines terroristas*, 2013

Passaglia P., Fake News *e* Fake Democracy*: una convergenza da scongiurare*, en *Federalismi.it*, 11/2020, 126-139

Rollnert Liern G., *El discurso de odio*, en *Revista española de derecho constitucional*, vol. 115, 2020, 81-110

Scheppele K.L., Halmai G., Mészáros G., *From Emergency to Disaster. How Hungary's Second Pandemic Emergency will Further Destroy the Rule of Law*, en *Verfassungsblog*, 2020

Vasu N. et al., *Fake News: National Security in the Post-Truth Era*, Nanyang Technology University of Singapore, Policy Report, 1/2018

Vedaschi A., *À la guerre comme à la guerre?* La disciplina della guerra nel diritto costituzionale comparato, Giappichelli, Torino, 2007

Vedaschi A., *Da al-Qā'ida all'IS: il terrorismo internazionale* si è fatto *Stato?*, en *Rivista trimestrale di diritto pubblico*, 2016, n. 1, 41-80

Vedaschi A., *Seguridad y libertad en tiempo de terrorismo internacional: entre percepción de inseguridad y populismo*, en J.J. Fernández Rodríguez (coord.), *Democracia y seguridad. Respuestas para avanzar en el sistema público*, Tirant Lo Blanch, Valencia, 2021, 195-219

Vedaschi A., Scheppele K.L. (coords.), *9/11 and the Rise of Global Anti-Terrorism Law. How the UN Security Council Rules the World*, Cambridge University Press, Cambridge, 2021

Vedaschi A., *La lucha contra la difusión de contenidos terroristas en línea: entre poder público y acción de los privados,* in M.J. Ridaura Martínez (coord.), *Retos para la seguridad,* Tirant Lo Blanch, Valencia, 2023, 223-243.

Vedaschi A., Graziani C., *Post-Pandemic Constitutionalism: COVID-19 as a Game-Changer for "Common Principles"?, en University of Pennsylvania Journal of International Law,* vol. 44, 2023, 815-905

A. Vedaschi, C. Graziani, *New Dynamics of the "Post-COVID-19 Era": A Legal Conundrum, in German Law Journal,* vol. 24, 2023, 1612-1647

Zaloga W., *Disinformation of the Digital Era Revolution in Terms of State Security,* en *European Research Studies Journal,* vol. 23, 2020, 424-438.

Capítulo 15.

LAWFARE Y MANIPULACIÓN INFORMATIVA. NUEVOS ESPACIOS DE ACCIÓN PARA LOS SERVICIOS DE INTELIGENCIA EN DEFENSA DE LOS DERECHOS FUNDAMENTALES Y LAS LIBERTADES PÚBLICAS[1]

DANIEL SANSÓ-RUBERT PASCUAL
Universidad Nacional de Educación a Distancia (UNED)
dsansorubert@poli.uned.es

SUMARIO: 1. La creciente simbiosis entre las nuevas tecnologías y los sistemas democráticos. 2. La combinación de las campañas de desinformación y el recurso a la estrategia del lawfare como problema de seguridad. 3. La manipulación de la información y del ordenamiento jurídico. Los valores democráticos, los derechos fundamentales y el Estado de Derecho en juego. 4. Los servicios de inteligencia de un Estado constitucional y democrático ante el desafío planteado: el valor estratégico del Derecho y la Inteligencia jurídica. 5. Conclusiones y derivas a futuro. Bibliografía.

1 Trabajo de investigación adscrito al Proyecto "La manipulación informativa como problema de seguridad y de calidad democrática: descripción, consecuencias y respuestas". Referencia: PID2021-125068OB-I00 otorgado por el Ministerio de Ciencia e Innovación en el marco del Programa Estatal para Impulsar la Investigación Científico-Técnica y su Transferencia, del Plan Estatal de Investigación Científica, Técnica y de Innovación 2021-2023.

1. LA CRECIENTE SIMBIOSIS ENTRE LAS NUEVAS TECNOLOGÍAS Y LOS SISTEMAS DEMOCRÁTICOS

La democracia no ha permanecido ajena al desarrollo tecnológico. Muchos de los avances logrados en esta Era, caracterizada por el profuso desenvolvimiento en el ámbito digital y de las comunicaciones, resultan de aplicación para el perfeccionamiento y dinamismo de los sistemas políticos democráticos. El mundo evoluciona a lomos de la revolución digital hacia una nueva experiencia del hombre y del poder (Lassalle Ruiz, 2019). Una evolución que parte de una resignificación del papel del ser humano, debido a la introducción de un vector que lo transforma radicalmente: la interiorización de la técnica, como una parte sustancial de la idea de hombre (Jünger, 1990). Revolución digital, que contribuye decididamente a una reconfiguración del poder y de su ejercicio (Miskimmon; O´Loughlin; Roselle, 2013: 2).

Y, en el epicentro, se sitúa la esfera de la información, convirtiéndose el acceso a la información y su control en un elemento clave del poder. Si bien es cierto que el interés por la información no es nuevo -ya Bacon en su obra *Novumorganum* de 1605 defendía la importancia del conocimiento para el ejercicio del poder (reedición 1988: 70)-, las opciones y potencialidades alumbradas por la tecnología digital auguran un nuevo tipo de desafíos para la preservación y defensa de derechos y libertades.

En esta línea, pensadores como Peter Dahlgren o Manuel Castells han alertado de las complejas consecuencias que tendría Internet en las democracias (2009), haciendo hincapié en la idea de que el proceso de formación y ejercicio de las relaciones de poder tiende a transformarse radicalmente en el nuevo contexto organizativo y tecnológico, derivado del auge de las redes digitales de comunicación globales (Castells, 2009).

Sin duda, los avances tecnológicos pueden favorecer el proceso democrático, la gobernanza pública y el progreso en términos de calidad democrática, abriendo opciones a la participación y al pluralismo. El empoderamiento ciudadano que fomenta contribuye a aportar efectos democratizadores (Fernández Rodríguez, 2004: 226). El acceso directo, rápido y económico, a una ingente cantidad de contenidos e información, permite estar informado en tiempo real, posibilitando sobremanera el ejercicio de derechos como el derecho a informar, a ser informado o simplemente, contribuir a la libertad de expresión. Todo ello clave, para fomentar sociedades mejor informadas y, en consecuencia, mejor posicionadas para el ejercicio de la soberanía en libertad.

Sin embargo, las nuevas tecnologías de la información sobre las que se depositó la esperanza de fortalecer el debate público, la contribución a la mejorara de la calidad democrática y la transparencia, así como favorecer el acercamiento a los ciudadanos con sus administraciones e instituciones públicas, se han revelado como una de las principales amenazas presentes y futuras. Afirmación, que no pretende negar el potencial positivo y las constructivas aportaciones proporcionadas por las nuevas tecnologías de cara a la mejora de la gobernanza, pero sí poner el acento en la peligrosidad que igualmente encierran, cuando se emplean con el propósito de auspiciar la manipulación informativa y la desinformación.

2. LA COMBINACIÓN DE LAS CAMPAÑAS DE DESINFORMACIÓN Y EL RECURSO A LA ESTRATEGIA DEL LAWFARE COMO PROBLEMA DE SEGURIDAD

Como punto de partida, asumimos que las operaciones informativas ni son un fenómeno nuevo, ni se circunscriben al mundo virtual, ni se limitan a la propaganda, la desinformación, la decepción, la manipulación, el engaño, las noticias falsas o los ciberataques. De hecho, la información siempre ha sido un activo estratégico, tanto en tiempo de paz, como en periodos de conflicto, especialmente para los servicios de inteligencia.

Cuestión distinta es que, ante la progresiva instauración global de nuevas realidades digitales, las democracias y sus servicios de inteligencia se vean impelidos a una paulatina reformulación de las formas de participación democrática, del ejercicio de nuevos derechos digitales (Murillo de La Cueva, 2004: 71-110), así como de una reconducción sobre cómo gestionar los correspondientes desafíos aparejados a las mismas. En este contexto más que previsible, la manipulación de información en combinación con las estrategias de lawfare conforman un conjunto de tácticas, que implican la recopilación y difusión de información para influir o perturbar la toma de decisiones democrática y la quiebra del Estado de Derecho. Combinación, que amplía exponencialmente el alcance, la intensidad, la polivalencia y la precisión de la manipulación de información, con efectos devastadores en términos disruptivos y de injerencia nociva en los asuntos de Estado, impactando sobremanera en derechos y libertades fundamentales.

Representa una estrategia espuria para erosionar la cohesión social, desvirtuando a la par toda opinión pública informada, al tiempo que debilita la fortaleza institucional de un país, imposibilitando su progresión en términos de calidad democrática e, incluso, revirtiendo sus avances. Las evidencias atesoradas y el criterio contrastado de los expertos en manipulación informativa y legal demuestran que, en las últimas décadas, las operaciones ofensivas de disrupción comunicativa por parte de Gobiernos y de grupos violentos y extremistas, han aumentado en cantidad y en complejidad. Cuestión que ha impulsado la creciente participación de los servicios de inteligencia en esta esfera, habida cuenta de la sensibilidad aparejada al manejo, obtención y cotejo de la información que, en última instancia, afecte al ejercicio de la acción de gobierno.

En concreto, ciñendo el relato al tema que nos ocupa, la desinformación combinada con el lawfare es una amenaza altamente compleja. Abarca mucho más allá del impacto de las noticias falsas. Alimenta tensiones geopolíticas entre países; atenta contra la naturaleza plural del ecosistema digital; enciende las redes sociales; altera contenidos y realidades tergiversando hechos históricos y acontecimientos; socava derechos fundamentales y retuerce el derecho y la normativa obteniendo réditos abiertamente contrarios al ideal de justicia. Todo ello en claro detrimento del modelo democrático; el pluralismo ideológico, la igualdad, la libertad y, en definitiva, la convivencia pacífica de los pueblos, fomentando la alarma, la confusión y polarización social (Robinson et al., 2018). Representa a todas luces un gran reto en términos de seguridad.

De hecho, no pasan desapercibidos para la Estrategia de Seguridad Nacional elaborada por el Gobierno de España ya en el año 2017, que incluye de manera explícita la amenaza de acciones híbridas como uno de los principales retos de seguridad a los que debe de hacer frente el país. Define éstas como "acciones combinadas que pueden incluir, junto al uso de métodos militares tradicionales, ciberataques, operaciones de manipulación de la información o elementos de presión económica, que se han manifestado especialmente en procesos electorales. La finalidad última que se persigue es la desestabilización, el fomento de movimientos subversivos y la polarización de la opinión pública" (Gobierno de España, 2017: 16). Actividad de desinformación, que explota convenientemente las tecnologías de la información para intimidar, coaccionar o para causar daños a grupos sociales con fines económicos o políticos, interfiriendo así en el normal desarrollo del e-gobierno y de la e-democracia, en tanto que el espacio creado por las tecnologías digitales ofrecen fácil acceso, poco o ningún control gubernamental, anonimato, rápido flujo de información, altísimo impacto, escaso riesgo, es barato y resultan casi indetectables (Arwick y Lewis, 2017). Sintetizando, consiste en la detección y explotación de las vulnerabilidades sociales, legales e institucionales de un país a través de la creación de una narrativa que fomente estas vulnerabilidades en la opinión pública valiéndose de los medios y tecnologías de la comunicación (Wardle y Derakhshan, 2017; Informe Especial 09/2021: El impacto de la desinformación en la UE).

Esta estrategia disruptiva fruto de la combinación de la manipulación informativa y el recurso al lawfare ha ido evolucionando hasta representar hoy en día, uno de los principales desafíos presentes y futuros para el mantenimiento de la seguridad internacional y la paz. Hasta el punto de que instituciones y organismos internacionales como la Organización de las Naciones Unidas (ONU) o la Unión Europea han expresado, al igual que multitud de países a través de sus estrategias nacionales de seguridad como la ejemplificación del supuesto español empleada, su profunda preocupación al respecto. Véase a modo de ejemplo la *Declaración conjunta sobre Libertad de Expresión y Noticias Falsas, Desinformación y Propaganda* (3 de marzo de 2017) y el *Plan de Acción contra la desinformación* (2018) o la *Estrategia de Seguridad de la Unión para el periodo 2020-2025* (2020), respectivamente, en los que las amenazas híbridas cobran notoria representatividad (Korybko, 2019; Muñoz Mosquera y Bachmann, 2016; Andrei Josan, 2015), al englobar todo tipo de actuaciones coordinadas para influir en la toma de decisiones de los Estados, haciendo uso de medios políticos, jurídicos, económicos, militares, civiles e información (Colom Piella, 2019).

Una breve radiografía de la amenaza permite entender el grado de alarma y preocupación suscitado. En origen, los artífices de esta concepción o forma de aproximación al conflicto fueron los coroneles chinos, Qiao Liang y Wang Xiangsui, que plantearon en su trabajo *Unrestricted Warfare* (1999), cómo llevar la confrontación más allá del ámbito bélico para maximizar los objetivos y pretensiones de naturaleza geopolítica. Su propuesta pivota sobre tres dimensiones. La "guerra psicológica", orientada a la transformación de las emociones y la influencia en la psiquis de la población; la "guerra mediática" para lograr el control de la opinión pública. Y la "guerra judicial", a los efectos de criminalizar la disidencia e instrumentalizar los ordenamientos jurídicos y las instituciones. Este último enfoque, posteriormente ha sido perfeccionado por los aportes de Rivkin y Casey (2000) y Charles Dunlap (2001). A este último en concreto, se le atribuye la paternidad del neologismo de "lawfare", entendido como el "uso de la ley como arma de guerra" o, en otros términos, su empleo como "un método de guerra donde la ley se usa como un medio de realizar un objetivo militar" (2001: 2). A modo de ejemplo de sus teorizaciones, este autor expone cómo la reacción internacional frente a los bombardeos en Kosovo y Serbia por la OTAN en 1999 constituye un claro ejemplo de estrategia de desprestigio de los Estados Unidos, poniendo en riesgo la seguridad internacional: utilización del lenguaje legal, especialmente del Derecho internacional de los derechos humanos para deslegitimar la intervención militar y el rol de los Estados Unidos (Dunlap, 2001: 4). Sin lugar a duda, representa una de las temáticas más polémicas, a la par que innovadoras de la agenda política y mediática actual, representativa de la instrumentalización del Derecho y su incorporación al acervo de las guerras híbridas o no convencionales (Korybko, 2019; Muñoz Mosquera y Bachmann, 2016; Andrei Josan, 2015; Suberviola, 2016: 189; Luban, 2008; Gutiérrez, 2018: 3), Tergiversación del espíritu de la ley en detrimento de la democracia liberal como instrumento de antipolítica (Romano 2019; Goodin, 2011; Valim, 2018; Casado Gutiérrez y Sánchez Figuera, 2020), con el objetivo de alcanzar objetivos políticos para deslegitimar e inhabilitar a un enemigo político elegido, llegando incluso a la desestabilización de gobiernos (Gutiérrez, 2018: 3; Estepa y Maisonnave, 2020: 74).

No obstante, a pesar de su indubitada peligrosidad para los sistemas democráticos y el Estado de derecho constitucional, hoy en día es difícil encontrar un consenso suficientemente consolidado sobre su génesis, principales características definitorias y empleabilidad. En consecuencia, el lawfare combinado con la desinformación, además de ser un fenómeno político con profundas implicaciones y derivas económicas, geopolíticas, políticas, jurídicas y sociales, en clave de seguridad y defensa, simultáneamente es también una agenda de investigación aún en construcción.

3. LA MANIPULACIÓN DE LA INFORMACIÓN Y DEL ORDENAMIENTO JURÍDICO. LOS VALORES DEMOCRÁTICOS, LOS DERECHOS FUNDAMENTALES Y EL ESTADO DE DERECHO EN JUEGO

El ecosistema de la información ha cambiado drásticamente en las últimas tres décadas. La innovación ha permitido el desarrollo de tecnologías idóneas para compartir ideas y opiniones, tomar parte en debates y procesos democráticos y, en general, disfrutar y ejercer eficazmente derechos fundamentales y libertades públicas como nunca antes en la historia de la humanidad. A pesar de los avances no todo es positivo. Internet y las redes sociales en particular han favorecido a la par la instauración de un entorno en el que la manipulación de la información es enormemente fácil de materializar con elevados niveles de éxito e impunidad.

Distorsionar realidades con el ánimo de influir o alterar las actitudes o creencias del público, persuadiendo o directamente provocando a las personas para que actúen o se comporten de cierta manera, como reprimir el voto de un grupo particular de personas o incitar al odio y la violencia. En definitiva: operaciones de injerencia para socavar el buen funcionamiento de las instituciones, corromper el debate público, erosionar la confianza en las instituciones, manipular a la opinión pública y condicionar la política, indistintamente en su vertiente interior o exterior. Circunstancia, que contribuye a alimentar la crisis prologada y profunda en la que están inmersas las democracias contemporáneas. De acuerdo con los principales indicadores internacionales[2], esta crisis tiene un carácter global y afecta particularmente a la calidad, incrementando la desafección y desconfianza hacia las instituciones centrales de la democracia.

La revolución digital y de las tecnologías de comunicación han favorecido la emergencia de un ágora virtual paralelo al conformado en el pasado por los canales vehiculares tradicionales de transmisión de la información. Debido a la facilidad de acceso, bajo coste y alcance masivo e inmediato de los contenidos que permite la tecnología digital, este ágora virtual, al tiempo que ha venido a ofrecer a la ciudadanía amplísimas

---

2 *Democracy Index 2022: Estancamiento democrático en América Latina y el Caribe,* accesible en: undacioncarolina.es/democracy-index-2022-estancamiento-democratico-en-america-latina-y-el-caribe/; *Informe Mundial 2023,* Human Right Watch, acesible en: https://www.hrw.org/es/world-report/2023; *Democracy Index 2023: Understanding the Global Scenarios,* accesible en: https://thegeopolitics.com/democracy-index-2023-understanding-the-global-scenarios/; *Índice Freedom House* (FH), accesible en: https://freedomhouse.org/ o el *Índice de Democracia* (The Economist Intelligence Unit), representan algunos de los referentes más recurridos para establecer la calidad democrática de los países. Para ello, mayoritariamente, toman en consideración en mayor o menor medida elementos como el *proceso electoral y pluralismo,* que contempla la libertad en la celebración de elecciones, la competencia política justa y otras cuestiones vinculadas con la libertad política; la *participación política,* que mide niveles de participación en cada país, considerando la predisposición de la ciudadanía para contribuir al debate público, para involucrarse en partidos o movimientos políticos y para acudir a las urnas con regularidad; la *cultura política* es la categoría que indicaría en qué medida las sociedades tienen asimiladas las reglas del juego electoral y, por lo tanto, son capaces de sobrellevar adecuadamente los resultados electorales; las *libertades civiles y derechos humanos básicos,* alude a la capacidad de cada país para garantizar derechos humanos, especialmente garantizando los derechos de las minorías; y finalmente, la *calidad del funcionamiento del Gobierno,* que mide la capacidad/voluntad de los Gobiernos para implementar las decisiones o propuestas.

posibilidades de actuar y compartir información de forma horizontal y sin intermediarios, se ha mostrado vulnerable a la manipulación de la información y los sentimientos de la ciudadanía (Chulvi, 2018; Aba Catoira, 2020).

Desinformación, que se ha convertido en una grave amenaza a la viabilidad de los sistemas democráticos, en tanto que la democracia se asienta sobre el debate público, plural e informado (Sánchez Ferriz, 2004; Innerarity, 2018: 32). Consecuentemente, la propagación de manera deliberada de información falsa, sesgada o manipulada con un propósito hostil tiene la capacidad de erosionar los cimientos sobre los cuales se asientan las sociedades abiertas (Popper, 2010). La desinformación apunta hacia uno de los requisitos básicos del orden político liberal: la superioridad de los hechos sobre las emociones. Pero lo hace de manera sutil, confiriéndole una peligrosidad mayor que cualquier ataque frontal, ya que dificulta su detección temprana y la consiguiente reacción social de autodefensa (Castell, 2017).

Que los valores democráticos, los derechos fundamentales y el Estado de Derecho sean objetivos prioritarios de estas novedosas estrategias de injerencia pone de manifiesto que la finalidad última radica en socavar cimientos sobre los que se asientan las actuales sociedades democráticas; en tanto que el ejercicio real de la democracia sólo podrá prosperar en un clima de respeto de derechos y libertades, especialmente en relación con las libertades de pensamiento, información y expresión. De tal modo que cada ciudadano sea libre para formar y expresar sus propias opiniones, pudiendo así tomar parte en el debate social y político (Ausín Díez, 2006; Solozábal Echavarría, 1988: 142; Serra Cristóbal, 2023).

La defensa del relato constitucional, que implica el conjunto de derechos y libertades recogidos y amparados en diversidad de textos legales que abarcan desde la Declaración Universal de Derechos Humanos (1950), hasta las Cartas Magnas nacionales, pasando por todo el corpus normativo internacionalmente aceptado implica, no sólo el incremento de los niveles educativos de la sociedad, sino que, a su vez, debe incidir en la comprensión que la ciudadanía tiene de la política y del uso de las tecnologías, además de otros requisitos fundamentales como el desarrollo de disposiciones de tipo emocional en favor de la democracia, la apertura al diálogo o la motivación para la búsqueda de acuerdos. Sin embargo, por el contrario, la tendencia apunta a que la ciudadanía carece de dichas capacidades por falta de conocimiento político, por estar sobrecargada de información que se transforma en ruido (incapacidad de procesar la información) o por el creciente recurso a todo tipo de estrategias de intoxicación informativa (*fake news*) (Sansó-Rubert, 2023). El origen de muchos de los problemas políticos reside en el hecho de que la democracia necesita para su supervivencia de unos actores, que ella misma es incapaz de producir (Innerarity, 2018: 23). Cuestión relevante si compartimos la visión de Linz acerca de que las democracias no caen sólo gracias a los extremistas, sino que la desafección ciudadana permite que se derrumben (Linz, 1987).

En su clásico libro *La cultura cívica*, Almond y Verba, recogiendo una tradición que arranca de Aristóteles, insisten en que el buen funcionamiento de la democracia demanda un sentido de la responsabilidad pública no sólo en las élites políticas, sino también en los ciudadanos (Almond y Verba, 1963). La democracia quizá pueda sobrevivir a la desigualdad, pero no a la indiferencia y al descreimiento. Ignorar las señales de aviso del desgaste y retroceso del paradigma democrático es una enorme equivocación. Y la manipulación informativa y el lawfare han llegado para quedarse.

En resumen, los derechos fundamentales constituyen los "fundamentos constitucionales de la democracia" (Ferrajoli, 2020: 24 y ss.). Y es que éstos gozan de una relevancia mayúscula, en tanto que inciden de manera importante en muchos aspectos de la vida cotidiana. De ellos dependen en gran medida la estabilidad necesaria para la gobernabilidad democrática. Diariamente se examina la operatividad de un Estado democrático de Derecho o las consecuencias de la política en relación a estos derechos. Recurriendo a palabras de Bobbio, los derechos que protegen la dignidad humana son "un signo de los tiempos" (Bobbio, 2003: 449). La debilidad de los derechos sólo augura y refleja la fragilidad y deterioro de la democracia. Ambas están indisolublemente unidas. Si los derechos considerados fundamentales se desvanecen, habitaremos en un mundo regido sólo por los intereses particulares y los poderes despóticos y salvajes (Bovero, 2016; Sansó-Rubert, 2022b). La conjunción derechos fundamentales-democracia es, por tanto, indispensable para construir un mundo mejor.

Y el *quid* de la cuestión reside en cómo lograr protegerlos de forma efectiva frente a la manipulación informativa y el ejercicio nocivo del lawfare. No sólo en cómo alcanzar su protección en el plano teórico jurídico-constitucional, sino en términos prácticos. Cuestión que nos lleva a escrutar la efectividad de los instrumentos normativos que los protegen y, además, reflexionar acerca de en qué medida lograr hacer más efectivos los ordenamientos jurídicos y las garantías que los tutelan (Sansó-Rubert, 2022). Y de entre todas las opciones posibles, despunta el recurso a los servicios de inteligencia y la apuesta por una innovadora visión estratégica del Derecho y de la inteligencia aplicada desde una perspectiva jurídica.

4. LOS SERVICIOS DE INTELIGENCIA DE UN ESTADO CONSTITUCIONAL Y DEMOCRÁTICO ANTE EL DESAFÍO PLANTEADO: EL VALOR ESTRATÉGICO DEL DERECHO Y LA INTELIGENCIA JURÍDICA

Con independencia de que el régimen sea presidencialista, parlamentario o semipresidencialista, los servicios de inteligencia se incardinan de manera coherente en los regímenes democráticos. Su percepción de la amenaza abarca tanto la esfera interior como exterior de los Estados en favor de la protección de los ciudadanos y sus derechos, del Estado y de los valores y principios constitucionales.

Estos servicios se caracterizan por desempeñar su función como asesores del poder político; como proveedores de información (valorada, integrada con otras existentes, contrastada y evaluada, por lo tanto, inteligencia) para el ejercicio de las funciones de Gobierno. La inteligencia bajo el rubro del principio de legalidad, propios de una democracia constitucional y del Estado de Derecho, logra satisfacer las necesidades de conocimiento del poder ejecutivo para su empleo en la formulación de políticas públicas a través de las cuales se logran desarrollar los fines esenciales del Estado (Sansó-Rubert, 2019).

Anticipación, prevención y proactividad (prospectiva) al servicio y protección del orden constitucional, frente a cualquier amenaza o riesgo susceptible de atentar contra la seguridad y la paz de la nación (Sansó-Rubert, 2007: 78-84), contra sus instituciones constitucionalmente reconocidas, así como contra el sistema de derechos y libertades fundamentales.

Ante este panorama el rol de los servicios de inteligencia, como instrumento estratégico del Estado, cobra su máxima relevancia ante el desafío planteado conformado por el prolífico incremento del empleo de la desinformación y el lawfare. Frente a la creciente amenaza los servicios de inteligencia deben concentrarse en el apoyo a la adopción de decisiones que se toman en un Estado democrático, conducentes a garantizar la legitimidad asociada a la legalidad y la gobernabilidad, en términos de calidad democrática. Objetivo que se logra a través del desarrollo de unos servicios de inteligencia orientados a la protección del Estado y la sociedad, contribuyendo de un lado, a desenmascarar el engaño y, de otro, a desarrollar un ordenamiento jurídico y una Administración e instituciones públicas sólidas y resilientes.

Para alcanzar estos fines, el Derecho se manifiesta como instrumento esencial para el ejercicio de la política y el cimiento por antonomasia de toda democracia. Ésta no puede existir fuera del Estado de Derecho, como la política no puede transformar legítimamente la realidad si no es a través del uso del Derecho. En consecuencia, las políticas de desregulación, autorregulación y «códigos de buen gobierno» en ciertas áreas cuando menos auspician una reflexión en términos de idoneidad.

La inteligencia jurídica posibilita conocer en detalle las leyes, jurisprudencia, costumbres y prácticas jurídicas de un país o del ordenamiento jurídico internacional; sin conocimiento de las reglas de juego es imposible competir en condiciones de igualdad y menos aún adquirir ventaja. No se trata solo de ofrecer información meramente descriptiva, sino de auténtica inteligencia jurídica, esto es, cualitativa. Por ello, también implica el conocimiento de los sujetos intervinientes. La doctrina mayoritaria, con carácter general, define la inteligencia jurídica como el tipo de inteligencia que se ocupa de la obtención, procesamiento y protección de información estratégica útil para todos los actores jurídico-políticos y económicos (Pooley y Halligan, 2000; Nye, 2011; González Cussac y Larriba, 2011; González Cussac, 2012).

La inteligencia jurídica provee de un conocimiento informado acerca de estructuras, instrumentos jurídicos y estrategias jurídico políticas: un ejercicio de ingeniería institucional y legal; un análisis comparado de cómo funcionan los sistemas políticos e institucionales de diferentes regímenes políticos: el estudio de cuáles son las principales problemáticas compartidas o no, que las aquejan y cuáles han sido sus iniciativas de respuesta; y si éstas, han respondido bien o no y de no hacerlo, reflexionar por qué no funcionan.

Todo al objeto de identificar qué cambios deberían introducirse para lograr la eficacia buscada: lograr interferir, desvirtuar o, llegado el caso, impedir el anormal funcionamiento institucional y legal del sistema político jurídico determinado como objetivo. No en vano, la ingeniería jurídica en clave comparada se sirve simultáneamente del parecido y de las diferencias de las constituciones y ordenamientos jurídicos "como máquinas"; "como mecanismos que deben funcionar y producir orden legal, protección y garantía de los derechos y libertades fundamentales" (Sartori, 2007).

Incluso desde una óptica estratégica permite conformar una suerte de "laboratorio teórico" de ideas que permitan plantear estrategias, organismos e instrumentos jurídicos, en base a las experiencias exitosas y fallidas analizadas comparativamente en la búsqueda de capacidades de anticipación y réplica frente a diversas situaciones de interés (Capeletti, 1993). Vislumbrar cómo pueden lograrse instituciones y medidas que resulten más sólidas y eficientes ante posibles injerencias o viceversa, identificar vulnerabilidades que permitan la injerencia política y jurídica.

Lo que finalmente resulta relevante de este trabajo de ingeniería jurídica es la extracción de una serie de estrategias, medidas e incentivos exitosos, cuyo análisis legal e institucional posibilitará distinguir el grado de idoneidad para su exportación. De tal manera que, ante un fenómeno transnacional como la manipulación informativa y el lawfare, resulte factible aprender de la experiencia de otros y así poder adoptar aquello que ha funcionado en otras partes del mundo, con las puntuales adaptaciones a la realidad no sólo de la amenaza, sino institucional, de cada país o región.

Para estudiar el grado de incidencia de la manipulación informativa conjugada con el lawfare y cómo su injerencia en los sistemas democráticos contribuye sustancialmente a la degradación y pérdida de calidad democrática, erosionando progresivamente sus principios básicos y sus elementos constitutivos fundamentales, resulta evidente la relevancia e interés de recurrir a la comparación entre regulaciones de diferentes ordenamientos, al efecto de estudiar las fórmulas seguidas por los diversos legisladores en la resolución de problemas comunes.

La finalidad subyacente al método comparativo en este supuesto es la búsqueda de inspiración: compartir el *Know How constitucional.* Comparar con una doble finalidad; tanto como vía de inspiración para adoptar una eventual reforma del propio ordenamiento (*lege ferenda*), como también, desde una perspectiva de *lege lata,* en tanto que el examen de ejemplos extranjeros puede conducir a una más precisa comprensión e interpretación de las normas e instituciones propias. En definitiva, abogar por la circulación de los conocimientos y de los modelos, que han resultado útiles a los efectos de contener la amenaza en ciernes y que, en última instancia, puedan ayudar a implementar instituciones y estrategias similares, en aquellos lugares en que se necesite.

Detenerse en la legislación, los instrumentos jurídicos y las instituciones constitucionales y de la Administración Pública de tal forma que nos permita realizar una tarea de ingeniería legal posibilitando identificar qué funciona y cómo funciona. Lo que resulta importante, clave, es la búsqueda analítica que permita determinar lo que sí debe (o no) ser llevado a los ordenamientos jurídicos a efectos de lograr ciertos resultados o evitar ciertas consecuencias derivadas de la amenazada representada por la combinación del lawfare y la manipulación informativa. Al hablar de ingeniería constitucional, adoptando la terminología de Sartori, se trata de desarrollar mecanismos más allá de la arbitrariedad o fruto del capricho político, sino su elección en términos de eficiencia y eficacia, frente al reto planteado (Sartori, 2007: 26 y ss.).

Aprender a obtener el mejor rendimiento de nuestros sistemas legales y constituciones para constreñir las iniciativas y actividades asociadas a las estrategias de desinformación. Tratar de vislumbrar finalmente, qué es lo que se necesita cambiar o implementar y cómo proceder a hacerlo. En definitiva, la clave sigue siendo identificar dónde y cómo se manifiesta la problemática de la manipulación informativa en términos de afectación de la calidad de la democracia y obrar en consecuencia. Como expresa Sartori, es claro que instituciones y constituciones no pueden hacer milagros, pero difícil será que tengamos buenos gobiernos sin buenos instrumentos de gobierno (Sartori, 2007: 27 y ss.) y normativa acorde.

Los detractores del recurso a la inteligencia jurídica como instrumento para la explotación del análisis y detección de vulnerabilidades legales, institucionales, sociales y políticas consideran que este tipo de estrategia es antidemocrática (Kahn, 2016; Dixon y Ginsburg, 2012: 29). Opinan, que los trasplantes legales representan una injerencia intolerable. Favorecen intereses e ideologías extrajeras, auspiciando la contaminación de la doctrina legal nacional, así como contribuyen a una difusa uniformización transnacional del Derecho, perjudicial para su creatividad y diversificación (Pegoraro, 2013). Esta posibilidad pondría en riesgo, en última instancia, la integridad de la esencia del principio democrático, según el cual, las normas legales deben representar la voluntad de cada pueblo (Choudry, 2002 y 2012: 2078 y ss.). El Derecho es, en parte, una expresión de la identidad nacional de un Estado. Esta singularidad es relevante, no solo para el análisis de disposiciones de las constituciones, sino también en relación con los métodos de interpretación constitucional. Más aun, estos elementos determinan, al menos en parte, el significado de las reglas constitucionales; impactan de manera profunda en la manera en que se trata de definir su contenido y alcance. Esta singularidad explica el profundo debate que los trasplantes constitucionales han generado, extrapolable al empleo de la inteligencia jurídica.

Otros críticos defienden una postura menos radical y escéptica (Waldron, 2005: 139). Estos autores consideran, que los métodos y conceptos de otros sistemas jurídicos pueden tomarse prestados y adaptarse a ciertos contextos políticos, sociales, culturales y jurídicos en particular (Perju, 2021). Sea como fuere, con independencia de los posibles peligros que pudiesen acarrear los préstamos legales, en este caso se entiende que los beneficios superan con creces los posibles perjuicios, dado que es determinante para la supervivencia del orden normativo identificar qué funciona y da resultados, en el conjunto de experiencias que componen el acervo normativo internacional, permitiendo impermeabilizar el sistema democrático constitucional frente a las acciones de manipulación informativa y ataques de lawfare.

El interés, en todo caso, por el método comparado aplicado al ámbito de la inteligencia jurídica redunda concretamente en que permite establecer comparaciones entre diversos ordenamientos para buscar la mejor solución al problema jurídico que atañe al conjunto de las democracias como es el que nos ocupa. La adquisición de conocimiento, verificación de datos, comprensión del propio ordenamiento, la interpretación de las normas constitucionales, la preparación de normas y la armonización normativa entre diferentes Estados. La manipulación informativa y el lawfare producen una situación general de carencia y vulnerabilidad normativa, que no se limita a ningún aspecto en concreto, sino que afecta por completo a todo el ámbito del edificio legal.

Por ello, son objeto de comparación las diferentes formas de Estado y de Gobierno, los partidos políticos y sistemas electorales, la estructura administrativa, los sistemas judiciales y la justicia constitucional, así como la protección de los derechos fundamentales, en la búsqueda de asimilar las consideraciones y menciones exitosas en la lucha contra la criminalidad organizada extraídas de las experiencias comparadas (Carnota, 2014).

Compartir el conocimiento útil acerca de cómo derrotar al crimen organizado para soslayar la trágica paradoja consistente en que la criminalidad organizada se sirva de las propias instituciones de la democracia para liquidarla (Levitsky y Ziblatt, 2018). Dicho diálogo entre sistemas democráticos es una manifestación o expresión de lo que ha venido a denominarse *ius constitutionale comune* (Bogdandy, 2014). Así, cabe identificar tres principios fundamentales que forman parte de la noción de un derecho público común en construcción: los derechos humanos, la democracia y el Estado de Derecho. Este diálogo legal deviene en gran medida, como consecuencia de la apuesta por la complementariedad suscitada por la formación de un escenario de pluralismo constitucional ante una realidad caracterizada por la globalización y la interdependencia multinivel (Salvador Martínez, 2008), en la que los ordenamientos jurídicos nacionales coexisten a su vez con normativa regional e internacional, requiriéndose de todas ellas la máxima cooperación y colaboración, para alcanzar una misma finalidad compartida: contender la manipulación informativa y el abuso y desviación del Derecho empleándolo como "arma de guerra".

Para alcanzar los fines descritos -tanto el principal (el conocimiento), como los subsidiarios-, la inteligencia jurídica se sirve del Derecho comparado y éste, a su vez, se vale del método jurídico, que tiene por objeto el estudio de las normas e instituciones jurídicas, que componen los ordenamientos. En esta línea argumentativa, resulta igualmente relevante, como recalcase Bobbio, al indagar sobre una norma o institución determinada, no sólo atender al tenor literal del texto de la regla enunciada, sino también a su contexto. Las normas jurídicas no tienen origen y fundamento en abstracto, sino que obedecen a la necesidad de regular un determinado contexto fáctico. En palabras de Jackson, "se ha argumentado que el Derecho público es dependiente de los derroteros seguidos en las opciones institucionales iniciales, y que de ese modo requiere que se preste atención a los sistemas operando en su propio contexto" (Jackson, 2012).

Mark Tushnet, señala que el contextualismo "enfatiza el hecho de que el Derecho constitucional está profundamente enraizado en los contextos institucionales, doctrinales, sociales y culturales de cada nación y que probablemente erraremos si intentamos pensar en alguna doctrina o institución específica sin apreciar el modo en que se encuentra vinculada a todos los contextos en los cuales existe" (Tushnet, 2008: 10). Enfatizar, por tanto, la relevancia del contexto, dado que, de lo contrario, no se entenderán algunas de las propuestas constitucionales recogidas en este texto. El lector no puede perder de vista, que el análisis se focaliza sobre los escenarios más desfavorables de manipulación informativa e intromisión del lawfare en los sistemas democráticos, frente a los que los Estados, dentro del régimen constitucional y del Estado de derecho, deben articular respuestas, que en ocasiones deberán ser tanto o más extremas que la propia amenaza que se cierne sobre ellos. Visión que no se entenderá, si el lector no abandona su etnocentrismo jurídico institucional, especialmente si su entorno jurídico-político y de seguridad, su contexto, no requiere afrontar este tipo de disquisiciones jurídico-constitucionales, lamentablemente habituales en otros países *por mor* de la gravedad de la injerencia informativa multinivel.

Ante la tesitura del escenario de seguridad y la naturaleza de la amenaza presente, el método comparado se ha convertido en un recurso imprescindible en el caso específico de la metodología de conformación de la inteligencia jurídica. De una parte, el estudio del objeto, contenido y ámbito del Derecho no debe atenerse única y exclusivamente al ámbito de lo jurídico y mucho menos, a lo específicamente normativo. Especialmente cuando, además de la comprensión del funcionamiento del entramado normativo e institucional se trata de dirimir el tipo de interacciones que se articulan entre la manipulación informativa y el lawfare. Esta visión unilateral de investigar desde el ámbito específicamente normativo jamás permitiría conocer la cabal e integral realidad del sistema jurídico imperante dentro de una sociedad política y las diversas manifestaciones en las que se materializan las intromisiones en el mismo por mor de la intoxicación informativa.

Desdeñar la observación de la realidad política impide apreciar el cumplimiento o incumplimiento de los fines y valores, que sustentan un ordenamiento jurídico y, en qué medida, se ve perjudicado en su plena realización por las actuaciones del lawfare y los *fake news*. Y, finalmente, obstaculiza conocer las circunstancias sociales dentro de las cuales funcionan las instituciones constitucionales y el modo, ajustado a derecho o no, en cómo ejercen el poder sus operadores.

Esta propuesta de visión metodológica integral favorece el conocimiento holístico del objeto de estudio y la verificación práctica del ordenamiento jurídico, en íntima vinculación con los sucesos, hechos o acontecimientos políticos y sociales que originan, condicionan y hasta obstruyen, el pleno desarrollo de los principios, fines y valores insertos en el texto constitucional y en el ordenamiento jurídico. En definitiva, permite descender del plano de lo estrictamente teórico a la dimensión de la realidad, permitiendo rebajar las discrepancias entre ambos planos, en favor de la adquisición de un conocimiento útil teórico-práctico. Haciendo un ejercicio de concreción, lo novedoso del enfoque es asimilar que la manipulación informativa sumada a la exposición normativa e institucional al lawfare, entre otras muchas cosas, es una forma de manifestación de crisis constitucional: la progresiva degradación de las normas, de las instituciones y de los límites, que éstas imponen al ejercicio del poder.

En definitiva, apostar por innovaciones en el área de las capacidades y teorización de la inteligencia y la actividad de los servicios de inteligencia, a través de la denominada inteligencia jurídica.

5. CONCLUSIONES Y DERIVAS A FUTURO

La simbiosis entre las tecnologías de nuevo cuño y la democracia ha llevado a algunos autores a hablar del inicio de un nuevo estadio de evolución, del Infolítico. Aparecen cambios cualitativos, no solo cuantitativos, con gran repercusión. En este sentido, Atienza indica que "el progreso tecnológico y científico significa un enorme potencial de liberación humana" (Atienza Rodríguez, 2000). Una oportunidad en muchos órdenes, para renovar la democracia.

Simultáneamente, la irrupción de las tecnologías de la información y la comunicación (TIC) ha despertado un amplio interés en relación con su potencialidad para transformar y mejorar la calidad de las democracias actuales. Son bien conocidos los argumentos optimistas respecto a la llamada "democracia electrónica", en tanto se le reconoce a las TIC su contribución a otorgar poder a la ciudadanía, posibilitando una mayor participación en los procesos de decisión política (al menos en términos de accesibilidad); ayudan a mejorar la comunicación y la proximidad entre los representantes políticos y los ciudadanos; y contribuyen a reducir los costes de transacción políticos. Tras el entusiasmo inicial surgido en torno a las potenciales bondades de las Tecnologías de la Información y la Comunicación (TIC) para el mejoramiento de la democracia, la reflexión en torno a estas cuestiones y el análisis de las múltiples experiencias que se han puesto en marcha en la última década (voto electrónico, parlamentos en línea, e-Gobierno...), han conformado un abanico prolífico de iniciativas, acompañadas de no pocos interrogantes y variedad de temas por examinar, entre ellos en relación a la capacidad de injerencia fruto de la manipulación informativa.

Como le ocurre al dios Jano, la revolución tecnológica tiene dos caras, la alegre y positiva, y otra negativa menos amable. El reto planteado consiste en mitigar los elementos negativos derivados del uso ilícito de las nuevas tecnologías, al tiempo que se potencian sus cualidades positivas para ofrecer la mayor pluralidad de alternativas aplicables al desempeño democrático, con el fin de facilitar una movilización más inclusiva, participativa y dinámica, que aproxime el sistema a la ciudadanía, implicándola. Una herramienta útil para la formación y consolidación de una ciudadanía democrática, directamente comprometida en los pormenores del desempeño de la democracia.

En este sentido, a nadie sorprende afirmar que, a lo largo de la Historia, la mentira y la manipulación de la información han formado parte de las relaciones de poder y la pugna por alcanzarlo. Derivado de ello, la sociedad ha asumido con relativa normalidad que los actores políticos tienen una complicada relación con la verdad y que, por tanto, la única manera de permanecer inmunes a sus efectos es adoptar una postura de profundo escepticismo. Se ha instaurado una desconfianza que favorece el triunfo de la antipolítica.

A pesar de ello, sumado al hecho de que no exista la verdad absoluta, no significa que se pueda vivir en la incertidumbre constante sobre todo aquello que nos rodea o sobre lo que se nos informa. Como expresa con clarividencia Serra Cristóbal, vivir inmersos en un marco informativo en el que los hechos veraces conviven en paridad con opiniones, interpretaciones, medias verdades, falsedades o *fakes* genera en los ciudadanos inseguridad en el mejor de los casos, —en el supuesto de aquellos que aún se interrogan sobre la certeza de lo que leen o escuchan—, y, en el peor de los casos, esclavitud ideológica o intelectual, —cuando de una forma acrítica los ciudadanos acaban arrastrados (manipulados) por el mensaje imperante (Serra Cristóbal, 2022).

Frente al desafío conformado por la confluencia de la manipulación informativa y el recurso al lawfare, socavando la construcción de la opinión pública, así como los pilares que sustentan las sociedades abiertas y democráticas, caben múltiples respuestas. La más urgente es concienciar a la ciudadanía de la gravedad del problema, generando así un mínimo consenso social sobre el cual poder apoyar otras medidas más complejas del ámbito legislativo, político e incluso, apostando por las capacidades de inteligencia, máxime, cuando es una realidad el que en el juego de la desinformación no solo participan gobiernos y empresas, sino también todo tipo de actores armados no estatales que encuentran en la manipulación informativa una vía excepcional para aumentar el alcance e impacto de su actividad violenta.

Por todo ello, los Estados deben dotarse de las estrategias y capacidades necesarias para detectar, analizar y contrarrestar las amenazas detrás de las campañas y desarrollar sistemas integrales de prevención y respuesta, que disuadan a los actores hostiles de hacer uso de la desinformación al limitar su eficacia e incrementar sus costes. La magnitud del desafío amerita repensar estrategias que permitan sentar las bases de una nueva cultura constitucional digital. Máxime, cuando el incremento de la dependencia de las sociedades respecto a los sistemas informáticos y electrónicos, en relación con la gestión y consolidación de la democracia, el desempeño del gobierno y el funcionamiento de la administración está haciendo que éstas sean más vulnerables.

La lucha contra la desinformación y el empleo del Derecho como instrumento de conflicto demanda sin dilación su incorporación en las agendas de seguridad y defensa, en aras de implementar políticas públicas al respecto. Objetivo es responder a estas graves amenazas fomentando ecosistemas digitales basados en la transparencia, favoreciendo la información de gran calidad, empoderando a los ciudadanos contra la desinformación y protegiendo nuestras democracias y procesos de formulación de políticas.

Un acervo instrumental que, ante la lesividad de la amenaza, requiere de su refuerzo con capacidades de inteligencia. Concretamente, de una inteligencia jurídica que satisfaga la necesidad de conocimientos acerca de las problemáticas planteadas orientada a su prevención. No en vano, conocer con antelación el desafío a superar, permite articular una estrategia de seguridad efectiva. Máxime, si asumimos que no se puede proteger todo, en todo momento.

La democracia preventiva presupone, por tanto, que la única defensa a largo plazo para las democracias liberales es la democracia en sí misma: instaurar democracias de calidad (Barber, 2004). Lograr unos estándares mínimos aceptables de calidad democrática sustantiva (de contenidos), más allá del mero aspecto formal de democracia, requiere de un proceso de maduración constante y de un progresivo fortalecimiento, hasta lograr un grado de evolución óptimo. Maduración, que no termina nunca de alcanzar su plena consolidación, porque la democracia se encuentra inmersa en un constante proceso de transformación para adaptarse a la realidad imperante en aras de la consecución del ideal de democracia al que por naturaleza aspira (Dahl, 2012). La constancia democrática es la clave del éxito. Y, para lograr estos objetivos, los Estados democráticos cada vez más recurren a sus servicios de inteligencia.

Las estructuras de inteligencia y la propia labor de inteligencia desempeñada por éstas en los Estados democráticos constitucionales están experimentado profundas transformaciones en las últimas décadas. Cambios sustanciales en sintonía con los nuevos tiempos auspiciados por el abanico de frentes abiertos. Un elemento clave a tener en consideración en el desarrollo del relato constitucional actual, así como en los esfuerzos en aras de la defensa y protección del Estado democrático y la salvaguarda de los derechos y libertades fundamentales constitucionalmente amparados. Todo ello fruto de la madurez institucional bajo el rubro del Estado constitucional, alcanzada por los servicios de inteligencia. Transformaciones de calado que, lejos de su reconocimiento, son percibidas negativamente por un amplio espectro de una ciudadanía desinformada y contaminada por falsas informaciones y estereotipos, con respecto a qué son y para qué sirven, los servicios y actividades de inteligencia. Para ello, cobra relevancia difundir la legitimidad de los servicios de inteligencia y el desempeño de sus funciones de protección del Estado y sociedad, de conformidad con la legalidad, como un elemento relevante en términos de calidad democrática.

Concluyendo, este conjunto de iniciativas brevemente reseñadas demanda sin mayor dilación la necesidad de modificar, actualizar y revisar los modelos normativos con el objetivo de reforzar el sistema institucional y normativo propios de un Estado democrático de derecho, único capaz de brindar la seguridad y protección indispensables para garantizar, aunque sea mínimamente, el sistema democrático constitucional.

BIBLIOGRAFÍA

Aba Catoira, A., "Desórdenes informativos en un sistema de comunicación democrático", Revista de Derecho Político, núm. 109, 2020.

Almond, Gabriel y Sidney Verba, *The Civic Culture: Political Attitudes and Democracy in Five Nations,* Princeton: Princeton University Press, 1963.

Andrei Josan, C., "Hybrid wars in the age of asymmetric conflicts", *Review of Air Force Academy,* (1), 2015, pp. 49-52.

Atienza Rodríguez, Manuel y Juan Ruíz Manero, "Para una teoría general de los ilícitos atípicos", *Jueces para la democracia,* núm. 39, 2000, pp. 43-49.

Atienza Rodríguez, Manuel, *Ilícitos atípicos: sobre el abuso del derecho, el fraude de ley y la desviación de poder,* Madrid: Trotta, 2000.

Ausín Díez, T., «Contar y no mentir: sobre el derecho positivo a recibir información veraz», Peña, L. y Ausín Díez, T., *Los derechos positivos: las demandas justas de acciones y prestaciones,* Plaza y Valdés-CSIC, 2006.

Ausín, T., "Cuéntame un cuento. Sobre mentiras y silencios en el ámbito de la información", *Cuadernos del Ateneo,* 2008, núm. 25.

Bacon, Francis, *Novumorganum,* Madrid: Hogar del Libro, (reedición) 1988.

Barber, B., *El imperio del miedo. Guerra, terrorismo y democracia,* Barcelona: Paidós Estado y Sociedad 120, 2004.

Bobbio, N., *Teoría general de la política,* Trotta, Madrid, 2003.

Bogdandy, Armin von, "Ius constitutionale commune latinoamericanum. Una aclaración conceptual", Bogdandy, Armin von et. Al. (Coord.), *Ius constitutionale commune en América Latina. Rasgos, potencialidades y desafíos,* México D.F.: UNAM/Max-Planck-Institut /Instituto Iberoamericano de Derecho Constitucional, 2014, pp. 3-23.

Bovero, M., *Derechos débiles, democracias frágiles. Sobre el espíritu de nuestro tiempo,* México, Instituto Nacional Electoral, 2016.

Capeletti, Mauro, *Dimensiones de la justicia en el mundo contemporáneo. Cuatro estudios de derecho comparado,* México: Porrúa, 1993.

Carnota, Walter F., "Los múltiples usos del Derecho constitucional comparado", *Anuario Iberoamericano de Justicia Constitucional,* núm. 18, 2014, pp. 101-123.

Casado, F. y Sánchez, R., "Lawfare en Ecuador: las acciones del estado desacreditadas por organismos internacionales", *Nullius,* 1(1), 2020, pp. 1-17.

Castells, Manuel, *Ruptura: La crisis de la democracia liberal,* Madrid: Grupo Anaya, 2017.

Charles J. Dunlap, Law and Military Interventions: Preserving Humanitarian Values in 21st Century Conflicts, Cambridge, Carr Center for Human Rights, John F. Kennedy School of Government, Harvard University, Working Paper, 2001.

Choudry, Suji, "Method in Comparative Constitutional Law: A Comment on Law and Versteeg", *New York University Law Review,* 87, 2012.

Choudry, Suji, *The Migration of Constitutional Ideas,* Cambridge: Cambridge University Press, 2002.

Colom Piella, Guillem, "El conflicto en el siglo XXI", en *La amenaza híbrida: mitos, leyendas y realidades,* Instituto Español de Estudios Estratégicos, 2019.

Dahl, R., *La democracia,* Barcelona: Ariel, 2012.

Dixon, Rosalind y Ginsburg, Tom, *Comparative Constitutional Law,* London: Edward Elgar Publishing Ltd, 2012.

Dunlap, Charles J., "Does Lawfare need an apologia?", en *Case Western Reserve Journal of International Law,* núm. 43, 2010, pp. 121-143.

Dunlap, Charles, 'Lawfare Today: A Perspective', Yale Journal of International Affairs, Winter, 2008, pp. 146–54

Esquivel Alonso, Y., *Libertad de expresión política y propaganda negativa,* Valencia, Tirant lo Blanch, 2018.

Fernández Rodríguez, José Julio, *Secreto e intervención de comunicaciones en Internet,* Madrid: Civitas, 2004.

Ferrajoli, L., *Iura Paria. Los fundamentos de la democracia constitucional,* Madrid: Trotta, 2020.

Ferriz, Sánchez, R., *Delimitación de las libertades informativas,* Valencia: Tirant lo Blanch, 2004.

González Cussac, José Luis y Larriba Hinojar, Beatriz, *Inteligencia económica y competitiva: Estrategias legales en las nuevas agendas de seguridad nacional,* Valencia: Tirant lo Blanch, 2011.

González Cussac, José Luis, "La verificación de los ordenamientos internos en los países de localización como garantía de la seguridad y la confidencialidad de la información", en *Derecho y cloud computing* (Ricard Martínez Martínez, editor). Madrid: Civitas, 2012, pp. 289-307.

Herreros López, J. M., "La formación de la opinión pública", en Vidal Climent, V. y García Manglano, M. (Coords.), *Información, libertad y derechos humanos: la enseñanza de la ética y el derecho de la información,* Valencia: Fundación Coso de la Comunidad Valenciana, 2004, pp. 161-176.

Horowitz, Richard. Competitive Intelligence, law and ethics: The Economic Espionage Act revisited again (and hopefully for the last time). SCIP, vol. 14, núm. 3, julio-septiembre de 2011.

Innerarity, D., *Comprender la democracia,* Barcelona: Gedisa Editorial, 2018.

Jackson, V. C., "Comparative Constitutional Law: Methodologies", en Rosenfeld, M. y András S. (Eds.), *The Oxford Handbook of Constitutional Comparative Law,* Oxford: Oxford University Press, 2012.

Jünger, Ernst, *El trabajador,* Barcelona: Tusquets, 1990.

Kahn, Paul W., "Una nueva perspectiva para el constitucionalismo comparado: el análisis cultural del Estado de derecho occidental", *Revista de Derecho,* vol. X XIX, núm. 1, 2016, pp. 227-256.

Lasalle Ruíz, José María, *Ciberleviatán: el colapso de la democracia liberal frente a la revolución digital,* Madrid: Arpa Editores, 2019.

Levitsky, Steven y Ziblatt, Daniel, *Cómo mueren las democracias,* Barcelona: Ariel Ediciones, 2018.

Liang, Q. & Wang, X., *Unrestricted Warfare.* PLA Literature and Arts Publishing House Arts, 1990.

Linz, Juan, *La quiebra de las democracias,* Madrid: Alianza, 1987.

Lucas Murillo de la Cueva, Pablo, "Derechos fundamentales y avances tecnológicos. Los riesgos del progreso", *Boletín Mexicano de Derecho Comparado,* núm. 109, 2004, pp. 71-110.

Miskimmon, Alister; O´Loughlin, Ben; Roselle, Laura. *Strategic Narratives. Communication Power and the New World Order.* Routledge. 2013.

Muñoz Mosquera, A. y Dov Bachmann, S., "Lawfare in Hybrid Wars: The 21st Century Warfare", *Journal of International Humanitarian Legal Studies,* (7), 2016, pp. 63-87.

Nye, Joseph S. Jr., *The future of power*, Nueva York: New York Public Affairs, 2011.

Orde Kittrie, *Lawfare: Law as a Weapon of War*, Oxford, Oxford University Press, 2006.

Pauner Chulvi, C., "Noticias falsas y libertad de expresión e información. El control de los contenidos informativos en la red", *TRC*, núm. 41, 2018.

Pegoraro, Lucio, "Transplantes, injertos, diálogos: jurisprudencia y doctrina frente a los retos del Derecho comparado", Ferrer McGregor, Eduardo y Alfonso, Herrera García (Coords.), *Diálogo jurisprudencial en derechos humanos entre tribunales constitucionales y cortes internacionales: in memoriam Jorge Carpizo, generador incansable de diálogos*, 2013, pp. 33-82.

Perju, Vlad, "Constitutional Transplants, Borrowing and Migrations", Rosenfeld, Michel y András Sajó (Eds.), *The Oxford Handbook of Comparative Constitutional Law*, Oxford: Oxford University Press, 2012.

Pooley, James y Halligan, R. Mark, "Intelligence and the Law", en Miller, Jerry (ed.), *Millennium intelligence: Understanding and conducting competitive intelligence in the digital age*, Medford, NJ: CyberAge Books, 2000, pp.171-187.

Popper, Karl, *La sociedad abierta y sus enemigos*, Madrid: Paidós Ibérica, 2010.

Recomendación (UE) 2018/334 de la Comisión Europea, de 1 de marzo, sobre medidas para combatir eficazmente los contenidos ilícitos en línea.

Rivkin, David B. y Casey, Lee A., "The Rocky Shoals of International Law", en National Interest on International Law and Order, Woolsey, James (org.), Nueva Jersey: Transaction Publisher, 2003.

Romano, Silvina, *Lawfare: Guerra Judicial y Neoliberalismo en América Latina*, Buenos Aires: Mármol-Izquierdo, 2019.

Salvador Martínez, María, "Derecho constitucional comparado en el contexto de la integración supranacional y la globalización", *Teoría y realidad constitucional*, núm. 21, 2008, pp. 375-395.

Sansó-Rubert Pascual, Daniel, "Los servicios de inteligencia como objeto extraño de regulación constitucional", *Revista de Estudios en Seguridad Internacional*, Vol. 5, No. 2, (2019), pp. 127-138.

Sansó-Rubert Pascual, Daniel, "La defensa de los derechos fundamentales como estrategia específica de la Unión Europea para alcanzar una "Unión de la seguridad" frente a las amenazas híbridas", en *Retos del Estado de Derecho en materia de inmigración y terrorismo /* coord. por Ignacio Álvarez Arcá, Elena Avilés Hernández; Marta Fernández Cabrera (dir.), Carmen Rocío Fernández Díaz (dir.), 2022, pp. 567-586.

Sansó-Rubert Pascual, Daniel, *Democracia sin democracia: El escudo constitucional frente al poder del crimen organizado*, Colex, 2022.

Sansó-Rubert Pascual, Daniel, Fundamentalismo ideológico, intolerancia social, neolengua y culto al agravio. Una revisión de la "Doctrina woke" como factor de alteración del orden constitucional, Araucaria: Revista Iberoamericana de Filosofía, Política, Humanidades y Relaciones Internacionales, vol. 25, núm. 52, 2023, pp. 583-605.

Sansó-Rubert, Daniel, Valencia, 2004. "Seguridad vs. Libertad: el papel de los servicios de inteligencia", en Felip Sardá, Joseph M.ª (Coord.), *Inteligencia y seguridad nacional: el estado de la cuestión, Cuadernos Constitucionales de la Cátedra Fadrique Furió Ceriol*, No. 48, Valencia: Universidad de Valencia.

Sartori, Giovanni, *Ingeniería constitucional comparada*, Madrid: Fondo de Cultura Económica, 2007.

Serra Cristobal, R., "Noticias falsas (fake news) y derecho a recibir información veraz. Dónde se fundamenta la posibilidad de controlar la desinformación y cómo hacerlo", *Revista de Derecho Político*, (116), 2023, pp. 13–46.

Serra Cristóbal, Rosario, *La seguridad como amenaza*, Valencia: Tirant lo Blanch, 2020.

Solozábal Echavarría, J. J., "Aspectos constitucionales de la libertad de expresión y el derecho a la información", *Revista Española de Derecho Constitucional*, 23, 139-155.

Teruel Lozano, G., "Libertad de expresión en Internet, control de contenidos de las páginas web y sus garantías constitucionales", *Revista Aranzadi de Derecho y Nuevas Tecnologías*, n.º 25, 2011, pp. 81-103.

Torres del Moral, A., *La opinión pública y su tratamiento jurisprudencial. Constitución y desarrollo político*, Valencia, Tirant lo Blanch, 2013.

Torres Soriano, Manuel, Desinformanción: Poder y manipulación en la era digital Tapa blanda, Granda: Comares, 2019.

Utrera García, Juan Carlos, "Las metamorfosis de la legitimidad moderna", Gómez García, Juan Antonio (Ed.), *Legalidad y legitimidad en el Estado contemporáneo*, Madrid: Dykinson, 2014.

Waldron, Jeremy, "Foreign Law and the Modern *Ius Gentium*", *Harvard Law Review*, vol. 119, núm. 1, 2005.

Wardle, C. y Derakhshan, H., *Council of Europe Report [DGI (2017)09] on Information disorder: Toward an interdisciplinary framework for research and policy making, Council of Europe publications*, 2017.

Capítulo 16.

MANIPULACIÓN MONETARIA E INFORMACIÓN

MIGUEL ANXO BASTOS BOUBETA
Universidad de Santiago de Compostela (USC)
miguelanxo.bastos@usc.es

1.INTRODUCCIÓN

La literatura académica sobre manipulación de la información se centra normalmente en el estudio de la difusión de noticias, rumores o datos bien totalmente falso o bien alterados de tal forma que puedan producir confusión en algún rival o enemigo de tal forma que modifique su conducta de acuerdo con nuestros intereses (Maschmeyer, 2022; Pizarroso, 2008). Incluye desde la subversión política al daño al sistema económico o empresarial de algún país competidor. Este tipo de estudios se focaliza en el estudio de medios de comunicación tradicionales y últimamente en la difusión de noticias interesadamente manipuladas a través de medios de internet o de las redes sociales que han proliferado en los últimos años, pero rara vez se centran en otras fuentes de información no tan explícitas. Los precios, por ejemplo, son una muy acabada fuente de información, quizás la más perfecta, pero rara vez es analizada en este contexto. Es su discurso de recogida del premio Nobel de economía de 1974, titulado en español *La pretensión del conocimiento*, Friedrich Hayek (Hayek, 2014) reelabora un tema que estuvo presente en su abra desde los años 40 del siglo XX, el del papel que juegan los precios a la hora de transmitir información a los innumerables actores que pueblan el sistema económico mundial. Una subida o bajada de precios alertan a todo tipo de empresarios y consumidores sobre la mayor o menor disponibilidad de un bien, de su calidad o de su dificultad de obtención. Un cambio en los mismos alterará patrones de consumo, cambiará procesos productivos transformado muchos de ellos en obsoletos, relocalizará empresas y hará declinar o ascender a regiones o países enteros, según sea la magnitud del cambio de los mismos. El precio de algún bien considerado estratégico como el petróleo o el gas , el maíz o el arroz, el cobre o el litio pueden provocar revueltas e incluso cambios de régimen en muchos países bien por el descontento que causan entre las poblaciones bien por luchas intestinas, instigadas en ocasiones desde el exterior, por apropiarse de los beneficios del nuevo recurso. Los cambios en los precios relativos tienen también consecuencias directas e indirectas en el ámbito militar, al permitir o dificultar la producción de determinados armamentos o la capacidad de financiar la recluta de nuevos soldados. La alteración o manipulación deliberada de precios (Akerlof y Shiller, 2015) está también detrás de las sanciones impuestas a regímenes indeseables o simplemente opuestos al vigente orden político. La llamada guerra económica de Rusia contra Ucrania y la OTAN y viceversa está consistiendo principalmente en un conflicto sobre el suministro y por tanto sobre los precios de insumos indispensables como el gas y el petróleo, intentando minar la moral de la población, exactamente igual que cualquier campaña de intoxicación o propaganda negativa.

A pesar de esto no es frecuente estudiar el funcionamiento del sistema de precios como un arma de manipulación de la información y se deja su estudio para economistas, o en el mejor de los casos geoeconomistas (Scholvin y Wigell, 2019), y prácticamente no se incluyen las herramientas de manipulación de los mismos, con alguna excepción (Kirshner, 1998) en el arsenal teórico de los estudios de seguridad y defensa. En este trabajo se intentará hacer una aproximación a las diferentes técnicas que se han desarrollado a lo largo de la historia con el intento de subvertir regímenes o dominar a otros países usando armamento económico como complemento o sustituto de la pólvora (De Cecco, 1984). El arsenal monetario es tan rico como el convencional y a veces puede ser indirectamente tan cruento y dañino como este, pero también ha evolucionado con el tiempo y con los desarrollos tecnológicos (Cohen, 2019) por lo que no pretendemos ser exhaustivos en su análisis y muy probablemente no se recoja aquí en toda su potencialidad todas las herramientas monetarias de desinformación y manipulación que se han dado, se dan o se darán en el ámbito de la guerra económica y comercial (Harbulot, 2013). La intención de este escrito es la de llamar la atención a un potencial lector interesado en temas de defensa o información del posible uso en materia de seguridad de la información recogida en los precios y en el dinero.

2. ALGUNAS CUESTIONES SOBRE COMERCIO, DINERO Y MONEDA EN EL ÁMBITO DE LOS ESTUDIOS DE DEFENSA Y SEGURIDAD

El uso del dinero y los precios se han usado siempre en la política, las relaciones internacionales y la guerra, pero una mala comprensión del funcionamiento de los mismos ha derivado en que en muchas ocasiones su uso no es sólo fútil sino contraproducente para los intereses de quien pretendía usarlo como arma en el conflicto. Es necesario, por lo tanto, comentar algunos aspectos sobre estos fenómenos antes de entender su uso. En alguna ocasión he criticado la teoría económica que subyace en muchos estudios sobre seguridad y defensa (Bastos Boubeta, 2011) pues de su incorrecta comprensión se puede derivar que, como en el caso de las actuales sanciones a Rusia por la guerra de Ucrania, el uso de herramientas de este tipo pueda resultar en un mayor daño en el que las utiliza que en de quien es atacado con ellas.

Uno de los grandes mitos del mercantilismo es el del denominado bullionismo (Vilar, 1964), esto es que la riqueza consiste en la posesión de numerario denominado en unidades de peso de metal precioso, como el oro o la plata. Un país sería más o menos rico y más o menos poderoso según la cantidad de metal que consiguiesen acumular en sus arcas. El poderío hispano durante su época imperial se debería, por ejemplo, al influjo de oro y especialmente plata procedente de América y se perdería por un supuesto malgasto de ese metal, rápidamente desviado hacia banqueros extranjeros. Si se hubiese gastado aquí se supone que habría contribuido al desarrollo económico hispano, algo que tampoco es del todo cierto (Bernal, 2005). Lo que si lo es es que la política de poder de la época se basaba en la prohibición o regulación estricta de las importaciones y en la acumulación de metal precioso por parte de los gobernantes, al tiempo que se trataba de evitar que otros reinos tuviesen acceso a él lo que ayudaría a debilitarlos. Se entiende que los monarcas del absolutismo lo que procuraban era acumular metal para poder financiar grandes ejércitos y suministros bélicos (Heckscher,1983), pero este proceso de atesoramiento lo único que conseguía era subir los precios en el país que incurría en tal práctica al tiempo que abarataba los bienes en el vecino, incentivando así el contrabando, y por supuesto haciendo menos competitiva la producción nacional que termina por abandonarse. Como ocurrió en España en los siglos XVI y XVII que destruyó su industria, aunque no sólo por causas monetarias, y acabó incurriendo en varias bancarrotas (Carande, 1990). El dinero en sí no es riqueza, esta se debe sólo a la laboriosidad de sus habitantes y a su capacidad tecnológica y productiva, lo único que puede hacer es redistribuir la misma entre diferentes personas o grupos o alterar sus pautas de consumo en el tiempo. Intentar usar la cantidad de dinero como arma política no acostumbra a conducir a buenos resultados y es fruto de un deficiente conocimiento de la teoría económica. También, aunque nos salgamos un poco del tema, es conveniente recordar que la posesión de imperios o dominios coloniales no enriquece necesariamente a las metrópolis. Normalmente cuando se hacen los cálculos no se tienen en cuenta los costes derivados de la conquista o la ocupación o las desventajas de tener que comprar o vender forzosamente a los propios dominios cuando podrían obtenerse mejores precios en otras latitudes (Bastos Boubeta, 2006). Esto es, la posesión de colonias o protectorados implica casi siempre el establecimiento de barreras arancelarias de estas con potencias externas o cláusulas de comercio preferente con las mismas, lo que se transforma en que tenemos que comprar por fuerza productos de nuestras colonias o vender en ellas con exclusividad, lo que suele causar fuertes distorsiones en los precios , dificultando el cálculo económico y creando a su vez industrias que viven en exclusiva de la protección aun siendo radicalmente ineficientes. Al final el supuesto beneficio derivado del control comercial acaba derivando en un empobrecimiento general de la metrópolis. De ahí que este intento de manipular el comercio para hacer más poderosa a la nación acaba derivando en todo lo contrario. No es de extrañar que Disraeli, primer ministro británico en la época victoriana, se refiriese a las colonias como una piedra de molino colgada al pescuezo, aunque después tuvo que asumir por razones políticas tal lastre y no renunció a cargar con su peso (Davis y Huttenback, 1986)

La única forma en que el monopolio del dinero puede servir de arma política es cuando un estado es capaz de conseguir que una moneda fiat, esto es creada por el propio gobierno a través de un banco central o una institución asimilada y carente de respaldo metálico, se constituya como divisa de reserva a nivel mundial. Es el llamado privilegio exorbitante, como denominó Jacques Rueff, ministro de economía francés en tiempos de DeGaulle, al papel privilegiado que jugaba el dólar norteamericano en el comercio mundial. Al realizarse todas las transacciones comerciales en dólares y usarse esta moneda como reserva de valor en los bancos centrales de todo el mundo, el dólar obtiene una prima al poder pagar su deuda con el exterior emitiendo papel o creando depósitos denominados en ella sin que ello afecte a los precios en los Estados Unidos de la misma forma que lo haría en ausencia de este privilegio. Poder pagar deudas, sea esta bonos del tesoro o deuda comercial, imprimiendo billetes o apuntes bancarios y atenuando la consiguiente inflación no deja de ser un buen negocio para el país emisor y de ahí que sea una práctica que esté interesado en mantener. Está en discusión cual es la cuantía de este beneficio y autores como Eichengreen (Eichengreen, 2011) relativizan su importancia, pero no niegan que este exista. El problema es que mantener ese privilegio exige un gran desembolso económico en forma de bases militares, armamento y profesionales de las fuerzas armadas para disuadir a potenciales rivales o impedir que puedan surgir divisas alternativas al dólar que puedan usurpar su privilegio. La opacidad de este privilegio ha llevado a que se hayan escrito numerosas libros asociando muchas de las guerras emprendidas por los Estados Unidos en el exterior con la pretensión de estos de evitar que surgiesen sistemas de pago alternativos, casi siempre asociados al oro, y que buscarían sustituir al dólar en los movimientos comerciales internacionales . Alguna de esta literatura puede sonar a teoría de la conspiración (Engdahl, 2009b) y con mucha probabilidad quizás lo sea, pero el subyacente económico en el caso de querer hacerlo es correcto, por lo menos en lo que a le teoría económica se refiere. Un hipotético dinar de oro o un hipotético rublo de oro (algo que parcialmente se ha intentado y con buenos resultados en la actual Rusia) sin duda se convertiría en una moneda seriamente competidora del dólar, no por el peso económico de los países que lo iniciasen sino por la calidad de esa moneda de reserva, sin duda muy superior a la del dólar americano, que, aunque relativamente estables está sujeta como cualquier otra moneda fiat a presiones inflacionarias.

Es frecuente también escuchar la expresión de "empobrece a tu vecino" referida a la manipulación de la divisa propia o de los términos de intercambio entre estados, con restricciones aduaneras o con regulaciones que dificulten los intercambios. Se pretende de esta forma debilitar el potencial económico de otro país en relación con el nuestro bien para salvar la economía propia en tiempos de crisis o penuria bien para debilitar su capacidad económica y por tanto su potencial político y bélico en el escenario internacional. Salvo en el caso de contingentes estrictos de importación o exportación el resto de las prácticas, incluidas las regulaciones que en el fondo no son más que la intención de imponer unos costes imposibles de cumplir para la industria del país rival, las políticas de sanción o empobrecimiento deliberado del vecino son esencialmente políticas de precios basadas en encarecer artificialmente la producción del enemigo político o económico de tal forma que no pueda vender sus productos en el nuestro a su precio de mercado y de esta forma intentar desestabilizarlo o subvertir su poder. No es más que una variante del principio mercantilista de que las exportaciones son buenas y las importaciones malas (Deyon, 1978), y que impidiendo estas últimas reforzaremos lo nuestro y dañaremos lo ajeno. Lo cierto es que este tipo de políticas si empobrecen al vecino, pero también de paso a nosotros mismos, pues tendremos que usar insumos más caros en nuestra producción y nos quedaremos de paso sin clientes a quienes podamos vender la nuestra, pues, aunque no es algo muy sabido no se puede exportar sin importar ni importar sin, en última instancia, exportar.

3. EL USO DE LA DEUDA PÚBLICA COMO INSTRUMENTO DE SUBVERSIÓN Y MANIPULACIÓN POLÍTICA

Desde que los estados incurren en déficits fiscales, y desde que tal fenómeno existe ha constituido un grave problema para sus prestamistas el poder recobrar su inversión en caso de que el acreedor no decida pagar o incurra en bancarrota. Al contar los estados con la legitimidad del uso de la fuerza acostumbran a estar bien provistos de hombres y armas con los que resistir cualquier intento de cobro, y más si son los propios hombres a sueldo del soberano los encargados de hacer cumplir la promesa de pago. Si no quieren pagar no hay forma coactiva alguna de hacerlo. Los grandes prestamistas de tiempos antiguos solían exigir prendas, en forma del derecho a administrar territorios, concesiones mineras o monopolios mercantiles, para garantizar el pago. En ocasiones tales prebendas eran revertidas y el prestamista podía de nuevo ver sus derechos vulnerados, como bien saben los Fugger, famosos prestamistas de la corona castellana, que quebraron tras numerosos impagos (Martines, 2013. La única posibilidad que les restaba era la de negarles créditos futuros, pero para su desgracia siempre aparecía algún nuevo banquero dispuesto a asumir riesgos y quedarse con el aparentemente lucrativo negocio del préstamo, lo que devenía tal estrategia en ineficaz a medio plazo. Con el tiempo prestamistas como los Rothschild comprendieron que la única forma de hacer cumplir a un estado con sus obligaciones es hacer que los que en ese momento lo dirigen pierdan su posición como consecuencia del impago y que otros la ocupen. De esta forma comenzaron a hacer saber a los gobernantes que en caso de impago contaban con los medios y la habilidad suficientes como para derrocarlos. La amenaza de agitar el descontento a través de agentes o medios de comunicación, la promoción de golpes de estado, revueltas o movimientos secesionistas comenzó a usarse como "colateral" o garantía a la hora de garantizar los empréstitos, y así se hizo en numerosas ocasiones. Es la misma estrategia que había usado históricamente la Iglesia católica en sus conflictos con el imperio sólo que adecuada a nuestros tiempos.

A día de hoy los modernos prestamistas, que incluyen instituciones privadas, como grandes bancos de inversión, o públicas como los bancos centrales o entes internacionales como el Fondo Monetario Internacional o el Banco Mundial, usan también la amenaza de la desestabilización monetaria como arma para logran el control de sus prestatarios, e incluso a veces lo hacen interesadamente. Los problemas que sufrieron países como Grecia o incluso Italia derivados de la gran crisis de 2008 no fueron sólo económicos sino políticos también y fueron justificados en nombre de la austeridad (Blyth, 2014). Grecia, por ejemplo, amenazó con un impago de deuda (más correctamente con una quita parcial y un reajuste de los tipos de intereses aplicados en el servicio de la misma) lo que amenazaba los intereses de prestamistas públicos y privados. La amenaza de retirar la financiación prioritaria, a tipos de interés preferente, bastó para que el gobierno griego se reestructurase, eliminando a sus elementos más amenazantes, y para que este incluso incumpliese el mandato popular, expresado en un referéndum, de impagar los créditos. La mera amenaza de no poder pagar sus pensiones o el sueldo de los funcionarios hizo que el gobierno griego moderase sus pretensiones u accediese a los requerimientos de cambio de política económica que estos le proponían. El gobierno griego llegó a ser un campeón europeo en materia de recortes y privatizaciones a pesar de ser un gobierno autodefinido como de izquierda radical. Medidas semejantes se tomaron en países como Italia que vio sustituido un gobierno electo por uno impulsado por la troika bajo la batuta de un tecnócrata.

De la misma forma en que los antiguos prestamistas los modernos institutos de crédito internacional, o mejor dicho los estados que los controlan y financian, pueden usar el crédito no sólo para desestabilizar gobiernos sino también para obtener rentas y concesiones de los gobiernos a los que prestan, bajo amenazas de desestabilizar gobiernos o derrocarlos si fuese pertinente. El sistema es similar al usado antiguamente, sólo que adaptado a la era digital (Perkins, 2009). Los institutos prestan intuyendo que estos no van a poder devolver el préstamo, bien por incompetencia de los mismos bien por prever circunstancias económicas adversas que lo harán imposible, como una subida mundial de los tipos de interés (algo que está aconteciendo en el momento de la escritura de este texto) en los que está denominada la deuda si es, como ocurre en ocasiones, a tipo variable. Para valorar estos riesgos de país existen organizaciones académicas especializadas que puede pertenecer al propio organismo de crédito o bien externalizarse, incluso a organizaciones sin aparente ánimo de lucro. Si el impago es imposible se amenaza con no renovar el crédito con las consecuencias previsibles, recortes o impago de pensiones y salarios funcionariales o eliminación de subvenciones a productos básicos como los carburantes o el transporte. Las consecuencias políticas no tardan en llegar en forma de disturbios sociales, pobreza y su consiguiente traducción en problemas de estabilidad para el gobierno de turno, sea democrático o dictatorial. La solución suele ser concesiones al viejo estilo, minas, concesiones de servicios básicos o infraestructuras en beneficio de empresas públicas o privadas asociadas a los organismos internacionales, o mejor dicho a las potencias que controlan estos. Cómo se ve el uso de la deuda pública y muy especialmente el precio de la misma puede ser usada para desestabilizar países enteros en caso necesario. La deuda también puede ser adquirida por países como mecanismo de precaución en caso de conflicto político. Países como China o algunos productores de petróleo adquirieron grandes cantidades de deuda del tesoro norteamericana usando su superávit comercial (Bergsten y Gagnon, 2012), presuntamente con la intención de estabilizar su moneda (, pero comprando de paso un seguro, al tener el potencial de amenazar con ventas masivas de la misma, bajando su precio y subiendo por tanto los intereses de la misma, con las consecuencias que se derivarían a nivel interno en los Estados Unidos. Una excesiva deuda, con su correlato en un elevado coste de su servicio, sitúa a los países que la sufren no sólo en una posición económica poco competitiva (Sennholz, 1987) sino que los coloca en una situación de potencial desestabilización política que podría ser usada por rivales interesados y de hecho la sido en ocasiones.

4. GUERRA DE MONEDAS

Atacar el precio de la moneda del rival ha sido desde hace mucho tiempo una práctica común para intentar debilitar el potencial del enemigo o rival. La guerra de las monedas, bien descrita en un libro de Rickards (Rickards, 2011), es parte esencial del arsenal de la subversión política y se ha ido perfeccionando técnicamente con el tiempo. Una de sus primeras concreciones es la de hacer que la moneda del rival pierda su capacidad de ser usada como medio de cambio eficaz tanto en su propio país como internacionalmente y ha sido usada tanto en el conflicto civil como en guerras internacionales. En primer lugar, puede debilitarse la moneda del rival incrementando su cantidad de forma desmesurada. La forma más tosca y usada con cierta profusión pero relativo éxito, es la de imprimir con calidad profesional billetes del enemigo, esto es falsificar su moneda, para crear confusión sobre la moneda del vecino en los mercados de cambio o bien para generar inflación interna. Durante la segunda guerra mundial, por ejemplo, se intentó por los alemanes falsificar libras usando técnicas profesionales para intentar hundir el valor de las mismas y contribuir a minar su ya deteriorada economía de guerra. De triunfar tal medida los precios de la moneda atacada se hundirían dificultando el acceso a materias primas y otros insumos en los mercados internacionales al desconfiar los compradores del valor real de la misma. También podría producirse cierto caos en los mercados internos del país que podrían conducir a desabastecimiento de productos básicos para la vida cotidiana. En caso de triunfo habría que reformular el patrón financiero del país volviendo a monedas difícilmente falsificables como el oro, o hoy en día al bitcoin o alguna otra criptomoneda (Ammous, 2018). Conviene recordar que la inflación es un arma muy poderosa en una guerra económica, pues sus consecuencias son terribles para el territorio que la padece (Fergusson, 2014) y como veremos es usada con frecuencia en conflictos civiles. No es de extrañar que Nicolai Bukharin, teórico económico de la revolución rusa, la hay definido como una ametralladora contra el capital (Bukharin, 2003). Esta técnica es, sin embrago, mucho más difícil de llevar a cabo a día de hoy. Sería más esperable un ataque financiero coordinado, al estilo del llevado a cabo hace años por George Soros que expulsó a la libra ya otras divisas del entonces denominado espacio económico europeo, causando serio daño económico y un ataque severo a la solvencia del país. Ventas masivas de deuda, como antes indicamos, podrían afectar al precio de una divisa afectando no sólo a la circulación económica sino a su sistema bancario y asegurador, tenedor de muchos de estos títulos que verían severamente dañados sus balances y su solvencia crediticia, con daño sustancial a la estabilidad tanto política o económica del país afectado. El problema es que el vendedor, salvo que haga uso de posiciones en corto, como hizo Soros, se verá también afectado al perder valor las reservas que conserve en la moneda atacada y su propia divisa y sistema bancario expuesto a las turbulencias que se generarían. El uso del tipo de cambio de la divisa, con todos sus límites es y sigue siendo un arma muy poderosa a la hora de desestabilizar políticamente a otro país en solitario o en combinación con otras medidas de corte político (Eichengreen, Mehl, y Chitu, 2018). Un análisis de los eventos del mayo francés de 1968 podría servir de ilustración. Enfadado el gobierno de DeGaulle con el sistema de Bretton

Woods y el privilegio que confería al dólar, al que antes aludimos, este decidió solicitar el reembolso en oro de parte de los dólares que el gobierno francés atesoraba en sus cofres (Engdahl, 2009a). Obviamente el gobierno americano no tenía o no quería dar el oro que supuestamente respaldaba estos dólares y por lo tanto inició un mecanismo de desestabilización del gobierno francés, al que no debía considerar muy afín. Para ello, en el ámbito económico, comenzó a adquirir marcos alemanes en grandes cantidades para desestabilizar el tipo de cambio del franco y crear problemas serios de solvencia al gobierno de DeGaulle y Rueff, lo que derivó en problemas sociales y elevó el malestar social en el país. Esto fue combinado con tácticas clásicas de desestabilización política promoviendo en medios afines a grupos de activistas, conocidos entonces como situacionistas, que derivarían en poco tiempo en la gran agitación estudiantil de mayo de 1968. El tratamiento dado en los medios afines al gobierno norteamericano de los activistas no fue precisamente negativo. Tales eventos contribuyeron en gran medida a la desafección social que al año siguiente, tras salvar a corto plazo el problema, acabó con el gobierno de DeGaulle. Cualquier estudioso del tema podría encontrar paralelismos en otras situaciones como el trato dado a Irán por el gobierno de Clinton o en los acontecimientos del Maidán de 2014 o en otras revoluciones de colores o primaveras denominadas como democráticas en los medios de comunicación (Korybko, 2015)

Otra opción, más usada en el ámbito de las sanciones internacionales, es la de la manipulación del precio de una divisa actuando no sobre su cantidad sino sobre su calidad. La pérdida de calidad de una moneda (Bagus, 2009) no se debe tanto a su cantidad como a su pérdida de capacidad de uso. La historia económica nos ofrece abundantes ejemplos de este fenómeno, como fue el caso de la guerra civil española o en el combate en los dominios japoneses durante la segunda guerra mundial. En ambos casos sus respectivas monedas, la peseta de la república o el yen imperial, iban perdiendo valor a medida que sus tropas retrocedían en el campo de batalla, pues los vencedores no las reconocían como válidas, hasta el punto que perdían valor sin que la oferta monetaria se incrementase simplemente porque cada vez tenían menos utilidad como medio de cambio, al abarcar su influencia un espacio menor, hasta el punto del colapso y de no poder ser utilizadas en los espacios que aún controlaban los derrotados. Este mecanismo monetario es, en parte, el que se intenta aplicar en las sanciones económicas al régimen ruso como consecuencia de la guerra de Ucrania. Se trataría de alterar el valor del rublo como divisa de intercambio, alterando su tipo de cambio internacional para intentar hacer colapsar la moneda rusa, impidiendo o cuando menos dificultando su uso, impidiendo que haga uso de los mecanismos internacionales de transferencia de divisas, como el swift. Los rusos tuvieron que responder, aparentemente con éxito, con contramedidas como obligar al pago en rublos, o la más eficaz pegándolo al oro, de tal forma que recobró rápidamente su valor. Pero esta última medida a su vez dificulta la financiación de la guerra, al tener que circunscribir sus esfuerzos de guerra a los impuestos que logre recaudar impidiéndole recurrir a mecanismos inflacionarios directos o indirectos a través de la monetización de deuda pública. Buscar restringir la circulación de las monedas rivales haciéndolas perder valor de uso ya alterando su precio es otra forma de mantener el privilegio exorbitante al que antes hicimos referencia por el cual algunos estados ganan al ser su moneda de uso corriente en el resto del mundo al tiempo que debilitan políticamente a otros que se ven privados de la capacidad de comerciar en su propia moneda. Dentro de las monedas, al igual que entre los estados, se da una jerarquía según la cual las que tienen mayor difusión cuentan con mejores facilidades de financiación, incluyendo la denominación de la deuda en la divisa "importante" (Cohen, 1998)

Por último, dentro de este epígrafe podríamos considerar una medida como la expansión cuantitativa, que aunque es considerada habitualmente como una medida de guerra monetaria si puede ser usada como tal (Brown, 2015). La expansión cuantitativa es una medida de política económica considerada como no convencional que consiste en la expansión a gran escala de la masa monetaria de un país con el motivo declarado de reactivar una economía en depresión. Tiene varias formulaciones pero lo más frecuente es comprar activos deteriorados en posesión de los bancos por un valor superior al de mercado en el momento de realizar la transacción. De esta forma se alivia el balance de los bancos y se inyecta dinero nuevo al sistema bancario en primer lugar y al resto de la economía en un momento ulterior. Lo que en principio parece concebido como un estímulo a la economía causó, al mismo tiempo, una severa devaluación de la moneda de la nación estimulada y es de hecho una medida potencialmente desestabilizadora de las naciones competidoras, que ven dificultadas sus exportaciones y abaratadas sus importaciones. Es a todos los efectos una devaluación competitiva pero sin ser denominada así, intentando manipular los precios relativos de los bienes y dañando a los socios comerciales pero manteniendo la ficción de que es un mero instrumento contra la crisis.

5. CAJAS DE ECONVERSIÓN (CURRENCY BOARDS)

Directamente emparentados con las medidas anteriores está la institución de *currency boards,* cajas de conversión en su traducción española, o el pegado de monedas a una divisa superior. Es una herramienta usada históricamente con las divisas coloniales en los dominios británicos y franceses en los que las monedas locales de origen colonial estaban respaldadas por divisa de la metrópli y sometidas a tasas fijas de cambio y, por tanto, con su capacidad de creación de nueva moneda limitada a las reservas en existencia de la divisa fuerte (Mwangi, 2001). Era usada como mecanismo de control colonial de los territorios sometidos, que si bien tenían la ficción de contar con moneda propia a la hora de la verdad se veían sometidos a los dictados de la metrópoli. Con el tiempo los esquemas de caja de conversión han evolucionado y hoy ya no se aplican a colonias en el sentido estricto del término. Su uso hoy se concentra en países que padecen problemas de inflación severos y necesitan recobrar de una forma u otra su credibilidad financiera o bien por países que prefieren usar ese sistema por estar asociados a algún espacio económico superior (Hanke, 2002) como ocurre con algunos países de la Unión Europea que aún no han adoptado el euro como moneda. Mantener una caja de conversión les ayuda en el proceso de transición de sus economías al proceso de integración económico en la Unión y a estabilizar sus precios, o cuando menos a adaptarlos a los comunitarios. La capacidad de creación de dinero o de compra de deuda pública por los bancos centrales del país que se ve sometido a la caja de conversión es pues muy limitada, por no decir nula y conforma una especie de vasallaje económico hacia la potencia emisora de la divisa fuerte, que queda de esta forma sometida no sólo a los shocks económicos que pudiese sufrir esta sino a decisiones políticas interesadas como la de suspender o dificultar la existencia de la propia caja. Una variante de este mecanismo es el pegado de la moneda, que tiene implicaciones semejantes pero lo único que implica es mantener una tasa de cambio fija con la divisa fuerte a la que se está pegado, lo que implica la necesidad del uso de herramientas de política monetaria, como comprar o vender deuda pública, para ajustar la moneda pegada al valor de cambio de la divisa de referencia. Muy semejante a esta última y usado a veces como alternativa, es la dolarización, que consiste simplemente en sustituir la moneda de curso corriente en el país tanto en las operaciones públicas como en las privadas por otra divisa considerada más estable, normalmente el dólar americano, para evitar problemas de inflación o credibilidad en los mercados de crédito (Solimano, 2002). No precisaría siquiera de banco central para su administración, bastaría con autorizar el uso del dólar como moneda de curso corriente, sea en paralelo a la moneda legal del país sea como moneda exclusiva. Se denomina habitualmente dolarización al ser esta la moneda que se usa en la mayoría de los casos, pero se realiza o ha realizado en euros o libras esterlinas. Esta forma de sustitución monetaria podría hacerse incluso sin el permiso explícito de la potencia emisora de la divisa estable, siempre que se disponga de reservas suficientes de la misma, pero suprime por completo la posibilidad de política monetaria y la nación dolarizada o eurizada quedaría al albur de las decisiones que los respectivos bancos centrales puedan tomar a respecto de la emisión o precio del dinero y sin ninguna capacidad de incidir en el diseño o implementación de tales decisiones. Pero las potencias que disfrutan de una una moneda estable o de alta calidad pueden a cambio extender su influencia política sobre las dolarizadas y al tiempo disfrutar de privilegios a la hora de comerciar o emitir deuda, como ya vimos.

6. RAZÓN DE ESTADO ECONÓMICA

La razón de estado económica, o *economic statecraft* como se acostumbra denominar en la literatura académica (Baldwin, 2020) es un conjunto de medidas económicas encaminadas a someter económicamente a potencias declaradamente enemigas sin necesidad de usar armas o ejércitos. A diferencia de la guerra convencional la razón de estado económica opera de forma indirecta buscando dañar de forma severa la economía del país, pero de tal forma que sean los ciudadanos que descontentos por la situación se encarguen de derribar al gobierno. En un principio se buscaba el descontento general de la población, pero dado el poco éxito de estas medidas las modernas sanciones económicas buscan castigar sobre todo a las élites económicas próximas al gobierno rival de tal forma que sean ellas las que se encarguen de acabar con él (Eyler, 2007). También acostumbran a usarse para disuadir a un gobierno en el poder de llevar a cabo determinadas actuaciones en el ámbito exterior o en el interior esto es disuadirlo de intervenciones subversivas en otros países o hacer que cumpla con determinados estándares en materia de derechos humanos o medioambiente (Barber, 1979), especialmente si estas malas prácticas tiene consecuencias negativas para otros, como pueden ser migraciones forzadas o consecuencias climáticas o de otras formas de contaminación. Es conveniente advertir que este tipo de herramientas para nada garantizan el éxito, son a este respecto igual que una ofensiva bélica convencional, y pueden traer consigo duras represalias o efectos indirectos no buscados en la economía de la potencia atacante. De hecho algunos teóricos de las relaciones económicas internacionales como Chalmers Johnson (Johnson, 2004) han denominado a estos efectos indirectos como *Blowback*. Los estudiosos de la teoría económica del intervencionismo como Ludwig von Mises (Mises, 2001) o Sanford Ikeda (Ikeda, 1996), entre otros muchos, han indicado que la intervención estatal en la economía usando métodos coercitivos normalmente fracasa no sólo en conseguir sus objetivos últimos sino debido a que causa efectos indirectos en otros sectores que pueden en conjunto empeorar la situación que pretendidamente queríamos mejorar. Un control de precios, por ejemplo, engendraría escasez, pérdida de calidad, colas y pérdidas de tiempo, y como consecuencia de ello de generarían mercados negros que elevarían los precios hasta niveles superiores a los de antes de la intervención. Esto es el uso de la coerción en el ámbito económico no sólo es fútil sino también contraproducente. Johnson extiende su análisis a las intervenciones coercitivas, sea por medios económicos o militares, en el ámbito de las relaciones internacionales y llega a consecuencias muy similares a las de la teoría clásica del intervencionismo, sólo que esta vez en el ámbito de la política exterior. Por ejemplo, por poner un ejemplo reciente no abordado por Johnson, la intervención internacional conducente a derrocar el gobierno libio de Muammar Gadafi tuvo éxito en lo que se refiere a conseguir este objetivo, pero tuvo consecuencias imprevistas en muchos otros ámbitos y lugares. Primero, en el ámbito interno lo que se consiguió al derrocarlo fue que el país se fragmentase en varios señoríos dirigidos por señores de la guerra locales, islamistas incluidos que antes no tenían presencia, que permanecen aún enquistados en múltiples conflictos. Esto es en vez de estabilizar la zona la desestabilizaron. No sólo esto, los mercenarios africanos con que contaba Gadafi volvieron a sus casas en Malí y otros países de la zona, llevando consigo parte del armamento de que disponían y allí se unieron a grupos armados preexistentes alcanzando incluso algunas victorias militares, lo que forzó a su vez a otra intervención internacional para evitar la desestabilización de una zona ya de por sí conflictiva. Sin contar, por supuesto, con que parte del arsenal militar del estado libio despareció y reapareció de nuevo en siria contribuyendo a alimentar el conflicto civil que azotó a ese país por varios años.

En el ámbito estrictamente económico las sanciones forzosas pueden ser contraproductivas en muchas ocasiones. Las sanciones impuestas a Rusia derivadas del conflicto que mantiene con Ucrania pueden, no sólo fallar en su objetivo de que el pueblo o los oligarcas rusos derroquen al presidente Vladimir Putin, sino tener consecuencias no previstas en otros ámbitos. Pueden desde desestabilizar países del bloque occidental dado que al implicar las sanciones vender o comprar bienes a los rusos y estar el comercio con este país desigualmente distribuido, por fuerza las repercusiones sobre cada uno de los países o sobre cada uno de los sectores industriales serán por lógica muy distintos. Habrá países o industrias a los que les afecten muy poco las sanciones mientras que otros serán severamente dañados (Mulder, 2022). Al cabo de cierto tiempo es muy probable que los perdedores en el proceso de implantar sanciones se rebelen y reclamen el levantamiento de las mismas, y de contar estas naciones s o industrias con el suficiente poder es posible que consigan su objetivo y levanten las mismas o cuando menos las atenúen, generando conflictos dentro del bloque que pueden llevar incluso a su disolución como tal. Por supuesto las industrias afectadas también harán ver su fuerza, de tenerla, y forzar a sus respectivos gobiernos a que hagan fuerza para eliminar o suavizar las restricciones al comercio. La destrucción de industrias nativas o las consecuencias en empleo, precios o desabastecimiento de productos también pueden resultar en malestar social en los estados que imponen las sanciones y por tanto aquellos que pretendían desestabilizar a otros pueden ser ellos los desestabilizados, especialmente si son democracias y se enfrentan a procesos electorales en el ínterin. Sin contar claro está que con este tipo de sanciones algunos sectores pueden resultar claramente beneficiados de la situación, al producir bienes o servicios que sustituyan a los sujetos a restricción, como acontece en el caso referido de las sanciones a Rusia con el muy sustancial incremento de las importaciones de gas licuado norteamericano. Estas se realizan a elevado precio como resultado de las mismas sanciones, para sustituir al que antes se obtenía de las explotaciones de gas del territorio ruso y derivan en elevados beneficios para los productores americanos, salvando incluso industrias como las que lo extraen mediante fracturación hidráulica que son muy sensibles al precio mundial del recurso. Estos beneficios pueden suscitar el resquemor de los perdedores que pueden sentirse agraviados al tener que soportar en solitario los costes de la intervención mientras otros obtienen lucros, que entienden son a su costa.

Las intervenciones asociadas al *economic statecraft* (Steil y Litan, 2006; Kirshner 1995) son variadas y aunque comportan el mismo objetivo son diferentes en su forma y en las consecuencias que traen. La primera de ellas es la congelación de fondos y activos en el exterior de la potencia rival. Los fondos estatales en bancos extranjeros, las reservas de oro en depósito en los cofres de algunos bancos centrales, los títulos de deuda o incluidos los fondos de empresas públicas o privadas del país afectado son bloqueados impidiendo a su legítimo propietario hacer uso de ellos. Teóricamente se daña a las élites que hacían uso de esos fondos y se impide la compra en el exterior de artículos de primera necesidad o equipamiento imprescindible para el buen funcionamiento de su industria. Las sanciones en forma de bloqueo de fondos en efecto dañan la economía del país sancionado y contribuyen a crear malestar social, pero acostumbran a tener poco éxito en los objetivos que persiguen y se usan más como una forma simbólica de manifestar determinación en la censura de un régimen que en sus resultados prácticos. Primero porque al congelar la divisa el país afectado recurre con frecuencia al pago literal en metálico, esto es hace uso de oro para afrontar las transacciones comerciales, como fue el caso de la Sudáfrica del *apartheid* o hace algunas décadas Irán. El oro no está denominado en ninguna divisa y es difícil de trazar o rastrear por lo que es universalmente aceptado a pesar de las restricciones, como bien entendieron esos países a los que nos hemos referido. Además de generalizarse minaría el privilegio de reserva de las grandes divisas dañando a sus emisores en el caso de que sean estos quienes sancionen. Sin contar, por supuesto, con el posible malestar causado a las empresas exportadoras, como se pudo observar en el caso reciente de las sanciones a la exportación de lácteos a Rusia derivados de la primera invasión de Ucrania en 2014. Estas medidas hundieron el precio de la leche y causó problemas en las zonas agrarias europeas productoras al no poder estas comercializar sus excedentes, protestas sociales incluidas.

Otra herramienta clásica, y muy del gusto de los clásicos de la geopolítica, de la razón de estado económica, son los contingentes de exportación o importación de materias primas (Dodds y Sidaway, 2004) o bienes elaborados primando buenas las prácticas internacionales o castigando as malas con acuerdos que den preferencia o que releguen determinados productos. La consecuencia, salvo que se decrete una prohibición total del comercio con algún bien o se decrete el librecambio sin restricciones a todos los productos es la de afectar el precio relativo de los bienes sujetos a regulación y alterar su demanda u oferta, cambiando procesos productivos y afectando , por tanto, positiva o negativamente al desempeño económico de un determinado estado. Los contingentes como medida indirecta de manipulación de la información transmitida a través de los precios es una medida ampliamente usada pero disfrazada dentro de acuerdos multilaterales llamados, en nuestra opinión equivocadamente, de libre mercado (Sally, 2008). No pueden ser considerados como políticas de libre mercado porque este, correctamente entendido, es un proceso de orden negativo, y consiste simplemente en eliminar barreras y restricciones al comercio sin contrapartida alguna (Bhagwati, 2002). Los grandes tratados de libre comercio en realidad pretenden regular el comercio, liberalizando las transacciones en algunos sectores, pero con contrapartidas en otros y estableciendo estándares de regulación en beneficio de determinadas industrias previamente seleccionadas. Pueden ser usados también como herramientas a la hora de condicionar políticas y gobiernos en los gobiernos con menor poder de negociación o con más interés en vender el acuerdo.

Como hemos señalado muchas de estas herramientas de condicionamiento político son contraproducentes para quien las inicia, esto es tienen costos y consecuencias no previstas en sectores de la economía o de la vida política y social distintos al originalmente pretendido. En muchos casos estos costes pueden ser bien superiores a los beneficios que se pretende obtener, por lo que cabe deducir que responden más a una voluntad de enviar señales de que se está dispuesto a luchar, en este caso en el terreno económico, para conseguir determinados fines (Barber, 1979)

7. AYUDA ECONÓMICA AL DESARROLLO

Hasta ahora nos hemos referido a mecanismos de intervención o subversión política que puede ser interpretados como agresivos, o que cuando menos pretenden deliberadamente condicionar el discurrir políticos de otros países. Pero existen mecanismos políticos de intervención basados en las buenas intenciones o que aparentemente buscan ayudar o mejorar la situación en algún otro país, casi siempre una nación formalmente aliada que circunstancialmente emprende una política que podemos considerar disconforme con el interés de la potencia con capacidad de intervenir (Baldwin, 2020)

El primero de estos mecanismos es el uso político de la ayuda exterior. Nada aparentemente más noble que ayudar a un estado amigo que se encuentra con problemas financieros, sociales o incluso ecológicos coyunturales. O bien alguna nación que pretende iniciar su camino al desarrollo y que pueda precisar de apoyo económico o tecnológico de alguna potencia más afortunada en el ámbito económico. Nada más natural entonces que el que tiene ayude al que no tiene, y de ahí que se hayan establecidos ambiciosos proyectos y programas de ayuda externa desde los países desarrollados hacia los que no lo son aún. Pero estos proyectos, en un claro proceso de desviación de fines, pronto fueron usados como herramienta de control político. En el caso de la ayuda exterior, por ejemplo, la mera amenaza de no desembolsar, total o parcialmente, la ayuda prometida puede colocar en serios problemas de solvencia al país receptor, que muy probablemente ya se aya embarcado en proyectos y gastos en previsión de este desembolso. Una variante de la amenaza de la suspensión de pago es la concesión o la retirada de avales al crédito de otros países. Es frecuente, en especial en el seno de la Unión Europea, el que las ayudas o préstamos no se desembolsen directamente sino mediante la concesión de avales para que otros prestamistas, especialmente bancos e instituciones de crédito internacional, vean garantizada su inversión y procedan por tanto a facilitar recursos a los necesitados, al tiempo que consiguen que estos puedan ser más baratos. El facilitar o negar dichos avales es otra buena herramienta de control y posible subversión de un determinado régimen político dado que al alterarse sustancialmente las condiciones del crédito en ausencia del aval ,y por tanto modificando su precio, este puede ver seriamente condicionada su financiación a corto plazo causando severos quebrantos a la hora de afrontar los gastos públicos más imperiosos contribuyendo a la desestabilización del gobierno en ejercicio.

La ayuda también puede ser usada a veces como una especie de soborno hacia los dirigentes de otro estado. En vez de comprar la voluntad del gobernante por el tradicional medio del soborno puede usarse el subterfugio de la ayuda al desarrollo para derivar dinero a líderes políticos y de esta forma ganar su favor, con el aliciente de conseguir una buena imagen internacional como donante. Dambisa Moyo (Moyo, 2011), economista originaria de Zambia, advirtió hace algún tiempo del destino real de buena parte de estos fondos que bajo el manto de la ayuda al desarrollo buscaban también en muchas ocasiones modificar la conducta de los gobernantes de los países receptores, bien por cuestiones de geoestrategia bien para obtener concesiones o tratos de preferencia a empresas del país donante.

8. CONCLUSIÓN

Los precios son una forma más de transmitir información. Es un lenguaje universal y de fácil comprensión para todos, muy especialmente para líderes políticos y gestores de la vida pública. También pueden ser manipulados y usados en la subversión política pero rara vez son entendidos así desde los estudios de seguridad y defensa, que parecen preferir la desinformación a través de noticias falsas o rumores esparcidos en medios de comunicación y redes sociales. En este trabajo hemos pretendido descubrir cuales son las posibles consecuencias de cada una de las herramientas usadas en el proceso de manipulación de precios y en general de los procesos de comercio en lo que se refiere a la estabilidad política de una nación. Somos conscientes de que este tipo de estudios parecen estar relegados al ámbito exclusivo de las ciencias económicas, cuando debería ser evidente su importancia para comprender de una forma holística los desafíos que se plantean a las democracias occidentales por parte de quienes pudiesen hacer uso de ellas con tales fines. No se ha desarrollado tampoco la posibilidad de manipulación mediante la difusión falsa de información en el ámbito económico, dado que el mundo económico está bien acostumbrado a la difusión de rumores y falsas noticias, por ejemplo en las bolsas, y este tipo de medidas acostumbra a ser ineficaz dado que si los fundamentales son buenos los mercados rápidamente corregirán la situación y los difusores de falsas noticias muy probablemente queden atrapados en el intento y sufran pérdidas. Si lo que difunden es información verdadera, pero oculta, si habría intención de subversión pero no mediante el uso de malas prácticas. Escribimos este texto en pleno discurrir de la guerra entre rusos y ucranios por territorios de la Ucrania oriental. Esta guerra tuvo en parte su inicio en tensiones no sólo políticas sino también económicas, por el posible alineamiento del bando ucraniano con el bloque occidental. En principio parece una guerra convencional, con artillería, infantería y aviación. También con propaganda y desinformación por ambos bandos haciendo uso de las modernas tecnologías del engaño. Pero en paralelo se está desarrollando una despiadada guerra económica entre los contendientes, que afecta no sólo a los combatientes sino también a quienes los apoyan y que, independientemente de los resultados en el campo de batalla va a afectar irremisiblemente a las relaciones de poder a nivel mundial y no sólo en el plano geopolítico sino también en el geoeconómico. Esta guerra se está librando con muchas de las armas aquí descritas y que si bien es menos cruenta a nivel de vidas o destrucción material no lo va ser menos en relación a las condiciones de vida futuras de los contendientes y de sus aliados. La guerra económica puede desestabilizar gobiernos en Europa, de hecho ya lo ha hecho, puede afectar a la arquitectura presente o futura de la Unión Europea e incluso llevarse por delante planes tan ambiciosos como el de la transición energética o la lucha mundial contra el cambio climático. Entender la manipulación de precios como lo que es, guerra por otros medios, debería servir no sólo para comprender mejor los fenómenos de conflicto político internacional sino para abrir un debate sobre cual debe ser el papel del estudio de estos fenómenos en el floreciente campo de los estudios de seguridad en nuestro propio entorno en el que no proliferan análisis de este tipo y de hacerlo entiendo que lo hacen con una metodología de análisis aún muy imprecisa y falta de rigor. Cada uno de los puntos aquí abordados merecería monografías o ensayos adecuados a nuestro propio marco geográfico y político para analizar potenciales riesgos y amenazas a nuestra seguridad provenientes de este terreno aún poco roturado de nuestro ámbito de investigación.

BIBLIOGRAFÍA

Akerlof, George A. y Shiller, Robert J. (2015), *La economía de la manipulación*, Deusto, Barcelona.

Ammous, Saifedan (2018), *El patrón bitcoin: una alternativa descentralizada a los bancos centrales*, Deusto, Barcelona.

Bagus, Philipp (2009), "The Quality of Money" en *Quarterly Journal of Austrian Economics*, vol. 12, n.º 4, pp. 22-45.

Baldwin, David A. (2020), *Economic Statecraft*, Princeton University Press, Princeton.

Barber, James (1979), "Economic Sanctions as a Policy Instrument" en *International Affairs*, vol. 55, nº 3, July, pp. 367-384.

Bastos Boubeta, Miguel Anxo (2006), "Librecambismo e imperialismo: argumentos liberales en torno a los supuestos beneficios de la expansión teritorial" en *Revista de Investigaciones Políticas y Sociológicas*, vol. 5, n.º 1, pp. 39-47.

__________________ (2011), "Análisis de políticas públicas e inteligencia estratégica. ¿Que pueden aprender mutuamente?" en Fernández

Rodríguez, José Julio, Sansó-Rubert, Daniel y Pulido Gragera , Julia (coords.) *Cuestiones de Inteligencia en la sociedad contemporánea,* Ministerio de Defensa, Madrid, pp. 37-46.

Bergsten, C. Fred y Gagnon, Joseph E. (2012), *Currency Manipulation, the US Economy, and the Global Economic Order,* Peterson Institute for International Economics Policy Brief, December.

Bernal, Antonio Miguel (2005), *España proyecto inacabado. Los costes-beneficios del imperio,* Marcial Pons, Madrid.

Bhagwati, Jagdish (2002), *Going Along: The Case for Relaxed Reciprocity in Freeing Trade,* MIT Press, Cambridge (Mass.).

Blyth, Mark (2014), *Austeridad: Historia de una idea peligrosa,* Crítica, Barcelona.

Brown, Brendan (2015), *A Global Monetary Plague:* Asset Price Inflation and Federal Reserve Quantitative Easing, Palgrave-MacMillan, Houndmills.

Bukharin, Nikolai (2003), *The Politics and Economics of the Transition Period,* Routledge, London.

Carande, Ramón (1990), *Carlos V y sus banqueros,* Crítica, Barcelona.

Cohen, Benjamin J. (1998), *The Geography of Money,* Cornell University press, Ithaca.

________________(2019), Currency Statecraft: Monetary Rivalry and Geopolitical Ambition, University of Chicago Press, Chicago.

Davis, Lance y Huttenback, Robert A. (1986), *Mammon and the Pursuit of Empire,* Cambridge University Press, Cambridge.

De Cecco, Marcello (1984), *The International Gold Standard: Money and Empire,* Francis Pinter, London.

Deyon, Pierre (1978), *Los orígenes de la Europa moderna: el mercantilismo,* Península, Barcelona.

Dodds, Klaus y Sidaway, James D. (2004), "Halford Mackinder and the 'geographical pivot of history': A centennial retrospective" en *The Geographical Journal,* vol. 170, nº 4, december, pp. 292-297.

Eichengreen, Barry (2011), *Exorbitant Privilege: The Rise and Fall of the Dollar and the Future of the International Monetary System,* Oxford University Press, Oxford.

Eichengreen, Barry, Mehl, Arnaud y Chitu, Livia (2018), *How Global Currencies Work: Past, Present and Future,* Princeton University Press, Princeton.

Engdahl, F. William (2009a), *Full Spectrum Dominance: Totalitarian Democracy in the New World Order,* edition-engdahl, Wiesbaden.

__________________(2009b) *Gods of Money: Wall Street and the End of the American Century,* edition.engdahl, Wiesbaden.

Eyler, Robert (2007), *Economic Sanctions: International Policy and Political Economy at Work,* Palgrave MacMillan, New York.

Fergusson, Adam, *Cuando muere el dinero,* Alianza editorial, Madrid.

Hanke, Steve H. (2002), "Currency Boards" en *Annals of the American Academy of Political and Social Science,* vol. 579, January, pp. 87-105.

Harbulot, Christian (2013), "Estudio de la guerra económica y de las problemáticas relacionadas" en *Cuadernos de estrategia,* nº 162, pp. 67-102.

Hayek, Friedrich A. (2014), " La pretensión del conocimiento" en *Procesos de Mercado: Revista europea de economía política,* vol. XI, nº 1, primavera, pp. 437-450.

Heckscher, Eli (1983), *La época mercantilista,* Fondo de Cultura Económica, México.

Ikeda Sanford (1996), *Dynamics of the Mixed Economy: Toward a Theory of Intervetionism,* Routledge, London.

Johnson, Chalmers (2004), *Blowback: Costes y consecuencias del imperio americano,* Laetoli, Pamplona.

Kirshner, Jonathan (1995), *Currency and Coercion: The Polical Economy of International Monetary Power,* Princeton University Press, Princeton.

___________(1998), "Political economy in security studies after the cold war" en *Review of International Political Economy,* 5:1, Spring, pp. 64-91.

Korybko, Andrew (2015), *Hybrid Wars: The Indirect Adaptive Approach to Regime Change,* People's friendship University of Russia, Moscow.

Martines, Lauro (2013), *Un tiempo de guerra,* Crítica, Barcelona.

Maschmeyer, Lenner (2022), "Subversion, cyber operations and reverse structural power in world politics" en *European Journal of International Relations, https://doi.org/10.1177/13540661221117051* ,pp. 1-25.

Mises, Ludwig von (2001), *Crítica del intervencionismo,* Unión editorial, Madrid.

Moyo, Dambisa (2011), *Cuando la ayuda es el problema; hay otro camino para África,* Gota a gota, Madrid.

Mulder, Nicholas (2022), *The Economic Weapon: The Rise of Sanctions asa Tool of Modern War,* Yale University Press, New Haven.

Mwangi, Wambui (2001), "Of Coins and Conquest: The East African Currency Board, the Rupee Crisis, and the Problem of Colonialism in the East African Protectorate" en *Comparative Studies in Society and History*, vol. 43, nº 4, October, pp. 763-787.

Perkins, John (2009), *Confesiones de un gangster económico: la cara oculta del imperialismo americano* , Books4Pocket, Barcelona.

Pizarroso Quintero, Alejandro (2008), "Justificando la guerra: Manipulación de la opinión pública en los conflictos más recientes" en *Comunicación. Revista internacional de Comunicación Audiovisual, Publicidad y Estudios Culturales*, nº 6, pp. 3-19.

Rickards, James (2011), *Currency Wars: The Making of the Next Global Crisis*, Portfolio/penguin, New York.

Sally, Razeen (2008), *Trade Policy, New Century: The WTO, FTAs and Asia Rising*, Institute of Economic Affairs, London.

Scholvin, Sören y Wigell, Mikael (2019), "Geo-economic Power Politics: An Introduction" en Wigell, Mikael, Scolvin Sören y Aaoltola, Mika (eds.) *Geo-economics and Power Politics in the 21st Century: The Revival of Economic Statecraft*, Routledge, New York. pp. 1-13.

Sennholz, Hans F. (1987), *Debts and Deficits*, Libertarian press, Spring Mills.

Solimano, Andrés (2002), "Crisis and Dollarization: An Overview" en Beckerman, Paul y Solimano, Andres (eds.), *Crisis and Dollarization in Ecuador: Stability Growth and Social Equity*, World Bank, Washington, pp. 1-16.

Steil Benn y Litan, Robert E. (2006), *Financial Statecraft: The Role of Financial Markets in American Foreign Policy*, Yale University Press, New Haven.

Vilar, Pierre (1964), *Crecimiento y desarrollo: Economia e historia*, Ariel, Barcelona.

Capítulo 17.

PROPAGACIÓN DE LAS FAKE NEWS. APROXIMACIÓN TEÓRICA DESDE EL PERIODISMO Y LA COMUNICACIÓN SOCIAL

JOSÉ PEREIRA FARIÑA
Corporación Radio Televisión de Galicia (CRTVG)
xose.pereira@usc.es

1. INTRODUCCIÓN

Los medios de comunicación tienen el deber de adaptarse a las circunstancias de cada momento histórico para cumplir su función en la sociedad. En poco se parece la función de los medios en tiempos de guerra a otros marcados por la expansión y el crecimiento económico y por eso, en algunos períodos como la primera mitad del siglo XX, los medios se convierten en la principal maquinaria de un estado para incidir sobre los comportamientos de la población de cara a situaciones trágicas, como las guerras mundiales. Sin embargo, en los años sesenta y setenta, los medios se convirtieron en los principales mecanismos de visibilización de movimientos que provocaron importantes cambios en la sociedad.

Uno de los principales elementos que articula la sociedad actual radica en la relación intensa entre los individuos y las tecnologías de comunicación y de información. Si bien existe un cierto paralelismo entre el paradigma de la relación entre los hombres y las mujeres con las máquinas de la revolución industrial del siglo XIX, lo cierto es que la relación con las tecnologías de comunicación provocó rupturas espacio-temporales que transformaron la manera de la relación entre las personas, y por lo tanto de las sociedades. En el siglo XXI, aparecen variables fundamentales que hace tan solo cincuenta años no existían, como la eliminación de los tiempos entre el envío y la recepción de mensajes, la posibilidad de que cualquier persona tuviera la misma capacidad de comunicar y transmitir mensajes que un medio de comunicación tradicional (Cloutier, 1973), o la posibilidad de obtener servicios complejos, como la geolocalización, en cualquier lugar y momento.

Este escenario incluye varias novedades, basadas en conceptos inexistentes hasta ahora o en la actualización de viejos fenómenos, que suponen un nuevo escenario de relaciones entre los medios de comunicación y las sociedades.

Estas nuevas circunstancias aparecen habitualmente relacionadas entre sí, generando un ecosistema diferente con varios hábitats que perviven gracias a una relación simbiótica. Un ejemplo es la aparición de nuevos modelos de negocio con base tecnológica que lograron ser más eficaces en rutinas de producción y distribución, rompiendo la frontera que siempre existió entre la comunicación de masas y la comunicación interpersonal. Herramientas como Facebook o Twitter conectan personas y logran gestionar, de una manera eficaz, comunidades sin importar parámetros como el de la cercanía geográfica o el idioma. Además inventaron elementos de unión interpersonales que en poco tiempo se ensartaron en las agendas sociales de comunidades de todo el mundo, por lo que el fenómeno de la globalización alcanzó sus cuotas más altas de penetración en la sociedad, en la economía, en la política y en las artes.

Sin esta visión económica no se pueden entender los problemas de desinformación, basados por una parte en las posibilidades tecnológicas de eliminar intermediarios que garantizaban cierta seguridad de información de calidad, y por otra en los intereses de las comunidades y los individuos en trasladar sus opiniones sin ningún tipo de filtro de contraste (Ireton; Posetti, 2018).

Una vez que se consolidó la primera fase de transformación tecnológica de los medios de comunicación, fundamentada en la utilización de herramientas informáticas en los procesos de producción, es necesario asumir la nueva filosofía de consumo, mucho más compulsivo, que afecta a aspectos tan determinantes como el modelo de negocio o a la logística y a conceptos clave como la desinformación.

En este nuevo paradigma del siglo XXI aparecen dos ejes fundamentales sobre los que pivotan las nuevas funciones que deben tener los medios de comunicación para evitar riesgos sociales severos, como las noticias falsas: la gestión de datos y la adaptación a las nuevas pautas de consumo.

2. LOS MEDIOS Y LA GESTIÓN DE DATOS

En la segunda década del siglo XXI se produjo una conexión sin precedentes entre la tecnología de captación y gestión de datos y la información que genera cada ciudadano en su actividad diaria. El ecosistema tecnológico, construido a partir de la informática de consumo, permite establecer sensores capaces de captar cualquier aspecto, cualitativo o cuantitativo, que pueda generar un ser humano o una máquina. Datos incontables hasta hace diez años, como percepciones y gratificaciones de mensajes, son ya recogidos en tiempo real y tratados en estructuras de Big Data que permiten alcanzar un conocimiento extraordinario del comportamiento de la población.

Esta situación provocó un nuevo paso en la escala de valor de la información (Data, en términos ingleses) que derivó en un mercado global en el que la información -agregada o incluso desglosada- adquiere un valor económico de gran relevancia. A priori, esta debiera ser una de las mejores herramientas para luchar contra la desinformación aunque existen varios defectos que ya fueron advertidos por autores como Byung-Chul Han, que no dudó en calificar esta situación como "prisión digital" (Han, 2022).

Ese valor, que en otra hora era el petróleo o los bienes raíces, es lo que permitió que pequeñas empresas tecnológicas creadas hace treinta años se convirtieran en las empresas más cotizadas en los comprados bursátiles internacionales, como puede ser el caso de Amazon o Microsoft. Sin duda, la principal innovación de todas ellas es la gestión eficaz de la información generada por los usuarios, algo que permitió un conocimiento extraordinario de las necesidades de los potenciales clientes y, por lo tanto, de mecanismos de satisfacción de demanda mucho más eficaces que afectan desde la ofimática hasta la logística internacional.

La mejora del conocimiento de los usuarios es, sin duda, el origen del éxito de este nuevo tipo de empresas de servicios, que no dudaron en trasladar la responsabilidad de la producción hacia países subdesarrollados, como el caso de la India o de China, para centrarse en la responsabilidad del diseño y análisis de información sobre las necesidades de los usuarios.

Este nuevo modelo de relación entre el tejido empresarial y de servicios con la ciudadanía modificó los mecanismos de estudio y predicción de necesidades. De este modo es cómo se entiende la nueva relación que existe entre la ciudadanía y empresas, capaces de personalizar actividades como la del consumo de ficción audiovisual o de información, pero también de formación. En estos primeros años del siglo XXI se rompió la relación entre un emisor y una audiencia colectiva, transformándose en una relación entre emisor y usuario individualizado. Esta nueva realidad mudó, de facto, el concepto de recepción y ya no corresponde hablar de audiencias, ni de público, sino de usuarios, un claro reflejo de la incorporación de la interactividad activa al modelo clásico de la comunicación basado en emisor, receptor y mensaje.

Los medios de comunicación entendieron este proceso de transformación más tarde que las empresas tecnológicas. Nada hacía presagiar hace tres décadas que el principal competidor del mercado televisivo mundial iba a ser una base de datos de películas y series, como es el caso de Netflix, o que una herramienta de contactos se iba a convertir en el principal medio de comunicación informativo del mundo, como es el caso de Facebook.

En estos dos casos, que no dejan de ser un ejemplo visible del nuevo paradigma de consumo de medios, es clara la influencia de la gestión de la información de los usuarios. Es algo que los medios de comunicación convencionales no supieron gestionar con tanta eficacia, lo que provocó un problema de pérdida de identidad del rol mediador que tradicionalmente venían teniendo en las democracias y que alimenta el repunte del problema de la información falsa (Bonini-Baldini et al., 2021).

En los medios de comunicación hace falta establecer métodos de gestión de un gran volumen de datos, al igual que lo hizo el sector de la logística o TIC. La creación de lagos de datos (Data Lake), de conectores de datos (Data Hub) y de herramientas de visualización que permitan la toma rápida de decisiones acertadas se convirtió ya en una de las líneas estratégicas que deben formar parte de cualquier empresa del sector de la comunicación, y por supuesto de los medios de comunicación públicos.

La medición audimétrica se fundamenta en un conocimiento fondo de la sociología del consumidor, atendiendo a pautas de comportamiento condicionadas por la naturaleza del usuario. En ese modelo es en el que se fundamentan las principales metodologías de medición, como la audimetría televisiva a través de panel representativo de la población -en España operado por la empresa Kantar Media – el consumo radiofónico realizado a través de encuestas recurrentes realizadas tres veces en el año -en España gestionado por AIMC a través del Estudio General de Medios -, o mismo la medición del consumo de sitios web a través de metodologías híbridas entre el comportamiento del usuario y su representación sociológica, como es el caso de la metodología de medidores como Comscore o GFK.

La gestión de la *Data* permite avanzar en el conocimiento de los usuarios, logrando combinar toda la experiencia del análisis sociológico con la información aportada por los usuarios en su actividad diaria. Para una correcta adaptación de los medios a la sociedad, hace falta incorporar a la gestión diaria la información proporcionada por elementos como: la geolocalización; los grados de impulsividad en el consumo de contenidos informativos o de entretenimiento; los grados de satisfacción en la busca de contenidos específicos; la medición de las elecciones cualitativas en los procesos de recepción (elección de idioma, entorno de consumo, uso de los dispositivo de referencia para la recepción, consumo colectivo o individual, ...); o el grado de interactividad del usuario como la actividad de difusión de los mensajes, definición de líderes de opinión sobre cada tema, tiempos de respuesta ante estímulos informativos.

Un uso ético de esta información es una de las principales armas para luchar contra los fenómenos de las *fake news.* Sin embargo, estas mismas herramientas son las principales bases para crear comunidades cerradas y retroalimentadas, un foco común de información falsa que se convierten en el principal sistema de difusión de este tipo de contenidos dañinos. (Bennett; Livingston, 2018)

Más allá de las pautas de comportamiento mediático, es imprescindible comprender los comportamientos sociales con el objetivo de lograr una mayor anticipación en la oferta y, por supuesto, mejorar las ratios de satisfacción que cada usuario pretende alcanzar cuándo inicia un proceso de consumo de mensajes informativos o de contenidos de entretenimiento.

3. LOS MEDIOS Y LAS NUEVAS PAUTAS DE CONSUMO

Desde los inicios de los medios de comunicación de masas, especialmente la radio y más tarde la televisión, diversas corrientes teóricas destacan la importancia de valorar los usos y las gratificaciones que ejercen los medios masivos tanto a la sociedad en su conjunto como a los individuos de manera particular. Ya en los años 30 del siglo XX se comienza a hablar de las necesidades que son cubiertas por los medios audiovisuales, pero quizás el momento más importante de estas teorías de la gratificación está en los años 50 con la obra de autores como E. Katz, cuando afirma que los medios permiten que cada persona pueda relajarse, relacionarse con otros, divertirse o evadirse (Katz, 1959).

Esto implica que la capacidad de satisfacción de necesidades de los medios, que quedó demostrada en los años 50, no es más que la capacidad de transformar actividades, emociones e ideas que tienen herramientas como la televisión, la radio, y ahora internet.

A lo largo del siglo XX se establecieron varios paradigmas teóricos que maduraron la idea original de Katz, con aportaciones tan importantes como las de Bandura quien confirmó que los medios tienen una capacidad limitada de persuasión sobre las personas, pero son un elemento que forma parte del contexto social del individuo que es el verdadero responsable de buena parte de las conductas individuales (Bandura, 1973).

Nos mismos años, la socióloga Isabel Noëlle-Neumann realizó una de las aportaciones más importantes para los medios de comunicación: la denominada “Espiral del silencio”, un modelo en el que la presión del colectivo provoca que un individuo oculte o modifique su percepción de la realidad con el único fin de encajar en un patrón social predominante en un momento concreto de la historia (Noelle-Neumann, 2019).

En esta constante evolución de las teorías de la recepción, y por lo tanto de la influencia de los medios de comunicación en la sociedad, es necesario destacar un fenómeno que convirtió a los medios de comunicación de masas en las referencias que predominaron durante buena parte del siglo XX y primeros años del siglo XXI.

En el año 1955, en plena posguerra mundial, el gobierno de los Estados Unidos le encargó a E. Katz y a P. Lazarsfeld el mayor estudio hasta entonces para comprobar la influencia de los medios de comunicación en la decisión de voto de los individuos. Ese estudio, denominado *Personal Influence* (Katz & Lazarsfeld, 2005) determinó la importancia de los líderes de opinión (lo que en su teoría se denomina segundos escalones) en el comportamiento de los ciudadanos ante los contenidos recibidos a través de los medios de comunicación.

Nace así el paradigma de la influencia, que más allá de las primeras teorías de la persuasión, reconoce la importancia de los medios en los procesos de creación de idearios colectivos.

Si bien en la segunda mitad del siglo XX los procesos de interacción eran muy limitados y no se podía comprobar definitivamente si los medios se convierten en líderes de opinión por su capacidad de difusión -de hecho, la televisión se comienza a considerar el medio más influyente en esa época sustituyendo a la radio–o por su capacidad de convicción y de reflejar la sociedad de la época. Estas teorías siguen siendo la base para los modelos de comunicación del siglo XXI, pero con una adaptación necesaria a las posibilidades tecnológicas. (Vázquez-Herrero; Vizoso; López-García, 2019).

La tecnología actual permite convertir a cualquier usuario en líder de opinión sin necesidad de utilizar los soportes que hasta ahora garantizaban la cobertura completa de una población. Los medios del siglo XX, conocedores de su lugar como segundo escalón entre los acontecimientos y la percepción de los mismos, optaron por modelos de guardabarreras (Lewin, 1943) que acabaron conformando las agendas de los temas que eran abordados por una sociedad. Sin embargo, la irrupción de manera tan intensa de las tecnologías de comunicación interpersonal provocó que los medios de comunicación perdieran buena parte de estas dos funciones: la de ser líderes de opinión y la de establecer agenda de temas a tratar por una sociedad. Este rol fue asumido por ciudadanos individuales pero en numerosas ocasiones con infraestructuras y capacidades propias de modelos empresariales. Un buen entendimiento del nuevo paradigma es lo que permite crear escenarios de creación, y sobre todo de difusión, de informaciones falsas que tienen como finalidad provocar cambios de conducta sociales de una manera poco ético (Líe; Riffe, 2017).

Nos encontramos pues, en un escenario en el que cualquier ciudadano tiene la capacidad técnica de difundir su mensaje a través de canales de comunicación interpersonales basados en las lógicas digitales de internet, que se convirtieron en medios masivos no por tener vocación de masas sino por lograr agrupar la grandes comunidades de personas con intereses comunes. Nació un escenario en el que se eliminaron buena parte de los controles profesionales de gestión de la información, que si bien siempre fueron criticados, la historia demostró que todos los actores sociales reconocían su trascendencia. También surgió un escenario en el que el mayor grado de gratificación radica en la posibilidad de consumir lo deseado en cuestión de segundos, sin atender a variables antes fundamentales, como la veracidad o la responsabilidad de autoría.

Modelos de gestión de la recepción como el de "curator" -que podríamos traducir como recomendación"- permiten que algoritmos localicen elementos parejos a los consumidos por un usuario y formalicen una propuesta de interés, eliminado de la ecuación cualquier intervención de expertos o profesionales.

Hasta ahora, y a falta de una mayor evolución de los mecanismos de inteligencia artificial, la recomendación que hacen los sistemas complejos se basa en las teorías de autoafirmación -las más gratificantes normalmente- y erradican los elementos que habían podido ser contradictorios con el discurso social en el que está instalado cada uno de los usuarios. Esto es una clara evolución de la "Espiral del silencio" pero esta vez, en lugar de ser adoptada por el emisor es asumida por el receptor, que ahora está rodeado de constantes estímulos de recomendación muy ajustados a los gustos individuales y poco estimulantes intelectualmente.

En este modelo se produjo una variación de los referenciales de la población, basados ahora en modelos de gratificación inmediata, afines y compulsivos, frente a los modelos de gratificación anteriores mucho menos inmediatos, más profesionales y más estrictos en la determinación de los contenidos que habían podido trascender a la sociedad.

Esta variación de referencias provocó, de facto, un cambio en los valores de gratificación informativa de los usuarios reduciéndose sensiblemente los umbrales de percepción de "ciudadano informado": descenso del consumo sistemático de información; descenso de los niveles de calidad técnica de recepción -la ciudadanía asume de una manera más natural la baja calidad técnica de las piezas audiovisuales en favor de lo inmediato o de la afinidad temática-, y reducción del empoderamiento social que tenían figuras como la de periodista, científico o experto de una materia (Wölker; Powell, 2021).

Por lo tanto, las viejas teorías de usos y gratificaciones basadas en un modelo unidireccional dieron paso a las nuevas teorías de la recepción basadas en modelos pluridireccionales tejidos a manera de red y donde aparecen nuevos líderes de opinión relevantes que aportan escaso conocimiento sobre los diferentes temas que abordan. Estos líderes son los que se denominan "influencers" y se convirtieron en poco tiempo en personas con miles de seguidores y muy atractivos para el negocio de la publicidad.

En este nuevo escenario, con una estructura de comunicación social mucho menos jerárquica y más reticular, aparecen modelos que modificaron sensiblemente las relaciones sociales y donde los medios de comunicación fueron perdiendo su protagonismo en favor de herramientas mucho más gratificantes para los usuarios demandantes de cualquier tipo de información o de contenido de entretenimiento.

Este fenómeno no es exclusivo de los medios de comunicación y en las estructuras económicas del siglo XXI aparecen modelos, mucho más efímeros que en el siglo XX, pero mucho más intensos y transformadores como la Economía colaborativa y de la conexión (Tapscott, 2007), la Economía de la atención (Simon, 1971), o la Innovación abierta (Chesbrough, 2006). Sin embargo, las estructuras de los medios de comunicación, salvo contados casos, no fueron capaces de adaptarse adecuadamente al nuevo escenario del consumo masivo, de la personalización, y de la ruptura del modelo de los "dos escalones" frente a la industria TIC, que sí comprendió las nuevas posibilidades tecnológicas, a lo que hay que añadirle la destreza con que grupos ciudadanos adoptaron el nuevo paradigma.

4. MODELOS COLABORATIVOS

Las relaciones económicas de la economía del siglo XXI mudaron sensiblemente. Apareció un nuevo elemento que conforma una relación diferente entre los actores clásicos de cualquier modelo económico y comercial: vendedor, fabricante, proveedor, acreedor, distribuidor y cliente. Esa novedad es la que se denomina "innovación abierta" y permite establecer relaciones diferentes a las tradicionales entre las partes.

En las economías más desarrolladas es habitual que uno de los actores del proceso asuma el rol de tracción sobre el sector, generando una economía local (en algunos casos global) capaz de satisfacer las demandas del mercado de una manera eficaz. En la industria de los contenidos de ficción y entretenimiento, los elementos tractores más importantes en la segunda mitad del siglo XX fueron las *majors*, propietarias de buena parte del proceso (producción y distribución) y generadoras del mayor volumen de negocio tanto en el cine como en el entretenimiento televisivo (Picard & Wildman, 2015). Sin embargo, en la última década del siglo pasado y en los primeros años del actual, la industria de la ficción y de los contenidos audiovisuales fue transformándose de una manera intensa para dar lugar a la creación de varias compañías tractoras, que en lugar de asumir los aspectos más importantes de la cadena económica (producción, distribución y en muchos casos difusión y venta), optaron por un modelo de innovación abierta en alianza con empresas medianas y pequeñas del sector (Chalaby, 2016 ;Evens & Donders, 2018). Este tipo de alianza, basado en la localización de objetivos comunes y en la ejecución colaborativa de los retos propuestos, es lo que dio lugar a modelos empresariales que están resultando de éxito en la industria audiovisual, como Netflix, HBO, Amazon o incluso Pixar (Levy, 2018).

La innovación abierta supone un cambio de modelo en las relaciones económicas y laborales entre las empresas tractoras de comunicación y el resto del tejido empresarial, basado en una nueva relación tecnológica, laboral y de planificación de negocio (Chesbrough, 2006).

Sin embargo, ese rol tractor debe mudar y aspirar a objetivos no prioritarios hasta la actualidad, como la difusión internacional (más allá del envío de señal lineal a través de satélite u operadores de cable), la producción de contenidos para otras plataformas de difusión (fundamentalmente plataformas OTT e informativas) o la innovación tecnológica tanto en la producción como en la recepción. La relación de un tejido económico está dejando de ser vertical u horizontal para convertirse en reticular, y los principales cambios se producen por la alianza de empresas con los mismos intereses, sin importar el tramo del proceso económico en el que cada una de estas compañías aporta valor.

Es así como se entienden alianzas entre empresas tecnológicas como Facebook, o logísticas como Amazon, con la industria aeronáutica para lograr establecer mecanismos de distribución de señal, lograr una mayor y mejor conectividad y poder así distribuir mejor los contenidos digitales (Martínez, 2019).

Como se observa, el sector de la comunicación no se adaptó adecuadamente a este nuevo modelo de relación económica, basada en la colaboración estratégica entre los entes interesados. En términos generales, los medios no incorporaron la interactividad de los usuarios al relato periodístico hasta la llegada de las redes sociales (Cagé, 2016) y las grandes creadoras de contenidos de entretenimiento no se adaptaron a los nuevos modelos de consumo y de gratificación hasta que llegaron las plataformas de distribución bajo demanda y después de una crisis muy severa provocada por la piratería (Levine, 2013; Witt, 2016).

Esta falta de adaptación provocó una concatenación de crisis en todos los sectores de la industria de la comunicación y afectó tanto a las empresas centradas en la información periodística como a las empresas ocupadas del entretenimiento y de la ficción.

Los medios de comunicación sufren estos procesos de crisis que afectaron a las empresas de capital privado (Głowacki & Jackson, 2013; Dijck et al., 2018). En los primeros años del siglo XXI se produjeron experimentos errados para incorporarse a la economía digital como los muros de pago, la alianza con los ISP proveedores de conexión a internet, la gratuidad total de todos los contenidos o incluso luchas perdidas contra los agregadores de noticias esgrimiendo el derecho de la propiedad intelectual. En medio de esta defensa permanente del viejo modelo, los usuarios encontraron en nuevas iniciativas herramientas mucho más gratificantes que le permitían romper con el modelo del "segundo escalón" y evitar la participación de los medios tradicionales y de las empresas tradicionales periodísticas, entretenimiento y ficción en los procesos de comunicación masivos.

Fenómenos como Twitter y Facebook alteraron severamente el ecosistema informativo y sistemas como Youtube o Netflix transformaron todo el relacionado con la producción y consumo de contenidos no informativos. Sin embargo, la irrupción de nuevas empresas con mentalidad digital no afectó exclusivamente al sector de la comunicación, sino que también transformó de manera importante otros ecosistemas, como el de la educación o el de la logística.

De la mano de la transformación digital de la economía también mudaron otros elementos fundamentales en cualquiera proceso económico. Sin duda, el más importante fue el de la capacitación profesional y, en consecuencia, las relaciones laborales del tejido industrial de la comunicación. Las nuevas empresas tecnológicas decidieron crear nuevos perfiles profesionales que pronto trasladaron a su estructura. Figuras como la de expertos en Big Data, o gestores de reputación en redes sociales (*community manager*), o especialistas en la creación de algoritmos de recomendación *(curator*, en inglés) forman parte ya de las estructuras laborales de cualquiera nueva empresa dedicada a este sector. Aparecen perfiles híbridos capaces de asumir competencias claramente de contenidos y competencias claramente tecnológicas y desaparecen figuras que parecían imprescindibles hace tan sólo dos décadas.

5. ADAPTACIÓN COMO TENDENCIA

Los procesos de adaptación a las nuevas dinámicas económicas siempre son complejos, arriesgados y de velocidad variable. Las grandes transformaciones requieren de consensos, compromisos y asimilación rápida de diferentes rutinas de producción, comercialización y consumo (Steil, 2016).

En el momento actual, la estrategia de adaptación que usa la industria TIC y de consumo digital se fundamenta en la gratificación de nichos concretos de población creados a partir de pautas de comportamiento comunes, que cómo se dijo con anterioridad, es el principal origen de la creación y difusión de las noticias falsas.

Estos nichos se construyen tanto para el consumo de información como de contenidos de entretenimiento. En el caso de la información, el modelo existente en el siglo XX consistía en la publicación de periódicos con posición ideológica en uno de los espectros clásicos de la política (eje izquierda-derecha), defensor de la interpretación de los acontecimientos bajo su ideología pero salvaguardando siempre los principios de veracidad, objetividad e imparcialidad. Un lector, o un espectador, conocía de antemano la línea editorial del medio, plasmada a través de géneros muy consolidados como el editorial, y mismo con las diferentes posturas de los colaboradores y periodistas generadores de opinión.

En los casos de las empresas de entretenimiento y ficción, el modelo se fundamentaba en la producción de contenidos, que eran vendidos a distribuidores y difusores, y que se consumían en tres formatos únicos: o en el cine, o en la televisión, o en el hogar a través de tecnologías como el VHS/DVD. En cualquiera caso, el proceso de consumo de entretenimiento audiovisual requería una interacción elevada como el alquiler, la compra de entradas, desplazamiento a salas de cine...., excepto en la televisión que llegaba a los hogares de una manera gratuita, automática y sencilla.

Sin embargo, en la economía que se establece en el siglo XXI basada en las nuevas posibilidades tecnológicas se rompen las dos lógicas, tanto la informativa como la de entretenimiento.

En el consumo de información aparecen modelos nuevos de producción, de distribución y de consumo de noticias. El primer gran cambio radica en la aparición del usuario capaz de comunicar con las mismas posibilidades de difusión que las grandes corporaciones, de una manera mucho más barata y con criterios no profesionales. En la medida que aparecieron empresas que ofrecían herramientas de difusión tan potentes como los grandes servidores de los medios de comunicación tradicionales, los usuarios fueron adquiriendo la capacidad de trasladar sus mensajes a un número importante de personas, sin estar limitados ni por la distancia geográfica ni por límites temporales ni por guardabarreras. Se produjo así un fenómeno desconocido en la comunicación de masas, ya que se transformaron las estructuras de difusión, antes en manos de las empresas profesionales de comunicación y ahora lideradas por las empresas tecnológicas y por los propios usuarios.

Estas nuevas posibilidades permitieron establecer un nuevo marco económico en el que las empresas de comunicación comenzaron a entrar en una deriva de reducción de valorización mercantil, acompañado de un continuo proceso de reducción de ingresos y de audiencias.

El modelo tradicional de los medios de comunicación privados se fundamentaba de la venta de producto (fundamentalmente los periódicos) y la venta de espacios publicitarios (forma de financiación exclusiva en soportes como la radio y la televisión). La pérdida de relevancia en el proceso de comunicación de masas provocó una continua desaparición de lectores, oyentes y telespectadores que encontraron en los sistemas digitales un perfecto sustituto de la información en soportes tradicionales. Esto vino acompañado de un nuevo modelo de publicidad, que encontró en el entorno digital una manera nueva de acercar los mensajes a cada espectador.

La inteligencia artificial propició la aparición de un nuevo paradigma de la publicidad, la denominada publicidad programática, capaz de adaptar los mensajes a cada persona, permitiendo lanzar mensajes que se ajustan de una manera nunca vista a los intereses del receptor, algo que también es de sumo interés para la propagación de las noticias falsas.

El proceso de adaptación a los nuevos modelos económicos se establece a través de la transformación digital de las empresas, tanto de capital público como privado. El modelo más estandarizado en el sector de comunicación, pero no de manera exclusiva, es el que se basa en la transformación cultural, en la transformación organizativa, en la transformación del trabajo de las personas y en la transformación tecnológica (PWC, 2019).

En el caso de los medios de comunicación, se incorpora también la nueva definición del receptor, que pasa de ser una "masa" incontable a miles de individuos concretos. Este cambio de foco es lo que provocó la principal diferencia entre las nuevas empresas de comunicación surgidas a un lado de la TICs y las que tradicionalmente se dedicaron a este sector.

En el momento en el que la tecnología permite personalizar mensajes, recomendar a partir de los gustos y permitir difundir contenidos de una manera eficaz y sencilla, aparecen paradigmas económicos que lograr establecer nuevos modelos de relación comercial con los clientes. Quizás uno de los más destacados sea la recuperación del concepto de la gratificación, ya comentado anteriormente, pero actualizado al paradigma de la "gratificación instantánea" o la "gratificación del clic" que permite establecer nuevos patrones de interacción basados en las conductas impulsivas de la audiencia y en el retorno inmediato ante una acción proactiva del usuario (Krug, 2015).

Este fenómeno crea una estructura de difusión de noticias falsas sumamente rápida y eficaz, ya que cualquier acción proactiva de un usuario puede generar una reacción, tanto positiva como negativa, de manera inmediata. Esta lógica nacida en las narrativas de videojuegos genera procesos de gratificación instantáneos donde la comunidad amplifica de manera exponencial cualquier tipo de información, incluso la no contrastada o interesada, sin que exista tiempo para establecer cualquier tipo de medida disuasoria preventiva.

Este modelo tiene como consecuencia colateral el mercado de datos, que cómo se dijo anteriormente en este documento, se convirtió en uno de los principales elementos de valor de las nuevas empresas de comunicación y TIC. Esta situación construyó una ecuación perfecta, ya que junto a la valorización de los datos y junto al nuevo modelo de negocio fundamentado en la personalización de los mensajes, se le suma la nueva percepción de la ciudadanía sobre su privacidad, que alcanzó las cuotas más bajas de preocupación desde que se hacen estudios sociológicos (Sarabia-Sánchez et al., 2019).

Estas tres componentes son utilizadas de manera masiva por los propagadores de *fake news* porque garantizan tres elementos importantes para el éxito: conocimiento de los gustos del receptor, personalización de los mensajes con garantía de aceptación por una comunidad y eliminación de los principios elementales de caución, como la preocupación por la privacidad. (Vizoso; Vázquez-Herrero, 2019).

6. CONCLUSIÓN

La mayor parte de las estrategias de los medios de comunicación para adaptarse al nuevo modelo de la recepción se basan en la teoría de los nichos en sus múltiples variantes: la "larga cola"; si hablamos en términos económicos; la "personalización" si hablamos en términos de creación de oferta, la "recomendación" (*curator*) si hablamos en términos de difusión.

En esta lógica de la localización de grupos de personas, no necesariamente muy numerosos que comparten intereses comunes, es donde se enmarcan buena parte de los nuevos procesos empresariales que sacuden a las empresas de comunicación, como el Big Data; la publicidad programática o incluso la creación de plataformas capaces de gestionar automáticamente las demandas que puede tener cada uno de los usuarios (Dijck et al., 2018). Pero también es donde se sitúan los principios metodológicos de la creación y propagación de las informaciones falsas.

Sin embargo, la principal novedad no es la adaptación inmediata de metodologías ya existentes en otros sectores, como la "long tail" (Anderson, 2009) creada hace una década y que ya vaticinaba la necesidad de que el sistema de los medios se preocupara por los gustos de las minorías y no por los grandes éxitos puntuales. Tampoco es el modelo de la personalización y gestión de la gratificación en el proceso de compra, una evolución del modelo nacido con la economía moderna teorizada por Keynes en los años 30 del siglo XX, cuando demostró la importancia del empoderamiento de la demanda en el proceso comercial (Keynes, 2003).

El principal fenómeno que está transformando la relación entre los medios y el consumo en el siglo XXI es la cobertura de necesidades de los grupos de personas que comparten hábitos, gustos y afinidad ideológica y que aparentemente no están conectados entre sí.

Uno de los últimos estudios del Reuters Institute sobre el consumo de información por parte de los usuarios más jóvenes (Galan et al., 2019) establece que existen pautas de comportamiento habituales en varios nichos de población y que están relacionadas directamente con los mecanismos de gratificación anteriormente definidos y que son ya un fundamento en la nueva economía de los medios de comunicación, tanto públicos como privados.

El consumo de información se establece en cuatro hábitos diferentes entre sí, pero compartidos por la mayoría de los usuarios: el tiempo dedicado a informarse; el tiempo dedicado a la actualización de información; los tiempos muertos en la actividad diaria y los tiempos interceptados, que son los que nacen en una conversación.

En estos cuatro momentos que se repiten varias veces en el día a día de los usuarios es donde se consume la totalidad de los contenidos de un usuario medio.

Los tiempos dedicados son aquellos en los que el usuario ejerce una demanda activa de consumo informativo y que tiene como objetivo definir los elementos que se consideran imprescindibles para satisfacer la percepción del "estar informado". Esta percepción, que es propia de cada individuo, no deja de ser un lago de matices en el que intervienen las características socioeconómicas, culturales, sociológicas y gustos de cada individuo, por lo que este tiempo puede estar dedicado a consumir medios de comunicación de referencia o mensajes promovidos por otros usuarios sin ningún tipo de filtro profesional que garantice la calidad de la información consumida.

El tiempo dedicado a la actualización cubre la gratificación del consumo compulsivo de contenidos, propio del comportamiento de los usuarios en el siglo XXI, y permite mantener la percepción del "estar conectado con la realidad" con una dedicación de pocos segundos en varios momentos del día. Este consumo es uno de los principales elementos que asienta la necesidad de los medios, y de los generadores de noticias falsas, de actualizar constantemente sus contenidos para gratificar la necesidad de conexión con la realidad, aunque las variaciones sean apenas significativas. Este comportamiento es lo que provoca la tendencia de los medios en soporte digital a elaborar muchas más noticias con una extensión/duración mucho más breve.

El consumo de contenidos en los tiempos muertos es la principal variable que supieron explotar mejor las nuevas plataformas de entretenimiento audiovisual. Las posibilidades tecnológicas permiten que los sistemas de recepción se adapten eficazmente al consumo fragmentado de productos, como series o películas, que antes se consumían de manera ininterrumpida. Metodologías como la implantada por Netflix, permite consumir un capítulo de una serie de 40 minutos en varios momentos del día ya que el sistema asegura la localización del punto de finalización de la última visualización, independientemente del soporte de consumo que se utilice, como un ordenador de sobremesa, un teléfono móvil o un televisor.

Estos avances, que a priori parecerían menores, son los que garantizan un mayor consumo y la fidelidad de la audiencia a un producto y, por extensión, la una empresa o a un grupo promotor de noticias falsas. A partir del modelo, el Big Data permite conocer mejor el comportamiento de cada uno de los usuarios y las herramientas permiten incluso aconsejar los mejores momentos para interrumpir la visualización o seleccionar las secuencias de mayor interés que permitan ver un determinado contenido audiovisual en menos tiempo del que dura realmente.

Por último, pero no menos importante, se define el hábito de los "tiempos interceptados". Los investigadores del Reuters Institute comprendieron que en numerosas ocasiones los contenidos tanto informativos como de ocio son capaces de desviar la atención de la actividad principal de la persona. Esta capacidad de interrupción no radica ni en la tipología de los contenidos, ni tan siquiera en el origen de los mismos: radica en la capacidad de generar conversación. En este caso, redes más interpersonales como Whatsapp, Instagram, Snapchat o

TikTok logran gratificar mejor a los usuarios debido a la generación de conversaciones a partir de un determinado vídeo viral o de una determinada información breve.

La conversación es el proceso que requiere una mayor interactividad y, por lo tanto, de la mayor atención del receptor. Este fenómeno es una de las partes importantes de la "viralización", un proceso en el que el usuario se siente partícipe del proceso de difusión de un elemento de interés colectivo.

Es también la base de la principal estrategia de la difusión de ideas políticas e ideológicas, ya que la generación de conversación implica el posicionamiento de los usuarios y esa interacción es lo que permite acotar mejor cada nicho social y crear un entorno de difusión muy intenso en un grupo pequeño. Sin embargo, a partir de la teoría de la difusión reticular, esta intensidad tarda muy poco tiempo en ser distribuida por grupos próximos provocando el fenómeno "viral".

Hoy en día, las plataformas más exitosas, y que rompieron el modelo de negocio de los medios tradicionales, tienen su fundamento en el cambio de los procesos de socialización. En el siglo XXI lo más importante es conectar a las personas que comparten elementos comunes y cualquier herramienta que ayude a este fin será mucho más eficaz que cualquier concepto fundamental en el siglo XX, como la calidad informativa o los criterios garantistas de veracidad, ética u objetividad.

Este afán de socialización extrema es lo que está transformando viejos principios de las sociedades occidentales como la reputación, la intimidad o la exhibición pública (Acquisti et al., 2015) y crea grandes vías de difusión de *fakes news* e informaciones interesadas.

BIBLIOGRAFÍA

Acquisti, A., Brandimarte, L., & Loewenstein, G. (2015). Privacy and human behavior in the age of information. *Science, 347*(6221), 509-514. https://doi.org/10.1126/science.aaa1465

Aguilar-Gutiérrez, M., & López-de-Solís, I. (2010). Nuevos modos de trabajo de una redacción digital integrada: El caso de los servicios informativos de TVE. *El Profesional de la Información, 19*(4), 395-403. https://doi.org/10.3145/epi.2010.jul.09

Anderson, C. (2009). *La economía Long Tail* (F. V. S. Lezama, Trad.). Empresa Activa.

Benner, K., & Wingfield, N. (2016, junio 6). El dueño de Amazon, Jeff Bezos, defiende su decisión de comprar el Washington Post. *The New York Times.* https://www.nytimes.com/es/2016/06/06/espanol/jeff-bezos-defiende-su-decision-de-comprar-el-washington-post.html

Bennett, Lance; Livingston, Steven (2018). "The disinformation order: Disruptive communication and the decline of democratic institutions". *European journal of communication,* v. 33, n. 2, pp. 122-139. https://doi.org/10.1177/02673231187603B

Bonini-Baldini,Tiziano; Túñez-López, Miguel; Barrientos-Báez, Almudena (2021)."Public service media in the age of platformization of culture and society". In: Túñez-López, Miguel; Campos-Freire, Francisco; Rodríguez-Castro, Marta. *The values of public service media in the Internet society.* Cham: Palgrave MacMillan, pp. 45-58. https://doi.org/10.1007/978-3-030-56466-7_3B

Bustamante, E., Bouquillon, P., Garhnan, N., Miège, B., Moeglin, P., Richeri, G., Schlesinger, P., Tremblay, G., & Zallo, R. (2011). *Industrias creativas: Amenazas sobre la cultura digital* (Edición: 1). GEDISA.

Cagé, J. (2016). *Salvar los medios de comunicación* (Edición: 1). Editorial Anagrama.

Chalaby, J. K. (2016). Television and Globalization: The TV Content Global Value Chain: The TV Content Global Value Chain. *Journal of Communication, 66*(1), 35-59. https://doi.org/10.1111/jcom.12203

Chesbrough, H. W. (2006). *Open Innovation: The New Imperative for Creating And Profiting from Technology* (Edición: First Trade Paper). Harvard Business School Press.

Cloutier, J. (1973). *La communication audio-scripto-visuelle a l'heure des self-media;: Ou, L'ere d'Emerec.* LES PRESSES DE L'UNIVERSITE DE MONTREAL.

Dijck, J. van, Poell, T., & Waal, M. de. (2018). *The Platform Society: Public Values in a Connective World.* Oxford University Press.

Evens, T., & Donders, K. (2018). *Platform Power and Policy in Transforming Television Markets.* Springer International Publishing. https://doi.org/10.1007/978-3-319-74246-5

Galan, L., Osserman, J., Parker, T., & Taylor, M. (2019). *How Young People Consume News and the Implications for Mainstream Media.* Reuters Institute for the Study of Journalism. https://reutersinstitute.politics.ox.ac.uk/our-research/how-young-people-consume-news-and-implications-mainstream-media

Głowacki, M., & Jackson, L. (2013). *Public Media Management for the Twenty-First Century: Creativity, Innovation, and Interaction* (Edición: 1). Routledge.

Han, Byung-Chul (2022). *Infocracia. La digitalización y la crisis de la democracia.* Madrid: Taurus.

Ireton, Cherilyn; Posetti, Julie (2018). *Journalism, fake news & disinformation. Handbook for journalism education and training.* Paris: Unesco. https://en.unesco.org/fightfakenews

Katz, E. (1959). Mass Communications Research and the Study of Popular Culture: An Editorial Note on a Possible Future for This Journal. *Studies in Public Communication, 2*, 1.

Katz, E., & Lazarsfeld, P. F. (2005). *Personal Influence: The Part Played by People in the Flow of Mass Communications.* Routledge.

Keynes, J. M. (2003). *Teoría general de la ocupación, el interés y el dinero,* Fondo de Cultura Económica.

Krug, S. (2015). *No me hagas pensar. Actualización* (Edición: edición). Grupo Anaya Publicaciones Generales.

Lee, Sun-Young; Riffe, Daniel (2017). "Who sets the corporate social responsibility agenda in the news media? Unveiling the agenda-building process of corporations and a monitoring group". Public relations review, v. 43, n. 2, pp. 293-305. https://doi.org/10.1016/j.pubrev.2017.02.007

Levine, R. (2013). *Parásitos: Cómo los oportunistas digitales están destruyendo el negocio de la cultura.* Ariel.

Levy, L. (2018). *De Pixar al cielo: Mis años con Steve Jobs y cómo reinventamos la industria del cine* (J. M. S. Arjona, Trad.). Deusto.

Lewin, K. (1943). *The Problem of Changing Food Habits: Report of the Committee on Food Habits 1941-1943.* National Academies Press. https://doi.org/10.17226/9566

Martínez, I. (2019). *La quinta revolución industrial: Cómo la comercialización del espacio se convertirá en la mayor expansión industrial del siglo XXI* (V. P. López, Trad.). Planeta.

Moragas Spà, M., Garitaonandía, C., & López, B. (2017). *Televisión de proximidad en Europa: Experiencias de descentralización en la era digital.* Universitat de València.

Nafría, I. (2017). *La reinvención de The New York Times: Cómo la «dama gris» del periodismo se está adaptando (con éxito) a la era de los móviles* (Edición: 1). CreateSpace Independent Publishing Platform.

Noelle-Neumann, E. (2019). *La espiral del silencio: Opinión pública: nuestra piel social* (F. J. R. Calderón, Trad.). Ediciones Paidós.

Picard, R. G., & Wildman, S. S. (2015). *Handbook on the Economics of the Media.* Edward Elgar Publishing.

PWC. (2019). *Perspectivas del sector de Entretenimiento y Medios 2019-2023. España. El presente pasa por la personalización.* PWC. https://www.pwc.es/es/entretenimiento-medios/entertainment-media-outlook-espana-2019.html

Sarabia-Sánchez, F.-J., Aguado, J.-M., & Martínez-Martínez, I. J. (2019). Privacy paradox in the mobile environment: The influence of the emotions. *El Profesional de La Información, 28*(2). https://doi.org/10.3145/epi.2019.mar.12

Simon, H. (1971). *Designing organizations for an information-rich world.* https://digitalcollections.library.cmu.edu/awweb/awarchive?type=file&item=33748

Steil, B. (2016). *La batalla de Bretton Woods: John Maynard Keynes, Harry Dexter White y cómo se fraguó un nuevo orden mundial* (I. Barbeitos, Trad.). Deusto.

Tapscott, D. (2007). *Wikinomics: La Nueva Economía De Las Multitudes Inteligentes.* Paidós.

Vázquez-Herrero, Jorge; Vizoso, Ángel; López-García, Xosé (2019). "Innovación tecnológica y comunicativa para combatir la desinformación: 135 experiencias para un cambio de rumbo ". *Profesional de la información,* v. 28, n. 3, e280301. https://doi.org/10.3145/epi.2019.may.01

Vizoso, Ángel; Vázquez-Herrero, Jorge (2019). "Plataformas de fact-checking en español. Características, organización y método". *Communication & society,* v. 32, n. 1, pp. 127-144. https://doi.org/10.15581/003.32.1.127-144

Vizoso, S. (2019, diciembre 9). El milagro del 'thriller' gallego que nadie quería y que triunfó en Netflix. *El País.* https://elpais.com/cultura/2019/12/06/television/1575641850_ 170507.html

Witt, S. (2016). *Cómo dejamos de pagar por la música: El fin de una industria, el cambio de siglo y el paciente cero de la piratería* (D. A. Ramis, Trad.; Edición: 1). Contra.

Wölker, Anja; Powell, Thomas E. (2021). "Algorithms in the newsroom? News readers' perceived credibility and selec-tion of automated journalism". Journalism, v. 22, n. 1, pp. 86-103.https://doi.org/10.1177/1464884918757072

Wolton, D. (2011). *La Otra Mundializacion.* GEDISA.

Capítulo 18.

MANIPULACIÓN INFORMATIVA EN EL ÁMBITO DE LA MEDICINA: INFODEMIA, DESINFORMACIÓN, CENSURA Y PROTECCIÓN DE LA SALUD

ANA MARRADES PUIG
Universidad de Valencia (UV)
ana.i.marrades@uv.es

SUMARIO. 1. Introducción: Infodemia, desinformación y salud. 2. Los médicos por la verdad: libertad de expresión vs. Censura en la pandemia. 3. Libertad de expresión, de producción científica y a comunicar información "veraz" en el ámbito de la salud: el MMS. 4. Impacto de las teorías conspiratorias: infodemia y desinformación. 5. El derecho a la salud y la libertad informativa y de expresión. 6. Bibliografía.

1. INTRODUCCIÓN: INFODEMIA, DESINFORMACIÓN Y SALUD

A principios de 2020, la Organización Mundial de la Salud (OMS) declaró una "infodemia" mundial. Ésta se caracteriza por una sobreabundancia de información[1], particularmente información falsa y engañosa[2]. Se diferencia de la desinformación, que es la información falsa o incorrecta con el propósito deliberado de engañar.

Aunque los investigadores han debatido el efecto de las noticias falsas en los resultados de los principales eventos sociales, como determinados procesos electorales (Allcott, 2020, Gringberg 2019 y Roozenbeek, 2020), la difusión de información errónea en temas de salud tiene un potencial mucho más claro para causar daños directos y notables a la salud pública, especialmente durante una pandemia. Por ejemplo, la investigación en diferentes países ha demostrado que el respaldo a la información errónea sobre COVID-19 está fuertemente asociado con que las personas tengan menos probabilidades de seguir las pautas de salud pública (Romer y Jamieson, 2020) y tengan menos intención de vacunarse y recomendar la vacuna a otros (Lomba, 2021)4. La evidencia experimental ha encontrado que la exposición a información errónea sobre la vacunación resultó en una disminución de aproximadamente 6 puntos porcentuales en la intención de vacunarse entre quienes dijeron que si no hubiera sido por esa avalancha de información sobre los posibles riesgos de la vacuna covid-19, la habrían aceptado, socavando así el potencial de inmunidad colectiva (Lomba, 2021). Los análisis de datos de redes sociales estiman que, si no hay ningún tipo de intervención, el contenido "antivacunación" en plataformas sociales como *Facebook* podría dominar el discurso en la próxima década (Johnson,

---

1 Entender la infodemia y la desinformación en la lucha contra la pandemia covid-19. OPS y OMS, chrome-extension://efaidnbmnnnibpcajpcglclefindmkaj/https://iris.paho.org/bitstream/handle/10665.2/52053/Factsheet-Infodemic_spa.pdf

2 Zarocostas, J. (2020). How to fight an infodemic. The Lancet, 395(10225), 676.

2020). Otra investigación demuestra que la exposición a información errónea sobre COVID-19 se ha relacionado con la ingestión de sustancias nocivas (MMS) y una mayor propensión a participar en comportamientos violentos. Por supuesto, la desinformación era una amenaza para la salud pública mucho antes de la pandemia. El vínculo desacreditado entre la vacuna *MMR* y el autismo se asoció con una caída significativa en la cobertura de vacunación en el Reino Unido (Dubé, 2015), la información errónea sobre los productos de tabaco ha influido en las actitudes hacia el tabaquismo (Albarracín, 2018) y, en 2014, las clínicas con enfermos de ébola fueron atacadas en Liberia debido a la falsa creencia de que el virus era parte de una conspiración del gobierno (Cinelli, 2020).

Cuando no se dispone de suficiente información, las personas suelen usar heurísticas cognitivas, es decir, mecanismos cognitivos como estimaciones sobre la explicación a esa situación (a pesar de poder caer en errores) antes que quedarse en un estado de incertidumbre para hacer juicios sobre la veracidad de una afirmación (por ejemplo, la credibilidad percibida de la fuente) (Marsh, 2018). Este fenómeno ayuda a explicar por qué las personas son susceptibles a la desinformación y se conoce como el efecto de "verdad ilusoria": es más probable que las afirmaciones más repetidas sean juzgadas como verdaderas (Fazio, 2019). Dado que muchas falsedades a menudo son reiteradamente difundidas por los medios, los políticos y las personas influyentes en las redes sociales, la relevancia de la verdad ilusoria ha aumentado sustancialmente. Por ejemplo, la teoría de la conspiración de que el coronavirus fue biodiseñado en un laboratorio militar en Wuhan, China, y la afirmación de que "la COVID-19 no es peor que la gripe" se han repetido muchas veces en los medios de comunicación (Lewis, 2020). El principal mecanismo cognitivo responsable del hecho de que las personas son más propensas a pensar que las afirmaciones repetidas son verdaderas se conoce como fluidez de procesamiento: cuanto más se repite una afirmación, más familiar se vuelve y más fácil es procesarla (Fazio, 2019), y además el conocimiento previo no necesariamente protege a las personas contra la verdad ilusoria (Pennycook, 2018)

En este trabajo me planteo dilucidar el fenómeno de la infodemia, en general y, de la información falsa o engañosa, o sea, la desinformación, así como la manipulación informativa en el ámbito de la salud, a partir de algunos supuestos suscitados en la pandemia covid-19 y otros que, siendo preexistentes, alcanzaron una proyección importante durante la misma, ya que pueden tener una importante repercusión en términos de seguridad en el ámbito de la salud pública.

Me planteo partir de la Comisión de "los Médicos para la verdad", y también del uso del MMS, promocionado por Andreas Kalcker, para llegar también a analizar el fenómeno de la infodemia y la desinformación respecto a las vacunas.

2. LOS MÉDICOS POR LA VERDAD: LIBERTAD DE EXPRESIÓN VS. CENSURA EN LA PANDEMIA

El colectivo, "Médicos por la Verdad"[3], de origen en Alemania y desde hace tiempo ya enraizada en España, conforma junto a otras entidades una amalgama de redes sin una estructura organizativa clara, convertida en un compendio de desinformación en el que confluyen diferentes portavoces con distintas teorías con muchos puntos en común.

Así, algunos niegan la existencia de la infección por covid-19 y la consideran una farsa, producto de una conspiración internacional, que pretende el control de la sociedad con mo-

---

3 https://www.efe.com/efe/espana/sociedad/medicos-por-la-verdad-red-negacionista-que-se-expande-el-mundo/10004-4502057 EFE España, 18 de abril de 2022

tivaciones económicas. Otros, sin embargo, admiten la existencia de la enfermedad, pero rechazan las medidas adoptadas por parecerles dañinas, en una concepción de la práctica de la medicina basada en pseudoterapias. Y en su mayoría, están en contra de las vacunas. Lo que todos comparten es la desconfianza hacia las instituciones oficiales, la clase política y los medios de comunicación, a los que acusan de manipular a los ciudadanos.

El riesgo de la difusión de desinformación está en la capacidad de generar confusión y miedo sobre cuestiones de salud pública con gran influencia en un gran número de personas en todo el mundo. Ello provoca una desconfianza respecto a los medios y tratamientos ortodoxos, como ha ocurrido por ejemplo con las vacunas covid-19, poniendo en riesgo así la seguridad de la población en la pandemia.

Esta desconfianza ha venido generada, en gran parte, por las actuaciones o intervenciones en las redes sociales y en algunos medios privados y minoritarios de los grupos de Médicos por la Verdad de diferentes países, la organización Comisión Extraparlamentaria de Investigación del Coronavirus (ACU, por sus siglas en alemán) y la Alianza Mundial de Médicos (World Doctors Alliance), fundada en el Reino Unido y que cuenta con miembros en Europa y Estados Unidos. En septiembre de 2020, se presentó una solicitud para registrar la marca "Médicos por la Verdad Doctors for the Truth" en la Oficina Española de Patentes y Marcas (Su logo son dos manos azules sosteniendo un globo terráqueo rodeado por un estetoscopio con un corazón rojo situado en la península ibérica).

Estas agrupaciones ejercen tres niveles de "información", que si fuera "desinformación" se le podría tildar también de "confusión" (o sea tres niveles de desinformación/confusión)

1. En relación a la enfermedad pandémica causada por el covid:

El covid existe, pero no es grave, es una gripe más. Las autoridades sanitarias y gubernamentales están manipulando los datos para ejercer miedo en la población y así manipularla. Los datos de fallecimientos son los mismos que en años anteriores con epidemias de gripe estacional.

2. En relación con los tratamientos médicos y farmacológicos:

El covid existe y puede curarse con algunos medios alternativos a la medicina tradicional. Los tratamientos y medicamentos que se están empleando son nocivos para la salud.

3. Particularmente la vacuna contra el covid, tanto las de ADN como las de ARN mensajero son perjudiciales para la salud. Dañan gravemente la salud de las personas y su administración a la población de forma generalizada es un acto genocida por parte del gobierno y, un abuso y aprovechamiento de carácter criminal por parte de las farmacéuticas.

En línea con Médicos por la Verdad, la asociación de los "Biólogos por la verdad"[4] critica las vacunas contra la covid-19 de ARN mensajero, de las que dice que alteran el genoma humano; cuestiona la eficacia de las pruebas PCR, a las que atribuye un alto porcentaje de falsos positivos, así como recela del uso de las mascarillas y sostiene que los asintomáticos no contagian.

La asociación informa de que ha sido fundada para "luchar" contra la "desinformación", porque ellos parten de "la verdad". Esa afirmación tajante de su verdad probada, repetida insistentemente en redes sociales, es un mensaje que cala con más fuerza que el discurso oficial, especialmente si en aquél se incluye una referencia a que la "invención de la pandemia" es

4 https://verifica.efe.com/quienes-son-biologos-por-la-verdad-los-negacionistas-que-han-provocado-un-seismo-en-este-colectivo-cientifico-en-espana/

una excusa perfecta para privar a la sociedad humana de sus derechos.

Los miembros de “Biólogos por la Verdad” reiteran estos planteamientos en sus declaraciones en los distintos vídeos difundidos para propagar sus ideas. En ellos también insisten que la pandemia es “una farsa” para generar miedo en la sociedad, como se explica en una grabación publicada en su portal tras haber sido retirada de YouTube por incumplir las normas de uso del canal.

En general, todos comparten la teoría de la conspiración a nivel mundial con el fin de someter la voluntad de las personas y ejercer a través del miedo, un gobierno autoritario basado en el recorte de libertades.

Ante ello las autoridades sanitarias y gubernamentales se defienden y defienden a la población con: denuncias y censura de los actos, eventos o canales que difunden sus tesis.

Ellos (los Médicos por la verdad) por su parte denuncian la censura de sus eventos y tesis y se quejan de no tener espacio informativo para su difusión, poniendo en entredicho su derecho a la libertad de expresión, a la libertad informativa, particularmente a través de la censura previa.

Acusan a los periodistas de infundir terror en la población. Critican a los medios de comunicación por dar las cifras de contagiados sin explicar cuáles son asintomáticos y que los datos de “supuestos contagios” no son reales. De ahí que hablen y denuncien lo que consideran “terrorismo informativo”.

El Consejo General de Colegios Oficiales de Médicos de España (CGCOM) abrió expediente informativo a la plataforma ‘Médicos por la verdad’ a iniciativa de la Comisión Permanente de la corporación, para que examinase “el objeto de dicha organización, lo que representa y sus acciones, por si existe algún comportamiento que vulnere los artículos recogidos en el Código Deontológico”. A través de un comunicado, el

CGCOM declaraba que entre sus principios y objetivos se recoge "velar y trabajar para el mantenimiento de una correcta actitud y una buena praxis médica de todos los profesionales y que las críticas deben estar basadas en la evidencia y el conocimiento experto para no poner en riesgo la salud de todos". El fin que persiguen las autoridades Sanitarias es la protección de la salud.

Las consecuencias de la divulgación de sus tesis ha sido la generación de desconfianza unas veces, y rechazo, otras, a las medidas de prevención y especialmente a la vacuna. Ante estos hechos hay varias cuestiones de gran relevancia jurídica y constitucional que hay que abordar:

¿Es legítimo censurar la divulgación de sus eventos y teorías, así como la promoción de sus medicamentos alternativos? ¿Constituiría un atentado contra el artículo 20 de la CE tanto en cuanto a la libertad de expresión como a la libertad informativa?, porque, ¿se podría considerar información veraz parte de su teoría si estuviera contrastada con estudios científicos? (otros estudios más allá de los ortodoxos) El problema real que se ha detectado es que, ante el miedo por generar confusión, no se les ha permitido entrar en debates públicos con los médicos que siguen el argumentario oficial. Tal vez hubiese sido mejor para desmontar las teorías erróneas y evitar así el miedo y la confusión y también, quizás, para disminuir la necesidad de intervenir en las redes sociales.

Los Médicos/ Biólogos por la verdad denuncian que no han tenido espacio informativo y que se les ha denegado la posibilidad de contrastar sus estudios. Es cierto que en su web, los Biólogos por la verdad muestran de forma trasparente un informe sobre "La importancia de la realización de cultivos virales de SARS CoV 2 y de su aislamiento completo, para la confirmación de la causalidad entre el virus y la enfermedad COVID 19", en el que explican que "Recientemente, el Ministerio de Sanidad, a través del portal de transparencia, que atiende a la Ley 19/2013, de 9 de diciembre, de Transparencia, Acceso a la información pública y Buen gobierno, ha reconocido a un ciudadano mediante un documento con registro de entrada 001-059144 (ANEXO I), no disponer de cultivo del virus SARS CoV 2 para ensayos y no tener registro de los laboratorios con capacidad de cultivo y aislamiento para ensayos. Este hecho, podría suponer un grave delito contra la salud pública, puesto que sin el aislamiento del virus y sin cultivos virales, no se puede establecer la causalidad entre el llamado SARS CoV 2 y la enfermedad denominada COVID 19"[5].

Así pues, aun no negando la existencia del SARS CoV2, ponen en duda su relación directa con la enfermedad covid 19.

Entonces, ¿Tienen derecho a la libertad de expresión también aquéllos que desafían las tesis oficiales sobre la base de distintos argumentos?, ¿Cuáles son sus consecuencias para la salud pública?

En sus propios medios de difusión (Biólogos por la verdad) explican que *se les acusa de manipulación informativa pero ellos también al mismo tiempo denuncian que se está manipulando con el lenguaje en contra de ellos llamándoles "negacionistas" cuando no niegan la existencia del virus:*

"No es esta la primera vez que, desde nuestra web, publicamos informaciones provenientes de 'Médicos por la Verdad' o de la cabeza visible de esta asociación, Natalia Prego. Sus vídeos y sus publicaciones, políticamente incorrectas y muy alejadas de la versión oficial que se nos está dando sobre el coronavirus, han sufrido ataques de todo tipo.

---

5 https://verifica.efe.com/quienes-son-biologos-por-la-verdad-los-negacionistas-que-han-provocado-un-seismo-en-este-colectivo-cientifico-en-espana/ recuperado el 20 de octubre de 2022

Además, se intenta manipular con el lenguaje. A 'Médicos por la Verdad'[6] *se le tacha de ser negacionistas, pero eso totalmente falso y manipulador, ellos no niegan el virus, lo que estén es en contra de las medidas que se están llevando a cabo para luchar contra ese virus como las mascarillas y el confinamiento.*

Pero lo que más llama la atención de la censura y de los ataques que están recibiendo es que estos no se hacen con argumentos en contra o con debate científico, simplemente se les insulta, se les niega la mayor así, sin más, o se les censuran sus publicaciones para que no tengan difusión y no puedan ser vistas. Si lo que dicen no son más que "tonterías de unos descerebrados", ¿por qué tomarse la molestia de insultar y censurar? ¿Harían eso ustedes con alguien a quien consideran tonto o, simplemente, le ignorarían?

El caso es que vivimos en unos tiempos en los que, a la manipulación informativa de los grandes medios y del pensamiento único, le tenemos que sumar la terrible realidad de una censura injusta e injustificada. Pero siendo eso malo, lo peor es esa parte de la sociedad, sobre todo la española, a la que tanto le gusta someterse y le cuesta más buscar información que vivir esclavizado y con miedo. Esa parte de la sociedad que repite como un papagayo el discurso oficial por simple comodidad pensando que cualquier cosa que se salga del guión establecido es "conspiranoica". Nunca antes, como ahora, le había costado tan poco al poder someter a tantos millones de personas".

6 https://www.eldiestro.es/2020/10/medicos-por-la-verdad-denuncia-la-terrible-e-injustificada-censura-que-esta-sufriendo-con-sus-publicaciones/ recuperado el 4 de abril de 2021

3. LIBERTAD DE EXPRESIÓN, DE PRODUCCIÓN CIENTÍFICA Y A COMUNICAR INFORMACIÓN "VERAZ" EN EL ÁMBITO DE LA SALUD: EL MMS

El artículo 20 de la CE declara que se reconocen y protegen los derechos:

a) A expresar y difundir libremente los pensamientos, ideas y opiniones mediante la palabra, el escrito o cualquier otro medio de reproducción.

b) A la producción y creación literaria, artística, científica y técnica.

c) A la libertad de cátedra.

d) A comunicar o recibir libremente información veraz por cualquier medio de difusión. La ley regulará el derecho a la cláusula de conciencia y al secreto profesional en el ejercicio de estas libertades.

Y añade que*: 2. El ejercicio de estos derechos no puede restringirse mediante ningún tipo de censura previa.*

¿puede considerarse censura evitar o impedir que tengan acceso a los medios de comunicación social comunidades científicas o profesionales que no siguen el discurso oficial o institucional? Y ¿puede considerarse censura prohibir la difusión de un evento o ejercer presión en los medios para que no se difunda, u ordenar la retirada de una grabación?

El apartado 3 dispone que*: "La ley regulará la organización y el control parlamentario de los medios de comunicación social dependientes del Estado o de cualquier ente público y garantizará el acceso a dichos medios de los grupos sociales y políticos significativos, respetando el pluralismo de la sociedad y de las diversas lenguas de España".* ¿Hasta dónde llega el pluralismo? ¿Qué se considera por grupos sociales significativos?

Claro está que según la propia Constitución*: Estas libertades tienen su límite en el respeto a los derechos reconocidos en este Título, en los preceptos de las leyes que lo desarrollen...(artículo 20.4),* habría que realizar un ejercicio de ponderación aunque el derecho a la protección de la salud es un derecho débil por su ubicación como principio rector que dispone que corresponde a los poderes públicos organizar medidas preventivas, prestaciones y servicios para tutelar la salud pública.

Así, según lo dispuesto en la Constitución, ¿ha habido censura previa? ¿ha habido manipulación, como denuncian los colectivos "marginados"? Y en el caso de que la hubiese habido ¿estaría justificada para proteger la salud de las personas, prevenir la enfermedad e impedir su propagación y contagio? Un poco más allá, ¿estaría justificada la censura previa de un acto para prevenir el daño que podría causar la divulgación de una sustancia que pretende curar sin fundamento científico? Es el caso de la censura del MMS[7] que ya venía siendo promociona-

---

7 https://www.aemps.gob.es/informa/notasinformativas/medicamentosusohumano-3/2020-medicamentosusohumano-3/la-aemps-advierte-de-los-riesgos-graves-para-la-salud-por-el-consumo-de-dioxido-de-cloro-o-mms/

El consumo de soluciones de dióxido de cloro o de soluciones de clorito de sodio (MMS) pone en riesgo la salud y puede producir efectos tóxicos graves tanto en su consumo directo como por inhalación de sus vapores. No existen pruebas de ningún tipo de que pueda usarse para tratar o prevenir la infección por coronavirus, ni tampoco hay evidencia de que sea efectivo contra otras enfermedades como malaria, autismo, cáncer, enfermedades parasitarias o degenerativas.

Ninguno de estos productos está autorizado para el tratamiento de ninguna enfermedad.

La AEMPS recomienda encarecidamente no consumirlos en ningún caso: ni en formatos que se presentan aptos para consumo humano ni si se ofrecen como desinfectantes, blanqueantes o biocidas de uso industrial.

Durante la situación sanitaria ocasionada por la COVID-19, se ha promocionado a través de redes sociales y páginas web el consumo por vía oral de soluciones de dióxido de cloro (directamente u obtenido a partir de clorito de sodio, también conocido como MMS –Miracle Mineral Solution-) para el tratamiento o la prevención de la infección por SARS-CoV-2. Además de esta promoción, aprovechando el COVID-19,

do antes de la pandemia pero que en su momento álgido se aprovechó para publicitar a través de un video las bondades del MMS para curar el covid-19. Andreas Kalcker[8], quien se presenta como "científico, investigador y escritor" que "trabaja como director en un laboratorio de investigación" y además, asegura ser "licenciado en Economía, Máster en Biofísica y doctor en Biofísica en medicina alternativa" es autor de varias publicaciones[9] sobre el MMS[10] y promotor de su uso.

---

se han promocionado también como tratamiento para muchas otras enfermedades, como malaria, autismo, cáncer, enfermedades parasitarias o degenerativas. La Agencia Española de Medicamentos y Productos Sanitarios (AEMPS) advierte de que no existe ninguna prueba científica que avale estas supuestas propiedades, y estos productos no se han sometido a ningún tipo de evaluación o autorización por las autoridades competentes que garantice que la relación beneficio/riesgo sea positiva y así asegurar el derecho de los ciudadanos a la protección de su salud.

8 https://andreaskalcker.com/ , recuperado el 28 de octubre de 2022.

9 https://andreaskalcker.com/cursos-formaci%C3%B3n-y-libros/libros.html

10 https://es.wikipedia.org/wiki/Clorito_de_sodio
El clorito sódico se obtiene indirectamente del clorato sódico, NaClO3. En primer lugar, el explosivo (solo a concentraciones superiores al 10% en aire) dióxido de cloro, ClO2 se obtiene por reducción del clorato sódico en una solución ácida fuerte con un agente reductor apropiado (por ejemplo, cloruro sódico, dióxido de azufre, o ácido clorhídrico). El dióxido de cloro, entonces, se absorbe en una solución alcalina y se reduce con el peróxido de hidrógeno, H2O2 en la obtención de clorito de sodio.
El clorito de sodio es un fuerte oxidante y por lo tanto, puede esperar que causen los síntomas clínicos similares a los del clorato de sodio, conocido: metahemoglobinemia, hemólisis, insuficiencia renal. Una dosis de 10-15 gramos de clorato de sodio puede ser letal. La metahemoglobemia se había demostrado en ratas y gatos, y estudios recientes por la EMEA han confirmado que la sintomatología clínica es muy similar a la causada por el clorato de sodio en animales de laboratorio.

A tenor de lo dispuesto en el artículo 20 de nuestra Constitución, Andreas Kalker tiene derecho a expresar libremente su opinión, a producir científicamente su MMS y además a informar de su contenido y de las indicaciones del mismo ante posibles enfermedades, siempre que esta información acerca de su "producción científica" sea "veraz". A él le consta su veracidad porque no se hace eco de rumores o estudios sin contrastar, ya que son sus investigaciones científicas. Aquí no se trata de un periodista o agencia publicando o difundiendo información sobre las bondades del MMS para la curación de enfermedades sino del propio investigador del "medicamento", si bien hay que situarlo entre comillas porque no ha sido aceptado por la agencia española del medicamento que rechaza completamente su uso curativo de coronavirus u otra enfermedad[11]. Lo relevante para el tema que nos ocupa es que el video que se transmitió en redes sociales en vivo a través de Facebook Watch, obtuvo 31 mil reproducciones, fue compartido 870 veces y consiguió casi 900 reacciones[12].

Desde hace algunos años, algunos portales de internet han promocionado en distintos países la utilización del clorito de sodio como un remedio para el tratamiento de diversas en-

---

[11] https://www.aemps.gob.es/informa/la-aemps-advierte-de-los-riesgos-graves-para-la-salud-por-el-consumo-de-dioxido-de-cloro-o-mms/
En su web, recuperada el 20 de octubre de 2022, la Agencia Española del Medicamento avisa de que: El consumo de soluciones de dióxido de cloro y de clorito de sodio (MMS) supone un grave riesgo para la salud y no se recomienda su consumo en ningún caso. No existe evidencia científica de ningún tipo de que sea eficaz para el tratamiento o prevención de la COVID-19 ni de ninguna otra patología. Diferentes autoridades sanitarias –incluyendo la AEMPS- vienen advirtiendo desde 2010 de los riesgos de su consumo y tomando medidas para evitarlo

[12] https://chequeado.com/el-explicador/no-consumir-dioxido-de-cloro-no-cura-el-coronavirus-y-es-peligroso-para-la-salud/ recuperado el 20 de octubre de 2022.

fermedades, como todos los tipos de cáncer, infecciones por hongos y bacterias, parasitosis, hipertensión y depresión. En los países anglosajones han llamado a esta disolución *Master Mineral Solution* (MMS) o dióxido de cloro (CDS). Y a pesar de que las autoridades sanitarias de muchos países, así como científicos, médicos y asociaciones de pacientes, consideran este producto completamente inútil y peligroso, se sigue recetando por algunos profesionales de la medicina alternativa[13], y algunos incluso afirman haberlo probado[14].

Andreas Kalcker se querelló contra la Presidenta del Colegio Oficial de Médicos de Alicante que había puesto en conocimiento de la Conselleria de Sanidad la organización de un evento en Alicante en el que se iba promocionar el producto MMS. El acto, previsto para junio de 2018, finalmente no se celebró y el querellante acusó a la presidenta de "(...) ejercer una presión ilegítima ante los medios de comunicación (...)" e interpuso una denuncia por delitos de injurias graves, denuncia falsa y coacciones.

Según se recoge en el auto del 10 de diciembre de 2019 del Juzgado de Instrucción nº 2 de Alicante, "(...) los hechos en ningún caso podrían ser constitutivos de un delito de coacciones o denuncia falsa". Sobre el delito de coacciones, afirma que "(...) como Presidenta del Colegio Oficial de Médicos tiene entre sus funciones velar por la salud, las buenas prácticas médicas y la seguridad de los pacientes, por lo que no puede afirmarse que no esté legitimada para denunciar un acto que

---

13 El 6 de mayo de 2022 todos los periódicos de tirada nacional y catalanes se hacían eco de la investigación de Fiscalía de un nuevo caso de profesional de la medicina alternativa recetando MMS. En fecha de 20 de octubre de 2022 no hay noticia del resultado de la investigación.

14 https://www.mallorcadiario.com/testimonio-medico-paciente-covid-19-mallorca-tratamiento-dioxido-cloro, recuperado el 28 de octubre de 2022. En este caso es un médico de UCI quien relata su experiencia.

se considera nocivo para la salud. En estas circunstancias resulta irreconocible el elemento de la acción coactiva".

Respecto al delito de denuncia falsa, señala que la información denunciada por la presidenta del COMA ante la Consellería de Sanidad es "(...) sustancialmente veraz (...) " y hace referencia al informe emitido por la Agencia Española del Medicamento y Productos Sanitarios, recogiendo que "(...) el producto MMS comercializado por el querellante no ha sido sometido a los procedimientos de evaluación y posterior autorización (...)" y su consumo pone en riesgo la salud de los consumidores. Además, recuerda que en mayo de 2010 se emitió una alerta sanitaria ordenando su retirada. Según el fallo, "(...) resulta indiscutible que las expresiones vertidas por la querellada se realizan en el ejercicio de sus competencias que tiene atribuidas como Presidenta del Colegio Oficial de Médicos". Y añade que la denuncia tenía por objeto advertir sobre una actividad que puede poner en peligro la salud de las personas, "(...) poniendo de manifiesto hechos veraces (...)". El auto termina diciendo que "(...) No cabe duda de que las afirmaciones contenidas en los artículos periodísticos fueron vertidas en el ejercicio de su profesión y de su deber de proteger la salud de los enfermos, comentarios que deben entenderse vertidos en ejercicio de libertad de expresión e información al consumidor".

La Audiencia Provincial desestimó el pasado 15 de diciembre de 2020 el recurso de apelación del querellante ratificando la resolución del Juzgado de Instrucción nº 2 y archivando la causa definitivamente[15]. El fallo ratifica que la presidenta actuó en el ejercicio de sus competencias y en su deber de proteger la salud de la ciudadanía en general, acordando el sobreseimien-

---

15 https://www.redaccionmedica.com/termometro/andreas-kalcker-la-justicia-desestima-la-demanda-de-andreas-kalcker-contra-la-presidenta-del-coma-8828

to libre de la causa, que ha sido defendida por el secretario-técnico del Colegio de Médicos, el letrado Guillermo Llago Navarro: "*Esperamos que esta resolución judicial sirva de advertencia a cualquiera que pretenda en la provincia de Alicante celebrar un acto que suponga un riesgo para la salud de la población, ya que el Colegio de Médicos de Alicante ejercerá sus funciones y actuará con todas las medidas a su alcance para evitarlo ", asegura la presidenta, quien alerta de las "graves consecuencias de la profileración de 'productos milagrosos' como el MMS, que se ha pretendido vender incluso como tratamiento para la infección por Sars-Cov2*".

Anteriormente había sido denunciado por la Unidad Fiscal de Investigaciones en Materia Ambiental (UFIMA) en Argentina[16]. En la denuncia, el titular de la UFIMA indicó que, de acuerdo con la ANMAT -dependiente del Ministerio de Salud de la Nación-, la sustancia conocida como "clorito de sodio" (NaClO2) es una sal, que al ser combinada con una sustancia ácida en medio acuoso libera el gas dióxido de cloro (ClO2) y forma la sal cloruro de sodio (ClNa). El cloruro de sodio se comercializa como alimento y es la sal de cocina. El "dióxido de cloro", reseñó, es un gas que se utiliza comúnmente como blanqueador en el proceso de fabricación del papel en plantas públicas de tratamiento de agua y en el proceso de descontaminación de construcciones. Sobre esto en particular, la ANMAT refirió que se habían detectado ofertas de Dióxido de Cloro en las que se atribuyen a la sustancia propiedades antimicrobianas, antivirales y un inminente fortalecimiento del sistema inmunológico, prometiendo curar todo tipo de enfermedades, síndromes, trastornos neurológicos e, incluso, se ha ofrecido para la prevención y tratamiento del COVID-19. Según la Asociación para Proteger al Enfermo de Terapias Pseudocientíficas (APETP), el MMS es

---

16 https://www.fiscales.gob.ar/fiscalias/denuncian-a-un-presunto-medico-aleman-por-promocionar-el-dioxido-de-cloro-y-a-cuatro-personas-encargadas-de-comercializarlo-en-el-pais/

simplemente lejía diluida, un blanqueante industrial y desinfectante. Esta pseudoterapia lleva difundiéndose varias décadas desde su inicio en Estados Unidos y su origen se atribuye a Jim Humble[17], siendo Kalcker uno de sus mayores promotores.

En España, Josep Pàmies, activista y curandero catalán, es el más conocido promotor de su uso, aun después de haber sido compelido a retirar el producto[18]. La administración sanitaria, en 2018, le abrió dos expedientes sancionadores por publicitar este producto en su página web y en un congreso pseudocientífico[19]. Él y la entidad "Dolça Revolució", fueron también denunciados por promocionar a través de Internet *MMS* como tratamiento efectivo para combatir el coronavirus y por ofrecer consejos de salud sin tener la titulación adecuada, aunque, en junio de 2020, la Fiscalía de Lleida archivó la investigación. De las investigaciones llevadas a cabo[20], la Fiscalía no ha podido intervenir ni analizar este producto a los denunciados, lo que no ha permitido concretar la naturaleza, composición, niveles o porcentajes concretos de dióxido de cloro utilizados y los efectos exactos de las "dosis", "mezcla" o "solución". Al no haberse podido intervenir el producto, "no se ha podido justificar el perjuicio en forma de riesgo para la salud de los consumidores", señala el ministerio público. En relación a los correos electrónicos enviados a los colegios de médicos de todo el Estado instando a los profesionales de la salud a recomendar el pro-

17 https://www.granjalapaz.com/2020/05/02/jim-v-humble-el-descubridor-del-mms-tambien-llamado-cds-dioxido-de-cloro/, recuperado el 20 de octubre de 2022

18 https://www.eldiario.es/catalunya/multas-cercan-curandero-josep-pamies-difundir-sustancia-retirada-mercado_1_9591096.html, publicado el 7 de octubre de 2022.

19 https://elpais.com/sociedad/2018/10/18/actualidad/1539867166_815336.html

20 https://www.eldiario.es/catalunya/fiscalia-curandero-pamies-tratamientos-coronavirus_1_6068157.html

ducto MMS que promocionan, la fiscalía no aprecia delito de coacciones por "no tener la intensidad suficiente para que accedan a las pretensiones de los denunciados". A partir de las diligencias efectuadas, la Fiscalía de Lleida acordó remitir testimonio de las actuaciones a la Dirección General de Ordenación y Regulación Sanitaria del Departament de Salut, reconociendo que, finalizada la vía penal, los hechos objeto del procedimiento podrían derivar en una sanción administrativa para hacer publicidad de productos que no están autorizados. Al mismo tiempo Pamies[21], quien alega que su libertad de expresión está siendo reiteradamente vulnerada, sigue recomendando el producto, aunque no lo vincula con la curación de enfermedades.

Según el Colegio de Médicos de Lleida, este tipo de actuaciones "ponen en riesgo la salud comunitaria y la recuperación económica de la sociedad"[22]. Garantizar la libertad de expresión no implica poner en riesgo la salud de las personas que, por cierto, el Estado tiene el deber de proteger. Estamos obviamente ante un conflicto de ponderación de derechos importante, sin embargo, aquí pesa, además, otro elemento y es que los contenidos vertidos anunciando o recomendando la curación de enfermedades, como la infección por coronavirus, no está contrastada científicamente.

Cuando existen teorías opuestas sobre un mismo objeto de debate es preciso la contradicción entre ellas con argumentos científicos contrastados. Por ejemplo, los negacionistas del

---

21 Aunque este capítulo fue redactado en 2022, durante la revisión del mismo (abril de 2024) siguen publicándose las mismas sanciones al agricultor J. Pamies por seguir promocionando el MMS. https://elpais.com/espana/catalunya/2024-04-02/la-generalitat-multa-al-agricultor-josep-pamies-con-12-millones-de-euros-por-promocionar-un-compuesto-ilegal.html#

22 http://www.medicosypacientes.com/articulo/el-colegio-de-medicos-de-lleida-pide-sanciones-por-el-acto-de-pamies

cambio climático no pueden demostrar los argumentos con los que rebaten los de los científicos que avisan contra los peligros del cambio climático evidente; lo mismo ocurre con los negacionistas de la pandemia, del peligro del covid-19 o, de los medicamentos o vacunas contra el mismo ya que no tienen evidencia científica suficiente para demostrar sus alegatos pero, al menos, habría que someterles a contradicción. Éste habría sido un buen modo de erradicar la confusión y, al mismo tiempo, de evitar un conflicto sobre su libertad de expresión. En el fondo, en ambos casos subyace la teoría de la conspiración que ha estado presente entre toda esta maraña de infodemia y desinformación.

4. IMPACTO DE LAS TEORÍAS CONSPIRATORIAS: INFODEMIA Y DESINFORMACIÓN

La pandemia de coronavirus ha venido acompañada de un aumento de teorías conspiratorias dañinas y engañosas (Imhoff, R. & Lamberty, 2020; Imhoff, R. & Lamberty, 2020; y Freeman, 2020) difundidas, en su mayor parte, online (Johnson, 2020). Para hacer frente a esta tendencia, la Comisión Europea y la UNESCO han publicado una serie de infografías educativas que ayudan a los ciudadanos a identificar, desmontar y contrarrestar las teorías conspiratorias:

La creencia de que fuerzas poderosas y malintencionadas mueven secretamente los hilos para manipular determinados sucesos o situaciones sustentan las teorías conspiratorias[23]. Éstas tienen en común una serie de elementos que incluyen: una supuesta trama secreta, un grupo de conspiradores, supuestas pruebas que parecen apoyar la teoría de la conspiración. Al mis-

---

23 https://ec.europa.eu/info/live-work-travel-eu/coronavirus-response/fighting-disinformation/identifying-conspiracy-theories_es

mo tiempo sugieren falsamente que nada es accidental y que las coincidencias no existen; nada es lo que parece y todo está relacionado. Y en general, todas acaban por dividir el mundo en buenos y malos, utilizando determinadas personas y grupos como chivos expiatorios. Pretenden aportar la explicación lógica de acontecimientos o situaciones difíciles de entender y generan una falsa percepción de control e influencia. Esta necesidad de claridad se agudiza en tiempos de incertidumbre, como los que se han vivido en la pandemia de COVID-19. Suelen empezar como sospecha. Sus creadores se preguntan quién sale beneficiado del suceso o la situación e identifican así a los conspiradores. A partir de entonces, hacen que las «pruebas» encajen en la teoría, una vez que han arraigado, las teorías conspiratorias crecen convenientemente difundidas en las redes sociales. Sus defensores se atrincheran en su "verdad" acusando a quien intente rebatirlas de formar parte de la conspiración.

La mayoría de personas que las defienden a ultranza están convencidas de su veracidad pero, otras buscan deliberadamente provocar, manipular o apuntar a personas por motivos políticos o financieros. Una de las más controvertidas es Q Anon[24], organización conspiratoria por excelencia de la extre-

---

24 **QAnon o Q**: (abreviación de Q-Anónimo) es una de las principales teorías de la conspiración de la extrema derecha estadounidense, la cual detalla una supuesta trama secreta organizada por un supuesto «Estado profundo» contra Donald Trump y sus seguidores

La idea general de la trama es que hay actores de Hollywood, identificados como políticamente progresistas, políticos del Partido Demócrata y funcionarios de alto rango que participan en una red internacional de tráfico sexual de niños y realizan actos pedófilos; y que Trump los está investigando y persiguiendo para prevenir un supuesto golpe de Estado orquestado por Barack Obama, Hillary Clinton y George Soros.

Aunque de origen estadounidense, existe un movimiento QAnon fuera de los Estados Unidos, incluso en el Reino Unido y Francia desde

ma derecha norteamericana, que participó en el asalto al Capitolio de Washington de 2021.

Algunas de estas teorías se dirigen contra los judíos, a los que en momentos de crisis se les ha acusado falsamente de estar detrás de enfermedades, guerras y crisis económicas. Algunos de los discursos antisemitas más comunes afirman que los judíos controlan el Gobierno, los medios de comunicación o los bancos con fines malintencionados. A pesar de las innumerables pruebas históricas, algunos antisemitas sostienen falsamente que el Holocausto fue provocado por los judíos o nunca tuvo lugar[25].

Suelen utilizar un lenguaje ofensivo y denigrante e insinuaciones de vínculos entre una supuesta conspiración y personas o grupos judíos o el Estado de Israel. Uno de sus blancos favoritos son representantes del partido Demócrata, especialmente Barak Obama y Hillary Clinton, y otros magnates americanos como Bill Gates o George Soros, y, en nuestro ámbito representantes del Gobierno español[26].

Una vez difundidas y reiteradas hasta la saciedad en medios y redes es muy difícil detenerlas. Las personas capacitadas son más resilientes, aun así, la incertidumbre, el miedo y la complejidad de la pandemia de COVID-19 han alimentado las teorías de la conspiración relacionadas con ella. Intentan «explicar» por qué ocurrió la pandemia y quién se beneficia de ella. La teoría de "Q anon" también se halla detrás de los antivacunas y antimascarillas alegando una conspiración mundial para manipular a la población y restringir nuestras libertades públicas

---

2020, con un movimiento "particularmente fuerte y creciente" en Alemania y Japón. https://es.wikipedia.org/wiki/QAnon

25 https://ec.europa.eu/info/live-work-travel-eu/coronavirus-response/fighting-disinformation/identifying-conspiracy-theories_es

26 https://www.rtve.es/noticias/20200923/qanon-espana-desinformacion-sobre-politica-salud/2042822.shtml

y derechos individuales: libertad de expresión, de circulación, incluso, nuestra salud.

Un estudio global de 28 países ha puesto de manifiesto que más de 3 de cada 10 personas encuestadas creen que una potencia extranjera u otra fuerza está causando deliberadamente la propagación del virus de la COVID-19 (Gallup International, marzo de 2020) con el fin de reducir la población mundial, o perjudicar al mayor número posible de personas (por ejemplo, a través de señales de 5G), y que el uso de vacunas, tratamientos o medidas de prevención como las mascarillas persiguen dañar la salud o controlar nuestra libertad de acción.

La Unión Europea ha establecido una serie de recomendaciones en redes sociales, sitios web y blogs, como por ejemplo: contrastar con información verificada, no compartir la publicación, o ponerse en contacto con el autor o el administrador de la web y pedirle que corrija la publicación. En medios de comunicación, se recomienda ponerse en contacto con el consejo de redacción y no compartir, pero, sobre todo, no fiarse de la información no contrastada porque está en riesgo uno de los bienes más preciados para las personas: la salud.

5. EL DERECHO A LA SALUD Y LA LIBERTAD INFORMATIVA Y DE EXPRESIÓN

El derecho a la protección de la salud aparece regulado en el artículo 43 de la Constitución. Por su ubicación en el capítulo III del Título I se supone que es un principio rector de la política social y económica, sin embargo, es mucho más, en primer lugar, porque está enunciado como derecho y, en segundo lugar, porque está directamente asociado al derecho a la vida y al derecho a la integridad física y moral. De todas formas, una concepción formalista del Derecho nos dirige a esperar que servirá para informar la legislación, la práctica judicial y la actuación de los poderes públicos y, que solo podrá ser invocado ante la jurisdicción ordinaria según lo dispuesto en las leyes de desarrollo (art.53.3).El Tribunal Constitucional habla "de los derechos derivados de éste": "el artículo 43.2 CE impone un mandato a los poderes públicos, y en particular al legislador, para establecer los derechos derivados del apartado 1 de ese mismo precepto" (STC 139/2016 FJ 8). Por lo tanto, su alcance dependerá tanto del desarrollo legislativo y sobre todo de la práctica judicial y de la interpretación jurídica, pero también de las políticas públicas que indiquen en qué sentido quiere gestionarse la salud pública. Así, puede entenderse que según el sistema de salud puede ser un derecho subjetivo en el sentido estricto o se debe supeditar su titularidad a la condición de asegurado (Lema, 2014:10).

En todo caso, su contenido comprendería "el derecho a la asistencia sanitaria y, como prolongación de ésta, el derecho al medicamento" (Escobar, 2008:129). Ambos derechos guardan una estrecha relación con la infodemia que ha surgido en la pandemia, un exceso de información difícil de contrastar especialmente cuando hay una parte de desinformación o, simplemente, una información que sin ser oficial, a fuerza de ser repetida con vehemencia y convicción ha calado como auténtica haciendo que el discurso oficial aparezca como una creación para la manipulación. Esta es la situación que han vivido muchas personas en la pandemia, no me refiero solo a aquellas personas que han llegado a creer en una teoría de la conspiración, sino también aquellas personas que se han sentido perdidas y confundidas ante la decisión de tratarse contra el covid o vacunarse. El sufrimiento causado por la duda y por la desconfianza en la validez y la seguridad de las vacunas ha sido en gran medida producida por ese grupo de sanitarios (médicos, científicos, biólogos) "por la verdad", por "su verdad", que, al mismo tiempo, tienen derecho a la libertad de expresión. Aquí tenemos un primer conflicto entre el derecho a la libertad de expresión de estos profesionales de la medicina y unas posibles consecuencias de riesgo para la salud pública.

Ahora bien, el derecho a la salud se ha configurado también como un derecho de libertad en el sentido de la Ley 41/2002, de 14 de noviembre, básica reguladora de la autonomía del paciente y de derechos y obligaciones en materia de información y documentación clínica. Como dice Marta León (2018:93), el derecho a la salud asegura la libertad y la autodeterminación personal con relación al estado de bienestar individual, reconociendo a su titular la capacidad de hacer u omitir lo que determine su voluntad en cada momento. Y los poderes públicos tienen frente a este derecho la correlativa obligación de respetar la autonomía del sujeto, pero si esa autonomía para tomar una determinada decisión en relación, por ejemplo, a un tratamiento médico o una vacunación frente una situación de riesgo, está condicionada por una información que no es veraz o contrastada, de alguna manera esa "libre" decisión está viciada. En este momento aflora un conflicto entre la libertad de decidir sobre la salud propia o de los seres queridos (durante la pandemia, y no solo durante ella, se han visto muchos conflictos por la negativa de vacunar a menores) y la obligación del Estado de velar por la salud pública a través de medidas preventivas o prestaciones necesarias.

Así, en línea con Santisteban Galarza (2020:140), la desinformación médica indudablemente repercute en la libertad de los ciudadanos a la hora de decidir sobre su salud. La salud, además de un derecho subjetivo con raíces en la legislación ordinaria, goza de una dimensión objetiva o colectiva, que se traduce en la protección del bien jurídico de la «salud pública». El interés del poder público por la protección de la salud frente a las epidemias fue transformándose con la evolución del Estado Social, para diseñar un sistema de salud más basado en las necesidades individuales (Cierco, 2005), por lo que el sistema de salud ha girado en torno al paciente con la excepción de las campañas de promoción de la salud (Bombillar, 2020). Hemos venido asistiendo ya a algunas epidemias que iban mostrando la relevancia de la salud como bien jurídico público, pero de acuerdo con Santisteban (2020:140), el sistema no ha reaccionado hasta la pandemia covid-19 que ha hecho emerger la importancia de lo público, de lo colectivo sobre lo individual.

La Ley 33/2011, de 4 de octubre, General de Salud Pública dedica varios apartados a regular el necesario deber de información de los poderes públicos y las administraciones sanitarias sobre la presencia de riesgos específicos para la salud de la población. Esta información incluirá una valoración de su impacto en la salud, de las medidas que adopten las Administraciones sanitarias al respecto y de las recomendaciones para la población (artículo 10). También incluye un mandato de transparencia e imparcialidad a las organizaciones científicas y profesionales y a las personas expertas con quienes colaboren en las actuaciones de salud pública, incluidas las de formación e investigación, así como a las personas y organizaciones que reciban subvenciones o con las que celebren contratos, convenios, conciertos o cualquier clase de acuerdo (artículo 11) y, finalmente en su artículo 18 aborda la exigencia de veracidad: "Las Administraciones sanitarias velarán por que la información sobre salud dirigida al público sea veraz y cumpla con las previsiones de esta ley, especialmente cuando sea difundida a través de los medios de comunicación social". Además, dispone que "las Administraciones públicas sanitarias contarán con la colaboración de los medios de comunicación para difundir recomendaciones sobre salud pública". El problema sigue siendo entonces qué entendemos por "información veraz" porque para "los médicos por la verdad" o el Dr. Kalker es su verdad, son sus investigaciones y se sienten responsables de difundirlas también en atención al reconocimiento de su libertad de expresión.

Existe una profusa jurisprudencia de nuestro Tribunal Constitucional al respecto que puede resumirse en que respecto a la trascendencia de la libertad de información, la STC 172/2020, de 19 de noviembre, recuerda que el libre ejercicio del derecho a comunicar o recibir libremente información veraz, consagrado en el art. 20 CE garantiza la formación y existencia de una opinión pública libre, "garantía que reviste una especial trascendencia ya que, al ser una condición previa y necesaria para el ejercicio de otros derechos inherentes al funcionamiento de un sistema democrático, se convierte, a su vez, en uno de los pilares de una sociedad libre y democrática. Para que el ciudadano pueda formar libremente sus opiniones y participar de modo responsable en los asuntos públicos, ha de ser también informado ampliamente de modo que pueda ponderar opiniones diversas e incluso contrapuestas" (STC 159/1986, de 16 de diciembre, FJ 6; y SSTC 21/2000, de 31 de enero, FJ 4, y 52/2002, de 25 de febrero, FJ 4; en el mismo sentido, SSTEDH de 7 de diciembre de 1976, caso *Handyside c. Reino Unido*, § 49, y de 6 de mayo de 2003, caso *Appleby y otros c. Reino Unido*, § 39).

Finalmente, en atención al marco normativo y jurisprudencial estudiado cabe reformularse este interrogante ¿los poderes públicos pueden prohibir la libertad de expresión de estas entidades o profesionales para proteger la salud pública? A pesar del poder de las redes sociales, a las que incluso el Tribunal Constitucional les presupone una capacidad para influir en la opinión pública exponencialmente superior a la de los medios de comunicación tradicionales (STC 8/2022, de 27 de enero), existen los cauces oportunos para difundir la información oficial convenientemente sin necesidad de censurar la libertad de expresión.

Ante la tensión entre la libertad de expresión y la protección de la salud pública que podría entrar en conflicto también con la libertad o autonomía individual para ignorar el mandato estatal (por propia convicción o inducido por una recomendación divergente de la oficial), cabe considerar, siguiendo a Lorenzo Cotino (2020), que "el sistema constitucional política y jurídicamente tiene la virtud de saber deliberar, ponderar y armonizar derechos fundamentales entre sí y con otros bienes constitucionales" por lo que esperemos se establezcan criterios claros de actuación frente a las reivindicaciones de libertad de expresión por parte de quienes son disidentes de las teorías oficiales y se promueva el debate público que garantice la contradicción entre profesionales, ello también evitará la desinformación por vías alternativas a los canales públicos oficiales.

BIBLIOGRAFÍA

Albarracin, D. et al.(2018) Misleading claims about tobacco products in YouTube videos: experimental effects of misinformation on unhealthy attitudes. *J. Medical Internet Res.* 20, e9959

Allcott, H. & Gentzkow, M.(2020) Social media and fake news in the 2016 election. *J. Econ. Perspect.* 31, 211–236

Bombillar Sáenz, F. M. (2020) «Salus publica suprema lex est: intervención administrativa y gestión de la crisis del COVID-19» en Atienza Matías, Elena (direct) y Rodríguez Ayuso Juan Francisco (direct*), La respuesta del derecho a la crisis de salud pública.* Madrid: Dykinson, p. 61-63.

Cierco Seira, C. (2005) "Las epidemias y el derecho administrativo. Las posibles respuestas de la Administración en situaciones de grave riesgo sanitario para la población" *Derecho y Salud,* Vol. 13, Núm. 2. pp.211-213.

Cotino Hueso, L. (2020) "Inteligencia artificial, big data y aplicaciones contra la COVID-19: privacidad y protección de datos" *Revista de Internet, Derecho y Política,* Núm. 31, 2020, p.3.

Dubé, E. et al.(2015) Vaccine hesitancy, vaccine refusal and the anti-vaccine movement: influence, impact and implications. *Expert Rev. Vaccines* 14, 99–117.

Escobar Roca, G. (2008) "Los derechos sociales fundamentales y la protección de la salud" *Revista de Derecho político,* Núm. 71-72.

Fazio, L. K. et al. (2019) Repetition increases perceived truth equally for plausible and implausible statements. *Psychon. Bull. Rev.* 26, 1705–1710.

Freeman, D. et al(2020) Coronavirus conspiracy beliefs, mistrust, and compliance with government guidelines in England. *Psychol. Med.* https://doi.org/10.1017/S0033291720001890

Grinberg, N. et al. (2019) Fake news on Twitter during the 2016 US presidential election. *Science* 363, 374–378.

Imhoff, R. & Lamberty, P. (2020) A bioweapon or a hoax? The link between distinct conspiracy beliefs about the coronavirus disease (COVID-19) outbreak and pandemic behavior. *Soc. Psychol. Personal. Sci.* 11, 1110–1118.

Johnson, N. (2020) The online competition between pro-and anti-vaccination views. *Nature* 58, 230–233.

Jolley, D. & Paterson, J. L.(2020) Pylons ablaze: examining the role of 5G COVID-19 conspiracy beliefs and support for violence. *Br. J. Soc. Psychol.* 59, 628–640.

Krishna, A. & Thompson, T. L.(2021) Misinformation about health: a review of health communication and misinformation scholarship. *Am. Behav. Sci.* 65, 316–332.

Kucharski, A.(2016) Study epidemiology of fake news. *Nature.* 540, 525–525

Cinelli, M. et al(2020) The COVID-19 social media infodemic. *Sci. Rep.* 10, 1–10

Lema Añón, C. (2014) "La titularidad del derecho a la salud en España. ¿Hacia un cambio de modelo?" *Revista de Bioética y Derecho,* Núm. 31

León Alonso, M. (2018). Artículo 15. *Estudios sobre la reforma de la Constitución de 1978 en su cuarenta aniversario* (Coord. Gómez Sánchez) Navarra: Aranzadi

Lewis, T.(2020) Eight persistent COVID-19 myths and why people believe them. *Scientific American.* https://www.scientificamerican.com/article/eight-persistent-covid-19-myths-and-why-people-believe-them/

Loomba, S. et al(2021). Measuring the impact of COVID-19 vaccine misinformation on vaccination intent in the UK and USA. *Nat. Hum. Behav.* 5, 337–348

Marsh, E.J. & Yang, B. W.(2018) in *Misinformation and Mass Audiences* (eds Southwell, B. G., Thorson, E. A., & Sheble, L) 15–34 University of Texas Press,

Pennycook, G. et al. (2018). Prior exposure increases perceived accuracy of fake news. *J. Exp. Psychol. Gen.* 147, 1865–1880

Roozenbeek, J. et al. (2020). Susceptibility to misinformation about COVID-19 around the world. *R. Soc. Open Sci.* 7, 201199

Romer, D. & Jamieson, K. H. (2020). Conspiracy theories as barriers to controlling the spread of COVID-19 in the US. *Soc. Sci. Med.* 263, 113356

Santisteban Galarza, M. (2020) "Covid-19 y libertad de expresión en redes sociales: Un análisis de los derechos fundamentales afectados por la desinformación sanitaria", *Revista Derechos Humanos y Educación,* n.º 3

Zarocostas, J. (2020). How to fight an infodemic. *The Lancet*, 395(10225), 67. https://doi.org/10.1016/s0140-6736(20)30461-x

Capítulo 19.

LA CULTURA COMO ESPACIO HUMANO NO NEUTRAL; LA ÓPERA Y EL TEATRO SE SIGNIFICAN

ROSA MARÍA FERNÁNDEZ GARCÍA
Reales Academias de Bellas Artes de Barcelona y de Madrid
rosa.fernandez.garcia@usc.es

1. INTRODUCCIÓN

En muchas ocasiones nos imaginamos la cultura, o más exactamente, el sistema cultural (el entramado formado por museos, teatros, auditorios, orquestas, festivales, etc.) como un remanso de paz, como ese lugar donde logramos, aunque solo sea por un instante, dialogar con el metro de la inmortalidad, esa "medida inconmensurable" de las grandes creaciones de la Humanidad, donde la experiencia de la belleza y de la genialidad encuentran su verdadero y único lugar, el de la verdad incontestable, incontaminada por la praxis política o por los intereses de grupos de presión. La cultura siempre transmite valores, y valores altamente regeneradores para la sociedad, por eso muy pocas veces son cuestionadas las acciones culturales. En muchas ocasiones nos vemos como usuarios de la cultura, nunca como consumidores; sin embargo, existe la industria cinematográfica, editorial o el mercado del arte, por ejemplo, susceptibles también de ser manipulados a través de la publicidad o la propaganda. Y es que esto que, de un modo genérico llamamos "la cultura", se tiñe de tantas controversias, inquietudes e intencionalidades como cualquiera otra faceta de la actividad social, con el agravante de que lo que subyace en las producciones culturales suele dejar una huella profunda (todos recordamos durante años el impacto de una película, de un poema o de una canción) que siempre consideramos objetivo, emancipatorio o incluso liberador; y, no solo no es así en muchos casos, sino que la carga de mensaje intencional, al estilo marcado por Gramsci es mayor precisamente por ser, aparentemente, incuestionable.

En este artículo se pretende dibujar un mapa global de dicha manipulación a través de algunos ejemplos centrados en su mayoría en el ámbito de las artes escénicas, ya que en un primer texto no se pueden acotar todos los sectores culturales. Se ha optado mayoritariamente por este ámbito (teatro y ópera) porque es quizás el menos evidente si lo comparamos con otros y en el que *a priori* se presupone menor cabida para una acción tendente, intencionadamente, a alterar un estado de opinión a favor de quien lo emite. Este artículo trata de acciones culturales desarrolladas en países occidentales, menos proclives a la propaganda y más cercanos a lo que podríamos denominar "operaciones psicológicas". Se obvian por falta de espacio las obras escénicas del ámbito latinoamericano, concretamente las que, con los parámetros del gran repertorio europeo se desarrollan en este ámbito geográfico (por ejemplo, la ópera *Il prigioniero* que el Teatro Colón de Buenos Aires ha situado en la Argentina de Videla). El modelo de investigación debe tener en cuenta variables muy diferentes (el origen de los fondos, la política de encargos, etc.) igualmente complejas y que requieren estudios inmediatos. Este artículo se ocupa de las producciones sostenidas con fondos públicos en los teatros europeos, líricos y de prosa, centrándose en cuatro ítems de muy diferente naturaleza (el revisionismo de género, el colonialismo, la guerra de Ucrania y el modelo de Estado) y que en gran medida han pasado desapercibidos en los debates actuales sobre manipulación informativa.

2. FEMINISMO O REVISIONISMO DE GÉNERO

Parece innecesario subrayar que la agenda política mundial está en gran medida dominada por dos grandes temas: la ecología y el feminismo, y que en torno a ambos se despliegan gran número de acciones culturales que en todo el orbe mueven ingentes sumas de dinero, destinadas, en el segundo caso, a concienciar a la ciudadanía del legítimo y necesario deseo de las mujeres de ocupar el lugar que les corresponde en nuestra sociedad. Para ello, se utilizan importantes partidas procedentes de los presupuestos públicos para sensibilizar a la sociedad occidental con una situación que todavía dista mucho de ser la idónea y, también, para forzar a la opinión pública a un cambio de paradigma.

Revisar el papel de la mujer en la historia del arte, visibilizarla en situación de discriminación positiva o de paridad de género es una de las premisas de la mencionada "agenda mundial". Para ello, las políticas públicas culturales, tanto estatales como autonómicas planifican gran parte de sus acciones con el objetivo de orientar a la opinión pública hacia estas formas de visibilización. A continuación, se presentan distintos ejemplos de manifestaciones culturales que fuerzan este objetivo alterando la propia obra o manipulándola más allá de la objetividad histórica y cuyo nexo común es el gran impacto mediático que han tenido en el mundo de la música clásica, uno de los sectores considerados a priori más conservadores y retardatarios, y que en realidad, se orientan hacia el mismo foco de visibilización y sensibilización.

2.1. *Ópera y "Heteropatriarcado": un nuevo final para Carmen de Bizet*

Hay versiones revisionistas de las óperas del gran repertorio para todos los gustos: la *Bohème* que transcurre en la luna (como hizo Claus Guth en su versión para la Opera de París); *Tristán e Isolda* en el metro de una gran ciudad (como la escenografía planteada por Simon Stone en el Festival de Opera de Aix en Provence) o Nerón como un cocainómano (como en la *Agrippina* de David McVicar en el Metropolitan de Nueva York). Hoy en día, los argumentos operísticos se trasladan a cualquier época y lugar que el director de escena considere oportuno; sin embargo, hay (o había) un imponderable que nadie se recusaba a tener en cuenta: no traicionar ni al libreto ni al argumento. Este principio, que hasta hace unos años nunca fue cuestionado, comienza a replantearse para dar cabida (e impacto social) al enfoque de género en la ópera, siendo uno de los más llamativos y polémico el llevado a cabo por Leo Muscato en la versión de la obra cumbre de Bizet, *Carmen*, que realizó para el *Maggio Musicale* de Florencia en 2018. El director de escena decidió cambiar el final de la ópera, y así ya no es José quien mata a Carmen sino que ésta le arrebata el arma y acaba finalmente con su vida[1]. Con este giro, impensable para Bizet, la ópera fue inmediatamente objeto de polémica. ¿Se debería reescribir con criterios feministas obras como *Orgullo y prejuicio*, de Jane Austen, tal y como se propone en la actua-

---

1 https://elpais.com/cultura/2018/01/09/actualidad/1515529053_880482.html

lidad[2]? ¿Cuáles son los límites para adaptar una obra de arte a las exigencias socio-políticas de nuestra época? Analizando obras y programas de teatros o conciertos parece que estos límites se han sobrepasado para nunca más volver a la literalidad de la obra, y de este modo han comenzado a convivir versiones fieles a lo escrito por el artista con versiones que reinterpretan las intenciones del mismo en el marco de las exigencias de las sociedades occidentales. Así, por ejemplo, en una reciente versión norteamericana se ha llegado a eliminar uno de los personajes de la ópera *Fidelio* de Beethoven, -concretamente el momento *Mir ist so wunderbar*- . Este fragmento fue concebido por el compositor como un cuarteto, pero se ha prescindido de uno de los protagonistas, alegando que así es más evidente la trama supuestamente lésbica de la obra, trama que por otra parte, nunca fue planteada como tal por el músico alemán.

Un papel fundamental en el revisionismo feminista lo tienen también las universidades, preferentemente las norteamericanas, desde cuyos departamentos de musicología se reinterpretan las obras de los grandes compositores en clave feminista. Una de las investigadoras más conocidas y de mayor autoridad intelectual desde su paso por la Universidad de Harvard es Susan McLary. Entre sus estudios más destacados figura *Feminine endings*, donde analiza, desde su punto de vista, la evidente carga de violencia sexual existente en la 3ª sinfonía *Heroica* de Beethoven y en general, en este compositor. Otras investigadoras norteamericanas amplían su visión como compositores falocentristas (según su propia terminología) a Schubert, Chopin, Verdi o Bizet. Entre las estudiosas que han marcado el pensamiento feminista sobre la música clásica destacan Marcia Citron con su obra *Gender and the Musical canon*, Susan C. Cook con *Cecilia reclaimed: Feminist perspectivs on Gender*

---

2 *Vide* Conejo Mangas, Alba. "Machismo, orgullo y prejuicio". *La Vanguardia* 26/07/2019 (última consulta realizada el 20/01/2023).

and Music o Lucy Green con *Music, Gender and education,* libros que han marcado la perspectiva con la que se enfoca la música clásica de la última generación de musicólogas anglosajonas y que está llegando poco a poco a las universidades europeas.

3. ÓPERA Y COLONIALISMO

3.1. Reescribiendo a Mozart y Beethoven

Beethoven es, sin duda, el músico que simboliza la idea de la cultura europea; es sin duda también, el compositor sobre el que se han centrado la mayor parte de las revisiones académicas, de diferente índole, como los estudios de género o los coloniales en música clásica[3]. Actualmente, es el artista al que, desde hace décadas y con mayor insistencia se insta a cancelar en teatros y orquestas de todo el mundo, preferentemente en Estados Unidos[4], por ver en sus obras el ejemplo de la dominación colonial y machista[5], aduciendo que, quienes han considerado a Beethoven el compositor más emblemático de todos los tiempos eran también blancos, centroeuropeos, burgueses y hombres.

Dentro de este revisionismo, sobresale la labor de los propios músicos en esta reorientación de la opinión pública que sitúa a los artistas europeos (pintores, compositores o escritores) como impulsores o cuando menos, propagadores, de las políticas de explotación femenina y/o colonial. Así, la direc-

---

3 Son muchos los ejemplos de ello, cabe citar por ejemplo el podcast *How Beethoven's 5th Symhony put the classism in classical music,*

4 Vide "Musicologists roll over Bethoven. *The New York Times,* 26/11/1995, última consulta realizada el 12/01/2023) https://www.nytimes.com/1995/11/26/weekinreview/the-nation-musicologists-roll-over-beethoven.html,

5 https://serenademagazine.com/cancel-beethoven/

tora de orquesta Marin Alsop, batuta titular de la Orquesta de la Radio de Viena manifestó que la *Oda a la alegría* de Schiller (que da origen al último movimiento de la 9ª sinfonía *Coral* de Beethoven) no es relevante para los tiempos actuales, por lo que en la gira de su orquesta por varias ciudades norteamericanas y europeas cambió tanto el idioma como el texto por otros más de actualidad, escritos en las lenguas del expolio, entre ellos, el maorí, el sánscrito, el zulú o el portugués (en este último caso habría que recordar que lejos de ser un país expoliado, Portugal tuvo colonias hasta bien entrado el siglo XX). Al mismo tiempo que se modificó tan drásticamente la obra, se incorporaron en el medio de la sinfonía músicas procedentes tanto del folklore africano como de la música rap urbana.

Si uno de los compositores clave de la idea de Europa es Beethoven, el otro sin lugar a dudas es Mozart, quien también ha sido objeto de una revisión radical y de lecturas orientadas a plantearse el papel que tuvo Europa en épocas pasadas, sobre todo a partir de sus óperas, consideradas en tiempos recientes como el paradigma de la Europa colonialista y expoliadora, aniquiladora de pueblos y culturas extraeuropeas. No hay que olvidar que hasta hace muy poco se consideraba sin discusión a Mozart como el compositor que mejor representaba los ideales de la Ilustración, y a su obra *La flauta mágica* como la ópera que más vivamente los encarnaba (*La flauta mágica,* que no es estrictamente una ópera sino un *singspiel,* narra el recorrido de su protagonista, Papageno, en la búsqueda de la iluminación y el conocimiento a través de una serie de pruebas que, una vez superadas, le llevarán al bien supremo).

Como cabe pensar al plantearse esta ópera en un artículo sobre la manipulación cultural, somos conscientes de la delgada línea que separa la Historia del revisionismo o de la manipulación revisionista de los hechos, bien en su totalidad, bien en parte. Así, por ejemplo, muchas óperas se replantean hoy el papel de mittleuropa en la colonización africana, entre las que sobresalen muy recientemente *Aroldo,* de Verdi, en la producción del teatro de Rimini o *Così fan tutte,* de Mozart en la producción de Aix en Provence...) Sin embargo, una de las más polémicas es la planteada por el artista y premio Príncipe de Asturias William Kentridge en la versión que realizó de *La flauta mágica* para la Scala de Milán en 2012 y que está editada en DVD. En el momento en el que Sarastro, el rey del sol (símbolo de las luces de la Ilustración) conversa con su hija, la princesa Pamina, Kentridge proyecta durante todo este fragmento escenas documentales de las atrocidades cometidas por los europeos durante la colonización de su país, Sudáfrica, convirtiendo este momento emblemático en un ejemplo de oscuridad y sinrazón, siguiendo en cierto modo las tesis de Walter Benjamin acerca de que los documentos de civilización son, de alguna manera "documentos de barbarie".

3.2. Blackface: ¿Exageración o cuando el maquillaje segrega?

Enlazando con el tema que se acaba de tratar se plantea a continuación uno de los asuntos más polémicos que afectan a las artes escénicas en toda Europa y América del Norte: la práctica llamada *blackface* o de maquillarse el rostro para interpretar a personajes de origen africano. Es evidente que hasta finales del siglo pasado, la ópera era una forma artística ligada a la alta burguesía de las grandes ciudades europeas y americanas. Para encarnar personajes negros, (Aída, que es una princesa etíope) o a personajes no europeos (Madama Butterfly, japonesa, u Otello, el negro de Venecia, según literalmente escriben Shakespeare y Verdi) se maquillaba a cantantes de origen por ejemplo español, italiano, alemán o norteamericano. Hoy en día las circunstancias que rodean al mundo de la ópera han cambiado radicalmente; la ópera es accesible para todo tipo de público y los jóvenes de los cinturones industriales pueden comprar entradas de patio por 20 euros en el Teatro Real, 10 euros en la Opéra Garnier o 35 en el Gran Teatre del Liceu. Muchos de los grandes teatros de ópera del mundo tienen sesiones gratuitas destinadas exclusivamente a gente joven, que llenan el teatro en cada representación y para las que hay listas de espera. En definitiva: la ópera se ha desclasado, desplegando su enigma y belleza por todas las capas sociales, de edad, género y orientación sexual.

Por esto, a la ópera, como fenómeno de la cultura global, le afectan las mismas cuestiones que a otros segmentos sociales, y de esta manera, la cuestión racial, planteada también en obras sinfónicas (*black lives matter* en obras de Hanah Kendall o Georg Friedrich Haas) llega a la ópera a través del *blackface*, primero en los escenarios operísticos norteamericanos y después en los europeos. Varias son las polémicas que envuelven a cantantes y directores artísticos a este respecto. ¿debe contratarse solo a cantantes afroamericanos, latinos o asiáticos para hacer estos roles, como piden sindicatos de cantantes y muchos intérpretes? ¿se deben retirar todas las producciones de hace años donde Domingo, Pavarotti, Callas o Caballé cantaron estos papeles? Quizás a algunos lectores les puedan parecer estas líneas que aquí se plantean una exageración con poco fundamento; sin embargo, no es así. La ópera de París se ha planteado recientemente la posibilidad de prohibir el uso del maquillaje que caracterice a los personajes que no son blancos, aunque con ello dificulte la comprensión de la obra; el Teatro Real lo acaba de hacer, inmerso en una enorme polémica en el medio de su producción de *Aída*, de tal forma que el público que acudió a las primeras representaciones pudo ver a Radamés o a Aída totalmente caracterizados con *blackface* mientras que los que asistieron a las últimas no.

Ahondando en esta línea, el Metropolitan de Nueva York -pionero en la prohibición de esta práctica y que actualmente, solo muestra cantantes afroamericanos en sus *banners* publicitarios- señala en su página web que pide excusas retrospectivamente, por todas aquellas producciones históricas en las que ha habido maquillaje racial, considerándolo claramente ofensivo: *Some performances available in the Met Opera on Demand catalogue include offensive racial and cultural depictions and stereotypes. The issues are varied—from offensive past production practices such as blackface, brownface, and yellowface makeup to racist cultural depictions within the texts of the operas themselves. We continue to make these performances available because we believe they constitute an important part of the company's artistic legacy. The Met is committed to addressing these vital issues in our programming, whether archival or in the future*[6].La última frase tiene una importancia crucial para dirimir cual será el futuro inmediato de todas las grandes producciones del MET que en la actualidad se pueden ver en su página *Met on Demand.* La discusión en el seno del coliseo neoyorkino oscila entre mantener dichas óperas disponibles al público, como una muestra de las obras realizadas en el pasado con una mentalidad del pasado o retirarlas de catálogo, como muestra de compromiso con las exigencias de los tiempos presentes. Esta discusión, como es comprensible, se está abordando con tanta cautela como militancia por parte de los dos sectores confrontados, conscientes de la enorme trascendencia de la decisión que se vaya a adoptar.

Esta controversia que hace años alimenta la escena norteamericana ya ha llegado a todos los teatros europeos en mayor o menor medida, siendo de distinta índole la intencionalidad con la que se ha pasado de mero cuestionamiento a polémica encendida. Uno de los casos más llamativos es el que involucra al *blackface* en uno de los recintos más emblemáticos del arte del canto; nos referimos a la Arena de Verona y a la producción del 2022 de *Aida.* Esta ópera de Verdi se representa casi todos los años en el coliseo veronés sin que la crítica se ocupe de ella más que para cuestiones meramente artísticas. El elenco de la producción del 2022 contaba con Anna Netrebko como protagonista, quien volvía a representar este personaje una vez que los teatros europeos levantaron el veto contra la cantante rusa. Su actuación tuvo un eco mediático sin precedentes en la Arena de Verona, interés que no se centró en su canto sino en el maquillaje oscuro con el que interpretó a la princesa etíope,

---

6 https://www.metopera.org/season/on-demand/

entendido como un insulto *blackface*. La soprano afroamericana Angel Blue, que había actuado en distintas ocasiones en la Scala de Milán con enorme éxito, decidió suspender su recital en Verona como señal de protesta. La fundación Arena de Verona sacó inmediatamente un comunicado oficial rechazando las acusaciones de racismo esgrimidas por Blue: (...) *la vocazione principale di Fondazione Arena di Verona è sempre stata creare pace mediante lo sviluppo della musica e dell'arte. La cultura costruisce ponti. Non abbiamo alcun motivo, né alcuna volontà, di offendere e disturbare la sensibilità di alcuno. Raggiungiamo con vive emozioni persone provenienti da diversi Paesi, da contesti religiosi differenti, ma per noi tutte le persone sono uguali. Crediamo nel dialogo, nello sforzo di comprendere il punto di vista altrui, nel rispetto degli impegni artistici presi*[7].

Muchas han sido las sopranos que en las últimas décadas se han maquillado de oscuro para representar este personaje; sin embargo, el *blackface* de Netrebko, en el ojo del huracán de los medios occidentales por su postura sobre Ucrania ha sido el único que ha tenido un seguimiento mundial[8]. Evidentemente, muchas de estas protestas son legítimas, sinceras y no obedecen más que al deseo decidido de terminar con prácticas que consideran marcadamente raciales y discriminatorias. Pero en otros casos, la legitimidad de las denuncias puede ser considerada como claramente manipulada. Es el caso concreto de algunas de los artistas internacionales que pidieron vetar y cancelar a Netrebko por el *blackface*, práctica que ellas mismas habían asumido y que siguieron adoptando después incluso de sus comunicados oficiales en contra de esta soprano. Este es el caso por ejemplo de una de las voces más beligerantes contra la diva rusa: la mezzosoprano estadounidense Jamie Barton, quien publicó en sus

---

7 https://www.cnessiallopera.it/news/2022/larena-di-verona-risponde-ad-angel-blue-sul-caso-blackface/

8 https://www.beckmesser.com/cantantes-denuncian-blackface-festival-de-verona/

redes sociales una crítica abierta a la Netrebko[9] en el mes de julio de 2022. Apenas dos meses después ella misma se maquilló de negro para interpretar a Amneris, precisamente en la misma producción en la que cantaba Netrebko, la *Aida* del Teatro Real. Las críticas fueron tales y con tal repercusión mundial que tanto la cantante como el Teatro Real tuvieron que anunciar en un comunicado que dejarían de emplear esa práctica de caracterización en el resto de las representaciones[10]. Esta cuestión, lejos de desaparecer se está extendiendo en todos los teatros y representaciones que abordan personajes extra europeos con planteamientos enconados. Muchos teatros rechazan radicalmente eliminar el maquillaje oscuro, alegando que un personaje que ha de tener el cabello oscuro (Traviata) puede ser interpretada por una cantante rubia, o una niña (Salomé) por una mujer. Así mismo, los cantantes que rechazan la eliminación del *blackface* esgrimen que les resulta mucho más fácil interpretar el personaje, metiéndose, literalmente en su piel, aunque, a pesar de dar exclusivamente este motivo algunos sectores los tildan directamente de racistas. El futuro del *blackface* como práctica mayoritaria es incierto; lo que sí es seguro que transformará totalmente el carácter de la interpretación de ópera de los próximos años.

4. LOS ARTISTAS ANTE LA GUERRA DE UCRANIA

4.1. Entre la información y la manipulación

En el inicio de la guerra de Ucrania, muchos fueron los actos culturales que mostraron su apoyo al país agredido, tomando una posición activa y visible. Sin embargo, estas acciones dejaron

---

9 https://twitter.com/jbartonmezzo/status/1546727085841973253

10 https://www.plateamagazine.com/noticias/14093-jamie-barton-modifica-su-indumentaria-en-la-aida-del-teatro-real-al-incurrir-en-la-practica-del-blackface

ver al mismo tiempo muchos más elementos en juego que merecen una reflexión seria y que se han aglutinado en este artículo bajo distintos sub epígrafes como se verá a continuación.

Era evidente que, dado el impacto que causó la guerra en sus primeros momentos, prácticamente ningún artista se podía mantener al margen de los acontecimientos, bien por convicción personal, bien porque fueran conminados a ello por distintas instituciones culturales. En este último caso se enmarcan los actos de distintos organismos públicos europeos, sabedores de su proyección e influencia en la opinión pública. Entre dichas instituciones, una de las que tomó una postura de apoyo directo y que se lo exigió a sus trabajadores fue el Teatro alla Scala de Milán, en nombre del cual habló el alcalde de la ciudad Bepe Sala, quien manifestó que sólo los artistas que expusieran públicamente su rechazo tanto a Rusia como a la guerra podrían continuar con las actuaciones previstas en el teatro, mientras que los que no lo hicieran, verían rescindidos sus contratos. Esta postura causó una honda polémica en el Estado italiano, polémica que giraba en torno a la delicada cuestión de hasta qué punto se puede obligar a un artista a posicionarse públicamente haciendo suyo el punto de vista exigido si quiere conservar su empleo y en qué medida queda comprometida la libertad de pensamiento que se garantiza en un país miembro de la UE y que se encuentra protegida en el Tratado Constitucional europeo. El objetivo de muchos teatros y orquestas era el de aislar lo máximo posible a todos aquellos artistas que no expresen un rechazo explícito. Así lo hicieron la ópera de Montecarlo, el festival de Edimburgo, las principales orquestas norteamericanas, la filarmónica de Baviera, la filarmónica de Viena y tantas otras. La Scala planteó esta exigencia vía comunicado oficial, lo que afectó especialmente a artistas procedentes del entorno ruso y que hasta el estallido de la guerra habían mantenido una estrecha relación con la institución lírica durante muchos años. Entre otras cosas, el comunicado sostenía que: "El teatro la Scala reitera su cercanía a los ciudadanos ucranianos víctimas de la agresión y a los muchos ciudadanos rusos que en estos días han expresado valientemente su condena de la guerra. Nuestro Teatro siempre será un lugar de confrontación y debate entre diferentes tradiciones y culturas[11]". Así mismo, se le exigía al director ruso Gergiev manifestase públicamente su condena, dada su inminente presencia en ese teatro para dirigir *La dama de Picas,* del también ruso Pitr Illich Chaikovski.

4.2. Análisis de caso: Valery Gergiev

En efecto, este es el caso del director de orquesta Valery Gergiev, de quien se planteaba en el comunicado: "o condena públicamente la invasión militar a Ucrania o finaliza aquí su contrato con la Scala". Es sabido que Gergiev, director del Teatro Mariinsky de San Petesburgo y uno de los músicos más destacados de nuestros tiempos, siempre contó con el apoyo y la simpatía de Vladímir Putin. En los momentos iniciales de la guerra Gergiev optó por guardar silencio, lo que lejos de ser considerado como una postura neutral fue visto como un gesto de hostilidad hacia Ucrania y un apoyo explícito a Rusia. Durante meses Gergiev no se manifestó sobre la guerra con el país vecino, en ninguna dirección. Sin embargo, casi toda la prensa internacional atacó directamente a este músico (por poner un ejemplo cercano cabe citar el artículo publicado en *La Voz de Galicia* titulado "el que calla otorga", con fecha del 3 de marzo de 2022[12]), la misma prensa internacional que se había callado ante presuntas actitudes del director, claramente contrarias a los valores y derechos contemplados en las constituciones europeas. Así, y como recoge la prensa periódicamente, Gergiev no ve con buenos ojos la presencia de homosexua-

---

11 *Il fattoquotidiano,* 02/03/2022 (Consultado por última vez el 13/01/2023).

12 https://www.lavozdegalicia.es/noticia/opinion/2022/03/03/gergiev-calla-otorga/0003_202203G3P21993.htm

les en su orquesta ni respeta su condición[13]. Sin embargo, el propio Gergiev, en varios comunicados oficiales ha negado taxativamente este extremo[14], que una y otra vez, cae en saco roto. Habría que preguntarse con cierta perspectiva, y lejos del fragor de un debate emocional, cuáles son los intereses, que el *staff* cultural europeo tiene para condenar abiertamente a artistas cercanos a la órbita rusa, generando incluso *fake news* como las referentes a Gergiev mientras que se acallan y aplauden actitudes abiertamente misóginas, racistas o xenófobas de los artistas "occidentales". Para ejemplificar esta aseveración, que en primera instancia puede resultar sorprendente, cabe detenerse en la Orquesta Filarmónica de Viena, que junto a la Orquesta Sinfónica de Berlín conforman el núcleo de las agrupaciones más ligadas a los valores de la esencia de Europa y por ende, de sus ideales de libertad y apertura. Nada más lejos de la realidad, aunque a la opinión pública se le hurten intencionadamente los hechos por los que, a otros artistas no occidentales se les condenaría sin paliativos; la primera mujer en incorporarse a la Orquesta Filarmónica de Viena lo hace en los albores del año 2000 y además no en los instrumentos más destacados del *organicum* (nos referimos a Julie Palloc, arpista contratada después de un arduo proceso de selección en 1999). Actualmente hay 20 intérpretes mujeres mientras que el número de hombres alcanza los 138. La situación es mucho peor si se piensa en la Sinfónica de Berlín; la primera mujer en entrar a formar parte de esta orquesta fue Sabine Meyer, considerada una de las mejores clarinetistas del mundo. La "presión" del resto de intérpretes fue tal, que pese a haber pasado

---

13 https://www.abc.es/cultura/musica/20131011/abci-protestas-contra-gergiev-carnegie-201310111242.html

14 Se cita a continuación uno de sus comunicados más antiguos sobre este tema, realizado en 2013: https://www.wqxr.org/story/valery-gergiev-responds-gay-rights-protests/

un dificilísimo proceso de selección, Meyer prefirió abandonar la orquesta en menos de un año[15].

La clarinetista Sabine Meyer, primera mujer en entrar en la Sinfónica de Berlín

La Filarmónica de Viena nunca ha sido dirigida por una mujer, y por el funcionamiento propio de esta orquesta, tardará años en poder hacerlo; la primera directora de una gran orquesta vienesa, Marin Alsop, lo hizo tan solo en 2018. La situación se agrava si pensamos que el tradicional concierto de Año nuevo de dicha orquesta concita alrededor de los valses vieneses (símbolo musical por excelencia de la sociedad burguesa y sus valores tradicionales) a una audiencia de centenares de millones de espectadores, de 92 países[16], entre los que se encuentran estados asiáticos y africanos, a pesar de que ningún ciudadano de estos países podría incorporarse a esta orquesta, abierta a otras nacio-

---

15 https://www.diaridetarragona.com/cat-es-mon/la-clarinetista-que-incendio-la-filarmonica-de-berlin-20170420-0008-mldt201704200008

16 https://elpais.com/cultura/2022-12-31/guia-del-concierto-de-ano-nuevo-2023.html. (Ultima consulta realizada el 0/01/2023).

nalidades. En la Filarmónica no hay ningún intérprete, hombre o mujer que no sea de raza blanca, ni siquiera en los últimos años en los que esta situación ya es claramente palpable, como puede constatarse en las imágenes, correspondientes a concierto del 1 de enero de 2019, dirigido por Thielemann (a quien la prensa alemana considera cercano a la extrema derecha mittleuropea).

Concierto de Año nuevo del año 2019 dirigido por Christian Thielemann

O en esta otra, del concierto del Año Nuevo del 2023, dirigida por Welser-Möst.

Concierto de Año nuevo del año 2023 dirigido por Welser-Möst.

Esta Filarmónica de Viena, aclamada por todo el mundo, es la misma que declaró, frente a la posición del teatro de la Scala o del Carnegie Hall de Nueva York, que no dejaría de contratar a Gergiev, ya que su colaboración mutua está por encima de cualquier exigencia o consideración, (incluida la guerra de Ucrania). Esta postura, desde mi punto de vista, se le ha ocultado deliberadamente a la opinión pública, junto a estos estándares de raza y género que imperan en la orquesta y que, a la vista de sus propios estatutos permiten presuponer que no cambiará mucho en los próximos tiempos sin que al parecer, importe mucho. Como vemos, la maquinaria mediática que, en el ámbito de la cultura genera opinión, no obedece solo a estrictos criterios de veracidad e independencia.

4.3. Análisis de caso: Anna Netrebko

Siguiendo con el análisis de la manipulación de la opinión cultural respecto a los artistas y la guerra de Ucrania cabe citar una de sus caras más visibles, la polémica en torno a la soprano rusa Anna Netrebko, considerada hoy en día como la más digna sucesora de María Callas y que llena los teatros de ópera de todo el mundo desde hace más de dos décadas. En los primeros días del estallido del conflicto, Anna Netrebko fue conminada a rechazar públicamente la guerra, lo que hizo ya en su primer comunicado[17]. Rechazó tajantemente la misma y se manifestó profundamente apenada por ello. No fue suficiente. Se le exigió un rechazo frontal a Rusia como estado. La cantante volvió a poner de manifiesto que deploraba la guerra, pero que no se le podía obligar a ningún artista a ponerse pública

---

17 La soprano, muy activa en redes sociales desde que decidiera sensibilizar a todos sus seguidores sobre el autismo y lo que significa criar a un hijo autista, se ha manifestado en muchas ocasiones sobre la guerra en sus redes sociales.

ni explícitamente en contra de su propio país. Inmediatamente fue cancelada en todos los teatros occidentales. Ninguno la mantuvo en cartel, a pesar de que en varias ocasiones condenó la guerra sin paliativos: *soy rusa y amo a mi país pero tengo muchos amigos en Ucrania y su dolor y su sufrimiento ahora mismo me rompen el corazón. Quiero que esta guerra finalice y que la gente pueda vivir en paz. Es lo que deseo y por lo que rezo. Sin embargo, también quiero afirmar que forzar a los artistas o a cualquier figura pública a pronunciarse sobre sus opiniones políticas y a denunciar a su propio país no está bien. Esto debería ser una opción libre. Como muchos de mis colegas, yo no soy un político ni soy experta en ello. Soy una artista y mi propósito es unir a la gente más allá de sus ideologías*[18].

Conviene recordar que, a diferencia de su marido, el también ruso educado en occidente Yusif Eyvazov, o tantos otros artistas cuyas carreras han despegado en nuestros teatros, Netrebko le debe su éxito y su proyección internacional a Vladímir Putin -conocido amante de la ópera- y a las directrices culturales por él promovidas; es una artista rusa, de mentalidad rusa y trayectoria impulsada desde Rusia, motivo por el que su postura es analizada, juzgada y condenada a pesar de todas las adhesiones a la paz que ha venido expresando desde el inicio de la contienda. Por todo ello, Netrebko abandonó los escenarios en plenitud de su fama, sosteniendo que la situación de presión le pedía dar un paso al lado. No hay que olvidar que la inauguración de la temporada 2021/22 de la Scala la había realizado ella con más de diez minutos de aplausos encendidos[19]. Tan solo dos meses más tarde el mismo teatro le rescinde su contrato y muchos otros en todo el mundo hacen lo mismo, de forma especialmente rotunda, el Metropolitan Opera de Nueva York. Pasados unos meses y unos cuantos comunicados

---

18 *Operawire*, 26/02/2022 (consultado por última vez el 23/01/2023).

19 https://www.eldebate.com/cultura/20211208/larga-ovacion-scala-milan-macbeth.html

de prensa más de condena de la artista, la mayoría de teatros le levanta el veto, pero cuando vuelve a la escena es recibida con gritos, pancartas y concentraciones de repulsa en toda Europa, como en esta de Colonia de agosto de 2022 o en el Teatro Real en noviembre del mismo año.

Concentración de rechazo a la soprano Anna Netrebko en Colonia

4.4. Otros casos

Pero incluso cumpliendo escrupulosamente las condiciones exigidas en Occidente para que los artistas rusos puedan ser contratados, (es decir, una condena expresa a la guerra y al gobierno ruso), muchos de ellos han sido vetados igualmente, lo que les ha puesto en el ojo del huracán de la Duma, sobre todo a los que viven en Moscú y en San Petesburgo. ¿Qué quieren los países occidentales? ¿es ésta una forma de presión legítima para forzar la postura bélica de Putin? Si se hace un barrido por la prensa cultural especializada se pueden encontrar tantos partidarios como detractores de ambas posturas. Uno de los casos más llamativos es el del joven y reconocido pianista ruso Alexander Malofeev, artista que, siendo de y viviendo en Moscú se atrevió a través de las redes sociales a condenar la guerra de Ucrania y la política de anexión llevada a cabo por el presidente. A pesar de haberlo dicho tajantemente desde su domicilio de Moscú y temiendo por sus seres queridos, Malofeev volvió a reprobar tanto a la guerra como a su responsable. No fue suficiente. Todos sus conciertos fuera de Rusia fueron cancelados, especialmente su gira por Canadá, con el consiguiente peligro que esta decisión conllevó para el pianista[20].

4.5. Las instituciones culturales Españolas frente a la guerra de Ucrania

Si bien los estados miembro de la Unión Europea han tenido una postura, *grosso modo,* común sobre la invasión de Ucrania, los distintos ministerios de cultura han optado por tomar acciones que, en una visión de conjunto, han resultado ser muy diferentes; así, por ejemplo, cabe citar la posición de movilización activa del gobierno francés, cuyo Ministerio de cultura destinó desde los primeros meses más de 1,3 millones de euros para acoger a artistas y profesionales de la cultura procedentes de ese país[21]. Una actitud diferente ha tenido el Ministerio de cultura de España, que más allá de algunas acciones aisladas y de carácter casi anecdótico (la acogida de 5 bailarinas ucranianas en la Compañía Nacional de Danza[22]) se ha mantenido en una posición de carácter simbólico, escenificada en la firma

---

20 https://www.diapasonmag.fr/a-la-une/boycott-culturel-ou-pont-des-arts-par-dessus-la-guerre-24368.html?utm_campaign=NL_DIAPASON_15032022utm_content=15032022&utm_medium=email&utm_source=EMAIL

21 https://www.culture.gouv.fr/Aides-demarches/Aides-demarches-et-subventions/Dispositifs-specifiques/Soutien-Culture-Ukraine-le-ministere-de-la-Culture-se-mobilise. Ultima consulta realizada el 27/1/2023.

22 https://www.lamoncloa.gob.es/serviciosdeprensa/notasprensa/cultura/Paginas/2022/291122-consejo-ue-ucrania.aspx

conjunta de la declaración de solidaridad con Ucrania, firmada a principios de marzo de 2022 por los ministros de cultura de la UE, en reunión informal y sin contenido específico[23].

Una vez analizadas las acciones llevadas a cabo por la administración cultural española puede constatarse que las distintas autonomías han desarrollado políticas propias, *grosso modo* de acogida, más o menos planificada (la Joven Orquesta Nacional de Ucrania en gira por varias ciudades, la exposición Vesna en el MNAC de Cataluña, etc.) y de sensibilización (como el Festival de música y humor *Sonrisas para Ucrania,* celebrado en la Comunidad Autónoma de Galicia). No solo no ha habido una política cultural española de apoyo a Ucrania, sino que, cuando alguna institución artística lo ha hecho, ha eliminado la referencia a España. Veamos algunos ejemplos: en los momentos inmediatamente posteriores a la invasión rusa del país vecino, en el Teatro Real de Madrid se estaba interpretando la ópera *El ángel de Fuego,* del compositor ucraniano Serguéi Prokófiev. Antes de cada una de las funciones se tocó el himno de Ucrania[24] como muestra simbólica de apoyo del pueblo español a través de dos de sus instituciones culturales más importantes como son el Teatro Real y la Orquesta Sinfónica de Madrid. La primera vez fue ya en el ensayo general; el público se puso en pie y guardó silencio durante toda la interpretación. Al finalizar ésta con unos sonoros aplausos se dio paso a la representación de la ópera.

Pero el Teatro Real, la quinta institución cultural más importante del Estado según el *Observatorio de la Cultura* debía saber que, como es preceptivo, con la interpretación del Himno nacional de un país extranjero es de obligado cumplimiento inter-

---

23 https://www.culturaydeporte.gob.es/actualidad/2022/03/220307-reunion-ministros-cultura-ue

24 Al inicio de la guerra, el gobierno ucraniano envió a los teatros y salas de conciertos más importantes del mundo la partitura oficial de su himno.

pretar el himno de España, tal y como recoge el Real Decreto 1560/1997, de 10 de octubre, por el que se regula el Himno nacional. No se hizo así; por si esto hubiera constituido simplemente un fallo protocolario, que por otra parte, una institución tan multicultural y sinónimo de excelencia como el Real debería conocer[25], se le comunicó inmediatamente por varias vías. En todas las interpretaciones siguientes, un total de diez, se siguió tocando el himno de Ucrania; en ningún caso fue acompañado por el Himno de España, lo que constituyó una decisión deliberada y consciente del coliseo operístico que dirige Joan Matabosch.

La interpretación del himno de Ucrania en teatros y auditorios españoles en los primeros momentos de la guerra (se dice en los primeros momentos porque en la actualidad esto ya no se hace; ¿nos hemos cansado? ¿ha terminado el conflicto?) ha evidenciado la falta de una política cultural común, incluso en instituciones que pertenecen al mismo Ministerio de cultura; así, desde la incorporación de lazos ucranianos en las solapas de solistas, orquesta y coro, sin interpretación del himno (por ejemplo, en el reestreno de la ópera *Tabaré*, de Tomás Bretón, en el Teatro de la Zarzuela, el 6 de marzo de 2022), al caso contrario, como acabamos de mencionar, en el mismo día. Una de las escasísimas instituciones musicales que sí cumplió con el protocolo previsto fue la Orquesta Sinfónica de Galicia, que, dedicó la gira de celebración por su 30° aniversario por distintas ciudades españolas, a las víctimas de la guerra y así, el director de la agrupación, el ruso Dima Slobodeniouk y el gerente de la orquesta, Andrés Lacasa Nikiforov, también de ascendencia rusa, decidieron homenajear al pueblo ucraniano con la interpretación de ambos himnos antes de comenzar cada uno de los conciertos en programa.

---

[25] El presupuesto del Teatro Real en el año 2021 fue de 54 millones de euros, lo que permite dar una idea del carácter de esta institución.

5. SOBREPASANDO EL ACTUAL MODELO DE ESTADO

Fuera de la guerra de Ucrania se aborda a continuación el último apartado de este artículo, referido a las acciones culturales que, sostenidas con fondos públicos, tienden a forzar o a impulsar un nuevo modelo de Estado, ajeno al actual marco constitucional.

Como es sabido, el modelo de organización del Estado español consagrado en nuestra Constitución es puesto en tela de juicio desde distintos sectores, tanto políticos como sociales. Entre estos actores que no solo cuestionan, sino que también impulsan un modelo diferente se encuentra el sector cultural, que, acomete acciones que desbordan el modelo constitucional, acciones sostenidas sin embargo con cargo a los presupuestos de este mismo Estado constitucional. Su alcance y significado pasa en muchas ocasiones desapercibido, aunque obedezcan a criterios sólidamente planificados y dirigidos.

Un ejemplo ilustrativo de esto lo constituye la UME, cuyas siglas se refieren a la Unión Musical Española y que desde su fundación en 1900 constituye la mayor distribuidora de instrumentos y partituras de España. Con sede en 14 ciudades del Estado, y con la mayor red de venta *on line* en muchos de sus productos, la UME ha ido paulatinamente desvinculando su última sigla; decimos desvinculando porque si bien la ha mantenido en su anagrama la ha suprimido de su marca comercial, tanto en sus tiendas como en su web como puede comprobarse en su propia publicidad[26].

---

26 https://comercioscentenariosdemadrid.es/comercio/union-musical-espanola-ume/

Una de las tiendas más emblemáticas de la Unión Musical Española, en la calle Arenal de Madrid

5.1. Análisis de caso: La opera Carmen y el uso de la bandera Española

Como es sabido, la ópera de Bizet transcurre en Sevilla, y narra un triángulo amoroso entre una joven cigarrera, Carmen, libre y apasionada, su primer amante, el militar José y el torero Escamillo, por quien Carmen abandona al primero. No pudiendo soportarlo, don José mata a Carmen. El libreto se basa en el texto escrito por Prosper Mérimée cuando en 1830 viaja a España, fascinado por nuestro país y escucha esta historia de manos de la condesa de Montijo. Bizet lleva esta historia a la escena, y de este modo la ópera se estrena en 1875 en París, constituyendo un absoluto escándalo, del que no se repondría el joven compositor que muere exactamente a los 3 meses del estreno. Este contexto es necesario para entender la carga escandalosa que rodea a la ópera desde su origen y que no la ha abandonado jamás, como se vio al inicio de este artículo. La polémica ha estado siempre suscitada por la carga erótica o abiertamente sexual que el libreto y la música traen consigo; sin embargo, ésta se ha trasladado en una de sus últimas representaciones hacia otro lugar: el ultraje a la bandera de España como símbolo de lo ancestral, machista y fanático que tiene el personaje de don José y por ende, nuestro país. Así lo ha expuesto por óperas de todo el mundo el director español Calixto Bieito, que ha triunfado en la escena europea por sus polémicos montajes, ligados siempre a banalizar o directamente a ridiculizar ciertos sectores sociales considerados normalmente como conservadores. Veamos un ejemplo previo a *Carmen*; la ópera *Un ballo in maschera* de Verdi se abre con el coro de oficiales del ejército cantando este texto: *Descansa en paz ¡oh, Ricardo! y que bellos sueños reconforten tu corazón. Como escudo tuyo sobre esta morada está el amor de una tierra virgen, etc.* (...) Para escenificar la belleza de este texto, Bieito sitúa a los militares en escena defecando, con los pantalones bajados sentados en tazas de wc, vestidos a la manera "burguesa", *i.e;* con traje y corbata[27]. La ridiculización del ejército llega a un punto extremo en la versión de *Carmen* que hizo para la Opéra de París y que se ha repuesto en la temporada 2022/2023[28], en la que el ejército estaba caracterizado como unos legionarios brutos e hipermasculinizados de comportamiento bestializado[29], que utilizan la bandera española para fines como por ejemplo, limpiarse el culo con ella. La indignación desbordó la escena parisina entonces y se acrecentó cuando el director se negó a eliminar ciertas escenas cuando llegó al Teatro Real de Madrid en 2017, después de haber pasado por más de 30 países. Como es sabido, el Código Penal recoge los delitos de ultraje a España en su título XXI, en el epígrafe "Delitos contra la Constitución", en el capítulo IV, artículo 543. Por ello, no

---

27 Puede verse este montaje en abierto a través de varios canales de ópera y en *youtube*: https://www.youtube.com/watch?v=-8omChPHURU

28 https://www.operadeparis.fr/saison-22-23/opera/carmen

29 El propio teatro lo advierte en su web y en los programas de mano: *certaines scènes peuvent heurter la sensibilité des plus jeunes ainsi que des personnes non averties.*

es posible que un Teatro español sostenido con fondos públicos lleve a cabo un acto que el propio Estado considera delito. Aún así, se anunció *Carmen* en la completa escenografía de Bieito, sin rectificar ninguna escena. La situación solo cambió cuando a las voces aisladas de repulsa se unieron las de los grandes mecenas, que aportan sumas millonarias al Teatro y que retiraron su patrocinio para esta ópera, -como fue el caso de Endesa-, que junto a Telefónica comparten la categoría de apoyo de mayor cuantía del Real, la de mecenas principales[30]. Retiradas las escenas más ultrajantes, el debate luego se centró en si era realmente denigrante o no[31]. Lo cierto es que ningún teatro europeo fue tan lejos en el insulto a los símbolos que representan a todos sus ciudadanos, si bien es cierto que desde el ámbito teatral español, sobre todo, el sostenido con fondos públicos son frecuentes los montajes que atacan a los sectores considerados más ligados a una idea conservadora de España, bien el ámbito religioso (como *Gang Bang*, producida por el Teatro Nacional de Cataluña con escenas sadomasoquistas y felaciones del personaje que encarnaba al Papa en su juventud[32]), bien el militar (como el polémico montaje de *Rift, de piojos y gas mostaza*, del Centro Dramático Nacional. Esta obra parte de la pregunta que se hacen los autores: "¿qué derecho tenía España a colonizar y explotar el Rift?" Ambos, tanto en el

---

[30] https://okdiario.com/investigacion/endesa-retiro-patrocinio-carmen-conocer-escena-del-legionario-denigrando-bandera-1381841

[31] Pueden verse posturas contrarias en estos tres ejemplos, que permiten hacerse una idea de lo que ha supuesto este montaje en el seno de la cultura española https://www.elperiodico.com/es/ocio-y-cultura/20171003/carmen-calixto-bieito-real-contiene-6329330; https://www.elespanol.com/cultura/escena/20171003/251475599_0.html y por último, https://diarioliricoes.blogspot.com/2017/10/carmen-llega-al-real-envuelta-en-una.html (última consulta realizada el 23/01/2023)

[32] https://www.elperiodico.com/es/ocio-y-cultura/20110322/historia-radical-gang-bang-dispara-949446

cartel anunciador como en el programa de mano y en la web del CDN sostienen: *No encontramos otra salida que el sarcasmo y el dolor para desvelar la incontenible corrupción del estamento militar y su ridícula hombría*[33]. Este montaje ha recorrido gran parte de la geografía española, desde A Coruña a Málaga en una amplia gira sostenida íntegramente con fondos públicos, tendente a inclinar a la opinión pública en una determinada dirección que reescribe el papel de España en su historia reciente.

5.2. Utilización manipulada del himno Gallego

También en este apartado se enmarca lo que hemos denominado apropiación manipulada de un ítem cultural que *a priori* es neutro y sobre el que se ejercen acciones destinadas a reasignar su significado. Es el caso de uno de los emblemas representativos de Galicia. En efecto, la naturaleza y carácter del himno de la Comunidad Autónoma como símbolo de todos los gallegos[34] fueron recogidos en la Ley 5/1984, de 29 de mayo, de símbolos de Galicia. El himno, además de ser uno de los elementos aglutinadores de toda la ciudadanía gallega, es uno de los elementos caracterizadores de la idea de Galicia como nación. Sin embargo, nada estaba más lejos de la intención de sus dos creadores, el escritor Eduardo Pondal y el compositor Pascual Veiga, tal y como se recoge en la correspondencia privada cruzada entre ellos[35], en la que puede leerse, literalmente: *"excuso decir a usted que esas estrofas aspiran solo a despertar en nues-*

---

33 https://dramatico.mcu.es/evento/rif-de-piojos-y-gas-mostaza/

34 En este artículo y como se ha podido desprender de su lectura se utiliza el masculino inclusivo, como género no marcado siguiendo las indicaciones de la Real Academia Española y la Real Academia Galega.

35 La carta se encuentra en el archivo de la Real Academia Galega, y fue objeto de estudio de esta investigadora durante la investigación realizada por quien suscribe con motivo de la Celebración del centenario del Himno Galego, comisionada por la Consellería de Cultura en 2006.

tros paisanos las nobles ideas de un bien entendido regionalismo; pero de ningún modo a promover el separatismo, pues que soy acérrimo partidario de la unidad e integridad de nuestra grande y gloriosa España"[36].

Puenteceso, 5 de abril de 1890

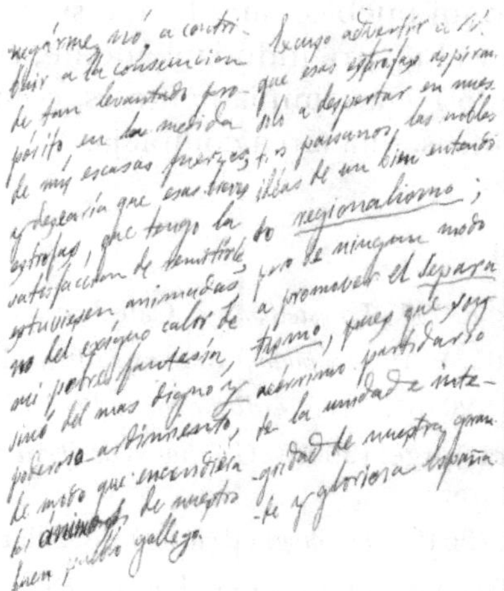

6. CONCLUSIÓN

Cada uno de los epígrafes aquí tratados puede ejemplificarse de una forma más exhaustiva pero no es ese el objetivo de este artículo, que pretende ilustrar distintas formas de manipulación a través de una cartografía de obras escénicas, trayéndolo al primer plano de la reflexión. Así mismo, no se ha pretendido adhesión, condena o asunción de ninguna de las tesis establecidas sobre la guerra: ni las que se alinean con la postura de la Unión Europea ni con las consideradas más comprensivas con la política rusa y lo mismo con los otros epígrafes aquí tratados. Para

[36] Los subrayados son de Eduardo Pondal.

otros artículos queda el análisis de la manipulación cultural desarrollada en el sector editorial, plástico y cinematográfico, que, por ser a prioristicamente más previsible se ha dejado para otro momento. La cultura, como forma de expresión humana, hace que la vida cobre su verdadero sentido, elevando el sentimiento estético de todo un pueblo y ampliando su búsqueda de lo sensible. La ópera y el teatro, indudablemente, contribuyen a ello. Velar para que lo hagan limpiamente es, como se ha visto a lo largo de estas líneas, una tarea compleja.

BIBLIOGRAFÍA

Aumont, Jacques. (1997) *La estética hoy*. Cátedra.

Canetti, Elias. (2013). *Masa y poder*. Alianza Editorial.

Chomsky, Noam. (2013). *Los guardianes de la libertad*. Planeta.

Fernández Guerra, Jorge. (2009). *Cuestiones de ópera contemporánea*. Gloria Collado Guevara.

Freud, Sigmund. (2010). *Psicologia de las masas*. Alianza Editorial.

Ibáñez, M. (1974). La manipulación y el hombre contemporáneo. *Revista de Estudios políticos*, 209-220.

McLary, Susan. (2007). *Reading Music*. Routledge.

Martínez, Stella. (2005). Lenguaje audiovisual y comunicación. *Comunicar, revista científica de comunicación*, 211-220.

Molinuevo, José Luis. (1998). *El espacio político del arte*. Tecnos.

Nattiez, Jean. (1990). *Music and Discourse*. Princeton University Press.

Perniola, Mario. (2002). *El arte y su sombra*. Cátedra, colección teorema.

Rancière, Jacques. (2005). *Sobre políticas estéticas*. Universidad Autónoma de Barcelona.

Rancière, Jacques. (2011). *El malestar en la estética*. Capital intelectual.

Seel, Martin. (2010). *Estética del aparecer*. Katz.

Solas, Silvia. (2018). La posverdad en el arte. *Revista Observatorio*, 251-270.

Van Dijk, Teun. (2006). Discurso y manipulación. *Revista Signos*, 49-74.

Capítulo 20.

ALTERNATIVAS POLÍTICO-CRIMINALES ANTE LA MANIPULACIÓN INFORMATIVA EN EL ORDENAMIENTO JURÍDICO ESPAÑOL

ABRAHAM DEVIS MATAMOROS
Universidad de Valencia (UV)
abraham.devis@uv.es

SUMARIO: 1. La manipulación informativa: un problema global. 2. El papel actual del Derecho penal frente a la manipulación informativa. 2.1. Análisis punitivo de la estrategia de la UE: autorregulación frente a prohibición. 2.2. El prisma del Estado español: preocupación sobre la amenaza híbrida. 3. Incidencia de la Sociedad Digital en la manipulación. 4. Propuestas de criminalización. 4.1. El castigo sin bien jurídico protegido. 4.2. El orden público y la soberanía nacional como bienes jurídicos dignos de protección. 5. Posturas de no intervención punitiva. 5.1. Rechazo a un Derecho penal sin bien jurídico protegido: algunas consecuencias. 5.2. Las garantías penales como límites infranqueables. 6. A modo de reflexión: aproximación a los elementos clave del debate. 7. Bibliografía.

1. LA MANIPULACIÓN INFORMATIVA: UN PROBLEMA GLOBAL

La manipulación informativa ha sido un problema que ha afectado históricamente a la sociedad. Sin embargo, se observa en estos últimos años una alarma sin precedentes sobre las consecuencias que estas pueden generar en los procesos democráticos actuales en los que la tecnología y las nuevas formas de comunicación digital están adquiriendo un peso protagonista. Tal es la relación que es posible afirmar que sin los avances digitales propiciados por Internet no podría existir la manipulación de la información tal y como se entiende hoy en día (Guerini, 2020: 5; Querarlt Jiménez, 2022).

Probablemente uno de los primeros momentos en los que se extendió la inquietud sobre la capacidad manipulativa de estas herramientas fueron las elecciones del Brexit en el Reino Unido. A propósito de ese suceso surgieron estudios (Bastos y Mercea, 2019) encargados de analizar la efectividad que habían tenido algunas técnicas novedosas como el uso del ejército de *bots* políticos en redes sociales en la propagación de noticias falsas.

A su vez, también las elecciones estadounidenses de 2016 constituyeron una palanca mediática a través de la cual se extendió mundialmente la idea de que la manipulación había evolucionado a un siguiente nivel. Al parecer, todo apunta a que las estrategias desarrolladas por la propia Federación Rusa y la compañía Cambridge Analytica sirvieron de apoyo para impulsar la candidatura de Trump. Una técnica bastante conocida y analizada fue la del empleo masivo de *bots* que impusieron en redes sociales el hashtag #HillaryDown en el que se propagaba la noticia falsa de que la candidata tenía encerrados a menores como esclavos sexuales en el sótano de una pizzería (fenómeno que se denominó el «Pizzagate»). Un factor que inició el debate sobre si la información controlada y difundida a través de las plataformas digitales influyó o fue decisiva para la elección de Trump (Brodsky, 2021).

En España, el mismo debate surgió debido a los numerosos mensajes distorsionados difundidos durante la crisis catalana de 2017. Buena prueba de ello se deriva de la necesidad de estudiar en profundidad las razones sobre el papel de los bulos en los disturbios en Cataluña (Pérez-Curiel y Velasco-Molpeceres, 2020), así como de comprender los motivos que favorecen que las redes sociales sean un escenario óptimo para su difusión (Serra Cristóbal, 2021: 226).

Pero, sin duda, el salto cualitativo de las estrategias manipulativas de desinformación se llevó a cabo tras la crisis global suscitada por el covid-19. Tal fue la magnitud que adquirió el fenómeno, que el propio Director General de la OMS tuvo que advertir cómo simultáneamente se estaba luchando contra una epidemia y contra una «infodemia»[1], la cual suponía una gran barrera que creaba confusión e impedía la búsqueda de una solución efectiva frente al problema.

Desde entonces, son ya numerosos los hitos en los que la nueva manipulación informativa ha impregnado momentos de nuestra historia reciente. Sin duda, otro caso de gran reconocimiento fue el suceso del asalto al Capitolio de enero de 2021 y la repercusión del mensaje «Stop the Steal» en la plataforma digital *Facebook* tras la pérdida de las últimas elecciones del expresidente Trump. El último gran caso paradigmático que podríamos citar ha sido el de la guerra Rusia-Ucrania en el que claramente se ha podido observar cómo la estrategia militar ha venido acompañada de una estragia de desinformación y de manipulación para controlar el escenario narrativo. En consecuencia, se han originado toda una serie de respuestas tanto por parte de los estados como de las propias plataformas de redes sociales. Medidas tendentes a contrarrestar estas estrategias de manipulación y que han variado desde la retención de

---

1 Con este término la OMS alude a la divulgación excesiva de información sobre un problema que dificulta la identificación de una solución. En este sentido, es muy ilustrativo el discurso realizado por el Director General de la OMS en la Conferencia de Seguridad de Múnich de 15 de febrero de 2020.

cuentas (como ha sido el caso en Twitter de la de Rusia Today y Sputnik) así como la de la aplicación de la política del etiquetado (Aguirre, Santisteban y Miró Llinares, 2022: 5 y 6).

2. EL PAPEL ACTUAL DEL DERECHO PENAL FRENTE A LA MANIPULACIÓN INFORMATIVA

2.1. Análisis punitivo de la estrategia de la UE: Autorregulación frente a prohibición

Como no podía ser de otro modo, la Unión Europea no se ha quedado relegada al margen de este fenómeno. Por ello, decidió iniciar todo un conjunto de estrategias tendentes a frenar los efectos que la desinformación estaba generando en la sociedad. Concretamente, en la línea de lo apuntado por Pinto de Albuquerque y Dopico Gómez-Aller, dos han sido los factores fundamentales que han impulsado el desarrollo de estrategias preventivas y reactivas contra la desinformación: los intentos de desestabilización política mediante injerencias en los procesos electorales nacionales por parte de estados extranjeros y la amenazada desinformativa relacionada con la pandemia propiciada por el coronavirus (2022: 178).

Ahora bien, lo cierto es que las medidas adoptadas por las instituciones europeas, si bien han ido endureciéndose con el paso de los años, han relegado en un plano totalmente secundario al uso coactivo y punitivo del Derecho. Ninguna ha hecho referencia al Derecho penal como instrumento para contrarrestar el fenómeno (Birritteri, 2021: 312) confiando más en técnicas autorreguladoras que han situado a las plataformas de servicios digitales en el pilar central de acción.

De este modo, en una primera fase, las alternativas puestas en práctica por las instituciones europeas han sido más bien de "*soft law*", primando acciones preventivas para evitar el recurso a cualquier tipo de sanción. Entre ellas, destaca el Plan de Acción contra la desinformación[2] que ha supuesto un punto de partida clave gracias a la propuesta de un enfoque coordinado que persigue involucrar a los agentes clave del fenómeno: la UE, los Estados miembro, la sociedad civil y el sector privado, con especial interés en las plataformas de servicios digitales (Galimberti, 2021: 265). En particular, dicho Plan de Acción se articula en cuatro pilares esenciales: mejorar la capacidad de las instituciones de la UE para identificar y analizar la desinformación; fortalecer las respuestas coordinadas; movilizar el sector privado para combatirla; y apoyar acciones de sensibilización de la resiliencia social. Desde nuestro punto de vista, resulta sumamente interesante el tercer pilar ya que se incorporan actuaciones como señalar las campañas de desinformación. Por lo tanto, en cierta medida se obliga a que las propias plataformas no sean neutrales y puedan impedir o cerrar determinadas cuentas falsas, lo que excede del campo puramente preventivo-indicativo y se adentra en lo coactivo (Pinto de Albuquerque y Dopico Gómez-Aller, 2022: 180).

En un sentido similar han ido las propuestas emanadas por el Grupo Independiente de Expertos de Alto nivel sobre desinformación. A propósito de algunos de sus informes[3] han señalado vías alejadas de la intervención sancionadora, apostando por un organismo que aglutine y represente a los medios de

---

2 Comisión Europea (2018). Comunicación Conjunta al Parlamento Europeo, al Consejo Europeo, al Comité Económico y Social Europeo y al Comité De Las Regiones, Plan de Acción contra la desinformación. 5.12.2018 JOIN(2018) 36 final. Disponible en: https://data.consilium.europa.eu/doc/document/ST-15431-2018-INIT/es/pdf.

3 Informe del Grupo Independiente de Expertos de Alto nivel en *fake news* y desinformación online. (2018). A multi-dimensional approach to disinformation. Disponible en: https://www.ecsite.eu/sites/default/files/amulti-dimensionalapproachtodisinformation-reportoftheindependenthighlevelgrouponfakenewsandonlinedisinformation.pdf

comunicación, las plataformas digitales y las organizaciones de *fact-checking*. Unido a lo anterior, también este grupo de expertos ha incidido en las particularidades del fenómeno (multifacético y en constante evolución) para determinar la enorme relevancia de la protección de la libertad de expresión y del pluralismo, alertando sobre la cautela que hay que tener respecto del uso de instrumentos legislativos.

Paulatinamente, se han ido abriendo las puertas a una mayor intervención, sobre todo en lo que respecta a los proveedores de servicios digitales. La sociedad digital de la información ha ido trasladando el debate político a las plataformas digitales y las redes sociales, convirtiéndose estas en una de las fuentes más relevantes de información de la ciudadanía (Querarlt Jiménez, 2022). Así, en el marco de la Unión se decidió elaborar un Código de Buenas Prácticas a través del cual se trazaron estándares esenciales de autorregulación para hacer frente a la desinformación en el que se concretaron algunas de las funciones y responsabilidades de instituciones públicas y privadas. Unas directrices que se aplican de manera complementaria a las legislaciones nacionales que vayan surgiendo en la materia y que presentan un objetivo claro: reforzar la cooperación entre Estados miembros e instituciones europeas. Como bien ha apuntado Galimberti, lo cierto es que dicho instrumento ha demostrado ser un importante instrumento normativo ya que ha originado una verdadera estrategia de cooperación directa y estructural con las plataformas de servicios digitales. De modo que ha permitido conformar un marco normativo útil para monitorear y analizar de manera eficaz las políticas de lucha contra la desinformación gracias a la trasparencia que propugna (2021: 268).

Todo parece indicar que la estrategia europea va a seguir apuntando en esta dirección, a través de una regulación cada vez más clara sobre las responsabilidades que deben asumir las plataformas digitales para hacer frente a la desinformación. Y así se desprende del reglamento de servicios digitales *(Digital*

Service Act)[4]. A través de este instrumento, por tanto, se continua la dinámica ya emprendida en el que el recurso a alternativas penales queda al margen para, siguiendo a D´Agostino, enfatizar la responsabilidad de los operadores que difunden los contenidos en la red, especialmente las grandes plataformas, para las cuales el riesgo de la desinformación se eleva a un riesgo sistémico que deben prevenir (D´Agostino, 2021: 295). Ahora bien, las medidas sobre dichas plataformas se endurecen ya que se fijan estándares más rigurosos de transparencia y rendición de cuentas sobre publicidad y procesos algorítmicos, al mismo tiempo que se determinan obligaciones para evaluar sus sistemas con el propósito de diseñar herramientas de gestión de riesgos y de protección de uso de técnicas de manipulación (Birritteri, 2021: 313).

En este último año, a propósito de la desinformación suscitada en el conflicto Rusia-Ucrania parece que el enfoque "*soft*" europeo ha cambiado (Aguirre, Santisteban y Miró Llinares, 2022: 5) ya que por parte de la propia Unión Europea se han decidido tomar acciones enormemente restrictivas como ha sido la suspensión de las actividades de radiodifusión de Russia Today y Sputnik, bajo el amparo de que sus manifestaciones constituían una gran amenaza al orden público y seguridad de la Unión[5].

---

4 Reglamento (UE) 2022/2065 del Parlamento Europeo y del Consejo de 19 de octubre de 2022 relativo a un mercado único de servicios digitales y por el que se modifica la Directiva 2000/31/CE (Reglamento de Servicios Digitales).

5 Así se establece claramente en el considerando 8 del Reglamento (UE) 2022/350 del Consejo de 1 de marzo de 2022 por el que se modifica el Reglamento (UE) nº 833/2014 relativo a medidas restrictivas motivadas por acciones de Rusia que desestabilizan la situación en Ucrania.

Todo ello puede llevarnos a la conclusión que, aunque hasta ahora el enfoque adoptado ha sido más bien autorregulatorio, la tendencia paulatina cada vez más restrictiva debe conducir a la idea de que tal vez, en los próximos años, se comience a debatir en el seno de la Unión medidas coercitivas estrechamente relacionadas con el Derecho penal. La efectividad de los mecanismos de transparencia y de medidas no coercitivas será determinante para que dicha hipótesis se materialice finalmente.

2.2. El prisma del estado Español: Preocupación sobre la amenaza híbrida

En cambio, el enfoque adoptado en el concreto caso del Estado español ha sido bien distinto. Más allá de apostar por soluciones preventivas, a través de diferentes instancias se ha considerado necesario puntualizar el carácter *per se* delictivos de algunas conductas de difusión de noticias falsas. Este ha sido el caso de la Fiscalía General del Estado que, mediante una nota emitida por su secretaría técnica en 2020 titulada "Tratamiento penal de las *fake news*" indicaron que: "las noticias falsas son de tan variado contenido que, dependiendo de a qué se refieran y con qué intención sean difundidas, pueden llegar a integrar muy diferentes tipos penales".

De dicha nota es posible extraer una conclusión muy interesante y es que el fenómeno de la desinformación es "multiofensivo" en la medida en que dependiendo del elemento material de la conducta (el contenido concreto de la manipulación de la información) esta podría integrar tipos penales de muy distinta naturaleza. Entre algunos de los que se cita en el propio comunicado son los delitos de odio del artículo 510.2.a) CP, delitos contra la integridad moral del art. 173.1 CP, injurias y calumnias (art. 209 y 206 CP), etc. Si bien es cierto que por parte de la doctrina este documento ha sido duramente criticado debido a la amplitud del concepto utilizado, pero sobre todo, la incomprensión de su *ratio essendi* (León Alapont, 2021: 561; De las Heras Vives, 2020: 74) ya que no se acaba de comprender muy bien por qué han decidido resaltar esos delitos y no otros que cabrían perfectamente en esa definición tan amplia proporcionada.

No obstante, aunque la Fiscalía General del Estado advierta que muchas de las conductas de difusión de información falsa pueden subsumirse en tipologías delictivas recogidas en nuestro texto punitivo, lo cierto es que todo parece indicar que ningún tipo penal contempla en un sentido estricto el verdadero problema (León Alapont, 2021: 561; Serra Cristóbal, 2021: 217) que preocupa a los Estados miembros: la desinformación que atañe a la interferencia en los procesos electorales con el objetivo de desestabilización política.

Una idea que claramente subyace del Informe Anual de Seguridad Nacional elaborado en 2021 por el Departamento de Seguridad Nacional del Gabinete de la Presidencia del Gobierno. En este sentido, dicho informe resalta las campañas de desinformación como una de las amenazas con mayor probabilidad de manifestarse en los próximos cinco años. Y no solo eso, puesto que el mismo informe revela que las estrategias coordinadas de manipulación informativa se encuentran en una zona de peligro alto o muy alto (ocupando el segundo puesto del ranquin de grado de preocupación por detrás de la vulnerabilidad del ciberespacio). Esto se debe, como se indica en el documento citado, a que en los últimos años se ha producido un incremento de ataque por parte de actores estatales dirigidos a dañar las estructuras críticas en tres ejes esenciales: estrategias híbridas, el ciberespionaje y la desinformación.

De este modo, junto con las tradicionales estrategias de espionaje mezclado con el uso de inteligencia en el ámbito del ciberespacio, se utiliza de manera híbrida también la manipulación informativa como una herramienta más para desestabilizar a otros estados. La preocupación sobre esta amenaza híbrida en la que se utiliza la desinformación no es algo novedoso en la Unión Europea. De hecho, en la Comunicación conjunta sobre la lucha contra las amenazas híbridas de la UE en 2016[6] ya se alertó de que «las campañas de desinformación masiva, que recurren a los medios sociales para controlar el discurso político o para radicalizar, contratar y manipular a individuos que actúan por delegación, pueden constituir vectores de estas amenazas híbridas». Se observa así como, tanto desde la UE como en nuestro ordenamiento nacional, una de las mayores preocupaciones es el uso de la manipulación informativa por parte de organismos estatales extranjeros para la desestabilización política.

Asimismo, el Informe Nacional de Seguridad destaca el papel que pueden alcanzar dos técnicas tecnológicas novedosas para mejorar la efectividad del ataque híbrido. Por un lado, las DeepFake que ya están siendo integradas dentro de las acciones de desinformación, en las que no se descarta su utilidad dentro de las acciones híbridas con fines de ciberespionaje. Por otro, el uso de la inteligencia artificial con el propósito de optimizar dichos ataques. En especial, en actividades de suplantación de personalidades a través de la creación de vídeos y textos falsos.

Con el objetivo de contrarrestar estas amenazas híbridas, se ha publicado el Acuerdo del Consejo de Ministros de 31 de mayo de 2022 por el que se ha creado el Foro contra las campañas de desinformación en el ámbito de la Seguridad Nacional. En dicho acuerdo, además de la regulación de la composición y funcionamiento del Foro contra la desinformación, se pue-

---

6 Comisión Europea. Comunicación conjunto al Parlamento Europeo y al Consejo. Comunicación sobre la lucha contra las amenazas híbridas: una respuesta de la Unión Europea. JOIN (2016) 18 final, 6 de abril de 2016. Disponible en: https://eur-lex.europa.eu/legal-content/ES/TXT/?uri=CELEX%3A52016JC0018 . Fecha de consulta: 09-10-2022.

de observar cómo desde Seguridad Nacional se perciben las campañas de desinformación como una grave amenaza para la seguridad nacional puesto que «buscan polarizar a la sociedad y minar su confianza en las instituciones y suponen, además, una grave amenaza para los procesos electorales». En consecuencia, se ha creado dicho foro como un espacio que facilitará la colaboración de organismos públicos y privadas para recomendar iniciativas que fomenten el conocimiento de los riesgos que suponen la manipulación informativa, así como la realización de actividades conjuntas para hacerlas frente.

Todo esto denota la enorme preocupación que existe en el ámbito nacional sobre el fenómeno, especialmente en relación con la merma de la confianza ciudadana en las instituciones democráticas y en el proceso democrático actual. Aunque todavía hoy España continúa el mismo camino que el trazado por la Unión Europea, centrándose en el plano preventivo-estratégico y no tanto en el sancionador.

3. INCIDENCIA DE LA SOCIEDAD DIGITAL EN LA MANIPULACIÓN

Es cierto que las estrategias de manipulación informativas no son algo novedoso en nuestra historia y han existido prácticamente desde siempre. Sin embargo, coincido con De las Heras Vives cuando afirma que ha sido precisamente el desarrollo tecnológico experimentado en los últimos años lo que explica el aumento en su impacto y el número de individuos que las producen y las consumen (2020: 72). Es más, yo iría un paso más allá: tal es la relevancia de las nuevas tecnologías que estas constituyen un elemento esencial sin el cual la desinformación carecería de importancia, al menos como conducta con capacidad para generar efectos que puedan interesar al Derecho penal.

Para comprender esta aseveración es necesario partir de un análisis que centre su foco de atención en el tipo de sociedad en la que nos encontramos. Una sociedad a la que deberíamos añadir la etiqueta "digital" debido a la consolidada superación del entorno analógico (Morón Lerma, 2000: 19) y el desplazamiento de las actividades cotidianas de los individuos al escenario digital. No solo en el ámbito económico, donde la pandemia ha potenciado todavía el comercio electrónico, sino sobre todo en el plano social y político.

Respecto al primero, es posible contemplar cómo las relaciones sociales se están trasladando a las redes sociales digitales a pasos agigantados. *Twitter, Facebook, Instagram,* etc. ya no son, hoy en día, espacios de tránsito sino de residencia, pues se han convertido en lugares principales para desarrollar la interrelación con otros usuarios. En cuanto al segundo, resulta innegable el gran efecto que ha supuesto lo digital en la política, en la medida en que ha favorecido una mayor participación de los ciudadanos en la toma de decisiones políticas, aumentando la participación en dichos foros y proporcionando una mayor cantidad de información a los poderes públicos (Chadwick, 2009: 34-39). Factores que han generado una transformación hacia las democracias digitales (*e-democracy*) y gobiernos electrónicos (*e-government*).

Desde el punto de vista comunicativo, por tanto, dos son las cuestiones que más nos pueden interesar para comprender la manipulación informativa en la Sociedad Digital en la que vivimos.

Por una parte, el ya tan estudiado y trabajado término de la "posverdad". A través de esta se hace alusión a una cultura política en la que se otorga prioridad a los sentimientos y emociones, de modo que los juicios de hecho quedan relegados a un segundo plano. La verdad queda, por tanto, eclipsada: es irrelevante (Sánchez Lázaro, 2021: 76). En las sociedades democráticas occidentales, en consecuencia, gana terreno esta nueva forma de hacer política en la que la apelación emocional y la mentira tienen un mayor impacto y se difunden más amplia y rápidamente que las informaciones verdaderas (Pérez-Curiel y Velasco-Molpeceres, 2020: 99). En gran medida, el auge de esta técnica se atribuye a la popularización del uso de las redes sociales como medio en el cual se produce el debate público ya que las organizaciones políticas y los medios de comunicación dejan de tener el monopolio de la propaganda que ahora se encuentra al alcance de cualquier individuo (Blanco Alfonso, 2021: 17; Queralt Jiménez, 2022). Lo verdaderamente novedoso en esta sociedad es que se anteponen los sentimientos a los hechos como forma de ejercicio del poder que puede ser ejercitado por cualquier usuario.

Esta idea nos conduce, por otra parte, al segundo elemento clave: las redes sociales. Estas han permitido que la participación ciudadana se expanda, formando parte del proceso de divulgación informativa y, *por ende,* ostentando un rol activo y pasivo relevante en su manipulación. Así, se genera, en palabras de Sánchez Lázaro, un nuevo poder, que actúa en detrimento de los medios de comunicación (2021: 76).

De los rasgos que caracterizan a este nuevo espacio informativo, del que un análisis en profundidad excedería del propósito de estas páginas, destacan dos fundamentales: la viralidad y la permanencia de la información. Efectivamente, la propia dinámica de las redes sociales se compone de una serie de herramientas que facilitan que la difusión de la información alcance límites hasta ahora inimaginables. Sobre todo, mediante los procesos automatizados de difusión como pueden ser las granjas de *trolls* y los ejércitos de *bots,* así como con la capacidad de extensión informativa "a golpe de click". Todo ello permite concluir que las redes sociales han otorgado una forma de interferir en el discurso político hasta ahora desconocido (Aguirre, Santisteban y Miró Llinares, 2022: 4). Y dentro de este novedoso foro público surgen nuevos individuos influyentes que se han transformado en focos mediatizados de control y tratamiento de la información: los denominados *influencers* (Pérez-Curiel y Velasco-Molpeceres, 2020: 100). Unas figuras a las que también hay que poner especial atención en la medida en que su opinión constituye un elemento relevante en la difusión de la información manipulada que circula a través de las plataformas digitales.

Posverdad, redes sociales y manipulación informativa se relacionan de manera perniciosa para el correcto funcionamiento de una sociedad democrática como la nuestra. Si decíamos que la posverdad trata de alimentar la emoción por encima de los hechos, las propias plataformas digitales favorecen este suceso gracias al fenómeno de los "eco-chambers" (cámaras eco). La acción combinada de las *cookies* y los algoritmos permiten que disfrutemos de una realidad virtual cosida a nuestra medida. Esto se debe a que dichas herramientas digitales analizan nuestra actividad online para ofrecernos contenidos más próximos a nuestras preferencias. La razón es simple: cuanto más permanecemos en la red, más ganan las plataformas. La consecuencia que se deriva es un efecto distorsionador en el que los usuarios continuamente se enfrentan a puntos de vista muy similares a los suyos. Y, por supuesto, los productores de noticias falsas utilizan estos mecanismos para potenciar sus efectos. Según Guerini, este hecho provoca una aparente paradoja en la que la libertad de un usuario dentro de la red es inversamente proporcional al crecimiento de la propia red (2020. b: 9).

Un proceso que, además, se ve empantanado por otras técnicas de manipulación como el *clickbait.* En una Sociedad Digital en la que gran parte del debate político transcurre en un entorno caracterizado por la sobreabundancia informativa, surge la necesidad por parte de los medios de comunicación de captar la atención mediante técnicas dudosas que inciten a los usuarios a "clicar" en los enlaces de las noticias con titulares distorsionados. Una tendencia que favorece el flujo de la manipulación y la propagación de rumores, muchos de los cuales son falsos.

Por no profundizar en el perfeccionamiento de herramientas de manipulación cada vez más sofisticadas como es el caso de los *deepfakes*. Es decir, de contenidos audiovisuales que son creados por una Inteligencia Artificial en la que un personaje público aparece expresando ideas y realizando acciones que nunca se produjeron. Algo prácticamente indetectable para los usuarios, lo que favorece el impacto social (Blanco Alfonso, 2021: 23).

En síntesis, todo parece indicar que la preocupación global por la manipulación informativa en gran parte se debe a los rasgos que se derivan de la Sociedad Digital en la que vivimos, donde la posverdad y las técnicas propicias por las nuevas tecnologías, en especial las redes sociales, favorecen su aparición e incrementan el peligro y la lesión a ciertos bienes jurídicos relevantes.

4. PROPUESTAS DE CRIMINALIZACIÓN

La percepción social acerca de la enorme trascendencia que la manipulación informativa parece tener y tendrá en los próximos años ha llevado a algunos autores a plantearse la posibilidad de recoger alguna conducta típica específica en nuestro texto punitivo. En esta línea, se defendería que, en supuestos concretos el comportamiento superaría ese principio de insignificancia que haría posible que el Derecho Penal entrara en el juego regulatorio.

Sin embargo, antes de profundizar en estas posturas conviene realizar dos precisiones técnicas. La primera de ellas es que, evidentemente, en nuestro Código penal nunca se va a castigar la mentira en sí misma, sino más bien el resultado o el peligro que la noticia falsa pueda generar (De las Heras Vives, 2020:

74; De Flammineis, 2020: 141-145). Este matiz es importante en la medida en que los modelos que regulan la mentira como puede ser el de la estafa o el de la falsedad parten de ella, hasta el momento, como un instrumento para poner en peligro o lesionar un bien jurídico digno de protección. La segunda se relaciona con lo indicado *supra* por la Fiscalía General del Estado. Ya hemos adelantado que la mera conducta de difusión de noticias falsas puede subsumirse en varios tipos penales vigentes, pero es necesario, a efectos de un análisis preciso, identificar el verdadero problema que preocupa a los estados y a la Unión Europea. Parece que lo más acertado, en los términos propuestos por León Alapont, sea centrar el foco en un conjunto de acciones coordinadas y no falseamientos puntuales que tengan el propósito de ocasionar un impacto político (2021: 540). De este modo, el alcance del término se aproxima más a la necesidad de protección de la desinformación como estrategia política dentro de esas amenazas hibridadas a las que se ha aludido. Desde esta perspectiva, todo indica que es en este punto en el que podría encontrarse alguna laguna punitiva digna de análisis.

En cualquier caso, en materia de desinformación política, la cuestión de identificar cuál es el bien jurídico digno de protección es absolutamente compleja (Lamanuzzi, 2020: 25). Esto explica que hayan surgido propuestas teóricas de lo más diversas. Sobre todo, especial interés podría presentar el análisis llevado a cabo en los últimos años por la doctrina italiana puesto que, de los países más próximos a nuestro sistema, es de los que más se ha teorizado acerca de la posible incriminación de la conducta. Un hecho que se explica a propósito de la proposición de Ley Gambaro (AS 2688) que pretendía introducir reformas penales relacionadas con la difusión de información falsa a través de las plataformas digitales y que, finalmente, no se llevó a cabo. Por esta razón, se tendrán muy presentes algunas de las ideas apuntadas en nuestro país vecino, que trasladaremos y ajustaremos al sistema penal español.

4.1. El castigo de la seguridad colectiva y la verdad

En un reciente trabajo, Agustina analiza los retos que supone la cibercriminalidad como nuevo paradigma de nuestra sociedad para la dogmática penal. Entre otras muchas cuestiones, enfatiza cómo el ciberespacio presenta una serie de peculiaridades interesantes relacionadas con la peligrosidad de los delitos tecnológicos y la difuminación de la conexión entre los sujetos físicos y los objetos de protección.

A propósito de la rapidez con la que se produce la difusión de la información en las plataformas digitales y, haciendo especial hincapié en la desinformación, este autor concluye que el ciberespacio es un "contexto panicógeno" en el sentido de que constituye un espacio propicio para crear una sensación social de inseguridad y pánico colectivo que, de forma descontrolada, puede afectar a una pluralidad indeterminada de personas (Agustina, 2021: 757). Un factor relevante pues, según su opinión, dicho pánico colectivo puede explicar «la pérdida súbita de confianza por parte de un número significativo de ciudadanos en un candidato electoral ante la inminencia del día de la votación» (2021: 758). Efectivamente, estoy de acuerdo con él que son elementos que no se pueden trivializar en esta Sociedad Digital y que ello plantea problemas en la criminalización de este tipo de comportamientos.

Una de las soluciones que se desprenden de las ideas planteadas en dicho estudio doctrinal es el de ubicar este supuesto en casos de delitos "sin bien jurídico protegido". Así, siguiendo alguna de las propuestas del autor, podría defenderse la criminalización de la conducta fundamentada en la protección de meros sentimientos de seguridad o tranquilidad colectiva (2021: 752). Según Agustina, la decisión político-criminal de legitimar la criminalización de este tipo de conductas podría llevarse a cabo mediante planteamientos que satisfagan el dogma del bien jurídico alegando que bien este sería la integridad psíquica colectiva, bien se podría acudir a la doctrina anglosajona del *harm principle* (2021: 752).

En realidad, esta perspectiva no resulta extraña para nuestro legislador. Recientemente ha incorporado en nuestro texto punitivo toda una serie de delitos de incitación al suicidio (art. 143 bis CP), a las autolesiones (art. 156 ter CP) y relacionadas con conductas alimentarias (art. 361 bis CP) mediante la Ley Orgánica 8/2021, de 4 de junio, de protección integral a la infancia y la adolescencia frente a la violencia. Según el Informe del Consejo General del Poder Jucial al Anteproyecto de dicha ley, el interés tutelado en estas conductas delictivas es la «seguridad colectiva, entendida como sinónimo de creación de un clima de garantía social en el que no se ven amenazados los bienes jurídicos protegidos, ya individuales, ya colectivos; y en un grado ulterior entronca con concretos bienes jurídicos de carácter individual, como la vida, la integridad física, la dignidad, la libertad e indemnidad sexual o la salud de las personas, y específicamente de los menores de edad y personas con discapacidad»[7]. En esencia, el uso de una técnica legislativa de peligro hipotético relacionada con bienes jurídicos colectivos y abstractos que tienen su razón de ser en la idea de seguridad (Lloria García, 2020: 294), no sería algo novedoso en nuestro sistema penal.

Lo que parece claro y en esto sí que coincido con el autor, es que la virtualización en ocasiones del objeto material plantea ciertos problemas de adaptación en los esquemas dogmáticos tradicionales. Uno de los ejemplos que propone es el de las *deepfake*. En relación con estos casos, indica que «la lesión virtual o efímera del bien jurídico mediante el uso de una imagen distorsionada y falsa se sustenta en un concepto volátil, cierta-

---

7 Consejo General del Poder Juidical. (2019). Informe sobre el anteproyecto de la Ley Orgánica de Protección Integral a la Infancia y la Adolescencia frente a la Violencia, 30 mayo de 2019, p. 158.

mente vaporoso, de honor e integridad moral, basado en la identificación de una imagen distorsionada de la víctima con el sujeto real» (Agustina, 2021: 755). Los problemas, tanto desde el punto de vista del bien jurídico como del objeto material parecen evidentes para encajarlos en las teorías jurídicas tradicionales.

Partiendo de un enfoque bastante similar, algún autor italiano también ha resaltado el interés de protección en bienes jurídicos difusos o abstractos. En este caso, más que en sentimientos de seguridad colectiva, en la protección de la verdad en sí misma. Estas apreciaciones surgieron, principalmente, a propósito del proyecto de Ley Gambaro AS 2688 en 2017.

En su momento, el poder legislativo italiano trató de incorporar en el Código penal el art. 656 bis el cual castigaría a aquel que publicara o difundiera, mediante las plataformas digitales, noticias falsas, exageradas o sesgadas. Lo que más llamó la atención a la doctrina de ese tipo penal fue la eliminación del necesario peligro de la alteración del orden público que contemplaba el vigente artículo 656 del Código penal italiano. Consecuentemente, algunos autores (Birritteri, 2021: 321; Costantini, 2019: 71) salieron a criticar que una de las opciones que se barajaran fuera la de criminalizar la falsedad en sí misma del hecho narrado, ni siquiera la puesta en peligro de un bien jurídico protegido, en aras de preservar la verdad como aspiración en la protección penal.

4.2. El orden público y la soberanía nacional como bienes jurídicos dignos de protección

A diferencia de las posturas anteriores, otras alternativas de criminalización apuntan a la necesidad de justificar el castigo en función de la protección de determinados bienes jurídicos que se ven amenazados en el caso de la desinformación. En esta línea, probablemente las propuestas que más fuerzas han adquirido en estos últimos años han sido dos: la de protección del orden público y la de la soberanía nacional.

Curiosamente, ambas constituyeron elementos dignos de protección en regulaciones punitivas históricas relacionadas con la manipulación de la información en el Código penal español. Porque la conducta de difusión de noticas falsas no es algo novedoso en nuestro ordenamiento jurídico. De este modo, en el Código penal de 1973 se castigaba en el artículo 165 bis b) la publicación de noticias falsas peligrosas para la moral y las buenas costumbres contrarias, entre distintas modalidades políticas alternativas, a la seguridad del estado, el mantenimiento del orden público interior y la paz exterior.

Dejando al margen la inevitable crítica que se le puede realizar al precepto por la clara intromisión del Derecho penal como un instrumento de regulación de la moral o de inspiración de la voluntad de los ciudadanos, aquí podríamos destacar el origen de la preocupación del legislador respecto del tema que nos ocupa. Esto demuestra, en cierto sentido, que al comportamiento de difusión de información falsa, históricamente, el legislador la ha asociado a la posible lesión o peligro del orden público y de la seguridad del estado.

En relación con la primera postura ha sido más la doctrina extranjera la que ha impulsado esta idea. Un ejemplo paradigmático lo encontramos en la doctrina penal de nuestros vecinos italianos. Probablemente la influencia de su vigente artículo 656 del Código penal italiano haya propiciado a que cierto sector reflexione sobre la posibilidad de que sea el orden público el bien jurídico a proteger en estos casos. Este ha sido el punto de partida de algún autor italiano como De Flammineis (2020: 143-145), así como de algún otro autor que toma como referencia la alteración del orden público puesto que la sociedad puede entrar en un estado de crisis debido a las estrategias de manipulación coordinada (Brodsky, 2021: 62).

En el ordenamiento jurídico español uno de los preceptos sobre los que podríamos trasladar estas ideas sería el artículo 559 del Código penal suprimido por la Ley Orgánica 14/2022, de 22 de diciembre. En él se castigaba la difusión pública, a través de cualquier medio, de mensajes que incitan a la comisión de ciertos delitos de alteración del orden público. Cierto es que expresamente no se contemplaba la modalidad de difusión de información falsa que cause dicho efecto, pero la opción político-criminal de criminalización podría ir encaminada en partir de este tipo penal como tipo básico y contemplar un tipo cualificado en el caso en el que se realicen conductas de desinformación a través de las plataformas digitales. En estos casos, la cualificación de la conducta podría sustentarse en un incremento cuantitativo y cualitativo del injusto. Por un lado, debido a la potencialidad de que la conducta pueda alcanzar un mayor número de personas por el medio utilizado y, por el otro, por el ataque no solo al bien jurídico orden público, sino a la afectación a la libertad de información.

Sin embargo, esta propuesta regulatoria, al margen del respeto o no de las garantías penales básicas, que se analizará en el siguiente apartado, puede tener encaje respecto a conductas mediáticas apuntadas como el caso del asalto al Capitolio en EEUU, pero no parece que este sea el objeto de protección cuando se toma como referencia otros casos como las estrategias híbridas entre estados.

Otros autores han focalizado la protección en otros bienes jurídicos como la soberanía del estado. En España, una de las primeras figuras en defender esta idea ha sido León Alapónt. Para él, si se tuviera que criminalizar la desinformación esta debería ubicarse sistemáticamente entre los "delitos que comprometen la paz o independencia del estado" (Título XXIII, Capítulo II del texto punitivo) por su proximidad con el delito de derrotismo del artículo 594 del Código penal (2021: 562). Un título en el que se protege como interés la independencia del Estado, su soberanía (Peris Riera, 2020: 1606; Muñoz

Conde, 2019: 703) el cual se materializa en la protección del bien jurídico supraindividual de los intereses del estado en el desarrollo de su existencia y, al mismo tiempo, en la protección supranacional de la paz comprendida como ausencia de conflictos internacionales que todo país civilizado debe promover (Borja Jiménez, 2019: 827-828).

Concretamente, dicho artículo 594 castiga con la pena de prisión de seis meses a dos años a aquel que, en tiempos de guerra, circule noticias falsas encaminadas a perjudicar el crédito del estado o los intereses de la Nación. Evidentemente, la cláusula temporal del tipo que limita su aplicación a los "tiempos de guerra" sería eliminada en la configuración de una posible criminalización de la desinformación. En consecuencia, su propuesta expresa sería la de castigar "la manipulación intencionada y difusión de ciertas informaciones cuando ello provocare un perjuicio o impacto social, económico o político grave, real o efectivo y no meramente potencial, que comprometiese la estabilidad, seguridad o independencia del Estado" (León Alapont, 2021: 562). Asimismo, respecto a su consecuencia jurídica, el mismo autor argumenta que la pena no debería ser excesivamente superior a la que se castiga en el art. 594, pero que no podría ser igual debido al mayor grado de ofensividad de esta nueva conducta.

5. POSTURAS DE NO INTERVENCIÓN PUNITIVA

5.1. Rechazo a un derecho penal sin bien jurídico protegido: Algunas consecuencias

SILVA SÁNCHEZ se ha encargado de recordar que la mentira no es solo moralmente ilícita, sino que también está jurídicamente desvalorada. Ahora bien, la posibilidad de aplicar consecuencias jurídico-penales a la mentira, siguiendo a este mismo autor, solo se realiza de manera indirecta y de modo excepcional (2014: 2). Esta idea parece clara y ya hemos tenido ocasión de señalarla previamente. Según nuestro modelo penal actual solo se castiga la mentira como una forma de lesión o peligro a una serie de bienes jurídicos, principalemente, en contextos institucionales en los que las personas físicas tengamos una obligación específica de decir la verdad, en manifestaciones documentadas con efectos públicos o para terceros y en aquellos contextos en los que pueda suponer una afectación patrimonial.

El castigo de la difusión de estrategias de manipulación, si quiera sea de manera estratégica y coordinada, sin tener como referencia un determinado bien jurídico que pueda estar en peligro o lesionado supone, en consecuencia, una alternativa que escapa por completo de nuestros modelos vigentes de protección penal de la mentira. Esta es una importante primera consideración de la que debemos partir.

Junto a ello, surgen trascendentes problemas difíciles de salvar. Piénsese en la clara vulneración del principio de ofensividad que supone dicho adelantamiento de las barreras de punición (Lamanuzzi, 2020: 23). Si partimos del contenido de injusto, las nociones de lesión o peligro concreto o abstracto resultarían inservibles. Esto llevaría a la consideración de que el Derecho penal es un instrumento útil de protección de ataques a conjuntos de sujetos pasivos indeterminados sobre los que no es necesario determinar, suponiendo un arma muy peligrosa de uso arbitrario para el *ius puniendi*.

En realidad, lo que se estaría produciendo también es la elevación de una serie de conductas de tentativa a la de consumación. Comportamientos totalmente alejados al daño de un bien jurídico determinado, como ha ocurrido respecto de los delitos mencionados introducidos por la LO 8/2021. Pero, además, surgirían interesantes y relevantes cuestiones relativas al contenido de la "sensación de seguridad colectiva" así como de los criterios para poder aplicar dicho elemento. Si usamos el criterio de la creencia mayoritaria en una sociedad que por sus caracteres puede verse claramente manipulada de manera constante, esto dificultaría la instauración de una política criminal eficaz para contrarrestar el fenómeno.

En definitiva, estaríamos ubicándonos más en el terreno de la moral y no del derecho, mediante una regulación más próxima a ese antiguo artículo 165 bis b) del Código penal de 1973 del que quisimos huir por su incompatibilidad con un Estado Social y Democrático de Derecho.

A propósito de la tesis de la verdad como valor único digno de protección, también surgen dudas importantes. No parece ser que la búsqueda de la verdad absoluta sea un interés que pretenda perseguir nuestro ordenamiento. Sobre todo porque muchas veces existirá una escala de grises en los que esta se verá dilucidada por grande matices.

En el actual orden pluralista emanado de un Estado Democrático, la verdad, cualquiera que sea su consideración, no se puede elevar a un rango de interés con trascendencia constitucional (Costantini, 2019: 75). Esta es una idea que en nuestro país ha desarrollado de manera muy clarificadora Serra Cristóbal. Para esta autora, cuando se aborda el fenómeno de desinformación desde la perspectiva de los derechos constitucionalmente protegidos hay que tener en cuenta que la Constitución española no alude al término "verdad", sino que lo que reconoce es el derecho a comunicar o recibir libremente información veraz en su artículo 20. Por eso, es más importante profundizar en el aspecto de la veracidad más que en la posibilidad de alcanzar una verdad única o absoluta (Serra Cristóbal, 2021: 213).

En otras palabras, siguiendo a esta misma autora, en nuestra constitución lo que existe es un reconocimiento constitucional a recibir información veraz como condición indispensable para consolidar una opinión pública plural y libremente formada, pero, en ningún caso, existe un derecho a no recibir información falsa o a no ser víctima de desinformación (2021: 231). La verdad, en sí misma, queda fuera de protección como derecho fundamental absoluto tutelado en nuestro ordenamiento.

5.2. Las garantías penales como límites infranqueables

Tampoco aquellas alternativas destinadas a la protección de bienes jurídicos como la seguridad del Estado o el orden público gozan de un consenso encaminado a la necesidad de criminalización. La razón radica, esencialmente, en las posibles fricciones que podrían suponer dichas propuestas político-criminales para las garantías básicas de nuestro sistema punitivo.

Por una parte, el principio de legalidad, sobre todo, desde la perspectiva del mandato de taxatividad se vería claramente perjudicado. Las normas penales, en cuanto instrumento de protección de bienes jurídicos, deben ser lo más precisas y claras posibles, en aras de salvaguardar otros principios esenciales estrechamente relacionados como la seguridad jurídica. La cuestión relevante a abordar en este punto sería: ¿el contenido de la conducta de "desinformación" está en la actualidad lo suficientemente concretado para satisfacer las exigencias de una *lex certa*? De momento, la realidad demuestra que no existe un consenso generalizado acerca de los elementos que la componen, existiendo importantes discrepancias sobre su alcance, así como del modo de determinación de la falsedad de la información (Miró Llinares y Aguerri, 2021: 6). Una falta de claridad que afectaría al contenido de la norma penal, causando problemas similares a los que la doctrina históricamente ha apuntado sobre el antiguo delito del 165 bis b) del Código penal de 1973 así como del vigente delito de derrotismo del artículo 594. En ambos casos, la noción "noticias falsas" ha sido duramente criticada precisamente por estos motivos.

Este es, por tanto, uno de los principales problemas regulatorios del fenómeno. Existe un acuerdo importante a la hora de identificar los juicios de hecho como la base de identificación de la desinformación (cuando esa transmisión de hechos no se corresponde con la realidad) y, *por ende*, excluir de su análisis los de valor (las opiniones) que nunca se podrán reputar como verdaderos o falsos. Sin embargo, los problemas surgen cuando ambos juicios se entremezclan, llenando las narrativas de información parcialmente sesgada envuelta de opiniones para que la manipulación resulte más eficaz. Estrategias que, por cierto, cada vez predominan más en la sociedad de la posverdad. Estas zonas de grises son las que realmente complican el análisis de estudio: ¿siempre será posible distinguir el hecho de la opinión? ¿cuáles son los criterios que permiten distinguirlos? ¿todos estamos de acuerdo en que esos sean los criterios que deben regirse? Todas estas cuestiones y muchas más derivadas de las mismas impiden que a día de hoy sea posible una norma capaz de cubrir estas exigencias materiales derivadas del principio de legalidad. A propósito de esta cuestión, en la Declaración Conjunta sobre Libertad de Expresión y "Noticias Falsas", Desinformación y Propaganda se ha indicado que aquellas prohibiciones generales sobre la propagación de información que se base en términos imprecisas como "fake news" o "información no objetiva" son absolutamente incompatibles con los estándares internacionales de restricción a la libertad de expresión.

Por otra parte, otro de los problemas se relaciona con el principio de intervención mínima. Existe una sensación generalizada de que la desinformación ha sido una herramienta indispensable como estrategia de manipulación dentro de las guerras híbridas entre estados, sobre todo, en los procesos electorales. No obstante, otra cuestión es que dicho impacto se haya demostrado o que sea suficiente como para alterar el resultado (Sánchez Muñoz, 2020: 64). Esta cuestión no es baladí ya que la criminalización de este tipo de conductas sin que realmente exista una relación causal contrastable entre la supuesta amenaza y las consecuencias que se le asocian, podrían producir graves problemas de desproporcionalidad (Miró Llinares y Aguerri, 2021: 14).

Asimismo, se desaconseja por el momento su criminalización en aplicación del principio de subsidiariedad. No se debe caer en el error de asumir las recientes políticas legislativas adoptadas en las que el Derecho penal se muestra como la *prima* o única ratio como una realidad insalvable que debe asumirse. Más bien, al contrario, nuestra labor debe seguir siendo la de guardianes de la garantía de que el ordenamiento jurídico penal es la última vía de protección, aunque esto nos lleve a luchar contra un sistema que, paulatinamente, olvida que el Derecho punitivo es la rama más lesiva para los ciudadanos y esto acarrera consecuencia relevantes en la sociedad. Por ello, los juristas que nos dedicamos al Derecho también debemos considerar la búsqueda de medidas alternativas igualmente eficaces que supongan una menor restricción de derechos como una de nuestras funciones.

En este trabajo se ha señalado que las medidas adoptadas en el marco de la Unión Europea para frenar la manipulación informativa, si bien es verdad que cada vez más tendentes a una mayor intervención Estatal, todavía apuesta por soluciones de autorregulación. Cierto es que en nuestro país en concreto, la conceptualización del fenómeno como potente arma de amenaza híbrida está teniendo mucho calado. Pero debemos tener en cuenta que existen alternativas que implican a los ciudadanos, a la sociedad en su conjunto y los entes públicos y privados que, en una acción combinada pueden resultar muy útiles para paliar algunos de los efectos, puede que los más importantes del fenómeno.

Piénsese en la alfabetización mediática en el manejo de la información. Un recurso al que en muchas ocasiones se le da la espalda por los enormes costes que supone, en contraposición de la creación de preceptos penales cuyo resultado coste-beneficio siempre sale rentable al legislador, pero termina saliendo caro para los ciudadanos. Es necesario, pues, inculcar el pensamiento crítico para que los consumidores informativos sepamos usar las numerosas herramientas que disponemos y que nos permiten discernir entre contenidos falsos o nocivos, así como identificar la naturaleza de la procedencia de los mensajes (Blanco Alfonso, 2021: 25).

Por su parte, en el terreno de los agentes privados y estatales también existen mecanismos que es necesario explorar en mayor profundidad antes de dar paso a la regulación penal. Estoy pensando, por ejemplo, en las políticas de etiquetado por parte de las grandes plataformas digitales para frenar el impacto de las noticias manipuladas en las redes sociales. En este sentido algunos trabajos ya sugieren que este tipo de políticas de los prestadores de servicios pueden ser muy adecuadas. Respecto de la política de etiquetado todavía el alcance es limitado en la guerra de la información (Aguirre, Santisteban y Miró Llinares, 2022: 14-15) y es necesario seguir con su estudio. E incluso también, como ha señalado algún autor, es interesante que la batalla de la manipulación informativa no se lleve a cabo en el terreno prohibitivo-punitivo, sino en la geopolítica de la información (León Alapont, 2021: 562).

Todos estos frentes abiertos, que constituyen tan solo algunas ideas que se están analizando en la actualidad, a las que se podían unir otras como la necesidad de actuación en los propios medios de comunicación profesional, adaptando sus códigos de conducta a la nueva realidad de las redes sociales o las posibilidades de implementación del fin del anonimato en dichas plataformas, son una muestra de que todavía faltan muchos caminos no tan tremendamente restrictivos por explorar. Como he dicho en otra ocasión, en la situación en la que nos encontramos, la política legislativa tendente a criminalizar la manipulación informativa como arma de estrategia política constituiría una ley activista en la que los efectos instrumentales del Derecho penal serían sustituidos por efectos simbólicos

(Devís Matamoros, 2022: 26) más relacionados con la idea de transmitir el mensaje a la sociedad de que "algo" se está haciendo, cuando todavía no se han profundizado en otras alternativas que pueden ser igual o más efectivas.

6. A MODO DE REFLEXIÓN: APROXIMACIÓN A LOS ELEMENTOS CLAVE DEL DEBATE

Desde una posición bastante crítica, De la Mata Barranco se ha pronunciado a propósito del debate de la criminalización de las noticias falsas y de la manipulación informativa. Según su parecer "los delitos son los que son" y por muchas vueltas que por parte de la doctrina queramos dar a las conductas de propagación de bulos, estos siempre van a ser afirmaciones de gente perezosa que no hace ningún mínimo esfuerzo por indagar acerca de la realidad que acontece (2020). Esta afirmación puede servirnos como punto de partida a modo de reflexión sobre las ideas clave que han de estar presente en el debate objeto de este trabajo.

Evidentemente, el mensaje lanzado en la primera parte, bajo mi punto de vista es muy acertado, pero no ocurre lo mismo en esa segunda parte del discurso. Ciertamente, y como se ha avanzado en este capítulo, el Código penal español contempla la mayoría de conductas de difusión de bulos que adquieren una relevancia especial para poder ser subsumida en conductas punibles. Hasta aquí de acuerdo, del mismo modo que se ha expresado en estas páginas la conformidad con la Fiscalía General del Estado y su nota de 2020. En cambio, no considero que el fenómeno de la desinformación haya alcanzado el nivel de complejidad y efectividad como la que ha presentado en estos últimos años como consecuencia del desarrollo de las nuevas tecnologías y el paso a una Sociedad Digital o Tecnológica. La manipulación informativa en el plano político, por tanto, es algo más que "afirmaciones estúpidas" pues responden a toda una serie de estrategias coordinadas y planificadas en las que se ponen al servicio los recursos más sofisticados de las tecnologías de la información y la comunicación en un mundo que cada vez depende más de dichas herramientas.

Ahora bien, alertar de los peligros que suponen dichas estrategias de manipulación política no debe llevarnos al error de considerar que solo cabe la criminalización como única alternativa. Es necesario, previamente a profundizar en dicha valoración, resolver toda una serie de cuestiones ineludibles que sirven como garantías para que, cuando deba entrar en juego el Derecho penal, si es que alguna vez debiera entrar en este asunto, no se creen conductas punibles carentes del respeto a los límites penales básicos.

En este sentido, uno de los pasos por los que hay que apostar es por la concreción de un concepto generalizado, común e internacional sobre qué se entiende por desinformación. Este fenómeno constituye un problema global que debe ser abordado de forma común y coordinada para el conjunto de Estados. Un buen punto de partida es especificar con mayor detalle cuál es el verdadero peligro que se percibe para nuestras democracias y el alcance del mismo. Esto facilitará la tarea de la seguridad jurídica en las iniciativas propuestas por cada uno de los ordenamientos jurídicos.

Asimismo, la idea de la "verdad" como aspiración absoluta no debería formar parte del debate o de las finalidades político-legislativas que se pretendan perseguir. Más bien el foco de atención lo debería ostentar el concepto de veracidad como derecho a comunicar o recibir libremente información veraz recogido expresamente en nuestra Constitución. Cierto es que este elemento se caracteriza por la dificultad en la trazabilidad de límites exactos entre hechos y determinadas opiniones, pero precisamente el trabajo normativo debe consistir en perfilar lo máximo posible dichos límites. En relación con esto, el Tribunal Europeo de Derechos Humanos se ha pronunciado en las últimas décadas acerca del contenido de la veracidad y, como han señalado Pinto de Albuquerque y Dopico Gómez-Aller, faltará comprobar si los desarrollos emanados por dicho Tribunal podrían extenderse a las estrategias de manipulación informativa y desinformación en redes sociales o, por el contrario, si convenie adaptar su doctrina para reseñar las especificidades de este fenómeno (2022: 180). Un pronunciamiento del TEDH en este sentido podría resultar muy clarificador en aras de determinar algunas de las cuestiones más controvertidas de la desinformación.

Finalmente, de la relevancia expuesta de las redes sociales en la actualidad, otro punto crucial de examen debe ser el del papel de los prestadores de servicios digitales. Estos entes que se están transformando en el verdadero poder económico en la actualidad precisan de un mayor control. El poder de decisión acerca de la distinción entre la manipulación de hechos y la emisión de opiniones no puede depender exclusivamente de empresas privadas con intereses privados. Una regulación clara, transparente de coordinación entre los Estados y estas empresas debe ser el punto de apoyo indispensable en el planteamiento político-criminal de la manipulación de la información.

BIBLIOGRAFÍA

Aguerri, J., Santisteban, M., & Miró-Llinares, F. (2022). The fight against disinformation and its consequences: Measuring the impact of "Russia state-affiliated media" on Twitter, *SocArXiv Papers*. https://doi.org/10.31235/osf.io/b4qxt

Agustina, J. R. (2021). Nuevos retos dogmáticos ante la cibercriminalidad. ¿Es necesaria una dogmática del ciberdelito ante un nuevo paradigma?, *Estudios Penales y Criminológicos*, vol. XLI, pp. 705-777.

Bastos, M. T., & Mercea, D. (2019). The Brexit Botnet and User-Generated Hyperpartisan News, *Social Science Computer Review*, 37(1), 38–54. https://doi.org/10.1177/0894439317734157

Birritteri, E. (2021). Punire la disinformazione: il ruolo del diritto penale e delle misure di moderazione dei contenuti delle piattaforme tra pubbblico e privato, *Rivista Diritto Penale Contemporaneo*, n°4, pp. 304-339.

Blanco Alfonso, I. (2021), Las noticias falsas y la posverdad. Resultados de un nuevo paradigma de comunicación, *Mentira y Posverdad,* vol. 5, nº. 6, pp. 16-25.

Borja Jiménez, E. (2019). "Delito de traición y contra la paz o la independencia del estado y relativos a la defensa nacional". En González Cussac, J.L. (coord.), Derecho Penal. Parte Especial, Tirant lo Blanch, Valencia, 6ª ed., pp. 827-834.

Brodsky, M. (2021). "*Fake news* en tiempos de coronavirus", en Riquert. M.A (dir.) y Sueiro, C.C. (coord.), *Sistema penal e informática,* vol. 4, Hammurabi, Buenos Aires, pp. 54-67.

Chadwick, Andrew. (2009). Web 2.0: New Challenges for the Study of E-Democracy in an Era of Informational Exuberance, *Journal of Law and Policy for the Information Society,* vol. 5, 1, pp. 9-41.

Costantini, A. (2019). Istanze di criminalizzazione delle fake news al confine tra tutela penale della verità e repressione del dissenso, *Diritto Penale Contemporaneo,* nº2, pp. 60-80.

D´Agostino, L. (2021). Disinformazione e responsabilità delle piattaforme. Obblighi di attivazione e misure di *compliance, Rivista Diritto Penale Contemporaneo,* nº4, pp. 282-303.

De Flammineis, S. (2020). Diritto penale, beni giuridici collettivi nella sfida delle fake news: principio di offensività ed emergenze, *Sistema Penale,* 6/2020, pp. 131-146.

De la Mata Barranco, N.J. (2020). Bulos, Derecho Penal y estado de alarma, *Almacén de Derecho.* Disponible en: https://almacendederecho.org/bulos-derecho-penal-y-estado-de-alarma. Fecha de consulta (29-10-2022).

De las Heras Vives, L. (2020). Las fake news ante el derecho penal español, *Actualidad jurídica ibereoamericana,* nº Extra 12, 2, pp. 70-77.

Devís Matamoros, A. (2022). Criminalización de las *fake news* en redes sociales: ¿necesidad de intervención o Derecho penal simbólico?, *Revista General de Derecho Penal,* nº37, pp. 1-31.

Galimberti, M. (2021). La disinformazione: profili regolatori e policy, *Rivista Diritto Penale Contemporaneo,* nº4, pp. 251-281.

Guerini, T. (2020). *Fake news e Dirittto Penale. La manipolazione digitale del consenso nelle democrazie liberali,* Giappichelli Editore, Torino.

Guerini, T. (2020.b). La tutela penale della libertà di manifestazione del pensiero nell´epoca delle fake news e delle infodemie, *DisCrimen,* pp. 1-66.

Lamanuzzi, M. (2020). La disinformazione ai tempi dei social media: una nuevo sfida per il diritto penale?, *Archivio Penale,* nº1, pp. 1-36.

León Alapont, J. (2021). "Fake news y desinformación: la ¿eficacia? Del Derecho Penal frente a los riesgos de la transformación digital", en Castelló Pastor, J.J. (dir.), Desafíos jurídicos ante la integración digital: aspectos europeos e internacionales, Aranzadi Thomson Reuters, Cizur Menor, pp. 535-563.

Lloria García, P. (2022). La LO 8/2021, de 4 de junio, de protección integral a la infancia y la adolescencia frente a la violencia y la transformación del Código Penal. Algunas consideraciones, *IgualdadES,* 6, pp. 271-298.

Morón Lerma, E. (1999). *Internet y Derecho Penal: Hacking y otras conductas ilícitas en la red,* Aranzadi, Navarra.

Muñoz Conde, F. (2019). *Derecho penal. Parte especial,* Tirant lo Blanch, Valencia, 22ª ed.

Pérez-Curiel, C., Velasco-Molpeceres, A. M. (2020). Tendencia y narrativas de fact-checking en Twitter. Códigos de verificación y fake news en los disturbios del Procés (14-O), *adComunica. Revista Científica del Estrategias, Tendencias e Innovación en Comunicación,* nº20, pp. 95-122. DOI: http://dx.doi.org/10.6035/2174-0992.2020.20.5.

Peris Riera, J. (2020). "De los delitos de traición y contra la paz o la independencia del estado y relativos a la defensa nacional (II),", en Morillas Cueva, L. (dir.), Sistema de Derecho Penal. Parte especial, Dykinson, Madrid, 3ª ed., pp. 1605-1612.

Pinto de Albuquerque, P. y Dopico Gómez-Aller, J. (2022). ¿El estado como garante de la objetividad periodística? Información y opiniones ante el Tribunal Europeo de Derechos Humanos (caso ATV Zrt c. Hungría), *Teoría y Derecho: revista de pensamiento jurídico,* Nº32, pp. 166-185, DOI: https://doi.org/10.36151/td.2022.042.

Querarlt Jiménez, A., (2022). El contexto de la desinformación también importa, *IberICONnect.* Dispoible en: https://www.ibericonnect.blog/2022/08/el-contexto-de-la-desinformacion-tambien-importa/. Fecha de consulta: 01-10-2022.

Sánchez Lázaro, F.G. (2021). Pena y comunicación en la sociedad de la posverdad, Anales de la Cátedra Francisco Suárez. Protoclo I, pp. 67-85. http://dx.doi.org/10.30827/acfs.vi1.16564.

Serra Cristóbal, R. (2021). De falsedades, mentiras y otras técnicas que falta a la verdad para influir en la opinión pública, *Teoría y Realidad Constitucional,* núm. 47, pp. 199-235.

Silva Sánchez, J.M., (2014). Sobre verdades y mentiras, *InDret,* nº. 1, pp. 1-3.